GRAND DICTIONNAIRE

DE

CUISINE

GRAND DICTIONNAIRE

DE

CUISINE

PAR

ALEXANDRE DUMAS

PARIS

ALPHONSE LEMERRE, ÉDITEUR

27-29, PASSAGE CHOISEUL, 27-29

M DCCC LXXIII

Alexandre Dumas

et le

GRAND DICTIONNAIRE DE CUISINE

Alexandre Dumas

ET LE

GRAND DICTIONNAIRE DE CUISINE

O n pourrait citer plus d'un grand esprit qui, interrompant ses travaux d'imagination ou de science, n'a pas dédaigné d'écrire sur l'art de manger. Nous ne voulons pas parler ici des médecins ou des chimistes, dont les travaux sur la cuisine, considérée au point de vue hygiénique, se comptent par centaines, mais d'hommes tels qu'Apicius, personnage consulaire, ou Brillat-Savarin, grave magistrat, qu'une voluptueuse délicatesse poussa à méditer sur l'organe du goût et la nature des aliments.

Charles Baudelaire a écrit sur la cuisine quelques pages qui témoignent, comme tout ce qu'a laissé l'auteur des *Fleurs du mal*, des réflexions longues et continues. Il expose des idées très-personnelles touchant l'excellence des « viandes qui saignent et des vins qui charrient l'ivresse.[1] » Selon lui la question des sauces, ragoûts et assaisonnements, « demanderait un chapitre grave comme un feuilleton de science ». Il appelle « toute la pharmacie de la nature au secours de la cuisine. » Bel aperçu jeté par un poëte sur les besoins journaliers de la vie et qui fait du cuisinier idéal un poëte, un savant et un voluptueux, connaissant les propriétés chimiques des matières!

Alexandre Dumas avait des vues plus pratiques et d'une utilité plus immédiate quand il composa son *Grand Dictionnaire de cuisine* : c'est un livre usuel qu'il voulut faire, et l'on sait qu'il réussissait tout ce qu'il tentait. Mais le caractère pratique du livre est rehaussé par cette délicatesse du goût et cette originalité que possèdent seules les organisations supérieures.

Telle était évidemment celle d'Alexandre Dumas: telles sont les qualités caractéristiques de son *Grand Dictionnaire de cuisine*.

Nous ne dirons pas ici le plan que l'illustre auteur a adopté : ce plan est exposé par l'auteur lui-même dans la *Préface* qu'on trouvera à la suite de ces quelques réflexions. Nous indiquerons seulement en deux mots comment ce livre fut fait.

Alexandre Dumas était un beau mangeur, comme il était un beau conteur. Cette nature puissante, que M. Michelet a si bien appelée « une force de la nature »,

---

[1]. La *Fanfarlo*, p. 421 et suivantes de l'édition des œuvres.

produisant beaucoup, dépensait beaucoup. Jamais homme ne voyagea, ne combina, n'écrivit davantage; jamais plus solide charpente ne supporta cerveau plus fécond. Un tel homme dut instinctivement songer à ce qu'un excellent écrivain appelle « le système d'alimentation nécessaire aux créatures d'élite ». On peut se convaincre, en lisant les *Mémoires* d'Alexandre Dumas et les *Impressions de voyage,* qu'il acquit de bonne heure l'entente de la table. Ses promenades en Europe le familiarisèrent avec les préparations exotiques. Il n'est pas surprenant qu'il ait songé à réunir, pour le profit du public, des notions acquises dans le cours de sa vie si active, si brillante et si fêtée.

Il y songea longtemps. Cette idée prit une forme précise dans les dernières années de sa verte vieillesse.

« Je veux clore, disait-il souvent, mon œuvre littéraire de cinq cents volumes par un livre de cuisine. »

C'est dans le cours de l'année 1869 qu'il écrivit le *Grand Dictionnaire de cuisine.* Le manuscrit fut livré à son éditeur et ami, Alphonse Lemerre, au mois de mars 1870.

Ce manuscrit avait été porté à l'imprimerie, et déjà plusieurs feuilles étaient composées, quand les graves et tristes événements au milieu desquels Alexandre Dumas s'éteignit, vinrent suspendre la publication qui, reprise avec la paix, fut conduite soigneusement par d'anciens amis du célèbre auteur.

En lisant cette dernière œuvre du maître, on retrouvera cet amour de la vie des vivants, ce don de plaire, ce besoin de conter, cette bonne humeur, cette netteté d'esprit, ce parfait bon sens, toutes ces belles qualités qui font le charme de ses livres, mises cette fois au service d'un art utile à tout le monde, et duquel dépendent la santé, l'humeur et la durée de la vie

L. T.

A M. D.-J. VUILLEMOT.

Cher Monsieur,

Puisque Alexandre Dumas n'est plus là pour dire tout ce que vous avez fourni à son Grand Dictionnaire de cuisine, tant en recettes originales qu'en conseils d'habile praticien, je crois devoir payer pour lui une dette qu'il eut acquittée avec joie, et vous remercier en son nom.

J'ai assez connu Alexandre Dumas pour savoir qu'il estimait votre habileté et vous était fort attaché. C'est un témoignage que je veux vous rendre; mais ce qu'il importe surtout que je constate ici, c'est le zèle amical avec lequel vous avez bien voulu, après la mort de l'homme illustre que vous affectionniez, corriger les épreuves de son livre, et, par ces derniers soins, rendre le Grand Dictionnaire de cuisine digne en tout point de son auteur et de vous.

Je vous remercie, pour ma part, et vous serre affectueusement la main.

A. LEMERRE.

QUELQUES MOTS

AU LECTEUR

'HOMME reçut de son estomac, en naissant, l'ordre de manger au moins trois fois par jour, pour réparer les forces que lui enlèvent le travail et, plus souvent encore, la paresse.

Comment l'homme est-il né? dans quel climat assez vivifiant et assez nourricier, pour arriver, sans mourir de faim, à l'âge où il peut chercher sa nourriture et se la procurer?

C'est là le grand mystère qui a préoccupé les siècles passés et qui préoccupera, selon toute probabilité, les siècles à venir.

Les plus anciens mythologues le font naître dans l'Inde; et, en effet, l'air tiède qui s'élève entre les monts Himalaya et les rivages qui s'étendent de la pointe de Ceylan à celle de Malacca indique assez que là fut le berceau du genre humain.

D'ailleurs l'Inde n'est-elle point symbolisée par une vache? et ce symbole ne veut-il pas dire qu'elle est la nourrice du genre humain? Combien de pauvres Hindous, qui ne se sont jamais préoccupés de ces symboles, ne se seraient-ils pas crus damnés s'ils n'étaient pas morts en tenant dans leurs mains une queue de vache?

Mais, quelque part que l'homme soit né, il faut qu'il mange;

c'est à la fois la grande préoccupation de l'homme sauvage et de l'homme civilisé. Seulement, sauvage, il mange par besoin.

Civilisé, il mange par gourmandise.

C'est pour l'homme civilisé que nous écrivons ce livre; sauvage, il n'a pas besoin d'être excité à l'appétit.

Il y a trois sortes d'appétits :

1° Celui que l'on éprouve à jeun, sensation impérieuse qui ne chicane pas sur les mets et qu'au besoin on apaiserait avec un morceau de chair crue aussi bien qu'avec un faisan ou un coq de bruyère rôti;

2° Celui que l'on ressent lorsque, s'étant mis à table sans faim, on a déjà goûté d'un plat succulent qui a consacré le proverbe : *L'appétit vient en mangeant.*

Le troisième appétit est celui qu'excite, après le mets succulent venu au milieu du dîner, un mets délicieux qui paraît à la fin du repas, lorsque le convive sobre allait quitter sans regrets la table, où le retient cette dernière tentation de la sensualité.

Deux femmes nous ont donné les premiers exemples de la gourmandise :

Ève, en mangeant une pomme dans le Paradis;

Proserpine, en mangeant une grenade en enfer.

Proserpine ne fit de tort qu'à elle. Enlevée par Pluton, pendant qu'elle cueillait des fleurs sur les bords de la Cyanée, et transportée en enfer, à ses réclamations pour remonter sur la terre le Destin répondit :

« Oui, si tu n'as rien mangé depuis que tu es en enfer. »

La gourmande avait mangé sept grains de grenade.

Jupiter, imploré par la mère de Proserpine, Cérès, revit l'arrêt du Destin et décida que, pour satisfaire à la fois la mère et l'époux, Proserpine resterait six mois sur la terre et six mois dessous.

Quant à Ève, sa punition fut plus grave, et elle s'étendit jusqu'à nous, qui n'en pouvons mais.

Au reste, de même qu'il y a trois sortes d'appétits, il y a trois sortes de gourmandises.

Il y a la gourmandise que les théologiens ont placée au rang des sept péchés capitaux, celle que Montaigne appelle *la science de la gueule.*

C'est la gourmandise des Trimalcion et des Vitellius.

Elle a un superlatif, qui est la *gloutonnerie*.

Le plus grand exemple de gloutonnerie que nous donne l'antiquité est celui de Saturne dévorant ses enfants, de peur d'être détrôné par eux, et avalant, à la place de Jupiter, un pavé emmaillotté, sans s'apercevoir que c'était un pavé.

Nous lui pardonnons pour avoir fourni à Vergniaud cette belle comparaison :

« La Révolution est comme Saturne : elle dévore ses enfants. »

A côté de cette gourmandise, qui est celle des estomacs robustes, il y a celle que nous pourrions nommer la gourmandise des esprits délicats : c'est celle que chante Horace et que pratique Lucullus; c'est le besoin qu'éprouvent certains amphitryons de réunir chez eux quelques amis, jamais moins nombreux que les Grâces, jamais plus nombreux que les Muses, amis dont ils s'efforcent de satisfaire les goûts et de distraire les préoccupations.

C'est, parmi les modernes, celle des Grimod de la Reynière et des Brillat-Savarin.

De même que l'autre gourmandise a un augmentatif, *gloutonnerie*, celle-ci a un diminutif, *friandise*.

Ce diminutif s'applique également aux personnes qui aiment les choses délicates et recherchées et à ces choses elles-mêmes.

Le gourmand exige la quantité, — le friand, la qualité.

Nos pères, qui avaient le verbe *friander* que nous avons perdu, disaient, en voyant certaines physionomies *gueulardes*, autre mot perdu, dans ce sens du moins :

Voilà un homme qui a le nez tourné à la friandise.

Ceux qui tenaient à être exacts ajoutaient :

Comme saint Jacques de l'Hôpital.

D'où venait cet axiome, qui au premier abord paraît passablement incongru?

Nous allons vous le dire.

Il y avait une image de saint Jacques de l'Hôpital peinte sur la porte de l'édifice de ce nom, près de la rue aux Oies, devenue depuis, par corruption, la rue aux Ours, rue dans laquelle se trouvaient les premiers rôtisseurs de Paris.

Or, comme le visage du saint regardait cette rue, on disait qu'il avait le nez *tourné à la friandise.*

C'est ainsi que l'on dit de la statue de la reine Anne, à Londres, reine passablement friande, de vin de Champagne surtout :

C'est comme la reine Anne, qui tourne le dos à l'église et qui regarde le marchand de vin.

Et, en effet, soit hasard de la pose, soit malice du statuaire, la reine Anne commet cette inconvenance, qui peut passer pour une critique de sa vie, de tourner le dos à Saint-Paul et de garder son sourire royal pour le grand marchand de vin qui fait le coin de la rue.

Brillat-Savarin, le La Bruyère de cette seconde catégorie des gourmands, a dit :

L'animal se repaît, l'homme mange, l'homme d'esprit seul sait manger.

La troisième gourmandise, pour laquelle je n'ai que des lamentations, est celle des malheureux atteints de la boulimie, maladie qui attaqua Brutus après la mort de César; ceux-là ne sont ni des gourmands, ni des gourmets, ce sont des martyrs.

Ce fut sans doute dans un accès de cette fatale maladie qu'Ésaü vendit à Jacob son droit d'aînesse pour un plat de lentilles.

Or c'était un droit d'une grande importance que ce droit d'aînesse chez les Hébreux, puisqu'il remettait entre les mains du premier-né la possession des biens et un pouvoir absolu sur toute la famille.

Cependant Ésaü avait pris son parti de ce premier marché passablement indélicat de la part d'un frère, lorsque Isaac lui dit : « Prends ton arc et tes flèches et apporte-moi le fruit de ta chasse, puis tu l'apprêteras de tes propres mains, car je veux te donner ma bénédiction avant de mourir. »

Rébecca entendit ces paroles, tua deux chevreaux; et, comme elle avait un faible pour Jacob, tandis qu'Ésaü, son arc à la main, exécutait le commandement d'Isaac, elle assaisonna les chevreaux, couvrit de leurs peaux les mains de Jacob, et, à l'aide de ce stratagème, lui fit donner la bénédiction paternelle par Isaac. C'était la seconde fois qu'Ésaü était volé; mais cette seconde fois, il n'accepta pas la chose aussi doucement que la première : il reprit son arc et ses flèches à l'effet de tuer Jacob, lequel se sauva en Mésopotamie, chez son oncle Laban.

Ce ne fut qu'au bout de vingt ans que Jacob revint au pays natal. Encore eut-il la prudence de s'y faire précéder par deux cents chevaux, vingt-deux boucs, vingt béliers, trente chamelles avec leurs petits, quatre-vingts vaches, trois taureaux, vingt ânesses et dix ânons.

C'était le complément de son plat de lentilles, plat que Jacob, en y réfléchissant, avait trouvé bien usuraire.

* *
*

L'Olympe antique, avec lequel nous avons fini, n'est pas très-gourmand ; il ne mange que de l'ambroisie et ne boit que du nectar.

Ce sont les hommes qui, sous ce rapport, donnent le mauvais exemple aux dieux.

On ne dit point des *festins de Jupiter*, des *festins de Neptune*, des *festins de Pluton*. Il paraît même que l'on mangeait fort mal chez Pluton, puisque le Destin supposait qu'après six mois passés dans le royaume de son époux, Proserpine pouvait être encore à jeun.

On dit des *festins de Sardanapale*, des *festins de Balthazar*.

Nous pouvons même ajouter que ces locutions sont passées en proverbe.

Sardanapale est populaire en France. La poésie, la peinture et la musique se sont chargées de le réhabiliter. Assis sur son trône, près de Myrrha, entouré de ses chevaux, de ses esclaves, que l'on égorge, transparaissant avec un sourire de volupté à travers la fumée et la flamme de son bûcher, il se transfigure et ressemble à ces dieux d'Orient, Hercule ou Bacchus, montant au ciel sur des chars de feu.

Alors toute cette vie de débauches, de luxe, de paresse, de lâcheté, se rachète par le courage des deux dernières années et par la sérénité de l'agonie. Et, en effet, à travers les brèches de Ninive assiégée, on voit d'un côté le Tigre débordé, dont les flots s'avancent comme une sombre marée, et de l'autre les révoltés conduits par Arbace et Bélésés, qui viennent lui enlever cette vie qu'il se sera lui-même pompeusement ôtée avant leur arrivée. Alors on oublie que cet homme, qui va mourir et qui est resté le maître de sa mort, est le même qui a rendu cette loi :

Une récompense de mille pièces d'or est accordée à celui qui inventera un plat nouveau.

Byron a fait de Sardanapale le héros d'une de ses tragédies; de la tragédie de Byron, MM. Henri Becque et Victorin Joncières ont fait un opéra.

Nous avons cherché vainement une carte d'un de ces fameux festins qui ont été baptisés du nom de Sardanapale.

Balthazar a, comme son prédécesseur, l'avantage de servir de point de comparaison entre les gourmands antiques et les gourmands modernes : seulement il eut le malheur d'avoir affaire à un dieu qui ne tolérait pas le mélange de la gourmandise à l'impiété.

Si Balthazar n'eût été que gourmand, Jéhovah ne s'en fût pas mêlé.

Gourmand et impie, la chose parut intolérable.

Voici, au reste, le drame :

Pendant que Balthazar était assiégé dans Babylone par Cyaxare et Cyrus, il donna, pour se distraire, un grand dîner à ses courtisans et à ses concubines.

Les choses allaient à merveille jusque-là; par malheur, tout à coup il lui vint à l'idée de se faire apporter les vases sacrés d'or et d'argent que *Nabonatzar* avait enlevés au temple de Jérusalem. A peine eurent-ils été profanés par le contact des lèvres impies, qu'un grand coup de tonnerre se fit entendre, que le palais fut ébranlé jusque dans ses fondements, et que ces trois mots qui, depuis plus de vingt siècles, font l'épouvante des rois, apparurent en lettres de feu tracées sur les murailles :

« *Mané, Thécel, Pharès.* »

La terreur fut grande, à cette vue; et, de même que, lorsque la maladie devient grave, on envoie chercher le médecin dont on s'est moqué la veille, on envoya chercher un jeune homme qui prophétisait dans ses moments perdus, et dont les prophéties faisaient rire, en attendant qu'elles fissent trembler.

Ce jeune homme, c'était Daniel.

Élevé à la cour du roi, il étudiait pour être mage.

A peine eut-il lu les trois mots, qu'il les expliqua, comme si la langue que Jéhovah parlait à Balthazar était sa langue maternelle.

Mané voulait dire compté;

Thécel, pesé;

Et *Pharès*, divisé.

Mané : Dieu a *compté* les jours de ton règne et en a marqué l'accomplissement;

Thécel : Tu as été *pesé* dans la balance, et tu as été trouvé trop léger;

Pharès : Ton royaume a été *divisé* et il a été donné aux Mèdes et aux Perses.

Cette explication fut suivie d'une admonestation de Daniel à Balthazar sur son sacrilége et son impiété, et se termina par la prédiction de sa mort prochaine.

En effet, dans la nuit, Cyaxare et Cyrus s'emparèrent de Babylone et mirent à mort Balthazar.

C'est à la même époque qu'il faut faire remonter ce terrible mangeur que l'on appelait Milon de Crotone. Mais celui-là, au lieu de faire écrouler les palais comme Balthazar, les soutenait.

Il était de la petite ville de Crotone, voisine et rivale de Sybaris.

Un jour, les deux voisines se brouillèrent. Milon jeta sur ses épaules une peau de lion, prit une massue, se mit à la tête de ses compatriotes, et, dans une seule bataille, écrasa l'élite de ces beaux jeunes gens que le pli d'une feuille de rose empêchait de dormir et qui avaient fait tuer, à une lieue à la ronde de Sybaris, tous les coqs, qui, en chantant, les empêchaient de reposer.

Six fois Milon remporta la victoire aux jeux Pythiques, et sept fois aux jeux Olympiques. Il montait sur un disque que l'on avait huilé pour le rendre glissant, et les plus vigoureux ne pouvaient, non-seulement le faire descendre, mais l'ébranler par les plus fortes secousses. Il nouait une corde de la grosseur du doigt autour de sa tête et la faisait éclater en enflant les muscles de son front. Il prenait une grenade dans sa main, et, sans la serrer assez fort pour la briser, il défiait ses rivaux de lui faire bouger un seul doigt. — Un jour qu'il assistait aux leçons de Pythagore, son compatriote, les colonnes de la salle menaçant tout à coup de se rompre, il avait soutenu la voûte de ses deux mains, donnant aux auditeurs le temps de s'éloigner. — Un autre jour, aux jeux Olympiques, et c'est par là qu'il rentre dans notre domaine, il chargea sur ses épaules un jeune taureau, le porta pendant l'espace de cent vingt pas, l'assomma d'un coup de poing, le fit rôtir, et le mangea tout entier le même jour. — En général, il absorbait à son dîner dix-huit livres de viande, vingt livres de pain, quinze litres de vin.

Un de ses amis avait fait couler en bronze sa statue. Comme on était embarrassé de la conduire au lieu où elle devait être placée, il la prit sur ses épaules et la déposa sur son piédestal.

On sait comment il mourut.

Vieux, il se promenait dans une forêt: il trouva un tronc d'arbre qu'un bûcheron avait essayé de fendre. Il introduisit ses deux mains dans l'ouverture et tira en sens opposés; mais le tronc fit ressort, se referma; et Milon eut les mains prises sans pouvoir les retirer.

Il fut, dans cette position, déchiré par les loups.

A Milon finissent les temps fabuleux et commencent les temps héroïques.

Ce qui nous empêche de croire que l'histoire de Milon fut une fable, c'est la belle statue de Puget, qui orne le musée du Louvre et qui représente cette mort. Aux loups dévorants, le statuaire a substitué un lion, autorisé à cette substitution par une variante de la légende.

*
* *

L'homme doit manger assis.

Il a fallu tout le luxe et toute la corruption de l'antiquité pour amener les Grecs, puis les Romains, à manger couchés.

Chez Homère, — et ses héros ont bon appétit, — les Grecs et les Troyens mangent assis et sur des siéges séparés.

Quand Ulysse arrive au palais d'Alcinoüs, le prince lui fait apporter une chaise magnifique et ordonne à son fils Laodamas de lui faire place.

Les Égyptiens, dit Apollodore dans Athénée, s'asseyaient à table pour manger.

Enfin, à Rome, l'on s'assit à table jusqu'à la fin de la seconde guerre punique, qui se termina deux cent deux ans avant Jésus-Christ.

Ce furent les Grecs qui donnèrent l'exemple de ce luxe incommode. Ils faisaient, de temps immémorial, de splendides festins, couchés sur des lits magnifiques.

Hérodote décrit un de ces festins, qui lui a été raconté par Thersandre, un des convives. Ce festin est celui qui fut donné par le Thébain Ortagène, quelques jours avant la bataille de Platée.

Il y eut ceci de remarquable, qu'il y invita le général perse Mardonius et les principaux d'entre les Perses, jusqu'au nombre de cinquante.

A ce repas, cinquante lits tinrent dans la même chambre, et sur chacun de ces lits étaient couchés un Grec et un Perse.

Or, la bataille de Platée a eu lieu quatre cent soixante-dix-neuf ans avant Jésus-Christ.

La mode des lits était donc en vogue chez les Grecs deux cent soixante-dix-sept ans au moins avant de l'être chez les Romains.

Varon, le savant bibliothécaire, nous apprend que les convives étaient d'habitude trois ou neuf chez les Romains. Autant que les Grâces, pas plus que les Muses.

Chez les Grecs, les convives étaient quelquefois sept, en l'honneur de Pallas.

Ce chiffre *sept*, stérile dans la supputation, était consacré à la déesse de la Sagesse, comme le symbole de la virginité.

Mais c'était surtout le nombre dix que les Grecs aimaient, parce qu'il était rond.

Platon était pour le nombre vingt-huit, en faveur de Phœbé, qui accomplit son cours en vingt-huit jours.

L'empereur Varus voulait à sa table douze convives, en l'honneur de Jupiter, qui met douze ans à faire sa révolution autour du Soleil.

Auguste, sous le règne duquel la femme commence à prendre place dans la société romaine, avait habituellement douze hommes et douze femmes, en souvenir des douze Dieux et des douze Déesses.

En France, tous les nombres sont bons, hors le nombre treize.

Lorsque Hortensius fut nommé augure, il donna un grand dîner. Ce fut à ce dîner que l'on servit, pour la première fois, un paon avec toutes ses plumes.

Dans les repas de cérémonie, il y avait toujours un plat composé de cent petits oiseaux, ortolans, becfigues, rouges-gorges et alouettes.

Plus tard on fit mieux. On ne servit plus que des langues d'oiseaux qui avaient parlé ou chanté.

Dans les repas invités, chaque convive apportait sa serviette. De ces serviettes, quelques-unes étaient de toile d'or.

Moins fastueux, Alexandre Sévère avait des serviettes de toile rayée, qu'on faisait pour lui seul.

Trimalcion, le célèbre gourmand chanté par Pétrone, avait des serviettes de toile, mais des essuie-mains de laine.

Héliogabale en avait de toile peinte.

Trébellius Pollion nous apprend que Gallia ne se servait que de nappes et de serviettes de drap d'or.

Les Romains mangeaient à peu près les mêmes viandes que nous : le bœuf, le mouton, le veau, le cabri, le porc et l'agneau, la volaille de basse-cour, poulets, poulardes, canards, chapons, paons, oies, phénicoptères, poules, coqs, pigeons, en bien plus grande quantité qu'aujourd'hui, moins le dindon qui, quoique connu sous le nom de méléagride, était une curiosité plutôt qu'un aliment.

On se rappelle que ce sont les oies qui, l'an 390 avant Jésus-Christ, sauvèrent le Capitole.

Lucullus rapporta du Phase à ses compatriotes le faisan, la cerise et la pêche.

Le francolin était l'oiseau de leur préférence, et ceux qu'ils préféraient entre les francolins venaient d'Ionie et de Phrygie.

Ils mangeaient avec délices nos grives et nos merles, mais seulement dans la saison du genièvre.

Tous les gibiers leur étaient connus : l'ours, le sanglier, le chevreuil, le daim, le lapin, le lièvre, la perdrix et même le loir.

Tous les poissons qui font encore aujourd'hui la richesse de la Méditerranée leur étaient connus. Des Romains riches avaient des relais d'esclaves depuis la mer jusqu'à Rome.

Ces relais apportaient les poissons vivants, dans des baquets d'eau qu'ils tenaient sur la tête.

Le grand luxe des amphitryons était de présenter vivants à leurs convives les poissons qu'ils allaient manger.

Ceux de belle couleur, comme la dorade et le rouget, étaient déposés sur des tables de marbre où on les regardait mourir en suivant avec volupté la dégradation des couleurs amenée par leur agonie.

Les riches Romains avaient dans leurs viviers d'eau douce et de pleine mer des poissons privés, qui venaient à leur voix et qui mangeaient à la main.

On se rappelle cette anecdote fort exagérée de Pollion, frère du protecteur de Virgile, qui, ayant Auguste à dîner chez lui, voulut faire jeter aux murènes un esclave qui avait cassé un vase de verre.

Le verre bien fabriqué était encore fort rare du temps d'Auguste.

L'esclave s'échappa des mains de ceux qui l'entraînaient vers le vivier et vint se jeter aux pieds de l'empereur.

Auguste, furieux que l'on estimât la vie d'un homme, fût-ce celle d'un esclave, au-dessous d'une carafe, ordonna de briser tous les vases de verre que l'on trouverait chez Pollion, afin que les esclaves ne courussent plus risque d'être jetés aux murènes pour les avoir cassés.

L'esturgeon, qui leur venait de la mer Caspienne, était aussi fort estimé des Romains.

On sait l'histoire de ce magnifique turbot, sur la sauce duquel l'empereur Domitien consulta le sénat, et qui fut, à l'unanimité, mis à la sauce piquante.

Enfin, Athénée nous apprend que ce que l'on recherchait le plus dans un repas, c'étaient les lamproies de Sicile, le ventre des thons pris sur le promontoire de Raquinium, les chevreaux de l'île de Mélos, les mulets de Symète, les clovis et les prayres de Pélase, les harengs de Lyparie, les radis de Mantinée, les navets de Thèbes et les betteraves d'Asie.

Maintenant, on peut se figurer quels caprices culinaires passaient par la tête d'hommes tels que Xerxès, Darius, Alexandre, Marc-Antoine, Héliogabale, lorsqu'ils se voyaient maîtres du monde et ignoraient eux-mêmes leurs richesses.

Quand Xerxès demeurait un jour dans une ville, qu'il y dînait et qu'il y soupait, les habitants appauvris s'en ressentaient un an ou deux, comme s'il y eût eu stérilité dans la province.

Darius, pour prendre ses repas dans telle ou telle ville réputée pour sa bonne chère, se faisait parfois accompagner de douze ou quinze mille hommes. Il en résultait qu'un dîner ou un souper de Darius coûtait près d'un million à la ville qui avait l'honneur de le recevoir.

Alexandre, assez sobre jusqu'à son arrivée dans l'Inde, voulut dépasser, une fois qu'il y fut, les rois qu'il avait vaincus.

Il proposait des combats de bouteilles avec des prix pour le vainqueur; et, quoiqu'on ne combattît qu'à coups de verre, dans un de ces combats trente-six convives moururent asphyxiés.

Nous avons nommé Marc-Antoine; grâce à Plutarque, ses festins d'Alexandrie sont devenus classiques. Cléopâtre, dont il était l'hôte, désespérant d'atteindre une pareille magnificence, fit dissoudre dans du citron une des perles pendues à ses oreilles et l'avala. Cette perle, qui pesait vingt-quatre carats, était estimée à six millions de sesterces. Elle allait faire fondre l'autre, lorsqu'elle en fut empêchée par Antoine lui-même.

Héliogabale, cet empereur venu de Syrie, qui entra dans Rome sur un char traîné par des femmes nues, avait un historiographe, rien que pour décrire ses repas. N'avait-il pas raison, puisqu'il n'en fit jamais un qui coûtât moins de soixante marcs d'or, c'est-à-dire cinquante mille francs de notre monnaie?

Il se faisait faire des pâtés de langues de paons, de rossignols, de corneilles, de faisans et de perroquets.

Ayant entendu dire qu'il existait en Lydie un oiseau unique, le *phénix*, il voulait le manger, et promettait deux cents marcs d'or à celui qui le lui apporterait.

Il nourrissait ses chiens, ses tigres et ses lions avec des faisans, des paons et des perdrix.

Il ne buvait jamais deux fois dans le même vase; et cependant tous les vases de sa maison étaient d'or et d'argent pur.

Enfin, il brûlait du baume de Judée et d'Arabie au lieu de cire et d'huile.

Sa folie allait plus loin encore.

Il donnait des repas où il conviait huit bossus, huit boiteux, huit chauves, huit goutteux, huit sourds, huit noirs, huit blancs, huit maigres, huit gras. Puis, du haut d'une galerie, entouré de ses courtisans, il regardait cette étrange assemblée.

Il est à remarquer que tous ces grands prodigues sont morts jeunes et de mort tragique.

Xerxès fut tué par le capitaine de ses gardes, Artaban.

Darius fut assassiné par Bessus, satrape de la Bactriane.

Alexandre fut empoisonné par Antipater.

Marc-Antoine se passa une épée au travers du corps.

Cléopâtre se fit piquer par un aspic.

Et enfin Héliogabale, qui avait tout préparé pour sa mort, s'attendant bien à périr dans quelque émeute, Héliogabale qui avait fait paver une cour de porphyre pour s'y précipiter du haut de son palais, qui avait fait creuser une émeraude pour y renfermer du poison, qui avait fait emmancher un poignard d'acier dans une poignée d'or ciselée et toute garnie de diamants pour se poignarder, qui avait fait tisser une corde d'or et de soie pour s'étrangler, Héliogabale, surpris par ses assassins dans les latrines, s'étouffa avec l'éponge dont, dit Montaigne dans son langage naïf, *les Romains se torchoyoient le derrière*.

Et ces rois si riches rencontraient parfois des sujets aussi riches qu'eux. L'histoire nous a conservé le nom d'un certain Pithius qui, n'étant ni roi ni prince, n'ayant aucun titre ni aucune dignité, donna à manger à toute l'armée de Xerxès, fils de Darius, laquelle armée était de sept cent quatre-vingt mille hommes. Et comme le grand roi, apprenant cela, s'étonnait d'avoir un hôte si riche, Pithius offrit au roi, suivant Pline et Budée, de soudoyer et de nourrir son armée pendant cinq mois.

*
* *

Nous avons dit que les premiers grands et beaux dîners furent donnés par les Grecs. Les fêtes religieuses en fournirent l'occasion.

En effet, où devaient-ils naître, si ce n'est chez un peuple gai, d'un esprit charmant, complétement inoccupé ou occupé d'œuvres d'art, laissant à ses esclaves le soin de prévoir les nécessités matérielles de la vie?

On dînait sur des tables ciselées avec ce goût élevé des artistes grecs.

Les lits destinés aux repas étaient ornés d'écailles de tortue, d'ivoire et de bronze; dans quelques-uns même étaient incrustées des perles et des pierreries.

Les matelas étaient de pourpre, brochés d'or.

Les coupes, les tasses, les gobelets de toutes espèces, les vases de toutes formes étaient travaillés par les artistes les plus renommés.

Les plus beaux étaient de Thériclès.

Les échansons, qui remplissaient auprès des Grecs l'office de Ganymède et d'Hébé près des dieux, étaient de jeunes garçons ou de belles jeunes filles qui avaient l'ordre de *ne rien refuser aux convives*. Ils avaient le visage peint et fardé, les cheveux coupés en cercle. Leurs tuniques d'étoffe transparente, ceintes au milieu du corps par un ruban, étaient taillées pour tomber jusqu'aux pieds; mais, en la tirant par le haut, ils la relevaient jusqu'aux genoux.

Ce fut dans ces élégants dîners que se forma la conversation grecque, cette conversation qui fut copiée depuis par tous les peuples, et dont la nôtre était, assure-t-on, avant l'introduction du cigare, une des plus vives et des plus rapides copies.

De là le mot *sel attique*.

Les vins de Corinthe, les vins de Samos, les vins de Chios et de Ténédos arrosèrent cet art naissant de la conversation.

Ces vins sucrés grisaient délicieusement les Grecs, et, au dessert, les entraînaient vers ce monde dont Cnide, Paphos et Cythère étaient les capitales.

C'est à cet entraînement, c'est à ces beaux et à ces belles esclaves, à qui il était défendu de *rien refuser aux convives,* que l'on doit, selon toute probabilité du moins, la substitution du lit aux chaises et aux bancs.

D'ailleurs, d'autres que ces esclaves assistaient encore à ces festins. Tout au contraire des Anglais, qui font sortir les femmes au dessert, c'était au dessert qu'entraient en souveraines, à Athènes et à Corinthe, ces belles courtisanes : Aspasie, Laïs, Phryné.

A Corinthe, elles étaient si riches, qu'après la destruction de la ville elles offrirent, sous certaines conditions, de la rebâtir à leurs frais.

Polybe parle d'un citoyen d'Athènes, Archétraste, que le marquis de Cussy compare au grand artiste en cuisine contemporaine que l'on nomme Carême.

Archétraste fit non-seulement beaucoup de théorie culinaire, mais il appliqua son génie à l'exécution.

Il avait parcouru à pied les contrées les plus fertiles du monde, pour voir de près les produits des différentes latitudes.

Il en avait rapporté à Athènes toutes les possibilités culinaires du temps.

La nature l'avait doué d'un appétit d'enfer, d'un estomac d'acier et d'un inépuisable esprit.

Il mangeait énormément et digérait vite.

Et cependant il demeura si maigre, que, au dire toujours de Polybe, on voyait une lumière au travers de son corps.

* * *

L'histoire nomme quelques élus et même quelques élues qui jouissaient du même privilége, grâce à leur maladie, la boulimie.

La comédienne Aglaïs, il y a environ deux mille trois cents

ans, mangeait à son souper dix livres de viande, douze pains d'une livre chacun, et arrosait le tout de six bouteilles de vin.

Une autre femme grecque, du nom d'Alis, provoquait les hommes à des défis de table, et, pas une fois, elle ne fut battue par les plus grands mangeurs du temps.

Théodoret raconte qu'une femme de Syrie, pays où l'on ne vit guère que de poules, mangeait tous les jours trente poules et vingt pains, sans pouvoir se rassasier.

Le comédien Thangon mangea, devant l'empereur Aurélien, un sanglier, un mouton, un jeune porc et un cochon de lait; il mangea de plus cent pains et but une barrique de vin pouvant contenir cent bouteilles de notre époque.

L'empereur Claudius Albinus mangea, un jour, à son déjeuner, cinq cents figues, cent pêches, dix melons, cent becfigues, quatre douzaines d'huîtres et dix livres de raisin.

L'empereur Maximin mangeait, chaque jour, quarante livres de viande, buvait quatre-vingts pintes de vin. Il avait huit pieds de haut, il est vrai, et était gros à l'avenant : les bracelets de sa femme lui servaient de bagues, et sa ceinture de bracelet.

*
* *

Athènes, avec ses vins sucrés, ses fruits, ses fleurs, ses pâtisseries, ses desserts, qui étouffaient le dîner, n'eut jamais ce que les Romains appelèrent la grande cuisine.

Rome mangea mieux, et surtout plus substantiellement qu'Athènes : ce qui ne l'empêcha pas, chose bizarre, d'avoir autant d'esprit qu'elle.

Ses premiers cuisiniers furent grecs; mais, vers la fin de la République, aux temps de Sylla, de Pompée, de Lucullus et de César, la cuisine romaine prit son développement, et surtout atteignit toute sa délicatesse.

Tous ces ravageurs du monde, qui allaient porter le nom et les fers de Rome au nord, au midi, à l'orient et à l'occident, emmenaient avec eux leurs cuisiniers; et ceux-ci rapportaient de tous les pays à Rome les plats qu'ils avaient jugés dignes d'une table romaine.

De même que Rome eut un Panthéon pour tous les dieux, elle eut un temple pour toutes les cuisines.

Antoine, satisfait un jour plus que de coutume de son cuisinier, le fit venir au dessert et lui donna une ville de trente-cinq mille habitants.

Ce sont les Romains qui inventèrent les écuyers tranchants. Ceux de Lucullus recevaient jusqu'à vingt mille francs par an.

Chaque mangeur avait ses parfums et ses esclaves.

Les fleurs étaient renouvelées à chaque service.

De moment en moment, les parfums étaient ranimés.

Des hérauts proclamaient à haute voix la qualité des vins servis.

Des officiers de bouche avaient des secrets pour ranimer les appétits.

Carthage, que l'on avait constamment refusé de rebâtir, fut renouvelée sous Auguste avec le nom de Seconde Carthage, et rétablie uniquement, dit Érasme, à cause de sa cuisine ancienne et du goût exquis qu'avaient montré ses artistes dans le travail des pièces ciselées en or et en argent.

Un jour, l'empereur Claude appela ses porteurs, monta dans sa litière et se fit porter tout courant au sénat, comme s'il avait une communication importante à faire aux pères conscrits.

« Pères conscrits, s'écria-t-il en entrant, dites-moi : serait-il possible de vivre, si l'on n'avait pas le petit salé ? »

Le sénat, étonné, commença par réfléchir, puis déclara, à l'unanimité, qu'en effet la vie serait privée de ses premières délices si elle n'avait pas le petit salé.

Un autre jour, il était sur son tribunal; car, on le sait, Claude aimait à rendre la justice, juste ou non.

On plaidait devant lui une cause des plus importantes; aussi, le coude sur la table, le menton dans la main, parut-il tomber dans une rêverie profonde.

Tout à coup, il fit signe qu'il voulait parler. L'avocat se tut. Les plaideurs écoutèrent.

« Oh! mes amis, dit l'empereur, l'excellente chose que les petits pâtés! Nous en mangerons à dîner, n'est-ce pas? »

Dieu fit la grâce à ce digne empereur de mourir comme il avait vécu, en glouton, d'une indigestion de champignons. Il est vrai que, pour lui faciliter le vomissement, on lui frotta le gosier avec les barbes d'une plume empoisonnée.

Il y eut à Rome, on le sait, trois Apicius :

L'un, qui vivait sous la République, du temps de Sylla;

Le second, sous Auguste et Tibère;

Le troisième, sous Trajan.

C'est du second, c'est-à-dire de Marcus-Gabius, que parlent Sénèque, Pline, Juvénal et Martial.

C'était à lui que Tibère envoyait de Caprée les turbots qu'il n'était pas assez riche pour acheter.

Il passa presque dieu pour avoir trouvé le moyen de conserver les huîtres fraîches.

Riche à deux cent millions de sesterces, cinquante millions de francs, il en dépensa plus de quarante pour sa table seule.

Un beau jour, la fatale idée lui vint de faire ses comptes.

Il appela son intendant. Il n'avait plus que dix millions de sesterces, deux millions et demi de notre monnaie. Il se trouva tellement ruiné avec deux millions et demi, qu'il ne voulut pas vivre un jour de plus. Il se mit dans un bain et se fit ouvrir les veines.

Il reste de lui un souvenir, si ce n'est un fait.

Ce souvenir est un traité de cuisine intitulé *De re culinaria*; mais la paternité de ce livre lui est contestée. Il serait, disent des savants, d'un nommé Cœlius, qui, par admiration, se serait fait nommer Apicius.

J'habitais, à Naples, le petit palais Chiatamone. J'étais juste sur l'emplacement du palais de Lucullus, à qui appartenait toute cette plage occupée aujourd'hui par le château de l'Œuf.

A la marée basse je voyais encore sur les rochers la trace des conduits qui amenaient l'eau au vivier de Lucullus.

C'est là qu'il se reposa de ses fameuses campagnes contre Mithridate et contre Tigrane, qui firent de lui le plus riche des Romains.

Il avait, sur le golfe de Naples, deux palais, celui que je viens d'indiquer, et un autre au-dessus de Mergellina, puis un troisième à l'île de Nisida, où sont aujourd'hui le Lazaret et le palais de la reine Jeanne.

Pour communiquer de l'un de ces palais à l'autre, il lui fallait faire une demi-lieue en contournant la montagne. Il trouva plus court de la faire percer.

Il allait ainsi en quelques minutes et fraîchement de sa villa de Mergellina à sa villa de Nisida.

C'est à sa villa du château de l'OEuf que Cicéron et Pompée résolurent un jour de venir lui demander à dîner, mais sans lui permettre de faire pour eux aucun *extra*.

Ils arrivèrent chez lui à l'improviste, lui déclarèrent leur intention, et ne le laissèrent donner aucun ordre, excepté celui de mettre deux couverts de plus.

Lucullus fit venir son majordome et ne lui dit que ces paroles :

« Deux couverts de plus dans le salon d'Apollon. »

Or, le majordome savait que dans le salon d'Apollon la dépense était pour chaque convive de vingt-cinq mille sesterces, six mille francs.

Ils n'eurent donc que ce que Lucullus appelait un petit dîner, dîner de six mille francs par tête.

Un autre jour, par un hasard incroyable, Lucullus n'avait invité personne à s'asseoir à sa table.

Son cuisinier vint lui demander ses ordres.

« Je suis seul, » dit Lucullus.

Le cuisinier, pensant qu'un dîner de dix ou douze mille sesterces, deux mille cinq cents francs, pourrait suffire, agit en conséquence.

Le dîner fini, Lucullus le fit venir, et le gronda vigoureusement.

Le cuisinier s'excusa, lui disant

« Mais, seigneur, vous étiez seul.

— C'est justement les jours où je suis seul à table, dit Lucullus, qu'il faut soigner mon dîner : car, ce jour-là, Lucullus dîne chez Lucullus. »

*
* *

Ce luxe alla toujours en augmentant jusqu'à la fin du IVe siècle.

Ce fut alors qu'on entendit un grand bruit au fond des contrées inconnues : au nord, à l'orient, au midi, avec un grand fracas se levaient des hordes innombrables de barbares qui roulaient à travers le monde.

Les uns à pied, les autres à cheval, ceux-là sur des chameaux, ceux-ci sur des chars traînés par des cerfs. Les fleuves les charriaient sur leurs boucliers, la mer les apportait sur des barques. Ils chassaient devant eux les populations avec le fer des épées, ainsi que les bergers poussent les troupeaux avec le bois de la houlette. Ils renversaient nations sur nations, comme si la voix de Dieu avait dit : « Je mêlerai les peuples du monde comme l'ouragan mêle la poussière. »

C'étaient des convives inconnus et insatiables, qui venaient s'asseoir aux grands repas où les Romains dévoraient le monde.

C'est d'abord Alaric, à la tête des Goths, s'avançant au milieu de l'Italie, emporté par le souffle de Jéhovah, comme un vaisseau par celui de la tempête.

« Il va ! »

Ce n'est pas sa volonté qui le conduit, c'est un bras qui le pousse.

« Il va ! »

Vainement un moine se jette sur son chemin et tente de l'arrêter :

« Ce que tu me demandes n'est point en mon pouvoir, lui répond le barbare ; quelque chose me presse d'aller renverser Rome. »

Trois fois il enveloppe la Ville éternelle du flot de ses soldats ; trois fois il recule comme une marée qui redescend.

Les ambassadeurs vont à lui, l'engageant à lever le siége. Ils lui disent qu'il lui faudra combattre une multitude trois fois aussi nombreuse que son armée.

« Tant mieux, leur répond le moissonneur d'hommes, plus l'herbe est serrée, mieux elle se fauche. »

Enfin, il se laisse persuader et promet de se retirer, si on lui donne tout l'or, tout l'argent, toutes les pierreries, tous les esclaves barbares qui se trouvent dans la ville.

« Et que restera-t-il donc aux habitants ?

— La vie, » répond Alaric.

On lui apporta cinq mille livres d'or, trente mille livres d'argent, quatre mille tuniques de soie, trois mille peaux écarlates et trois mille livres de poivre.

Les Romains, pour se racheter, avaient fondu jusqu'à la statue d'or du Courage.

Puis, c'est Genseric, à la tête des Vandales, traversant l'Afrique et marchant vers Carthage, où se sont refugiés les débris de Rome;

Vers Carthage la prostituée! où les hommes se couronnent de fleurs, s'habillent comme des femmes, et, la tête voilée, courtisanes étranges, arrêtent les passants pour leur offrir leurs monstrueuses faveurs.

Il arrive devant la ville. Pendant que l'armée monte sur les remparts, le peuple descend au Cirque. Au dehors, le fracas des armes; au dedans, le bruit des jeux. Ici, la voix des chanteurs; là bas, le cri des mourants. Au pied des murailles, la malédiction de ceux qui glissent dans le sang et qui meurent; sur les gradins de l'amphithéâtre, les chants des comédiens et le son des flûtes qui les accompagnent. Enfin, la ville est prise.

Genseric vient lui-même ordonner aux gardiens d'ouvrir les portes du Cirque.

« A qui ? demandent-ils.

— Au roi de la terre et de la mer, » répond le vainqueur.

Mais bientôt il éprouve le besoin de porter ailleurs le fer et la flamme. Il ne sait pas, le barbare, quels peuples couvrent la surface du globe et il veut les détruire. Il se rend au port, embarque son armée, monte le dernier sur ses vaisseaux.

« Où allons-nous, maître ? dit le pilote.

— Où Dieu me poussera !

— A quelle nation allons-nous faire la guerre ?

— A celle que Dieu veut punir. »

C'est enfin Attila : que sa mission appelle dans les Gaules; dont le camp, chaque fois qu'il s'arrête, couvre un espace de trois milles; qui fait veiller un roi captif à la porte de chacun de ses généraux et un de ses généraux à sa tente; qui, dédaigneux des vases d'or et d'argent de la Grèce, mange des chairs saignantes dans des assiettes de bois.

Il s'avance et couvre de son armée les pacages du Danube. Une biche lui montre le chemin à travers les Palus Méotides et disparaît. Il passe comme un torrent sur l'empire d'Orient, enjambe avec dédain Rome déjà ruinée par Alaric, puis enfin met le pied sur cette terre qui est aujourd'hui la France : et deux villes seulement, Troyes et Paris, restent debout.

Chaque jour le sang rougit la terre, chaque nuit l'incendie rougit le ciel. Les enfants sont suspendus aux arbres par le nerf de la cuisse et abandonnés aux oiseaux de proie. Les jeunes filles sont étendues en travers des ornières, et des chariots chargés passent sur elles; les vieillards sont attachés au cou des chevaux, et les chevaux aiguillonnés les emportent avec eux. Cinq cents villes brûlées marquent le passage du roi des Huns à travers le monde; le désert s'étend à sa suite, comme son tributaire; l'herbe même ne croît plus, dit l'exterminateur, partout où a passé le cheval d'Attila.

Tout est extraordinaire dans les envoyés de ces vengeances célestes : naissance, vie et mort.

Alaric, prêt à s'embarquer pour la Sicile, meurt à Cosenza. Alors ses soldats, à l'aide d'une troupe de captifs, détournent le cours du Buzento, leur font creuser une fosse pour leur chef au milieu de son lit desséché, y jettent sous lui, autour de lui, sur lui, de l'or, des pierreries, des étoffes précieuses; puis, quand la fosse est comblée, ils ramènent les eaux du Buzento dans leur lit; le fleuve passe sur le tombeau; et, sur les bords du fleuve, ils égorgent jusqu'au dernier des esclaves qui ont servi à l'œuvre funéraire, afin que le mystère de la tombe reste un secret entre eux et les morts.

Quinze cents ans après cet événement, je traversais la Calabre au milieu du tremblement de terre qui venait de la secouer de fond en comble ; le Buzento avait disparu tout entier dans une immense gerçure de la terre, le lit était à sec de nouveau ; je m'arrêtai à une auberge qu'on appelait le *Repos d'Alaric*, et de la fenêtre je voyais toute une multitude remuant la terre mise à nu, pour retrouver cette tombe d'Alaric, qui contenait un cadavre enseveli dans des richesses suffisantes pour enrichir un peuple.

Quant à Attila, il expire entre les bras de sa nouvelle épouse Ildico ; et les Huns se font avec la pointe de leurs épées des incisions au-dessous des yeux, afin de ne pas pleurer leur roi avec des larmes de femme, mais avec du sang d'homme. L'élite de ses cavaliers tourne autour de son corps, tout le jour, en chantant des chants guerriers ; puis, quand la nuit est venue, le cadavre enfermé dans trois cercueils, le premier d'or, le second d'argent, le troisième de fer, est mystérieusement déposé dans la tombe sur un lit de drapeaux, d'armes et de pierreries ; et, afin que nulle cupidité humaine ne vienne profaner tant de richesses funéraires, les ensevelisseurs sont poussés dans la tombe et enterrés avec l'enseveli.

Ainsi passèrent, au milieu de l'orgie romaine qu'ils éteignirent dans le sang, ces hommes qui, instruits de leur mission par un instinct sauvage, devancèrent le jugement du monde en s'intitulant le marteau de l'univers ou le fléau de Dieu [1].

Puis, quand le vent eut emporté la poussière qu'avait soulevée la marche de tant d'armées ; quand la fumée de tant de villes incendiées fut remontée au ciel ; quand les vapeurs qui s'élevaient de tant de champs de bataille furent retombées sur la terre en rosée fécondatrice ; quand l'œil, enfin, put distinguer quelque chose au milieu de cet immense chaos, il aperçut des peuples jeunes et renouvelés se pressant autour de quelques vieillards qui tenaient d'une main l'Évangile et de l'autre la croix.

Les vieillards, c'étaient les Pères de l'Église.

Ainsi mourut, au commencement du Ve siècle, au temps de saint Chrysostome, cette civilisation qui avait donné tant de beaux jours à l'empire romain. L'odeur des festins de Trimalcion, de

---

1. Voir Chateaubriand, *Essais historiques*, dont tout ce passage n'est qu'une pâle imitation.

Lucullus, de Domitien, d'Héliogabale, qui avait éveillé l'appétit des barbares, tout fut perdu.

Les incursions des nations fauves, qui durèrent pendant près de trois siècles, jetèrent sur la civilisation antique une nuit profonde.

« Lorsqu'il n'y eut plus de cuisine dans le monde, il n'y eut plus de littérature, d'intelligence élevée et rapide, il n'y eut plus d'inspiration, il n'y eut plus d'idée sociale, » dit Carême.

Heureusement que des parcelles de la grande recette générale s'étaient éparpillées sur le monde. Le vent en jeta des fragments dans les cloîtres. C'est là que le feu de l'intelligence se réveilla. Les moines l'attisèrent et éveillèrent de nouveaux phares. Ceux-ci jetèrent toute leur lumière sur la société nouvelle et la fécondèrent.

Gênes, Venise, Florence, Milan, Paris enfin, qui héritent des nobles passions de l'art, deviennent des cités opulentes et ressuscitent la gastronomie.

C'était là qu'elle s'était éteinte, c'était là qu'elle devait renaître.

Rome, privilégiée entre toutes les villes, eut deux civilisations, toutes les deux brillantes : sa civilisation guerrière, sa civilisation chrétienne.

Après le luxe de ses généraux et de ses empereurs, elle eut celui de ses cardinaux et de ses papes.

L'Italie regagnait par le commerce les richesses qu'autrefois elle avait conquises par les armes. Comme elle avait eu ses gourmands païens, ses Lucullus, ses Hortensius, ses Apicius, ses Antoine, ses Pollion, elle a ses gourmands chrétiens, son Léonard de Vinci, son Tintoret, son Titien, son Paul Véronèse, son Raphaël, son Baccio Bandinelli, son Guido Reni; si bien qu'elle n'est bientôt plus assez grande pour contenir cette civilisation nouvelle et qu'elle déborde sur la France.

*
* *

La France était fort arriérée à l'endroit de la cuisine. Seuls, nos excellents vins, quoique n'étant point arrivés au degré de perfection qu'ils ont atteint aujourd'hui, étaient supérieurs aux vins de la vieille Rome et de la nouvelle Italie.

Mais par bonheur, au milieu de cette dispersion des peuples, au milieu de cette inondation de barbares, les couvents étaient restés comme des lieux de refuge où s'étaient cachés les sciences, les arts et les traditions de la cuisine. Seulement la cuisine, de païenne qu'elle était, s'était faite chrétienne et avait subi sa division en gras et en maigre.

Ce luxe de table que nous trouvons dans les tableaux de Paul Véronèse, particulièrement dans celui des *Noces de Cana*, passa en France avec Catherine de Médicis, et alla toujours augmentant sous les règnes de François II, de Charles IX et de Henri III.

Le linge, surtout le beau linge, ne fit que très-tard son apparition en France. La propreté est le résultat et non le présage de la civilisation. Nos belles dames du XIIIe et du XIVe siècle, aux pieds desquelles s'agenouillèrent les Galaor, les Amadis et les Lancelot du Lac, il faut bien l'avouer, non-seulement n'avaient pas de chemises la plupart du temps, mais ne les connaissaient point. Les nappes, déjà employées du temps d'Auguste, avaient disparu, et n'étendirent sur nos tables leur blanche surface que vers le XIIIe siècle, et encore seulement chez les princes et chez les rois.

Alors s'établit en France un usage singulier, celui de couper la nappe devant ceux qu'on voulait défier ou à qui on voulait faire un reproche de bassesse ou de lâcheté.

Charles VI, le jour de l'Epiphanie, avait à sa table plusieurs convives illustres, parmi lesquels se trouvait Guillaume de Hainault, comte d'Ostrevant. Tout à coup un héraut vint trancher la nappe devant le comte, en lui disant qu'un prince qui ne portait pas d'armes n'était pas digne de manger à la table du roi.

Guillaume répondit que, comme les autres seigneurs, il portait l'écu, la lance et l'épée.

« Non, sire, reprit le héraut, cela est impossible ; car votre oncle a été tué par les Frisons, et jusqu'à ce jour cependant sa mort est restée impunie ; certes, si vous possédiez des armes, il y a longtemps qu'il serait vengé. »

Les serviettes ne furent en usage que quarante ans après et sous le règne suivant.

Les Celtes, nos premiers ancêtres, essuyaient leurs doigts aux bottes de foin qui leur servaient de siéges. Les Spartiates mettaient à côté de chaque convive un morceau de mie de pain destiné au même usage. Avant les premières serviettes de toile, qui furent faites à Reims, on s'essuyait les doigts avec des tissus de laine qui n'étaient ni neufs, ni blanchis de la veille.

En 1792, lors des voyages de lord Macartney, les Chinois ne se servaient encore que de deux petits morceaux de bois pour envoyer la nourriture dans leur bouche. La cuiller et la fourchette furent à peu près bannies de France jusqu'au XVIe siècle, et leur usage ne devint commun qu'au siècle dernier.

Saint Pierre Damien raconte avec horreur que la sœur de Romain Argile, épouse d'un des fils de Pierre Orscléolo, doge de Venise, au lieu de manger avec ses doigts, employait des fourchettes et des cuillers dorées pour porter à sa bouche les aliments, ce qu'il regarde comme l'effet d'un luxe insensé qui appela le courroux céleste sur sa tête et sur celle de son époux. Tous deux en effet moururent de la peste.

Les couteaux avaient de longtemps précédé les fourchettes, dans la nécessité où l'on était de dépecer les viandes que l'on ne pouvait déchirer avec les doigts.

Quant aux verres, ils étaient connus des Romains, comme le prouve l'histoire de Pollion que nous venons de rapporter. Aujourd'hui les curieux et les voyageurs qui visitent Pompéi peuvent s'assurer que l'emploi du verre était même assez commun chez eux. Mais, après l'invasion des barbares, il ne fut plus connu que par tradition.

Vers le Xe ou XIe siècle avant Jésus-Christ, plusieurs marchands de nitre traversant la Phénicie voulurent faire cuire leur dîner au bord du fleuve Bellus; ne trouvant pas de pierres à leur portée, ils les remplacèrent par des morceaux de nitre; la matière s'embrasa, se fondit avec le sable, et forma de petits ruisseaux d'une liqueur transparente qui, s'étant figée à quelques pas de là, indiqua la manière de faire le verre.

Quelques auteurs prétendent qu'il fut inventé sous le règne

de Saül, et assurent que Salomon avait des verres à boire.

Du temps de Phèdre et d'Aristote, quatre siècles à peu près avant Jésus-Christ, le vin se conservait dans des amphores de terre cuite contenant vingt-huit litres à peu près, ou dans des peaux de bouc où le vin se desséchait tellement qu'on était obligé de les racler, et de faire dissoudre, pour le boire, ce liquide coagulé.

En Espagne il se conserve encore ainsi; ce qui lui donne un goût abominable que les Espagnols prétendent être un fumet aussi appétissant que celui de notre bourgogne et de notre bordeaux. En France d'ailleurs, il n'est aucunement question de bouteilles avant le xive siècle.

Quant aux épices, qui forment aujourd'hui le condiment principal de toutes les sauces, elles commencèrent à devenir un peu plus communes en France lorsque Christophe Colomb eut découvert l'Amérique, et Vasco de Gama la route du Cap.

Mais, en 1263, elles étaient encore si rares et si précieuses, que l'abbé de Saint-Gilles en Languedoc, ayant une grande faveur à demander au roi Louis le Jeune, ne crut pouvoir mieux le séduire qu'en faisant accompagner son placet par des cornets d'épices.

On appelait épices, et cette locution s'est conservée, les cadeaux qu'on faisait aux juges.

Dans un pays presque entouré par la mer, comme la France, le sel entra tout d'abord, et de toute antiquité, dans l'assaisonnement de la viande et des légumes.

Le poivre, au contraire, n'est connu que depuis cent quinze ou cent vingt ans : M. Poivre, natif de Lyon, le transporta de l'île de France à la Cochinchine. Avant cette conquête, il se vendait au poids de l'or; et les épiciers qui étaient assez heureux pour en posséder quelques onces inscrivaient sur le devant de leur magasin : *Épicier, Poivrier.*

Il paraît que le poivre n'était pas si rare chez les anciens Romains, puisque dans le tribut qu'Alaric leva sur Rome il y en avait trois mille livres.

Les facultés intellectuelles parurent s'élever, par l'impulsion des épices, à une plus longue surexcitation. Est-ce aux épices que nous devons l'Arioste, le Tasse, le Boccace? Est-ce aux épices que nous devons les chefs-d'œuvre du Titien? Je suis tenté de le croire : j'ai déjà dit que Léonard de Vinci, le Tintoret, Paul Véronèse, Baccio Bandinelli, Raphaël et Guido Reni étaient des gourmands distingués.

Ce fut surtout sous Henri III que les élégantes délicatesses des tables florentines et romaines fleurirent en France : la nappe était plissée et frisée comme une collerette depuis François Ier. Déjà, sous la troisième race, le luxe de l'argenterie avait dépassé toutes les bornes, et il avait fallu qu'une ordonnance de Philippe le Bel vînt le refréner ; sous ses successeurs d'autres ordonnances tentèrent de le limiter, mais ne réussirent pas.

Au commencement du xvie siècle, sous Louis XII et François Ier, on dînait à dix heures du matin ; à quatre heures on soupait ; le reste de la journée était occupé par les soirées ou les promenades. Dans le xviie siècle, on dînait à midi, on soupait à sept heures ; et si l'on veut sous ce rapport voir quelque chose de curieux et connaître une foule de plats oubliés ou perdus, on peut lire les Mémoires du médecin Hérouard, chargé d'enregistrer les déjeuners et les dîners du roi Louis XIII.

Au xviie siècle, c'est-à-dire à l'époque où l'on dînait à midi, le cor, dans les grandes maisons, annonçait le moment du dîner. De là une locution perdue ; on disait : *Cornez le dîner.*

Des pages, et parfois la maîtresse de la maison et ses filles, présentaient aux convives des bassins d'argent qui servaient à se laver les mains ; cela fait, on prenait place à table, et en se retirant on allait de nouveau se laver les mains dans une salle voisine. Si le maître tenait à honorer particulièrement un convive, il lui faisait passer sa propre coupe pleine. En Espagne, encore aujourd'hui, la maîtresse de la maison, quand elle veut vous faire une faveur, trempe ses lèvres dans son verre et vous l'envoie pour que vous le buviez à sa santé.

Nos pères disaient que, pour se bien porter, il fallait s'enivrer au moins une fois par mois.

Le commerce, en s'établissant le long des côtes depuis le golfe du Bengale jusqu'à Dunkerque, changea complétement l'itinéraire des épices, qui nous arrivèrent de l'Inde, tandis que celles qui nous venaient d'Amérique traversaient l'Atlantique. Le commerce de l'Italie languit alors et disparut peu à peu ; les découvertes scientifiques et surtout culinaires ne nous vinrent plus des Vénitiens, des Génois, des Florentins, mais des Portugais, des Allemands et des Espagnols. Bayonne, Mayence et Francfort nous envoyèrent leurs jambons; Strasbourg fit fumer ses saucisses et son lard, et nous en approvisionna ; Amsterdam nous expédia ses petits harengs, Hambourg son bœuf.

Ce fut au milieu de cette diffusion du bien-être matériel que l'aristocratie féodale s'affaiblit et fit eau. Alors on jeta les yeux, et des yeux avides, sur les biens, les jouissances qui remplissaient l'existence des grands seigneurs. Mais, tout en pliant sous la main des rois, l'aristocratie sut conserver son rang et continua de tout effacer, à la cour et dans la société, par le luxe de sa vie, de ses vêtements et de sa représentation. Elle accrut sa dépense, remplit ses coffres avec l'argent de la bourgeoisie, et se doubla d'une aristocratie d'argent et de hasard, qui rivalisa avec l'aristocratie de naissance et de privilége.

Sur ces entrefaites, le café parut en France.

Un prêtre musulman avait remarqué que les chèvres de l'Yémen qui mangeaient des baies d'une plante croissant dans cette contrée étaient plus joyeuses, plus vives et plus gaies que les autres ; il torréfia ces baies, les moulut, en fit une infusion, et découvrit le café tel que nous le prenons.

Malgré la prophétie de Mme de Sévigné, le café continua à être le diamant du dessert sous le règne de Louis XIV.

Les cabarets, qui furent les cafés primitifs et qui existaient depuis longtemps, avaient commencé à assouplir nos mœurs. En mangeant dans la même chambre, souvent à la même table, les Français apprirent à vivre en frères et en amis.

La cuisine du siècle de Louis XIV fut soignée, somptueuse, assez belle; et l'on commença de soupçonner le degré de délicatesse auquel elle pouvait arriver, à la table des Condé.

Le suicide de Vatel indique plutôt l'homme de l'étiquette que l'homme du dévouement : laisser manquer le poisson dans une saison où, grâce à la fraîcheur de l'atmosphère et à la glace sur laquelle on l'étend, on peut conserver le poisson trois ou quatre jours, c'est d'un homme imprévoyant qui ne va pas audevant, par l'imagination, des accidents dont peut l'écraser la mauvaise fortune.

Ce fut sous le régent Philippe d'Orléans, c'est à ses petits soupers, c'est aux cuisiniers qu'il forma, qu'il paya et traita si royalement et si poliment, que nous devons l'excellente cuisine du XVIIIe siècle. Cette cuisine, tout à la fois savante et simple, que nous possédons aujourd'hui perfectionnée et complète, eut un développement immense, rapide, inespéré. Loin d'obscurcir l'intelligence, cette cuisine, pleine de verve, éveilla l'esprit en le fouettant; et la conversation française, ce modèle des conversations européennes, trouva, de minuit à une heure du matin, entre la poire et le fromage, sa perfection à table.

Les grandes questions sociales qui se présentèrent alors étendirent le cercle de la conversation jusqu'aux grandes questions sociales qui avaient été remuées dans les siècles précédents et furent reprises à table avec plus de raison, de lumière et de profondeur par les Montesquieu, les Voltaire, les Diderot, les Helvétius, les d'Alembert, tandis que les finesses de la cuisine passaient aux Condé, aux Soubise, aux Richelieu, aux Talleyrand, et que, ô progrès immense! on pouvait, chez un bon restaurateur, dîner pour douze francs aussi bien que chez M. de Talleyrand et mieux que chez Cambacérès.

Disons un mot de ces utiles établissements, dont parfois les chefs rivalisèrent avec les Beauvilliers et les Carême.

A Paris, ils ne comptent pas plus de quatre-vingt-dix à cent ans. Ils ne peuvent donc pas invoquer leur antiquité à l'appui de leur noblesse.

Les restaurateurs descendent en droite ligne des cabaretierstaverniers, et de tout temps il y a eu des boutiques où l'on vendait du vin, et d'autres où l'on donnait à manger. Celles où l'on vendait du vin s'appelaient cabarets; celles où l'on vendait à manger s'appelaient tavernes.

La profession des marchands de vin est une des plus anciennes qui subsistent dans la capitale. Boileau leur donne des statuts dès 1264, mais ils ne furent érigés en corps de communauté que trois cent trente-cinq ans après. Alors on les divisa en quatre classes : *hôteliers, cabaretiers, taverniers, marchands de vin à pot*. Les marchands de vin à pot étaient ceux qui vendaient le vin en détail, sans cependant tenir taverne. On ne pouvait boire chez eux celui qu'on y achetait, il fallait l'emporter. A la grille extérieure de la boutique était pratiquée une ouverture par laquelle l'acheteur passait son pot vide et le reprenait lorsqu'il était plein. De cet usage il n'existe plus que les grilles que l'on voit encore faire partie de la devanture des marchands de vin.

Les cabaretiers avaient le droit de donner à boire chez eux et d'y donner à manger, mais il leur était expressément défendu de fournir du vin en bouteille; il devait être dans des pintes étalonnées. Au XIe siècle, les seigneurs, les moines et les rois n'ont pas cru déroger en vendant soit au pot, soit en détail, les vins qu'ils récoltaient. Afin d'avoir un prompt débit, ils abusaient de leur autorité absolue, en ordonnant de fermer toutes les tavernes de la ville jusqu'à ce que leurs vins fussent vendus.

On demandait un jour à Bautru la définition d'un cabaret :

« C'est, répondit-il, un lieu où l'on vend la folie à la bouteille. »

On voit à Pompéi dans les ruines de la ville, et on voit à Florence dans les plus beaux palais, à Pompéi, la petite fenêtre par laquelle on vendait autrefois, à Florence, la petite fenêtre par laquelle on vend encore aujourd'hui le vin du propriétaire du palais. C'est le concierge qui est chargé de ce soin.

En 1599, les cabaretiers furent établis par Henri IV en communauté, avec le titre maîtres-queux, cuisiniers et porte-chapes.

Vers le milieu du siècle dernier, un nommé Boulanger établit à Paris, rue des Poulies, le premier restaurant. On lisait cette devise sur sa porte :

« *Venite omnes, qui stomacho laboratis, et ego restaurabo vos.* »

« Venez tous, qui travaillez de l'estomac, et je vous restaurerai. »

Ce fut un grand progrès que l'établissement des restaurants à Paris. Avant qu'ils fussent créés, les étrangers étaient forcés d'avoir recours à la cuisine des aubergistes, qui généralement était mauvaise. Il existait bien quelques hôtels avec table d'hôte ; mais ces hôtels, à peu d'exceptions près, n'offraient que le strict nécessaire. On avait bien la ressource des traiteurs ; mais ils ne livraient que des pièces entières ; et celui qui voulait se régaler avec un ami était obligé d'acheter, soit un gigot, soit un dindon, soit un filet de bœuf.

Enfin, un homme de génie se trouva, qui, jugeant de l'opportunité d'une création nouvelle, comprit que, si un dîneur s'était présenté pour manger une aile de poulet, un autre ne pouvait manquer de se présenter pour manger la cuisse. La variété des mets, la fixité des prix, le soin donné au service, amèneraient la vogue chez celui qui commencerait avec ces trois qualités.

La Révolution, qui démolit tant de choses, créa de nouveaux restaurateurs : les maîtres d'hôtel et les cuisiniers des grands seigneurs, se voyant sans place par l'émigration de leurs maîtres, devinrent philanthropes et imaginèrent, ne sachant à quel saint se vouer, de faire participer tout le monde à leur science culinaire.

A la première restauration bourbonnienne, en 1814, le restaurateur fit un grand pas. Beauvilliers apparut dans ses salons, en habit à la française et l'épée au côté.

Au milieu des premiers restaurateurs qui prirent le sceptre de la cuisine, il faut compter un nommé Méot. Il vendait des bouillons au consommé, des volailles au gros sel et des œufs frais, le tout servi sur des petites tables de marbre, comme dans les cafés aujourd'hui. J'ai encore entendu parler dans ma jeunesse des succulents dîners que l'on faisait chez Méot, de l'air avenant et sémillant de sa femme qui trônait au comptoir. Méot était l'ancien chef de cuisine du prince de Condé, c'est-à-dire le successeur de Vatel.

La ville qui, après Paris, compte le plus de restaurateurs, est San-Francisco ; elle a des restaurateurs de tous les pays et même des restaurateurs chinois. Un de nos amis, qui a dîné dans un restaurant chinois, en a rapporté la carte et a bien voulu nous la communiquer. La voici :

Soupe au chien............	» fr.	50 c.
Côtelettes de chat.........	1	»
Rôti de chien............	»	75
Pâté de chien.............	»	20
Rats braisés.............	»	20

La carte est signée et porte le cachet du restaurateur, afin qu'on ne dise pas que c'est une carte faite à plaisir.

Entre les traiteurs et les restaurateurs, il y a aujourd'hui peu de différence, et la mode a été longtemps, à la fin du dernier siècle et au commencement de celui-ci, d'aller manger les huîtres et les matelotes au cabaret, c'est-à-dire chez des traiteurs; et c'était raison, car souvent on dîne mieux chez Maire, chez Philippe ou chez Magny, que chez les premiers restaurateurs de Paris.

Voici les noms des restaurateurs dont les gourmands du dernier siècle et ceux du commencement de celui-ci ont gardé le souvenir avec le plus de reconnaissance :

Beauvilliers, Méot, Robert, Rose, Borel, Legac, les frères Véry, Neveux et Baleine.

Ceux d'aujourd'hui sont : Verdier, de la Maison-d'Or, Bignon, Brébant, Riche, le Café Anglais, Péters, Véfour, les Frères Provençaux.

Si je passe quelques célébrités, qu'elles me le pardonnent : c'est un oubli.

ALEXANDRE DUMAS.

UNE CUISINE MODÈLE

J'ai vu à Sainte-Menehould, raconte Victor Hugo, une belle chose, c'est la cuisine de l'*hôtel de Metz*.

C'est là une vraie cuisine. Une salle immense, un des murs occupé par les cuivres, l'autre par les faïences. Au milieu, en face des fenêtres, la cheminée, énorme caverne qu'emplit un feu splendide. Au plafond, un noir réseau de poutres magnifiquement enfumées, auxquelles pendent toutes sortes de choses joyeuses, des paniers, des lampes, un garde-manger, et au centre une large nasse à claire-voie où s'étalent de vastes trapèzes de lard. Sous la cheminée, outre le tourne-broche, la crémaillère et la chaudière, reluit et pétille un trousseau éblouissant d'une douzaine de pelles et de pincettes de toutes formes et de toutes grandeurs. L'âtre flamboyant envoie des rayons dans tous les coins, découpe de grandes ombres sur le plafond, jette une fraîche teinte rose sur les faïences bleues, et fait resplendir l'édifice fantastique des casseroles comme une muraille de braise. Si j'étais Homère ou Rabelais, je dirais :

« Cette cuisine est un monde, dont cette cheminée est le soleil. »

C'est un monde en effet. Un monde où se meut toute une république d'hommes, de femmes et d'animaux. Des garçons, des servantes, des marmitons, des rouliers attablés sur des poêles, sur des réchauds, des marmites qui gloussent, des fritures qui glapissent, des pipes, des cartes, des enfants qui jouent, et des chats, et des chiens, et le maître qui surveille. *Mens agitat molem.*

Dans un angle, une grande horloge à gaîne et à poids dit gravement l'heure à tous ces gens occupés.

Parmi les choses innombrables qui pendent au plafond, j'en ai admiré une surtout, le soir de mon arrivée, c'est une petite cage où dormait un petit oiseau. Cet oiseau m'a paru être le plus admirable emblème de la confiance. Cet antre, cette forge à indigestion, cette cuisine effrayante est jour et nuit pleine de vacarme, l'oiseau dort. On a beau faire rage autour de lui, les hommes jurent, les femmes querellent, les enfants crient, les chiens aboient, les chats miaulent, l'horloge sonne, le couperet cogne, la lèchefrite piaille, le tourne-broche grince, la fontaine pleure, les bouteilles sanglotent, les vitres frissonnent, les diligences passent sous la voûte comme le tonnerre; la petite boule de plume ne bouge pas. — Dieu est adorable, il donne la foi aux petits oiseaux.

A JULES JANIN

Mon cher Janin,

Je cherchais une entrée en matière pour faire une causerie rapide sur le XIXᵉ, le XVIIIᵉ et même le XVIIᵉ siècle.

Tout à coup je m'écrie comme Archimède :

« J'ai trouvé ! »

Et, en effet, ce que j'ai trouvé, mon vieil ami, c'est un joli portrait de vous, avec une lettre adressée à vous par M. Fayot ; je ne puis reproduire le portrait, mais je puis reproduire cette dédicace, que j'ai le regret de ne pas avoir écrite, tant elle dit bien de vous ce que j'aurais voulu en dire.

Le livre où se trouvent ces deux précieux documents — l'un sur votre physique, le portrait ; l'autre sur votre moral, la dédicace — est intitulé : *Les Classiques de la table*.

Voici la lettre :

A MONSIEUR JULES JANIN.

Monsieur,

Ne soyez pas étonné si nous mettons votre nom au frontispice de ce volume, qui contient mieux que l'âme du licencié Gil Pérès. Vous aimez trop votre poëte Horace, qui donnait de si bons petits dîners à Mécène, pour ne pas être naturellement l'ami et le compagnon de tant de charmants professeurs dans cette heureuse et féconde science de la table et de la bonne humeur. Cette science, que l'on pourrait à bon droit appeler la gaie science, *a soumis l'Europe à la France tout autant pour le moins que nos modes, notre théâtre, nos romans et nos poésies. Brillat-Savarin est le profes-*

seur le plus écouté de ce monde; ses préceptes sont des lois sans appel. Carême est peut-être la seule gloire de son siècle qui n'ait pas été contestée. Enfin, M. le prince de Talleyrand, dont les bons mots sont autant de chapitres de l'histoire contemporaine, n'a pas été, dans sa longue vie, plus populaire par cet esprit qui éblouissait l'Europe, que par sa grande renommée, bien méritée, d'avoir été, même en comptant S. M. Louis XVIII, la première fourchette de son temps.

Nous savons bien, Monsieur, que vos prétentions ne vont pas si loin. Feu M. le marquis de Cussy, de friande mémoire, disait de vous que vous faisiez trop d'esprit à table pour savoir jamais bien dîner. Il prétendait que chez vous la forme emportait le fond. Puis, comme il ne voulait décourager personne : « Qui sait? disait-il, il deviendra peut-être célèbre, quoiqu'il soit bien maladroit, un couteau à la main! » Carême lui-même, peu de temps avant sa mort, affirmait qu'il eût fait quelque chose de vous s'il vous eût connu au beau temps de ses inspirations toutes royales. Brave et digne homme! Si vous ne l'avez pas compris tout à fait, vous l'avez deviné. Vous avez fait comme ces gens zélés qui savent à peine la langue d'Homère, et qui, pour le seul enchantement de l'oreille, se lisent à eux-mêmes les plus beaux vers de l'Iliade. Ils s'amusent du son, ils rêvent le reste. A la tête des gastronomes nous vous plaçons, Monsieur, sinon pour votre gourmandise encore peu éclairée, du moins pour votre volonté, pour votre zèle, pour votre honnête envie de faire quelque jour, quand vous aurez assez de loisirs, de notables progrès dans cette grande science du bien-vivre, qui est, à bien prendre, la science mignonne de tous les hommes distingués de l'univers.

Voilà pourquoi cette Encyclopédie des bons viveurs paraîtra sous vos auspices. Plaise au dieu tout-puissant de Désaugiers et de Pétrone que ce livre porte d'heureux fruits. Hélas! nous avons besoin de frapper un grand coup, qui rende aux utiles plaisirs de la table leur popularité d'autrefois, qui réveille l'appétit presque aussi blasé que l'esprit même de nos contemporains.

Il faut l'avouer, quoi qu'il nous en coûte, les gourmands s'en vont plus encore que les grands poëtes. Les meilleures tables ont été renversées par la mort ou par les révolutions, pires que la mort. De nos jours, ô profanation! nous avons assisté à la vente en détail des plus célèbres caves parisiennes. Ceux mêmes qui les avaient fondés, ces précieux entrepôts de la gaieté, de la verve, de l'esprit — disons-le — de l'amour des hommes, ceux-là mêmes faisaient entrer dans leurs caves déshonorées l'huissier-priseur, ce triste convive qui déguste les vins sans les boire et tout simplement pour savoir l'argent qu'il en faut demander. Les bons vins, la liqueur divine destinée aux amis, aux poëtes, aux belles personnes, aux douces joies du foyer domestique, le propriétaire avare les faisait vendre pour en avoir de l'argent! De l'argent pour remplacer tant de sourires, tant de vivats, tant d'aimables regards, tant d'espérances presque accomplies, tant de lèvres amoureuses doucement humectées! Tirées de leur obscurité et de leur paix profonde, ces dives bouteilles, encore toutes couvertes de leur manteau diaphane, filé par l'araignée ou par les fées de Bordeaux, de Mâcon et de la Côte-Rôtie, avaient l'air de se dire: Où allons-nous? Spectacle affligeant! triste décadence! Bas-Empire de la cuisine! Encore une fois, il est temps que les adeptes remettent en honneur les vraies traditions.

Puisse ce livre rappeler à la France ce grand art qui se perd, l'art qui contient toutes les élégances, toutes les courtoisies, sans lesquelles tous les autres sont inutiles et perdus; l'art hospitalier par excellence, qui emploie avec un égal succès tous les produits les plus excellents de l'air, des eaux, de la terre : le bœuf de la prairie et l'alouette du champ de blé; la glace et le feu; le faisan doré et la pomme de terre; le fruit et la fleur; l'or, la porcelaine et les plus suaves peintures; l'art des quatre saisons de l'année, des quatre âges de la vie de l'homme; la seule passion, heureuse entre toutes, qui ne laisse après elle ni le chagrin ni le remords. Chaque matin elle renaît plus brillante et plus vive; elle a besoin de la paix et de l'abondance; elle se plaît dans les maisons sages, heureuses, bien ordonnées, bienveillantes; aimable passion, qui peut remplacer toutes les autres, elle est la joie du foyer domestique; elle se plie à toutes les nécessités de la ville, à toutes les exigences de la campagne. Dans le voyage, elle est la consolation; dans la santé, la force; dans la maladie, l'espérance; comme toutes les sciences heureuses, innocentes, bien faites, cette science favorite des rois et des poëtes, des belles personnes de trente ans et des hommes politiques inoffensifs; cette vertu, qui manquait à Napoléon et que ne dédaignait pas le grand Condé, a produit des chefs-d'œuvre tout remplis de l'esprit le plus rare, de la gaieté la plus charmante, d'un style plein de grâce, de bon sens, de suc, de philosophie, d'urbanité. — De tous ces chefs-d'œuvre, çà et là épars comme autant de couplets de la même chanson, nous avons fait un livre unique, et, s'il fallait une épigraphe à ce livre, nous prendrions la devise de votre poëte et la vôtre : — Se laisser être heureux. — Indulgere genio !

Puissiez-vous mettre longtemps en pratique cet art heureux, tout à fait digne du brillant et aimable esprit que nous aimons tant, pour sa bienveillance, sa bonne grâce et son abandon.

Sans aucun doute, Monsieur, comme vous le dites souvent, il est difficile de bien écrire, mais il est cent fois plus difficile de savoir bien dîner.

Paris, le 10 octobre 1833.

Votre ami,

LE SECRETAIRE DE FEU CARÊME.

Vous le voyez, cher ami, il y a trente-quatre ou trente-six ans que ces lignes ont été écrites ; nous étions au plus vigoureux temps de notre verte jeunesse, mais nous n'étions ni l'un ni l'autre des gourmands. Pourquoi ne l'étiez-vous pas, vous, gourmand? M. de Cussy me paraît l'avoir deviné. Pourquoi ne l'étais-je pas, moi ? Je ne l'ai jamais bien su moi-même. Et cependant c'était encore l'époque des soupers, époque tout à fait perdue aujourd'hui.

Nous soupions assez régulièrement, s'il vous en souvient, chez les deux reines du théâtre de l'époque. Nous allions manger, après *Henri III*, de la soupe aux amandes chez la reine de la comédie, Mlle Mars, qui demeurait alors rue de la Tour-des-Dames.

Nous allions, après les représentations de *Christine* à l'Odéon, manger des truffes en salade avec force poivre et force piment chez l'impératrice de la tragédie, Mlle Georges, rue de l'Ouest.

Je trouve que la soupe aux amandes rappelle assez Mlle Mars.

Je trouve que la salade aux truffes caractérise assez heureusement Mlle Georges.

Ah! cher ami, le bon temps! avons-nous ri à ces soupers!

Quand Mlle Georges était déshabillée, et selon l'habitude des grandes actrices elle se déshabillait devant nous, nous quittions sa loge, et, ouvrant une grille du Luxembourg dont elle avait la clef, nous rentrions chez elle, rue de l'Ouest, à travers le jardin, par une autre grille qui donnait dans son jardin même.

De loin, à travers le feuillage, ou plutôt à travers les branches dépouillées de feuillage, car c'était l'hiver, nous voyions étinceler les vitres de la salle à manger ardemment éclairée.

A peine étions-nous entrés dans la maison qu'un air tiède et parfumé venait au-devant de nous.

Nous entrions dans la salle à manger, où nous attendait un énorme plat de truffes, de quatre à cinq livres.

On s'asseyait aussitôt à table, et Georges, qui avait fait sa toilette, comme j'ai dit, dans sa loge, attirait à elle le saladier, le répandait sur une nappe étincelante de blancheur, et, de ses belles mains royales, à l'aide d'un couteau d'argent, se mettait à éplucher les truffes avec une adresse et une délicatesse infinies.

Les convives :

Lockroy, un esprit fin et railleur, qui caressait même en attaquant;

Gentil, rédacteur de je ne sais quelle revue, esprit brutal, prime-sautier, inattendu; il se vantait d'avoir dit le premier que Racine était un polisson;

Harel, le prétendu maître de la maison; mais en réalité l'esclave de Georges; esprit rapide, charmant, se faisant des mots que l'on attribuait à M. de Talleyrand et qui sont restés proverbes;

Vous, mon ami, le chroniqueur infatigable, qui avez tenu pendant trente ou trente-cinq ans la critique d'un des premiers journaux littéraires de France, et qui aviez, au milieu de tous les esprits, celui de rire, et joyeusement, à l'esprit des autres;

Et moi, enfin, qui, arrivant de ma province, me formais au récit et au dialogue au milieu de ce charmant babillage, qui n'avait ni interruption ni lassitude pendant les deux ou trois heures que durait notre souper.

C'était autre chose chez Mlle Mars. Malgré son âge, qui était du reste à peu près celui de Mlle Georges, elle avait conservé, sinon une grande jeunesse, du moins une grande apparence et un grand besoin de jeunesse.

Elle était de 1778, et ne cachait nullement son âge à ses amis.

Un petit meuble, donné par la reine à sa mère, accouchée de Mlle Mars le jour même où Marie-Antoinette était accouchée de la Dauphine, portait la date de 1778.

Mlle Mars avait en elle deux femmes très-différentes : la femme du théâtre, il vous en souvient, n'est-ce pas? et la femme de la vie privée.

La femme du théâtre, avec son œil caressant, sa voix sympathique, une grâce infinie dans tous ses mouvements ; la femme de la vie privée, avec son œil dur, sa voix rauque, ses gestes brusques, aussitôt qu'elle éprouvait quelque contrariété, de quelque part que la chose vînt.

Elle avait auprès d'elle une pauvre Marton de province, qu'elle avait ramenée de Bordeaux pour lui servir de dame de compagnie, de lectrice, de souffre-douleur.

Cette compagne s'appelait Julienne, avait infiniment d'esprit, m'aimait beaucoup et faisait de moi son confident.

Un jour qu'elle me racontait une scène, dans laquelle elle avait eu le courage de ne pas répondre aux apostrophes de Célimène, et que je l'en félicitais, elle me dit :

« Mon cher Dumas, vous qui savez tout faire, même des comédies, inventez-moi donc une occupation quelconque où je puisse écouter, les yeux baissés, toutes les injures qu'elle me dit, et où mon impatience puisse se faire jour sans paraître.

— Ma chère Julienne, lui dis-je, amusez-vous à faire du paysage.

— Mais je ne sais pas peindre? me dit la pauvre fille.

— Bon, lui dis-je, pour faire du paysage, il n'y a pas besoin de savoir peindre ; il s'agit seulement de faire des lignes droites qui représentent des troncs d'arbres, et une espèce de barbouillage vert avec des nuances qui représente le feuillage. Tenez, tenez : moi, qui n'ai jamais manié un pinceau, je vous apporterai demain une boîte à couleurs, une toile de trente-six et une lithographie coloriée représentant une forêt, et je vous donnerai votre première leçon. Les jours où vous aurez eu du beau temps, c'est-à-dire où Célimène aura été aimable, vous ferez les troncs d'arbres, c'est-à-dire que vous tirerez les lignes droites; mais les jours d'orage, les jours où Célimène aura grondé, vous ferez le feuillage, c'est-à-dire que vous laisserez à votre main tremblante de colère son mouvement fébrile. Si elle s'en aperçoit et qu'elle demande ce que vous faites, vous lui répondrez que ce sont les feuilles d'un chêne; elle n'aura rien à dire; vous jurerez tout bas; et votre colère passera sur la toile. »

Le lendemain, je tins parole à Julienne, je lui apportai tout ce qu'il fallait pour peindre. Julienne s'y mit; et, grâce à mes conseils, elle commença une des plus belles forêts vierges que j'aie jamais vues.

Quand j'arrivais chez Mlle Mars, la première chose que je faisais, c'était d'aller à la toile de Julienne retournée contre le mur.

« Ah! ah! » disais-je, si les troncs des arbres s'étaient augmentés, « il paraît que la journée a été calme et que nous avons cultivé la ligne droite; » mais, au contraire, si le feuillage s'était épaissi, si les branches, qui n'appartenaient à aucune famille d'arbres, s'élançaient vers le ciel ou retombaient brisées vers la terre :

« Ouf! ma bonne Julienne, lui disais-je, il paraît qu'il y a eu tempête aujourd'hui? »

Et Julienne me racontait ses chagrins.

Nos convives ordinaires chez Mlle Mars étaient Vatout et Béquet.

Vatout était premier bibliothécaire du duc d'Orléans. On le disait parent du côté gauche du prince, qui le traitait, en effet, avec une bonté toute particulière; de son côté, Vatout faisait tout ce qu'il pouvait pour le faire croire.

Vatout, que Mme Desbordes-Valmore avait appelé un papillon en bottes fortes, était assez bien peint par cette épigramme; sa grande prétention était de passer pour un homme de lettres; il avait fait une mauvaise compilation, qu'il avait appelée *La Conspiration de Cellamare*, et un mauvais roman, qu'il avait intitulé *L'Idée fixe*.

Mais sa réputation, et il en avait une grande dans les salons, reposait particulièrement sur deux chansons fort connues, l'une intitulée *L'Écu de France* et l'autre *Le Maire d'Eu*.

Il racontait avec beaucoup de grâce qu'un jour, pour raccourcir le chemin, cet honorable maire avait fait prendre au roi Louis-Philippe, en villégiature à sa bonne ville d'Eu, une ruelle fort étroite, plus visitée le soir que le matin; des traces visibles étaient restées de ces visites; et l'excellent homme, la rougeur de la honte au front, tout en écartant le roi des endroits dangereux, se tuait de dire :

« J'avais pourtant ordonné qu'on les enlevât.

— Vous n'en aviez pas le droit, monsieur le maire, répondit Vatout qui suivait le roi, ils ont leurs papiers. »

Vous vous rappelez Béquet, mon cher Janin; Béquet, qui, de même qu'Antée trouvait des forces en touchant la terre, trouvait de l'esprit au fond de chaque verre de vin qu'il buvait; Béquet, impie à toutes les choses sacrées, paternité ou divinité.

« Malheureux, lui disait un jour son père, ne cesserez-vous donc jamais de faire des dettes?

— Moi? répondait Béquet d'un air innocent et la main sur son cœur.

— Oui, vous devez à Dieu et au diable.

— Vous venez justement, répondit Béquet, de nommer les deux seules personnes à qui je ne doive rien. »

Ses relations avec son père n'étaient qu'une longue dispute.

Un jour le père Béquet reprochait à son fils les vices qui, disait-il, devaient le conduire au tombeau.

« J'ai trente ans plus que vous, eh bien! vous serez mort avant moi.

— En vérité, monsieur, répondit Béquet d'un ton larmoyant, vous avez toujours des choses désagréables à me dire. »

Le jour où son père mourut, il alla comme d'habitude dîner

au café de Paris; puis, comme il tenait sans doute à suivre l'étiquette mortuaire :

« Pierre, demanda-t-il au garçon, le vin de Bordeaux est-il de deuil? »

Il faut rendre cette justice à Béquet, qu'il mourut comme il avait vécu, le verre à la main.

Notre convive le plus charmant, mais malheureusement pas le plus assidu, était Charles de Mornay; c'était un reste de la vieille race gentilhommière, comme d'Orsay, avec lequel il avait beaucoup de ressemblance. Il était tout à la fois beau, spirituel et ministre du roi à la cour de Suède.

Nul ne racontait mieux que lui les choses qui ne peuvent pas se raconter.

C'était un descendant du fameux Duplessis-Mornay, ministre de Henri IV. A l'époque de la République, il donna sa démission, et, quoique sans fortune, résolut de ne plus servir.

Romieu aussi venait souper de temps en temps, et luttait d'esprit bohême avec l'esprit aristocratique de Mornay.

Nous, mon cher Janin, nous soutenions de notre mieux l'école moderne, que Mlle Georges avait abordée franchement, et Mlle Mars à contre-cœur.

Puis, de temps en temps, on voyait apparaître quelque représentant de la vieille école, comme Alexandre Duval, qui nous perçait de ses flèches de plomb, et Dupaty, qui nous criblait de ses flèches dorées.

Les soupers de Mlle Mars, sans être des modèles de table, étaient bons et délicats; ils avaient un fumet de bourgeoisie, que n'avait pas le brûlot incendiaire de Mlle Georges.

J'allais en outre, de temps en temps, dîner chez un illustre gourmand, qui avait renversé de vrais rois et de vraies reines, et qui avait été, lui cinquième, roi de France, au Luxembourg, chez Barras.

Nous sommes nés sur les limites des deux siècles, à deux ans, je crois, de différence : moi en 1802, vous en 1804 ou 1805.

Il en résulte que nous avons pu connaître, sur la fin de leur réputation, c'est vrai, — mais, d'une réputation méritée, il reste toujours quelque chose, — les plus fameux gastronomes de l'autre siècle.

La société se modèle en général sur le chef de l'Etat. Napoléon n'était pas gourmand, mais il voulait que tout grand fonctionnaire de l'Empire le fût. « Ayez bonne table, disait-il, dépensez plus que vos appointements; faites des dettes, je les payerai. »

Et, en effet, il les payait.

Ce qui empêcha peut-être Bonaparte de devenir gourmand, ce fut l'idée qui le poursuivit constamment, que vers trente-cinq ou quarante ans il deviendrait obèse.

« Voyez, Bourrienne, combien je suis sobre et mince, disait-il; eh bien! on ne m'ôtera pas de l'idée que je deviendrai gros mangeur et que je prendrai beaucoup d'embonpoint; je prévois que ma constitution changera, et pourtant je fais assez d'exercice; mais que voulez-vous? c'est un pressentiment, cela ne peut manquer d'arriver. »

Loin qu'il ait enrichi le répertoire gastronomique, on ne doit à toutes ses victoires qu'un plat, c'est le poulet à la Marengo. Bonaparte buvait peu de vin, toujours du vin de Bordeaux ou du bourgogne; cependant il préférait ce dernier. Après son déjeuner comme après son dîner, il prenait une tasse de café.

Il était irrégulier dans ses repas, mangeait vite et mal; mais là se retrouvait cette volonté absolue qu'il mettait à tout : dès que l'appétit se faisait sentir, il fallait qu'il fût satisfait; et son service était monté de manière qu'en tous lieux et à toute heure on pouvait lui présenter de la volaille, des côtelettes et du café.

Son plus grand plaisir, c'est-à-dire celui qu'il laissait le plus paraître, c'était, après une longue et pénible dictée, de sauter sur un cheval, de lui lâcher la bride et de s'élancer à fond de train.

Il déjeunait dans sa chambre, à dix heures, invitant presque toujours les personnes qui se trouvaient près de lui.

Bourrienne, son secrétaire, pendant les quatre ou cinq ans qu'il a passés avec lui, ne l'a jamais vu toucher à plus de deux plats.

Un jour, l'Empereur demanda pourquoi on ne servait jamais sur sa table des crépinettes de cochon.

Dunand — le maître d'hôtel de l'Empereur s'appelait Dunand — resta un instant ébahi de la question, et répondit :

« Sire, ce qui est indigeste n'est pas gastronomique. »

Un officier qui était présent ajouta :

« Votre Majesté ne pourrait pas manger de crépinettes et travailler aussitôt.

— Bah! bah! ce sont des contes, je travaillerai malgré ça.

— Sire, dit alors Dunand, Votre Majesté sera obéie demain à déjeuner. »

Et, le lendemain, le premier maître d'hôtel des Tuileries servit le plat demandé; seulement les crépinettes étaient en chair de perdreaux, ce qui était différent.

L'Empereur en mangea avec délices.

« Votre plat est excellent, lui dit-il, je vous en fais mon compliment. »

Un mois après, c'était vers l'époque de la rupture avec la cour de Prusse, Dunand inscrivit des crépinettes sur le menu et les présenta au déjeuner.

Ce jour-là, Murat et Bessière devaient déjeuner au palais; mais des affaires instantes les avaient éloignés de Paris.

Le déjeuner se composait de six assiettes, sur lesquelles se trouvaient des côtelettes de veau, du poisson, de la volaille, du gibier, un entremets, des légumes et des œufs à la coque.

L'Empereur venait d'avaler à sa manière et en une seconde quelques cuillerées de potage, quand, déclochant vivement la première assiette, il aperçut son plat favori; sa figure se contracta; il se leva, repoussa la table et la renversa, avec tout ce qui était dessus, sur un magnifique tapis d'Ispahan; il s'éloigna en agitant les bras, en élevant la voix et en jetant les unes sur les autres les portes de son cabinet.

M. Dunand se crut foudroyé et resta sur le plancher, immobile et brisé comme les belles porcelaines de service : quel souffle avait donc traversé le palais? Les écuyers tranchants étaient tremblants, les valets de pied effarés s'étaient enfuis, le maître d'hôtel éperdu s'était rendu chez le grand maréchal du palais pour invoquer ses conseils et en appeler à ses bontés.

Duroc, dans sa parfaite tenue, paraissait froid et fier; mais il n'était ni l'un ni l'autre au fond; il écouta donc le récit de la scène. Quand il la connut, il sourit et dit à Dunand :

« Vous ne connaissez pas l'Empereur; si vous voulez m'en croire, vous irez sur-le-champ faire recommencer son déjeuner et le plat de crépinettes; vous n'êtes pour rien dans cet éclat; les affaires seules en sont cause. Quand l'Empereur aura fini, il vous demandera son déjeuner. »

Le pauvre maître d'hôtel ne se fit pas prier, et courut faire exécuter ce second déjeuner; Dunand le porta jusqu'à l'appartement, et Roustan le présenta. Ne voyant pas à ses côtés son affectionné serviteur, Napoléon demanda avec douceur et vivacité où il était et pourquoi il ne le servait pas.

On l'appela.

Il reparut, la figure encore toute pâle, portant dans ses mains tremblantes un magnifique poulet rôti.

L'Empereur lui sourit gracieusement et mangea une aile de ce poulet et un peu de crépinettes, ensuite il fit l'éloge du déjeuner; puis, faisant signe à Dunand d'approcher, il lui toucha la joue à plusieurs reprises, en lui disant d'un accent ému :

« Monsieur Dunand, vous êtes plus heureux d'être mon maître d'hôtel que je ne le suis d'être le roi de ce pays. »

Et il acheva son déjeuner en silence, les traits profondément affectés.

Quand Napoléon était en campagne, souvent il montait à cheval le matin et n'en descendait pas de la journée. On avait soin alors de mettre dans l'une de ses fontes du pain, du vin, et dans l'autre un poulet rôti.

En général, il partageait ses provisions avec un de ses officiers encore plus mal approvisionné que lui.

L'influence de son premier protecteur, Barras, qui, dans quelque circonstance que ce fût, mangeait toujours longuement et tranquillement, ne se fit point ressentir chez lui.

J'ai dîné deux fois chez Barras. Il y a trop longtemps, et j'attachais trop peu d'importance au menu d'un dîner, pour me rappeler, même superficiellement, de quels mets ces deux dîners se composaient. Tout ce dont je me souviens, c'est que chaque convive avait derrière sa chaise un laquais debout, veillant à ce que jamais il n'attendît.

Je vis à l'un de ces dîners Mme la princesse de Chimay, née Thérésia Cabarrus, et à l'autre cet intrigant royaliste nommé Fauche-Borel, qui avait pris une part si active à la rentrée des Bourbons.

Barras, cet ancien gourmand, en était réduit à manger d'un seul plat : on émiettait, avec une râpe, plein une assiette de pain ; on coupait un gigot à peine cuit au-dessus de ce pain, que l'on inondait de jus.

C'était le dîner de Barras.

La table la plus renommée du temps était celle de M. de Talleyrand.

Bouché, ou Bouche-sèche, qui sortait de la maison de Condé, et qu'on citait pour la succulence et l'onction de sa bonne chère, fut chargé de monter la cuisine du prince de Talleyrand ; c'est lui qui a fait ces grands dîners des Affaires étrangères, qui sont devenus classiques, et que l'on imitera éternellement. Le prince de Talleyrand avait toute confiance dans M. Bouché ; il le laissait libre dans ses dépenses, et acceptait pour bon tout ce qu'il faisait. Bouché est mort au service du prince ; il avait débuté dans la maison de la princesse de Lamballe. Pendant longtemps ce fut lui qui choisit les cuisiniers des grandes maisons de l'étranger.

Carême lui a dédié son *Pâtissier royal,* c'est-à-dire un de ses meilleurs livres.

On a beaucoup parlé de la table de M. de Talleyrand ; mais beaucoup des choses qu'on en a dites n'ont pas le mérite d'être exactes.

Des premiers, M. de Talleyrand a pensé qu'une cuisine saine et méditée devait fortifier la santé et empêcher de graves maladies. Et, en effet, sa santé, pendant les quarante dernières années de sa vie, est un argument puissant en faveur de cette opinion.

Toute l'Europe illustre, politique, savante, artistique, grands généraux, grands ministres, grands diplomates, grands poëtes, sont venus s'asseoir à cette table, et pas un qui n'ait reconnu que c'était là où se pratiquait la plus large hospitalité. On y trouvait d'habitude M. de Fontanes, M. Joubert, M. Desrenaudes, le comte d'Auterive, et M. de Montron, cet homme d'esprit que le xviiie siècle nous a légué assez jeune encore pour que le xixe pût l'apprécier.

La Révolution avait tué les grands seigneurs, les grandes tables, les grandes manières : M. de Talleyrand rétablit tout cela ; et, grâce à lui, la réputation de la France fit de nouveau le tour du monde comme réputation de faste et d'hospitalité.

M. de Talleyrand, à quatre-vingts ans, passait tous les matins une heure avec son cuisinier, et discutait avec lui tous les plats de son dîner, seul repas qu'il fît, car le matin il ne prenait, avant de se mettre au travail, que deux ou trois tasses de camomille.

Tous les ans le prince allait prendre les eaux de Bourbon-l'Archambault, qui avaient une excellente influence sur sa santé ; il se rendait de là dans son magnifique château de Valençay, dont la table était ouverte à tous les hommes distingués de l'Europe.

A Paris, le prince dînait à huit heures ; à la campagne, à cinq ; quand le temps était beau, une promenade succédait au dîner.

En rentrant on se mettait à la table de jeu, et le silencieux whist avait son tour ; le jeu fini, M. de Talleyrand se retirait dans son cabinet de travail ; là il s'assoupissait ; ses flatteurs disaient : « Le prince réfléchit ! »

Ceux qui ne voyaient pas la nécessité de flatter disaient tout simplement : « Monseigneur dort. »

L'Empereur, nous l'avons dit, n'était ni mangeur ni connaisseur ; mais il savait gré à M. de Talleyrand de son train de vie.

Voici l'opinion de l'illustre cuisinier Carême sur la cuisine de Cambacérès, que l'on nous a si souvent vantée à tort, à ce qu'il paraît :

« J'ai écrit plusieurs fois — c'est Carême qui parle — que

la cuisine de Cambacérès n'avait jamais mérité sa grande réputation. Je vais reprendre à cet égard certains détails, en citer quelques autres, et préciser le tableau de cette vilaine maison.

« M. Grand'Manche, le chef des cuisines de l'archichancelier, était un praticien instruit, un homme honorable, que nous estimons tous. Ayant été appelé par lui dans les fêtes de la maison du prince, j'ai pu souvent apprécier son travail ; je puis, par conséquent, en dire quelques mots. Le prince s'occupait, le matin, avec un soin minutieux, de sa table ; mais seulement pour en discuter et en resserrer les dépenses. On remarquait chez lui, au plus haut degré, ce souci et cette inquiétude des détails qui signalent les avares. A chaque service, il notait les entrées qui n'avaient pas été touchées ou qui l'étaient peu, et, le lendemain, il composait son menu avec cette vile desserte. Quel dîner, juste ciel ! Je ne veux pas dire que la desserte ne puisse être utilisée, je veux dire qu'elle ne peut pas donner un dîner de prince et de gastronome éminent. C'est un point délicat que celui-ci ; le maître n'a rien à dire, rien à voir ; l'habileté et la probité du cuisinier doivent seules connaître des faits. La desserte ne doit être employée qu'avec précaution, habileté et surtout en silence.

« La maison du prince de Talleyrand, la première de l'Europe, du monde et de l'histoire, agit d'après ces principes ; ces principes sont ceux du goût ; c'étaient ceux de tous les grands gentilshommes que j'ai servis : Castlereagh, Georges IV, l'empereur Alexandre, etc.

« L'archichancelier recevait des départements des cadeaux sans nombre en comestibles et les plus belles volailles. Tout cela allait s'enfouir dans un vaste garde-manger dont le prince avait la clef. Il prenait note des provisions, de la date des arrivages, et donnait seul l'ordre d'employer les pièces. Fréquemment, quand il le donnait, les provisions étaient gâtées ; les aliments ne paraissaient jamais sur sa table qu'après avoir perdu leur fraîcheur.

« Cambacérès n'a jamais été gourmand dans l'acception savante du mot ; il était né fort gros mangeur et même vorace. Pourrait-on croire qu'il préférait à tous les mets le pâté chaud aux boulettes, plat lourd, fade et bête! Un jour, que le bon

Grand'Manche voulut remplacer les boulettes par des quenelles de volaille, de crêtes et de rognons, le croiriez-vous? le prince se fâcha tout rouge et exigea ses boulettes de godiveau à l'ancienne, qui étaient dures à casser les dents : lui les trouvait délicieuses. Pour hors-d'œuvre, on lui donnait fréquemment un morceau de croûte de pâté réchauffée sur le gril, et on portait sur sa table le *combien* d'un jambon qui avait souvent servi toute la semaine. Et son habile cuisinier, qui n'avait jamais les grandes sauces! ni les sous-chefs ou aides, la bouteille de bordeaux! Quelle parcimonie! quelle pitié! quelle maison!

« Qu'elle était différente, la digne et grande demeure du prince de Bénévent! confiance entière et complétement justifiée dans le chef de la cuisine, l'un des plus illustres praticiens de nos jours, l'honnête M. Bouché. On n'y employait que les productions les plus saines et les plus fines. Là tout était habileté, ordre, splendeur; là le talent était heureux et haut placé. Le cuisinier gouvernait l'estomac; qui sait? il influait peut-être sur la charmante, ou active, ou grande pensée du ministre. Des diners de quarante-huit entrées étaient donnés dans les galeries de la rue de Varennes. Je les ai vu servir et je les ai dessinés. Quel homme était ce M. Bouché! quels tableaux n'offraient pas ces réunions! Tout y décelait la plus grande des nations. Qui n'a pas vu cela n'a rien vu!

« Ni M. Cambacérès, ni M. Brillat-Savarin n'ont jamais su manger. Ils aimaient tous deux les choses fortes et vulgaires, et remplissaient tout simplement leur estomac; c'est à la lettre. M. de Savarin était gros mangeur, et causait fort peu et sans facilité, ce me semble; il avait l'air lourd et ressemblait à un curé. A la fin du repas, sa digestion l'absorbait; je l'ai vu dormir. »

Achevons le portrait. Brillat-Savarin n'était ni un gastronome ni un gourmet, mais tout simplement un vigoureux mangeur. Il était de l'intimité de Mme Récamier; de grande taille, sa démarche lourde, son air vulgaire, avec son costume de dix ou douze ans en retard sur la mode, le faisaient appeler le tambour-major de la Cour de cassation.

Tout à coup, et une douzaine d'années après sa mort, nous

avons hérité d un des plus charmants livres de gastronomie qu'on puisse rêver, de la *Physiologie du goût*.

Grimod de la Reynière était un des héros de cette époque. Très-jeune, un accident terrible l'avait privé de ses mains ; à force de combinaisons, il était parvenu à faire des débris qui lui restaient des moyens aussi souples qu'auraient pu l'être ses mains mêmes. Fort élégant dans sa jeunesse, il avait été présenté à Ferney et avait vu Voltaire. Sa santé était solide, son estomac inébranlable ; il est mort à quatre-vingts ans, ce qui a permis à son neveu, M. le comte d'Orsay, de me présenter à lui. Il nous retint à dîner, et nous donna un des meilleurs dîners que je me rappelle avoir mangés.

C'était vers 1834 ou 1835.

Le père de Grimod de la Reynière était d'autant plus fier de sa noblesse, qu'il l'avait achetée au garde des sceaux de France en personne.

Quant au fils, dont la réputation comme gourmand et comme homme d'esprit était connue, il se souvint toujours, et peut-être un peu trop, qu'il était le fils d'un fermier général, lequel était lui-même fils d'un honnête charcutier.

Fils peu respectueux, frondeur impitoyable, il ne cessait en toute occasion d'humilier ses parents, en leur rappelant l'humble origine de leur fortune et l'antique roture de leur famille.

Un jour il invita à dîner, pendant l'absence de son père et de sa mère, une nombreuse compagnie, composée de convives choisis dans toutes les espèces de corps d'état, tailleurs, bouchers, etc.

Les billets d'invitation portaient que du côté de l'huile et du cochon les convives n'auraient rien à désirer.

Et de fait, tout un service se trouva uniquement composé de charcuterie, et avait-il grand soin de dire :

« C'est un de mes parents resté dans l'état qui me fournit ces viandes. »

Les gens de service étaient des Savoyards pris au coin de la rue et bizarrement travestis en hérauts d'armes du moyen âge. Aux quatre coins de la salle à manger, se tenaient des enfants de chœur en surplis blanc et un encensoir à la main, qui, à un signal donné, se tournaient vers l'amphitryon et l'enveloppaient d'un nuage d'encens.

« C'est, disait alors Grimod de la Reynière fils, pour vous éviter d'encenser le maître de la maison, ainsi qu'avaient l'habitude de le faire les convives de monsieur mon père. »

Au milieu de cette scène rentrèrent M. et Mme Grimod de la Reynière.

On peut juger de leur colère et de leur humiliation, en se voyant ainsi bafoués par leur fils.

Une lettre de cachet leur en fit raison, et exila le mauvais plaisant en Lorraine.

Mais il n'y était pas depuis six mois que son père mourut, forcé, à son grand regret, de lui laisser son immense fortune.

Ce fut alors qu'il résolut, pour s'amuser, de publier l'*Almanach des Gourmands*, dont, pendant huit ans, il soutint la publication et la vogue à lui tout seul.

Vous vous rappelez certainement un des hommes les plus agréables de figure et de manières que nous ayons connus, M. le marquis de Cussy. Celui-là était un de ces apôtres auxquels il ne manque rien pour faire des prosélytes : sa religion portait avec une égale reconnaissance, affectueuse et pleine de respect, sur les bienfaits qu'il avait reçus de Marie-Antoinette, et sur l'affection que lui témoignait Napoléon. Un des types les plus élégants de la gastronomie de l'époque, il en a été le dernier. C'était un véritable gentilhomme, qui avait d'abord dépensé une immense fortune patrimoniale et de magnifiques émoluments : il croyait à la durée de l'empire napoléonien. Lorsque le dieu fut renversé, quoiqu'il n'eût ni rentes ni économies, il ne chercha point d'autre autel, et il fut chargé de reconduire Marie-Louise à Vienne.

Marie-Louise l'aimait beaucoup, charmée par ses belles manières; mais lui, lorsqu'il s'aperçut qu'elle n'aimait point Napoléon, qu'elle paraissait même ravie de la façon dont les choses avaient tourné, il demanda, malgré les instances qu'on lui faisait pour rester à Parme, la permission de revenir à Paris.

Il y arriva le 20 mars, le même jour que Napoléon. Il avait été préfet du palais. Le 21, Napoléon le retrouva à son poste.

On sait que ce dernier règne de Napoléon ne dura que trois mois. Après Waterloo, M. de Cussy se trouva plus compromis que jamais ; par M. de Lauriston il obtint une petite place.

Louis XVIII, sachant que M. de Cussy avait été préfet du palais sous l'empire, refusait à M. de Lauriston ; mais lorsqu'il sut que c'était M. de Cussy qui, le premier, avait trouvé le mélange de la fraise, de la crème et du vin de Champagne, toutes les difficultés furent aplanies, et il écrivit de sa main royale au-dessous de la demande : *Accordée*.

Nous le vîmes alors atteindre à la vieillesse sans que rien parût dérangé dans sa fortune, car ni la sérénité de son front, ni la limpidité de son caractère n'avaient changé.

L'estomac ni l'esprit de M. de Cussy n'ont jamais bronché ; personne ne causait mieux que lui de tout ce qu'il avait vu, de tout ce qu'il avait entendu, de tout ce qu'il avait appris.

Les autres gastronomes de l'époque, ceux avec lesquels et dans lesquels s'éteignit peu à peu la gastronomie, étaient le comte d'Aigrefeuille, M. de Cobentzel, longtemps ambassadeur à Paris, inventeur d'un entremets nommé *le Koukoff Camerani*, le savant médecin Gastaldi, le musicien Paer et le banquier Hoope.

La gastronomie était déjà tellement malade à cette époque, que le retour au trône d'un roi gastronome ne put faire grand'-chose pour elle. Louis XVIII revint, et si l'on veut se faire une idée de la différence qu'il y avait de sa table avec celle de son prédécesseur, à qui six plats suffisaient, nous mettrons sous les yeux de nos lecteurs le menu du premier dîner qui lui fut donné à son arrivée à Compiègne.

EN MAIGRE :

QUATRE POTAGES.

Potage de poisson à la provençale.
Nouilles à l'essence de racines.
Potage à la d'Artois à l'essence de racines.
Filets de lottes aux écrevisses.

QUATRE RELEVÉS DE POISSON.

Croquettes de brochets à la Béchamel.
Vol-au-vent garni de brandade de morue aux truffes.
Filets de soles à la Dauphine.
Orly de filets de carrelets.

QUATRE GROSSES PIÈCES.

Turbot au beurre d'anchois.
Grosse anguille à la régence.
Bar à la vénitienne.
Saumon sauce aux huîtres.

TRENTE-DEUX ENTRÉES

Les croquettes de brochets.

Raie bouclée à la hollandaise.
Bayonnaise de filets de soles.
Quenelles de poisson à l'italienne.
Grondins grillés, sauce au beurre.

La brandade de morue.

Plies à la poulette.
Pâté chaud de lamproies.
Pluviers de mer en entrée de broche.
Brême à la maître d'hôtel.

Les filets de soles à la Dauphine.

Perches au vin de Champagne.
Darne d'esturgeon au beurre de Montpellier.
Turban de filets de merlans à la Conty.
Escalopes de morue à la provençale.

L'orly de filets de carrelets.

Caisse d'huîtres aux fines herbes.
Escalopes de barbue en croustade.
Filets de poules d'eau à la bourguignonne.
Éperlans à l'anglaise.

Turbot au beurre d'anchois.

Escalopes de truites aux fines herbes.
Sauté de filets de plongeons au suprême.
Vol-au-vent de poisson à la Nesle.
Petites caisses de foies de lottes.

La grosse anguille à la régence.

Blanquette de turbot à la Béchamel.
Pain de carpes au beurre d'écrevisses.
Salade de filets de brochets aux laitues.
Filets d'aloses à l'oseille.

Le bar à la vénitienne.

Papillotes de surmulets à la d'Uxelles.
Boudins de poisson à la Richelieu.
Vives froides à la provençale.
Sauté de lottes aux truffes.

Saumon, sauce aux huîtres.

Rougets à la hollandaise.
Filets de sarcelles à la bigarade.
Timbale de macaroni garnie de laitances.
Émincés de turbotins gratinés.

QUATRE GROSSES PIÈCES D'ENTREMETS.

L'ermitage indien.
Le pavillon rustique.
Le pavillon hollandais.
L'ermitage russe.

QUATRE PLATS DE ROTS POUR
LES CONTRE-FLANCS.

Aiguillettes de goujons.
Poules de mer.
Sarcelles au citron.
Petites truites au bleu.

TRENTE-DEUX ENTREMETS.

L'ermitage indien.

Laitues au jus de racines.
Blanc-manger à la crème.
Buisson de homards.
Gâteaux glacés à la Condé.

Le pavillon rustique.

Céleri à l'essence maigre.
Gelée de punch.
Œufs brouillés aux truffes.
Petits nougats de pommes.

Le pavillon hollandais.

Concombres au velouté.
Gelée de café moka.
Œufs pochés aux épinards.
Génoises en croissant perlées.

L'ermitage russe.

Cardes au jus d'esturgeon.
Pommes au riz glacées.
Truffes à la serviette.
Petits gâteaux à la Pithiviers.

Les aiguillettes de goujons.

Gâteau renversé au gros sucre.

Truffes à l'italienne.
Pudding au vin de Malvoisie.
Choux-fleurs au parmesan.

Les poules de mer.

Petits soufflés de fécule.
Œufs pochés à la ravigote.
Gelée de citrons moulée.
Champignons à l'espagnole.

Les sarcelles au citron.

Gâteaux glacés aux pistaches.
Crevettes en hérisson.
Fromage bavarois aux abricots.
Pommes de terre à la hollandaise.

Les petites truites au bleu.

Panachées en diadème au gros sucre.
Petites omelettes à la purée de champignons.
Gelée des quatre fruits.
Salsifis à la ravigote.

POUR EXTRA, DIX ASSIETTES
DE PETITS SOUFFLÉS EN CROUSTADES.

Soufflés aux macarons amers.
Soufflés à l'orange.

DESSERT.

8 corbeilles et 10 corbillons
12 assiettes montées.
10 compotiers.
24 assiettes et 6 jattes.

On racontait que Louis XVIII, dans ses dîners, et même dans ses dîners en tête-à-tête avec M. d'Avaray, épuisait les mystères du luxe le plus recherché.

Les côtelettes ne se cuisaient pas simplement sur le gril, mais entre deux autres côtelettes; on laissait au mangeur le soin d'ouvrir lui-même cette merveilleuse cassolette, d'où s'échappaient tout à la fois le jus et le parfum le plus délicat.

Des ortolans étaient cuits dans le ventre de perdreaux capitonnés de truffes, de sorte que Sa Majesté hésitait parfois pendant quelques minutes entre l'oiseau délicat et le légume parfumé.

Il y avait un jury dégustateur pour les fruits qui devaient être servis sur la table royale, et M. Petit-Radel, bibliothécaire de l'Institut, était dégustateur des pêches.

Un jour, un jardinier de Montreuil, ayant obtenu par des greffes artistement combinées des pêches de la plus belle espèce, voulut en faire hommage à Louis XVIII; mais il fallait passer par le dégustateur juré. Il se présenta donc à la bibliothèque de l'Institut, demanda M. Petit-Radel, tenant à la main une assiettée de quatre magnifiques pêches.

On lui fit quelques difficultés : M. le bibliothécaire travaillait à un ouvrage excessivement pressé. Le jardinier insista, demandant seulement qu'on lui laissât passer l'assiette, les pêches et l'avant-bras en travers de la porte.

Au bruit que fit cette opération, M. Petit-Radel rouvrit ses yeux, qui s'étaient béatiquement fermés sur un manuscrit gothique.

A la vue de ces pêches qui semblaient venir à lui toutes seules, il poussa un cri de joie et répéta deux fois :

« Entrez ! entrez ! »

Notre jardinier annonça le but de sa visite, et la jubilation du gastronome reparut sur les traits du savant qui, s'allongeant dans son fauteuil, les jambes croisées, les mains jointes, se prépara dans un doux recueillement, par un mouvement sensuel d'épaules, au jugement important qu'on réclamait de lui.

Notre jardinier demanda un couteau d'argent ; il coupa en quatre au hasard une des pêches, en piqua une tranche à la pointe du couteau, et la présenta gaiement à la bouche de M. Petit-Radel, en lui disant :

« *Goûtez l'eau.* »

Les yeux fermés, le front impassible, tout plein de l'importance de ses fonctions, M. Petit-Radel goûte l'eau sans mot dire.

L'anxiété se peignait dans les yeux du jardinier, quand, après deux ou trois minutes, ceux du juge s'entr'ouvrirent.

« Bien ! très-bien ! mon ami, » furent les seules paroles qu'il put prononcer.

Aussitôt la seconde tranche est présentée comme la première ; seulement le jardinier dit d'un ton plus assuré :

« *Goûtez la chair.* »

Même silence, même gravité de la part du docte gourmand ; mais cette fois le mouvement de la bouche était plus sensible, car il mâchait.

Enfin, après une inclination de tête :

« Ah ! très-bien ! très-bien ! » dit-il.

Vous croyez peut-être que la supériorité de la pêche était constatée et que tout était dit ? Point.

« *Goûtez l'arome.* » dit le jardinier.

L'arome fut trouvé digne de la chair et de l'eau. Alors le jardinier, qui était passé peu à peu de l'attitude de suppliant à celle de triomphateur, présenta le dernier morceau, et avec une teinte d'orgueil et de satisfaction qu'il ne dissimulait plus :

« Maintenant, dit-il, *goûtez le tout.* »

Inutile de dire que ce dernier morceau eut le même succès que les autres. M. Petit-Radel, alors, s'avança près du jardinier, les yeux humides d'émotion, le sourire sur les lèvres, et lui prenant les mains avec la même effusion qu'il eût fait pour un artiste :

« Ah ! mon ami, lui dit-il, c'est parfait, je vous fais mon compliment bien sincère, et dès demain vos pêches seront servies sur la table du roi. »

Louis XVIII ne s'illusionnait pas, il voyait avec douleur la gourmandise s'éloigner.

« Docteur, disait-il un jour à Corvisart, la gastronomie s'en va, et avec elle les derniers restes de la vieille civilisation. Ce sont les corps organisés, comme les médecins, qui devraient faire tous leurs efforts pour empêcher la société de se dissoudre. Autrefois, la France était couverte de gastronomes, parce qu'elle était couverte de corporations dont les membres ont été anéantis ou dispersés. Plus de fermiers généraux, plus d'abbés, plus de moines blancs : tout le corps des gastronomes réside en vous autres médecins qui êtes gourmands par prédestination ; soutenez avec plus de fermeté le poids dont la destinée vous charge. Puissiez-vous essuyer le sort des Spartiates au passage des Thermopyles. »

Louis XVIII, fin mangeur, méprisait profondément Louis XVI, son frère, grossier mangeur, qui, en mangeant, accomplissait, non pas un acte intellectuel et raisonné, mais tout brutal.

Quand Louis XVI avait faim, il fallait qu'il mangeât.

Le jour du 10 août, lorsqu'il alla demander un asile à la Convention, on le mit dans la loge, je ne dirai pas du sténographe, il n'y avait pas encore de sténographe à cette époque, mais de l'homme chargé de rendre compte de la séance.

A peine y fut-il, que la faim le prit, et qu'il demanda instamment à manger.

La reine insista, afin qu'il ne donnât pas cet étrange exemple d'insouciance et de gloutonnerie; il n'y eut pas moyen de lui faire entendre raison : on lui apporta un poulet rôti dans lequel il mordit à même, sans paraître s'inquiéter de la grave discussion de vie et de mort qui s'élevait sur lui. Que lui importait? il vivait.

« Je pense, donc je vis, » disait Descartes.

« Je vis, puisque je mange, » disait Louis XVI.

Le repas dura jusqu'à ce qu'il ne restât plus ni une bribe du poulet, ni une miette du pain.

On connaissait si bien chez lui cette tendance à la boulimie, que Camille Desmoulins, calomnie odieuse dans un semblable moment, annonça qu'il avait été arrêté parce qu'il n'avait pas voulu traverser Sainte-Menehould sans manger des fameux pieds de cochon de cette ville. Or, tout le monde sait que ce n'est point à Sainte-Menehould que Louis XVI a été arrêté, mais à Varennes, et que les pieds de cochon ne sont pour rien absolument dans cette arrestation.

Les plus grandes plaintes de Louis XVI et des gens de son service au Temple portent sur la façon dont on avait restreint ses repas.

Nous avons parlé de Barras comme d'un gastronome distingué.

Barras, qu'on appelait le beau Barras, avait, dans les dîners qu'il donnait, un soin tout particulier des femmes; sur un millier de menus que nous avons devant les yeux, il y en a un signé Barras, dans lequel nous trouvons cette note curieuse écrite de sa propre main :

CARTE DINATOIRE
POUR LA TABLE DU CITOYEN DIRECTEUR ET GENERAL BARRAS
LE DECADI 30 FLORÉAL.

Douze personnes.

1 potage.	2 plats de rôt.
1 relevé.	6 entremets.
6 entrees.	1 salade.

24 plats de dessert.

Le potage aux petits oignons à la ci-devant minime.
Le relevé, un tronçon d'esturgeon à la broche.

LES SIX ENTRÉES :

1 d'un sauté de filets de turbot à l'homme de confiance, ci-devant maître d'hôtel.
1 d'anguilles à la tartare.
1 de concombres farcis à la moelle.
1 vol-au-vent de blanc de volaille à la Béchamel.
1 d'un *ci-devant* Saint-Pierre sauce aux câpres.
1 de filets de perdrix en anneaux.

LES DEUX PLATS DE RÔT :

1 de goujons du département.
1 d'une carpe au court-bouillon.

LES SIX ENTREMETS :

1 d'œufs à la neige.
1 de betteraves blanches sautées au jambon.
1 d'une gelée au vin de Madère.
1 de beignets de crème à la fleur d'oranger.
1 de lentilles à la *ci-devant* reine à la crème au blond de veau.
1 de culs d'artichauts à la ravigote.

1 salade céleri en rémoulade.

Trop de poisson. Otez les goujons. Le reste est bien. Qu'on n'oublie pas encore de mettre des coussins sur les siéges pour les citoyennes Tallien, Talma, Beauharnais, Hainguerlot et Mirande. Et pour cinq heures précises.

Signé : **BARRAS**.

Faites venir des glaces de Veloni, je n'en veux pas d'autres.

La galanterie de Barras a-t-elle rejailli sur sa réputation? Les femmes l'ont pris sous leur protection, et, du directeur et du général, est resté l'élégant, le beau Barras. De sa corruption, des millions qu'il a soutirés à la France, il n'en a point été question. Que d'absolutions il y a de cachées sous ces mots :

« Mettez des coussins sous les siéges des citoyennes Tallien, Talma, Beauharnais, Hainguerlot et Mirande. »

Mlle Contat se fit une réputation de maison élégante, en ordonnant de servir les plats chauds dans des assiettes chaudes.

Le long règne de Louis XV fut monotone comme cuisine. M. de Richelieu jeta seul quelques variétés sur ces parfums, sur ces fleurs, sur ces fruits toujours les mêmes ; il inventa les boudins à la Richelieu, les bayonnaises, que nos restaurateurs s'obstinent à appeler des mahonnaises, sous prétexte qu'elles ont été exécutées la veille ou le lendemain de la prise de Mahon.

Il est vrai que nous avons eu à côté de cela la sauce Béchamel et les côtelettes Soubise.

Cela parut d'autant plus long, que l'on sortait de cette spirituelle époque présidée par le régent, où tout le monde était jeune, avait de l'esprit et un bon estomac.

La régence fut l'époque charmante de la France : pendant sept ou huit ans, on vécut pour boire, aimer, manger ; puis un beau soir que le régent causait avec Mme de Falaris, son petit corbeau, comme il l'appelait, le régent, se sentant la tête lourde, la posa sur l'épaule de la belle courtisane en lui disant :

« Croyez-vous aller en enfer, ma belle amie ?

— Si j'y vais, j'espère bien vous y retrouver, » dit-elle.

Le régent ne répondit pas.

Il y était !

Le régent mort, M. le prince lui succéda : c'était un vilain borgne, venant du mauvais côté de la maison de Condé ; il avait reçu de la nature cette somme de vertus qui empêche les princes d'être pendus, non point parce qu'ils sont honnêtes gens, mais parce qu'ils sont princes. Lui et sa maîtresse, la fille du traitant Pléneuf, mirent à peu près un an à manger ce qui restait d'argent dans les coffres de la France; puis, comme l'argent manquait, ils se mirent à manger la France elle-même.

On mangea donc beaucoup sous la régence de M. le prince ; mais on ne mangea pas bien.

Un homme d'esprit, médecin homœopathe, me disait un jour qu'on trouve dans les variations de la nourriture des peuples les différentes phases médicales.

Ainsi, sous Louis XIV, époque pendant laquelle la France se nourrit d'une manière incrassante, où le café n'est pas encore en usage, où le thé n'est pas à la mode, où le chocolat est à peine inventé, on engraisse, et toute maladie, disent les médecins, vient des humeurs.

Alors arrive la médecine de M. Fagon.

Inutile de dire que le Fagon de Louis XIV et le Purgon de Molière, c'est le même homme : saigner, purger, *clysterium donare*.

Louis XIV se purgeait deux fois par mois, ce qui lui débarrassait en même temps l'estomac et la tête, et le rendait de si belle humeur, que c'était le 15 et le 30, au sortir de ses waterclosets, que les solliciteurs l'attendaient avec leurs placets.

Cette médecine dura tant bien que mal une centaine d'années.

Puis vint un homme de génie, qui fit à la fois la gloire et le malheur de la France.

Napoléon Ier.

Il tomba : cinquante mille officiers se répandirent alors sur la surface de la France, n'ayant plus d'avenir que celui des conspirations, le sang brûlé par la haine, et s'occupant à renverser le gouvernement tout en buvant du café, de l'eau-de-vie et du punch.

Alors parut Broussais, homme de génie s'il en fut, qui, de même que Fagon avait dit : tout est dans les humeurs, purgeons ; dit : tout est dans le sang, saignons.

Et il saigna, et pendant toute une période on saigna ces conspirateurs au sang brûlé par la haine, par le punch et le café ; on saigna non-seulement avec la lancette, mais avec le poignard, mais avec le fer de l'échafaud.

Au règne de Louis XVIII, la Chambre introuvable fut presque une période de la Terreur. Seulement on l'appela la Terreur blanche.

Ensuite vinrent le règne d'un instant de Charles X, et la Révolution de 1830. La République pointa, comme les épis en avril.

Mais les esprits étaient tournés à la spéculation; et au milieu des derniers disciples du dieu Gaster, qui allaient tous les jours se disciplinant dans les salles à manger des ministres, naquirent les adeptes de la Bourse, qui firent succéder les inquiétudes de la hausse et de la baisse aux terribles transes des conspirations.

Ceux qui perdaient — et ceux qui perdent paraissent toujours plus nombreux que ceux qui gagnent — rentraient chez eux avec des frémissements nerveux qui se fixaient dans les yeux, sur le front ou dans la bouche; leurs femmes et leurs filles, en voyant sans cesse des gens ennuyés et souffrants, bâillaient à se démonter la mâchoire.

On leur demandait ce qu'elles avaient, elles n'osaient répondre : mon père, ou mon mari, est assommant; elles répondaient : j'ai mes nerfs.

A ce moment, le médecin homœopathe allemand Hahnemann fit son entrée dans cette société voltaisée, et de même que Fagon avait dit : tout est dans les humeurs, purgeons; que Broussais avait dit : tout est dans le sang, saignons; Hahnemann dit : tout est dans les nerfs, calmons; et l'homœopathie fit ses premiers pas dans la carrière lente, calme et invisible, qu'elle est appelée à parcourir.

Nous arrivâmes en même temps qu'elle, et nous eûmes l'honneur d'être ses contemporains. Contemporains assez embarrassés quant à nos opinions politiques, nous ne pouvions être napoléoniens, Napoléon étant deux fois tombé du trône au milieu des malédictions de nos mères; nous ne pouvions être Bourbonniens, Louis XVIII étant mort avec la réputation d'un homme sans cœur qui n'avait jamais pardonné et Charles X ayant été chassé avec la réputation d'un roi fainéant et imbécile. Nous ne savions pas beaucoup d'histoire de France, mais nous savions cependant que les rois, par la fainéantise et l'imbécillité, remontaient à leur source.

On venait de nous en confectionner un qui devait être le

modèle des rois, ayant été fait par ce qu'il y avait de plus riche et de plus intelligent en France. Nous ne pouvions pas encore être fanatiques de celui-là, attendu qu'il n'avait pas fait ses preuves.

Il nous restait donc deux choses à aimer : la liberté et l'art. Nous nous jetâmes dans cette religion nouvelle qui nous séduisait par deux mots inconnus jusque-là.

Il n'y avait presque pas eu d'art, mais il n'y avait pas eu de liberté du tout.

On sentait l'intelligence de la patrie menacée : il y eut, comme en 92, des enrôlements volontaires.

Aucun de ces nouveaux soldats de l'art et de la liberté n'était riche ; quelques-uns avaient des places de 1,000 à 1,500 francs.

Cent louis étaient un de ces résultats que les plus hautes ambitions n'osaient espérer. Mes appointements les plus élevés ont monté, et montaient, lorsque je donnai ma démission le 8 août 1830, à 166 fr. 66 c. par mois.

Combien gagniez-vous, mon cher ami? vous ne deviez pas être bien riche non plus.

Le moyen, avec 4 ou 5 francs par jour, de penser à la gastronomie? non! il fallut penser au plus pressé, il fallut penser à vivre avant de penser à manger.

Chacun de nous se trouva alors comme un homme qui se serait endormi dans une plaine inconnue.

Au jour naissant, il s'éveillait et se trouvait dans un air plein de brouillards qui s'effaçaient peu à peu, et qui laissaient distinguer à chacun la route qu'il devait suivre.

Un an après on disait :

Que fait Lamartine? — Ses *Nouvelles Méditations*.

Que fait Hugo? — *Marion Delorme*.

Que fait Méry? — *La Villéliade*.

Que fait de Vigny? — *La Maréchale d'Ancre*.

Que fait Barbier? — Ses *Iambes*.

Que fait de Musset? — Ses *Contes d'Espagne et d'Italie*.

Que fait Roger de Beauvoir? — *L'Écolier de Cluny*.

Que fait Janin? — *Barnave*.

Que fait Dumas? — Il répète *Henri III*.

Et c'est ainsi que chacun de nous avait trouvé la route qu'il devait poursuivre.

Quelques-uns cependant avaient des tendances vers la gastronomie. Ce n'étaient pas les travailleurs : c'étaient des gens d'esprit, c'était Véron, c'était Nestor Roqueplan, c'était Vieil-Castel, c'était Roger, c'était Romieu, c'était Rousseau.

Un seul était assez riche ou gagnait assez d'argent, ce qui revient à peu près au même, pour se faire beau mangeur d'ancienne roche, c'est-à-dire gastronome; les autres prirent le milieu, et, n'étant pas assez riches pour se livrer à la gastronomie, se firent gourmets ou gourmands; enfin ceux qui gagnaient de l'argent par secousses, selon qu'un vaudeville réussissait ou qu'ils entamaient une série d'articles à un journal, se firent viveurs.

Véron vécut constamment au café de Paris, donnant de grands dîners, au fur et à mesure que sa fortune grandissait, mais les donnant chez lui.

Romieu, de Vieil-Castel, Roger de Beauvoir, mangeaient sur le boulevard, indifféremment au café Anglais, à la Maison-d'Or, chez Vachette, chez Grignon, etc.; les autres, où ils pouvaient. Ceux-là, d'ailleurs, étaient plutôt des buveurs que des mangeurs; ils poursuivaient plutôt la ligne des ivrognes que celle des gourmands. Mais tous, il faut le dire, étaient de charmants esprits, qui fondèrent la société de 1830 à 1850.

Tout Paris a connu les hommes que je viens de nommer; et puisqu'ils ont été connus de tout Paris, ils ont été connus du monde entier.

Eh bien, l'habitude des dîners et des soupers, la seule que je regrette, était tellement perdue chez nous, que pas une seule fois tous ces hommes d'un esprit si élevé, si charmant, si cultivé, n'eurent l'idée de se réunir dans un dîner, et je ne crois pas qu'une seule fois ils se trouvèrent tous ensemble.

Désaugiers, en mourant, avait emporté avec lui, dans sa tombe, la clef du dernier Caveau.

Je me rappelle cependant une anecdote qui prouve qu'il restait parmi nous de dignes successeurs des Grimod et des Cussy.

Le vicomte de Vieil-Castel, frère du comte Horace de Vieil-Castel, l'un des plus fins gourmets de France, hasarda un jour, dans une réunion moitié artiste, moitié gens du monde, cette proposition :

« Un homme seul peut manger un dîner de cinq cents francs. »

On se récria :

« Impossible !

— Il est bien entendu, reprit le vicomte, que dans le mot *manger* est sous-entendu le mot *boire*.

— Parbleu ! firent les assistants.

— Eh bien ! je dis qu'un homme, quand je dis un homme, je ne parle pas d'un charretier, n'est-ce pas ? je sous-entends un gourmet, un élève de Montron ou de Courchamps ; eh bien, je dis qu'un gourmet, un élève de Montron ou de Courchamps peut manger un dîner de cinq cents francs.

— Vous, par exemple ?

— Moi ou tout autre.

— Pourriez-vous ?

— Parfaitement.

— Je tiens les cinq cents francs, dit un des assistants. Voyons, établissons bien les faits.

— Rien de plus simple à établir : je dîne au café de Paris, je fais ma carte comme je l'entends, et je mange pour cinq cents francs à mon dîner.

— Sans rien laisser sur les plats ni dans les assiettes ?

— Si fait, je laisse les os.

— Oh ! c'est trop juste.

— Et quand le pari aura-t-il lieu ?

— Demain, si vous voulez.

— Alors vous ne déjeunez pas ? demanda un des assistants.

— Je déjeunerai comme à mon ordinaire.

— Soit. Demain à sept heures, au café de Paris. »

Le même jour, le vicomte alla dîner comme de coutume au restaurant fashionable ; puis après le dîner, pour ne pas être influencé par des tiraillements d'estomac, le vicomte se mit en devoir de dresser sa carte du lendemain.

On fit venir le maître d'hôtel. C'était en plein hiver : le vicomte indiqua force fruits et primeurs. La chasse était fermée : il voulut du gibier.

Le maître d'hôtel demanda huit jours.

Le dîner fut remis à huit jours. A la droite et à la gauche de la table du vicomte devaient dîner les juges du camp.

Le vicomte avait deux heures pour dîner : de 7 à 9.

Il pouvait à son choix parler ou ne point parler.

A l'heure fixée, le vicomte entra, salua les juges du camp et se mit à table.

La carte était un mystère pour les adversaires ; ils devaient avoir le plaisir de la surprise. Le vicomte s'assit. On lui apporta douze douzaines d'huîtres d'Ostende, avec une demi-bouteille de Johannisberg.

Le vicomte était en appétit : il redemanda douze autres douzaines d'huîtres d'Ostende et une autre demi-bouteille du même cru.

Puis vint un potage aux nids d'hirondelles, que le vicomte versa dans un bol et but comme un bouillon.

« Ma foi, messieurs, dit-il, je me sens en train aujourd'hui, et j'ai bien envie de me passer une fantaisie.

— Faites, pardieu, vous en êtes bien le maître.

— J'adore les biftecks aux pommes.

— Messieurs, pas de conseils, s'il vous plaît, dit une voix.

— Bah ! garçon, dit le vicomte, un bifteck aux pommes. »

Le garçon, étonné, regarda le vicomte.

« Eh bien ! dit celui-ci, vous ne comprenez pas ?

— Si fait, mais je croyais que monsieur le vicomte avait fait sa carte ?

— C'est vrai, mais c'est un extra que je me passe ; je le payerai à part. »

Les juges du camp se regardaient. On apporta le bifteck aux pommes, que le vicomte dévora jusqu'à la dernière rissole.

« Voyons ! le poisson maintenant ! »

On apporta le poisson.

« Messieurs, dit le vicomte, c'est une ferra du lac de Genève ; ce poisson ne se trouve que là ; mais cependant on peut s'en procurer. On me l'a montré ce matin pendant que je déjeunais; il était encore vivant, on l'a transporté de Genève à Paris dans l'eau du lac. Je vous recommande la ferra, c'est un manger délicieux. »

Cinq minutes après, il n'y avait plus sur l'assiette que les arêtes de la ferra.

« Le faisan, garçon! dit le vicomte. »

On apporta un faisan truffé.

« Une seconde bouteille de Bordeaux, même cru. »

On apporta la seconde bouteille.

Le faisan fut troussé en dix minutes.

« Monsieur, dit le garçon, je crois que vous avez fait erreur en demandant le faisan truffé avant le salmis d'ortolans.

— Ah! c'est pardieu vrai! Par bonheur, il n'est pas dit dans quel ordre les ortolans seront mangés, sans quoi j'avais perdu. Le salmis d'ortolans! garçon. »

On apporta le salmis d'ortolans.

Il y avait dix ortolans, le vicomte en fit dix bouchées.

« Messieurs, dit le vicome, ma carte est bien simple. Maintenant des asperges, des petits pois, un ananas et des fraises. En vin : une demi-bouteille de Constance, une demi-bouteille de Xérès retour de l'Inde. Puis le café et les liqueurs, bien entendu. »

Chaque chose vint à son tour : légumes et fruits, tout fut mangé consciencieusement; vins et liqueurs, tout fut bu jusqu'à la dernière goutte.

Le vicomte avait mis une heure quatorze minutes à faire son dîner.

« Messieurs, dit-il, les choses se sont-elles passées loyalement? »

Les juges du camp attestèrent.

« Garçon, la carte! »

On ne disait pas encore l'*addition* à cette époque.

Le vicomte jeta un coup d'œil sur le total, et passa la carte aux juges du camp.

Voici cette carte :

	fr	c
Huîtres d'Ostende, vingt-quatre douzaines. .	30	»
Soupe aux nids d'hirondelles	150	»
Bifteck aux pommes.	2	»
Ferra du lac de Genève.	40	»
Faisan truffé	40	»
Salmis d'ortolans	50	»
Asperges.	15	»
Petits pois.	12	»
Ananas	24	»
Fraises	20	»
VINS.		
Johannisberg, une bouteille.	24	»
Bordeaux, grands crus, deux bouteilles. . . .	50	»
Constance, une demi-bouteille	40	»
Xérès retour de l'Inde, une demi-bouteille. .	50	»
Café, liqueurs	1	50
Total.	548	50

On vérifia l'addition, elle était exacte.

On porta la carte à l'adversaire du vicomte, qui dînait dans le cabinet du fond.

Il parut au bout de cinq minutes, salua le vicomte, tira de sa poche six billets de mille francs et les lui présenta.

C'était le montant du pari.

« Oh! Monsieur, dit le vicomte, cela ne pressait pas ; peut-être, d'ailleurs, eussiez-vous désiré votre revanche.

— Vous me l'eussiez donnée?

— Sans doute.

— Quand cela?

— Tout de suite. »

Vous rappelez-vous notre pauvre Roger, je ne dirai pas le plus spirituel de nous tous — là où vous étiez, cher ami, là où était Méry, il n'y avait pas plus spirituel que les maîtres en esprit que je viens de nommer, — mais un des plus spirituels et à coup sûr le plus bruyant de nous tous.

J'ai fait sur lui une observation que je donne comme avis aux amateurs : depuis le commencement jusqu'à la fin du dîner, il ne buvait en général que du vin de Champagne glacé ; aussi dans le commencement des repas, quand les autres ne s'occupaient que de satisfaire leur appétit, lui s'occupait de les amuser par ses contes sans fin et ses anecdotes insensées ; au fur et à mesure que le dîner s'avançait et que les autres convives commençaient à s'animer, lui devenait sérieux, taciturne, quelquefois morose ; je l'ai vu s'endormir.

Est-ce que le vin de Champagne, qui est excitant dans ses premiers effets, serait stupéfiant dans ceux qui suivent ? Ce serait un mauvais tour que rendrait le gaz acide carbonique qu'il contient.

Pourquoi, tout au contraire, l'esprit de Méry, qui ne buvait que du vin de Bordeaux, et en assez petite quantité, allait-il croissant pendant tout le repas et s'aiguisait-il à mesure qu'il en buvait ?

Vous avez peu connu, je crois, ces deux viveurs fraternels — Romieu et Rousseau — qui ont commencé comme Damon et Pythias, et qui ont fini comme Étéocle et Polynice.

Encore un crime de la politique : une sous-préfecture était passée entre eux.

Pendant dix ans, Paris retentit des exploits rivaux de Rousseau et de Romieu ; tous les matins c'était une histoire nouvelle que l'on racontait, et qui était le résultat de leur imagination gastronomique.

La veille au soir, Romieu était entré chez un marchand épicier, il avait demandé une livre de chandelles, les avait fait couper par morceaux de dix centimètres, en avait fait affiner les bouts, les avait placés sur le comptoir, avait demandé une allumette et y avait mis le feu.

L'épicier l'avait regardé faire avec autant de curiosité que d'étonnement.

Puis il prit son chapeau qu'il avait déposé sur le comptoir :

« Eh bien, Monsieur ? lui demanda l'épicier.

— Quoi ? dit Romieu.

— Vous vous en allez ?

— Sans doute, je m'en vais.

— Sans payer ?

— Où serait la farce si je payais. »

L'épicier voulait courir après lui; mais il fallait passer par-dessus le comptoir, et Romieu courait bien.

Un autre jour on disait :

« Vous ne savez pas ce qu'a fait Rousseau cette nuit ?

— Non ; qu'a-t-il fait ?

— Il se présente au magasin des Deux-Magots, et demande à parler au maître de l'établissement.

« Le maître est couché.

« N'importe! la chose est si grave, qu'il faut l'introduire dans sa chambre, afin qu'il puisse lui dire deux mots sans témoins; les commis se consultent; l'un d'eux prend sur lui d'entrer dans la chambre à coucher; un instant après il sort : le Monsieur peut entrer.

« Rousseau entre et trouve le commerçant dans le costume de l'emploi, c'est-à-dire les yeux bridés et en bonnet de coton :

« Monsieur, dit Rousseau au négociant qui le regarde avec stupéfaction, j'ai une communication de la plus haute importance à faire à votre associé.

« — Mais, Monsieur, répond le négociant, je n'ai pas d'associé.

« — Mais, Monsieur, dit Rousseau, alors on ne prend pas pour enseigne *Aux Deux-Magots*, c'est tromper le public.

« Et, se retirant avec la même politesse qu'il était entré, il laisse le digne négociant tout abasourdi, ne sachant pas s'il dort ou s'il rêve. »

Un soir, la garde ramasse Rousseau ivre-mort au coin d'une borne, la tête appuyée à la muraille; un lampion brûlait à son côté.

Il avait soupé avec Romieu, tous deux étaient sortis du cabaret fort étourdis; l'air ayant plus de prise sur Rousseau que sur Romieu, le premier avait fait trois ou quatre faux pas.

Romieu, qui vit qu'en sa qualité de moins ivre des deux, il allait être forcé de reconduire Rousseau jusque chez lui, avait résolu de s'épargner cette peine.

Il acheta un lampion, qu'il paya cette fois, chez un épicier, coucha Rousseau au coin d'une borne, alluma le lampion, qu'il posa sur la borne, et s'éloigna en disant :

« Maintenant, dors, fils d'Epicure, ils ne t'écraseront pas. »

C'est dans cette situation que la patrouille l'avait retrouvé avec quatre ou cinq sous dans la main.

De bonnes âmes, qui l'avaient pris pour un pauvre honteux, lui avaient fait l'aumône.

Eh bien, ce fut sur ces entrefaites, qu'au milieu des quinze ou seize changements de gouvernement auxquels j'ai assisté depuis ma naissance, un gouvernement, qui probablement avait de la sympathie pour les viveurs, donna une sous-préfecture à Romieu.

La promesse lui en avait été faite; mais Romieu n'en avait parlé à personne, il n'espérait pas qu'il y eût un gouvernement qui osât faire de lui un magistrat.

Un beau matin, Rousseau lit dans son journal que Romieu est sous-préfet.

Depuis longtemps, Rousseau voulait se ranger, et cherchait une place. Il bondit de joie, court chez Romieu, le trouve assis sur son lit, le journal à la main :

« Eh bien! lui crie Rousseau, tu es donc sous-préfet?

— Mon cher, ne m'en parle pas, dit Romieu, il faut bien que ce soit, puisque je le lis dans le journal.

— Ah! tant mieux!

— Pourquoi tant mieux?

— Mais parce que nous allons être les gens les plus heureux de la terre : je te suis, tu me fais ton secrétaire, et avec nos appointements nous vivons comme des rois dans notre petite ville de province.

— Comment! dit Romieu de l'air le plus touchant du monde, tu te sacrifierais pour moi?

— Je le crois bien!

— Tu me suivrais en exil?

— Trop heureux!

— Eh bien, reviens me voir demain matin, afin que je tire tout cela au clair, et nous verrons. »

Et, les larmes aux yeux, comme s'il était touché du dévouement de Rousseau, il lui tend les bras. Rousseau s'y jette, et les deux amis s'embrassent.

Le lendemain, dès le matin, Rousseau arrive :

« Eh bien ? demande-t-il.

— Eh bien, mon cher Rousseau ! répond Romieu d'une voix larmoyante.

— Quoi ?

— On m'a dit une chose affreuse, qui va empêcher tous nos beaux projets de s'accomplir.

— Laquelle ?

— On m'a dit que tu buvais. »

Rousseau le regarda avec stupéfaction, jeta un cri, et sortit presque épouvanté.

L'un des abîmes du cœur humain, l'hypocrisie, venait d'être ouvert à ses yeux dans sa plus horrible profondeur.

Voilà comment finit la société des gastronomes et des buveurs, qui succéda à celle de la Restauration.

Aujourd'hui, de tout ce monde-là, mon cher Janin, il ne reste plus guère que nous deux, qui n'avons jamais été ni de vrais buveurs ni de vrais mangeurs; les autres sont morts : Roger de Beauvoir est mort, Méry est mort, Vieil-Castel est mort, Romieu est mort, Rousseau est mort, de Musset est mort, de Vigny est mort. La joyeuse nappe de 1830 est devenue en 1869 un drap mortuaire.

On mangera toujours, mais on ne dînera plus, et surtout on ne soupera plus.

Vers 1844 ou 1845, il me prit un remords de laisser s'en aller ainsi ces bons soupers où l'on avait tant d'esprit et d'entrain, sans chercher à les retenir.

J'avais pour amis à peu près tous les gens d'esprit de l'époque : peintres de talent, musiciens en vogue, chanteurs aimés du public. Je me fis une table de quinze couverts, j'invitai une fois pour toutes quinze amis à se réunir tous les mercredis, de onze heures à minuit, chez moi, les priant, lorsqu'ils ne pourraient pas venir, de me prévenir trois ou quatre jours d'avance, afin que les absents pussent être remplacés.

Pourquoi avais-je choisi des soupers au lieu de dîners ? Pourquoi avais-je indiqué minuit au lieu de sept heures du soir ?

D'abord parce que la plupart de mes convives, appartenant

au théâtre, n'étaient pas libres de leur soirée; ensuite parce que j'ai remarqué que le souper, étant aussi éloigné des affaires de la veille que des affaires du lendemain, laissait à l'esprit toute son indépendance; parce qu'enfin il y a bien peu de choses qui, ayant pu se faire à minuit, ne puissent se faire à deux heures du matin.

Ces soupers se composaient en général d'un pâté de gibier, d'un rôti, d'un poisson et d'une salade.

Remarquez que j'aurais dû mettre le poisson avant le rôti.

A cette époque où je chassais encore, quatre ou cinq perdreaux, un lièvre et deux lapins faisaient les frais du pâté. Julien le confectionnait avec un art qui ne s'est jamais démenti.

J'avais inventé pour les poissons à l'huile une sauce qui avait le plus grand succès.

Duval me fournissait des rosbeeff qui étaient de véritables quartiers de bœuf.

Enfin je confectionnais une salade qui satisfaisait tellement mes convives, que quand Ronconi, un de mes plus assidus soupeurs, ne pouvait venir, il envoyait chercher sa part de salade, qu'on lui rapportait, quand il pleuvait, abritée sous un énorme parapluie, pour qu'aucun corps étranger ne s'y mêlât.

« Comment, » me direz-vous, mon cher Janin, vous qui êtes si faible en pratique, mais si fort en théorie, « comment pouviez-vous faire d'une salade un des plats importants de votre souper? »

C'est que ma salade n'était point une salade comme toutes les salades.

Malheureusement, dans un livre comme celui que je viens de mettre sous les yeux du public, on ne peut pas soigner également tous les détails; et je me reproche d'avoir un peu abandonné l'article salade, et de ne pas lui avoir donné toute l'importance qu'il mérite.

Revenons sur lui, et parlons d'abord de la salade en général, avant d'attaquer les différents genres de salades en particulier; et quand je dis *attaquer*, comprenez bien que je me sers d'un mot adopté, voulant dire *passer en revue*, mais non *faire acte d'hostilité*.

Dieu me garde de faire acte d'hostilité contre un genre de salades quelconque. En matière de cuisine, comme en littérature, je suis éclectique; comme je suis panthéiste en matière de religion.

Cependant, comme Sainte-Foy, qui ne pouvait s'empêcher de dire qu'une bavaroise était un fichu souper, je ne puis m'empêcher de dire que la salade n'est point une nourriture naturelle à l'homme, tout omnivore qu'il soit; il n'y a que les ruminants qui soient nés pour brouter l'herbe crue; or, la salade, réduite à sa plus simple expression, n'est que de l'herbe crue. La preuve, c'est que notre estomac ne digère point la salade, attendu que l'estomac ne sécrète que des acides, et que l'herbe crue n'est dissoute que par les alcalins, comme presque tous les aliments respirateurs, qui traversent l'estomac sans s'inquiéter des sucs gastriques ou plutôt sans que les sucs gastriques s'occupent d'eux, et qui vont se recommander, une fois l'estomac traversé, au pancréas et au foie.

L'homme, à qui Dieu, dit Ovide, a donné un visage sublime, *os sublime*, l'homme n'est pas fait pour brouter l'herbe, mais pour regarder le ciel, toujours au dire du même Ovide.

Il est vrai que si l'homme passait sa vie à regarder le ciel, cela le nourrirait encore moins que de manger de l'herbe.

C'est d'abord le proverbe qui dit d'un imbécile : « Il est bête à manger du foin. » Puis ensuite c'est la conformation de ses intestins, qui est la même, il faut bien l'avouer, chez les imbéciles que chez les gens d'esprit.

En fait de cerveau, c'est très-différent, ce qui nous prouve que le cerveau est fait pour autre chose que pour digérer.

Ainsi, à propos du cerveau, voici les dernières découvertes de la science :

Le gorille, c'est-à-dire le quadrumane, en a de 450 à 600 grammes;

L'idiot en a 1,100 grammes;

Le naturel de la Nouvelle-Zélande, c'est-à-dire l'homme qui se rapproche le plus du singe, en a 1,200;

L'Européen baptisé du nom de *philistin* par l'étudiant d'Heidelberg, et du titre de *bourgeois* par le gamin de Paris, et qui occupe le degré de l'échelle de l'intelligence qui suit immédiatement celui du naturel de la Nouvelle-Zélande, en a 1,300 ;

Buffon en avait 1,800 ;

Napoléon et Cuvier, 2,000 ;

La cervelle d'un académicien varie de 1,300 à 1,800, c'est-à-dire du *philistin* à Buffon ; on pourrait croire que cela dépend de la lettre par laquelle le nom commence.

Il n'en est rien : les noms de MM. Villemain et de Viennet commencent tous les deux par un V. Eh bien, il y a un de ces deux messieurs, je ne veux pas dire lequel, qui a certainement 200 ou 300 grammes de cervelle de plus que l'autre ; mais tous deux n'ont que 35 à 36 pieds d'intestins grêles : attendu que ni l'un ni l'autre ne sont prédestinés à manger de l'herbe crue.

Ce sont les bœufs qui sont destinés à manger de l'herbe et à concourir pour le *Bœuf gras* ; aussi ont-ils quatre estomacs et 135 à 140 pieds d'intestins grêles, et encore est-on obligé, pour les pousser à 1,300 kilogrammes, de leur faire boire jusqu'à 80 litres d'eau par jour, non pas que l'eau engraisse positivement — n'accréditons pas cette erreur — mais, en délayant les aliments, elle donne aux organes de la digestion la faculté d'en extraire et d'en absorber les parties nutritives.

Le lion et le tigre, qui ne mangent pas d'herbe crue, mais de la chair vivante, n'ont que quinze pieds d'intestins grêles, et, comme ils ne boivent pas même un litre d'eau par jour, ils ne seront jamais gras.

Peut-être me tromperais-je de quelques centimètres sur la longueur de ce viscère chez les félins ; mais je dois vous avouer qu'il ne m'est jamais venu à l'idée d'aller mesurer les intestins grêles d'un tigre ou d'un lion.

J'en parle par oui-dire.

Toute cette digression a pour but de prouver que l'homme n'est pas né pour manger de la salade, et que c'est l'excès de la civilisation qui nous a conduits là.

Et ce qui vient à l'appui de mon opinion, c'est que dans beaucoup de maisons, on fait de la salade un appendice du rôti.

Mangez donc de la salade avec un cuissot de chevreuil bien

mariné, avec des faisans attendus à point, avec des bécasses couchées sur leurs rôties !

C'est tout simplement une hérésie culinaire.

Un mets gâte l'autre.

Tous les gibiers de haut goût doivent se manger seuls, avec la sauce qui ressort logiquement de leur essence.

Mais ce qui est une bien autre hérésie, disons le vrai mot, ce qui est une *impiété culinaire*, et remarquez bien que cette habitude a prévalu sur les meilleures, non, je me trompe, sur les plus grandes tables, c'est de faire faire la salade par un domestique !

Quand il faudrait pour cette œuvre complexe un médecin, ou tout au moins un chimiste !

Aussi quelles tristes salades ! Rappelez vos souvenirs : avez-vous mangé, dans vos grands dîners en ville, des salades dans lesquelles un drôle à gants tricotés vous met deux pincées de sel, une pincée de poivre, une cuillerée de vinaigre et deux cuillerées d'huile? les plus raffinés y ajoutent une cuillerée de moutarde.

Et l'on vous sert ce mets insipide, à quel moment?

Au moment où, votre faim aux trois quarts calmée, vous avez besoin d'un apéritif pour vous rendre l'appétit perdu.

C'est donc au maître ou à la maîtresse de la maison, s'ils sont dignes de ce sacerdoce, qu'appartient l'assaisonnement de ce mets rebelle.

Et l'œuvre doit être accomplie une heure avant que l'on attaque le saladier.

Pendant cette heure, elle doit être retournée trois ou quatre fois.

Mais, avant d'entrer dans la salade pour n'en plus sortir, lançons l'anathème sur le service à la Russe, service qui consiste à vous montrer le plat que vous allez manger, et par le plat j'entends ce qu'il contient, puis à le faire découper loin de la table par un domestique, et à vous faire glisser par le susdit domestique sur votre assiette, non pas le morceau qu'il vous plairait de manger, mais le morceau qu'il lui plaît de vous servir.

Je sais que, sur un dîner de quatre cents francs, cette manière de servir fait cent francs d'économie; mais on ne donne pas à dîner pour faire des économies.

On croit que si dans un grand dîner on laissait chacun se servir dans un poulet, les premiers qui se serviraient prendraient les ailes. On se trompe. Dans les poulets rôtis, à ma façon surtout, il y a des parties plus savoureuses que les ailes; il est vrai qu'elles ne seraient réservées qu'aux fourchettes savantes.

Terminons avec la salade.

Voici la définition que donne de la salade ou plutôt des salades le *Dictionnaire de la Cuisine française,* c'est-à-dire le meilleur livre que je connaisse sur ce grave sujet :

« SALADES.

« Les salades se composent de plantes potagères auxquelles on ajoute quelques herbacées aromatiques, et qu'on assaisonne avec du sel, du poivre blanc, de l'huile, du vinaigre, et quelquefois avec de la moutarde et du Soya. »

Le *Dictionnaire de la Cuisine française* continue :

« Les salades varient selon les saisons. On commence à manger les chicorées vers la fin de l'automne et l'on ne mêle habituellement à cette espèce de salade aucune *herbe de fourniture ;* on se contente de mettre au fond du saladier une petite croûte de pain rassis frottée d'ail, ce qui suffit à l'assaisonnement de cette salade. »

J'ai souligné, comme vous pouvez le voir, ces trois mots, aucune *herbe de fourniture ;* en effet, un manuel moins exact et moins savant aurait mis *aucune fourniture,* car il eût probablement ignoré que les herbes se divisent en trois catégories, ainsi que nous l'avons déjà dit à l'article Herbes :

Herbes potagères;

Herbes d'assaisonnement;

Herbes de fourniture.

Les herbes potagères sont au nombre de six :

L'oseille, la laitue, la poirée, l'arroche, l'épinard et le pourpier vert.

On en fait des soupes, des farces maigres et des tisanes.

Notre avis est de les employer surtout en tisanes.

Les herbes d'assaisonnement sont au nombre de dix, sans compter le laurier, qui, étant un arbre, ne peut être classé parmi les herbes :

Le persil, l'estragon, le cerfeuil, la cive, la ciboule, la sarriette, le fenouil, le thym, le basilic et la tanaisie.

Les herbes de fourniture, au nombre de douze :

Le cresson alenois, le cresson de fontaine, le cerfeuil, l'estragon, la pimprenelle, le perce-pierre, la corne de cerf, le petit basilic, le pourpier, les cordioles, le jeune baume et la ciboulette.

Quatre de ces herbes sont à la fois, comme on le voit, herbes potagères et herbes d'assaisonnement ou de fourniture, c'est-à-dire que, comme nos hommes d'État, elles cumulent — non pas pour manger, mais pour être mangées.

On a vu que le *Dictionnaire de la Cuisine* recommande de mettre au fond du saladier où l'on assaisonne la chicorée un petit croûton de pain rassis frotté d'ail.

C'est ce petit morceau de pain qu'on désigne sous le nom de *chapon*. D'où lui vient ce nom? Les plus profondes recherches étymologiques ne m'ont rien appris à cet endroit. J'ai donc été obligé de me jeter dans les probabilités.

Or, voici ce que les probabilités donnent :

Le *chapon* volaille est originaire du pays de Caux ou de la province du Maine, tandis que le *chapon* croûte de pain frottée d'ail est originaire de Gascogne.

Or, le Gascon étant naturellement pauvre et vaniteux, il sera venu à l'idée de quelque Gascon, à celle de D'Artagnan peut-être, d'appeler *chapon* une croûte de pain frottée d'ail, pour avoir le droit de dire en se rengorgeant à ceux qui lui demandaient : « Avez-vous bien dîné?

— Superbement, j'ai dîné avec un *chapon* et une salade. »

Ce qui en effet, pris au pied de la lettre, fait un assez bon dîner pour un Gascon.

Quant à moi, j'aime fort la cuisine provençale, dont j'ai fait, des plats de ménage surtout, une étude toute particulière; et malgré la défense faite à Rome d'entrer dans le temple de Cybèle quand on avait mangé de l'ail, malgré la haine de l'odorat contre l'ail, malgré l'article du roi Alphonse de Castille qui défendait aux chevaliers de l'ordre créé par lui en 1368 de manger de l'ail, nous sommes, médicalement de l'avis de Raspail, et culinairement de l'avis de Durand, qui recommandent tous deux l'emploi de l'ail comme substance sapide et saine.

Vous connaissez toutes les salades, n'est-ce pas? depuis l'escarole jusqu'à la laitue romaine ; seulement, dans le cas assez extraordinaire où vous aimeriez cette espèce d'Eudine intitulée *Barbe de capucin*, je vous donnerais un conseil qui vous paraîtra peut-être un peu bizarre d'abord, mais dont vous reconnaîtrez plus tard l'excellence : c'est d'y mêler des fleurs de violettes et d'y jeter deux ou trois pincées de cet iris de Florence que l'on met dans un sachet pour parfumer le linge.

Revenons à la salade que l'on mangeait à la maison et dont Ronconi avait grand soin de manger ou de faire prendre sa part. C'était une salade de haute fantaisie, ordre composite, formée de cinq ingrédients principaux :

De rouelles de betteraves, de tranches de céleri, d'émincés de truffes, de raiponces avec leur panache, et de pommes de terre cuites à l'eau.

Avant d'aller plus loin, disons que c'est une erreur généralement répandue de croire que le sel et le poivre se dissolvent dans le vinaigre, et de commencer l'assaisonnement de la salade en l'arrosant d'une ou deux cuillerées de vinaigre salé et poivré.

M. Chaptal, le premier en France — nous disons en France, parce qu'il a emprunté cette innovation au nord de l'Europe — M. Chaptal, le premier en France, eut l'idée de saturer la salade d'huile, de sel et de poivre, avant d'y introduire le vinaigre. On trouve à cette méthode, que nous adoptons et recommandons pour les salades sans façon, le double avantage de répartir plus également le sel et le poivre et de réunir au fond du saladier l'excédant du vinaigre qui s'y précipite de son propre poids.

M. Chaptal, qui avait déjà été récompensé des services précédemment rendus à la France, pendant son édilité, par le titre de baron, a été récompensé du service rendu à la table par cette locution passée dans la langue culinaire : *salade assaisonnée à la Chaptal*.

Sans que j'ambitionne une si précieuse récompense, je vais vous dire comment j'assaisonne la mienne.

D'abord je pose un plat sur le saladier, je le retourne et je place à côté de moi mon plat plein, et devant moi mon saladier vide.

Je mets dans mon saladier un jaune d'œuf dur par deux personnes ; six jaunes d'œufs pour douze convives.

Je les broie dans l'huile pour en faire une pâte.

A cette pâte j'ajoute :

Du cerfeuil, du thon écrasé, des anchois pilés, de la moutarde de Maille, une grande cuillerée de soya, des cornichons hachés et le blanc des œufs haché.

Je délaye le tout avec le meilleur vinaigre que je puisse trouver.

Enfin, je remets la salade dans le saladier ; je la fais retourner par mon domestique ; et, sur la salade retournée, je laisse tomber de haut une pincée de paprico, poivre rouge de Hongrie.

Et vous avez la salade qui avait tant émerveillé le pauvre Ronconi.

Ces soupers durèrent un an à peu près ; ce fut vers cette époque que parurent *les Mousquetaires* dans *le Siècle*.

On se rappelle le succès qu'obtint ce roman ; à peine fut-il fini, que le directeur de l'Ambigu me demanda d'en faire un drame. Comme il y avait deux parties bien distinctes, nous le priâmes de choisir celle qui lui conviendrait.

Il choisit la seconde.

Le succès du drame fut non moins grand que celui du roman.

M. le duc de Montpensier assistait à la représentation ; il me fit prier, entre l'avant-dernier et le dernier tableau, de passer dans sa loge.

Il avait l'avant-scène à gauche des spectateurs.

Quoique la pièce fût montée avec beaucoup de soin, elle était loin d'atteindre la perfection où le Théâtre historique porta depuis la mise en scène.

Il déplora que j'eusse donné, dans un théâtre si petit, une pièce pour laquelle, disait-il, l'Opéra serait à peine assez grand; et il me demanda la raison du choix de l'Ambigu.

Je lui répondis que ce n'était pas nous qui avions le choix des salles où l'on représentait nos pièces, que les directeurs nous les demandaient, et que nous les donnions là où on nous les avait demandées.

« Mais, ajoutai-je, si par exemple Votre Altesse veut m'offrir un privilége, je ferai bâtir une salle, et je lui montrerai de quelle façon une œuvre théâtrale doit être représentée.

— Eh bien, dit-il, ne laissons pas tomber cela dans l'eau. Je ferai tout mon possible pour satisfaire à votre désir. »

Je secouai la tête.

« Pourquoi donc? demanda le duc.

— Oh! je ne dis pas que Votre Altesse ne fera pas tout ce qu'elle pourra; mais le roi ne permettra pas qu'un privilége me soit donné.

— Pourquoi cela?

— Mais parce qu'il me considère comme un démagogue en littérature et en politique.

— Cela ne regarde pas le roi, mais M. Duchatel : au premier bal de la cour, je ferai danser Mme Duchatel deux fois, et j'arrangerai cela avec elle. »

Et comme la sonnette du théâtre annonçait le dernier tableau :

« Monseigneur, lui dis-je, je charge mon ami Pasquier de me rappeler au souvenir de Votre Altesse. »

Je le saluai; je sortis de la loge, que je rouvris une seconde après pour lui crier :

« REMEMBER !

— Oui! oui! oui! s'écria-t-il, je me souviendrai, soyez tranquille. »

Au moment où la toile baissait et où on allait nommer l'auteur, Pasquier entra dans ma loge et me dit :

« Votre affaire va à merveille : le prince a enfourché votre idée, et quand il veut une chose, il la veut bien. »

Quinze jours ou trois semaines après, je reçus une lettre de M. Duchatel qui m'invitait à passer au ministère.

Nous causâmes plus d'une grande demi-heure de mon projet, de la manière dont je le comprenais. Je vis que M. Duchatel ne le comprenait pas du tout, et je pus m'apercevoir que si M. le duc de Montpensier réussissait, il aurait plus d'un mauvais vouloir à combattre.

Je ne pouvais ni ne voulais être directeur.

C'était M. Hostein qui était cause de la représentation des *Mousquetaires* à l'Ambigu ; il m'avait paru intelligent en matière de théâtre : je jetai les yeux sur lui pour en faire notre directeur.

Un jour j'appris par un petit mot du duc de Montpensier que le privilége était signé. Je courus remercier M. Duchatel, qui me demanda d'un ton goguenard où nous comptions bâtir notre théâtre.

Je lui répondis, ce qui était vrai, que j'avais acheté sous condition l'hôtel Foulon six cent mille francs, et que j'avais donné quarante mille francs d'arrhes.

Il me demanda où nous trouverions l'argent pour bâtir.

Je lui répondis que nous l'avions trouvé, et je lui nommai le banquier chez lequel nous avions quatorze cent mille francs de déposés.

« Alors, répliqua M. Duchatel, on commencera les travaux ! quand ?

— Demain, monsieur.

— Et nous aurons le plaisir de voir votre première pièce ?

— D'aujourd'hui en un an, selon toute probabilité.

— Cette pièce s'appellera ?

— *La Reine Margot*. »

Ce qu'il y eut de curieux, c'est que les choses s'accomplirent exactement comme je l'avais dit, et qu'un an après l'hôtel Foulon, démoli et rebâti en théâtre, ouvrait sa salle au public jour pour jour à l'heure indiquée.

On sait si je tins parole, si les succès du Théâtre historique ne luttèrent point avec les plus grands succès de l'époque, et si la mise en scène de mes pièces ne fit pas oublier toutes les mises en scène, luttant même quelquefois avec avantage contre celle de l'Opéra.

Cependant de fâcheux pressentiments passaient dans l'air : ces événements scandaleux, ces assassinats inouïs, ces catastrophes sanglantes qui précèdent la chute des trônes, et dont Virgile faisait des avertissements divins, épouvantaient les partisans de la branche cadette, qui semblait recevoir en riant ces fatidiques présages.

Un beau jour, comme il arrive pour les trônes mal échafaudés, tout craqua ; et la jeune dynastie disparut en trois jours, comme avait disparu l'ancienne.

Si l'histoire daignait consigner ces choses-là, je raconterais que le théâtre ne fut point étranger à cette grande catastrophe.

Par suite des troubles, toutes les affaires furent suspendues, presque tous les théâtres fermés. Je m'étais fait un grand nombre d'ennemis par mes succès de librairie et par mes succès de théâtre : par un jugement, resté incompréhensible aux avocats et aux juges eux-mêmes, je fus condamné à payer 400,000 francs de dettes pour le Théâtre historique.

Les 400,000 francs ont été payés en quinze ans.

Dans mon traité avec M. Michel Lévy, je m'étais réservé le droit de faire et de vendre à qui me plairait un livre de cuisine. Brisé par ce travail de forçat, qui depuis quinze ans ne porte pas ma production à moins de trois volumes par mois, l'imagination énervée, la tête endolorie, complétement ruiné, mais sans dettes, je résolus de chercher un repos momentané dans l'exécution de ce livre, que j'avais regardé comme un amusement.

Hélas ! mon ami, quand on veut faire autrement que les autres, souvent sans faire mieux que les autres, rien n'est amusement, tout est travail.

Depuis un an et demi, atteint de défaillances physiques, que soutient seule la puissance morale, je suis obligé de demander à des repos momentanés, à des aspirations d'air marin, les forces qui me manquent.

J'ai été successivement : il y a dix-huit mois, à Fécamp ; il y a un an, au Havre ; il y a six mois, à Maisons-Laffitte ; enfin j'arrive maintenant de Roscoff, où je comptais achever l'ouvrage que je croyais faire avec de simples souvenirs, et que je n'ai pu faire qu'à force de recherches et de travaux fatigants.

Pourquoi avais-je choisi Roscoff, le point le plus avancé dans la mer du *Finistère* ?

C'est parce que j'espérais y trouver à la fois solitude, bon marché à vivre et tranquillité.

D'ailleurs, je n'allais pas précisément à Roscoff, j'allais droit devant moi : on m'avait dit que je trouverais, à cette extrémité de la Bretagne, des retraites charmantes et des nids de feuillage jusque dans la mer.

Je m'arrêtai tout d'abord à Saint-Brieuc; mais, comme Saint-Brieuc ne me convenait pas, je pris une voiture et je me mis à chercher quelque petite crique, comme on m'en avait tant promis et comme je n'en avais pas encore vu.

Vers la fin de la journée, après avoir fait sept ou huit lieues en zigzags, nous arrivâmes à un petit village nommé Binic; la marée y arrivait en même temps que nous; nous fûmes séduits par cette coïncidence, qui nous parut une politesse, et nous nous informâmes si nous ne pourrions pas louer une maison bien en vue de la mer.

Les paysans tinrent conseil, et, d'un commun accord, nous indiquèrent la maison de Nicolas Luc, située au plus haut du village : on était loin de la mer, ce qui me contrarierait un peu; mais on avait un panorama magnifique, ce qui raccommodait tout.

Comme nous gravissions la pente pour nous rendre à cette maison, nous rencontrâmes son propriétaire; nous liâmes conversation; c'était bien ce qu'il nous fallait : quatre chambres à coucher, un salon, une salle à manger, une cuisine.

Nous continuâmes de monter, et nous n'avions plus qu'une centaine de pas à faire, lorsque j'eus l'idée de lui dire :

« En supposant que la maison nous convienne, nous pourrons descendre tout de suite chez vous et envoyer chercher nos effets !

— Ah! dit Nicolas Luc, j'ai oublié de vous dire qu'elle n'était à louer qu'à la Saint-Michel, l'année prochaine. »

Je regardai Nicolas Luc pour voir s'il nous avait fait poser avec intention; mais je dois dire que le brave homme y était allé naïvement, de sorte qu'il n'y avait pas autre chose à faire qu'à rire; seulement il y a des rires de toutes couleurs.

Nous fîmes retourner la voiture, et, sans ajouter un mot, nous revînmes tout courant à Saint-Brieuc, puis nous montâmes en wagon en criant : *Morlaix !*

Quatre heures après, nous y étions. Il faisait nuit close.

« Où faut-il conduire monsieur et sa société? demanda l'omnibus.

— Au meilleur hôtel de la ville. »

Et l'on nous descendit chez Brossier, hôtel de Provence.

Je ne pus m'empêcher de dire à mon hôte que c'était une singulière idée de fonder un hôtel de Provence à l'extrémité de la Bretagne.

« C'est vrai, Monsieur; mais nous y faisons nos affaires. »

Monsieur Brossier fait ses affaires à l'hôtel de Provence. C'est la réponse à toutes les questions de ce genre.

Nous nous informâmes, et nous apprîmes qu'il y avait tout autour de Morlaix une multitude de petits villages correspondant à mes désirs.

Au nombre de ces petits villages, on me nomma Roscoff, et l'on me dit en même temps que j'y trouverais un ancien ami à moi, nommé Édouard Corbière.

Ce nom fit vibrer un de mes premiers souvenirs de jeunesse : il y avait quarante ans que je l'avais trouvé rédigeant le premier journal du Havre; j'avais gardé un excellent souvenir de lui. Le désir de revoir ce vieux compagnon me décida; je m'informai : il avait vendu son journal; il avait acheté le bateau à vapeur de Morlaix au Havre; il avait fait fortune; il passait les six mois d'été à Roscoff, et les six mois d'hiver à Morlaix; enfin, il était resté charmant compagnon et homme d'esprit.

Je lui écrivis de tâcher de me trouver une petite maison au bord de la mer, lui exprimant tout le bonheur que j'aurais à renouveler connaissance avec lui; et j'attendis patiemment sa réponse.

Ce qui me fit attendre patiemment, c'est que mon compagnon de chambre, en ouvrant mes deux fenêtres pour inviter le soleil à entrer chez moi, me fit voir par l'une le viaduc de Morlaix à Brest, et par l'autre un merveilleux fouillis de maisons avec des balcons, des arbres poussant dans les gerçures de la muraille, des ravenelles se balançant au-dessus d'une mare où venaient baigner les chevaux. Il était impossible de plonger, des deux fenêtres d'une même chambre, sur deux points de vue plus opposés.

Je descendis. On savait déjà que j'étais arrivé, et mon arrivée avait fait son effet dans la ville.

Contre toutes les habitudes des aubergistes bretons ou normands, M. Brossier se mit à nous chercher du cidre et de la bière; on trouva l'un et l'autre : le cidre exécrable, la bière assez bonne. J'en suis encore à me demander comment, par Bordeaux, on n'arrive point à avoir, dans tous ces petits ports de la Bretagne, du vin potable.

Il est inouï que, depuis Saint-Malo jusqu'à Paimbœuf, il ne se débouche pas une bouteille de vin qui ne soit bonne à jeter à la mer.

Je reçus enfin la réponse de M. Corbière : il nous avait trouvé un logement à vingt-cinq pas du port.

Nous prîmes une voiture dès le lendemain, et nous nous mîmes en route.

Le chemin de Morlaix à Roscoff n'est qu'une suite de vagues solides; on monte et on descend éternellement; ces montées et ces descentes sont assez rapides pour que dans les premières on soit obligé de marcher à pied, et dans les secondes de mettre le sabot; le paysage est joli, sans qu'il y ait de grands partis pris : des ajoncs, des lentisques, des bruyères, et de temps en temps un de ces grands ormes tourmentés qui se tordent en montant désespérément en l'air.

Enfin on aperçoit les trois clochers de Saint-Pol, et presque en même temps, à droite, la mer.

L'un des trois clochers, celui du collége, est une merveille : il porte à moitié de sa hauteur un renflement découpé avec la délicatesse d'un bijou chinois.

De Saint-Pol à Roscoff, la route s'étend unie comme un

tapis de billard, quoiqu'il y ait une déclivité sensible vers Roscoff; de Roscoff à Saint-Pol, la plaine tout entière est plantée d'artichauts et d'oignons, qui suffisent à un commerce éternel entre Roscoff et l'Angleterre.

Enfin on arrive à Roscoff par une espèce de forêt. C'est la propriété du maire du pays, dont le jardin renferme un figuier phénoménal : on peut mettre cent cinquante personnes à couvert sous son ombre, et ses branches sont soutenues par cinquante piliers de granit.

Comme nous ne savions pas où était le logement arrêté pour nous par M. Corbière, nous allâmes le relancer chez lui.

Il y était; et il accourut au seuil de sa porte.

M. Corbière, avec ses soixante-quatorze ans, était encore, comparativement à moi, un jeune homme; il me reconnut à l'instant même — ce qu'il m'eût été impossible de faire à son égard — il ne voulut ni monter, ni nous permettre de descendre, mais il nous conduisit de son pas de vingt-cinq ans.

Enfin nous arrivâmes chez maître Mironet, boulanger, habitant une rue qui n'a pas de nom; il n'y a du reste que deux rues dans le pays, et comme l'une s'appelle la rue de la Perle, on n'a pas vu la nécessité de chercher un nom à l'autre.

Nous n'étions qu'à trente pas du port, c'est vrai; mais un jardin touffu comme le figuier du maire faisait un magnifique rideau entre la mer et nous, de sorte que nous ne voyions pas d'eau de la grandeur d'un miroir d'enfant.

M. Mironet consentait à nous céder cinq chambres et une cuisine, moyennant cent cinquante francs par mois. Elles n'étaient pas belles, elles étaient désagréables, d'aucune d'elles on ne voyait la mer; mais enfin nous étions si ennuyés de chercher sans trouver, que je tirai sept louis et demi de ma poche et qu'avec un soupir de soulagement je criai :

« Déchargez les voitures. »

Nous avions avec nous une cuisinière nommée Marie; Vasily me l'avait donnée pour aller, trois mois auparavant, à Maisons-Laffitte.

Marie avait paru se trouver si bien avec nous, elle nous

avait pris en une si vive amitié, disait-elle, qu'elle ne pouvait plus se passer de nous.

Mais l'aspect de Roscoff parut bien vite calmer cette grande ardeur.

A peine y étions-nous arrivés, qu'elle se laissait aller avec découragement sur un fauteuil, en disant :

« Je préviens monsieur qu'il ne trouvera absolument rien à manger ici.

— Oh que si, Marie.

— Monsieur verra.

— Comment font les gens du pays?

— Je ne sais pas.

— Eh bien, Marie, nous ferons comme eux; d'abord nous ne mourrons pas de faim, nous sommes chez un boulanger. »

Ce court dialogue avec Marie ne s'était pas terminé sans me laisser quelques inquiétudes.

Je m'informai. Corbière m'indiqua les trois premiers pêcheurs du pays, m'annonça qu'il y avait deux marchés par semaine à Saint-Pol, et que, si ma cuisinière voulait profiter de sa voiture, qui allait deux fois par semaine aux provisions, sa voiture était à la disposition de Mlle Marie ; sa cuisinière à lui la conduirait partout où elle s'approvisionnait elle-même.

Toutes ces avances furent reçues froidement par Marie, et lorsque je lui demandai, à cinq heures :

« Eh bien, Marie, dînons-nous ? »

Elle me répondit tranquillement :

« Je ne sais pas, monsieur.

— C'est pourtant à vous de le savoir, il me semble.

— Ah! monsieur, dit-elle en secouant la tête, c'est un pays où nous ne pourrons pas rester.

— Il est possible que vous n'y restiez pas, Marie; mais à coup sûr, moi, j'y resterai. »

Sur ces entrefaites, j'avais demandé un homme pour me faire la barbe.

L'homme vint : il était porteur d'une de ces bonnes figures qui annoncent la disposition du porteur à vous être agréable.

« Comment vous appelez-vous, lui demandai-je, mon bon ami ?

— Robineau, monsieur, pour vous servir, dit-il en tirant ses rasoirs de sa poche.

— Robineau, mon bon ami, il y a quelque chose de plus pressé aujourd'hui que de me faire la barbe.

— Elle a pourtant bien besoin d'être faite, monsieur.

— C'est vrai, depuis quatre jours elle est en souffrance; mais elle me dit à une oreille qu'elle peut attendre encore un jour, tandis que mon estomac me dit à l'autre qu'il ne peut plus attendre du tout. Robineau, mon ami, je mets ma vie et celle de mes trois compagnons entre vos mains, faites-nous dîner, pour l'amour de Dieu ! »

Un quart d'heure après, Robineau revenait avec un poisson de six ou huit livres, six artichauts, un morceau de veau rôti et un vol-au-vent.

« Voyez, Marie, dis-je à la cuisinière, que le proverbe, *Aide-toi et le ciel t'aidera*, n'est pas un mensonge. Aidez-nous en mettant le couvert; moi je me charge de la cuisine. »

Le poisson était un aiglefin magnifique. J'en demandai le prix à Robineau, qui me dit en haussant les épaules :

« Ah! monsieur, ça n'est pas la peine, ça viendra avec autre chose. »

J'insistai pour le poisson et pour les artichauts : les six artichauts, gros comme des têtes d'enfants, coûtaient quatre sous les six, le poisson vingt sous; le vol-au-vent était un don de M. Corbière; le morceau de veau était l'hommage d'un bienfaiteur inconnu. Il en résultait qu'après avoir craint de mourir de faim nous étions dans la position, assez embarrassante, d'être nourris par la commune de Roscoff.

Après le dîner, tout le monde s'envola pour aller se promener près de la mer.

Je restai seul, comptant recevoir la visite de M. Corbière.

Vers huit heures, il arriva en effet.

J'avais, comme je l'ai dit, entre moi et la mer un jardin, puis une maison, puis un autre jardin.

M. Corbière venait, au nom de M. Bagot, propriétaire du second jardin, tout aussi beau, tout aussi vert, tout aussi fleuri que le premier, m'offrir ce jardin pour y passer mes heures de récréation et même de travail.

J'acceptai, promettant d'aller dès le lendemain faire une visite au digne homme qui m'offrait ainsi son ombre, son soleil et ses fleurs.

Mais Corbière me dit que, pour plus grande facilité à moi et à lui, j'allasse droit au jardin de M. Bagot; il viendrait m'y rejoindre, sa maison, qu'il faisait réparer, étant sens dessus sens dessous.

Je promis de suivre les instructions qui m'étaient données.

Le lendemain, comme je passais de ma chambre à coucher dans un petit cabinet de travail, je trouvai Marie qui m'attendait.

« Mon Dieu, monsieur, qu'est-ce que l'on va faire de tout cela ?

— De tout quoi?

— Mais de tout ce qu'on a apporté pour vous; venez voir dans la cuisine, c'est comme une halle au poisson. »

Je descendis, et en effet, je trouvai deux maquereaux, une sole, un homard et une raie grande comme un parapluie.

« Et qu'est-ce qu'ont dit les gens qui vous ont apporté cela?

— Tous la même chose, monsieur. On eût dit qu'ils s'étaient donné le mot. Ils ont dit qu'hier ils avaient appris que vous aviez manqué mourir de faim, et, comme ils ne voulaient pas qu'un pareil malheur vous arrivât à Roscoff, chacun vous apportait ce qu'il avait pu se procurer.

— Pour aujourd'hui, vous allez mettre la raie au beurre noir et la sole aux fines herbes; mais demain vous ne recevrez rien sans le nom de la personne qui envoie.

— Mais, monsieur, si la personne ne veut pas le donner, son nom ?

— Vous refuserez de recevoir, voilà tout. »

Marie se prépara à nous faire le déjeuner.

Sur ces entrefaites, la carriole et la cuisinière de M. Corbière s'arrêtèrent devant la porte, partant pour Saint-Pol.

Marie refusa de l'accompagner, déclarant que nous avions à manger pour huit jours. Je priai en conséquence la cuisinière de Corbière de nous acheter un bon pot-au-feu et une paire de poulets.

Entre neuf et dix heures, Corbière arriva et me révéla tous les secrets de la cuisine.

La raie venait de mon fidèle Robineau; le homard, de M. Drouet, sculpteur français, en villégiature à Roscoff; la sole, d'un peintre nommé Bouquet, qui passe ses six mois d'été à Roscoff et ses six mois d'hiver à Paris; les deux maquereaux, du commissaire de la marine.

J'écrivis aussitôt à chacun d'eux, et leur fis porter mes lettres.

Avant cinq heures du soir, j'avais reçu la visite de tout le monde, et j'avais fait connaissance avec mes pourvoyeurs.

Tous mes hommes, quel que fût l'état qu'ils exerçassent, depuis Robineau, mon coiffeur, jusqu'au commissaire de la marine, étaient des pêcheurs enragés. Pendant les grandes marées, ils faisaient leurs pêches les plus brillantes : on était aux époques des grandes marées, voilà pourquoi le poisson abondait.

Dans la journée, j'avais été m'asseoir dans le jardin de mon voisin.

Pour que l'on comprenne la mise en scène, je dirai que sa maison faisait face à la mer et était bâtie du côté de la rue qui en était le plus éloigné; mais, sur la façade, il n'avait qu'une petite grille et ce jardin plein de fleurs, embaumé de résédas, où il m'invitait à aller faire mes haltes de paresse.

A peine y fus-je installé, que je le vis arriver avec une bouteille de Xérès et des petits verres sur un plateau.

Nous fîmes donc connaissance le verre à la main, excellente manière de faire connaissance! et nous trinquâmes à notre bonne santé.

Que Dieu la conserve à cet excellent homme, une des meilleures, des plus franches, des plus excellentes natures que je connaisse : toujours embarrassé pour vous rendre un service ou vous offrir un fruit; mais si bon, si franc, si naïf, que fruit ou service, peu ou beaucoup, il vous faut toujours accepter ce qu'il vous offre.

Je passai une partie de la journée dans ce jardin, je ne m'étais pas encore remis sérieusement au travail, et je profitai de ce reste de repos pour m'élargir l'âme par les yeux.

Plus tard on sut que j'allais au jardin vers quatre heures. Alors mes visiteurs abondèrent, et il y eut cercle. La vue de la mer est la plus propre à mettre tout le monde à son aise : son immensité porte avec elle une telle étendue de pensées, qu'on n'a jamais l'idée de tirer de sa rêverie un homme qui rêve en face de l'Océan.

Nous restions là jusqu'à ce que le jour tombât; alors nous rentrions chez moi; presque toujours Drouet y avait fait apporter son dîner, jusqu'à ce que son frère, qui venait de la Cochinchine, étant arrivé, nous fîmes avec eux table commune.

Avec notre abondance de poisson, nous manquions à peu près de tout le reste. Des artichauts durs comme des boulets, des haricots verts pleins d'eau, absence complète de beurre frais, voilà les singuliers éléments sur lesquels il fallait s'appuyer pour écrire un livre de cuisine.

Je n'en travaillai pas moins comme si j'eusse été au milieu de la plus savoureuse abondance.

Tout cela eût été très-tolérable, si nous n'avions pas eu devant les yeux la figure renfrognée de notre cuisinière, furieuse que nous eussions trouvé un moyen de vivre et de manger là où elle espérait nous voir mourir de faim.

Enfin, un beau jour elle éclata, injuria tout le monde, et demanda son compte.

Le surlendemain, elle partait pour Paris, où je ne demande qu'une chose, c'est de ne jamais manger de sa cuisine.

Avez-vous remarqué, cher ami, que, toutes les fois qu'on se rend au désir d'un inférieur, on paye d'une façon ou d'une autre la rançon de sa bonté?

Voilà une fille qui se trouvait bien à Maisons-Laffitte, où elle était logée comme une maîtresse; nous parlons d'un voyage à l'extrémité de la France; à force de câlineries, elle nous fait croire qu'elle nous est si attachée qu'il lui sera impossible de nous quitter.

On se laisse toujours prendre aux paroles de gens qui vous

disent qu'ils vous aiment, fût-ce de ces mercenaires qui n'aiment personne.

Nous crûmes à celle-là : je la gardai deux mois à Paris sans rien faire; je lui payai ses gages sans qu'elle eût travaillé; je l'emmenai avec nous. Quinze jours après, espérant me mettre dans l'embarras, elle me demandait son compte.

Le lendemain de son départ, j'avais quatre cuisinières au lieu d'une. Alors, dans ce pays où l'on ne trouvait rien en réalité, mais où la bonne volonté suppléait à tout, nous eûmes tous les jours un dîner tantôt chez l'un, tantôt chez l'autre, où cette saine gaieté du cœur eût rappelé les jours de ma jeunesse, si quelque chose les pouvait rappeler.

C'est là que je vis jusqu'où pouvaient aller les ressources d'une bienveillante amitié.

Dans ce pays, manquant de tout à mon arrivée, semblèrent se donner rendez-vous les choses comestibles les plus délicates, les poulets de grain, le beurre frais, les pêches les plus fines, des figues comparables à celles de Marseille et de Naples.

Je crois que nous eûmes un jour une poularde du Mans et un pâté de Chartres.

Il y avait pour moi, dans cet empressement à me fêter, quelque chose qui me faisait venir les larmes aux yeux; puis de petits détails charmants, que nous autres artistes remarquons seuls.

Il y a à Roscoff un pauvre chien sans maître, qui vit de la charité publique; tous les ans, un des baigneurs qui viennent passer la saison le prend sous sa protection et lui donne le coucher et la nourriture.

On l'appelle Bobinot.

C'était Drouet qui, l'an de grâce 1869, s'était fait le protecteur de Bobinot.

Tant que Drouet resta chez lui, Bobinot vécut de sa vie habituelle, mangeant, rue de la Perle, chez Drouet.

Il y avait plus de difficultés pour le coucher, à cause de trois ou quatre chiens qui, sous prétexte d'antériorité, se regardaient comme les propriétaires de la maison.

Quand nous réunîmes nos dîners et que Drouet vint manger

chez moi, il se fit une espèce de trouble dans la vie de Bobinot : allait-il continuer de manger là où mangerait Drouet? n'allait-il pas se produire pour son dîner les mêmes difficultés qui s'étaient produites pour son coucher?

Bobinot est plein d'humilité, d'abord parce qu'il est pauvre : ses repas sans suite et sans ressemblance le lui ont appris ; ensuite il est laid, et il a le bon esprit de le savoir.

Cependant, une chose le rassurait, c'était que plusieurs fois déjà il était venu dîner avec Drouet, et que chaque fois il avait été bien reçu.

Lorsque Drouet vint pour en prendre l'habitude, Bobinot s'arrêta à la porte, et, comme Drouet n'osa pas prendre sur lui de le faire entrer, il y serait resté, d'autant plus que la cuisinière, qui n'avait de sympathie pour personne, avait Bobinot en horreur; mais, sur mon invitation, Drouet appela Bobinot, qui se glissa sous la table et qui ne bougea pas plus que s'il était empaillé.

Cette conduite lui réussit à merveille : chacun lui donna son reste de soupe, son os de poulet, son pain trempé dans la sauce; et Bobinot fit un excellent dîner.

Le lendemain, il ne jugea pas à propos d'attendre Drouet, il le précéda, s'assit à l'endroit le plus apparent de la rue, les yeux fixés sur mes fenêtres, et balayant le pavé avec sa queue chaque fois que je paraissais.

Cependant toutes mes invitations furent insuffisantes à faire monter Bobinot; chaque fois que je l'appelais, il regardait rue de la Perle, et, ne voyant pas venir Drouet, son véritable introducteur, il secouait la tête, semblant dire : — Je suis un chien comme il faut, je connais les manières du monde, et je ne rentrerai chez vous que conduit par la personne qui m'y a amené la première fois.

Et, en effet, jusqu'au jour où j'ai quitté Roscoff, Bobinot est toujours arrivé un quart d'heure ou une demi-heure avant Drouet, et n'est jamais entré sans Drouet.

Un autre de mes amis, un des plus humbles, mais non pas un des moins utiles, était mon barbier Robineau, celui qui, dans les premiers jours, allait pêcher la nuit pour me nourrir le jour.

Après un mois de soins apportés par lui à ma barbification, je lui demandai combien je lui devais.

Je ne sais pas jusqu'à quel point cela vous intéresse, mon cher ami : je donne quinze francs par mois à mon barbier de Paris.

« Monsieur, » me répondit-il tout tremblant, car il sentait qu'une question importante allait se décider dans sa vie, et je savais d'avance que le pauvre garçon n'était pas riche, « monsieur, je n'ai pas de prix; chacun me donne selon sa générosité : les uns vingt sous, les autres quarante sous, les plus généreux quelquefois trois francs.

— Maintenant, lui demandai-je, combien vous dois-je pour le produit de vos pêches nocturnes?

— Oh! monsieur, me dit Robineau, vous ne me ferez pas l'injure de m'offrir de l'argent pour trois malheureux poissons que je vous ai donnés.

— Soit, mon cher Robineau, je comprends cette délicatesse de votre part; seulement vous me permettrez de vous traiter comme mon barbier de Paris, et de vous payer votre mois quinze francs. »

Et je glissai sur la table, à la portée de la main de Robineau, trois pièces de cinq francs.

Mais Robineau se leva et fit un bond en arrière.

« Oh! non, monsieur, dit-il, non, jamais je n'accepterai ce prix-là; mais, pensez-y donc, je ne suis qu'un pauvre barbier de village.

— Mon cher Robineau, je ne fais de différence qu'entre les barbiers qui me coupent et les barbiers qui ne me coupent pas; vous ne m'avez pas coupé, je vous traite en barbier de premier ordre : prenez ces quinze francs, et entamons notre second mois.

— Monsieur, permettez-moi d'attendre un autre moment, j'ai la main trop tremblante dans ce moment-ci pour entreprendre de vous faire la barbe. »

Robineau s'élança hors de la chambre.

Huit jours après je partais pour Paris, départ inattendu, où chacun me donnait de son mieux des preuves de son amitié : le chien me léchait la main, Robineau pleurait à sanglots.

« Ah ! si j'étais riche, mon pauvre Robineau, je vous enverrais une paire de rasoirs en or massif. »

Pourquoi en ce moment ai-je pensé à vous, mon cher Janin? Pourquoi vous ai-je embrassé de cœur?

C'est qu'il y a des couchers de soleil qui ressemblent aux plus belles aurores.

Tout à vous,

ALEXANDRE DUMAS.

CALENDRIER GASTRONOMIQUE

PAR

GRIMOD DE LA REYNIÈRE.

JANVIER.

Ce mois commence glorieusement l'année. Il est signalé par l'extinction des haines. le rapprochement des familles; c'est un temps d'amnistie et de jubilation; il partage avec l'automne l'avantage de rassembler les productions les plus faites pour exciter et pour satisfaire notre gourmande sensualité.

Dans ce mois, on voit arriver en foule à Paris les bœufs magnifiques de l'Auvergne et du Cotentin, chargés d'une graisse succulente. Leurs flancs recèlent ces aloyaux divins dont l'appétit se lasse moins vite que des mets les plus recherchés; la culotte, et plus particulièrement la pointe, produisent d'admirables bouillis.

Le bœuf offre des ressources inépuisables pour varier les entrées et même les hors-d'œuvre d'une table bien servie; il est une mine inépuisable entre les mains d'un artiste habile; c'est vraiment le roi de la cuisine. Sans lui, point de potage, point de jus; son absence seule suffirait pour affamer et attrister toute une ville. Heureux Parisiens! félicitez-vous, car, s'il faut en croire les voyageurs les plus gourmands, vous mangez dans vos murs le bœuf le plus délectable de l'univers. L'Auvergne et la Normandie fournissent les meilleurs; mais dans le lieu de leur naissance, ils ne sont pas comparables à ce qu'ils deviennent à Paris; ils ont besoin du voyage : dans ce long voyage, leur graisse se fond, et s'identifie avec leur chair.

FEVRIER.

Ce mois est le *crescendo* de son prédécesseur, c'est le temps du carnaval, des indigestions, ou, pour parler plus poliment, des fausses digestions. Que les consciences timorées se rassurent alors, le péché de gourmandise, quoique rangé parmi les capitaux de tous, les charge le moins. De toutes les espèces d'intempérances, c'est celle dont l'Eglise accorde le plus aisément l'absolution : elle en connait mieux que personne l'entraînante séduction.

La viande de boucherie et la charcuterie sont aussi recherchées que dans le mois de janvier; le gibier, plus rare, ne manque pas encore. Les vagons plient sous le poids des dindes aux truffes, des pâtés de foie gras, des terrines qui, du Nord, du Midi, accourent vers la capitale pour devancer le carême. Nérac, Strasbourg, Troyes, Lyon, Cahors, Périgueux, rivalisent de zèle et d'activité pour nous combler de délices. Du Périgord à Paris, les truffes embaument de leur succulent parfum le train tout entier. Le carnaval étant la saison d'étiquette des déjeuners, ces trésors les enrichissent à l'envi; ils se répandent encore à profusion dans les dîners somptueux dont les noces d'avant carême sont le prétexte futile; de là un enchaînement d'indigestions qui ne laissent pas le temps de respirer.

A l'approche des jours gras, la gloire de la volaille est au comble, c'est alors son plus beau triomphe. Depuis le plus pauvre ouvrier, le plus étique rentier, jusqu'au financier opulent, tous veulent atteindre à la plume; cette concurrence fait monter la volaille à des prix dont elle-même est étonnée.

MARS.

Nous avons remis à parler dans ce mois des poissons de mer

et d'eau douce : ils appartiennent aussi aux deux mois précédents. Mais, pendant celui-ci, la *marée* est dans toute sa gloire, elle abonde à la halle. On y voit arriver en foule l'esturgeon, le saumon, le cabillaud, la barbue, le turbot, le turbotin, les soles, les carrelets, les limandes, les truites de mer, les huîtres vertes et blanches de Dieppe et du Cancale.

Dans les préparations sans nombre que subit le poisson, les études d'un cuisinier habile apparaissent avec tout leur éclat ; c'est la gloire des maîtres animés du feu du génie, c'est l'écueil des cuisiniers vulgaires. Arrière donc les simples cuiseurs d'aliments, dignes tout au plus du nom de gâte-sauce !

AVRIL.

Ce mois, sans être des plus stériles pour la bonne chère, ne soutient pas, à beaucoup près, la réputation de ses trois aînés, et l'on peut répéter avec un auteur célèbre : Si cette partie de l'année est la plus agréable, elle est aussi la plus ingrate en volaille, gibier, légumes et fruits.

MAI.

Béni soit cet heureux mois qui ouvre la porte aux maquereaux, aux petits pois et aux aimables pigeonneaux ! C'est un mois cher aux gourmands aussi bien qu'aux amoureux, avec cette différence pourtant qu'il n'est qu'une saison courte pour l'amour, et que la vie entière est l'heureux domaine de la gourmandise.

JUIN.

A chaque pas que nous faisons vers l'été, le cercle de nos jouissances alimentaires se rétrécit ; celui de nos jouissances solides s'étend, car les jouissances végétales sont au contraire fort multipliées dans cette saison. Peut-être serait-il sage de suivre les indications de la Providence ; mais l'estomac civilisé reste sourd à cette voix.

La viande de boucherie continue d'être la base du régime ; le bœuf est moins bon. Le mois nous offre les jeunes poulets, la poularde nouvelle, le dindonneau, le caneton de Rouen, les coqs-vierges et les pigeons.

JUILLET.

Le gourmand fait son temps d'épreuves et de pénitence dans ce mois ; peu touché de la végétation des potagers et des vergers, dont les trésors ne sont pour lui que des moyens de se récurer les dents et de se rafraîchir la bouche, il se soutient en voyant la croissance rapide des lapereaux, des perdreaux, des levrauts et d'autres succulents gibiers.

La finesse excellente du veau de Pontoise en ce temps ne le laisse pas sans émotion, les cailles et les cailleteaux lui font parfois sentir les joies d'un autre temps.

AOUT.

La bonne chère languit encore ; les riches sont aux champs, les tables de Paris renversées et les parasites à la diète. Cependant les gourmands pressés de vivre pourront déjà, dans ce mois, manger les *lapereaux* en terrine et à l'eau-de-vie ; les *levrauts* à la suisse, à la czarienne, etc., les *perdreaux* en papillote, en tourte, et aussi les *tourtereaux*, les *ramerots*. Ces conseils une fois donnés, je proteste contre une telle impatience, je condamne ces infanticides et change de matière.

SEPTEMBRE.

Malgré le proverbe connu, nous ne conseillerons à personne de manger les huîtres avant le mois de décembre. Le gibier est déjà bon ; mais il sera meilleur dans les mois suivants.

OCTOBRE.

Nos jouissances alimentaires commencent à redevenir abondantes et vives ; le gibier et la volaille y contribuent à l'envi. Le bœuf a passé l'été à s'engraisser ; nous nous en apercevons à cette époque. Le mouton est aussi plus succulent ; le veau, moins délicat qu'au printemps, n'est cependant pas à dédaigner. La marée ne redoute plus les chaleurs.

NOVEMBRE.

Les campagnes se dépeuplent, et, dès la Saint-Martin, tout ce qui appartient à la classe respectable des gourmands se trouve réuni à la ville. Grand saint Martin! patron de la Halle et surtout de la Vallée, l'appétit se réveille à votre approche; les hommes bien portants se préparent à célébrer votre fête par un jeûne de trois jours! Une *dinde* de l'année, attendue suffisamment, cuite à point, rouvre la carrière glorieuse des indigestions ; ses abatis sont le principe d'une entrée qu'on diversifie d'un grand nombre de manières. Elle-même est si sûre de son mérite qu'elle se prête à toutes sortes de métamorphoses, sans crainte de compromettre sa réputation. Mais il faut qu'elle soit jeune, car les honneurs de la daube sont réservés aux douairières.

Ce serait nous répéter que de rappeler ici tout ce qui constitue la bonne chère dans le mois de novembre. Le seul avis que nous devions aux amateurs friands a pour objet de leur annoncer l'arrivée à Paris des harengs frais à laitances. La manière la plus ordinaire de les servir, c'est cuit sur le gril, accompagnés d'une sauce au beurre, aiguisée de moutarde fine.

DECEMBRE.

En tout digne du mois qui le précède et de celui qui le suit, se recommande par ses fines *matelotes*. La Râpée a le monopole des matelotes excellentes; il faut aller faire une station dans ces guinguettes, où, chose singulière, le simple fricotier s'élève de beaucoup au-dessus de nos artistes pour cette spécialité.

La viande de boucherie, le gibier, le poisson et la volaille ont en décembre le même degré de bonté que dans les deux mois suivants. Mais la fin de l'année et les obligations qu'elle entraîne rendent les réunions gourmandes assez rares encore. Il faut se préparer aux jouissances qui viendront par les visites faites avec discernement, surtout par le soin de disposer son cœur comme il doit l'être pour nos amphitryons.

Ce serait un crime de lèse-gourmandise que de rester sans émotion et sans sympathie pour l'homme généreux qui vous offre une chère excellente et vous abreuve de ses meilleurs vins.

Au point où nous en sommes parvenus, l'année gourmande a parcouru ses phases diverses. Mais, dira-t-on, nous n'avons parlé ni du dessert, ni des crèmes, ni des pâtisseries. C'est avec intention que nous avons ainsi fait, notre premier soin était pour les gourmands. Eh bien! pour les véritables gourmands, ce ne sont là que bagatelles, affaires de *friandise*, ils les abandonnent aux dames. Dans un dîner bien entendu, le gourmand se repose après le rôti. Les entremets solides ne sont pour lui qu'un amusement et les autres une superfluité. Quant au dessert, il n'y prise guère que le fromage et les marrons, en leur qualité d'altérants.

ENCORE UN MOT AU PUBLIC

Lorsque j'eus pris la décision d'écrire ce volume et d'en faire, pour ainsi dire, dans un moment de délassement, le couronnement d'une œuvre littéraire de quatre ou cinq cents volumes, je me trouvai, je l'avoue, assez embarrassé, non pas sur le fond, mais sur la forme à donner à mon ouvrage.

De quelque manière que je m'y prisse, on attendrait de moi plus que je ne pourrais donner.

Si j'en faisais un livre de fantaisie et d'esprit comme la Physiologie du Goût de Brillat-Savarin, les gens du métier, cuisiniers et cuisinières, ne lui accorderaient aucune attention.

Si j'en faisais un livre pratique, comme la Cuisinière bourgeoise, les gens du monde diraient : C'était bien la peine d'avoir fait dire à Michelet qu'il était le plus habile constructeur dramatique qui eût jamais existé depuis Shakespeare, et à Ourliac que non-seulement il avait l'esprit français, mais encore l'esprit gascon, pour venir nous apprendre dans un livre de 800 pages que le lapin aime à être dépouillé vif, mais que le lièvre préfère attendre.

Ce n'était pas mon but : je voulais être lu par les gens du monde et pratiqué par les gens de l'art.

Grimod de la Reynière, au commencement de ce siècle, avait publié avec un certain succès l'Almanach des Gourmands, mais c'était un simple livre de gastronomie et non pas un livre de recettes culinaires.

Ce qui me tentait surtout, moi, c'était au contraire, voyageur infatigable, ayant traversé l'Italie et l'Espagne, pays où l'on mange mal, le Caucase et l'Afrique, pays où l'on ne mange pas du tout, d'indiquer tous les moyens de manger mieux dans les pays où l'on mange mal, et de manger tant bien que mal dans les pays où l'on ne mange pas du tout; bien entendu que, pour arriver à ce résultat, il faut être chasseur de sa personne.

Après une longue délibération avec moi-même, voici ce à quoi je m'arrêtai :

Prendre dans les livres classiques de la cuisine tombés dans le domaine public, comme le Dictionnaire de l'auteur des Mémoires de Mme de Créqui, dans l'Art du Cuisinier de Beauvilliers, le dernier praticien, dans le père Durand, de Nîmes, dans les grands dispensaires du temps de Louis XIV et de Louis XV, toutes les recettes culinaires qui ont acquis droit de cité sur les meilleures tables. Emprunter à Carême, cet apôtre des gastronomes, ce que MM. Garnier, ses éditeurs, me permettront de lui prendre; revoir les écrits si spirituels du marquis de Cussy et m'approprier ses meilleures inventions, relire Elzéar-Blaz, et, joignant mes instincts de chasseur aux siens, tâcher d'inventer quelque chose de nouveau sur la cuisson des cailles et des ortolans; ajouter à cela des plats inconnus, recueillis dans tous les pays du monde, les anecdotes les plus inédites et les plus spirituelles sur la cuisine des peuples et sur les peuples eux-mêmes; faire la physiologie de tous les animaux et de toutes les plantes comestibles qui en vaudraient la peine.

Ainsi mon livre, par la science et par l'esprit qu'il contiendra, n'effrayera pas trop les praticiens, et méritera peut-être la lecture des hommes sérieux et même des femmes légères dont les doigts ne craindront pas de se fatiguer en soulevant des pages dont quelques-unes tiendront de M. de Maistre et d'autres de Sterne.

Ceci posé, je commence tout naturellement par la lettre A.

P. S. N'oublions pas de dire, car ce serait une ingratitude, que nous avons consulté pour certaines recettes à part les grands restaurateurs de Paris et même de la province, tels que du café Anglais, Verdier, Brébant, Magny, les Frères-Provençaux, Pascal, Grignon, Peter's, Véfour, Véry et surtout mon vieil ami Vuillemot.

Partout où ils ont eu la bonté de se mettre à notre disposition, on trouvera leur nom : qu'ils reçoivent ici nos remercîments.

A. D.

A

*L'homme ne vit pas de ce qu'il mange,
mais de ce qu'il digère.*

ABAISSE. — Ne pas confondre avec *bouillabaisse*, nom d'un potage connu dans le Midi. L'*abaisse* est une pâtisserie qui occupe le fond d'une tourte ou d'un vol-au-vent. La manière de confectionner l'abaisse se trouvera à l'article PATISSERIE.

ABATIS. — On appelle *abatis* les crêtes et les rognons de coq, les ailerons de poularde, les moelles épinières, les ailerons, les pattes, le gésier et le cou du dindon, ris et cervelle de veau, langues de mouton, etc.

Les crêtes et les rognons de coq s'emploient pour la garniture de tous les grands ragoûts comme aussi pour celle des pâtes chaudes et des vol-au-vent; mais quand on veut en faire un plat à part, il faut les faire cuire dans une casserole avec du bouillon, où l'on ajoutera de la moelle de bœuf à laquelle on adjoindra des champignons, des tranches de fonds d'artichauts aux truffes, ou des rouelles de céleri, selon la saison. On leur fait prendre au moment de servir une liaison composée de quatre jaunes d'œufs et du jus de la moitié d'un citron; ne laissez pas épaissir la sauce, la substance de ce ragoût étant déjà très-mucilagineuse; il est d'habitude de le servir dans une casserole au riz ou dans un vol-au-vent, c'est un plat de famille dont on n'use guère pour les grands repas. Le véritable abatis populaire est l'abatis de dinde, et c'est un des meilleurs plats de la cuisine bourgeoise.

Flambez, et épluchez une douzaine d'ailerons de jeunes

dindes, ajoutez-y le cou, les pattes et le gésier; prenez une casserole, coupez-y de gros lardons de jambon, faites-les roussir de belle couleur; à ce point retirez-les et jetez dans cette graisse vos ailerons, que vous faites revenir également jusqu'à ce qu'ils soient bien blonds; puis assaisonnez de sel, de poivre, de muscade; coupez quelques gros oignons; et lorsque le tout sera bien revenu et que vous aurez obtenu une certaine cuisson, ajoutez quelques cuillerées de farine à laquelle vous faites également prendre couleur; arrivé à ce point égouttez vos abatis de leur graisse, ajoutez un bouquet garni et mouillez avec quelques cuillerées de consommé jusqu'au niveau de votre abatis; couvrez d'un papier beurré, passez au four, et à défaut de four faites cuire feu dessus feu dessous, et laissez mijoter jusqu'aux trois quarts de leur cuisson. Pendant ce temps vous aurez épluché des navets bien tendres, vous les taillerez en grosses gousses d'ail, jetez-les dans un plat à sauter, faites-leur bien prendre couleur, distribuez-leur le sel et le poivre, que le poivre domine; un bouquet de persil; une pointe de sucre; lorsqu'ils seront bien glacés et à une certaine cuisson, égouttez-les de leur beurre, passez la cuisson de vos abatis qui doit être arrivée à la cuisson d'une demi-glace, ajoutez vos navets à votre abatis, dégraissez bien votre cuisson, passez dessus vos ailerons et laissez sur un feu doux jusqu'à complet achèvement de cuire. (*Recette de Verdier, Maison-d'Or.*)

Abatis populaires. — Parez proprement les ailerons, le gésier, les pattes et le cou, dont vous aurez soin d'ôter la tête; mettez dans une grande casserole et sur un grand feu de charbon un bon morceau de beurre manié de fleur de farine, lorsqu'il est en plein roux faites-y revenir et sauter votre abatis pendant sept à huit minutes; ajoutez-y du bouillon chaud, ayez soin de ne pas le mêler à votre roux tout à la fois ni brusquement; mettez-y un bouquet de persil, thym, laurier, basilic et sauge (*V.* BOUQUET), joignez à votre bouquet deux oignons piqués d'un clou de girofle, et vous laisserez bouillir un quart d'heure et puis vous ajouterez six navets de Freneuse, quatre fortes rouelles de carottes, six pommes de terre violettes, un topinambour et un pied de céleri dans son entier, ne tournez pas vos légumes, il est suffisant de les ratisser, et la moindre apparence de recherche aurait l'inconvénient de faire perdre à ce vieux ragoût son air de simplicité bourgeoise et sa grâce naturelle ; dégraissez bien exactement après une heure et demie de cuisson mijotée, dressez proprement vos légumes autour de l'abatis, que vous recouvrirez des ailerons comme les morceaux d'honneur ; puis, comme il est bon qu'elle reste onctueuse à cause des pommes de terre, passez votre sauce au simple tamis de crin. (*Recette du marquis de Courchamps.*)

Abatis de dinde aux navets. — Prenez les abatis de deux dindes, blanchissez-les, prenez 125 grammes de lard, coupez-le en carrés, faites-le blanchir également pour enlever le sel ; faites un roux bien blond, passez vos lardons dedans ; rissolez-les, ajoutez vos membres coupés, faites revenir également avec un bouquet de thym, laurier, persil ; mouillez le tout à l'eau chaude, ajoutez-y une demi-bouteille de vin blanc.

Laissez cuire doucement ; prenez un peu de beurre, passez à la poêle les oignons et les navets comme garniture avec un peu de sel et de sucre en poudre ; faites blondiner les légumes, jetez le tout dans le ragoût, ajoutez quelques pommes de terre, tournez, dégraissez à fond et servez chaud. (*Recette Villemot.*)

ABAVO. — Maintenant que la facilité des communications nous entraîne à faire la guerre en Crimée, en Chine, en Cochinchine, au Mexique, en Éthiopie ; il est bon que chacun sache quand les vivres manquent quelles sont les ressources que l'on trouve dans chaque pays ; de cette façon, quelque part que l'on soit on n'aura qu'à étendre la main et à cueillir.

On appelle *abavo* un grand arbre que l'on trouve en Éthiopie et qui produit un fruit bon à manger, ressemblant à la citrouille et avec lequel on peut faire de la soupe à peu près semblable à la soupe au Potiron.

ABDELAVIS. — Melon d'Egypte dont la chair est sucrée et rafraîchissante, fort estimé à cause des quarante degrés de chaleur sous lesquels il pousse ; après avoir mangé sa chair on fait avec sa graine des boissons qui sont calmantes et qui tempèrent la soif.

ABLE. — Espèce de saumon que l'on trouve dans les

mers de Suède, il a les propriétés du saumon et s'accommode comme lui. (*V.* Saumon.)

ABLETTE. — Petit poisson de rivière et de lac, plat et mince, long de trois à six pouces, couvert d'écailles qui servent à donner aux fausses perles l'éclat des véritables; sa chair est molle et fade et ne se mange que frite comme celle du goujon dont elle est loin d'atteindre la saveur.

ABRICOT. — L'arbre qui porte ce fruit est venu aux Romains de l'Arménie; aussi l'appelaient-ils *prunus armeniaca:* on ne connaissait d'abord que deux espèces d'abricots, on a obtenu plusieurs variétés; c'est un fruit à noyau, la peau et la chair tirent sur le chamois, il est odorant, de bon goût, tient de la pêche et de la prune, et est si hâtif qu'il y a peu de printemps où l'on n'entende dire :

« Il n'y aura pas d'abricots cette année, ils ont tous été gelés.»

Outre les diverses espèces d'abricots que nous récoltons en France, Chardin, dans son voyage en Perse, a mangé d'excellents abricots dont la chair est rouge, la saveur délicieuse et que l'on appelle *tocmchams*, c'est-à-dire *œufs du soleil*. C'est à Damas, en Syrie, que l'on mange les meilleurs abricots, les habitants en font d'excellentes confitures et des gâteaux qu'ils mangent avec du pain.

Parmi les différentes variétés d'abricots n'oublions pas l'abricot de Saint-Domingue et des Iles Françaises; l'arbre qui le porte est un très-bel arbre qui parvient à la hauteur de soixante à soixante-dix pieds, ses feuilles sont ovales, sa cime ample, touffue et pyramidale, ses fleurs sont blanches et d'un pouce et demi de diamètre, exhalant une excellente odeur; son fruit aussi gros que la tête ressemble à l'abricot, son écorce épaisse renferme une pulpe plus charnue avec une grosse amande, sa saveur est douce, aromatique et fort agréable; on le sert après l'avoir coupé en tranches et l'avoir fait macérer dans du vin sucré. On a soin d'enlever les deux premières écorces fort amères, ainsi que la pulpe qui touche le noyau ; comme de l'abricot de France on en fait des marmelades et des confitures qu'on envoie même en Europe, ce fruit est lourd et reste longtemps sur l'estomac. L'esprit de vin distillé sur les fleurs de l'arbre uni au sucre forme une liqueur aromatique connue dans le pays sous le nom d'*eau de créole* [1].

Maintenant empruntons, pour les préparations que réclame l'abricot, les recettes que donne l'auteur des *Mémoires de la marquise de Créqui*. Ce charmant gastronome, rival des Brillat-Savarin et des Cussy avec lesquels il a été souvent en guerre, pour des questions gastronomiques de la plus haute importance. Bercé des traditions culinaires de la moitié du dernier siècle et de la première partie de celui-ci, il est l'homme qu'il faut surtout consulter dans les questions des entremets sucrés et de tous les plats que les femmes ont si justement appelés chatteries.

L'abricot, dit-il, est un des éléments le plus usuellement et le plus agréablement employés dans la confection des entremets sucrés, ainsi que pour nos desserts de l'automne et de l'arrière-saison.

Au moyen de cet excellent fruit on parfume délicieusement des sorbets, des glaces; on fait d'excellents gâteaux, des beignets, des tourtes, des flans, des crèmes, des compotes et des conserves, appelées vulgairement confitures sèches ou liquides. Parmi les recettes qui peuvent s'appliquer à l'emploi culinaire de l'abricot, nous mentionnerons celles de ces prescriptions qui sont le mieux garanties.

ENTREMETS.

Flan d'abricots à la Metternich. — Foncez l'abaisse d'une tourte en pâte brisée (*V.* PATISSERIE) avec douze abricots hâtifs dont vous aurez enlevé la peau et les noyaux et que vous aurez séparés par moitié. Joignez-y quarante cerises tardives ou soixante merises dont vous aurez fait sortir les noyaux et qui doivent être également crues, succulentes et soigneusement choisies. Vous entremêlez ces deux espèces de fruits de

---

[1]. Nous empruntons ces détails au *Dictionnaire des Aliments et des Boissons*, de M. Aulagnier, membre de l'Académie de médecine; cet excellent livre, moins connu des praticiens qu'il ne mérite de l'être, nous fournira les plus précieux détails sur les fruits de toutes les parties du monde, et surtout des colonies.

manière à ce que chacun de vos morceaux d'abricot se trouve séparé par quatre cerises, vous saupoudrez le tout avec du sucre en poudre, en suffisante quantité, d'après le plus ou le moins de maturité des fruits et vous faites cuire au four d'office ou bien au four de campagne (*V.* Tourtiere). Vous aurez eu le soin de réserver les noyaux de vos fruits rouges auxquels vous joindrez la moitié des amandes de vos abricots, que vous pilerez ou ferez piler ensemble au mortier de marbre et sous pilon de métal autant que possible, attendu que le pilon de bois reste toujours empreint de quelque goût antérieurement contracté. Vous sucrez ce mélange et puis vous y délayez de la crème bien fraîche, de manière à ce qu'il ait la consistance d'une sauce aux jaunes d'œufs après cuisson. Vous le versez sur le flan lorsqu'il est sorti du four, en ayant soin qu'il ne déborde pas sur les rebords ou muraille de la tourte, et vous attendez qu'elle soit à moitié refroidie pour la servir.

Crème aux abricots. — Faites cuire douze abricots avec 125 grammes de beau sucre, passez-les au tamis et laissez-les refroidir. Ajoutez ensuite un petit verre de ratafia des quatre fruits ou de ratafia de noyau (*V.* Ratafia), délayez-y huit jaunes d'œufs, passez ce mélange à l'étamine, afin qu'il n'y reste rien des germes, ajoutez-y le sucre nécessaire et faites cuire au bain-marie dans la même jatte, ou dans le moule, ou dans les petits pots que vous désirez servir sur table, en conduisant votre opération comme celle des autres crèmes analogues. On peut remplacer le ratafia par un demi-verre de vin blanc; mais il ne faut pas que ce soit un vin trop savoureux ou trop parfumé, parce qu'il aurait l'inconvénient de masquer le goût du fruit. La recette de cette excellente crème est tirée d'un dispensaire manuscrit du temps de Louis XIV.

Beignets d'abricots. — Faites macérer des moitiés d'abricots qui ne soient pas trop mûrs, avec du sucre pilé et un verre de bonne eau-de-vie. Au bout d'une heure et demie, égouttez vos fruits et plongez-les dans la pâte (*V.* Pate a friture), en ayant soin de les faire frire au plus grand feu. Vous les saupoudrez de sucre bien pilé, après les avoir égouttés de la friture et vous les glacerez au caramel avec la pelle rouge. Quelques personnes recherchées font ajouter une petite rouelle d'angélique confite au milieu des beignets, ce qu'il est aisé d'opérer en les mettant dans la pâte et s'y prenant avec attention. Dans quelques hautes cuisines on ajoute au cœur des beignets, au lieu d'angélique, une sorte de noyau factice qui se compose de crème sucrée, de jaune d'œuf et d'amandes amères pilées, dont on fait une boulette ou quenelle assortie pour le volume à la grosseur de chaque beignet. On en trouve la recette dans les anciens dispensaires de la Régence, et nous n'omettrons pas de la reproduire, attendu qu'on peut l'employer également pour les beignets de pêches et de brugnons. (*V.* CRÈME D'AMANDES.)

Pudding aux abricots. — Faites éverduner des abricots musqués ou des abricots-pêches à moitié mûrs, dans un sirop où vous ajouterez un peu d'eau-de-vie; égouttez vos fruits dont vous ôterez les noyaux, que vous ferez concasser pour en garder les amandes. Prenez ensuite une casserole d'argent ou une terrine qui puisse paraître sur la table; foncez-la de tranches de mie de pain légèrement beurrées (il faut que ce soit du meilleur beurre, le plus frais et qu'il ne soit pas salé), saupoudrez ladite abaisse avec du sucre et mettez une couche de vos abricots, que vous alternerez avec une autre couche de tranches de mie de pain beurrées jusqu'à plénitude du vase. Vous aurez soin de semer les moitiés d'amandes de vos noyaux entre les couches du pudding, où vous ajouterez la valeur d'un plein gobelet de jus de groseille légèrement framboisé, et qu'il faudra distribuer exactement par cuillerées entre chaque assise de votre pudding. Faites cuire au four et découvert après avoir doré d'un jaune d'œuf les tranches de pain qui doivent former la dernière assise, et dont il faut tourner la partie beurrée en dedans, c'est-à-dire à l'intérieur et du côté des fruits. — Le *pudding au prince régent* se conduit de la même manière, mais il se compose de riz à demi cuit et assaisonné d'un peu de moelle fondue.

Tourte ou gâteau fourré d'abricots à la bonne femme. — Ayant ouvert et pelé des abricots, faites-les cuire au petit sucre et laissez refroidir cette compote. Dressez-les ensuite par moitiés sur une abaisse en feuilletage, recouvrez ce gâteau d'une autre lame de pâte feuilletée qui devra être tailladée ou découpée, de peur qu'elle ne se boursoufle et ne se déjette en cuisant. Dorez la calotte et le crénail de la tourte avec un jaune d'œuf, et faites cuire au four de campagne. Le mélange de quelques cerises avec des abricots produit un excellent effet, et cette combinaison moderne est généralement adoptée dans les premières cuisines de Paris.

Abricots à la Condé.—Abricots à la Génevoise.—Abricots à l'orge perlé. (V. BRUGNONS et PÊCHES.)

Poupelure de Sagou aux abricots, dite à la d'Escars. — Faites bouillir huit abricots de moyenne grosseur dans un demi-litre d'eau de rivière ou de fontaine, avec 250 grammes de sucre candi bien pilé ; passez à l'étamine après cuisson, de manière à ce que votre eau d'abricots soit aussi purement translucide qu'elle sera colorée et parfumée, faites-y cuire 125 grammes du plus beau sagou, bien émondé, bien lavé, comme de coutume, et lorsque votre gelée sera parfaitement cuite et transparente, retirez-la du feu pour y délayer trois verres de liqueur des îles, au noyau. Immédiatement avant de servir, vous y mettrez douze moitiés d'abricots confits au sec à mi-sucre, et vous éviterez de les déformer en les manipulant. Cette préparation, qui compose un de nos entremets les plus modernes et les plus distingués, doit être servie chaudement et en casserole.

DESSERTS.

Compote d'abricots à la minute. — Faites un sirop où vous ferez bouillir vos abricots fendus, aussitôt qu'il aura pris assez de consistance ; au bout de trois minutes, écumez cette compote, ajoutez-y le jus d'une orange et mettez-la refroidir.

Compote d'abricots grillés à la Breteuil. — Fendez quelques beaux abricots bien mûrs, saupoudrez-les de sucre candi, et faites-les griller sur une braise ardente. Il faut toujours éviter que ce soit de la braise de charbon sur laquelle on fasse griller les fruits, parce que leur égouttement et la vapeur qui s'ensuivrait pourrait leur communiquer un goût nauséabond. Il en est ainsi pour les compotes de poires ou de pommes à la *Portugaise,* et l'on se souviendra de ne jamais employer en pareille occasion que de la braise. Lorsque vos quartiers de fruits sont grillés suffisamment, vous les dressez dans un compotier, et vous les arroserez d'un sirop où vous aurez fait consommer des tranches d'abricots accompagnées de quelques framboises. Le même sirop doit être passé au tamis de soie, et vous aurez eu soin de l'avoir remis sur le feu, pour le verser bouillant sur les abricots dont il pénètre les chairs et dont il perfectionne la cuisson. Les abricots, apprêtés de cette manière, ne sauraient fatiguer les estomacs les plus susceptibles.

Compote d'abricots verts, dite compote au vert pré. — Pour obtenir l'emploi de cette immense quantité d'abricots dont on est obligé, presque tous les ans, de décharger les arbres avant qu'ils n'approchent de la maturité, pelez soigneusement une vingtaine de ces fruits verts, que vous mettrez au fur et à mesure dans de l'eau froide. Vous les ferez ensuite dégorger tous ensemble dans de l'eau tiède, où vous aurez ajouté deux poignées de feuilles d'oseille. Vous les couvrirez et les mettrez ensuite sur un bon feu de charbon, et vous les ferez bouillir jusqu'à ce qu'ils vous paraissent d'une belle couleur verte ; alors vous les retirerez du feu et les mettrez dans une jatte à refroidir avec leur cuisson. Vous les égoutterez et les roulerez dans du sucre candi, vous achèverez de les faire cuire dans une grande poêle (*V.* Sirop), et au moment de la retirer du feu, vous y joindrez deux cuillerées de suc d'épinards avec une cinquantaine de pistaches bien vertes, afin de leur assurer cette franche couleur d'un beau vert qui doit justifier le nom de la même compote.

Confiture d'abricots verts. — Si l'on habitait une localité où les bons fruits fussent rares, ou si la température de l'année faisait craindre la disette des fruits, on pourrait utiliser ses abricots verts en les employant en conserve, et se conformant à la prescription suivante : Prenez 3 kilogr. de ces fruits avant que le bois du noyau soit à l'état solide. Vous les éverdumerez dans de l'eau froide où vous aurez ajouté 186 grammes de tartre, et vous les y frotterez avec un linge, afin d'en détacher la bourre à l'extérieur. Vous mettrez ensuite dans une poêle à confitures 3 kilog. de beau sucre que vous aurez fait réduire à la petite plume avant d'y faire cuire vos fruits. Une demi-heure de bon feu doit suffire pour en déterminer la parfaite cuisson. Cette confiture bien faite est beaucoup plus savoureuse qu'on ne le supposerait dans nos climats tempérés, fertiles en productions esculentes.

Confiture d'abricots entiers ou par quartiers. — Commencez par faire blanchir vos fruits à l'eau bouillante, levez-les ensuite à l'écumoire, et mettez-les sur un tamis de crin pour égoutter. En supposant que vous ayez disposé 3 kilogr. de fruits, prenez 3 kilogr. de sucre que vous ferez cuire à la petite plume ; vous y mettrez successivement vos abricots entiers ou coupés, à qui vous ferez prendre seulement deux ou trois bouillons ; après quoi vous les mettrez à refroidir, afin qu'ils dégorgent et qu'ils prennent sucre. Vous ferez ensuite revenir votre sirop à la même cuisson de la petite plume, et vous y remettrez les fruits que vous laisserez bouillir cinq à six minutes, après quoi vous les placerez dans leurs pots de conserve, et les couvrirez de leur sirop, sans les fermer, jusqu'à ce qu'ils soient totalement refroidis.

Abricots secs à la Provençale. — Lorsque les fruits auront été préparés comme il est indiqué ci-dessus, vous les égoutterez et les placerez sur des ardoises ou des lames de grès, suivant la commodité du lieu ; quand ils commenceront à sécher, vous les saupoudrerez de sucre au travers d'un tamis de soie, vous les mettrez à l'étuve ou bien dans un four après la sortie du bain. Il est suffisant, pour les conserver, de les tenir dans un lieu bien sec, enveloppés dans du papier gris, qu'on aura soin de changer si l'humidité s'y manifeste.

Marmelade d'abricots à la royale. — Choisissez les abricots les plus mûrs et les plus sains, faites-les blanchir à l'eau bouillante et les mettez à égoutter sur un tamis pour qu'ils jettent le superflu de leur aquosité. Pour 500 grammes de fruits, prenez 500 grammes de sucre royal que vous aurez fait cuire à la petite plume, et puis laissez tiédir votre sirop. Vous y jetterez ensuite les abricots que vous remuerez avec la spatule, afin de les réduire en marmelade, et vous remettrez un moment sur le feu pour en parachever l'incorporation. Deux ou trois bouillons suffisent. On y peut ajouter des pistaches, au lieu du noyau des fruits; c'est la plus parfaite et la meilleure marmelade dont on puisse se servir pour garnir les compotiers.

Marmelade d'abricots à la ménagère. — Pour confectionner les tourtes et les gâteaux, pour garnir les omelettes au sucre et pour illustrer les charlottes, il est bon de se trouver pourvu d'une confiture d'abricots moins dispendieuse et moins recherchée, quoiqu'elle soit d'une qualité fort estimable. Pour faire de la bonne marmelade de ménage, il faudra donc prendre 1 kilogr. de sucre pour 1 kilogr. 500 gr. de fruits; on y joindra un plein verre d'eau de rivière ou de fontaine, et l'on fera bouillir le tout ensemble en ayant soin de bien écumer cette mixtion et de la triturer de manière à ce qu'il n'y reste aucune partie du fruit en grumeaux. Comme on profite en y laissant les peaux du fruit, on est obligé de les faire bien cuire afin qu'elles se dissolvent. On y joint ordinairement les amandes des abricots que l'on sépare en deux et qu'on mêle dans la confiture après qu'elle est parfaitement cuite; il faut les avoir fait bouillir à part de la marmelade avec un peu de sucre, car, sans cette précaution, l'effervescence naturelle à ces noyaux ferait tourner la confiture en fermentant et ne manquerait pas de chancir avec âcreté. C'est une observation sur laquelle on se néglige, ainsi que les personnes délicates ont souvent l'occasion de le remarquer. Pour garnir des gâteaux et des tourtes, il est d'un bon effet de mêler à la marmelade d'abricots la chair de quelques pommes cuites (au cuit-pomme et non pas en compote); on ne saurait dire combien cet appendice est d'un bon résultat pour y donner plus de consistance dans le comestible et plus de finesse dans la saveur.

Pâte d'Auvergne d'abricots. — Choisissez des abricots de plein vent, les plus mûrs et les plus chaudement colorés. Otez-en les peaux et les noyaux, faites-les dessécher sur de la cendre chaude et dans une terrine toute neuve, en les remuant souvent avec une spatule de buis bien échaudée de bonne lessive. Quand la dessiccation sera presque totale, et que la pâte aura pris une consistance assez solide, vous la jetterez dans une poêle à confitures où vous aurez fait monter du sucre à la cuisson de la grande plume. Vous la mêlerez fortement, vous la ferez chauffer sans bouillir, et puis vous la dresserez par cuillerée sur des lames d'ardoises, afin de la faire étuver à grand feu.

Fromage à la crème aux abricots glacés. — Moudez et pilez soigneusement douze abricots-pêches, et passez-en la chair au gros tamis de crin. Délayez-y le jus de 30 grammes de framboises, et que ce soit des blanches, s'il est possible; ajoutez-y le suc de deux oranges de Malte ou de Portugal, avec 250 grammes de sucre bien pilé. Tenez ce mélange à la glace, et joignez-y un demi-litre de la meilleure crème, la plus fraîche et la plus consistante; il faut qu'elle soit à moitié glacée d'avance, afin que l'acidité des fruits ne la fasse pas cailler, et la mixtion doit en être faite avec promptitude. Mettez le tout dans une sorbetière avec salpêtre et gros sel, ainsi qu'il est usité pour les glaces et les sorbets.

Si nous ne donnons ici aucune recette pour confectionner *les abricots à l'eau-de-vie,* c'est que cette préparation vulgaire et surannée n'est plus d'aucun usage, excepté dans les cafés et les restaurants de province. Il est universellement convenu que les seules conserves de fruits à l'eau-de-vie qui ne sont pas indignes de considération ne sont que les prunes de reine-Claude, les merises, les azeroles et les petits citrons nommés *chinois* par les Provençaux. Les abricots, les brugnons, les pêches et les autres gros fruits préparés à l'eau-de-vie ne paraissent jamais à Paris sur une bonne table, et, quant à l'instruction gastronomique, ou plutôt à la direction industrielle de messieurs les confiseurs ou limonadiers, on doit supposer qu'ils ont des livres élémentaires avec des recettes traditionnelles qui suppléeront à cette omission de notre part, omission que la meilleure partie de nos lecteurs n'aura pas à nous reprocher, puisque c'est le bon goût qui l'a prescrite.

Pour compléter cette nomenclature, nous croyons devoir ajouter ici la prescription d'une tisane aux abricots, qui est fort usitée dans l'Asie Mineure, et qu'on dit souveraine en cas d'enflammation de l'estomac et des entrailles. En voici la recette, ainsi qu'elle est formulée dans le quatre-vingt-dix-neuvième numéro *du Spectateur ottoman :*

« Tu feras cuire et vivement bouillir des abricots, cinq gros ou six moyens, ou bien dix à douze petits qui soient dépouillés de leurs robes *tigrées*, et vidés de leurs *cœurs de bois*. Ce sera dans une mesure d'eau purifiée, par le moyen que tu l'auras fait bouillir d'avance avec quelques feuilles d'oseille. Tu n'omettras pas d'y joindre une poignée d'orge, avec sept grains de maïs, et trois pincées de fine graine de lin d'Europe. Après une demi-heure de cuisson, tu la retireras de son marc, et tu la feras boire en y délayant du miel clarifié. Peu de miel, et bonne espérance avec pleine confiance! »

C'est cet arbrisseau qui fournit les graines rouges marquées d'un point noir, que vendent les marchands de curiosités, et avec lesquelles on fait des colliers et des chapelets aux enfants.

ABRUS. — Petit arbre qui croît en Amérique et dans l'Inde. Sa racine, qui fait une partie de la nourriture des Indous, a une saveur sucrée; elle est nutritive et adoucissante.

Elle se mange crue.

ABSINTHE. — Plante vivace, dont les feuilles sont fort amères; on la trouve dans toute l'Europe; dans le Nord, on en fait un vin appelé vermouth.

Il y a deux sortes d'absinthe : la grande absinthe, appelée absinthe romaine, la petite, appelée absinthe pontique ou petite absinthe; on connaît aussi cette plante sous le nom d'absinthe marine, on mange avec plaisir celle qui vient sur le bord de la mer et sur les montagnes, et c'est à cette dernière surtout, que la chair des animaux doit ce goût si estimé des gourmands connu sous le nom de pré-salé.

Quoique tous les dispensaires vantent l'absinthe comme fortifiant l'estomac et aidant la digestion, quoique l'école de Salerne recommande l'absinthe comme un préservatif du mal de mer, il est impossible de ne pas déplorer les ravages que l'absinthe a faits depuis quarante ans, parmi nos soldats, et parmi nos poëtes, et il n'y a pas un chirurgien de régiment qui ne nous dise que l'absinthe a tué plus de Français en Afrique que la *flitta*, le *yatagan*, ou le *fusil des Arabes*.

L'absinthe, parmi nos poëtes bohèmes, a reçu le nom de *muse verte;* plusieurs qui n'étaient pas des derniers, par malheur, sont morts des embrassements empoisonnés de cette muse. Hégésippe Moreau, Amédée Roland, Alfred de Musset, notre plus grand poëte, après Hugo et Lamartine, ont succombé au désastreux effet de cette liqueur.

Cette fatale passion de de Musset pour l'absinthe, qui peut-être d'ailleurs a donné à ses vers une si amère saveur, a fait descendre la grave Académie au calembour par approximation; en effet, de Musset manquait beaucoup de séances académiques, ne se reconnaissant point en état d'y assister.

« En vérité, dit un jour à M. Villemain un des quarante, ne trouvez-vous point qu'Alfred de Musset *s'absente* un peu trop?

— Vous voulez dire *s'absinthe* un peu trop. »

Mais l'absinthe a pour elle un défenseur compétent, c'est l'auteur des *Mémoires* de la marquise de Créqui, lequel prétend qu'un petit verre d'absinthe au candi ne peut qu'aider à la digestion. Voici la recette qu'il donne :

Crème d'absinthe au candi. — Prenez eau-de-vie, 8 litres; sommités d'absinthe rectifiée, 500 grammes; zestes de 4 citrons ou oranges; eau de rivière, 4 litres; sucre, 3 kilogrammes 500 grammes.

Vous distillez au bain-marie l'eau-de-vie, l'absinthe et les zestes, pour retirer quatre litres de liqueur; lorsque le sucre est fondu, vous opérez le mélange que vous filtrez.

L'absinthe est défendue maintenant dans toutes les cantines militaires.

ACACIE A FRUITS SUCRES. — A Saint-Domingue, on donne le nom de pois sucrin à des fruits longs et cannelés, contenant une pulpe spongieuse blanche et sucrée qu'on mange avec plaisir; c'est un grand arbre qui la produit.

Acacie du Sénégal. — L'arbre fournit une glande très-nourrissante et qui rafraîchit en même temps. Les Maures et les Arabes la mangent surtout dans les grandes chaleurs. Cette gomme est plus estimée que celle que l'on nomme gomme arabique.

ACALOT ou CORBEAU AQUATIQUE, espèce de courlis. — On lui donne ce nom de corbeau aquatique, à cause de la ressemblance qu'il a avec le corbeau ordinaire; il a environ trois pieds de longueur, ses nuances donnent en général des reflets verts et pourprés sur un fond sombre et approchant du noir, il ne vit que de poissons, et habite le long des lacs.

C'est un oiseau triste et sombre qui porte malheur, dit-on, sa chair a une odeur âcre et marécageuse, qui la rend fort désagréable au goût, quoi qu'il en soit, les Mexicains qui en mangent quelquefois la trouvent assez bonne.

ACANTHE. — Plante fort célèbre dans l'histoire des Beaux-Arts ; et dont les feuilles très-grandes, lisses, agréablement découpées, servaient à couronner les colonnes corinthiennes à cause de leur beauté et de leur agrément.

Vitruve raconte de la manière suivante l'origine de l'introduction des feuilles d'acanthe comme ornement dans *l'ordre corinthien :* « Une jeune Corinthienne étant morte peu de jours avant un heureux mariage, sa nourrice désolée mit dans une corbeille divers objets que la jeune fille avait aimés, la plaça sur son tombeau, et la couvrit d'une large tuile pour préserver ce qu'elle contenait des injures du temps. Le hasard voulut qu'un pied d'acanthe se trouvât sous la corbeille. Au printemps suivant, l'acanthe poussa, ses larges feuilles entourèrent la corbeille, mais arrêtées par les rebords de la tuile, elles se courberent et s'arrondirent vers leurs extrémités. Callimaque passant près de la, admira cette décoration champêtre, et résolut d'ajouter à la colonne corinthienne la belle forme que le hasard lui offrait. »

L'acanthe est assez commune en Grèce, en Italie, en Espagne, et dans la France méridionale, mais il n'y a guère qu'en Grèce et en Arabie, que l'on mange crues les feuilles de cette plante.

ACAPALTI. — C'est cette espèce de poivre long, arrondi et de couleur rouge qui croît dans la nouvelle Espagne, et que les Espagnols mêlent à tous leurs ragoûts. Sa propriété excitante qui est moindre que celle du poivre long ordinaire se rapproche du papricao hongrois ; on le fait sécher au soleil pour le conserver et l'envoyer en Europe.

ACARNE. — Poisson du genre de la dorade, écailleux et de couleur blanche, mais lui ressemblant tellement qu'à Rome on le vend sous ce nom. La chair en est tendre, de bon goût et de digestion facile. Suivre pour la manière de le servir toutes les prescriptions de la dorade.

ACCIOCA. — Herbe qui remplace le thé du Paraguay au Pérou et qui se prépare comme lui.

ACCOLA. — Poisson plus petit que le thon. On le pêche surtout aux environs de l'île de Malte, la chair en est fort blanche et fort délicate. On en mange beaucoup dans cette île. (Voir pour les préparations culinaires le mot Thon.)

ACELINE. — Poisson qui ressemble à la perche et qui demande les mêmes préparations culinaires. (*V.* Perche.)

ACETO-DOLCE. — Conserve de certains fruits et de petits légumes. On les fait confire au vinaigre comme les cornichons, puis on y ajoute un résidu de vin nouveau et cuit qu'on a fait bouillir jusqu'à réduction à la consistance de sirop.

Le meilleur *acéto-dolcé* se confectionne avec des quartiers de coings et du moût de raisin muscat ou du miel de Narbonne, le miel de Corse vaut mieux, mais il est un peu plus amer.

ACHANACA. — Cactus qui n'a encore été décrit que par le professeur Aulagnier. Il pousse dans la province de Potoxi au Pérou ; sa racine épaisse et charnue, de forme conique, est également bonne cuite et crue ; on la trouve sur tous les marchés.

ACHARDS. — Composition bien connue qui nous vient des Indes orientales et qui porte le nom de son inventeur.

Les meilleurs *achards* se tirent de l'île Bourbon. Il ne s'agit donc que d'émincer finement des tranches de courge et des lames de cardes poirées, vous y ajouterez des oignons blancs, des champignons, des choux palmistes, des choux-fleurs, du maïs au tiers de sa maturité, etc. ; on colore le tout avec du safran, et l'on fait confire au sel et au vinaigre d'Orléans, en salant, en poivrant et en conduisant ce mélange à la manière des cornichons. Vous le compléterez avec de la racine de gingembre et quelques piments rouges.

On mange les achards de trois façons, en les tirant tout simplement de leur bocal, en les coupant par morceaux, et en les mêlant à toute sorte de viande rôtie ou bouillie.

En les faisant égoutter, en les étanchant à la serviette, et en les imprégnant ensuite de bonne huile verte.

Enfin, en les accommodant au lieu d'huile verte avec de la double crème de lait de chèvre, c'est ce qu'on appelle dans les colonies à la *cucoco*; cette dernière recette a été communiquée aux gastronomes européens, par M. le marquis de Sercey, vice-amiral et ancien gouverneur des Indes françaises, auquel nous devons l'aya-pana qu'il a apportée le premier en France. (*V.* AYA-PANA.)

ACHIAR. — Espèce de confiture au vinaigre, faite avec des rejetons de bambous encore verts; les Hollandais qui en font un très-grand usage pour assaisonner leurs mets, l'apportent des Indes orientales où elle se fabrique dans des urnes de terre. Ce condiment est très-âcre, très-échauffant, et ne peut convenir qu'aux tempéraments phlegmatiques et aux vieillards.

ACOHO. — Petit coq de Madagascar, dont la chair ainsi que celle de la poule est assez bonne à manger, et approche comme goût de celle du canard sauvage. Les œufs de la poule ne sont pas bons à manger, mais ils sont tellement petits qu'elle peut en couver une trentaine à la fois.

ACTINIE. — Vulgairement appelée *ortie de mer, anémone de mer*, à cause de sa ressemblance avec l'ortie et l'anémone. Elle se compose d'une masse charnue très-contractile, couronnée à son sommet par un grand nombre de tentacules; au centre est une ouverture qui sert à la fois de bouche et d'anus. L'actinie se fixe par la base, soit sur le sable, soit aux rochers qui bordent les côtes à une faible profondeur, et son adhérence y est si forte qu'on la déchire plutôt que de l'arracher. Les actinies sont très-nombreuses sur les rivages de France où leurs brillantes couleurs variées les font prendre souvent pour des fleurs.

L'odeur et la saveur de l'actinie approchent de celles des crabes et des crevettes dont elle a les propriétés, et les habitants des côtes du midi de la France la recherchent et en mangent avec délices.

ADANE. — Poisson monstrueux et ressemblant beaucoup à l'esturgeon. On en a pêché qui pesaient plus de 500 kilogrammes. Ce poisson ne vit que dans le Pô, et Pline dit que l'oisiveté l'engraisse. Sa chair ne vaut pas celle de l'esturgeon ; elle a un assez bon goût, quoique molle, et est en outre de fort difficile digestion.

ÆGLEFIN. — Espèce de poisson du genre des gades qui ressemble à la morue; il fréquente nos côtes où on le pêche de la même manière que la morue. Sa chair varie selon son âge, selon le parage où on le pêche, selon son sexe, et selon l'époque de l'année. Il est ordinairement de 6 à 7 mètres de long et du poids de 5 à 7 kilogr. Il fraye en mer, et on le trouve a certaines époques en nombre si considérable, que, dans l'espace d'un mille d'Angleterre, trois pêcheurs peuvent en remplir leurs barques deux fois par jour.

AGAMI. — Genre d'oiseau de l'ordre des échassiers. On le trouve sur les montagnes arides et dans les hautes forêts; à l'état sauvage, cet oiseau vit en troupes nombreuses dans les forêts de la Guyane, mais on le réduit facilement à la domesticité, et alors son intelligence, ses qualités, lui assignent le premier rang parmi les oiseaux de basse-cour.

Daubenton dit que « l'Agami est le plus intéressant de tous les oiseaux par les éloges que l'on en fait : on le compare au chien pour l'intelligence et la fidélité, on lui donne une troupe de volailles et même un troupeau de moutons à garder, et il se fait obéir, quoiqu'il ne soit guère plus gros qu'une poule. L'agami est aussi curieux qu'utile; il mérite de trouver place dans toutes les basses-cours. »

L'agami, en effet, n'a pas plus de six décimètres environ de hauteur et sept décimètres de longueur; son bec conique est d'un vert sale, ses yeux, dont l'iris est jaune brun, sont entourés d'un cercle nu et rougeâtre, des plumes courtes et frisées lui recouvrent la tête et les deux tiers supérieurs du cou, dont le tiers inférieur est garni de plumes plus grandes, non frisées et d'un violet noir. La gorge et le haut de la poitrine présentent une sorte de plastron brillant des plus riches reflets métalliques, le reste de la poitrine, le ventre, les flancs et les cuisses sont noirs ainsi que la queue et les ailes.

Me trouvant un jour à dîner chez un de mes amis à la campagne, nous vîmes entrer peu après que la cloche annonçant l'heure du dîner avait sonné, un de ces oiseaux qui, à peine entré dans la salle à manger, se mit à en chasser les chiens et chats, en les poursuivant à coups de bec sans que ni chiens ni chats osassent lui résister; cela fait, il vint à chacun de nous, nous regarda, et satisfait sans doute de son examen il se dirigea vers le maître de la maison et lui présenta sa tête et son cou que le maître s'empressa de gratter.

Peu habitués à voir un oiseau, gros tout au plus comme un canard, agir de cette façon, avec les chiens et les chats, et désireux d'apprendre quel était ce curieux animal, nous priâmes notre ami de nous donner quelques renseignements à cet égard.

Il nous raconta alors que pendant qu'il voyageait dans la Guyane française, il avait remarqué à Cayenne plusieurs de ces oiseaux précédant ou suivant des colons avec des marques de profonde satisfaction; puis il en avait remarqué d'autres conduisant et gardant des troupes de canards et de dindons, faisant rentrer à l'heure habituelle les oiseaux qui leur étaient confiés, et allant ensuite se percher sur le toit ou sur quelque arbre voisin. Alors la curiosité l'avait pris, et désirant s'attacher deux de ces précieux animaux, il avait prié un de ses amis de les lui céder, il les avait ramenés en France après avoir craint pour eux une traversée toujours dangereuse, et arrivé dans sa campagne, il avait été tout étonné de voir que ses nourrissons lui étaient déjà très-fortement attachés et le suivaient partout. Il les avait fait mettre dans la basse-cour avec les autres volailles où ils n'avaient pas tardé à régner en maîtres. Puis tous les soirs au moment où la cloche du dîner sonnait, on voyait arriver les deux agamis qui poursuivaient impitoyablement les chiens jusque dans leur chenil, et revenaient ensuite se faire gratter la tête et le cou par leur maître, caresse à laquelle ils sont très-sensibles.

Notre ami finit en nous disant d'une façon très-triste qu'il avait perdu, il y avait quelques jours à peine, un de ses agamis qui s'était cassé les reins en tombant du toit, et qu'il avait eu la gourmandise de goûter à sa chair; il l'avait trouvée délicieuse et bien certainement préférable à celle de la plupart de nos poulets.

La chair de l'agami est en effet très-délicate et très-recherchée.

AGARIC. — Genre de plante appartenant à la famille des

champignons ; il y en a de différentes espèces, et il faut bien se garder de confondre avec les vénéneux ceux dont on se sert pour assaisonner les sauces.

Parmi les espèces d'agarics les plus recherchées comme aliment, nous citerons : L'*agaric comestible, champignon de couche*, dont le pédicule est blanc, court et charnu ; il soutient un chapeau de couleur fauve, couvert d'une pellicule qui s'enlève facilement. Ses lames sont rougeâtres à la naissance, puis pourpres ou noires, sa chair ferme et cassante ; c'est la seule espèce qu'il soit permis de vendre sur le marché de Paris.

L'*agaric mousseron* est d'un blanc jaunâtre à sa surface, son chapeau est presque sphérique et large de quatre centimètres. Il est très-commun au printemps et pendant une partie de l'été dans les bois découverts, les friches, les prés secs. On le préfère jeune et frais ; il entre dans les ragoûts comme assaisonnement. Pour le conserver, on l'enfile par le pied et on le laisse dessécher. Jusqu'à présent, on a essayé inutilement de le cultiver.

L'*agaric faux mousseron* se reconnaît à sa couleur d'un jaune pâle, tirant sur le roux, à son pédicule très-grêle, à son chapeau convexe mamelonné au centre, large de quatre à cinq centimètres. Sa chair est dure, mais assez savoureuse, et d'une odeur agréable.

L'*oronge* est d'une odeur et d'un goût très-agréables ; malheureusement, on peut très-facilement la confondre avec l'*agaric moucheté* ou *fausse oronge* qui est extrêmement vénéneux. En Allemagne ce dernier sert à tuer les mouches.

L'*agaric du houx* qui croît en été sous les buissons de houx est, suivant Persoon, un de nos meilleurs champignons.

L'*agaric élevé* est l'espèce la plus haute du genre ; son pédicule est très-long, son chapeau roussâtre un peu panaché ; il croît en été dans les bois et les champs sablonneux ; on le mange en beaucoup d'endroits.

Il y a encore une quantité considérable d'agarics, servant à la nourriture de l'homme, mais il est préférable de s'en tenir à ceux que nous venons d'indiquer, les autres étant peu savoureux ou très-difficiles à distinguer des mauvaises espèces.

Parmi les agarics vénéneux, on distingue : l'*agaric meurtrier;* il en découle un suc laiteux, âcre et caustique. Dans le cas d'empoisonnement, le remède le plus usité est l'huile d'olive, prise en lavement et en boisson ; on administre aussi le vinaigre comme antidote; l'*agaric caustique,* qui croît dans les bois ; sa couleur est d'un jaune livide terreux ; l'*agaric âcre,* blanc, à lames jaunâtres et rougeâtres, distillant un suc laiteux très-âcre, ce qui n'empêche pas qu'il soit souvent rongé par les lièvres et les lapins, etc., etc.

On a distingué parmi les agarics un groupe assez remarquable par la propriété de se fondre en une eau noire à l'époque de sa destruction. La plupart de ces champignons croissent dans des lieux infects, sur les substances putrides: leur existence est d'ordinaire de courte durée : par exemple, l'*agaric éphémère,* qui ne dure qu'un jour.

Il existe encore des agarics caractérisés par des qualités particulières. L'*agaric styptique,* lorsqu'on le mâche, produit, au bout de quelques instants, un étranglement analogue à celui du vitriol. La saveur de l'*agaric fétide* est poivrée.

Nous avons, enfin, l'*agaric laciniatus* qui croît sur le tronc des palmistes qui pourrissent en terre et qui, selon Commerson, donne un goût de morille aux aliments.

L'*agaric hépatique,* substance molle, superficie gluante rouge brun, un peu velue, pores d'un blanc sale tirant sur le jaune ; il a la forme d'un foie de bœuf, on le trouve au pied des arbres; il est très-vénéneux et susceptible de se gonfler dans l'estomac.

L'*agaric du peuplier de bois,* qui ressemble beaucoup à la truffe visqueuse quoique plus charnu, plus sec et plus relevé. A peine est-il cueilli ou même en pleine maturité, que le dessus de son écusson devient d'un blanc sale. Si on le casse, sa chair prend une couleur blanche à laquelle succède bientôt une teinte bleue. Si on exprime le suc aqueux, à l'instant il prend une teinte bleuâtre qui colore la toile. Cet agaric est très-recherché en Russie, où l'on mange impunément les plus pernicieux.

AGAVE. — Genre de plante à feuilles épaisses, allongées, à bords épineux, et qu'on a longtemps confondu avec l'aloès.

Cette plante est très-abondante à Cuba et au Mexique, et ses tiges contiennent une séve sucrée avec laquelle on prépare un vin qu'on nomme *pulque*, dont les propriétés sont toniques et restaurantes, mais dont le goût est peu agréable et donne une odeur fétide à l'haleine de ceux qui en boivent immodérément. Les peuples de Cuba et du Mexique aiment si fort cette espèce de vin, qu'ils s'en procurent aux dépens de leurs subsistances et même de leurs vêtements.

Les fibres des feuilles de l'agave sont longues, fortes et déliées; on en fabrique des cordes, des filets de pêcheurs, des tapis, des toiles d'emballage, des pantoufles, du papier et divers autres ouvrages. On dégage les fibres en faisant rouir les feuilles, comme du chanvre, dans une eau stagnante ou dans du fumier; on les écrase entre deux cylindres; on les lave, on les bat et on les peigne à plusieurs reprises pour les nettoyer et leur donner de la souplesse.

On retire encore des feuilles de l'agave par la trituration, un suc que l'on passe à la chaux et que l'on fait épaissir par l'évaporation après y avoir ajouté une certaine quantité de cendres. C'est une sorte de savon qu'on emploie pour laver le linge.

On se sert aussi des feuilles de l'agave pour couvrir les toits.

AGNEAU. — C'est du mois de décembre au mois d'avril que la chair d'agneau est bonne; il faut que l'agneau ait au moins cinq mois et qu'il n'ait été nourri que de lait.

On donne au nom de cette charmante petite bête une origine toute poétique : selon les étymologistes bucoliques, il viendrait du verbe *agnoscere*, reconnaître, parce que, tout petit, il reconnaît sa mère.

En effet, à peine peut-il marcher qu'il la suit en chancelant et en bêlant. Inutile de dire que c'est le petit de la brebis et du bélier.

L'agneau de toute antiquité et aujourd'hui encore a été et est le mets le plus recherché d'Orient. Les Grecs l'estimaient fort et ils donnaient peu de festins sans qu'un agneau rôti en fût le plat le plus important. L'abus de cette chair était l'un des excès gourmands qu'un prophète reprocha aux Samaritains. Sa chair est blanche, mais muqueuse, et dans la suite cette chair fut défendue aux Athéniens.

Dans les temps primitifs, alors que les échanges commerciaux servaient souvent de monnaie, Abraham donna sept agneaux au roi Abimeleck, en témoigne de son alliance. Jacob, pour un champ qu'il acheta aux enfants d'Hémor, leur en donna deux cents.

Agneau à la Hongroise. — Coupez une douzaine de gros oignons d'Espagne en rouelles, joignez-y un morceau de beurre en rapport avec la masse des oignons; faites un roux avec un peu de farine, votre beurre et vos oignons. Ayez soin que les oignons roussissent, mais ne brûlent pas; mettez-y un bouquet assorti, salez et poivrez, ajoutez-y une bonne pincée de poivre rouge hongrois, à défaut duquel vous mettrez quelques atomes de poivre de Cayenne; pendant ce temps vous avez taillé votre poitrine d'agneau en morceaux grands comme des tablettes de chocolat et vous l'avez fait revenir dans du beurre frais. Quand vous le jugez bien revenu, vous versez sur votre agneau et sur votre beurre frais le contenu de la casserole où vous avez fait votre roux d'oignons avec votre bouquet assorti. Puis, comme les oignons ne cuisent que mouillés d'eau ou de bouillon et dans le beurre, ne feraient que rissoler, vous versez, de quart d'heure en quart d'heure, un quart de verre à boire de bon consommé, laissez mijoter cinq quarts d'heure et servez.

C'est un des meilleurs plats que j'aie mangés en Hongrie.

Pascaline d'agneau à la royale. — L'habitude de servir un agneau entier le jour de Pâques, s'est conservée en France jusque sous Louis XIV et même sous Louis XV. Voici comment on confectionnait ce plat qui nous venait directement des agapes des premiers chrétiens.

On désossait le collet d'un agneau de six mois; on brisait la poitrine dans laquelle on ajustait les épaules bridées avec des ficelles; on brisait les deux manches des gigots qu'on assujetissait de même. On le remplissait d'une farce composée de chair d'agneau pilée, de jaunes d'œufs durs, de mie de pain rassis et de fines herbes hachées et assaisonnées des quatre épices. On lardait finement la chair de l'agneau, on le faisait rôtir à grand feu et on le servait tout entier pour gros plat, en relevé de potage, soit sur une sauce verte avec des pistaches, soit sur un ragoût de truffes, au coulis de jambon. L'usage de servir cet ancien plat pour les dîners royaux du jour de Pâques s'est, comme nous l'avons dit, perpétué longtemps à la cour de France et est encore suivi dans les grandes maisons qui ont conservé les traditions aristocratiques et religieuses du XVIIIe siècle.

Grosse pièce d'agneau aux tomates farcies. — Prenez la moitié d'un agneau, la partie inférieure, retroussez-là, et enveloppez-là de papier beurré, faites rôtir à point, debrochez, dressez et glacez, mettez des papillotes au manche du gigot, garnissez votre moitié d'agneau de tomates farcies et servez à part une sauce à la Uxelles.

Ce qui a valu à M. le maréchal d'Uxelles l'honneur de donner son nom à une sauce, ce n'est pas d'avoir perdu la bataille de Rosbach comme M. de Soubise, ou d'avoir gagné la bataille de Fontenoy comme M. de Richelieu, c'est tout simplement une anecdote racontée je crois par Saint-Simon.

Mlle Choin, maîtresse du grand Dauphin, avait un petit chien qu'elle adorait, et qui estimait tout particulièrement les têtes de lapins rôties; tous les jours Mlle Choin recevait de M. le maréchal d'Uxelles une visite, à la fin de laquelle il tirait de sa poche un mouchoir de batiste d'une blancheur éclatante dans lequel étaient renfermées deux têtes de lapins rôties.

La bonne Mlle Choin était on ne peut plus sensible à cette marque d'attention, et elle n'avait pas peu servi à remettre M. le maréchal d'Uxelles en faveur, après la reddition de la ville de Mayence.

Un beau jour, le grand Dauphin mourut; le lendemain, le surlendemain et les jours suivants, elle attendit vainement le maréchal : elle ne revit jamais ni le marquis d'Uxelles, ni ses mouchoirs de batiste, ni ses têtes de lapin. Ce n'était point au chien de Mlle Choin qu'il les apportait, mais au grand Dauphin.

Agneau entier, sauce poivrade. — Troussez un agneau entier, embrochez-le, enveloppez-le de feuilles de papier beurré, quelques instants avant de servir retirez le papier pour lui laisser prendre une jolie couleur, débrochez-le, dressez-le sur son plat, et mettez deux papillotes au manche du gigot.

Épigramme d'agneau aux pointes d'asperges. — Achetez un quartier de devant d'agneau, détachez-en l'épaule que vous ferez rôtir. Lorsqu'elle sera cuite, faites cuire la poitrine dans une braise, puis mettez-la à la presse entre deux couvercles de casserole avec un poids pour l'aplatir, retirez tous les os et réservez seulement ceux qui vous seront nécessaires pour faire des manches à vos côtelettes, taillez les côtelettes et les parez ; disposez-les dans un sautoir, saupoudrez-les d'un peu de sel, saucez-les légèrement avec du beurre fondu ou, ce qui vaudrait mieux, avec de l'allemande réduite. Votre poitrine d'agneau découpée de manière à imiter des côtelettes, trempez-les dans une panure composée de mie de pain, d'huile et de pain rassis que vous aurez passé à travers le tamis de laiton, assaisonnez.

Passez les côtelettes dans le beurre clarifié, rangez-les dans le plat à sauter, faites frire les poitrines et égouttez-les.

Mettez dans chaque bout de poitrine la moitié d'un os taillé en pointe, de manière à former un manche à vos fausses côtelettes.

Dressez autour d'une croustade poitrine frite et côtelettes sautées en alternant, garnissez la croustade de pointes d'asperges et servez à part une légère béchamel.

Vous pouvez, en suivant le même procédé et en servant toujours votre béchamel ou votre demi-glace ou enfin votre sauce à part, garnir la croustade de petits pois, d'une macédoine de légumes, de haricots verts, d'une purée de cardons, etc.

Veloutez à part le tout réduit avec essence de champignons ou, enfin, avec une garniture de concombres.

L'allemande doit être servie à part.

Selle d'agneau rôtie à l'anglaise. — Les doubles filets réunis sont la meilleure partie de l'agneau. On la rôtit, on la sert en relevé de potage ou en flanc de table.

On l'accompagne d'une sauce à l'anglaise très-goûtée de ceux des gourmets parisiens à qui nos deux cent dix-sept ans de guerre avec l'Angleterre n'ont point inspiré une horreur invincible pour tout ce qui vient de l'autre côté de la Manche.

Mettez un quart de litre de consommé dans une casserole,

avec une pincée de sauge verte hachée, faites bouillir cinq minutes, ajoutez-y deux échalotes pilées, deux ou trois cuillerées de vinaigre d'Orléans, 60 grammes de sucre et un peu de poivre noir; salez, passez à l'étamine et servez à part dans une saucière.

L'auteur des *Mémoires* de la marquise de Créquy, de qui nous tenons cette recette, saisit cette occasion de tomber sur ces gourmands exclusifs qui, par patriotisme, ne veulent pas sur la table française l'introduction des cuisines étrangères. « On trouve encore, dit-il dans un mouvement d'indignation, de prétendus gourmets qui déclament contre l'emploi du sucre en mélange avec des acides ou des chairs salées, mélange infiniment agréable en certains cas. Rien n'est encore aussi commun que de rencontrer des retardataires obstinés dans la marche du progrès culinaire, tandis que ce progrès ne pourrait s'établir que si chaque peuple abjurait ses préjugés nationaux dans un sentiment de cosmopolitisme. »

Après cette invitation à l'éclectisme, l'auteur des *Mémoires* de madame la marquise de Créquy, en véritable gastronome aristocrate qu'il est, s'indigne contre le préfet du palais, M. le comte de Bausset, qui fait servir, au château des Tuileries, pour le dîner de l'empereur, un gigot d'agneau comme plat de rôti au second service.

« Tout le monde a vu, dit-il, avec surprise, dans la première édition des *Mémoires* de M. le comte de Bausset, préfet du palais et chambellan de l'empereur Napoléon, deux tableaux d'un menu, d'où il résulte que ce fonctionnaire impérial faisait servir aux Tuileries, pour le dîner de son maître, un gigot d'agneau au second service et comme plat de rôti. Voilà ce qu'un maître d'hôtel du troisième ordre n'aurait eu garde de souffrir de l'autre côté de la rivière de Seine ou dans le faubourg Saint-Honoré, qui n'est pas moins bien habité que le quartier Saint-Germain. Il est à noter que le reste et l'ensemble de cet étrange menu publié par M. le comte de Bausset, est tellement vulgaire et si dépourvu d'aucun usage du beau monde, que les habitudes de cette famille impériale et le savoir-vivre de ses principaux officiers en ont beaucoup souffert dans l'estime et la considération publique. La divulgation, très-indiscrète et tout à fait inutile, avait produit un étonnement si général et eut un effet tellement fâcheux, que M. le préfet du palais impérial a cru devoir retrancher ce document dans la dernière édition de ses *Mémoires*, et c'est en vérité ce qu'il y avait de mieux à faire pour la réputation d'un si grand homme, ainsi que pour l'honneur de ses employés du palais.

Courchamps était un homme de l'ancienne cour qui ne plaisantait avec aucune étiquette et surtout avec l'étiquette culinaire.

Quartier d'agneau rôti à la maître d'hôtel. — Tirez votre quartier d'agneau de la broche, soulevez-en les côtes et introduisez dans la gerçure une boule froide du mélange appelé maître d'hôtel, dont voici, à ce que nous croyons, la meilleure recette :

Prenez 125 grammes d'excellent beurre, ajoutez-y du sel en quantité suffisante, une demi pincée de muscade râpée, trois fortes pincées de fines herbes, savoir : un quart de cerfeuil, une moitié de persil, un quart de cresson alénois, un quart de pimprenelle et deux ou trois feuilles d'estragon. Mettez toutes ces herbes finement hâchées avec le beurre froid, en les triturant et en les mélangeant avec le jus d'un fort citron et le jaune cru d'un œuf frais. Tenez cette sauce froide en réserve, à la cave, et servez-vous en selon vos besoins.

Gigot d'agneau. — Faites rôtir, et présentez en entrée de broche sur une purée d'oseille, sur une sauce aux tomates ou sur une ravigote verte, appelée communément *sauce au vert-pré*.

Issue d'agneau. — Depuis que chaque partie des abatis d'agneau a été annexée aux principales portions de la tête, on les a reconnues susceptibles de recevoir un assaisonnement spécial et un apprêt particulier ; cependant, comme certains gourmets ont une religion particulière pour les plats de nos aïeux, l'issue d'agneau se composait autrefois de la tête, du cœur, du mou, des ris, du foie et des pieds de l'agneau que l'on faisait étuver, ensemble, dans un blanc (*V. le mot* BLANC), et que l'on servait avec une liaison de jaunes d'œufs crus et de jus de citron dans le même pot à oille, en façon de potage et quelquefois d'entrée. C'était un ancien ragoût très-salutaire dans certains cas d'inflammation des entrailles et de l'estomac.

Poitrine d'agneau aux groseilles vertes. — Prenez deux poitrines d'agneau que vous braisez avec quelques tranches de maigre de veau et de jambon cru; au bout d'une heure et demie de cuisson, vous les retirez, vous les désossez, vous les mettez refroidir entre deux couvercles, puis vous les trempez dans du beurre tiède et vous les pannez. Vous les faites griller à petit feu et les colorez à l'aide d'un four de campagne; puis vous servez cette entrée sur un ragoût de groseilles vertes, assaisonné de muscat et de verjus. (*Recette de Chevriot, cuisinier du roi Stanislas Leckzinski.*)

Galantine d'agneau. — Désossez un agneau entier, prenez une partie des chairs de gigot, autant de panne de cochon, de la mie de pain trempée dans du lait et bien égouttée; hachez et pilez le tout pour en faire une farce, dans laquelle vous mettrez deux œufs, poivre, sel, un peu de quatre épices. La galantine d'agneau demande au moins une bonne heure pour la cuisson.

Tendrons d'agneau aux pointes d'asperges. — Coupez et parez les tendrons de deux poitrines d'agneau, couchez-les dans un sautoir, avec un peu de consommé, faites-les mijoter jusqu'à ce qu'ils se glacent; ayez des asperges aux petits pois les plus tendres, blanchissez-les à l'eau bouillante, légèrement salée, écumez, laissez bouillir un quart d'heure, mettez dans l'eau froide, égouttez-les sur un tamis, apprêtez à la poulette ou au consommé lié de jaunes d'œufs, où vous ferez fondre une demi-cuillerée de sucre, vous verserez ce ragoût d'asperges au milieu du plat et vous dresserez à l'entour les tendrons glacés au feu.

Tendrons d'agneau aux petits pois. — Opérez comme ci-dessus, mais ne blanchissez ni ne rafraîchissez. Vous ajouterez à ce ragoût quelques feuilles de sarriette, dont le goût s'allie bien à celui des pois verts.

Filets d'agneau à la Condé. — Parez des filets d'agneau depuis les carrés jusqu'au collet, après les avoir piqués d'anchois, de truffes et de cornichons; faites-les mariner dans du beurre mêlé de bonne huile, et assaisonnez avec champignons, ciboule, échalotes, câpres, hachez le plus fin possible, ajoutez-y sel, poivre, quatre épices, basilic en poudre, chapelure, deux jaunes d'œufs durs. Des morceaux de crépine vous serviront à envelopper les morceaux de filets sous une couche de cette farce. Mettez-les à la broche avec des attelets et enveloppés d'un papier huilé. Lorsqu'ils seront cuits, retirez-les, passez-les et versez sur le tout une sauce au blond de veau avec tranches de citron et muscade râpée. Cette sauce devra prendre sur le feu une consistance suffisante.

Tranches d'agneau à la Landgrave. — Coupez un filet d'agneau par tranches, salez, mettez des quatre épices et un peu de papricao, faites-les frire, puis les maintenez chaudes, versez dans une casserole 125 grammes de bouillon où vous avez jeté une demi-cuillerée de farine de seigle, ajoutez-y un peu de saumure de noix et un peu de catchup, essence de champignons, joignez-y 30 grammes de beurre frais, faites bouillir le tout en remuant avec assiduité, mettez-y alors vos tranches d'agneau que vous servirez après avoir passé la sauce.

Cromesquis d'agneau (Ragoût polonais). — Parez de la chair d'agneau à moitié rôtie et refroidie, coupez-la par petits morceaux carrés, coupez de la même manière des champignons cuits au blanc et de la tétine de veau, mettez dans une casserole gros comme un œuf de pigeon de glace de viande avec un peu de consommé, faites chauffer, ajoutez-y gingembre et gros poivre, liez avec des jaunes d'œufs et puis mettez dedans la tétine ainsi que les champignons et la chair d'agneau, le tout étant refroidi, divisez par petites parties, moulées comme pour des croquettes ; après quoi vous enveloppez chacune de ces petites parties dans des bardes de tétine de veau ; trempez-les dans une pâte croquante et jetez-les dans la poêle ; quand elles seront bien colorées, vous les servirez sur sauce piquante ou avec persil frit.

AGOUTI. — Genre de mammifères rongeurs. Cet animal est de la grosseur d'un lièvre ; il a la rudesse de poil, le grognement et la voracité du cochon.

L'agouti se rencontre dans les Antilles et les parties chaudes de l'Amérique. C'est un équivalent de nos lapins. Les chasseurs le poursuivent constamment et, dès 1789, l'espèce en était déjà détruite à Saint-Domingue. Il s'apprivoise très-aisément et il est très-facile à élever, car il est omnivore, pourvu qu'on le mette à l'abri du froid.

La chair des agoutis gras et bien nourris est assez bonne à manger, quoiqu'elle ait un peu le goût sauvage ; on la prépare comme celle du cochon de lait, dont elle a les propriétés alimentaires.

AIGLE. — La grandeur, la noblesse et la fierté du roi des oiseaux ne lui donnent pas pour cela une chair tendre et délicate, car tout le monde sait qu'elle est dure, fibreuse et de mauvais goût, et fut défendue aux Hébreux.

Laissons-le donc planer et défier le soleil, mais ne le mangeons pas.

AIGRE DE CÈDRE ou AIGRE AU CEDRAT. — Fort à la mode sous le règne de Louis XIII, fort abandonné depuis, mais que les *Mémoires* de Tallemant des Réaux viennent de remettre à la mode. Orangeade aiguisée de citron vert, édulcorée de miel épuré de Narbonne, au suc de mûres blanches, et puis légèrement aromatisée avec de l'écorce de cédrat rouge. Le cardinal Richelieu faisait le plus grand cas de l'aigre de cèdre et il en consommait, pendant les deux mois caniculaires, au moins trois à quatre litres par jour.

(Tirée du *Thresor des receptes au lit des malades*, ouvrage de M*me* Fouquet, mère du surintendant.)

AIGUILLAT. — Espèce de poisson appelé vulgairement *chien de mer*. Il a la forme d'un congre ; on le trouve sur les côtes de l'Océan, où on en a pêché qui pesaient plus de 10 kil. Sa chair est filamenteuse, dure et d'une saveur peu agréable.

Lorsque j'étais encore à Roscoff, mon secrétaire étant allé un matin à la pêche avec mon barbier, ils trouvèrent dans le filet, qui avait été tendu la veille, quarante-deux de ces poissons dont le plus léger pesait plus de 5 kil., et deux ou trois rougets à moitié mangés par leurs voraces compagnons de captivité ; cette pêche, qui au premier abord paraît assez bonne, ne servit cependant à rien, puisque, ne sachant que faire de ces poissons et ne pouvant les manger, on fut obligé de les porter au vivier où ils firent les délices des quinze ou dix-huit mille homards qui l'habitent.

AIL au singulier, AULX au pluriel. — Plante potagère bulbeuse dont les gousses sont employées comme assaisonnement.

Tout le monde connaît l'ail, et surtout les conscrits, qui l'emploient à se faire réformer. Son bulbe contient un suc âcre et volatil qui attire les larmes aux yeux. Appliqué sur la peau, il la rougit et l'escorie même.

Tout le monde connaît l'odeur de l'ail, excepté celui qui en a mangé et qui ne se doute pas pourquoi chacun se détourne à son approche. Athénée raconte que ceux qui mangeaient de l'ail n'entraient point dans les temples consacrés à Cybèle. Virgile en parle comme d'une plante utile aux moissonneurs pour augmenter leurs forces dans les grandes chaleurs, et le poëte Macer, pour les empêcher de s'endormir dans la crainte des serpents. Les Egyptiens l'adoraient, les Grecs, au contraire, le détestaient, les Romains en mangeaient avec plaisir. Horace qui, le jour même de son arrivée à Rome, avait pris une indigestion d'une tête de mouton à l'ail, l'avait en horreur.

Alphonse, roi de Castille, l'avait en si grande aversion, qu'en 1330 il institua un ordre dont les statuts portaient que ceux des chevaliers qui auraient mangé de l'ail ou de l'oignon ne pourraient paraître à la cour ni communiquer avec les autres chevaliers, au moins pendant un mois.

La cuisine provençale est basée sur l'ail. L'air, en Provence, est imprégné d'un parfum d'ail qui le rend très-sain à respirer; il entre pour principal condiment dans la bouillabaisse et dans les principales sauces. On en fait, écrasé avec de l'huile, une espèce de mayonnaise que l'on mange avec du poisson et des escargots. Le déjeuner des Provençaux des classes inférieures, se compose souvent d'un croûton de pain, arrosé d'huile et frotté d'ail.

AILE. — C'est le nom que porte la partie, nous ne dirons pas précisément la plus sapide, mais la plus honorable de l'oiseau. C'est l'aile du poulet, du faisan, du perdreau, que l'on offre en général aux femmes et aux convives à qui l'on veut faire honneur. Cette portion commence au haut de l'estomac et, en se déchirant sous le couteau, s'étend presque sous les cuisses. Il y a trois morceaux dans l'aile des gros oiseaux, comme le dindon ou l'oie : le haut, le bas et le bout. L'aile des jeunes oiseaux bien nourris est délicate et nourrissante, et elle convient à tous les estomacs. L'aile des vieux, au contraire, est comme le reste du corps, maigre, sèche, dure, peu substantielle et peu estimée.

AIRELLE. — L'airelle veinée et l'airelle myrtile. Les feuilles de l'airelle veinée sont ovales et veinées; son fruit est savoureux, surtout en Amérique, dont elle semble originaire.

On mange ce fruit fraîchement cueilli ou on le sert avec du petit lait ou de la crème aromatisée.

L'airelle myrtile est un arbrisseau des bois, donnant de petits fruits rouges d'abord, puis tournant au bleu foncé en mûrissant: leur goût est agréable. Les Suédois les emploient pour assaisonner certains aliments; les marchands de vins s'en servent pour colorer les vins blancs. On fait, avec le fruit, du sirop et une espèce de conserves agréables à boire et à manger.

AJAQUE (d'après M. Olagnier). — A Siam, on donne ce nom à un fruit beaucoup plus gros que le durion. Il est couvert d'une peau chagrinée; l'arbre qui le produit est fort élevé et d'un port majestueux. On extrait de ses feuilles un lait abondant. Le fruit ne sort que des grosses branches ou du corps de l'arbre. Plus l'ajaque vient près du tronc, plus il est gros. On le dépouille de sa peau épineuse, on le coupe par morceaux qu'on fait cuire en fricassée. Avec sa chair et du sucre, on fait aussi une marmelade qu'on peut conserver toute l'année. Quand ce fruit est parvenu à sa maturité, on trouve sous son bois mince et poli cinquante châtaignes renfermées dans un sac de chair jaune, très-sucrées et d'une odeur très-forte. Ces châtaignes grillées ou bouillies, ont à peu près le goût de nos marrons, mais elles sont plus petites; elles sont venteuses.

ALALUNGA. — Poisson qui se trouve sur les côtes de la Méditerranée; à Malte on l'appelle *thon blanc;* il pèse de 6 à 8 kilogrammes. Sa chair est agréable, mais de difficile digestion.

ALBACORE. — Poisson des mers occidentales, baptisé ainsi par les Portugais, à cause de sa blancheur. C'est une bonite gigantesque atteignant le poids de 30, 40 et même 45 kilogr.

ALBATROS. — De tous les oiseaux d'eau, les albatros sont les plus grands et les plus massifs; l'envergure de leurs ailes est de trois à quatre mètres; le plumage est d'un beau blanc, le dos et l'extrémité des ailes sont gris; sa voix est, dit-on, aussi forte que celle de l'âne; il fait un nid de terre élevé et pond des œufs nombreux bons à manger.

Les diverses espèces de ce genre habitent les mers australes et vivent de poissons volants, de frai de poisson et de mollusques. Malgré leur grande taille et leur force, ils sont très-lâches, se laissent battre par les goëlands et les mouettes, et leur abandonnent alors leur proie.

La chair de l'albatros est bardée d'une graisse excellente dont on se sert comme aliment; mais cette chair est dure, coriace, de difficile digestion. Chez les jeunes, au contraire, elle est aussi tendre que celle de l'agneau.

ALBEREN. — En Suisse, où on le pêche, surtout aux environs de Genève, on le nomme *lavaret*. C'est une espèce de saumon dont la chair est excellente et que les étrangers ne manquent jamais de demander lorsqu'ils arrivent à Genève, Lausanne et Chambéry. (Voyez, pour l'assaisonnement du lavaret, celui du saumon et des truites.)

ALBERGE. — Espèce de pêche qu'on prépare en Touraine et dont la chair jaune et très-compacte est légèrement acidulée. Je me rappelle avoir lu dans les *Lettres* de Paul-Louis Courier qui faisait peu de cas de ce fruit, *que sa femme était devenue rêche et coriace comme une alberge.*

Si le lecteur n'est pas dégoûté de l'alberge par la comparaison qu'en fait le célèbre pamphlétaire, il pourra employer les conserves d'alberge en les coupant en petits morceaux de forme carrée et en garnissant le fond d'un plum pudding à la moelle et aux tranches de citrons confits.

ALBRAN. — Le jeune canard qui se chasse à la fin d'août, s'appelle albran. En septembre, il devient canardeau et passe définitivement canard au mois d'octobre. Les albrans, qui sont au canard ordinaire ce que la perdrix est à la poule, se cuisent à la broche et se servent couchés sur des rôties onctueusement imbibées de leur jus, auquel l'on ajoute un suc d'oranges amères, avec un peu de soya des Indes et des grains de mignonnette. C'est un plat de rôt délicat et distingué. Aussi est-il honoré de cette note de l'auteur des *Mémoires* de la marquise de Créquy:

« Quand les chasseurs ou les pourvoyeurs en fournissent en grand nombre à la campagne, et quand on veut en faire une entrée, on peut les mettre en salmis ou les servir sur un ragoût d'olives, aussi bien que sur une béchamel de mousserons. Nous n'admettons pas qu'on puisse les faire cuire *aux navets*, ainsi qu'il est conseillé dans l'*Almanach des gourmands*. C'est un apprêt trop vulgaire, pour être appliqué convenablement à des albrans, des canardeaux, et même à des canards sauvages, il ne convient que pour des canards de ferme et pour leurs canetons. Nous suivons ici le précepte et la décision de M. Brillat-Savarin, notre illustre devancier :

« *L'adjonction d'un pareil légume à ce noble gibier serait pour les albrans un procédé malséant et même injurieux, une alliance monstrueuse, une dégradation flétrissante.* »

ALCOOL. — Mot arabe qui désigne une substance solide ou liquide volatil. On ne donne aujourd'hui vulgairement ce nom qu'au produit volatile et inflammable de la liqueur fermentée appelée esprit-de-vin.

Sa découverte remonte au xive siècle. Elle est due à un célèbre alchimiste de Montpellier, Arnault de Villeneuve.

Elle est le produit des substances sucrées. On peut la tirer du vin, de la bière, du cidre, du riz, du sucre et généralement des fruits, grains ou résines qui contiennent du sucre.

Faible, l'alcool s'appelle eau-de-vie; fort, c'est l'esprit-de-vin inflammable, de saveur vigoureuse, causant l'ivresse et affaiblissant les facultés intellectuelles. Cette saveur est d'autant plus forte que l'alcool a été plus rectifié ou privé d'eau. Il se dissout parfaitement dans l'eau avec laquelle il s'unit, et forme l'eau-de-vie.

Il y a un tel rapport entre ces deux liquides, que nous dirons tout de suite, à propos de l'alcool, ce que nous avons à dire de l'eau-de-vie.

L'eau-de-vie, liqueur alcoolique très-aqueuse, contient un peu d'acide acétique; on l'obtient par la distillation du vin, des grains, des pommes de terre, des marcs de raisin, du poivre, du cidre, de la mélasse, de la lie de vin, du riz, des cerises, des prunes, des carottes, des groseilles, du lait des dattes, du coco.

du genièvre, des pois, des haricots, des betteraves et de l'érable. C'est toujours à Arnault de Villeneuve, médecin-alchimiste à Montpellier, qu'on doit les premiers essais réguliers sur la distillation du vin pour en obtenir de l'eau-de-vie, qui est la base de toutes les liqueurs de table et qui même en fait partie.

C'est un liquide limpide, incolore, transparent, volatil, de saveur forte, de densité variable, suivant la quantité d'eau qu'il contient; inflammable, en raison directe de sa densité, ayant la propriété de dissoudre les résines et les principes aromatiques; enfin de préserver de la putréfaction les substances végétales et animales. (*Dictionnaire des Boissons*, par M. F. Olagnier.)

ALCYON. — Peu de personnes savent que cet oiseau, au doux nom qui rappelle les malheureuses amours de Ceix et Alcyon, n'est autre que l'hirondelle des rivages de la Cochinchine, que l'on nomme Salangane, et dont les Chinois mangent les nids avec tant de volupté. On en trouve la première variété aux îles de France et de Bourbon, aux Moluques et aux Philippines; elles produisent des nids gélatineux de la forme d'un petit bénitier; ces nids sont composés d'une substance blanche demi-transparente, dure comme la corne et mêlée intérieurement de légères couches de coton. A l'extérieur, cette substance ressemble à une gélatine très-blanche, desséchée par filaments soigneusement accolés. Cet oiseau, qui s'appelait en grec Alcyon, s'appelle *Chim* au Tong-King et *Salangane* aux îles Manille, qu'il enrichit avec la seule vente de son nid. Ces nids se composent d'une résine inconnue en Europe et qu'on appelle *Calambac*. Cette résine, qui est le *Timbach* des Indiens, est une substance qui s'écrase sous les dents et dont la saveur est délicieuse. En Chine, on la vend au poids de l'or à cause de son parfum; on la brûle sur des charbons dans les plus fameuses pagodes, dans les occasions solennelles et chez les grands du Céleste-Empire. Le prix de ces nids est extrêmement élevé; on les appelle *Sacaïpouka*. On sait aujourd'hui que plusieurs espèces d'hirondelles produisent de ces nids gélatineux; les blancs sont les plus recherchés, parce qu'ils sont glanés. Sumatra en expédie à Canton de nombreuses pacotilles, dont les Chinois sont enthousiastes. On les trouve entre les anfractuosités des montagnes, pris à de petites coupes attachées le long des murailles. On en fait deux récoltes par an ; les hirondelles mettent plus d'un mois à les construire.

On a cru longtemps que ces nids n'étaient autre chose que l'écume de la mer mêlée au frai du poisson. J'ai vu beaucoup de ces nids, je dois dire que j'en ai même mangé plus qu'aucun Français, peut-être, étant lié avec le beau-fils du gouverneur de Java, qui en recevait tous les ans des caisses entières. Il les faisait récolter dans une caverne creusée, non loin de Java, parmi les rochers battus par la mer. La substance dont ils étaient composés, et que nous essayâmes d'analyser, ressemblait à de la colle forte à demi délayée; ils avaient deux ou trois pouces de diamètre, quelques-uns contenaient encore des œufs qui y avaient été déposés; ils ne pesaient pas plus de 10 grammes. Ils coûtent là-bas huit à dix piastres le demi kilo.

Voici comment, sur la recette qui nous était envoyée de Java, nous les faisions cuire : Après les avoir nettoyés, nous les laissions tremper, pour en ramollir les filaments qui se séparent. On les met ensuite sous une volaille rôtie dont ils absorbent le jus, ou bien on les fait cuire avec un chapon pendant vingt-quatre heures, et à petit feu, dans un pot de terre hermétiquement fermé. Nous en faisions aussi des bouillons, des soupes et des ragoûts très-sapides et très-nourrissants.

AGAL ou ALHAGI. — Mot arabe servant à désigner une espèce de manne qu'on recueille sur une variété de sainfoin, qui pousse abondamment en Syrie, en Mésopotamie et en Perse; elle est onctueuse pendant le jour, mais se condense pendant la nuit. Son goût est le même que celui de la manne de Calabre; on croit que c'est elle qui alimenta les Israélites qui traversèrent le désert avec Moïse.

ALE. — Ce mot anglais, qui veut dire *tout*, désigne, pour les Anglais, une boisson qui, selon eux, peut remplacer toutes les autres. C'est une liqueur qu'on obtient par l'infusion du moult et qui ne diffère de la bière qu'en ce que le houblon n'y entre qu'en petite quantité. Cette boisson est agréable, mais enivrante; bue à dose raisonnable, elle rafraîchit.

ALENOIS (Cresson). — Plante potagère la plus saine des fines herbes. Elle se trouve rarement sur les marchés des grandes villes, attendu qu'elle se fane aussitôt qu'elle est cueillie, et que d'ailleurs, sur la couche, elle monte en graine trop rapidement. Les enfants et les vieilles filles s'amusent à faire pousser ce joli gramen sur du coton mouillé.

ALIMENT. — Qu'entend-on par aliment?

Réponse populaire. — L'aliment est tout ce qui nous nourrit.

Réponse scientifique. — On entend par aliment les substances qui, soumises à l'estomac, sont assimilables par la digestion et propres à réparer les pertes que fait le corps humain.

Donc la première qualité de l'aliment est d'être aisément digestif. De là l'épigraphe de notre livre :

« On ne vit pas de ce que l'on mange, mais de ce que l'on digère. »

Les trois règnes de la nature concourent à l'alimentation de l'homme : le règne animal et le règne végétal, plus abondamment que le troisième, le règne minéral, qui ne fournit que des assaisonnements et des remèdes. L'air même porte avec lui un principe plus ou moins nourrissant, selon qu'il est plus chaud ou plus froid.

On croit généralement que l'humanité est originaire de l'Inde, tant l'air indou est chargé de principes nutritifs. On attribue la fraîcheur des bouchers et des bouchères aux émanations des viandes fraîches dont ils sont continuellement enveloppés.

Démocrite vécut trois jours sans manger, et cependant sans ressentir la faim, en respirant la vapeur du pain chaud.

Viterby, Corse condamné à mort par le jury de Bastia, résolut de se laisser mourir de faim, mais, soutenu par l'air nourricier de son pays, il ne mourut que le quarante-huitième jour. Il est vrai que le quarante-troisième, ne pouvant résister à l'étranglement de la soif, il avait bu un demi-verre d'eau.

Le régime végétal convient aux pays chauds, le régime animal aux pays froids, où l'homme a besoin de faire beaucoup de carbone. Les nations les plus guerrières et les plus cruelles sont les nations essentiellement carnivores. Comparez le pacifique

Indou vivant de racines et de fruits avec le farouche Tatare qui boit le sang de son cheval et mange sa chair crue.

ALIZIER. — Arbre de la famille des poiriers et des néfliers, fort répandu dans les bois de la Haute-Marne, du Jura et des Hautes-Alpes. Son fruit se rapproche de la nèfle ; il est de la grosseur d'une petite poire rouge et se mange, quoique acerbe, quand on a pris le soin, comme on fait pour les nèfles, de le laisser quelque temps sur la paille, où il parvient à un état intermédiaire entre la pourriture et la maturité, état qu'on appelle *blet*.

Ce fruit est fort agréable quand il est mûr, et on en fait dans certains pays une espèce de cidre qui rafraîchit.

ALKERMESSE DE FLORENCE. — Une des liqueurs les plus pâteuses et les plus affadissantes qui existent, quoique jouissant d'une assez bonne réputation. Elle est faite par les mains des dames de Santa Maria la Noella, qui joignent à ce commerce celui de la pharmacie. C'est un intéressant établissement que ne manquent pas de visiter les touristes qui s'arrêtent à Florence.

ALOES. — Plante du genre des Liliacées. On compte un grand nombre de variétés dans l'aloès, remarquables en général par l'épaisseur charnue de leurs feuilles, par la forme singulière de quelques-unes d'entre elles et surtout par la beauté de leurs épis de fleurs dont les couleurs, différemment nuancées, produisent le plus bel effet dans un jardin.

Les aloès sont originaires de l'Afrique et de l'Inde, et ne se plaisent que dans les lieux chauds, secs, et sur les rochers. Les habitants de la Cochinchine retirent de l'aloès perfolié une fécule agréable au goût, qu'ils mangent avec du sucre ou avec des viandes. Pour l'obtenir, ils font macérer les feuilles d'abord dans une eau alumineuse et ensuite dans l'eau froide.

On donne aussi le nom d'aloès à une préparation faite avec le suc épaissi ou l'extrait des plantes de ce nom. On emploie différents procédés pour cette préparation.

Dans l'un, on exprime tout le suc de la plante après l'avoir pilée ; on le laisse déposer dans un vase pendant une nuit, puis on le décante. On expose ensuite la portion décantée au soleil dans des espèces d'assiettes, et on la réduit ainsi à consistance d'extrait ; le sédiment du premier vase est desséché à part et regardé comme un aloès de qualité inférieure ; il n'est employé que dans la médecine vétérinaire ; on l'appelle *aloès caballin*. D'après un autre procédé, on coupe la pointe des feuilles de la plante qu'on suspend sens dessus dessous et le suc s'écoule spontanément peu à peu dans des vases disposés à cet effet. Ce suc est filtré et évaporé ensuite à une douce chaleur et il devient peu à peu si dur, qu'on peut le réduire en poudre ; celui-ci est la première qualité d'aloès ou *aloès succotrin*.

L'aloès est tonique, échauffant, fortifiant et purgatif.

ALOSE. — L'alose est un excellent poisson de mer qui remonte les rivières à une certaine époque de l'année ; c'est pendant ce voyage qu'il perd sa trop forte salaison et s'engraisse. On les emploie pour rôts ou pour entrées. Si on les emploie pour rôtis, on ne les écaille pas, on les fait cuire dans le court-bouillon comme le saumon et la carpe du Rhin ; on les sert alors sur une assiette garnie de persil vert et de raifort râpé. Si on s'en sert comme entrée, on les écaille et on les sert à différentes sauces : à l'oseille, aux tomates, aux câpres. La meilleure manière de les préparer est celle que nous allons mettre sous les yeux du lecteur :

Alose à l'oseille. — Ecaillez, videz, lavez votre alose, enveloppez-la dans un papier beurré, après l'avoir garnie de fines herbes, faites cuire sur le gril et servez sur une farce d'oseille ou sur une copieuse maître-d'hôtel.

Alose à la broche. — Si vous pêchez ou si vous trouvez à acheter une alose de forte taille, ce qui arrive souvent à la fin de l'été, il est mieux de la mettre à la broche que sur le gril, où elle cuit plus facilement et plus également. Il faut l'inciser et la faire mariner dans l'huile avec du sel fin, du persil en branche et quelques ciboules coupées. Incisez-la sur le dos légèrement et en biais, retournez-la plusieurs fois dans son assaisonnement, mettez-la à la broche, arrosez-la soigneusement et servez-la comme plat de rôti pour être mangé à l'huile ou au vinaigre, ainsi que les grands poissons cuits au bleu.

Alose à la marinière. — Maniez 125 grammes de beurre

et une pincée de fécule, trempez avec du consommé, faites cuire quelques aloses coupées en tranches avec de petits oignons, et masquez avec une sauce tamisée, garnissez de sardines fraîches bouillies pendant trois minutes.

Filets d'alose sautés. — Lavez et coupez les filets de l'alose, mettez-les sur un sautoir avec du beurre clarifié, salez, mettez le beurre sur un feu ardent. Retournez les filets, ne les laissez cuire que peu d'instants, égouttez, dressez en couronne et servez avec une sauce à votre gré.

Alose à la hollandaise. — N'écaillez pas, videz par les ouies, faites bouillir deux ou trois fois avec de l'eau salée, retirez; mettez pendant une demi-heure sur un feu doux, de façon à maintenir chaud sans laisser bouillir; servez sur une serviette avec des pommes de terre et la sauce à part.

ALOUETTE. — Les alouettes ont le double avantage d'être aimées par les gourmands et chantées par les poëtes. Juliette dit à Roméo, qui veut la quitter avant le jour :

— Ne t'en vas pas encor, reste, mon Roméo :
C'était le rossignol et non pas l'alouette
Dont le chant a frappé ton oreille inquiète;
Caché dans les rameaux d'un grenadier en fleurs,
A la nuit qui l'écoute il chante ses douleurs :
C'était le rossignol, crois-en ta Juliette !

ROMÉO.

Non ! c'est bien le matin et c'est bien l'alouette.
Regarde, mon amour, à l'horizon rougi
Monter de pourpre et d'or ce rayon élargi;
Ce nuage qui s'ouvre et laisse passer l'aube,
C'est l'aurore levant un des plis de sa robe.
Tandis que, repoussée à l'occident obscur,
Phœbé fuit éteignant ses flambeaux dans l'azur,
Vois-tu le gai matin, éclairant nos campagnes,
Poser son pied joyeux sur le front des montagnes ?
Vois-tu comme un torrent la lumière accourir ?
Il faut partir et vivre, ou rester et mourir.

JULIETTE.

Tu te trompes, ami, non ce n'est pas l'aurore,
C'est quelque éclair furtif, c'est quelque météore
Que le soleil, touché de notre amour si beau,

Place sur ton chemin comme un porte-flambeau.
Reste donc, du départ ce n'est pas encor l'heure;
Demeure, ô Roméo! je t'aime tant, demeure!

ROMÉO.

Veux-tu que l'on me trouve et qu'on me tue ici?
Oh! moi, je suis content si tu le veux aussi.
Avec toi je dirai : Ce n'est pas la lumière
Que verse le matin en ouvrant sa paupière :
C'est le pâle reflet de la sœur d'Apollon
Dont le char argenté glisse sur le vallon.
Ce chant qui dans le ciel éclate sur ma tête,
Non ce n'est pas ton chant, matinale alouette!
Oh! moi, je ne fais pas de l'amour un remord,
Juliette le veut, je reste. — Viens, ô mort!
Je t'attends dans ses bras, ô sublime inconnue,
Pâle sœur du sommeil, mort, sois la bienvenue!

JULIETTE.

Oh! non, je me trompais, Roméo! c'est le jour!
Pas un instant à perdre. Oh! fuis! fuis! mon amour.
C'était bien l'alouette aux notes discordantes
Dont le chant menaçait nos amours imprudentes;
C'était bien le soleil, brûlant vainqueur des nuits,
Qui montait sur son char; fuis! mon Roméo! fuis!

Les alouettes étaient recherchées sur les tables des Athéniens; elles étaient sacrées à Lemnos, parce qu'elles avaient délivré l'île des sauterelles. L'alouette est fort délicate et estimée pour son goût. Elle n'est réellement bonne qu'au mois de novembre et les mois qui suivent jusqu'à février. Elle s'engraisse par le brouillard avec une rapidité surprenante; elle a cela de commun, du reste, avec ses fournisseurs, mais elle maigrit plus promptement qu'eux.

Rôties et bardées, les alouettes sont très-agréables, mais à la suite d'un dîner solide. L'avis de Grimod de la Reynière est que l'alouette la plus grosse, ainsi que le meilleur rouge-gorge, ne sont, sous les doigts d'un homme de bon appétit, qu'un petit paquet de cure-dents, plus propres à nettoyer la bouche qu'à la remplir.

L'illustre gourmet ajoute :

« Les pâtés d'alouettes de Pithiviers sont l'un des plus délicieux mangers que puisse vergeter le palais d'un galant homme, la croûte en est excellente et l'assaisonnement inimitable. »

Plumée, dressée, troussée, prête à mettre à la broche, enfin, l'alouette change de nom et s'appelle mauviette.

Lister, médecin gourmand d'une reine gourmande, établit comme un principe que si douze mauviettes ne pèsent pas 30 grammes chacune, elles ne sont pas mangeables; que si elles pèsent ce poids, elles sont passables; mais que si elles pèsent ensemble 400 grammes ou plus, elles sont excellentes.

Ayez donc soin de faire peser vos mauviettes avant de les mettre à la broche.

Alouettes à la casserole. — Prenez une ou deux douzaines d'alouettes, cela dépend du nombre de vos convives, plumez-les (vos alouettes et non pas vos convives), videz-les, flambez-les. Ensuite vous les mettrez dans la casserole avec un peu de beurre et vous les ferez cuire à moitié. Quand ce sera fini retirez vos oiseaux du feu pour les égoutter, videz-les et ôtez les gésiers que vous jetterez. Pilez tout le reste ensemble en y ajoutant quelques foies de volailles ou des foies gras et quelques truffes; faites-en une farce bien fine que vous assaisonnerez convenablement avec sel, poivre, muscades, etc.; bourrez l'abdomen de vos alouettes avec cette farce. Garnissez-en le fond d'un plat d'argent, enterrez-y vos oiseaux de manière qu'on les aperçoive à peine, et couvrez-les d'une barde de lard et d'un papier beurré. Mettez votre plat sur les cendres chaudes, placez un four de campagne au-dessus et laissez cuire pendant une demi-heure. Au moment de servir, ôtez le papier et le lard, égouttez le plat, saupoudrez-le de chapelure bien fine et soyez tranquille sur les résultats.

Ce mets divin peut se manger avec une sauce quelconque. Je m'en suis souvent régalé avec de la gelée de groseille, en avalant à chaque fois une demi-bouchée de l'un et de l'autre. (*Méthode d'Éléazar Blaze.*)

ALOYAU. — Pièce de bœuf prise le long des vertèbres supérieures du dos. Il se divise en trois morceaux. Le premier est le plus estimé, comme contenant une plus grande partie du filet. On le cuit à la broche quand il est gras et tendre. Parez-le en supprimant la graisse et les peaux, faites-le mariner au moins douze heures dans de bonne huile, avec sel, poivre, laurier et tranches d'oignons, embrochez-le et faites-le cuire une heure ou deux si sa grosseur le nécessite. On le sert dans son jus avec une sauce faite de ce jus, filet de vinaigre, échalotes, sel et poivre; servez dans une saucière une sauce préparée ainsi, ou faites un petit roux que vous mouillez de bouillon ou d'eau et jus, ajoutez poivre, sel, échalotes, cornichons, persil, le tout hâché très-fin, et filet de vinaigre.

Vous pouvez encore servir l'aloyau garni de petits pâtés ou bien entouré de raifort ou sur du céléri, des concombres ou des laitues farcies. Servi au premier service il peut tenir lieu de gros plat. Servez en fricandeau, a la Godard, à la braise, à l'allemande.

Aloyau à la Godard. — Empruntons la recette à celui-là même qui l'a trouvée. Otez le dos de l'échine à votre aloyau sans le désosser tout à fait; lardez-le de gros lardons bien assaisonnés, ficelez-le de manière à lui donner une belle forme; mettez-le dans une braisière avec un bouquet garni de fines herbes, oignons et carottes en suffisante quantité; mouillez-le avec du bon bouillon et une bouteille de vin de Madère; mettez-y sel et gros poivre, faites-le cuire à petit feu et de manière que son fond soit réduit presque en glace, retirez-le de sa braise et servez-le avec le ragoût énoncé ci après : — Mettez quatre cuillerées à dégraisser de glace de viande dans une casserole; ajoutez-y la cuisson de votre aloyau, que vous aurez fait passer et dégraisser; coupez quelques ris de veau en tranches, des champignons tournés, des fonds d'artichauts en quartiers, des petits œufs; dégraissez le ragoût avant de servir et saucez votre aloyau avec ce ragoût.

Aloyau rôti (d'après la prescription de M. BEAUVILLIERS, ancien cuisinier de Monsieur, frere du roi). — Ayez un aloyau de première ou de seconde pièce; ôtez-en l'arête, sans endommager ses filets; mettez-le sur un plat, saupoudrez-le d'un peu de sel fin, arrosez-le d'un peu d'excellente huile d'olive, en y joignant quelques tranches d'oignons et de feuilles de laurier; laissez-le mortifier deux ou trois jours, si le temps le permet, et ayez soin de le retourner deux ou trois fois par jour ; lorsque vous voudrez le faire cuire, embrochez-le ou couchez-le sur fer, de la manière suivante : Passez votre broche dans le gros filet en suivant l'arête ou les os de l'échine ; gardez-vous, dirai-je encore, d'endommager le filet mignon ; attachez-y, du côté du gros filets un attelet, ou petite broche en fer, liez-le avec de la ficelle fortement des deux bouts, afin que votre aloyau ne tourne pas sur la broche ; roulez le flanc en dessous, pour mieux présenter le filet mignon et la graisse de votre aloyau que vous dégraissez légèrement ; assujettissez ce flanc avec des petits attelets, en les passant d'outre en outre dans le gros filet ; enveloppez de papier fort cet aloyau et mettez-le à un feu vif, afin qu'il concentre son jus.

Filet d'aloyau braisé à la royale. (D'après la tradition de VINCENT DE LA CHAPELLE, premier cuisinier du roi Louis XV, reproduite par l'auteur des *Mémoires* de la marquise de Créquy). On lève le filet d'un aloyau dont on tire toute la graisse ; on aura soin de le ficeler pour lui donner la forme qu'on jugera la plus convenable, car il est bon de calculer si l'on aura besoin de le servir comme relevé sur un grand plat ovale, ou comme entrée sur un moyen plat rond. Dans tous les cas, on mettra au fond d'une braisière des bardes de lard et des tranches de veau, cinq ou six oignons, deux clous de girofle avec un bouquet garni. On place ensuite le filet dans la braisière, on le couvre de lard, et l'on y verse 750 grammes d'excellent bouillon où l'on ajoute un peu de sel ; on commence par faire bouillir la braise sur un fourneau bien ardent et on la met ensuite cuire à petit feu pendant six heures. Au bout de ce temps, on prend le fond du ragoût que l'on fait réduire et clarifier, on le dégraisse exactement et l'on en forme une demi-glace bien claire que l'on sert sous le même filet de bœuf, après lui avoir donné une belle couleur. Si l'on veut que le filet de bœuf ait encore une plus belle apparence, on doit le laisser refroidir pour le parer avec plus de goût ; on le fait réchauffer dans une partie du mouillement où il a été cuit. On pourrait également le servir à la gelée, en ayant eu soin d'ajouter dans la braisière un pied de veau, avec 30 grammes de corne de cerf.

Après ces grandes façons de préparer et de servir l'aloyau, nous en citerons quelques-unes qui ne sont pas moins bonnes pour être plus simples.

Filet d'aloyau à la bourgeoise. — Lardez fortement un filet d'aloyau ; mettez votre filet à la casserole sur un fond de parures, avec oignons, carottes et céleri, fonds d'artichauts, bouquet garni et 250 grammes de bouillon sans graisse.

Filet d'aloyau aux concombres. — Parez votre filet, piquez, faites rôtir avec concombres farcis à la chair de volaille et à la moelle de bœuf.

Filet d'aloyau aux oignons glacés ou aux laitues farcies. — Parez et faites cuire ; comme ci-dessus dégraissez et entourez de laitues farcies et d'oignons glacés.

Filet d'aloyau aux conserves. — Parez comme pour un aloyau braisé, lardez et faites rôtir ; mettez filets de cornichons, rouelles de betterave confite, oignons, choux-fleurs, guignes, cassis, alises, mirabelles, etc., avec quelques cuillerées à dégraisser de glace de viande et une de vinaigre, le tout dans la casserole, faites chauffer sans bouillir et servez très-chaud sous le bœuf.

Filet d'aloyau aux cornichons à la bonne-femme. — Modification du précédent, qui consiste à remplacer la glace de viande par un roux léger ; mouillez avec du consommé dans lequel nageront des cornichons coupés en tranches.

Filet d'aloyau au vin de Malaga. — Même parure que pour l'aloyau rôti ; lardez fortement ; garnissez la casserole d'un lit de bardes de lard, d'une tranche de noix de veau, d'une tranche de jambon cru, de carottes, d'oignons, mousserons, fonds d'artichauts, bouquet garni ; mettez l'aloyau sur le tout ; mouillez de deux verres de malaga, coupez de deux ou trois cuillerées à pot de bouillon réduit ; laissez cuire sur un feu léger pendant un peu plus de deux heures et tamisez afin de glacer avec consistance et transparence. Plat recommandable.

Filet d'aloyau au vin de Madère, à la bourgeoise. — Mettre à la broche, arroser de son propre jus et d'une demi-bouteille de madère, avec rocambole pilée et mignonnette.

AMANDES DOUCES, AMANDES AMÈRES. — On donne le nom d'amande à la semence de tous les arbres à noyaux renfermée dans une écorce dure. On dit une amande d'abricot, une amande de pêche, etc.; mais il est ici particulièrement question du fruit de l'amandier qui croît en Italie, en Provence, en Languedoc, en Touraine et en Afrique; l'huile qu'il renferme s'altère vite et contient de l'âcreté ; les amandes sont en elles-mêmes adoucissantes, rafraîchissantes, nourrissantes et calment la toux ; les mauvais estomacs seulement ne doivent pas se donner le travail difficile de les digérer en grande quantité. La peau de l'amande en vieillissant se recouvre au contraire d'une poussière acre qui irrite la gorge, excite la toux et rend l'amande plus indigeste. L'amande amère n'entre pas dans l'alimentation, elle contient un acide connu sous le nom d'acide prussique ou hydrocyanique ; c'est le poison le plus rapide et le plus violent. Une goutte d'acide prussique posée sur la langue ou sur l'œil d'un bœuf le tue à l'instant même. C'est surtout avec les amandes de la pêche qu'on le prépare. S'il y a empoisonnement par acide prussique et que, soit par l'évaporation, soit par toute autre cause, cet empoisonnement n'a pas lieu avec une rapidité foudroyante, il faut faire prendre au malade une préparation de fer. Dans les indispositions à la suite de l'absorption d'une trop grande quantité d'amandes amères, il faut répéter cette expérience. Avec les amandes douces, on peut faire les préparations suivantes :

Crème d'amandes. — Pilez et émondez 460 grammes d'amandes douces, mêlez-y trois amandes amères seulement, passez cette composition à l'étamine après l'avoir délayée avec de la crème bouillante, ajoutez des jaunes d'œufs ainsi que de l'eau double de fleur d'orange, et faites prendre cette crème au bain-marie. On peut garnir ce plat d'amandes pralinées. Consignons ici en passant que c'est à Bourges qu'on fait les meilleures amandes pralinées.

Amandes pralinées. — Ce nom leur vient de la maréchale de Praslin dont le chef d'office avait inventé cette friandise. Vous mettez dans une poêle 500 grammes d'amandes, 500 grammes de sucre, un verre d'eau distillée, vous faites bouillir le tout jusqu'au petillement des amandes : retirez du feu et remuez jusqu'à ce que le sucre n'adhère plus aux amandes. Enlevez une partie du sucre, remettez l'autre sur le feu ; remuez jusqu'à nouvelle adhérence du sucre et des amandes, et mettez les pralines au sec. Les pistaches pralinées, les avelines pralinées, se préparent comme les amandes, et, comme elles, se conservent dans un endroit sec.

Gâteau d'amandes. — Prenez un demi litre de farine ; mettez dedans environ 50 grammes de beurre, deux œufs complets, un peu de sel, 63 grammes de sucre blanc, 90 grammes d'amandes douces pilées, pétrissez le tout, faites cuire comme un gâteau ordinaire et glacez avec sucre et pelle rouge.

Gâteau d'amandes massif. — Prenez un kilogr. d'amandes douces mondées, lavées, pilées, mêlées à 15 grammes d'amandes amères. Ajoutez-y des épidermes de citrons confits, de l'angélique, de la fleur d'orange pralinée, un peu de sel, 1 kilogr. de sucre, dix-sept jaunes et seulement cinq blancs d'œufs ; mélangez, beurrez votre moule, mettez-y le tout garni de papier beurré, et cuisez à four doucement chauffé.

M. de Courchamps donne le conseil, et je ne puis qu'inviter le lecteur à le suivre, de mettre à proximité de cet entremets une crème liquide aux jaunes d'œufs, dans laquelle vous aurez versé du lait d'amandes au lieu de lait ordinaire et que vous aurez fait cuire au bain-marie.

Compotes d'amandes vertes. — Préparez comme une compote d'abricots verts, mais versez avant le refroidissement une petite cuillerée de kirsch.

Petits gâteaux d'amandes. — Mondez 250 grammes d'amandes douces et deux ou trois amandes amères ; pilez-les ; mettez un blanc d'œuf ; ajoutez-y 500 grammes de sucre, un peu de fleur d'orange pralinée, et de crème, abaissez du feuilletage à l'épaisseur de cinq millimètres. Coupez cette pâte ainsi que pour des petits pâtés ; garnissez chaque morceau de feuilletage avec votre préparation d'amandes ; faites-les cuire à un four chaud et poudrez-les de sucre blanc.

Gâteau d'amandes à la manière dite de Pithiviers. — Opérez comme ci-dessus, sinon que le gâteau doit être recouvert d'une lame de pâte feuilletée.

Macarons d'amandes amères. — Ecossez les amandes mouillées ; pilez avec quatre blancs d'œufs pour 500 grammes d'amandes, et mettez dans une terrine ; jetez-y 1 k. 500 grammes de sucre en poudre ; si la pâte était trop sèche, on y ajouterait des blancs d'œufs ; dressez la pâte sur des feuilles de papier par petites portions, et faites cuire à un feu doux et bien clos.

Macarons d'amandes douces. — Procédez ainsi que pour les autres macarons, seulement mettez 1 kilog. de sucre par 500 grammes d'amandes.

Biscuits d'amandes. — Prenez 250 gr. d'amandes douces, 30 grammes d'amandes amères, 60 grammes de farine et 1 kilog. de sucre en poudre, cassez une douzaine d'œufs ; mettez les blancs dans une tasse, les jaunes dans une autre, mondez les amandes, pilez-les en y ajoutant deux blancs d'œufs, battez le reste en neige, battez les jaunes à part avec la moitié du sucre, mélangez tous ces jaunes et tous ces blancs avec vos amandes pilées de manière à en former une pâte, incorporez-y le reste du sucre avec de la farine ; préparez des caisses de papier, emplissez-les de votre pâte, et glacez-les avec votre mélange de sucre et de farine que vous aurez étendu sur un tamis et que vous agiterez au-dessus de vos caisses pour en faire tomber une pluie fine, faites cuire ces biscuits dans un four médiocrement chaud.

Biscuits aux avelines, biscuits aux pistaches, biscuits au chocolat, biscuits aux marrons glacés, biscuits au rhum, biscuits à l'orange, au citron, à l'ananas, enfin biscuits à la crème salée, se préparent de la même manière. (*Méthode de M. de Courchamps.*)

Lait d'amandes. — Prenez 250 grammes d'amandes douces, un litre d'eau chaude, 15 grammes de fleur d'oranger, 180 grammes de sucre ; mondez, pilez les amandes, trempez-les de temps à autre d'un peu d'eau ; lorsque la pâte est devenue fine, délayez-la dans l'eau chaude et passez le tout au travers d'un linge, et faites bouillir jusqu'à réduction de moitié. Tamisez et laissez refroidir.

AMBRE. (Son origine, ses qualités, par M. A. F. Olagnier.) — Nous allons laisser parler le célèbre professeur, puis, bon gré, mal gré, nous le forcerons de passer la main à un autre professeur non moins illustre que lui, à M. Brillat-Savarin. Nous rappellerons seulement qu'on trouve l'ambre sur le bord des rivières ou sur le rivage de la mer, mais qu'on ignore encore comment il se trouve là plutôt qu'ailleurs.

« Ambre; substance cireuse ou huile concrète, tenace, molle, fusible, très-aromatique, légère, surnageant sur l'eau, de couleur cendrée, opaque, tachetée ordinairement de points noirs ou blancs, se ramollissant et se fondant à la chaleur, insipide et adhérente aux dents quand on la mâche.

« En 1783, le docteur Swediaur, mon ami, publia dans les transactions philosophiques, un mémoire dans lequel il établit par des inductions et par des faits, que l'ambre gris n'est autre chose que l'excrément durci du cachalot à grosse tête ou de l'animal qui produit le blanc de baleine. Les pêcheurs en trouvent dans le ventre de ces cétacés depuis 100 grammes jusqu'à 50 kilos; cette substance est placée dans un sac qu'on croit être l'intestin cœcum. Les baleines à ambre sont maigres, engourdies et languissantes, il est probable que cette matière est une cause de maladie.

« M. Dandrada, de Lisbonne, prétendit que l'ambre n'était pas un excrément, parce qu'on l'avait assuré qu'on en avait retiré de l'estomac des baleines. Quoi qu'il en soit il est considéré comme une substance animale, à cause de son odeur urineuse lorsqu'il est fraîchement rejeté sur le rivage, et de l'avidité avec laquelle le recherchent les oiseaux de mer qui ne vivent que de poissons. Aujourd'hui l'opinion de Swediaur paraît être généralement adoptée.

« Il y a deux sortes d'ambre, le cendré et le noir. Le meilleur est le cendré ou gris. Il doit être propre, odoriférant et léger. Le noir est peu estimé. Les Orientaux usent beaucoup de l'ambre comme d'un aphrodisiaque. Il est plus certain qu'il fortifie et qu'il ranime l'esprit; les femmes hystériques n'en supportent pas l'odeur. Il sert aussi comme parfum. La plus odorante de ses préparations est sa dissolution dans l'alcool, et selon Berzélius, c'est sous cette forme qu'on doit l'employer.

« L'ambre, est composé, selon le même chimiste, d'ambéine, d'un extrait alcoolique rougissant le tournesol et de saveur douceâtre, d'un extrait aqueux avec acide benzoïque et de chlorure sodique.

« Pour savoir s'il est falsifié, il faut le percer avec une aiguille chauffée, et s'il en sort un suc gras et odoriferant, il est naturel. Jeté sur des charbons ardents, il exhale une odeur très-pénétrante et agréable; enfin il surnage sur l'eau et n'adhère point au fer chaud.

« L'ambre frotté fortement a la propriété de l'aimant.

« Les huiles d olive, de colza, celle de térébenthine à chaud le dissolvent. L'éther le dissout à froid. » (A. F. Olagnier.)

Passons maintenant à Brillat-Savarin. Nous laissons la parole à l'illustre professeur, pour ne rien ôter ni ajouter à son style :

« Il est bien que tout le monde sache que si l'ambre, considéré comme parfum, peut être nuisible aux profanes qui ont les nerfs délicats, pris intérieurement il est souverainement tonique et exhilarant; nos aïeux en faisaient grand usage dans leur cuisine et ne s'en portaient pas plus mal.

« J'ai su que le maréchal de Richelieu, de glorieuse mémoire, mâchait habituellement des pastilles ambrées, et pour moi, quand je me trouve dans quelqu'un de ces jours où le poids de l'âge se fait sentir, où l'on pense avec peine et où l'on se sent opprimé par une puissance inconnue, je mêle avec une forte tasse de chocolat, gros comme une fève d'ambre pilé avec du sucre, et je m'en suis toujours trouvé à merveille. Au moyen de ce tonique, l'action de la vie devient aisée, la pensée se dégage avec facilité et je n'éprouve pas l'insomnie qui serait la suite infaillible d'une tasse de café a l'eau prise avec l'intention de produire le même effet.

« J'allai un jour faire une visite à un de mes meilleurs amis (M. Rubat); on me dit qu'il était malade et effectivement je le trouvai en robe de chambre auprès de son feu, et en attitude d'affaissement.

« Sa physionomie m'effraya ; il avait le visage pâle, les yeux brillants et sa lèvre tombait de manière à laisser voir les dents de la mâchoire inférieure, ce qui avait quelque chose de hideux.

« Je m'enquis avec intérêt de la cause de ce changement subit; il hésita, je le pressai et après quelque résistance : « Mon

« ami, dit-il en rougissant, tu sais que ma femme est jalouse et
« que cette manie m'a fait passer bien des mauvais moments.
« Depuis quelques jours, il lui en a pris une crise effroyable et
« c'est en voulant lui prouver qu'elle n'a rien perdu de mon affec-
« tion et qu'il ne se fait à son préjudice aucune dérivation du
« tribut conjugal que je me suis mis en cet état. — Tu as donc
« oublié, lui dis-je, et que tu as quarante-cinq ans, et que la
« jalousie est un mal sans remède? Ne sais tu pas *furens quid
« fœmina possit?* » Je tins encore quelques autres propos peu
galants, car j'étais en colère.

« Voyons, au surplus, continuai-je : ton pouls est petit, dur,
« concentré; que va tu faire? — Le docteur, me dit-il, sort d'ici,
« il a pensé que j'avais une fièvre nerveuse, et a ordonné une
« saignée pour laquelle il doit incessamment m'envoyer le chirur-
« gien. — Le chirurgien! m'écriai-je, garde t'en bien, ou tu es
« mort; chasse-le comme un meurtrier, et dis-lui que je me suis
« emparé de toi, corps et âme. Au surplus, ton médecin connaît-il
« la cause occasionnelle de ton mal? — Hélas! non, une mau-
« vaise honte m'a empêché de lui faire une confession entière.
« — Eh bien! il faut le prier de passer chez toi. Je vais te faire
« une potion appropriée à ton état; en attendant prends ceci. »
Je lui présentai un verre d'eau saturée de sucre qu'il avala avec
la confiance d'Alexandre et la foi du charbonnier.

« Alors je le quittai et courus chez moi pour y mixtionner,
fonctionner et élaborer un magistère préparateur qu'on trouvera
dans les *Variétés* avec les divers modes que j'adoptai pour me
hâter; car, en pareil cas, quelques heures de retard peuvent
donner lieu à des accidents irréparables.

« Je revins bientôt armé de ma potion et déjà je trouvai du
mieux, la couleur reparaissait aux joues, l'œil était détendu, mais
la lèvre pendait toujours avec une effrayante difformité.

« Le médecin ne tarda pas à reparaître; je l'instruisis de ce
que j'avais fait et le malade fit ses aveux. Son front doctoral prit
d'abord un aspect sévère; mais bientôt, nous regardant avec un
air où il y avait un peu d'ironie : — « Vous ne devez pas être
« étonné, dit-il à mon ami, que je n'aie pas deviné une maladie
« qui ne convient ni à votre âge, ni à votre état, et il y a de votre

« part trop de modestie à en cacher la cause, qui ne pouvait que
« vous faire honneur. J'ai encore à vous gronder de ce que vous
« m'avez exposé à une erreur qui aurait pu vous être funeste.
« Au surplus, mon confrère, ajouta-t-il en me faisant un salut
« que je lui rendis avec usure, vous a indiqué la bonne route ;
« prenez son potage, quel que soit le nom qu'il y donne, et si la
« fièvre vous quitte, comme je le crois, déjeunez demain avec
« une tasse de chocolat dans laquelle vous ferez délayer deux
« jaunes d'œufs frais. »

« A ces mots, il prit sa canne, son chapeau, et nous quitta, nous laissant fort tentés de nous égayer à ses dépens.

« Bientôt je fis prendre à mon malade une forte tasse de mon élixir de vie, il le but avec avidité et voulait renouveler, mais j'exigeai un ajournement de deux heures, et lui servis une seconde dose avant de me retirer.

« Le lendemain, il était sans fièvre et presque bien portant ; il déjeuna suivant l'ordonnance, continua la potion et put vaquer dès le surlendemain à ses occupations ordinaires, mais la lèvre rebelle ne se releva qu'après le troisième jour.

« Peu de temps après l'affaire transpira, et toutes les dames en chuchotaient entre elles.

« Quelques-unes admiraient mon ami, presque toutes le plaignaient et le professeur gastronome fut glorifié.

« Voici la recette de cet élixir qu'il serait dommage ne ne pas livrer à la postérité :

« Prenez six gros oignons, trois racines de carottes, une poignée de persil, hâchez le tout et le jetez dans une casserole, où vous le ferez chauffer et roussir au moyen d'un morceau de bon beurre frais.

« Quand ce mélange est bien à point, jetez-y 180 grammes de sucre candi, 1 gramme d'ambre pilé, avec une croûte de pain grillée et 3 litres d'eau, que vous ferez bouillir pendant trois quarts d'heure en y ajoutant de nouvelle eau pour compenser la perte qui se fait par l'ébullition, de manière qu'il y ait toujours 3 litres de liquide.

« Pendant que ces choses se passent, tuez, plumez et videz un vieux coq, que vous pilerez, chair et os dans un mortier, avec le pilon de fer; hâchez également 1 kilogramme de chair de bœuf bien choisie.

« Cela fait, on mêle ensemble ces deux chairs, auxquelles on ajoute suffisante quantité de sel et de poivre.

« On les met dans une casserole, sur un feu bien vif, de manière a les pénétrer de calorique, et on y jette de temps en temps un peu de beurre frais, afin de pouvoir bien sauter ce mélange sans qu'il s'attache.

« Quant on voit qu'il a roussi, c'est-a-dire que l'osmazôme est rissolée, on passe le bouillon qui est dans la première casserole. On en mouille peu à peu la seconde et quand tout y est entré, on fait bouillir à grandes vagues pendant trois quarts d'heure en ayant toujours soin d'ajouter de l'eau chaude pour conserver la même quantité de liquide.

« Au bout de ce temps, l'opération est finie, et on a une potion dont l'effet est certain toutes les fois que le malade quoique épuisé par quelqu'une des causes que nous avons indiquées, a cependant conservé un estomac faisant ses fonctions.

« Pour en faire usage, on en donne le premier jour, une tasse toutes les trois heures jusqu'à l'heure du sommeil de la nuit; les jours suivants, une forte tasse seulement le matin, pareille quantité le soir, jusqu'à l'épuisement de trois bouteilles. On tient le malade à un régime diététique léger, mais cependant nourrissant, comme des cuisses de volaille, du poisson, des fruits doux, des confitures; il n'arrive presque jamais qu'on soit obligé de recommencer une nouvelle confection, vers le quatrième jour, il peut reprendre ses occupations ordinaires et doit s'efforcer d'être sage à l'avenir, *s'il est possible*.

« En supprimant l'ambre et le sucre candi, on peut par cette méthode improviser un potage de haut goût et digne de figurer à un dîner de connaisseur; on peut remplacer le vieux coq par quatre vieilles perdrix et le bœuf par un morceau de gigot de mouton, la préparation n'en sera ni moins efficace, ni moins agréable.

« La méthode de hacher la viande et de la roussir avant que de la mouiller peut être généralisée pour tous les cas où l'on est pressé; elle est fondée sur ce que les viandes traitées ainsi se chargent de beaucoup plus de calorique que quand elles sont dans l'eau ; on s'en pourra donc servir toutes les fois qu'on aura besoin d'un bon potage gras, sans être obligé de l'attendre cinq ou six heures, ce qui peut arriver très-souvent surtout à la campagne. Bien entendu que ceux qui s'en serviront glorifieront le professeur. » (*Brillat-Savarin*.)

AMIE. — Poisson de mer qu'on trouve généralement dans la Méditerranée et qui remonte les rivières pendant l'été. Sa chair, que Gallien a placée parmi celles qui sont tendres et bonnes, bien condimentée est assez agréable quoique peu recherchée, mais nourrit peu.

AMMÉDE. — Genre d'oseille qui croît dans les déserts de l'Arabie et en Grèce. On mange cette plante comme l'oseille dont elle a l'acidité et dont les propriétés sont les mêmes.

AMOURETTE. — Moelle épinière de certains quadrupèdes et de certains poissons qui servent à la nourriture de l'homme. Ce fut un vieux seigneur nommé le commandeur de Froullay, pourvu d'une grande gourmandise et d'un fort appétit, qui à propos probablement des fonctions de la moelle épinière dans le genre humain, la baptisa en gastronomie du nom d'amourette. Il n'y a guère qu'en Russie où l'on fait de la moelle épinière des esturgeons, des pâtés, que cette moelle épinière s'emploie en manière de plat ; sur les bords de la mer Caspienne, où l'on arrache avec cette moelle le dernier soupir des esturgeons, elle porte le nom de *viziga* comme les œufs portent le nom de *caviars*. Dans tout le nord de l'Europe, viziga et caviars ont une grande célébrité près des gourmands.

ANACARDE OU NOIX D'ACAJOU. — La vieille droguerie employait fréquemment ce fruit qui provient d'un grand arbre nommé *anacardium* qui croît sur les bords des fleuves dans l'Inde et en Amérique ; on en mange les jeunes pousses qui ont une saveur approchant de celle de la pistache ; les habitants les font rôtir pour leur enlever l'âcreté et les confisent aussi au sucre, elles sont nutritives, mais fort échauffantes.

M. le docteur Virey dit qu'autrefois on regardait l'amande orientale ou la fève de Malac comme utile pour stimuler ou rappeler la mémoire, et M. Hoffmann raconte l'histoire d'un homme stupide, incapable d'instruction, qui, après avoir fait usage de l'anacarde, devint professeur en droit; mais ensuite le vin altéra sa santé et il mourut d'une manière misérable.

On se servit pendant longtemps, en Sicile, d'un miel anacardin composé pour le même objet, mais comme on reconnut que ceux qui s'en servaient n'étaient ni moins bêtes, ni plus instruits, on abandonna ce philtre d'un nouveau genre.

ANANAS. — Fruit originaire du Pérou; sa couleur en maturité tire sur le bleu, son odeur ressemble à celle de la framboise; sa saveur est douce, le suc approche du goût de vin de Malvoisie. Pour manger l'ananas, on le coupe par tranches, on lui fait perdre son âcreté, en le laissant tremper dans l'eau, et on le met dans le vin en y ajoutant du sucre. Dans l'Inde, on fait du suc d'ananas mêlé avec l'eau une boisson rafraîchissante préférable à la limonade. Au Brésil, on récolte une immense quantité d'ananas sauvages. Ils sont gros, juteux, aromatiques; on en tire de l'eau-de-vie, qui ressemble au Meskal. L'ananas sauvage atteint soixante centimètres de hauteur, ses feuilles sont creuses et renferment une eau claire souveraine pour l'étanchement de la soif; quoique exposé aux rayons du soleil, cette eau reste toujours fraîche.

ANCHOIS. — Poisson de mer plus petit que le doigt, sans écailles et qui a la tête grosse, les yeux larges et noirs, la gueule très-grande, le corps argenté et le dos rond. On le trouve abondamment sur les côtes de Provence, et c'est de là qu'il nous arrive confit ou mariné. La chair d'anchois a une saveur délicate, on la fait griller et elle est de facile digestion. On la confit aussi avec du vinaigre et du sel, ce qui forme une saumure dans laquelle on le conserve. L'anchois conservé ne figure sur nos tables que pour hors-d'œuvre, où il ne s'emploie que comme assaisonnement. Il doit à sa nature et à sa préparation une propriété excitante qui facilite la digestion quand on en use modérément. C'est avec les anchois qu'on farcit les olives, il entrait dans la préparation du garum des Romains. On pêche pendant la nuit ce poisson sur les côtes occidentales de l'Italie, de la France et de l'Espagne.

Anchois en salade verte. — Lavez des anchois dans du vin,

levez par filets et faites-en une salade avec du cerfeuil et de la laitue.

Beurre d'anchois. — Pilez des filets d'anchois dessalés, avec de la crème, tamisez, mélangez avec 125 grammes de beurre et servez comme hors-d'œuvre.

Rôties d'anchois. — Faites frire dans l'huile des tranches de pain longues et minces, préparez-les dans un plat en versant par dessus une sauce faite avec de l'huile vierge, du jus de citron, du gros poivre, du persil, de la ciboule et de la rocambole hachée. Couvrez à moitié les rôties avec des filets d'anchois que vous aurez lavés avec du vin blanc.

Anchois farcis. — Les anchois seront entiers ; nettoyez-les en les faisant glisser de toute leur longueur dans une serviette, fendez-les en deux, ôtez-en l'arête, mettez à la place une petite farce de chair de poisson, bien liée avec des œufs, trempez-les dans une pâte à beignets, et faites-les frire.

Canapé d'anchois. — Taillez une mince rondelle de pain, faites-la frire à l'huile et placez-la sur un fond de fromage parmesan ; arrangez sur la rondelle de pain deux douzaines d'anchois trempés dans du lait, arrosez d'huile de Provence, couvrez de parmesan, mettez au four, et faites servir.

Anchois à la parisienne. — Levez par filets des anchois dessalés, hachez des œufs durs avec du cerfeuil et de la pimprenelle, disposez vos filets d'anchois en les entre-croisant en losanges sur le fond d'une assiette, de manière à laisser un peu de vide entre chaque losange. Remplissez les intervalles et remplissez le tour de votre assiette, avec votre hachis de jaunes d'œufs, de vos fines herbes et de vos blancs d'œufs que vous placerez en les alternant, de manière que leurs couleurs ne puissent se confondre ; battez ensuite de l'huile surfine, du verjus, de la mignonnette avec quelques gouttes de soya de la Chine que vous verserez sur le fond de votre plat, afin qu'ils s'incorporent avec l'assaisonnement.

ANDOUILLES DE COCHON. — Tirez des boyaux de cochon propres à faire des andouilles, coupez-les de la grandeur et de la grosseur de celles que vous voulez faire ; nettoyez-les bien pour leur ôter le goût de charcuterie, faites-les tremper dans un peu de vin blanc, pendant cinq à six heures, avec thym, basilic et deux gousses d'ail; ensuite coupez en filets du porc frais, de la panne et des boyaux; mêlez le tout, assaisonnez-le de sel fin, d'épices fines, d'un peu d'anis pilé, remplissez-en vos boyaux, prenez garde qu'ils ne le soient trop (ce qui les ferait crever); ficelez-les et mettez-les cuire dans un vase juste à leur longueur, avec moitié lait et moitié eau, un bouquet de persil et ciboules, une gousse d'ail, thym, basilic, laurier, sel, poivre, panne : vos andouilles cuites, laissez-les refroidir dans leur assaisonnement; retirez-les, essuyez-les bien, ciselez un peu, faites-les griller et servez-les.

Andouilles de couenne. — Coupez en filets de la couenne de jeune cochon, des boyaux et de la panne; mêlez le tout et procédez, pour assaisonner et finir vos andouilles, comme il est énoncé à l'article des *Andouilles de cochon*.

Andouilles à la béchamelle. — Mettez un morceau de beurre dans une casserole avec un tranche de jambon, trois échalottes, du persil et de la ciboule, une gousse d'ail, thym, basilic et laurier; posez votre casserole sur un feu doux et laissez suer pendant environ un quart d'heure; mouillez-la avec un demi-litre de lait; faites-la bouillir et réduire à moitié; passez-la au tamis, mettez-y une bonne poignée de mie de pain, et faites-la bouillir de nouveau, jusqu'à ce que le pain ait bu le lait, ensuite coupez en filets de la poitrine de porc frais, de la panne, du petit lard et une fraise de veau, mêlez ces filets avec votre mie de pain et six jaunes d'œufs crus, des épices et du sel, remplissez des boyaux de cette composition ; et, ayant fermé vos andouilles, faites-les cuire avec moitié lait et moitié bouillon gras, du sel, du poivre, un bouquet de persil, des ciboules; servez comme à l'article précédent.

Andouilles de bœuf. — Prenez chez le charcutier des robes d'andouilles; faites-leur passer le goût de boyaux, comme il est expliqué pour celles du cochon; faites cuire aux trois quarts dans de l'eau du gras-double et des palais de bœuf; ensuite coupez-les en filets, ainsi que de la tétine de veau et du petit lard; joignez à ces filets de l'oignon coupé de même et que vous aurez fait presque cuire dans du beurre ou du lard; mêlez le tout ensemble, en y ajoutant quatre jaunes d'œufs crus, des épices fines et du sel, entourez cet appareil dans vos boyaux, ficelez-en les deux bouts, et vos andouilles faites, mettez-les cuire dans du bouillon gras où vous aurez mis un demi-litre de vin blanc, un bouquet de persil et ciboules, une gousse d'ail, du laurier, du thym, du basilic, trois clous de girofle, sel, poivre, carottes et oignons. Vos andouilles cuites, laissez-les refroidir dans leur assaisonnement ; et, pour les servir, procédez comme il est dit pour les andouilles de cochon.

Vous pouvez vous servir de langues en place de palais de bœuf.

Andouilles de veau. — Ayez une fraise et une tétine de veau ; faites-les blanchir un grand quart d'heure et coupez-les en filets ; joignez-y 500 grammes de petit lard coupé de même ; maniez le tout dans une terrine, avec sel, épices fines, quelques échalotes hachées, quatre cuillerées à dégraisser de crème double et quatre jaunes d'œufs : procédez ensuite en employant des boyaux de cochon pour faire vos andouilles, comme il est énoncé à l'article *Andouilles de cochon ;* faites-les cuire avec du bouillon, un demi-litre de vin blanc, une gousse d'ail, du thym, du basilic, du laurier et un bouquet de persil et ciboules, laissez-les refroidir dans leur assaisonnement, retirez-les, essuyez-les, et, après les avoir un peu ciselées, faites-les griller et servez.

Andouilles de fraise de veau. — Prenez une fraise de veau ; faites-la blanchir et cuire ; ensuite laissez-la refroidir : ayez une tétine ou deux selon leur grosseur, faites-les cuire comme la fraise, émincez le tout ; mettez-le dans une terrine, hachez des champignons, des échalotes, du persil et des truffes, si c'est la saison, mettez ces fines herbes dans une casserole avec du beurre, passez-les et mouillez-les avec un verre de vin de Malvoisie ou de Madère : lorsque cela sera réduit à moitié, mettez-y quatre ou cinq cuillerées d'espagnole ; faites-le réduire de nouveau comme pour une sauce aux échalotes ; de là mettez-y votre fraise de veau, votre tétine et six jaunes d'œufs, le tout assaisonné de sel, poivre et épices fines ; assurez-vous si cet appareil est de bon goût ; dans ce cas, mettez-le dans les boyaux que vous avez préparés à cet effet, ayant toujours soin qu'ils ne soient pas trop pleins ; liez-les par les deux bouts ; mettez-les deux minutes dans de l'eau bouillante pour leur faire prendre leur forme, retirez-les, ensuite laissez-les refroidir ; mettez dans une casserole des lames de veau et de jambon, carottes et oignons, arrangez dessus vos andouilles ; couvrez-les de bardes de lard, mouillez-les avec du vin blanc et un peu de bouillon ; faites-les cuire une heure et doucement, pour qu'elles ne crèvent pas ; laissez-les refroidir dans leur assaisonnement pour qu'elles prennent du goût ; après retirez-les, parez-les et faites-les griller à la façon des andouilles.

Andouilles de sanglier. — Elles se font de la même façon que les andouilles de cochon. Seulement, elles sont plus rares et plus recherchées. C'est un mets de haute saveur, surtout quand elles ont été fumées dans l'âtre, avec du bois de genévrier, pendant *soixante-douze heures de suite*. Alors on les coupe en rouelle et on les fait griller pour les servir sur une purée de pois verts, ou de marrons ; c'est un plat d'entrée et non pas de hors-d'œuvre.

Andouilles de lapin. — Désossez un bon lapin, coupez-le en filets, ainsi qu'une fraise d'agneau et de la tétine de veau de Pontoise. Mêlez avec tous ces filets de l'oignon haché ; cuisez, moitié cuit, assaisonnez le tout avec du sel, fines épices, persil, ciboules, échalotes hachées, muscades, basilic ; mettez le tout dans des boyaux préparés à cet effet ; faites-les cuire dans un consommé avec trois flûtes de champagne et des fines herbes, laissez refroidir dans la cuisson pour les paner et les faire griller. Servez-les pour hors d'œuvre. Les andouilles de faisan et de perdrix que l'on sert d'ordinaire sur une purée de même gibier se préparent d'une façon semblable.

ANDOUILLETTES. — Les meilleures andouillettes que j'ai mangées, et je n'en excepte pas les andouillettes de Troyes, sont les andouillettes de Villers-Cotterets. Le charcutier qui les fabrique se nomme Lemerré, et demeure en face de la fontaine.

ANE. — Les goûts changent. Nous avons vu dernièrement le cheval sur le point de détrôner le bœuf, c'eût été toute justice, car le bœuf avait détrôné l'âne. Mécène fut le premier chez les Romains qui mit en usage la chair de l'âne domestique ; il y a en Numidie et en Perse quantité d'ânes sauvages qui, dans l'antiquité, portaient le nom d'*onagres* et qu'on appelle aujourd'hui zèbres. Ils sont d'un gris de souris clair, les épaules et le dos sont rayés de noir, leur tête est grosse, leur démarche beaucoup plus légère que celle des autres ânes, et leur caractère encore plus têtu. Les Persans mangent cette chair qu'ils préfèrent a celle de la gazelle. C'était aussi le goût de leurs ancêtres; le docteur Olagnier dit, d'après Oléarius, que dans un grand festin donné par Schah Abbas aux ambassadeurs, on tua et mangea trente-deux ânes sauvages, que leur viande, qu'ordinairement on réservait pour la table du monarque était exquise. On raconte encore que le roi de Perse se plaisait énormément à cette chasse et qu'il envoyait à la cuisine de sa cour ceux qu'il avait tués. Le lait d'ânesse, on le sait, rend de grands services aux médecins dans le traitement des maladies de poitrine et particulièrement dans la phthisie pulmonaire. Il est essentiel que l'ânesse soit jeune, saine, bien en chair, bien nourrie et privée de son ânon depuis peu. On ne doit pas non plus laisser refroidir ce lait et ne pas l'exposer trop longtemps à l'air qui l'altère aussitôt.

On sait par les vers de Juvénal et par la prose de Suétone que Poppée, femme de Néron, menait à sa suite cinq cents ânesses, et se baignait dans leur lait. En outre si on se rappelait que ce fut une ânesse qui transporta la Sainte Famille lors de sa fuite en Egypte et que ce fut aussi sur un animal de cette espèce que Jésus-Christ fit son entrée triomphante dans Jérusalem, cela suffirait pour diviniser la pauvre bête, que nos paysans au contraire accablent de coups et de mauvais traitements.

Cependant quel animal après le cheval est plus utile que l'âne, il est sobre, patient, dur à la fatigue, et dans les îles de Malte et de Sardaigne où on en a conservé et élevé avec soin des races pures, il est souvent le rival heureux du cheval qu'il remplace avantageusement dans certaines localités à cause de son pied plus sûr, et de sa vue, de son ouïe, de son odorat plus développés.

Quant à la qualité de sa chair, il est vrai de dire que celle de l'âne n'est pas très recherchée, mais celle de l'ânon, au dire de tous ceux qui en ont mangé et qui l'ont trouvée excellente, vaudrait certainement mieux que celle du cheval la plus tendre et la plus savoureuse.

'M. Isouard de Malte rapporte que, par suite du blocus de l'île de Malte par les Anglais et les Napolitains, les habitants furent réduits à manger tous les chevaux, chiens, chats, ânes et rats ; « cette circonstance, dit-il, a fait découvrir que la chair des ânes était très-bonne : elle l'est en effet, au point que les gourmands de la cité Valette l'ont préférée a la viande des meilleurs bœufs et même des veaux ; aussi, lorsqu'on tuait un âne, c'était à qui pourrait en avoir. En bouilli, en rôti et en daube surtout, le goût en est exquis. Cette chair est noirâtre et la graisse tirant sur le jaune ; il faut cependant que l'âne n'ait que trois à quatre ans et qu'il soit gras. J'observe que je ne constate que la particularité des ânes de Malte, nourris avec de la paille et de l'orge, ignorant si la chair des ânes étrangers aurait la même qualité. »

Mécène, ainsi que nous l'avons déjà dit plus haut, fut le premier qui, chez les Romains, mit la chair de cet animal en usage. Il régalait ses convives avec de l'ânon mariné.

Depuis, en France, au XVIe siècle, le chancelier Duprat, grand amateur, faisait élever et engraisser des ânons pour le service de sa table, et, s'il faut en croire les écrivains du temps, tous ses convives en faisaient leurs délices ; il faut croire que cette chair fut trouvée délicieuse puisqu'elle fut en usage pendant quelque temps.

Quant aux ânesses, on sait de quelle utilité elles sont, et combien leur lait est recherché pour différentes maladies de poitrine. Il faut voir ces humbles bêtes se promenant le matin dans Paris, s'arrêtant aux portes et attendant patiemment qu'on vienne les traire ; puis elles repartent sans même se soucier du service qu'elles viennent de rendre et vont porter ailleurs sinon la santé, du moins un adoucissement aux douleurs humaines.

J'ai mangé en Kalmoukie de la chair d'ânon qui m'a paru tenir le milieu entre le bœuf et le veau, et être excellente.

ANETH. — Espèce de céleri sauvage ou ache. On en distingue deux sortes ; l'*Aneth ordinaire* dont la racine est grêle, unique, blanche ; les feuilles plus petites que celles du fenouil, verdâtres et d'une odeur forte ; ses fleurs sont roses, ses graines d'un jaune pâle, la saveur en est douce, quoique aromatique. On la croit originaire d'Allemagne ou d'Italie ; dans le premier de ces pays on en assaisonne les aliments ; en Italie, on mange ses jeunes feuilles en salade comme le céleri.

L'*Aneth odorant*, originaire, dit-on d'Espagne ou d'Italie, a la tige un peu rameuse, ses feuilles sont finement découpées, ses fleurs jaunes et petites ; on cultive cette plante dans les jardins. Son odeur est suave quoique forte, et sa saveur aromatique ; elle communique au poisson un goût fort agréable.

Les Romains se couronnaient dans leurs festins avec des feuilles d'aneth à cause de la bonne odeur de cette plante, et les gladiateurs en mettaient dans leurs aliments pour les rendre plus toniques.

ANGELIQUE. — Plante aromatique, originaire de Syrie, et qui croit en général le long des rivières qui avoisinent les montagnes. Cette plante est un grand régal pour les Lapons ; ils en mangent les feuilles et les racines bouillies dans du lait ; c'est en la mâchant et en mangeant les baies qu'ils trouvent sous la neige qu'ils complètent leur dessert. La meilleure angélique se fabrique à Niort, où l'on a pieusement gardé la tradition et les formules employées par les religieuses de la Visitation de Sainte-Marie pour la confection de cette excellente conserve.

ANGELOT. — Excellent petit fromage que l'on fabrique en Normandie et en Lorraine.

ANGLET. — Vin blanc fort estimé qui se fabrique à Anglet, département des Basses-Pyrénées.

ANGOBERT. — Grosse poire ressemblant au beurré, elle se conserve pendant l'hiver ; sa chair est ferme, douce, excellente à manger en compote.

ANGUILLE. — Les Egyptiens avaient mis les anguilles au rang des dieux ; ils leur rendaient un culte religieux, les élevaient dans des viviers où des prêtres étaient chargés de leur apporter tous les jours du fromage et des entrailles d'animaux. Ils apprivoisaient ces anguilles sacrées et les décoraient de bijoux en forme de colliers. Athénée appelle l'anguille la fille de Jupiter. On cherche vainement comment a pu conquérir cette célèbre généalogie un animal qui vit constamment dans la vase, où il respire des gaz infects qui le rendent parfois venimeux. Elle a les mêmes inclinations que le serpent, s'efforce de mordre, et, lorsqu'elle est de force, mord quelquefois cruellement. Son corps est froid, visqueux et glissant, sans écailles, mais seulement revêtu d'une peau dont on la dépouille facilement ; sa vie est si tenace que, coupée en dix ou douze tronçons, chacun de ces tronçons coupés s'agite encore ; elle parvient à une grandeur énorme ; en Italie et surtout dans les marais de Comacchio, on en a vu de plus de deux mètres de long, pesant jusqu'à dix kilogrammes. En Albanie, leur grosseur égale parfois celle de la cuisse d'un homme.

L'anguille, sur la génération de laquelle la science ne nous a rien appris, est encore un mystère. On prétend que les anguilles, dont, selon Pisanelli, on ne peut distinguer le sexe, vont se faire féconder à la mer, et qu'il en passe près des rives de la basse Seine, et particulièrement à Lécon, près d'Elbeuf, des quantités si nombreuses qu'on peut en remplir des baquets. Mais les pays où elles atteignent la plus grande taille, c'est la Pologne et l'Ecosse ; le peuple les regarde comme des serpents et n'en mange point ; les Juifs s'en abstiennent par scrupule religieux. On en trouva une, en Ecosse, qui avait 6 mètres de long sur 65 centimètres de circonférence ; les matelots qui l'avaient pêchée la mangèrent et la trouvèrent d'une saveur très-délicate. Les anguilles de rivière sont les meilleures et les plus recherchées par conséquent. Elles ont le dos brun mêlé de bleu, le ventre d'un blanc argenté vif et pur, tandis que les anguilles d'étang, de marc ou de fossé, sont toujours d'une couleur terreuse. Chacun sait que ces animaux ont une telle affection pour la vase, que, lorsqu'on vide les étangs, on n'arrive à les faire sortir de la boue qu'en tirant des coups de fusil, pour les épouvanter, sur le bord de ces étangs. Celles qu'on fait sortir ainsi de leur domicile sentent la vase ; c'est un inconvénient auquel il est facile de porter remède, d'abord en achetant les anguilles vivantes et en les faisant dégorger, pendant trois jours et trois nuits, dans un filet d'eau courante ou simplement dans un baquet rempli d'eau de source, où on leur jettera quelques morceaux de grains d'orge imbibés de vin rouge et de sel fondu. On peut en faire autant pour les carpes et leur enlever ainsi le goût et l'odeur de la vase. En général, nos cuisiniers et nos cuisinières font autour du cou de l'anguille une incision circulaire, et tirent la peau à eux; mieux vaut, pour dépouiller l'anguille, l'exposer d'abord à un brasier de charbon, sur lequel sa peau se plisse et se boursoufle; alors on fait couler cette peau grillée en la tirant de la tête à la queue avec un torchon, cette manière de faire perdre à l'anguille son huile épidermatique la rend d'un meilleur goût et plus facile à digérer.

Anguille à la broche. — Ayez une belle anguille, depouillez-la, limonez-la; à cet effet, mettez-la sur des charbons ardents, retournez-la de manière qu'elle se grille partout; essuyez-la avec un torchon, grattez-la avec votre couteau, supprimez-en les nageoires dorsales et celles de dessous le ventre, ôtez-lui toute la peau, coupez-lui la tête et le bord de la queue; pour la vider, ouvrez-lui le haut de la gorge et un peu le bas du nombril; introduisez-lui par le nombril une lardoire, du côté du gros bout, et que vous ferez sortir par le haut, ce qui emportera les intestins; faites qu'il ne lui reste rien dans le corps; lavez-la, tournez-la en rond comme une gimblette; passez au travers des petits hâtelets d'argent (faute de ces hâtelets, servez-vous de brochettes de bois), fixez-la ainsi avec de la ficelle; mettez-la dans une casserole, versez dessus une bonne mirepois (*V.* MIREPOIS et façon de la faire, article SAUCES), faites cuire à moitié votre anguille, égouttez-la, mettez-la sur la broche, emballez-la; faites-la cuire, déballez-la; faites-la un peu sécher, glacez-la, dressez-la sur votre plat, ôtez-en les hâtelets, et servez dessous une italienne rousse ou une ravigote (*V.* l'article SAUCES).

Anguille à la Sainte-Menehould. — Préparez cette anguille comme la précédente sous tous les rapports, excepté qu'au lieu de la mettre à la broche, vous la poserez sur une tourtière; couvrez toutes les parties de cette anguille d'une Sainte-Menehould (*V.* SAUCE SAINTE-MENEHOULD); panez-la, mettez-la au four ou sous un four de campagne pour achever de la cuire et lui faire prendre une belle couleur; ces deux objets remplis, dressez-la sur votre plat; ôtez-en les hâtelets ou les brochettes et la ficelle; servez dans son puits une italienne blanche, bien corsée, ou une ravigote blanche.

Anguille à la poulette. — Prenez une anguille, dépouillez-la, limonez-la comme les précédentes; supprimez-en la tête et le bout de la queue; coupez-la par tronçons égaux; lavez-la et laissez-la dégorger; ôtez bien le sang qui se trouve proche l'arête, et grattez-la: mettez dans une casserole un morceau de beurre, ainsi que votre anguille et des champignons tournés, passez-la un instant sur le feu, singez-la avec de la farine passée au tamis, mouillez-la avec du bouillon gras ou maigre et une demi-bouteille de vin blanc; ayez soin de la remuer avec une cuiller de bois jusqu'à ce qu'elle bouille: une fois partie, mettez-y un bouquet de persil et ciboules, garni d'une demi-feuille de laurier, d'un clou de girofle, avec sel et poivre: ajoutez-y, si vous le voulez, une trentaine de petits oignons; laissez cuire et réduire votre ragoût; dégraissez-le, ôtez-en le bouquet, et liez-le avec deux ou trois jaunes d'œufs; délayez avec de la sauce de votre anguille et un jus de citron; dressez-la sur votre plat, et masquez-la de sa garniture.

Anguille à la Tartare. — Ayez une anguille, dépouillez-la, limonez-la, videz-la, comme il est dit ci-dessus; coupez-la par tronçons de 15 à 20 centimètres; ôtez le sang qui se trouve près de l'arête; lavez-la, mettez-la dans une casserole, avec tranches d'oignons, zeste de carottes, quelques branches de persil, deux ou trois ciboules coupées en deux, du vin blanc, du sel, une feuille de laurier, un ou deux clous de girofle et un peu de thym; mettez au feu vos tronçons, faites-les cuire, et, leur cuisson faite, égouttez-les, roulez-les dans de la mie de pain, trempez-les dans une anglaise (*V.* ANGLAISE, article COTELETTES DE PIGEON); repanez-les; un quart d'heure avant de servir, faites-les griller, retournez-les sur les quatre faces, pour qu'ils soient d'une belle couleur; mettez dans votre plat une sauce à la Tartare, dressez-les dessus et servez.

Matelote d'anguille marinière. — Prenez une carpe de Seine, une anguille, une tanche, une perche; coupez-les par morceaux. Préparez un chaudron d'airain, recurez le fond légèrement, coupez deux gros oignons en rouelles, mettez vos têtes de poissons par-dessus, et ainsi de suite, en ayant soin d'assaisonner de gros sel et poivre, un bon bouquet garni et quelques pointes d'ail; mouillez le tout avec deux bouteilles de vin de Narbonne, faites partir sur un grand feu de cheminée; aussitôt l'ébullition, ajoutez un verre de cognac, faites flamber, préparez vingt ou trente petits oignons, que vous passez à la poêle avec un peu de beurre, rissolez-les, jetez-les dans la matelote, faites, avec un quart de beurre mêlé a deux cuillerées de farine, de petites boulettes, parsemez-en le poisson et agitez l'anse du chaudron pour lier le tout ensemble; dressez votre matelote, garnissez avec vos croûtons et douze écrevisses cuites au vin du Rhin, et servez chaud. (*Recette Vuillemot.*)

Anguille en matelote aux œufs ou aux laitances de carpes. — J'ai toujours remarqué la préoccupation des gastronomes qui mangent une matelote faite avec du barbillon, de la carpe, de la perche et de la tanche; cette préoccupation est la crainte de s'étrangler; on n'ose pas tremper son pain dans cette sauce, si excellente, que c'est elle, la plupart du temps, qui fait passer le poisson. On a peur qu'une arête ne s'y dérobe et ne se revèle tout à coup à votre œsophage. Je vais vous offrir un moyen bien simple : c'est de faire votre matelote avec des objets dans lesquels il n'entre point d'arêtes, c'est-à-dire avec l'anguille dont les arêtes sont impalpables, et avec des laitances et des œufs où les arêtes sont absentes; les préparations sont les mêmes, l'assaisonnement est le même, l'adjonction des vingt ou trente petits oignons est aussi importante que dans la matelote ordinaire; seulement vous pouvez faire frire, l'un après l'autre, quatre ou cinq œufs à qui la capacité de la poêle permette de prendre toute leur extension, puis vous garnirez le fond de votre plat de vos quatre ou cinq œufs, vous déposerez dessus, avec la pointe d'une fourchette, vos tronçons d'anguille ainsi que vos œufs ou vos laites, vous verserez sur le tout votre sauce, sur laquelle vous épancherez un petit verre de rhum ou d'eau-de-vie, auquel vous mettrez le feu et que vous servirez chaud.

Accolade d'anguille à la broche. — L'accolade d'anguille était un des grands plats que l'on servait toujours à la reine Anne d'Autriche, à ses dîners du samedi. Pour faire un beau plat de relevé, il faut avoir de fortes anguilles, d'égale grosseur, à qui l'on coupera la tête et le bout de la queue; on les ficellera dos à dos sur un hâtelet de fer, en contrariant leur accolade, c'est-à-dire en mettant la queue de l'une à la tête de l'autre, afin que le volume en soit égal aux deux extrémités; ensuite on les mettra dans une poissonnière avec un bon jus de racine, mêlé d'un demi-litre de vin d'Espagne, et on les fera cuire au four pendant une demi-heure; au bout de ce temps, il faut les retirer pour les paner et les mettre à la broche, toujours bien attachées sur leur hâtelet, ayant soin de les entourer d'un fort papier beurré; vingt minutes suffiront pour achever la cuisson. On servira cette accolade rôtie, sur un grand plat ovale, avec une sauce composée de jus des quatre racines réduites en glace, un quart de litre de vin de Paqueret sec ou de vieux xérès, après avoir épicé ladite sauce avec du poivre blanc, de la fleur de muscade et de la coriandre. Nous avons suivi l'ancienne formule textuellement, mais on peut remplacer les deux vins indiqués par du vin de Madère.

Anguille à la minute. — Dépouillez une anguille, coupez-la par morceaux, faites-la cuire à gros sel pendant dix ou quinze minutes, selon sa grosseur, et servez-la dressée sur un plat, avec une sauce maître d'hôtel chaude, aiguisée avec du verjus ou du citron; entourez le plat d'un cordon de pommes de terre bouillies ou frites, et servez pour entrée au déjeuner.

Anguille à la Suffren. — Prenez une anguille, piquez-la avec des filets d'anchois et de cornichons, roulez-la en cercle avec une ficelle beurrée, mettez-la ensuite sur un sautoir, avec une marinade cuite, et puis sur le four de campagne. Une fois cuite, versez une sauce aux tomates relevée de poivre rouge.

Anguille aux montants de laitues romaines. — Coupez votre anguille, faites-la cuire en fricassée de poulet; quand elle est presque cuite, épluchez des montants de laitues romaines, cuites à l'eau, salées et beurrées, mettez-les égoutter, faites-leur prendre goût avec l'anguille, vous liez avec trois jaunes d'œufs et le jus d'un citron, sur le feu, et servez entouré de croûtes frites.

Anguille au soleil. — Quand vous aurez coupé une anguille

par tronçons, faites-la cuire dans une marinade, laissez-la refroidir et égoutter, trempez-la dans des œufs battus, assaisonnez de sel et de poivre, roulez-la dans de la mie de pain et mettez-la dans de la friture bien chaude; lorsqu'elle est arrivée à une belle couleur dorée, entourez-la d'olives farcies sur une ravigote verte.

Pâté d'anguille. — Dressez une caisse de pâtes, garnissez-en le fond d'un peu de quenelles de carpe, de champignons, de culs d'artichauts et de tronçons d'anguille, que vous aurez fait cuire dans un bon assaisonnement (*V.* ci-dessus); achevez de remplir votre pâté de quenelles de carpe, que vous aurez roulées dans de la farine et desquelles vous aurez formé des andouillettes; couvrez votre pâté, mettez-lui un faux couvercle; faites-le cuire, et, aux trois quarts de sa cuisson, cernez le couvercle; lorsque votre pâté sera cuit, découvrez-le, saucez-le d'une bonne espagnole maigre et réduite, dans laquelle vous aurez mis quelques laitances de carpe.

Bastion d'anguille. — Prendre une belle anguille de Seine, la dépouiller, la désosser, préparer une farce fine de poisson, composée de merlans, carpes; pilez les chairs dans un mortier, assaisonnez de sel, poivre, muscades, épices; faites tremper un peu de mie de pain dans un consommé, laissez-le sécher sur le feu, joignez-y quatre jaunes d'œufs crus, un peu de beurre, assaisonnez le tout. Garnissez votre anguille avec un peu de truffes hachées dans la farce, mettez la galantine d'anguille dans un torchon beurré, faites-la cuire dans une mirepois, ajoutez-y vin blanc, aromates, bouillon; laissez cuire une heure et refroidir. Faites une infusion de cerfeuil, estragon, cornichons, un demi-verre de vinaigre, un peu de gelée de viande; passez le tout après infusion, ajoutez du beurre frais. faites avec quelques feuilles d'épinards un peu de vert que vous passez au torchon, laissez prendre sur le feu, passez de nouveau et versez avec votre beurre. Coupez votre anguille par tronçons, cinq d'égale hauteur, mettez sur un plat froid du beurre de Montpellier, dressez-les droit sur le plat, masquez-les de beurre, faites quatre autres morceaux d'anguille, que vous superposez sur les autres plus petits, masquez-les également. Prenez de la bonne gelée de viande bien clarifiée, coupez-la par petits croûtons, garnissez votre plat de ces croûtons, hachez de la gelée que vous mettez par-dessus vos morceaux d'anguille, et servez bien froid.

ANIS. — Plante aromatique, de la famille naturelle des ombellifères; elle est abondante dans toute l'Europe, en Egypte et en Syrie, en Italie et à Rome surtout; elle fait le désespoir des étrangers, qui ne peuvent fuir ni son goût ni son odeur; on en met dans la pâtisserie, dans le pain; les Napolitains en mettent dans tout. En Allemagne, elle est le principal condiment de ce pain, que l'on trouve en compagnie des figues et des poires tapées, et qui a conservé le nom de *pompernick*, qui lui vient de l'exclamation de ce cavalier qui, en ayant goûté une bouchée, porta immédiatement le reste à son cheval nommé Nick, en disant : « *Bon pour Nick* », c'est-à-dire, avec l'accent allemand, *Pompernick*.

ANISETTE. — Malgré notre amour-propre national, nous sommes forcés d'avouer que la première anisette du monde vient de chez Fokung, à Amsterdam; celle de Bordeaux ne vient qu'après et longtemps après. Il faut boire l'anisette de Fokung après le café, et employer l'anisette de Bordeaux pour des entremets.

ANON. — Petit poisson ressemblant beaucoup au merlan, et très-abondant dans la Manche en janvier et en février. La chair est blanche, ferme, feuilletée, de bon goût et de facile digestion. Il a les mêmes propriétés alimentaires que le merlan, et les pêcheurs des côtes en font un très-grand cas; on l'apprête comme le merlan, soit rôti sur le gril soit frit dans le beurre.

ANSERINE. — Vulgairement appelée *patte d'oie* à cause de ses feuilles palmées, qui, en effet, ont une grande ressemblance avec une patte d'oie. Plante annuelle de la famille de l'oseille et de l'arroche, cultivée soigneusement au Chili et au Pérou.

Il y a plusieurs sortes d'ansérines : l'*ansérine bon-Henri*, encore appelée *toute-bonne*, *épinard sauvage*, est une grande plante potagère, qui croît dans les lieux incultes, le long des murs et des chemins; dans plusieurs pays on mange ses jeunes pousses comme des asperges, et ses feuilles en guise d'épinards; elle passe pour émolliente, résolutive et détersive.

L'*ansérine polysperme*, ainsi nommée à cause de la grande quantité de graines qu'elle produit; l'*ansérine à balais*, appelée vulgairement *belvédère*, et dont les tiges grêles, chargées de rameaux dressés, servent en Italie à faire des petits balais ; l'*ansérine botride,* l'*ansérine ambroisie,* l'*ansérine vermifuge,* l'*ansérine hybride,* l'*ansérine fétide,* qui servent à des préparations pharmaceutiques ; et, enfin, l'*ansérine quinoa,* qui est l'espèce la plus digne de toutes ; elle abonde sur les plateaux élevés des Cordillères et est pour le Pérou un objet considérable de culture et de consommation : en potage, en gâteaux, hachée comme les épinards, associée à d'autres mets ; cette ansérine est un aliment très-sain et de facile digestion ; fermentée avec le millet, on en obtient une espèce de bière très-bonne et très-rafraîchissante. La volaille recherche la graine de la variété blanche, et le quinoa produit encore un fourrage vert excellent pour les vaches.

Les essais faits en France et en Angleterre pour sa naturalisation ont parfaitement réussi.

APAR. — Petit animal du Brésil dont la chair est aussi blanche, aussi bonne et aussi nourrissante que celle du cochon de lait ; ses propriétés alimentaires sont aussi les mêmes, et on l'apprête de la même manière.

APHYE. — On l'appelle aussi *loche de mer ;* c'est un poisson de la Méditerranée que l'on trouve aussi dans les mers de Nice et jusque dans le Nil. Ce poisson était très-estimé des anciens, cependant sa chair est de difficile digestion, surtout quand on en mange avec excès.

API. — Petites pommes dont un des côtés exposé au soleil devient très-rouge, tandis que l'autre reste blanc ; la peau en est fine ; la chair, quoique sucrée, est dure, ce qui la rend pesante et indigeste.

APOGON. — C'est le roi des rougets ; sa chair est exquise et fort recherchée ; on le trouve dans les environs de la mer de Malte.

APOS. — Oiseau plus gros que l'hirondelle, mais ayant beaucoup de ressemblance avec elle. L'apos n'a pas de pattes, aussi est-il obligé de voler continuellement et de se nourrir d'insectes qui sont dans l'air. Cet oiseau est fort recherché et se vend très-cher en Italie, et surtout à Bologne, à cause de la bonne saveur de sa chair qui nourrit bien et se digère facilement.

APPÉTIT. — Il y a trois sortes d'appétit : le premier, celui que l'on éprouve a jeun, sensation impérieuse qui ne chicane pas avec les mets et qui nous fait venir l'eau à la bouche à l'aspect d'un bon ragoût ; le second, celui que l'on ressent lorsque s'étant mis à table sans faim on a déjà goûté d'un plat succulent, et qui consacre le proverbe : « l'appétit vient en mangeant ; » le troisième appétit est celui qu'excite un mets délicieux qui parait à la fin d'un repas, lorsque, l'estomac satisfait, les convives sans regret allaient quitter la table.

Le peuple de Paris, les fruitiers et les maraîchers de la banlieue donnent aussi le nom d'appétit à la tige verte de la ciboule et de l'oignon nain, qui font toujours le principal assaisonnement des ragoûts et des salades populaires.

APPLE'S CAKE. — Ayez des pommes de Locart (franche reinette) ou d'autres également rouges et très-acides. Après avoir retiré les cœurs de ces fruits, faites-les fondre sur le feu avec 90 grammes de moelle, pour six pommes environ. Ajoutez un bâton de cannelle, et tamisez. Mettez-les alors dans une bassine, avec deux cuillerées de poudre de Salep et d'arrow-root, substances orientales que l'on pourra remplacer par une forte cuillerée de fécule. Joignez-y 375 grammes de beau sucre et faites bouillir à petit feu pendant sept à huit minutes, retirez alors de la bassine et laissez refroidir cette marmelade. Quand elle sera froide, vous y mêlerez six jaunes d'œufs et deux autres œufs avec leurs blancs ; placez-la dans un moule graissé de moelle, et faites cuire au bain-marie pendant quarante minutes. Vous renverserez ce gâteau dans un plat d'entremets, assez profond pour pouvoir contenir un chaudeau dont voici la formule :

Délayez quatre jaunes d'œufs frais avec de l'eau distillée, sucrez suffisamment avec du sucre candi pulvérisé ; joignez-y une cuillerée de fine liqueur des îles à la cannelle, faites cuire au bain-marie, en remuant sans relâche et sans laisser durcir, jusqu'à ce que cette crème soit bien liée et qu'elle ait acquis une juste épaisseur.

Autre *Apple's Cake* dit *de la reine Anne*. — Faites une marmelade de belles pommes que vous passerez deux fois au tamis et que vous mettrez à refroidir ; mêlez-y pour lors le sucre nécessaire, en y joignant des zestes de citron confits, roulés et pralinés. Ayez six blancs d'œufs que vous battrez jusqu'à ce qu'ils soient en neige; mélangez peu à peu votre purée de fruits avec ces blancs d'œufs battus, et continuez à fouetter ce mélange jusqu'à lui donner toute la légèreté possible. Dressez cette mousse en forme de rocher, sur un plat d'entremets qui sera foncé d'une gelée transparente au ratafia d'écorces de citron. Il ne faudra pas donner à cette gelée beaucoup de consistance.

Il est à noter que ces deux jolis entremets ont été perdus de vue chez nous, et qu'ils n'en sont pas moins d'origine française; car on trouve exactement ces deux mêmes recettes dans nos dispensaires du XVIIe siècle et notamment dans le *Menu royal des dîners de Marly*. Les Anglais n'ont fait autre chose que d'en conserver la tradition et de leur imposer le nom qu'ils portent. (*Dictionnaire de la cuisine française*, de M. de Courchamps.)

APRON. — Poisson d'eau douce dont la chair est agréable et de bon goût, on le pêche dans le Rhône et dans quelques autres rivières de France et d'Allemagne.

Ce poisson ressemble beaucoup au goujon, mais il a la tête plus large et se terminant en pointe; on le fait frire comme ce dernier.

ARACHIDE. — Appelée aussi *Pistache de terre*, parce qu'elle présente une singularité très-remarquable : à mesure que les gousses succèdent aux fleurs, elles se courbent vers la terre et y entrent pour y achever leur maturité.

Cette plante est originaire du Mexique. Apportée dans leur pays par les Espagnols, elle y donne aujourd'hui de très-grands produits. Elle fut introduite en 1802 dans le département des Landes et y réussit parfaitement; mais le défaut d'écoulement de ses produits fit bientôt tomber complètement cette culture, tout à fait abandonnée aujourd'hui.

L'arachide produit un fruit qui n'est pas plus gros qu'une noisette, et ressemble à la pistache; son amande, à la fois alimentaire et oléagineuse, se mange crue ou cuite; elle fournit la moitié de son poids d'une excellente huile comestible, saine, économique, et que ses propriétés siccatives permettent d'employer utilement dans les arts. La tige de cette plante est très-agréable au bétail, et ses racines ont un goût de réglisse.

Les Américains appellent ce fruit *Mani;* ils en font des pralines, des tartes au sucre, et ils trouvent sa saveur plus délicate et plus agréable que celle de la pistache.

L'arachide mangée crue occasionne, paraît-il, des maux de tête et de gorge violents; la cuisson et la torréfaction lui ôtent ces propriétés malfaisantes.

Les Espagnols lui donnent le nom de *Cacohuette*, parce qu'elle a le goût du cacao, et la font entrer, en la mêlant avec un peu de cacao, dans la confection d'un chocolat pour les pauvres, dont l'usage n'est pas malsain.

ARBENNE. — Oiseau appelé aussi *Perdrix blanche*, quoique ce ne soit qu'une gelinotte; il est de la grosseur d'une perdrix et a les plumes très-blanches, excepté celles de la queue qui sont en général noires; on le trouve en Savoie. Les Romains estimaient fort sa chair, dont la saveur et les propriétés sont les mêmes que celles de la gelinotte; elle s'apprête de même.

ARBOUSIER. — Appelé aussi *Arbre à fraises* ou *Fraisiers en arbres*, est fort répandu dans l'Europe australe, les îles Canaries, l'Amérique boréale, le Mexique et le Chili. C'est un arbre toujours vert, dont les fruits sont sphériques, charnus, d'un beau rouge dans leur maturité, de la grosseur d'une cerise et de la forme d'une fraise, ils ont une saveur aigrelette très-agréable.

On en cultive aussi dans le Languedoc, et leurs fleurs blanches et rosées, disposées en grappes terminales paniculées, font un très-bel effet dans les jardins.

ARBRE A PAIN. — Cet arbre, qui croît spontanément aux Moluques, aux îles de la Sonde et aux archipels de la Polynésie, est ainsi nommé à cause du fruit qu'il produit et que l'on appelle *fruit à pain*.

La hauteur de cet arbre atteint de 13 à 17 mètres; son tronc est très-gros, sa cime est ample, arrondie et composée de branches rameuses. Le fruit qu'il produit est jaune verdâtre à l'extérieur et blanc en dedans, il est plus ou moins gros, suivant l'espèce a laquelle il appartient, mais son diamètre excède rarement 21 centimètres; il contient une pulpe qui d'abord est très-blanche, comme farineuse et un peu fibreuse, mais qui dans la maturité devient jaunâtre et succulente ou d'une consistance gélatineuse. Lorsque ce fruit est mûr, toute la préparation qu'on lui donne consiste à le faire rôtir ou griller sur des charbons ardents, ou bien à le faire cuire en entier au four ou dans l'eau. On le ratisse alors et on mange le dedans, qui est blanc et tendre comme de la mie de pain frais et qui constitue un aliment très-agréable et très-sain. Sa saveur approche de celle du pain de farine de blé, avec un léger goût d'artichaut ou de topinambour, et il peut conserver sa fraîcheur pendant sept ou huit mois consécutifs.

On assure que deux ou trois de ces arbres remarquables suffisent à la nourriture d'un homme pendant une année entière. Quant à sa culture, elle exige peu de soins, et les Français, puis ensuite les Anglais l'ont introduit à l'île de France, à la Guadeloupe, à la Jamaïque, où les habitants se nourrissent de son fruit, se fabriquent des vêtements avec la seconde écorce de l'arbre et enveloppent leurs aliments avec ses feuilles, qui atteignent quelquefois jusqu'à 1 mètre de longueur et 40 à 50 centimètres de largeur.

L'équipage de l'amiral Anson, se trouvant relâché dans une anse des îles Mariannes et complétement dépourvu de vivres, ramassa une cinquantaine de ces fruits qui étaient tombés à terre, et vécut avec pendant quelques jours. Il s'en trouva très-bien, et ces fruits amassés là par la main de la Providence vinrent à propos le sauver des horreurs de la faim.

On prépare avec le fruit de l'arbre à pain différents mets dont les habitants pauvres de l'île de France et de la Guadeloupe se nourrissent; ils en font une très-grande consommation.

Le célèbre voyageur anglais, capitaine Cook, ne tarit pas sur les éloges qu'il donne à l'arbre à pain; il dit qu'il lui fut d'un très-grand secours, surtout dans les cas de maladies, et prétend qu'il guérissait tous ses malades avec le fruit de cet arbre.

ARBRE DE LA VACHE. — Nom donné à un arbre originaire de l'Amérique méridionale qui fournit abondamment un suc laiteux et qui a rapport par ses propriétés avec le lait des animaux et surtout celui de la vache ; on l'emploie du reste au même usage.

Les parties constituantes sont la cire, la fibrine, un peu de sucre, un sel magnésien, de l'eau et point de caséum.

Le premier de ces arbres qu'on ait connu fut nommé par les Espagnols *palo-de-vaca* et fut décrit par M. de Humboldt sous le nom de *galactodendron utile*. C'est un grand et fort bel arbre dont les feuilles oblongues et pointues atteignent jusqu'à 3 mètres de longueur. Dès qu'on entaille cet arbre, on en voit aussitôt s'écouler abondamment un lait d'une belle couleur qui se trouve entre l'écorce grisâtre et le bois de cet arbre. Ce lait, d'une saveur agréable, d'une odeur balsamique et qui n'a d'autre inconvénient que d'être un peu gluant, sert à la consommation des gens du pays. On les voit venir le matin, sous l'arbre, boire une tasse de lait et même en faire un déjeuner plus complet en y émiettant des morceaux de *cassare* ou des *arepas*, sorte de galette de maïs.

On retire aussi de cet arbre une cire très-blanche et très-bonne à brûler.

ARCHE DE NOE. — Petit coquillage de la mer Rouge qui sert à l'alimentation des Arabes pendant l'hiver ; on le mange indifféremment cru ou frit.

ARCHE BARBUE. — Coquillage de la Méditerranée qui se mange comme le précédent.

AREC. — Nous ne parlerons ici que de l'*arec-cachou* qui mêlé avec d'autres substances sert à faire le bétel. (*V.* BETEL.)

L'arec, genre de la famille des palmiers, croît principalement aux Moluques et à Ceylan : son fruit, connu sous le nom de noix d'arec, est de la grosseur d'un œuf de poule et jaune doré à l'intérieur, l'amande ressemble à la noix muscade, elle est dure, blanche, variée de pourpre; on la fait sécher pour la manger, mais elle conserve toujours une saveur âcre et désagréable.

Il y a aussi l'arec d'Amérique qui est un des arbres les plus élégants du nouveau monde, présentant au centre de son feuillage une espèce de bourgeon auquel on a donné le nom de *chou palmiste* dont les Américains des Antilles se montrent très-friands, et qui se mange accommodé de différentes manières.

ARENG. — Genre de palmier fort commun aux Moluques. Les fruits de cet arbre, cueillis avant leur maturité et confits au sucre, sont très-estimés en Cochinchine et se servent sur les tables des gens riches; sa moelle donne une espèce de sagou, dont les habitants des Célèbes font un grand usage dans leur nourriture; enfin on tire de sa sève, par le moyen de la fermentation, du sucre et une liqueur très-agréable.

On prétend que le suc de ces fruits, lorsqu'ils sont mûrs, cause des démangeaisons insupportables, en sorte qu'il faut bien faire attention de n'y point porter les lèvres sans les avoir préalablement dépouillés de l'enveloppe charnue dans laquelle est contenue ce suc, si on ne veut point avoir les lèvres enflées.

On rapporte que les habitants des Moluques, connaissant cette propriété *démangeante*, se défendirent victorieusement en jetant du haut des murailles sur les assiégeants des baquets d'eau dans laquelle ils avaient fait tremper la chair de ces fruits.

Nous recommandons ce système aux futurs habitants des futures villes assiégées; ils verront bientôt leurs ennemis jeter leurs armes et fuir en se grattant à qui mieux mieux.

ARESAH. — Excellent fruit des Indes, très-sain et très-rafraîchissant, d'un goût un peu piquant, mais très-agréable et bon pour les convalescents. Ce fruit est de la grosseur des guignes et a la forme des poires-Catherine.

ARGALI. — Espèce de bélier sauvage, vivant dans les haies des montagnes et aux steppes de la Sibérie. La taille de cet animal est celle du daim dont il a la légèreté et la force, son corps est couvert de poils courts, son pelage est d'un gris fauve, traversé au milieu du dos par une raie jaunâtre.

Sa chair a les mêmes propriétés alimentaires et le même goût que celle du chevreuil; elle est très-recherchée des habitants à cause de la difficulté qu'ils éprouvent à s'en procurer.

ARGENTINE. — Plante ayant la saveur et les propriétés du panais; les Anglais en mangent la racine en hiver à la place de ce légume et composent avec le suc une liqueur qu'ils mêlent au vin d'Espagne, y font infuser du blé en herbe, y délayent des jaunes d'œufs et assaisonnent le tout avec du sucre et de la noix muscade.

ARMADILLE. — Petit animal tenant du cochon de lait par sa forme et de la tortue par la carapace qui le recouvre entièrement et le met à couvert des insultes des autres animaux plus gros qui seraient tentés de lui faire des misères ; il vit dans des trous profonds qu'il creuse avec ses ongles.

Cet animal a la chair très-tendre et délicate, mais elle ne plaît guère à cause de son odeur musquée; les Indiens cependant l'aiment beaucoup.

ARONDELLE DE MER. — Petit poisson ainsi nommé parce qu'il ressemble un peu à l'hirondelle et qu'il s'élance hors de l'eau pour éviter d'être la proie des autres poissons plus gros. La chair est dure, sèche et de difficile digestion.

AROW-ROOT. — Fécule que l'on retire de la racine du *maranta indica* râpée dans l'eau. On s'en sert pour faire des bouillies, et on en fait aussi des crèmes, dont les Anglais sont friands.

ARRACACHA. — Plante légumineuse de la famille des ombellifères, ressemblant à l'ache et très-probablement originaire de la Nouvelle-Grenade, où sa culture est très-répandue et où elle est cultivée comme plante alimentaire.

Cette plante présente la plupart des avantages reconnus dans les pommes de terre, et se développe dans les mêmes conditions de terrain et de climat. Les insulaires de la Jamaïque la préfèrent même aux pommes de terre et l'apprêtent de même.

Râpée et macérée dans l'eau, elle dépose une fécule qui fournit un aliment substantiel, léger, et que l'on peut donner même aux convalescents.

ARROCHE. — Plante potagère connue aussi sous le nom de *belle-dame, bonne-dame* et *follette*.

Les feuilles de l'arroche, mêlées à des plantes d'une saveur prononcée, telles que la menthe, le cresson, la marjolaine, etc., composaient autrefois des salades dont on faisait un grand usage en France et qui sont encore aujourd'hui recherchées par les autres peuples de l'Europe. Elles constituent avec l'oseille et l'épinard le mélange connu sous le nom d'herbe cuite et entrent aussi dans la composition du bouillon aux herbes.

L'arroche nourrit fort peu, elle est rafraîchissante et un peu laxative, mais ne convient pas aux estomacs froids, à moins qu'on ne l'assaisonne avec sel, poivre et vinaigre, c'est-à-dire en salade, comme il est dit plus haut.

ARTICHAUT. — Plante potagère dont les feuilles sont longues, larges, découpées, sans uniformité, de couleur verte ou blanchâtre; de leur milieu s'élève une tige cannelée, cotonneuse, moelleuse en dedans, d'où sortent plusieurs rameaux qui soutiennent un calice renfermant les organes de la floraison et de la fructification. Autrefois cette plante ne poussait qu'en Italie. Aujourd'hui nos jardiniers l'ont acclimatée, et nous avons des artichauts blancs, verts, violets, rouges et sucrés. Le blanc, le violet et le vert sont pleins de saveur ; les petits, nommés artichauts à la poivrade, se mangent crus.

On peut conserver les artichauts de la manière suivante pour l'hiver :

On les fait cuire à demi, on en sépare les feuilles et le foin pour n'en avoir que le fond. On les jette dans l'eau froide lorsqu'ils sont encore chauds, on les met ensuite sur des claies pour les essuyer; enfin on les enfourne jusqu'à quatre fois lorsqu'on a retiré le pain ; ces parties deviennent minces, dures et transparentes, mais elles reprennent leur forme lorsqu'on les remet dans l'eau chaude et qu'on veut les employer à des assaisonnements.

Artichauts à la barigoule au maigre. — Coupez les feuilles à moitié, ôtez le foin et nettoyez-le. Hachez menu échalottes, ail, persil; mélangez avec une grosse mie de pain émiettée. Faites fondre du beurre, faites-y revenir les herbes et la mie de pain. Mettez sur chaque artichaut un bon morceau de beurre; garnissez-en aussi le fond de la tourtière, mettez la farce dans les artichauts, sur le fond et entre les feuilles, couvrez avec un four de campagne, feu dessus et dessous. Arrosez de temps en temps jusqu'à ce qu'ils soient cuits.

Artichauts à la barigoule au gras. — Prenez des artichauts de moyenne grosseur bien tendres, parez, ôtez le foin, faites blanchir, hachez persil, parez avec 125 gr. de beurre et 125 gr. de lard pour quatre artichauts environ. Garnissez-en l'intérieur de l'artichaut et fixez le tout pour que rien ne se déforme. Mettez dans une tourtière entre deux bardes; faites cuire lentement, feu dessus feu dessous; huilez légèrement; faites réduire un verre de vin blanc dans une sauce italienne, et servez sur cette sauce.

Artichauts à la Duxelle.— Prenez des champignons hachés, passez au torchon pour en enlever la partie aqueuse; ajoutez échalottes hachées, persil, pointe d'ail, au maigre du beurre, au gras du lard râpé. Ayez bien soin, après avoir paré la tête de l'artichaut, d'en enlever le foin, et faites rissoler la tête des feuilles dans la friture; préparez une mie de pain, faites-les revenir dans une casserole avec lard dessus et papier beurré, mouillez avec consommé et vin blanc, braisez comme le fricandeau, jetez votre fond dans votre sauce italienne. Dressez et servez.

Artichauts frits. — Enlevez les trois ou quatre premières rangées de feuilles d'artichaut; faites dix ou douze morceaux de chacun; enlevez le foin, rognez le bout des feuilles, sautez-les dans une marinade d'huile, de sel, de poivre, avec un filet de vinaigre; composez la pâte suivante, qui vous servira pour toutes sortes de friture :

Mettez de la farine dans une terrine, faites un trou, versez-y un ou deux jaunes d'œufs, une cuillerée d'huile, un ou deux verres d'eau-de-vie, du sel; remuez d'une main en tournant toujours dans le même sens et en versant de l'eau peu à peu, pour donner une bonne épaisseur; au moment de vous en servir, ajoutez et mêlez le blanc de vos œufs battus en neige; mais faites attention que ce blanc la rendra trop claire, si votre sauce n'est pas trop épaisse; si vous voulez que votre pâte soit plus légère, faites-la la veille. Si c'est pour friture sucrée, telle que beignets, mettez-y très-peu de sel et ajoutez de l'eau de fleur d'oranger. Revenons à notre pâte. Lorsqu'elle est faite, mettez-y vos artichauts et mêlez le tout ensemble, votre friture étant bien chaude, prenez avec votre écumoire des artichauts que vous laisserez tomber morceau par morceau dans cette friture, tant qu'elle en pourra contenir; remuez-les, détachez ceux qui se collent les uns contre les autres, lorsqu'ils sont d'une belle couleur blonde, retirez-les de la friture sur une passoire, jetez une bonne poignée de persil en branche dans la friture, et, lorsque la friture cessera de faire du bruit, sortez-le et égouttez-le sur un linge; saupoudrez-le d'un peu de sel, dressez vos artichauts en pyramide, et couronnez-les de persil frit.

Artichauts à la sauce. — Coupez les bouts des feuilles, la queue, les feuilles dures ou filandreuses de dessous, placez-les au fond d'un chaudron, dans de l'eau bouillante qui les couvre aux trois quarts; salez, faites cuire, de trois quarts d'heure à une heure, tirez une feuille; si elle se détache facilement, vos artichauts sont cuits; retirez-les de l'eau, mettez-les égoutter sens dessus dessous; si vous voulez qu'ils se conservent verts, mettez gros comme un œuf de cendre de bois dans un petit sac de toile ou de calicot; versez sur cette cendre l'eau qui doit servir à les faire cuire. Ce moyen s'applique aussi aux haricots chauds; les artichauts cuits de la façon que nous venons de dire se mangent à la sauce blanche, à la sauce blonde ou à la sauce hollandaise.

Artichauts sautés. — Coupez en quatre des artichauts moyens et tendres, ôtez le foin et parez-les en leur laissant à chacun trois feuilles, lavez et essuyez. Mettez du beurre dans une casserole où vous arrangerez vos artichauts et les mettez sur un feu doux seulement vingt minutes avant de servir. Dressez sur le plat en turban, mettez une cuillerée de chapelure dans le beurre, autant de persil haché et un jus de citron, un peu de sel, servez cette sauce dans le milieu des artichauts. Il ne faut pas les faire blanchir.

Artichauts à la provençale. Entremets. — Prenez des artichauts que vous appropriez dessus et dessous; faites-les cuire dans l'eau assez pour pouvoir enlever le foin; mettez-les sur une tourtière avec huile, gousses d'ail, sel, poivre. Faites cuire sur la cendre chaude avec bon feu dessus; quand ils sont cuits, ôtez les gousses d'ail, et servez à sec avec un jus de citron.

Artichauts farcis, demi-barigoule. Entremets. — Préparez comme ci-dessus; le foin enlevé, farcissez-les de hachis de viande ou de mie de pain assaisonné de fines herbes et champignons. Mettez dans une casserole un fort morceau de beurre ou de graisse, et faites-les revenir; ôtez-les, faites un roux que vous mouillez de bouillon; ou d'eau faute de bouillon, remettez les artichauts achever de cuire, feu dessus et dessous, en les arrosant de temps en temps avec leur cuisson. Servez sur cette cuisson pour sauce.

Artichauts farcis à la vraie barigoule. — Parez trois artichauts, coupez *droit* les feuilles du dessus, faites blanchir assez pour retirer le foin après les avoir rafraîchis à l'eau froide. Remplacez le foin par une farce de lard gras, champignons, persil, échalottes, le tout haché fin, poivré, liez-les en croix avec du fil. Faites chauffer un peu d'huile d'olive dans une poêle et rissoler les artichauts dessus et dessous; placez-les dans une casserole sur une tranche de lard *dessalé*, ou de veau, ou du beurre et un verre de bouillon ou d'eau: faites cuire, feu dessus et dessous. Servez sans les tranches et sur une sauce faite du fond de la cuisson liée de farine.

Artichauts à l'huile et à la poivrade. — Les gros se servent cuits à l'eau, refroidis et accompagnés de la sauce suivante dans une saucière. Les petits se servent crus avec la même sauce, ou simplement du sel, en hors-d'œuvre.

Artichauts sauce à l'huile et au vinaigre. — Ecrasez un jaune d'œuf dur dans une saucière et le délayez avec une cuillerée de vinaigre, sel, poivre, fourniture de salade hachée très-menu, ou avec une échalotte aussi hachée menu; ajoutez deux cuillerées d'huile, délayez et servez.

Artichauts au gras. — Coupez en deux de gros artichauts, ôtez-en le foin et les parez, faites-les blanchir à l'eau et sel, mettez dans une casserole des tranches de lard gras, deux oignons, une carotte, un clou de girofle, une petite branche de thym; arrangez les artichauts sur des bardes de veau, mettez-les sur un feu doux; quand le veau a pris couleur, mettez un peu d'eau, faites mijoter; servez les artichauts en turban et la sauce que vous avez liée de fécule au milieu.

Artichauts à la lyonnaise. — Coupez-les en six morceaux, faites blanchir, ôtez le foin ainsi que le dessous, et ne laissez que trois feuilles à chaque partie; mettez-les dans une casserole avec du beurre étendu au fond, saupoudrez-les de sel fin, faites-les cuire feu dessus feu dessous, faites roussir dans une autre casserole de l'oignon haché, et saucez-y vos artichauts au moment de servir.

Artichauts farcis. — Faites cuire à demi dans l'eau, puis farcissez de viande, de persil, de ciboule, achevez la cuisson: servez avec fines herbes, huile et jus de citron.

Artichauts à la Grimod de la Reynière. — Coupez de l'oignon en gros dés. passez-les au beurre jusqu'à ce qu'ils soient bien colorés, assaisonnez de sel et d'épices, et laissez refroidir dans le beurre, mais dans une assiette à part, hors de la casserole; faites cuire des fonds d'artichauts séparés de leurs feuilles; après les avoir fait égoutter, remplissez-les avec l'oignon, couvrez avec de la mie de pain et du fromage râpé. faites prendre couleur au four de campagne, et servez à sec.

Ce nouveau plat, inventé par l'auteur de l'*Almanach des gourmands*, nous arrive avec une apostille de l'auteur des *Mémoires de Mme de Créqui*; deux recommandations valent mieux qu'une.

Artichauts à l'italienne. — Coupez trois artichauts en six morceaux pareils, dépouillez-les de leur foin, parez-en les feuilles, lavez-les; mettez-les dans une casserole avec un peu de beurre; assaisonnez de jus de citron, d'un verre de vin blanc. d'un demi-verre de bouillon. Faites cuire, égouttez, dressez et faites, pour les saucer, une sauce blanche à l'italienne.

ARUM. — Plante de la famille des aroïdées. Il y a différentes espèces d'arums. mais nous n'avons à signaler que celle qui sert à l'alimentation des Indiens, qui mangent ses feuilles comme celles des choux.

L'arum est d'une grande ressource pour les peuples des Canaries, des Açores et même du Brésil, qui la mangent en guise de pain; il en est dont c'est la seule nourriture. On en fait des pâtés, des gâteaux, du pain, en en mêlant la farine à celle du froment.

ASPERGE. — Il est inutile de décrire cette plante que tout le monde connaît. Il y a la blanche, la violette et la verte. La blanche est la plus hâtive, sa saveur douce est agréable, mais elle contient peu de substance ; celles de Marchiennes, de la Belgique et de la Hollande ont eu beaucoup de renommée. La violette est la plus grosse et la plus substantielle, c'est l'asperge par excellence d'Ulm et de Pologne. La verte est moins grosse, mais on la mange presque toute ; elle a une bonne saveur. En Italie, où les goûts sont plus étranges que raffinés, on préfère l'asperge sauvage. Les animaux carnivores, les chats, les chiens aiment beaucoup ce légume. La meilleure manière aujourd'hui de préparer les asperges, c'est de les faire cuire à la vapeur. Il y avait un proverbe a Rome relatif aux asperges ; quand on voulait que quelque chose se fît vite : « Faites-la, disait-on, en moins de temps qu'il n'en faudrait pour faire cuire des asperges. » Les blanches sont celles qui appartiennent plus particulièrement à la France.

Après les avoir lavées, ratissées et coupées de même longueur, liez-les par bottillons, faites-les cuire croquantes dans l'eau et le sel, et les servez toutes chaudes sur une serviette pliée qui égoutte leur eau.

On mange l'asperge au beurre ou a l'huile. Nous allons raconter à ce propos une anecdote sur Fontenelle.

Fontenelle aimait beaucoup les asperges, surtout accommodées à l'huile ; l'abbé Terrasson, qui au contraire aimait les manger au beurre, étant venu un jour lui demander à dîner, Fontenelle lui dit qu'il lui faisait un grand sacrifice en lui cédant la moitié de son plat d'asperges, et ordonna qu'on mît cette moitié au beurre.

Peu de temps avant de se mettre a table, l'abbé se trouva mal et tomba bientôt en apoplexie. Fontenelle alors se lève précipitamment, court vers la cuisine et crie :

« Tout à l'huile, maintenant ; tout à l'huile !... »

Asperges à l'huile. — On les fait cuire comme pour la sauce blanche. Elles se mangent froides avec la sauce à l'huile indiquée pour les artichauts.

Asperges au beurre. — Mettez dans une casserole deux cuillerées de farine, un peu d'eau, assaisonnez de sel, gros poivre, muscade ; faites cuire la farine, mouillez avec le bouillon d'asperges. Préparez quatre jaunes d'œufs, 125 grammes de beurre fin, liez votre sauce, en ayant soin que le jaune d'œuf soit cuit. Passez votre sauce a l'étamine; un jus de citron, et servez.

Asperges cuites à la Audot. — Cuites à l'eau, trempez-les pour toute sauce dans le jus d'un quasi de veau cuit dans son jus et un peu dégraissé.

Asperges en petits pois. — On emploie les plus petites et on coupe tout ce qui est tendre par petits morceaux. Faites-les cuire croquantes dans l'eau et sel, égouttez-les promptement sur une passoire, faites-les sauter dans une casserole avec beurre, sel, poivre et fines herbes, ou bien mettez-les dans la casserole saupoudrées d'un peu de farine et d'un peu de sucre, ajoutez un peu de bouillon ou d'eau, sautez-les un moment et servez.

Pointes d'asperges au jus. — Coupez des pointes d'asperges, faites fondre du lard, faites-y sauter vos pointes d'asperges, ajoutez persil, cerfeuil haché, sel, poivre blanc, muscade, faites fondre le tout à petit feu dans du consommé, dégraissez ensuite, servez chaud et arrosé de jus de mouton.

Asperges frites. — Enlevez la partie dure, faites-les blanchir à l'eau et au sel, retirez-les de l'eau pour les remettre dans de l'eau fraîche, ce qui conserve leur verdeur; retirez-les de cette eau fraîche, farinez-les, liez-les avec du fil par petites bottes de six ou sept, passez-les dans de l'œuf battu, et faites frire.

Asperges à la Monselet. — Faites blanchir comme ci-dessus la partie tendre, achevez de cuire dans un jus clair de veau et de jambon, puis liez avec un morceau de beurre manié de farine.

Ragoût de pointes d'asperges. — Coupez le vert des asperges que vous avez fait blanchir, mettez-les en casserole avec coulis de veau, cuisez à petit feu jusqu'à réduction de la sauce à laquelle vous ajouterez un peu de beurre et de farine, et liez en remuant. Un peu de jus de citron donnera une pointe d'acide.

Asperges au jus. — Ayez du jus de mouton rôti, de gigot, par exemple; tranchez des asperges et n'en prenez que les pointes; sautez-les avec du lard fondu; ajoutez-y persil, cerfeuil haché, sel, poivre blanc et muscade; faites mitonner le tout à petit feu dans du consommé, dégraissez ensuite et servez chaud en y mêlant votre jus de mouton rôti.

Œufs brouillés aux pointes d'asperges. — Profitez d'un jour où vous aurez du bouillon de poulet ; salez et poivrez vos œufs battus avec les pointes d'asperges ; mêlez-y, pour six œufs un demi-verre, pour douze œufs un verre entier de ce bouillon. Puis achevez la cuisson de vos œufs comme d'habitude, et vous reconnaîtrez que l'adjonction de ce verre ou de ce demi-verre de bouillon donne à vos œufs un velouté extraordinaire.

Asperges à la Pompadour. — M. de Jarente, ministre d'Etat pendant la faveur de Mme de Pompadour, a laissé à notre célèbre gourmand Grimod de la Reynière, digne neveu de son oncle, la prescription suivante :

Choisissez trois bottes des plus belles asperges du gros plant de Hollande, c'est-à-dire blanches avec le bout violet ; faites parer, laver et cuire en les plongeant comme à l'ordinaire, c'est-à-dire dans de l'eau bouillante ; tranchez-les ensuite en les coupant en biais du côté de la pointe, à la longueur du petit doigt. Ne vous occupez que des morceaux de choix, et laissez de côté le reste de leurs tiges. Mettez cesdits morceaux dans une serviette chaude, afin de les égoutter en les maintenant chaudement, pendant que vous confectionnerez leur sauce. Videz un moyen pot de beurre de Vanvre ou de la Prévalais, en prenant le contenu par cuillerées et le mettant dans une casserole d'argent ; joignez-y quelques grains de sel avec une forte pincée de macis en poudre, une forte cuillerée de fleur de farine d'épeautre, et de plus deux jaunes d'œufs frais bien délayés avec quatre cuillerées de suc de verjus muscat. Faites cuire ladite sauce au bain-marie, en évitant de l'alourdir en lui laissant prendre trop d'épaisseur ; mettez vos morceaux d'asperges tranchés dans ladite sauce, et servez le tout ensemble en casserole couverte et en extra, pour que cet excellent entremets ne languisse point sur la table et puisse être apprécié dans toute sa perfection.

ASPIC. — C'est ainsi que l'on nomme les filets de volaille, de gibier ou de poisson, qui sont enfermés avec des truffes, des œufs durs et des tranches de champignons dans une masse de gelée transparente et solidifiée au moule. L'aspic est une entrée froide, mais les grands maîtres dans l'art de cuisine nient qu'il existe des entrées froides ; aussi recommande-t-on de servir les aspics avec le rôti. Il ne faut jamais les laisser paraître à table qu'au second service et destinés à relever le rôti. Un gastronome de l'ancien régime nous apprend qu'au palais Bourbon on les présentait à la ronde entre les deux services, et puis on les déposait sur le buffet des en-cas, avec les soupes à la russe et autres préparations exotiques.

L'auteur du *Dictionnaire général de la cuisine,* qui n'accorde pas qu'il puisse y avoir des entrées froides, donne le nom d'aspic chaud à la préparation suivante :

Aspic chaud. — « Empotez dans une marmite environ deux jarrets de veau, une vieille perdrix, une poule et deux ou trois lames de jambon; ficelez le tout, joignez-y deux carottes et deux oignons, avec un bouquet bien combiné, mouillez d'un peu de consommé; faites légèrement suer ; quand la préparation tombera en consistance de glace et prendra une teinte colorée, mouillez avec du bouillon (ou avec de l'eau), en observant alors de laisser réduire davantage; faites repartir. écumez et mettez le sel nécessaire ; laissez cuire encore trois heures, et au bout de ce temps passez à travers une serviette mouillée et laissez refroidir, cassez deux œufs, avec blancs, jaunes et coquilles; fouettez-les en mouillant un peu de votre bouillon; mettez-y une cuillerée à bouche de vinaigre d'estragon, ainsi qu'un verre de bon vin blanc, et versez le tout dans votre aspic, que vous remettez sur le feu; agitez-le avec un fouet de buis, et, quand il commencera à repartir, retirez-le sur le bord du fourneau, afin qu'il ne fasse que frémir légèrement; couvrez-le et mettez du feu sur son couvercle. Quand vous verrez que l'aspic est bien clair, passez-le une seconde fois au travers d'une serviette mouillée et tordue que vous attacherez aux quatre pieds d'un tabouret; quand il sera passé, servez-vous-en pour les grands et petits ragoûts, où cette préparation doit être employée. »

ASSA-FOETIDA. — Gomme-résine, roussâtre, obtenue par l'incision de la tige et du collet de la racine de cette plante ombellifère.

L'assa-fœtida, puissant antispasmodique, a une odeur repoussante, qui affecte beaucoup les Européens; les Asiatiques, au contraire, la mangent avec plaisir et en font un si grand usage, que parfois l'air qu'on respire, dans un endroit où il s'en est consommé, en est infecté.

Les anciens s'en servaient pour relever le goût de certains mets, et encore aujourd'hui en Orient, et malgré son odeur fétide, l'assa-fœtida est un condiment des plus recherchés.

ASSAISONNEMENT. — Nous croyons que c'est le moment de placer ici l'histoire du chevalier d'Albignac, qui a fait sa fortune à Londres en assaisonnant de la salade. Nous empruntons ce récit à l'illustre philosophe auteur de la *Physiologie du goût :*

« M. d'Albignac était émigré et s'était retiré à Londres. Quoique sa pitance fût fortement restreinte par le mauvais état de ses finances, il n'en était pas moins un jour invité à dîner dans une des plus fameuses tavernes de Londres; il était de ceux qui ont ce système qu'on peut bien dîner avec un seul plat, pourvu que ce plat soit excellent. Tandis qu'il achevait un excellent roastbeef, cinq ou six jeunes gens, des premières familles de Londres, se régalaient à une table voisine, et l'un d'eux, s'étant levé, s'approcha et lui dit d'un ton poli :

« Monsieur le Français, on dit que votre nation excelle
« dans l'art de faire la salade ; voudriez-vous nous favoriser et
« en accommoder une pour nous. »

« D'Albignac y consentit après quelques hésitations, demanda tout ce qu'il crut nécessaire pour faire le chef-d'œuvre attendu, y mit tous ses soins, et eut le bonheur d'y réussir.

« Pendant qu'il étudiait ses doses, il répondait avec franchise aux questions qu'on lui faisait sur sa situation actuelle; il dit qu'il était émigré, et avoua, non sans rougir un peu, qu'il recevait les secours du gouvernement anglais, circonstance qui autorisa sans doute un des jeunes gens à lui glisser dans la main un billet de cinq livres sterling, qu'il accepta après une molle résistance.

« Il avait donné son adresse; et, à quelque temps de là, il ne fut pas médiocrement surpris de recevoir une lettre par laquelle on le priait, dans les termes les plus honnêtes, de venir accommoder une salade dans un des plus beaux hôtels de Grosvenor-square.

« D'Albignac, commençant à prévoir quelque avantage

durable, ne balança pas un instant, et arriva ponctuellement, après s'être muni de quelques assaisonnements nouveaux, qu'il jugea convenables pour donner à son ouvrage un plus haut degré de perfection.

« Il avait eu le temps de songer à la besogne qu'il avait à faire; il eut donc le bonheur de réussir encore, et reçut, pour cette fois, une gratification telle qu'il n'eût pas pu la refuser sans se nuire.

« Les premiers jeunes gens pour qui il avait opéré avaient, comme on peut le présumer, vanté jusqu'à l'exagération le mérite de la salade qu'il avait assaisonnée pour eux. La seconde compagnie fit encore plus de bruit, de sorte que la réputation de d'Albignac s'étendit promptement : on le désigna sous la qualification de *fashionable salad-maker ;* et, dans ce pays avide de nouveautés, tout ce qu'il y avait de plus élégant dans la capitale des trois royaumes se mourait pour une salade de la façon du gentleman français : *I die for it,* c'est l'expression consacrée.

« Désir de nonne est un feu qui dévore,
« Désir d'Anglaise est cent fois pire encore.

« D'Albignac profita en homme d'esprit de l'engouement dont il était l'objet; bientôt il eut un carrick pour se transporter plus vite dans les divers endroits où il était appelé, et un domestique portant, dans un nécessaire d'acajou, tous les ingrédients dont il avait enrichi son répertoire, tels que des vinaigres à différents parfums, des huiles avec ou sans goût de fruit, du soya, du caviar, des truffes, des anchois, du catchup, du jus de viande, et même des jaunes d'œufs, qui sont le caractère distinctif de la mayonnaise.

« Plus tard, il fit fabriquer des nécessaires pareils, qu'il garnit complétement et qu'il vendit par centaines.

« Enfin, en suivant avec exactitude et sagesse sa ligne d'opération, il vint à bout de réaliser une fortune de plus de quatre-vingt mille francs, qu'il transporta en France quand les temps furent devenus meilleurs.

« Rentré dans sa patrie, il ne s'amusa point à briller sur le pavé de Paris, mais s'occupa de son avenir. Il plaça soixante mille francs dans les fonds publics, qui pour lors étaient à cinquante pour cent, et acheta, pour vingt mille francs, une petite gentilhommière située en Limousin, où probablement il vit encore, content et heureux, puisqu'il sait borner ses désirs. »

ASSIETTE. — Les assiettes sont ainsi nommées parce qu'elles marquent les places où l'on doit s'asseoir à table.

Leur usage n'est pas très-ancien en France. Autrefois, des tranches de pain coupées en rond servaient d'assiettes; et Virgile les dépeint ainsi dans le repas des compagnons d'Enée. On parle encore de cette pratique dans le cérémonial du sacre de Louis XII.

Après le repas, on donnait ce pain aux pauvres.

ASTRAGALUS BOETICUS. — Nom d'une graine ressemblant au café et que l'on peut mêler à ce dernier.

ATCHAR DE L'INDE. — On donne ce nom à plusieurs espèces de sommités de végétaux et de fruits confits dans la sève des palmiers, qui, d'abord sucrée, devient bientôt un vinaigre fort limpide qui remplace, dans l'Inde, le vinaigre de vin encore inconnu.

Les atchars tiennent chez les Indiens le même rang que les cornichons et les câpres parmi nous; ils les emploient aussi pour relever la saveur de certains aliments.

ATHERINE ou BANDE D'ARGENT. — Espèce d'anchois de la taille de 20 à 25 centimètres, ayant une raie large et argentée de chaque côté du corps.

Les atherines sont de petits poissons d'un goût délicat; lorsqu'ils sont jeunes, ils se tiennent longtemps en troupes serrées. On les mange sur les côtes de la Méditerranée. Leur chair est très-savoureuse, et leurs propriétés alimentaires sont analogues à celles de l'anchois; on les mange de même.

ATINGA. — Poisson qui vit dans les mers du Brésil et du cap de Bonne-Espérance; il a 48 centimètres de long et peut acquérir plus de grosseur en se boursouflant comme un ballon; il se nourrit de petits poissons, de crustacés et de coquillages.

La chair de ce poisson est dure et coriace; on la mange

cependant, après avoir pris soin d'en séparer le fiel, qui est un poison violent.

ATTE. — Fruit de l'anone squammeuse, abondante entre les deux tropiques. La chair de ce fruit est de saveur agréable et semblable à de la crème sucrée; elle renferme une grande quantité de pepins noirs qu'on prendrait pour des noyaux, tant leur peau est dure.

ATTELET, ou mieux HATELET. — Petite lame métallique terminée en pointe et qui fixe les grosses pièces à la broche. On s'en sert également pour réunir de petits oiseaux rôtis qu'on sert ainsi enfilés, ainsi que les petits poissons qu'on enfile par les ouïes. Nous expliquerons plus tard comment, pour les petits oiseaux, mieux vaut encore s'en passer, en les faisant cuire soit à la ficelle, soit à la laisse.

ATTEREAU A LA BRETONNE. — Au fond d'une terrine placez une sorte de claie formée par de petites branches d'osier, établissez sur cette claie une poitrine de veau salée et poivrée; placez sur cette pièce de veau un carré de porc frais qui n'ait que deux jours de sel; placez au four et laissez pour le cuire aussi longtemps que vous le feriez pour un gros pain de ménage. Faites rissoler le porc pour que la partie supérieure ne se dissolve pas.

AUBERGINE. — Fruit d'une espèce de solanée. Ce fruit a la forme d'un gros œuf. Les blanches et les violettes sont les meilleures. On peut les manger en salade ou cuites, et voici les meilleures manières de les apprêter :

Aubergine à la languedocienne. — Fendez en long vos aubergines, ôtez-en la graine et découpez-en la chair; salez, poivrez, mettez de la muscade, grillez-les à petit feu et arrosez d'huile fine.

Salade d'aubergine à la provençale. — Pelez les aubergines, émincez-les, faites-en macérer les tranches pendant deux heures avec vinaigre, saumure de noix, sel gris, poivre noir et un peu d'ail; puis étanchez-les en les pressant pour en extraire l'eau; ensuite faites-en salade avec du cresson de fontaine et des raiponces, des œufs durs, des olives farcies et quelques filets de thon

Aubergine à la parisienne. — Enlevez les chairs de quatre aubergines violettes, mais en respectant la peau ; hachez avec blanc de volaille ou chair d'agneau rôti, ou maigre de cochon de lait, ou toute autre viande blanche et bien cuite, mettez dans ce hachis 180 grammes de moelle, ou, si vous le préférez, assaisonnez le tout avec une pincée de muscades, 180 grammes de gras de lard, un peu de sel. Faites entrer dans votre hachis de la mie de pain rassis, délayez avec quatre jaunes d'œufs, remplissez vos moitiés d'aubergines avec cette farce, et faites-les cuire sur la tourtière, en les arrosant avec de la moelle ou du lard fondu.

AUTRUCHE. — Comme oiseau, c'est le plus grand et c'est aussi un des plus célèbres et des plus anciennement connus sous le rapport alimentaire, puisqu'il en est question dans l'*Ancien Testament*, en particulier dans le *Deutéronome*, où Moïse interdit aux Hébreux de manger sa chair, qui devint fort en usage chez les Romains. On rapporte qu'Héliogabale se fit servir dans un repas les têtes de six cents autruches pour en manger les cervelles.

La chair de l'autruche n'est pas très-bonne ; elle est dure et sans aucun goût ; cependant l'aile, qui en est la partie la plus tendre, et les filets bien assaisonnés peuvent encore se manger.

Les œufs de l'autruche sont très-gros ; on en a vu qui pesaient autant que trente œufs de poule, et quelques voyageurs qui ont mangé de ces œufs les ont trouvés très-bons, on fait au cap de Bonne-Espérance un commerce considérable de ces œufs ; on en prépare même des omelettes gigantesques ; on les accommode encore avec de la graisse ; enfin on les emploie à clarifier le café.

Les Arabes de nos jours, comme les Hébreux d'autrefois, s'abstiennent de manger la chair de l'autruche, mais ils recherchent beaucoup la graisse de cet oiseau dont ils se servent pour apprêter leurs mets, et aussi pour se frictionner le corps dans les cas de rhumatismes et autres maladies. On vend cette graisse fort cher, peut-être à cause de sa rareté.

AVELINES. — Sorte de grosse noisette pourprée. On dit que la meilleure espèce d'aveline est celle qui nous vient du pays de Foix et du Roussillon, mais je serais tenté de croire que c'est celle qui vient d'Avellines et qui a donné son nom à l'espèce. Les avelines poussent sans culture dans les ravins et dans les ruines qui environnent Avellines. Victor Hugo enfant a failli se tuer en tombant dans un de ces ravins en cueillant des avelines.

AVOINE. — Genre de la famille des graminées.

La semence torréfiée de l'avoine réduite en farine prend le nom de gruau de Bretagne et a un goût qui se rapproche de celui du café.

AWABI. — Coquillage des mers du Japon et qui est un symbole pour les habitants de ce pays, qui, lorsqu'ils donnent un repas, font toujours servir un plat de ce mets, afin, disent-ils, de se rappeler que ce fut la nourriture ordinaire de leurs ancêtres pauvres. C'est aussi un usage parmi ce peuple de joindre à tous les présents qu'ils font un morceau de la chair de ce coquillage, comme étant de bon augure.

AXIS. — Espèce du genre cerf qui se reconnaît à son pelage, et se distingue surtout par la forme svelte de ses bois ; cet animal change deux fois par an de poil sans changer de couleur.

Au Bengale, l'axis est élevé dans une demi-domesticité, et on l'engraisse pour la table. Sa chair est excellente et supérieure à celle du chevreuil, non-seulement pour le goût, mais aussi parce qu'elle peut être consommée aussitôt que l'animal a été abattu.

On l'apprête de même que le chevreuil. (*V.* CHEVREUIL.)

AXONGE. — (*V.* GRAISSE.)

AYA-PANA. — Plante du genre des eupatoires, originaire des îles de France et de Bourbon ; ses feuilles contiennent un arome infiniment suave et souverainement fortifiant par diffusion, elles sont stomachiques, apéritives et sudorifiques ; c'est M. l'amiral de Sercey qui l'a introduite en France. Son infusion se fait comme celle du thé ; mais, comme son arome est très-puissant, douze ou treize feuilles suffisent pour une théière de six tasses. La meilleure façon d'employer ce nouvel aromate est d'abord de le prendre comme on prend le thé, et ensuite d'en parfumer des soufflés, des moufles et des glaces à la crème. L'aya-pana s'allie admirablement avec les jaunes d'œufs et la crème.

M. de Courchamps nous apprend qu'on a payé l'aya-pana près de 300 francs les trente grammes, et cela dans l'invasion du choléra, pour lequel il était un excellent topique ; à présent, on paye le demi-kilogr. 80 ou 90 francs.

AZEROLE. — Espèce de nèfle des pays chauds où on l'appelle *pommette;* ses feuilles ressemblent à celle de l'aubépine, quoique plus grandes ; les fleurs sont en grappes de couleur verte; c'est le zazor des Arabes ; le fruit est rond, charnu, rouge lorsqu'il est mûr, de saveur aigrelette, agréable et recherché surtout par les femmes enceintes.

Sa pulpe contient trois osselets de semence fort durs; l'azerole est astringente, on la mange crue ou confite. L'azerolier de Virginie mérite d'être cultivé à cause de ses fleurs brillantes et de son fruit éclatant.

B

BABA. — « Le baba est un gâteau d'origine polonaise, qui doit toujours présenter assez de volume pour être servi comme grosse pièce et entremets, et pour pouvoir figurer pendant plusieurs jours sur les buffets d'*en-cas*. Réunissez 1,500 gr. de la plus belle farine que vous pourrez trouver, 45 grammes de levûre de bière, 30 grammes de sel fin, 120 grammes de sucre, 180 grammes de raisin de Corinthe, 180 grammes de raisin muscat de Malaga, 30 grammes de cédrat confit, 30 gr. d'angélique confite, 3 grammes et demi de safran ; un verre de crème, un verre de vin de Malaga, vingt-deux œufs et 1 kilogr. du beurre le plus fin. Quand votre farine sera tamisée, prenez-en le quart pour le levain, et, après avoir préparé cette farine en fontaine, vous verserez au milieu un verre d'eau tiède avec la levûre, puis vous détremperez votre levain, en y apportant tous les soins que la fermentation réclame. Ensuite vous faites une fontaine avec le reste de la farine, vous versez au milieu 30 gr. de sel fin, 120 grammes de sucre en poudre, un verre de crème, vingt à vingt-deux œufs, 1 kilogramme de beurre d'Isigny, manié en hiver; faites votre détrempe, et, après avoir mêlé le levain qui doit être levé à point, vous battez bien cette pâte que vous élargissez un peu ; faites un creux au milieu, dans lequel vous versez un verre de vin de Malaga et l'infusion de votre safran que vous aurez fait bouillir quelques minutes dans le quart d'un verre d'eau, puis vous jetez sur la pâte 180 grammes de raisin de Corinthe, 180 grammes de muscat dont vous aurez ôté les pepins en séparant chaque grain en deux parties; ces raisins doivent être préparés d'avance; puis 30 grammes de cédrat confit, coupé en petits filets ainsi que de la conserve d'angélique; remuez bien ce mélange, afin que le raisin soit bien mêlé dans toutes les parties de la masse entière; vous séparez ensuite un huitième de la pâte que vous rendez lisse par-dessus, vous en ôtez les plus gros raisins qui se trouvent à la surface, et vous la posez de ce côté dans un moule beurré.

« En plaçant la détrempe dans le moule, retirez-en les gros grains de raisin, parce que le sucre qu'ils contiennent les attacherait au moule pendant la cuisson.

« Pour la fermentation, vous aurez les mêmes attentions que pour le gâteau de Compiègne (V. GATEAU DE COMPIEGNE), et pour la cuisson vous y donnerez une heure et demie; la vraie couleur du baba doit être rougeâtre, c'est la cuisson mâle, mais elle n'est pas facile à saisir, parce que le safran, par sa teinte jaunâtre, porte à la couleur, et que le sucre et le vin d'Espagne y contribuent pour le moins autant de leur côté; c'est par ces raisons que cette cuisson réclame beaucoup de soins; un quart d'heure de trop suffirait pour changer cette belle nuance pourprée en une teinte indécise et rembrunie.

« Il paraît, quant à l'origine de ces gâteaux, que c'est réellement le roi Stanislas Leczinski, beau-père de Louis XV, qui les a fait connaître en France. Chez les augustes descendants de ce bon roi (ce n'est pas moi qui parle, c'est Carême), on fait toujours accompagner ce service des babas par celui d'une saucière où l'on tient mélangés du vin de Malaga sucré avec une sixième partie d'eau distillée de Tanésie. On a su par Mme la comtesse Risleff, née comtesse Potoka et parente des Leczinski, que le véritable baba polonais devait se faire avec de la farine de seigle et du vin de Hongrie.

« On voit quelquefois à Paris de petits babas qui ont été formés dans de petits moules, mais alors ils se dessèchent trop aisément pour que l'on puisse approuver cette méthode économique, qui n'est usitée du reste que par les marchands pâtissiers.

« Avec des tranches de baba bien imbibées de vin de

Madère et trempées dans de la pâte à friture, on fait un plat de beignets très-confortable et très-bien accueilli dans un déjeuner de garçons. »

(D'après les traditions de la cour de Lunéville et suivant la méthode de M. Carême, auteur du *Cuisinier pittoresque*.)

Si vous voulez confectionner un baba dans de plus petites proportions, et qui suive de moins près les traditions de la cour de Lunéville, dont ne pouvaient s'écarter un pâtissier comme Carême et un gastronome comme M. de Courchamps, prenez cette recette au livre de pâtisserie d'Audot ; servez-vous du même levain que pour la brioche et des mêmes proportions pour la pâte, en la tenant un peu plus claire; le mélange étant fait, on assemble la pâte, on fait un trou où l'on ajoute 15 gr. de sucre en poudre, 30 grammes de vin de Madère, Malaga ou rhum, 45 grammes de raisin muscat égrenés et coupés en deux, autant de raisin de Corinthe, 8 grammes de cédrat confit coupé en petits filets et un peu de safran en poudre; ce mélange doit avoir la même consistance qu'avait le levain, soit en y ajoutant un œuf ou de la crème : mettez cette pâte dans un moule beurré deux ou trois fois plus grand que le contenu de la pâte, faites en sorte que le raisin ne touche pas aux parois du moule où il se collerait, laissez reposer en lieu chaud jusqu'à ce qu'il soit bien gonflé, faites cuire une heure et demie à une chaleur très-douce, et le baba est parfait quand il prend une couleur rougeâtre. On sert chaud de préférence.

BABEURRE (Lait de beurre). — Liqueur séreuse et blanche que laisse le lait quand on l'a battu.

Cette liqueur forme un aliment très-estimé en Hollande, au point que les domestiques, dans leurs engagements avec leurs maîtres, mettent pour condition qu'on leur en donnera une ou deux fois par semaine. On se sert aussi du babeurre pour faire du potage; il est nourrissant et rafraîchissant, et cependant l'usage n'en convient point à tous les estomacs.

BABIROUSSA. — Espèce de sanglier avec lequel l'Europe vient de faire connaissance et que les curieux trouveront au Jardin des plantes. Pline a dit de lui : « Aux Indes, il y a une espèce de sanglier qui a sur son front deux cornes comme celles d'un veau et des défenses comme celles d'un sanglier commun » : Elien en fait aussi mention sous le nom de *Quatre-cornes*.

« Ah! mon Dieu, mon ami, demandait une dame à son mari, qu'est-ce donc que cet animal qui, au lieu de deux cornes, en a quatre ?

— Madame, dit un passant, c'est un veuf remarié; » et il continua son chemin.

La couleur du babiroussa est cendrée ou sale, ses poils sont laineux et courts, ses oreilles peu étendues, son train de derrière plus élevé que celui de devant; sa peau est mince et ne contient pas de lard, sa chair a un goût fort agréable. On le mange comme le sanglier.

Lorsqu'on chasse l'animal, il se jette à la mer, et, comme les îles de l'archipel de l'Inde sont très-rapprochées, il passe de l'une dans l'autre. Celui qui est au Jardin des plantes et qui vient manger dans la main prouve que cet animal peut s'apprivoiser.

BACILE. — Plante du genre des ombellifères. Cette plante croît sur les bords de la mer, au milieu des rochers; j'en ai cueilli sur toutes les côtes de la Normandie; les tiges sont dures, vertes, garnies de feuilles charnues, les folioles sont étroites, les fleurs blanches, la saveur salée, piquante, aromatique, mais avec tout cela très-agréable, on confit les tiges dans le vinaigre et on les mange comme les cornichons et comme les achards.

BAGASSIER. — Arbre de la famille des artocarpies, originaire de la Guyane. Il produit un fruit de la grosseur de l'orange moyenne, de couleur jaunâtre et recouvert d'une peau grenue ; sa chair est ferme, succulente, de bon goût, et rafraîchit. Les créoles et les indigènes la mangent avec plaisir.

BAIN-MARIE. — Manière de faire prendre certaines sauces qui, posées directement sur le feu, se coaguleraient trop vite. Le procédé est si connu que nous jugeons inutile d'en donner l'explication.

BAKU. — Poisson du Japon, recherché à cause de la délicatesse de sa chair; les habitants en jettent la tête, les intestins, les os, le lavent et le nettoient avec beaucoup de soin, et, malgré ces précautions, plusieurs personnes en meurent empoisonnées. Lorsqu'un Japonais est dégoûté de l'existence, il se sert de ce poisson de préférence à tout autre moyen de destruction. Scheutzer, dans son Histoire du Japon, dit que cinq personnes de Nangasaka, ayant mangé un plat de baku, s'évanouirent, furent prises de convulsions, de délire et d'un vomissement de sang tellement violent, qu'elles en moururent en peu d'heures. Malgré cela, les Japonais ne veulent pas s'abstenir d'un aliment qu'ils trouvent très-délicat. Un édit de l'empereur défend expressément aux soldats et aux employés de l'empire d'en manger; ce poisson se vend beaucoup plus cher que les autres.

BALACHAN. — Le balachan est une pâte qui se fait à Siam et à Tonquin, avec des crevettes; on les pile avec du sel pour en former une espèce de saumure épaisse, qu'on fait cuire au soleil pendant plusieurs jours; on a soin de la remuer de temps en temps, ce qui répand au loin une odeur affreuse. Cette pâte supplée au beurre, fortifie l'estomac, excite l'appétit. A Tonquin on lui donne le nom de *nuxman*, on la mange avec le riz et on en assaisonne aussi les viandes.

BALAOU. — Poisson de la forme et de la longueur de la sardine; sa mâchoire inférieure a un bec assez fort, mince et pointu comme une aiguille. La chair de balaou est ferme, délicate, de bon goût et de facile digestion. Ce poisson est abondant à la Martinique, où on le pêche aux flambeaux.

BALEINE. — La baleine est le plus grand des mammifères; il y a des baleines qui ont jusqu'à 65 mètres de longueur; l'intérieur de son corps ressemble à celui des animaux terrestres; son sang est chaud; elle respire par le moyen des poumons, ce qui fait qu'elle ne peut rester plus d'un quart d'heure sous l'eau; elle s'accouple comme les vivipares, et elle nourrit son *caffre* de lait. *Caffre* est le nom que les baleiniers donnent au petit de la baleine. La baleine n'a qu'une mamelle, placée juste au milieu de la poitrine. On ne sait comment le caffre fait pour boire. Nage-t-il sur le dos et boit-il en faisant la planche? Le procédé dont il se sert est bien plus simple que ça, il pousse la mamelle de sa mère d'un violent coup de museau, la mamelle laisse alors sortir un long jet de lait, il se précipite sur ce lait, l'avale avec l'eau à laquelle il est mêlé, puis rend immédiatement l'eau par les ouies ou par les évents et ne garde que le lait. Il est assez curieux que la baleine, le plus pesant des poissons, voyage aussi rapidement que le pigeon, l'un des oiseaux les plus légers : tous deux font soixante-quatre kilomètres à l'heure.

C'est une baleine qui a résolu ce problème difficile de savoir s'il y avait au-dessous de l'isthme de Panama un passage de l'Atlantique au Pacifique. Une baleine, frappée d'un coup mortel dans le golfe du Mexique, était trouvée deux heures après morte dans l'océan Pacifique. Comme elle n'avait eu le temps de passer ni par le cap Horn, ni par le détroit de Lemaire, ni par celui de Magellan, attendu qu'il lui eût fallu faire près de trois mille lieues, on fut bien obligé de convenir qu'elle avait dû trouver un passage sous-marin. On put reconnaître le moment où elle avait été blessée, par l'inspection du harpon qui l'avait frappée à mort et qui était demeuré fixé dans la plaie. Ce harpon, comme tous les harpons de baleinier, portait son numéro, et, sur le registre de bord, on put voir quel jour et à quelle heure il avait été lancé; le harpon avait été lancé dans le golfe du Mexique, et vingt-quatre heures plus tard la baleine était trouvée morte dans le Pacifique.

La peau de la plupart des baleines est noire, la chair est rouge et ressemble à celle du bœuf. Cette chair et surtout celle du cébillot, la plus grosse de toutes les baleines, est tellement bonne et saine que les pêcheurs et le commun peuple maritime lui attribuent la santé parfaite dont ils jouissent.

BALISTE (le *caper* de Pline). Poisson cartilagineux dont les couleurs sont vives et brillantes; il fait, quand on le prend, un bruit semblable au grognement du porc; sa chair est excellente, ce poisson était à Athènes d'un prix exorbitant.

BAMBOU. — Grand roseau indien dont on fait des cannes. Il contient un suc dont les Indiens sont friands ; c'est de chacun de ses nœuds que découle une liqueur saccharine, qui par l'action de la chaleur solaire se convertit en larmes de sucre. Les anciens ne connurent que le sucre de canne et le sucre de bambou. Les jeunes rejetons du bambou forment une espèce de composition au vinaigre et à la moutarde, qui a pris le nom de son inventeur, Achar.

BANANIER. — Plante des Indes orientales et occidentales.

En Orient, la banane passe pour être le fruit défendu dans lequel mordit notre grand'mère Ève. Elle rend aux pauvres gens le même service que chez nous la pomme de terre aux ouvriers. Aux Antilles et à Cayenne on en fait un vin, qui porte le nom de vin de bananes.

BANGUE. — Chanvre des Indes, qu'Adanson croit être le népenthès des anciens et qu'il est le haschisch des modernes.

BAR. — Poisson de mer qui ressemble à notre mulet: très-délicat lorsqu'il ne dépasse pas le poids de deux à trois kilos, il devient dur et désagréable à manger lorsqu'il atteint le poids de quinze à vingt kilos. J'ai pêché à Trouville un bar qui pesait vingt-trois kilos; il était coriace et avait perdu presque toute sa sapidité.

Il n'y a guère qu'une façon de manger ce poisson; c'est de l'apprêter avec un court-bouillon, composé de 125 grammes de beurre salé, de cinq ou six grandes tiges de persil auxquelles on aura laissé leurs racines, et on le mangera avec une sauce hollandaise.

BARAGOUIN. — Beaucoup de nos lecteurs vont s'étonner de trouver ce mot dans notre dictionnaire de cuisine; mais, quand ils auront lu l'anecdote qui suit, ils comprendront et nous pardonneront sûrement d'y avoir intercalé le mot *baragouin*.

Deux Bretons, qui voyageaient, se trouvèrent dans une ville où l'on ne parlait que français. Pressés par la faim, ils s'évertuaient à crier dans leur vieille langue celtique *bara-guin* sans que personne les comprît; enfin, ils firent tant de gestes qu'on finit par deviner qu'ils avaient faim et soif, et on s'empressa de les nourrir.

Et voilà comment le mot français *baragouin*, qui signifie langage incompréhensible, a été formé, de *bara* qui veut dire pain, et de *guin* qui veut dire vin en langue bretonne.

BARAQUILLE. — Espèce de pâtisserie, composée d'une farce faite avec des filets de perdrix, de poulardes, des ris de veau, des champignons, des truffes vertes, hachés ensemble, et dans laquelle on ajoute un bon morceau de beurre bien frais et des fines herbes; on enferme le tout dans une pâte de feuilletage très-légère; c'est un hors-d'œuvre de pâtisserie de la nature des rissoles.

BARBE DE BOUC. — Clavaire coralloïde de Linné, plante ressemblant au salsifis et se mangeant cuite à l'eau ou frite, comme ce dernier.

Il y a une autre espèce de barbe de bouc, plus petite, dont on mange les jeunes pousses comme les asperges. On dit que c'est avec cette racine que Jules César nourrit son armée lorsqu'elle se trouva dénuée de vivres et entourée de toutes parts par celle de Pompée.

BARBE DE CAPUCIN. — Chicorée sauvage, variété de l'endive, dont on mange les feuilles en salade.

La barbe de capucin est une des salades les plus estimées, très-saine, et l'une des plus nourrissantes, la meilleure peut-être de toutes, quoique légèrement amère ; c'est la seule que les médecins permettent quelquefois aux malades convalescents.

On la mange le plus ordinairement avec des rouelles de betteraves et assaisonnée de sel, poivre, huile, vinaigre, et sans herbes.

BARBE DE CHEVRE. — Fleur en rose, espèce de champignons que l'on trouve au pied des arbres ; il a différentes couleurs, rouge ou violet, ou grenat, et n'est pas vénéneux, quoique en général un peu coriace et par conséquent de difficile digestion.

On les emploie comme les champignons ordinaires dans les sauces ; les barbes de chèvre se confisent aussi au vinaigre, après les avoir passées à l'eau bouillante.

BARBEAU, BARBILLON. — Poisson doué de deux noms, mais qui ne fait qu'un ; il est oblong, de grandeur moyenne, couvert de légères écailles, et doit son nom à quelques filaments de chair qui lui servent de moustaches. Ses œufs sont un purgatif assez violent ; il n'y a donc pas de mal à les lui tirer du corps avant de le faire cuire, car leur seule présence dans l'animal pourrait amener des inconvénients. Prenez un barbillon de moyenne grandeur, où il y ait à manger pour quatre personnes, videz, écaillez, et essuyez avec soin ; mettez-le dans un plat de terre, ajoutez quatre cuillerées à bouche d'huile, trois pincées de sel et trois prises de poivre ; une demi-heure après, faites-le griller à feu modéré ; mettez-le sur le plat, couvrez-le avec un hecto de maître-d'hôtel, arrosez de citron, et servez.

Vous pouvez manger le barbillon en matelote en l'ajoutant à la carpe et à l'anguille; il est indispensable à la matelote marinière.

Barbillon à l'étuvée. — Après avoir écaillé et vidé les barbillons, faites cuire au vin rouge, le bourgogne est le meilleur, avec sel, poivre, girofle, bouquet garni, et un gros morceau de beurre; quand ils sont cuits, liez la sauce avec un peu de beurre manié de farine ou de farine de riz..

Barbillon au court-bouillon. — Prenez le plus beau barbillon que vous pourrez trouver, videz; n'écaillez pas, mettez dans un grand plat, avec sel et poivre, et arrosez de vinaigre bouillant, puis faites partir à grand feu, dans une poissonnière, vin, verjus, sel, poivre, clous de girofle, laurier, oignons blancs, zeste de citron et bouquet garni; après ébullition, faites cuire dans la poissonnière jusqu'à suffisante réduction du bouillon. Ecaillez, dressez sur une serviette et garnissez de cresson.

A part la quantité d'arêtes dont sa chair est hérissée, c'est alors un excellent plat.

Barbeau sur le gril. — Videz, écaillez, incisez sur le dos le poisson, frottez avec beurre et sel fin, et grillez. La chose faite, dressez avec une sauce aux anchois. On peut y ajouter des huîtres marinées. Toutes les sauces, d'ailleurs, vont à ce poisson d'excellent caractère.

Sauce verte (avec des anchois et une pointe d'ail), sauce hollandaise, sauce blanche avec des câpres et des olives tournées.

BARBOTE. — Poisson de rivière et de lac. Les barbotes qui vivent dans un lac sont moins délicates que celles que l'on pêche dans la rivière, attendu que leur chair sent la vase et se digère difficilement. Le foie, au contraire, a une saveur très-agréable; il est fort gros relativement au volume du poisson; quelques gourmands prétendent même qu'il n'y a que le foie de bon à manger.

Limonez votre barbote à l'eau bouillante pour la nettoyer, videz-la et jetez les œufs; faites votre court-bouillon d'avance, parce qu'il ne leur faut qu'une vague de bouillon pour cuire. Petites, les barbotes entrent comme garniture de matelote, bouille-à-baisse, bouride et autres ragoûts de poisson; elles font d'excellentes fritures, et leur foie, dont j'ai déjà parlé, se compare comme finesse à celui de la lotte.

Barbote à la royale. — Videz, écaillez, farinez, faites frire les barbotes; faites pendant ce temps un roux dans une casserole avec des anchois fendus, sel, poivre, muscade, jus d'oranges amères, câpres, grains de verjus; faites cuire doucement, entourez de persil et écorces de citron, si vous n'avez pas de bigarades.

Barbote à la casserole. — Apprêtez comme à la royale; mettez le foie à la casserole avec du beurre et une demi-cuillerée de farine; mettez-y vos poissons, arrosez-les de vin blanc, salez, poivrez, laissez tomber un bouquet de fines herbes, un peu de citron vert, des champignons; cuisez à point, garnissez de champignons et entourez-les de croûtons frits. Ajoutez-en d'autres cuits de la même façon si vous jugez à propos; pressez un citron vert et entourez vos barbotes de leur foie, que vous alternerez avec des croûtons passés à la friture.

BARBUE.— La forme de ce poisson est rhomboïde; sa peau est revêtue d'écailles ovales et unies; le côté gauche est marbré de jaune, de brun et de rouge. A Paris, on donne souvent à la barbue le nom de carrelet; elle est fort abondante dans la Méditerranée, sur les côtes de Sardaigne, ainsi qu'autour des îles Açores, elle pèse parfois jusqu'à 10 kilogr. Sa chair est ferme et exquise : les amateurs la préfèrent à celle du turbot; on ne doit cependant pas en faire excès, étant d'assez difficile digestion.

Dans le fleuve Saint-Louis de la Louisiane, on trouve deux espèces de barbue, la grande et la petite; la première a presque 1 mètre à $1^m,30$ de long; sa tête est très-grosse, son corps se termine en pointe; elle n'a d'écailles que celles du milieu. Sa chair ressemble à celle de la morue fraîche du pays, qui est excellente; on la sale aussi. La petite est d'une longueur de 60 à 70 centimètres; sa tête est large, son corps n'est pas aussi rond que celui de la première, et ne se termine pas en pointe, mais la chair en est encore plus délicate.

Videz, lavez, nettoyez l'intérieur de votre barbue; faites une incision du côté droit jusqu'au milieu du dos, relevez les chairs des deux côtés et enlevez un morceau d'arêtes de trois joints ou nœuds, ce qui donnera de la souplesse et empêchera qu'il ne se fende; mettez de l'eau dans un chaudron en assez grande quantité pour que cette eau, versée du chaudron dans la turbotière, enveloppe entièrement votre barbue; joignez-y une poignée de gros sel, deux feuilles de laurier, du thym, du persil, six à dix oignons coupés par tranches; faites bouillir le tout un quart d'heure, passez au tamis et laissez reposer; versez sur la barbue que vous aurez placée le ventre en dessus, et dont vous aurez frotté le ventre avec du sel et du jus de citron, versez le court-bouillon bien éclairci et laissez-lui donner quelques vagues; laissez mijoter une heure sans bouillir, plus si le poisson est très-gros. En été, il faut le faire partir à feu vif, car à feu doux il pourrait se corrompre; couvrez-le pendant la cuisson d'une serviette ou d'un papier pour empêcher de noircir; quand il fléchit sous le doigt, il est cuit. La cuisson faite, vous le retirez cinq minutes avant de servir, vous le laissez égoutter; vous le parez sur un plat, le ventre en dessus; vous coupez les extrémités des barbes et le bout de la queue; masquez les déchirures, s'il y en a, avec le persil dont vous l'entourez; servez dans une saucière une sauce aux câpres, une autre à l'huile, et une autre, si vous voulez, à la hollandaise; on peut le mettre cuire dans l'eau avec 500 gr. de sel blanc, un litre de lait et une pointe de citron; s'il n'est pas très-frais, mettez-le dans l'eau salée bouillante, et laissez mijoter une heure pour le raffermir.

Barbue marinée à la tomate ou à l'oseille. — Après l'avoir vidée, l'avoir incisée sur le dos pour lui faire prendre la marinade pendant deux heures, avec sel, poivre, verjus, ciboule, citron, poudrez-la de mie de pain et de fine chapelure, faites cuire au four dans une tourtière, et servez sur une purée de tomates ou d'oseille.

Barbue à la béchamel. — Faites bouillir votre court-bouillon à part pendant vingt minutes, tamisez, frottez de citron votre barbue, versez sur elle et dans la turbotière le court-bouillon composé avec moitié lait, moitié eau, avec des oignons coupés en tranches, du sel, des ciboules, du thym, du laurier, du persil, de l'ail, du girofle et du gros poivre. Faites cuire sans gros bouillons et couvrez d'une béchamel au maigre. (*V.* BÉCHAMEL.)

Barbue à la parmesane. — Levez les chairs d'une barbue après qu'on l'a desservie, faites-les chauffer dans une béchamel épaisse, arrangez le tout sur un plat en unissant bien le dessus, panez, saupoudrez de parmesan, faites prendre couleur sous un four de campagne ou avec une pelle rougie; beurre fondu et mie de pain par-dessus.

Barbue à la provençale. — Marinez et faites frire une barbue, levez la chair en filets, et servez avec une sauce aux anchois et des olives.

On sert les petits turbots et les petites barbues au gratin, comme on fait pour les merlans et les limandes.

BARDANE. — Genre de la famille des flosculeuses, plante ressemblant au chardon, dont elle se distingue par son involucre presque globuleux, formé d'écailles allongées et droites, terminées à leur sommet par une pointe recourbée en crochet.

Les jeunes pousses de la bardane, cueillies au printemps, offrent une saveur assez agréable, ressemblant à celle de l'artichaut et sont quelquefois recherchées, par les habitants des campagnes, comme aliment.

En Ecosse, les jeunes pousses, et même la racine écorcée, servent à l'alimentation; on l'accommode comme les cardons ou bien on mange ses feuilles en salade.

Cet aliment est sain, de saveur agréable, mais il nourrit peu.

BARDES. — Tranches de lard très-minces dont on couvre une pièce qu'on met rôtir. On garnit aussi souvent de bardes le fond des casseroles.

Barder. — Envelopper de bardes de lard: « On barde une volaille, mais on fonce une casserole, » — COURCHAMPS.

BARGE. — Oiseau aquatique, ressemblant au courlis, il est fort commun en Egypte, où il est fort estimé à cause de l'excellente saveur de sa chair, qui nourrit et se digère bien.

On trouve aussi des barges sur les bords des mers du Nord.

BARNACHE. — Espèce d'oie de passage, qui habite généralement les côtes de la mer. Sa chair est assez bonne à manger, quoique de difficile digestion.

Elle ne convient donc pas aux estomacs fatigués ou affaiblis.

BARTAVELLE. — Un des noms de la perdrix grecque.

Cet oiseau est plus gros que la perdrix rouge, à laquelle il ressemble beaucoup; le dos est d'un gris roussâtre, la poitrine est grise, le ventre est roux; cet oiseau, répandu dans tout l'Orient, ainsi qu'en Sicile et à Naples, ne descend jamais dans la plaine; sa chair est blanche, fort estimée, quoique d'une saveur résineuse un peu amère, on la trouve principalement dans les Alpes, quelquefois dans les vallées du Grésivaudan, du Viennois et du Valentinois. Elle est d'origine attique; c'est le bon roi René d'Anjou qui a doté sa chère province de ce fin gibier. Un des Scaliger ajoute que la bartavelle est originaire du mont Olympe et qu'elle a conservé le sentiment de sa grandeur, vu qu'elle ne se plaît que dans les hauts lieux, pour y régner en souveraine. Le père Poiré a dit qu'il y avait la même distance entre les bartavelles et les perdrix qu'entre les pêches et les châtaignes; Cyrano de Bergerac estime que les bartavelles sont aux perdreaux ce que les cardinaux sont aux simples moines mendiants. Enfin, M. de la Reynière a dit que les bartavelles méritaient un si profond respect, qu'on ne devrait les manger qu'à genoux; l'auteur des *Mémoires de madame de Créqui* conseille de les piquer de lardons très-fins, ou encore de les barder, s'ils sont très-jeunes, et de les servir en superbe plat de rôti. Mais M. Vuillemot a posé ce principe, qu'il ne fallait jamais piquer le gibier, et nous nous inclinons devant cette autorité.

BATONS ROYAUX. — Nous citons ce mets, qui remonte à Charles VII, plutôt à cause de son antiquité que comme hors-d'œuvre culinaire. C'est une farce très-fine, faite avec de la chair de volaille et du gibier. Vous roulez ce hachis, vous l'enveloppez dans des abaisses de pâte fine et vous les faites frire. On les enfile souvent avec des hâtelets, et on les emploie à garnir une pièce de bœuf.

BAUDROIE. — Poisson fort commun sur les côtes de Gênes, dans la Manche et dans l'Océan; il ressemble au *têtard* et est très-habile à la pêche des autres poissons plus petits, ce qui l'a fait surnommer *grenouille pêcheuse*.

Sa chair est blanche et bonne comme celle de la grenouille; les habitants du Languedoc le mangent, comme cette dernière.

BAVAROISE. — Boisson chaude, qui se fait avec du sirop de capillaire, délayé dans une infusion de thé ; selon la substance avec laquelle elle se confectionne, on l'appelle bavaroise à l'eau, bavaroise au thé, bavaroise au chocolat. Boisson adoucissante et soporifique.

BÉCASSE, BÉCASSINE ET BECASSEAU. — C'est le premier des oiseaux noirs et la reine des marais. Pour son fumet délicieux, la volatilité de ses principes et la finesse de sa chair, elle est recherchée par les gourmets de toutes les classes. Ce n'est, hélas ! qu'un oiseau de passage. Mais on en mange pendant plus de trois mois de l'année. Les bécasses à la broche sont, après le faisan, le rôti le plus distingué. On vénère tellement ce précieux oiseau, qu'on lui rend les mêmes honneurs qu'au grand lama ; des rôties mouillées d'un bon jus de citron, reçoivent ses déjections et sont mangées avec respect par les fervents amateurs.

Éléazar Blaze, grand chasseur et en même temps grand cuisinier, donnait en ces termes son opinion sur la bécasse : « La bécasse est un excellent gibier lorsqu'elle est grasse ; elle est toujours meilleure pendant les gelées ; on ne la vide jamais. En pilant les bécasses dans un mortier, on fait une purée délicieuse ; si l'on met sur cette purée des ailes de perdrix piquées, on obtient le plus haut résultat de la science culinaire. Autrefois, quand les dieux descendaient sur la terre, ils ne se nourrissaient pas autrement. Il ne faut pas manger la bécasse trop tôt, son arome ne serait pas assez développé, vous auriez une chair sans goût et sans saveur ; apprêtée en salmis, son parfum se marie très-bien avec celui des truffes. Mise en broche avec une cuirasse de lard, elle doit être surveillée par l'œil du chasseur ; une bécasse trop cuite ne vaut rien. Mais une bécasse cuite à point, placée sur sa rôtie dorée et onctueuse, est un des morceaux les plus délicats et les plus savoureux qu'un galant homme puisse manger ; et lorsqu'il a la précaution de l'arroser d'excellent vin de Bourgogne, il peut se flatter d'être un excellent logicien.

« Un président du tribunal d'Avignon, avait dîné chez le préfet. En sa double qualité de gourmand distingué, de chasseur intrépide, il officiait toujours en conscience. Après avoir pris sa tasse de café pour faciliter la digestion, il en était à son troisième petit verre pour faciliter le passage du café, lorsque son amphitryon l'aborde et lui demande s'il a bien dîné. — Mais... oui... — Cette réponse semble accompagnée de restrictions. — J'ai assez bien dîné. — Assez bien ne signifie pas bien. — Si, si, j'ai bien dîné. — Je vous devine monsieur le président, vous regrettez ces deux belles bécasses qui n'ont pas été découpées. — Ma foi, j'en aurais bien mangé ma part. — Attendez un instant, on va vous les servir. — Après le café?... après la liqueur?... c'est impossible. — Rien n'est impossible aux estomacs comme le vôtre.

« Le préfet donna l'ordre, une petite table est dressée dans le cabinet voisin, on sert les deux bécasses et le bienheureux président les mange. »

On croit que les anciens n'ont pas connu la bécasse ; elle est de la grosseur de la perdrix, le bec est fort long, le plumage agréablement varié, l'œil fort large. La bécasse est répandue dans tout l'ancien continent, on la trouve aussi en Amérique. En été, elle va en Suisse, en Savoie, sur les Pyrénées et les Alpes; on en prend le matin sur la lisière des bois, son vol est soutenu, elle vole très-vite, elle est stupide et ne voit, dit-on, rien qu'au crépuscule. La chair de cet oiseau aux pattes noires est excellente comme celle des oiseaux sauvages, elle n'est cependant pas du goût de tout le monde, elle ne convient ni aux mauvais estomacs, ni aux bilieux, ni aux mélancoliques, mais à ceux qui font de l'exercice. Elle est meilleure en automne. On dit que dans la bécasse tout est bon ; c'est le gibier dont les chasseurs font le plus de cas, l'odeur et la saveur de cet oiseau déplaisent aux chiens auxquels on a beaucoup de peine à faire rapporter une bécasse.

Bécasse, Bécasseau ou Bécassine à la broche. — Prenez quatre bécasses, flambez-les, épluchez-les et retirez la peau de la tête, retroussez les pattes et percez-les avec leur propre bec. Piquez les maigres, bardez les grasses, traversez-les d'un hâtelet fixé des deux bouts. Disposez sous la broche des rôties de pain, qui recevront la graisse et devront être assaisonnées avec mignonnette, huile verte et citron. La cuisson des bécasses sera d'une demi-heure. Les bécasses seront dressées sur les rôties.

Autre manière de les servir à la broche. — Videz-les entièrement par le dos et remplissez-les à moitié de lard râpé, avec persil, échalotes, ciboule, gros poivre et sel; farcissez ainsi vos bécasses, recousez-les; le reste comme ci-dessus. Si c'est pour les Anglais, servez-les avec une sauce au pain.

Salmis de bécasses. — Embrochez trois bécasses, levez-en les membres, procédez pour ce salmis comme pour celui de perdreaux, c'est-à-dire finissez-le un quart d'heure avant de servir, mettez les membres de votre gibier à part, ajoutez à votre sauce une cuillerée à dégraisser de gelée d'aspic, posez-le à plat sur la glace ou sur l'eau sortant du puits, remuez bien cette sauce jusqu'à ce qu'elle prenne ; une fois à son degré trempez-y les membres des bécasses, les uns après les autres, dressez-les sur votre plat de service, couvrez-les du reste de la sauce, garnissez votre entrée de croûtons passés dans du beurre, décorez-la tout autour avec de la gelée taillée à facettes.

Salmis de bécasses à la royale. — « Préparez trois bécasses, lardez-les, faites-les cuire à la broche, laissez-les refroidir, levez-en les membres, ôtez-en la peau, parez-les, rangez-les dans une casserole avec un peu de consommé, posez-les sur une cendre chaude et faites en sorte qu'elles ne bouillent pas. Coupez six échalotes, un peu de zeste de citron, mettez-les dans une autre casserole avec du vin de champagne, faites bouillir, concassez vos carcasses de bécasses, mettez-les dans votre casserole, ajoutez-y quatre cuillerées de consommé réduit ou de glace de viande, faites réduire le tout à moitié, passez cette sauce à l'étamine, mettez entre ses membres des croûtons de pain passés dans du beurre, ajoutez à la sauce un jus de citron. » (*Méthode de M. de Courchamps.*)

Salmis de bécasses de table à l'esprit-de-vin. — Faites rôtir vos bécasses, dépecez-les; mettez-les dans un plat sur un réchaud. Salez, poivrez, ajoutez un peu d'échalote, un verre de vin blanc, du citron, du beurre, panez avec de la chapelure et laissez mijoter dix minutes.

Salmis de bécasses au chasseur. — Vos bécasses sorties de la broche, vous les dépecez, vous les mettez à la casserole avec l'intérieur et le foie haché, de la ciboule, des échalotes, du vin blanc, du sel, du poivre fin ; vous faites bouillir deux ou trois fois et vous servez sur des croûtons.

A M. Alexandre Dumas, à Paris.

« Cher maître,

« A propos de votre grand ouvrage sur l'*Art culinaire*, vous me demandez si je pourrais vous enseigner quelques recettes originales de la cuisine de mon pays? Que pourrais-je vous apprendre, à vous le grand savant qui possédez depuis bien longtemps le peu de science que ma jeunesse m'a permis d'acquérir?... Rien!... Ce que mon inexpérience remarque n'attire seulement pas votre attention.

« Cependant, voici un plat fort apprécié chez moi et que je n'ai vu figurer sur aucune carte de restaurant, ce qui ne veut pas dire qu'il ne soit pas dans un recueil complet de cuisine bourgeoise. Enfin, je vous le fais connaître à tout hasard, dans l'espoir de pouvoir vous être agréable :

« *Bécasses brûlées au rhum à la Bacquaise.* — Les bécasses, après avoir été dressées comme il convient, embrochées sous les ailes afin de ne pas léser les instestins, sont placées devant un feu assez vif. La viande de ces oiseaux, de même que celle des palombes, a besoin d'être saisie si l'on veut qu'elle conserve son fumet.

« Dans la lèchefrite qui doit recevoir le jus, vous placez une rôtie de pain fortement frottée d'ail; cette rôtie, manière d'éponge, boit les déjections et le jus de l'animal.

« Les bécasses cuites à point, la chair doit être légèrement rouge, on les livre au dépeceur qui, après avoir enlevé délicatement les quatre membres, retire avec une petite cuiller tout l'intérieur; il cherche soigneusement le fiel afin de l'ôter, et, ayant écrasé avec le dos d'une fourchette les intestins dans un plat creux, il les étend sur la rôtie, poivre, sale, et vide sur le tout un bon verre de vieux rhum. Aussitôt la liqueur enflammée, pendant que l'opérateur, ordinairement le plus vieux chasseur, agite d'une main le rhum avec la cuiller afin d'augmenter la violence de la flamme, de l'autre main, armée de la fourchette, il prend et promène chaque morceau de gibier sur la flamme bleuâtre.

« Le sacrifice accompli..., la rôtie divisée, placée sous chaque quartier, est aussitôt passée aux gourmets qui se disputent les dernières gouttes de cette sauce merveilleuse.

« L'accessoire dans ce plat vaut mieux que le principal. C'est d'ailleurs un mets on ne peut plus délicat et savoureux. »

B. S

Bécasses aux truffes. — Prenez des bécasses, flambez-les, videz-les par le dos, ôtez-en les intestins. Vous aurez eu le soin d'éplucher d'avance des truffes selon la quantité de bécasses que vous aurez. Ayez soin de faire cuire ces truffes dans du lard râpé avec sel, poivre, fines épices, ciboule et persil hachés; laissez bien refroidir aux trois quarts, hachez les intestins, mêlez-les avec vos truffes, remplissez de ce hachis le corps de vos bécasses, cousez-leur le dos, retroussez-les, bardez-les, mettez-les à la broche ou dans une casserole et faites cuire feu dessus et dessous.

Bécasses à la minute. — Vous les flambez et parez, vous les mettez dans une casserole avec un gros morceau de beurre sur un feu ardent, des échalotes hachées, de la muscade râpée, du sel et du gros poivre, puis, quand vous les aurez fait sauter pendant huit ou dix minutes, vous y mettrez le jus d'un citron, un demi-verre de vin blanc, un peu de chapelure de pain. Vous les laissez cuire jusqu'à ce qu'elles aient jeté un ou deux bouillons et vous servez.

Bécasses à la Périgueux. — Bridez trois bécasses pour entrée, mettez-les dans une casserole, couvrez-les d'une barde de lard, puis mouillez-les avec deux décilitres de vin de Madère et quatre décilitres de Mirepoix; faites cuire les bécasses, égouttez-les et débridez-les. Dressez-les en triangle sur le plat et saucez-les avec une sauce de Périgueux à l'essence de bécasse. (*Recette de Jules Gouffé.*)

Hachis de bécasses en croustades. — Faites cuire trois bécasses à la broche; lorsqu'elles sont froides, levez-en les chairs, hachez le plus fin possible après avoir supprimé les peaux, ôtez le gésier du corps de vos bécasses, pilez-en les débris ainsi que les intestins, versez dans une casserole un bon verre de vin de Champagne avec trois ou quatre échalotes coupées. Lorsque ce vin aura jeté un bouillon ou deux, mêlez-y quatre cuillerées à dégraisser pleines d'espagnole réduite; faites bouillir, retirez vos carcasses du mortier, mettez-les dans votre sauce et délayez-les sans les faire bouillir; passez-les à l'étamine à force de bras, ramassez le tout. Mettez dans une casserole votre purée, tenez-la chaudement au bain-marie. Faites d'égale grosseur et longueur sept ou neuf croûtons en cœur ou en rond, le tout de l'épaisseur de trois travers de doigts; faites-les frire dans du beurre, qu'ils soient d'une couleur agréable, vous leur aurez fait du côté où vous voudrez les servir une petite incision convenable à leur forme; videz-les comme vous feriez d'un pâté chaud, mettez votre hachis dans votre sauce, incorporez bien le tout ensemble, ajoutez-y un pain de beurre, goûtez si ce hachis est d'un bon goût, remplissez-en vos croustades, dressez-les, mettez sur chacune un œuf frais poché et servez.

Sauté de filets de bécasses. — Prenez quatre, six ou huit bécasses, selon le nombre de vos convives, levez leurs filets, mettez-les sur un sautoir avec du beurre à demi fondu, du sel, du gros poivre et du romarin en poudre. Au moment de servir, faites passer sur un feu ardent; égouttez, dressez en couronne, séparez par un croûton chaque morceau. Mettez un verre de vin blanc pour huit bécasses, une feuille de laurier, un clou de girofle; laissez réduire. Cela fait, ajoutez un demi-verre de vin blanc, une tasse de bouillon, tamisez et versez sur vos filets.

Terrine de bécasses à l'ancienne mode. — « Piquez de gros lard, sans les vider, mais après avoir ôté le gésier, quatre bécasses; garnissez le fond d'une braisière de bardes de lard et de tranches de bœuf battues, ajoutez-y sel, poivre, bouquet garni, oignons coupés par tranches, carottes, panais, ciboules entières et persil haché, un peu de basilic et d'épices; couchez-y les bécasses lestement dessous; assaisonnez sur le dos comme vous avez fait sur l'estomac; ajoutez des tranches de bœuf ou de veau et des bardes de lard. Couvrez la braisière de charbon et faites cuire feu dessus et dessous. Mettez dans une casserole un peu de jambon et de lard coupé en dé. Laissez roussir un peu, ajoutez persil, ciboules, champignons hachés; passez le tout ensemble, mouillez avec du jus, ou à défaut avec du bon bouillon, et, lorsque tout est cuit, liez la sauce en y ajoutant un peu de coulis de veau et de jambon, ou du beurre d'anchois manié de farine et une demi-cuillerée de câpres. Quand les bécasses sont cuites, retirez-les de la braisière, égouttez-les, dressez-les dans la terrine et versez par-dessus la sauce ci-dessus; c'est ce qu'on nomme *sauce hachée*. C'est, à un détail près, la méthode de l'auteur des *Mémoires de la marquise de Créquy*.

Salmis de bécassines des Bernardins. — « On prend quatre bécassines (on se réglera quant aux doses sur le nombre et la grosseur des pièces) rôties à la broche mais peu cuites; on les divise selon les règles de l'art, ensuite on coupe en deux les ailes, les cuisses, l'estomac et le croupion; on range à mesure ces morceaux sur une assiette.

« Dans le plat sur lequel on a fait la dissection, et qui doit être d'argent, on écrase les foies et les déjections des oiseaux et l'on exprime le jus de quatre citrons bien en chair et les zestes coupés très-minces d'un seul. On dresse ensuite sur ce plat les membres découpés qu'on avait mis à part; on les assaisonne avec quelques pincées de sel blanc et de poudre d'épices fines (à défaut de cette poudre on mettra du poivre fin et de la muscade), deux cuillerées de l'excellente moutarde de Maille et Aclocque ou de Bordin et un demi-verre de très-bon vin blanc. On met ensuite le plat sur un réchaud à l'esprit-de-vin et l'on remue pour que chaque morceau se pénètre de l'assaisonnement et qu'aucun ne s'attache.

« On a grand soin d'empêcher le ragoût de bouillir; mais, lorsqu'il approche de ce degré de chaleur, on l'arrose de quelques filets d'excellente huile vierge. On diminue le feu et l'on continue de remuer pendant quelques instants. Ensuite on descend le plat et l'on sert de suite et à la ronde, sans cérémonie, ce salmis devant être mangé très-chaud.

« Il est essentiel de se servir de sa fourchette en cette occasion, dans la crainte de se dévorer les doigts, s'ils avaient touché à la sauce. » (*Almanach des gourmands*, année 1806.)

BEC-FIGUE. — Les anciens l'appelaient *Avis Cypria*, oiseau de Chypre, parce que, en Grèce et à Rome, on le faisait venir de Chypre, confit dans la saumure.

« Le bec-figue, comme la caille et l'ortholan, cuit dans du papier beurré, sous la cendre, ne laisse rien à désirer pour la saveur. » (VUILLEMOT.)

Brillat-Savarin, qui possède pour le bec-figue une grande affection, dit :

« Parmi les petits oiseaux, le premier, par ordre d'excellence, est sans contredit le bec-figue.

« Il s'engraisse au moins autant que le rouge-gorge et l'ortolan ; la nature lui a donné, en outre, une amertume légère et un parfum unique si exquis qu'ils engagent, remplissent et béatifient toutes les puissances digestives. Si un bec-figue était de la grosseur d'un faisan, on le payerait certainement à l'égal d'un arpent de terre.

« C'est grand dommage que cet oiseau privilégié se voie si rarement à Paris, où il en arrive quelques-uns ; mais il leur manque la graisse qui fait tout leur mérite, et l'on peut dire qu'ils ressemblent à peine à ceux qu'on voit dans les départements de l'Est et du Midi de la France. »

J'ai entendu parler à Belley, dans ma jeunesse, du Jésuite Faby, né dans ce diocèse, et du goût particulier qu'il avait pour les bec-figues. Dès qu'on entendait crier : « Aux bec-figues ! aux bec-figues ! » — le bec-figue est, comme on sait, un oiseau de passage, — on disait : « Le père Faby va arriver. »

Le premier janvier, sans faute, il paraissait avec un ami et venait s'en régaler pendant tout le passage ; chacun se faisait un plaisir de les inviter.

Ils partaient vers le vingt-cinq, quand les bec-figues étaient partis, bien entendu.

Tant que le père Faby resta en France, il ne manqua pas une seule fois son voyage gastronomique. Par malheur, il fut envoyé à Rome où il mourut grand pénitencier.

Sa plus grande pénitence, à lui, fut bien certainement de ne plus pouvoir manger de nos bec-figues de Provence.

Peu de gens savent manger de petits oiseaux : ortolans, bec-figues, fauvettes, rouges-gorges ; en voici la recette, telle qu'elle m'a été confidentiellement transmise par le chanoine Charcot, gourmand par état, puisqu'il était chanoine, mais qui, à force d'études, s'était élevé de la gourmandise jusqu'à la gastronomie.

Recette du chanoine Charcot, transcrite par Brillat-Savarin pour manger des ortolans, fauvettes, bec-figues et rouges-gorges :

« Commencez par ôter le gésier, puis, prenez par le bec un petit oiseau bien gras, saupoudrez-le d'un peu de sel et de poivre; enfoncez-le adroitement dans votre bouche, sans le toucher des lèvres ni des dents, tranchez tout près de vos doigts et mâchez vivement. Il en résulte un suc assez abondant pour envelopper tout l'organe et dans cette mastication, vous goûterez un plaisir inconnu du vulgaire. »

Le roi Ferdinand de Naples, grand chasseur et grand gourmand, ayant reconnu que, à leur passage sur l'antique Parthénope, les bec-figues s'abattaient particulièrement sur la colline de Capodimonte, il y fit bâtir un château qui lui coûta cinq millions.

L'ordre était donné, lorsqu'un vol de bec-figues s'abattrait à Capodimonte, de venir chercher le roi partout où il était, même au conseil.

Le jour où fut portée au conseil la question de la guerre contre la France, guerre que la reine voulait, mais que le roi ne voulait pas, le roi se rendit au conseil avec la ferme résolution de s'opposer à cette triste fanfaronnade par un vigoureux *veto*.

Mais, à peine la question était-elle engagée, que l'on vint prévenir le roi qu'un magnifique vol de bec-figues venait de s'abattre à Capodimonte.

Le roi essaya de tenir ferme contre lui-même, mais ne pouvant y réussir, il se leva et sortit de la salle du conseil en criant :

« Faites ce que vous voulez et allez au diable ! »

La guerre fut décrétée et les bec-figues qui avaient déjà coûté au roi cinq millions, faillirent lui coûter encore son trône.

BEC-CROCHE. — Nom vulgaire du jeune ibis ou courlis rouge. Oiseau de la grosseur du chapon, et dont la chair a le goût de celle de l'écrevisse.

Son nom lui vient de la forme de son bec. Ce bec lui sert à prendre les écrevisses dont il se nourrit, et qui donnent à sa chair un goût caractéristique.

Cet oiseau est originaire de la Louisiane.

BEC-CROISE ORDINAIRE. — Genre d'oiseau de l'ordre des passereaux et de la grosseur du bouvreuil et du dur-bec. Cet oiseau a le bec comprimé et les deux mandibules recourbées de manière que leurs pointes se croisent tantôt d'un côté, tantôt de l'autre, selon les individus. Il se sert de ce bec si extraordinaire pour grimper, chercher, ouvrir et fendre les pommes de sapin et tous les fruits des arbres conifères, même les pommes et les poires d'où il retire les pepins, les semences et amandes dont il est très-friand.

Cet oiseau habite le nord de l'Europe, sa chair a une saveur aromatique agréable ressemblant à la térébenthine comme odeur et est très-bonne à manger.

BECHARU. — Oiseau de la famille des palmipèdes ; de la taille de l'oie, il habite le Midi, les côtes d'Espagne et fréquente les rivages de la Méditerranée, il s'apprivoise facilement quoique sauvage.

La chair du bécharu était très-estimée des anciens ; on la servait même assez souvent sur les tables, et on rapporte qu'Héliogabale en fit chercher et s'en régala.

Les nègres considèrent cet oiseau comme sacré.

BÉCUNE. — Espèce de brochet de mer, très-vorace et très-gourmand ; ce poisson, que sa voracité porte à tout avaler, mange quelquefois jusqu'à des pommes de mancenillier, poison caustique et violent, ce qui rend l'usage de sa chair assez dangereux.

Autrement, la chair du bécune est blanche, ferme, assez grasse et possède les mêmes propriétés alimentaires que celle du brochet ; mais il faut avoir bien soin de s'assurer avant de l'apprêter s'il a les dents bien blanches et le foie très-sain, afin de ne pas risquer d'en être empoisonné.

BEEF-STEAK ou **BIFTECK** à l'anglaise. — Je me rappelle avoir vu, après la campagne de 1815 où les Anglais restèrent deux ou trois ans à Paris, naître le bifteck en France; jusque-là, notre cuisine avait été aussi séparée que nos opinions. Ce ne fut donc pas sans une certaine crainte que l'on vit le bifteck essayer de s'introduire sournoisement dans nos cuisines; cependant, comme nous sommes un peuple éclectique et sans préjugés, à peine nous fûmes-nous aperçus que, quoique *venant des Grecs le présent n'était point empoisonné*, nous tendîmes nos assiettes et nous donnâmes au bifteck son certificat de citoyenneté. Pourtant, il y a toujours quelque chose qui sépare le bifteck anglais du bifteck français. Nous faisons notre bifteck avec un morceau de filet d'aloyau, tandis que nos voisins prennent pour leurs biftecks ce que nous appelons la sous-noix du bœuf, c'est-à-dire le rump-steak; mais chez eux cette partie du bœuf est toujours plus tendre qu'elle ne serait chez nous, parce qu'ils nourrissent mieux leurs bœufs que nous et qu'ils les tuent plus jeunes que nous ne les tuons en France. Ils prennent donc cette partie du bœuf et la coupent par lames épaisses d'un demi-pouce, l'aplatissent un peu, la font cuire sur une plaque de fonte faite exprès et la font cuire avec du charbon de terre au lieu d'employer le charbon de bois. Le bifteck vrai filet doit se mettre sur un gril bien chaud avec une braise ardente, ne le retourner qu'une fois, afin de conserver son bon jus qui se lie avec la maître-d'hôtel.

Cette partie du bœuf anglais (et, pour m'en rendre compte, toutes les fois que je vais en Angleterre, j'en mange avec un nouveau plaisir) est infiniment plus savoureuse que la partie avec laquelle nous faisons nos biftecks; il faut la manger aux tavernes anglaises, sautée au vin de Madère ou au beurre d'anchois, ou sur une litière de cresson bien vinaigrée. Je conseillerais de la manger aux cornichons, s'il y avait un seul peuple au monde qui sût faire les cornichons. Quant au bifteck français, la sauce à la maître-d'hôtel est la meilleure parce qu'on y sent dominer la saveur des fines herbes et du citron; mais il y a une observation que je me permettrai de faire : Je vois nos cuisiniers aplatir leurs biftecks sur la table de cuisine, à coups de plat de couperet ; je crois que c'est une profonde hérésie qu'ils commettent et qu'ils font ainsi jaillir hors de la viande certains principes nutritifs qui joueraient très-bien leur rôle dans la scène de la mastication. En général les animaux ruminants sont meilleurs en Angleterre qu'en France, parce qu'ils y sont traités vivants avec un soin tout particulier. Rien n'est pareil à ces quartiers de bœuf cuits tout entiers, et que l'on roule sur une petite voiture dans les chemins de fer qui séparent les uns des autres les habitués des tavernes anglaises; ces morceaux de bœuf veinés de gras et de maigre, que l'on coupe soi-même comme on l'entend, sur une portion de l'animal pesant cent livres, n'ont rien de pareil, comme excitation à l'appétit. On arrive à faire des bœufs si gras qu'ils ont l'air de ne plus avoir d'articulations aux jambes et de marcher sur leur ventre. Les éleveurs, les engraisseurs d'animaux arrivent pour engraisser un bœuf jusqu'à lui faire boire 80 litres d'eau par jour. Quant aux moutons, nourris d'herbe plus fraîche que la nôtre, ils ont des saveurs qui nous sont inconnues.

Où la cuisine fait complétement défaut aux Anglais, c'est à l'endroit des sauces, mais les gros poissons, mais la viande de boucherie est infiniment plus belle à Londres qu'à Paris.

BEFROI. — Nom de deux espèces de grives ainsi nommées parce que leur cri ressemble au son d'une cloche qui sonne l'alarme.

On les trouve à la Guyanne, leur chair a le même goût et jouit des mêmes propriétés alimentaires que la grive ; elles s'apprêtent de même.

BÉGONE. — Plante de la famille des bégoniacées, appelée aussi *oseille sauvage* dans les colonies françaises, à cause de sa ressemblance avec cette herbe.

Elle est très-rafraîchissante et on la mange à cause de son acidité agréable.

Pendant que nous en sommes aux mets étrangers, qu'on me permette, puisque nous voilà arrivés à la lettre B, d'emprunter à la cuisine allemande un mets populaire qu'on appelle beilche en Westphalie, et qui n'avait pas échappé à l'érudition culinaire de M. de Courchamps et dont voici la recette.

BEILCHE. — « On prend une sous-noix de bœuf assez mortifiée pour être bien tendre, on en enlève toute la graisse, on la coupe à distance égale en sept ou huit morceaux sans détacher les tranches qui continuent de tenir à un centre commun, on les entr'ouvre seulement de manière à introduire dans chacune d'elles une bonne pincée de sel mélangée de poivre fin ; puis on place ladite sous-noix découpée et assaisonnée comme il est dit, dans une grosse terrine à couvercle ; on y met immédiatement sur la viande, douze ou quinze pommes de terre crues qu'on a pelées comme on pèle des pommes et qu'on a légèrement saupoudrées de sel blanc ; il est important de se procurer pour que rien ne manque à ce plat, des pommes de terre d'Irlande à pulpe farineuse, à forme ronde et de couleur jaune paille. On recouvre la terrine, on en calfeutre le couvercle avec de la pâte, et l'on établit cet appareil dans un coin de cheminée sur un monceau de cendre chaude, sur lequel on entretient pendant quatre heures un grand feu de charbon ardent. » Les Westphaliens ont presque tous pour cet usage un grand pot en vieille argenterie et qui s'appelle, le *plat aux beilches*. Il faut avoir goûté ce vieux mets teutonique pour savoir combien il mériterait dans tous les pays du monde la réputation qu'il n'a qu'en Westphalie.

BEIGNETS. — D'un mot celte qui signifie *enflure* ou *tumeur*. C'est aux croisades que nous avons fait la connaissance des beignets. Le sire de Joinville nous apprend qu'en rendant la liberté à saint Louis, les Sarrasins lui présentèrent des beignets.

Le beignet est une sorte de pâte frite à la poêle et qui enveloppe ordinairement une tranche de quelque fruit. Nous empruntons à Carême la manière de faire cette pâte :

Pâte à frire à la Carême. — « Mettez dans une petite terrine 360 grammes de farine tamisée que vous délayez avec de l'eau à peine tiède, où vous aurez fait fondre 60 grammes de beurre fin ; vous inclinez la casserole et vous soufflez sur l'eau afin de verser le beurre le premier. Vous versez assez d'eau de suite pour délayer la pâte de consistance *mollette* et sans grumeaux ; autrement lorsqu'on la rassemble trop ferme, la pâte se corde et fait toujours mauvais effet à la poêle : elle est grise et compacte ; ensuite vous ajoutez assez d'eau tiède pour que la pâte devienne coulante et déliée, quoique pourtant, elle doive masquer les objets susceptibles d'y être trempés. Enfin, elle doit quitter la cuiller sans effort. Vous y mêlez une pincée de sel fin, deux blancs d'œufs fouettés bien ferme et l'employez tout de suite. »

Comme pendant à la pâte dont nous venons de donner la recette, voici la pâte à la provençale.

Pâte à la provençale. — Prenez 360 grammes de farine, deux jaunes d'œufs, quatre cuillerées d'huile d'Aix, délayez avec de l'eau froide ; joignez-y deux blancs fouettés et employez.

Beignets de brioche. — Trempez des tranches de brioche dans du lait sucré, farinez et faites-les frire.

Beignets de crème. — Prenez un litre de lait, faites-le réduire à près de moitié, laissez-le refroidir, délayez-y cinq macarons dont un amer, six jaunes d'œufs, une cuillerée de fleur d'orange, deux cuillerées de fleur de farine et 125 grammes de sucre en poudre. Ajoutez à cette pâte épaissie de l'écorce de citron râpée.

Beignets de pommes. — Vos pommes une fois pelées et coupées en tranches, macérez-les deux heures dans de l'eau-de-vie, du sucre et de la cannelle, égouttez, mettez-les dans une friture modérée. Lorsque les pommes seront cuites, sucrez-les et glacez-les. (Même recette pour les beignets de poires, de pêches, d'abricots et de brugnons.)

Beignets à la Chantilly. — Prenez trois petits fromages à la crème très-frais, cassez dans le même vase trois œufs et joignez-y 60 grammes de moelle de bœuf hachée et pilée ; ajoutez 500 gr. de fleur de farine, détrempez et mêlez la pâte avec du vin blanc, salez, sucrez avec 30 grammes de sucre râpé, et condensez comme les beignets à la crème.

Beignets aux confitures. — Prenez des pains à chanter de 4 à 5 centimètres de diamètre, ou même découpez-en de plus grands, étendez sur chacun de la marmelade d'abricots ou de prunes, couvrez avec un autre pain à chanter et collez les bords ; incorporez dans une pâte à frire au vin blanc trois blancs d'œufs à la neige ; trempez-y les beignets, faites frire, égouttez, poudrez-les de sel fin et glacez-les.

Beignets soufflés à la bonne femme. — Mettez dans une casserole 30 grammes de beurre, 125 grammes de sucre, un citron vert râpé, un verre d'eau, faites bouillir et délayez en pâte épaisse; remuez jusqu'à ce qu'elle s'attache à la casserole; alors mettez-la dans une autre, et cassez-y successivement des œufs en remuant toujours pour les bien mêler avec la pâte, jusqu'à ce qu'elle devienne molle; mettez-la sur un plat et étendez-la de l'épaisseur d'un doigt; faites chauffer de la friture, et quand elle est médiocrement chaude, trempez-y le manche d'une cuiller, et avec ce manche enlevez gros comme une noix de pâte que vous faites tomber dans la friture en la poussant avec le doigt; continuez jusqu'à ce qu'il y en ait assez dans la poêle, faites frire à petit feu en remuant sans cesse; quand les beignets sont bien montés et de belle couleur, retirez-les pour les égoutter et saupoudrez-les de sucre fin. Ce mets, dont la recette ne nous appartient pas, est peu en usage aujourd'hui.

Autre crème faite au caramel et à la fleur d'orange. — Mettez 30 grammes de sucre en poudre et une cuillerée à bouch de fleur d'oranger pralinée dans un petit poêlon d'office, tournez jusqu'à ce que le sucre soit devenu brun, mettez-y un demi-décilitre d'eau pour dissoudre le caramel, beurrez huit moules à darioles, mettez dans une terrine des jaunes d'œufs, 125 gram. de sucre en poudre et le caramel; ajoutez une quantité de lait que vous mesurerez en remplissant six fois un des moules à darioles; passez à l'étamine après avoir mêlé parfaitement, remplissez les moules à darioles avec l'appareil, faites pocher au bain-marie à doux feu dessus et dessous, retirez les crèmes du feu, laissez-les refroidir et démoulez-les; coupez chaque crème par le travers en trois parties égales, trempez chaque morceau dans la pâte à frire, faites frire, égouttez et saupoudrez de sucre.

Beignets aux abricots, dits à la Dauphine. — Faite 500 grammes de pâte à brioche en y mettant 225 grammes de beurre; mouillez avec œuf et lait par parties égales, laissez revenir la pâte pendant trois heures, rompez-la, et repliez-la sur elle-même en plusieurs fois; mettez sur la plaque dans un endroit froid, et lorsque la pâte sera raffermie, faites une abaisse d'un demi-centimètre d'épaisseur ; coupez l'abaisse avec un coupe-pâte rond de 6 centimètres, mouillez les bords et mettez au milieu gros comme une noix de marmelade d'abricots ; couvrez avec une autre abaisse comme pour les petits pâtés, faites frire à friture modérée, égouttez et saupoudrez de sucre en poudre. Dressez les beignets en rocher sur une serviette et servez.

Beignets de céleri. — Epluchez des pieds de céleri coupés à 8 ou 10 centimètres de la racine, faites-les blanchir un quart d'heure, mettez rafraîchir à l'eau froide, égouttez, ficelez par quatre entiers et achevez de cuire dans une casserole foncée de lard avec bouquet de persil, un peu de sel, bouillon ; couvrez d'un rond de papier, égouttez, pressez ; mettez mariner avec sucre et eau-de-vie, trempez dans la pâte dont la recette suit, faites frire, saupoudrez de sucre et servez.

Pâte pour toute sorte de fritures. — Mettez de la farine dans une terrine, faites un trou et versez-y un ou deux jaunes d'œufs, une cuillerée d'huile et une ou deux d'eau-de-vie, plus du sel, remuez d'une main en tournant toujours dans le même sens, et en versant de l'eau peu à peu pour donner une bonne épaisseur. Au moment de vous en servir, ajoutez et mêlez le blanc d'œufs battu en neige, mais ce blanc la rendrait trop claire ; faite d'avance et même la veille, elle devient plus légère.

Si c'est pour friture sucrée, telle que beignets, on met très-peu de sel et on ajoute de l'eau de fleur d'oranger.

Beignets de fruits à la Royale. — Cueillez douze petites pêches de vigne bien mûres et de bonne qualité, séparez-les par moitié, ôtez-en la pelure, sautez-les dans une terrine avec du sucre en poudre et une cuillerée de liqueur de noyaux ; deux heures après vous les égouttez, les trempez tour à tour dans la pâte ordinaire, les faites frire de belle couleur et les glacez dans 120 grammes de sucre cuit au caramel ; à mesure que vous les glacez, vous semez dessus une pincée de gros sucre cristallisé. Les beignets de brugnons et d'abricots se préparent de même. Vous pouvez glacer seulement au sucre en poudre et à la pelle rouge, les beignets décrits ci-dessus ; on en fait aussi de prunes de mirabelle et de reine-Claude, au moyen du même procédé. (*Courchamps*).

Beignets garnis de fraises à la Dauphine. — Faites votre pâte à brioche, superposez trois belles fraises roulées dans du sucre en poudre, mouillez la pâte autour des fruits et détaillez comme précédemment. Même observation pour les beignets de framboises.

Beignets d'ananas. — Faites macérer vos tranches d'ananas pendant deux heures dans du vin d'Alicante et opérez comme ci-dessus.

Beignets garnis de raisin de Corinthe, à la Dauphine. — Prenez 60 grammes de raisin de Corinthe, épluchez et lavez; faites cuire deux minutes dans 60 grammes de sucre; vous versez le quart d'une cuillerée sur un fond de pâte à brioche et procédez comme ci-dessus.

Beignets d'oranges de Malte, à la Régence. — Divisez vos oranges par quartiers, jetez-les dans 120 grammes de sucre pour six oranges, laissez mijoter, égouttez, baignez dans la pâte ordinaire, colorez et glacez.

Beignets garnis de pommes d'api, à la d'Orléans. — Tournez des pommes d'api, masquez-les par moitié et les faites cuire dans un sirop ; laissez refroidir, trempez chaque moitié de pomme dans une abaisse de pâte à brioche ; faites frire, finissez et servez selon la règle.

Beignets de fruits à l'eau-de-vie, à la Chartres. — Vous égouttez vos abricots confits à l'eau-de-vie, vous les coupez par moitié, vous les masquez de pain à chanter, vous les faites frire dans la pâte et vous les saupoudrez de sucre fin.

Beignets de pêches et de prunes. — Procéder de la même façon.

Beignets soufflés à la Vanille. — « Mettez une gousse de vanille dans trois verres de lait bouillant que vous laissez réduire de moitié, vous ôtez ensuite la vanille et ajoutez au lait 90 gram. de beurre d'Isigny. Faites bouillir ; mêlez-y assez de farine tamisée pour former une pâte molle que vous desséchez pendant quelques minutes ; changez de casserole et délayez votre pâte avec 90 grammes de sucre fin, six jaunes d'œuf et un peu de sel ;

fouettez trois blancs d'œufs bien fermes et mêlez-les dans l'appareil avec une cuillerée de crème fouettée, ce qui doit vous donner une pâte consistante, presque molle; roulez-la alors sur le tour, saupoudrez légèrement de farine, de la grosseur d'une noix verte en la plaçant à mesure sur un couvercle de casserole. La pâte étant ainsi détaillée et roulée, vous la versez dans la friture peu chaude afin qu'elle boursoufle bien, et vous rendez le feu plus ardent vers la fin de sa cuisson; dès qu'elle est colorée de belle couleur, vous l'égouttez sur une serviette, vous la saupoudrez de sucre fin et vous servez de suite.

« Vous variez les formes de cette pâte en croissants, en carrés long et en gimbelettes. » (*Grimaud de la Reynière*).

Beignets de blanc-manger-gimblettes. — Même procédé pour la crème. Vous la coupez quand elle est bien froide avec un coupe-pâte et vous en formez des gimblettes, en coupant le milieu avec un coupe-pâte plus petit. Vous conservez les petits ronds que vous retirez des gimblettes et vous les masquez de mie de pain très-fine; vous les trempez ensuite dans quatre œufs battus, vous les égouttez et les roulez de nouveau sur la mie de pain. Les ronds doivent être préparés de la même manière, en plaçant le tout sur des couvercles, et au moment de les servir, vous les faites frire de belle couleur et les saupoudrez de sucre fin.

Beignets de blanc-manger en gimblettes au caramel. — Procédez comme ci-dessus, seulement vos beignets étant colorés d'un beau blond, vous les égouttez parfaitement et les glacez avec du caramel, vous pouvez, à mesure que vous les retirez de la friture, les semer de gros sucre avec des pistaches.

BELETTE. — Ce petit mammifère de l'ordre des carnassiers, n'a guère que 15 à 25 centimètres du museau à l'origine de la queue; l'exiguïté de sa taille lui permet de pénétrer partout, même dans les plus petits trous, aussi fait-il une guerre acharnée aux jeunes poulets et aux pigeons; il entre dans les poulaillers et dans les pigeonniers, et ouvre le crâne des oiseaux qui les habitent, afin d'en humer la substance cérébrale, dont il paraît être très-friand.

Dans les champs, la belette vit de mulots, de souris et

d'œufs d'oiseaux, qu'elle va prendre au nid, et malgré le léger service qu'elle rend à l'agriculteur, en le débarrassant des rats qu'elle peut poursuivre jusqu'au fond de leur trou, elle n'en est pas moins un objet de haine pour celui-ci, qui ne manque pas de la tuer chaque fois qu'il la rencontre.

Sa chair salée a, paraît-il, le goût du lièvre et pourrait servir à l'alimentation, mais dans les cas de nécessité seulement, car elle n'est ni tendre, ni agréable.

Les peuples du Mexique mangent la belette, et Fernand Lopez, dans son histoire de l'Inde, rapporte que des soldats prenaient beaucoup de belettes, qu'ils faisaient cuire à la broche et qu'ils mangeaient avec plaisir.

J'aime mieux un bon train de derrière de lièvre, cuit à la broche, et vous?...

BELIER. — La chair du bélier, n'a pas grande valeur en cuisine et est considérée pour l'alimentation, comme la plus mauvaise après celle du bouc; elle est de difficile digestion, ne nourrit pas et a une odeur fétide très-désagréable.

Il est donc préférable de le manger jeune, c'est-à-dire quand il n'est encore qu'agneau, ou bien de le faire châtrer, afin de l'avoir mouton; du moins pour l'alimentation.

BENAFOULI. — Riz du Bengale, qui répand, lorsqu'il est cuit, une odeur très-agréable.

Ses propriétés alimentaires sont les mêmes que le riz, il est plus léger que ce dernier.

BENARI. — Espèce d'ortolan, passager en Languedoc; il devient très-gras, aussi est-il servi sur les meilleures tables.

BENOITE. — Plante de la famille des rosacées, dont le nom signifie *herbe bénite* et vient des vertus médicinales et des propriétés merveilleuses qu'on lui attribue.

Elle passe pour vulnéraire, sudorifique et un peu astringente; ses racines fraîches sont recommandées dans les cas de catharres chroniques; sèches, on les emploie contre les hémorrhagies et les fièvres intermittentes. Elle pourrait, paraît-il, remplacer au besoin le quinquina dans certains cas.

En Norwége, on emploie cette plante pour empêcher la bière de devenir âcre; une très-petite quantité, ajoutée au houblon, suffit pour arriver à ce résultat et donner à la bière un parfum fort agréable.

BENNI. — Espèce de barbeau, du Nil, possédant les mêmes qualités que le barbeau ordinaire.

BERCE. — Genre de plante de la famille des ombellifères, dont l'espèce la plus répandue et la plus connue est la *fausse branche ursine*. Cette plante est vivace, elle croît dans les prés de l'Europe et est surtout très-commune dans le Nord.

Cette plante n'a d'autres qualités que de servir à faire une espèce de bière, très-forte et très-enivrante, nommée *Raffle*, qu'on obtient par la fermentation. Les Russes, les Polonais et les Lithuaniens boivent, paraît-il, beaucoup de cette liqueur qui occasionne la mélancolie; l'ivresse qu'elle produit dure quelquefois vingt-quatre heures.

BERGFORELLE. — Ce poisson, dont la chair molle et tendre, devient légèrement rouge en cuisant, est très-estimé dans le comté de Galles.

BERNARD L'ERMITE. — Espèce de cancre dont la chair est regardée comme un mets très-friand; on le fait le plus ordinairement griller dans sa coquille avant de le manger.

Rien de plus drôle que ce petit crustacé; la nature l'a fait armé jusqu'à la ceinture, cuirassé, gants et masque de fer, de ce côté il a tout; de la ceinture à l'autre extrémité, rien, pas même de chemise; il en résulte que le bernard l'ermite fourre cette extrémité où il peut.

Le créateur, qui avait commencé à l'habiller en homard, a été dérangé ou distrait au milieu de la besogne et l'a terminé en limace.

Cette partie, si mal défendue et si tentante pour l'ennemi, est sa grande préoccupation; à un moment donné, cette préoccupation le rend féroce. S'il voit une coquille qui lui convienne, il mange le propriétaire de la coquille et prend sa place toute chaude, c'est l'histoire du monde au microscope. Mais comme au bout du compte la maison n'est pas faite pour lui, au lieu d'avoir l'allure grave et honnête du colimaçon, il trébuche comme un homme ivre, et, autant que possible ne sort que le soir de peur d'être reconnu.

BÉTEL. — Plante grimpante des Indes, qui fait le principe du masticatoire de ce nom. Des masticatoires en usage dans les pays chauds, le bétel est le plus énergique. Quatre substances le composent ordinairement : premièrement, la feuille brûlante du poivrier-bétel, qui donne son nom à cette composition. Quelquefois aussi on se sert du fruit jaune de la plante, ou d'une assez forte quantité de feuilles de tabac, ou de chaux vive, beaucoup plus caustique que la nôtre, ainsi que Vauclin s'en est assuré.

Le père Papin indique qu'il y a des individus qui prennent de cette chaux gros comme un œuf par jour.

La noix Dariquier, qui forme à elle seule plus de la moitié du poids du bétel, est encore plus active parce qu'elle contient une très-forte proportion d'acide gallique, ce que l'on reconnaît à la grande astriction qu'elle produit dans tout l'intérieur de la bouche et de la gorge; l'action en est d'autant plus forte qu'elle est mêlée à des substances également irritantes. En effet, toutes les dents en sont corrodées, dissoutes même, au point qu'il est rare de voir chez les peuples mâcheurs de bétel des jeunes gens en avoir encore. Elles ne tombent point, elles sont usées jusqu'au bord des gencives. Et celles-ci sont bientôt horriblement tuméfiées.

De tous les astringents connus, le bétel paraît être le plus énergique, le plus fort, le plus propre à soutenir l'estomac dans un degré de force et de ton nécessaire dans un pays où les sueurs excessives occasionnent des maladies redoutables ; il stimule fortement les glandes salivaires et les organes digestifs ; il diminue la sueur et prévient la faiblesse qui en résulte ; enfin, il doit produire au dedans l'effet salutaire que les bains froids, les frictions huileuses déterminent au dehors.

L'instinct et l'expérience ont pu seuls suggérer à ces nations brûlantes le courage de mâcher le bétel ; aussi, malgré la destruction totale de leurs dents, est-il d'usage général dans tous les climats chauds depuis les Moluques jusqu'au rivage du fleuve Jaune, et depuis ceux de l'Indus et du Gange jusqu'au bord de la mer Noire.

Une autre preuve de l'utilité de cet usage, c'est la nécessité où se trouvent les Européens fixés dans ces climats d'avoir recours à ce moyen, ou à d'autres approchant de celui-ci, pour se préserver de l'influence délétère du climat et de sa température.

Dans l'Inde, on offre le bétel à tous ceux qui font visite; ce serait faire un affront si on n'offrait pas aux visiteurs la boîte même qui le contient. Dans le royaume de Siam, l'accordé le présente à son accordée, ainsi qu'à tous les assistants, comme symbole de la fidélité que les nouveaux époux se promettent l'un à l'autre, et de la bonne intelligence qui doit toujours exister entre les deux familles.

Le bétel de Tonquin est, dit-on, celui que l'on préfère à tous les autres; c'est lorsqu'il est jeune, vert et tendre, qu'on en fait le plus de cas, parce qu'il est alors juteux. Dans les autres pays on l'emploie sec.

BETTERAVE. — Espèce de bette ou poirée. Sa racine est couleur de sang au dedans et au dehors, les feuilles surtout; les pétioles sont d'un rouge foncé. La plante contient une plus grande quantité de matière sucrée que toutes les autres, ce qui fit venir, à l'époque du blocus continental, l'idée aux chimistes de substituer le sucre de betterave au sucre de canne. Je me rappelle avoir vu, en 1812, une caricature représentant le petit roi de Rome et sa nourrice : l'enfant pleurait et la nourrice lui présentait une betterave en lui disant : « Suce, mon enfant, ton papa dit que c'est du sucre. » Comme de toutes les grandes découvertes, on avait commencé par rire de celle-là qui nous affranchissait des colonies.

Il y a cinq espèces de betteraves : la grosse rouge, la petite rouge, la jaune, la blanche et la veinée; c'est celle-là que l'on connaît aujourd'hui sous le nom de betterave champêtre. Le peuple, si longtemps fanatique de Napoléon à cause de ses victoires, qui ont coûté à la France le tiers de son sang et le sixième de son territoire, ne songe pas qu'il lui est redevable d'un aliment devenu aujourd'hui d'un usage général. On mêle ses feuilles à celles de l'oseille, pour en adoucir la grande acidité; on estime ses feuilles larges et blanches, que l'on nomme cardons et que l'on mange avec plaisir. En hiver, il y pousse de petites feuilles, qui se mangent en salade. On cuit la betterave au four ou dans la cendre, puis on la conserve dans du vinaigre après l'avoir fait cuire. Les Allemands la mangent avec le potage; dans le Nord, on la fait fermenter et on s'en sert comme préservatif du scorbut.

Lorsqu'on fait cuire les betteraves au four, et c'est la meilleure manière de les faire cuire, il faut d'abord les laver avec de l'eau-de-vie commune; placez-les ensuite dans le four sur des grils de cuisine, afin que par aucun point elles ne touchent à la brique. Il faut que le four soit chauffé comme pour un gros pain de pâte ferme. Laissez-les dans le four jusqu'à ce qu'elles y refroidissent, et le lendemain faites-les cuire de la même façon et au même degré de chaleur. La betterave n'est véritablement cuite, ou plutôt bien cuite, que lorsque sa peau est presque charbonnée.

Betteraves à la Chartreuse. — Coupez des rondelles de betterave jaune, veillez à ce qu'elle soit bien cuite dans les conditions que nous venons de dire, mettez sur chacune de ces rondelles une rouelle d'oignon cru dont vous aurez enlevé le cœur dans la circonférence d'une pièce d'un franc, joignez-y de la pimprenelle, du cerfeuil, de la muscade et du sel blanc, couvrez-les par une nouvelle tranche de betterave de la même grandeur que la première, forcez oignons et betteraves d'adhérer par la pression, conduisez-la comme toute autre friture et servez-la garnie de persil frit.

La betterave se mange souvent en salade, avec la mâche, le céleri, la raiponce, mais la meilleure salade de betterave se fait avec de petits oignons glacés, des tranches de pommes de terre violettes, des tronçons de fonds d'artichauts, des haricots de Soissons cuits à la vapeur; on y met des fleurs de capucines, du cresson, ce qui constitue une salade que l'on peut opposer comme sapidité à la salade russe.

La betterave se peut servir encore comme hors-d'œuvre, avec les olives et les sardines, avec une sauce de vinaigre à l'estragon, de fines échalotes, de sel et de poivre, avec un cordon de jaunes et de blancs d'œufs hachés. Dans ce cas ajoutez un peu d'huile à l'assaisonnement de la betterave.

Betteraves à la Poitevine. — Faites cuire des oignons hachés avec un bon morceau de beurre manié de farine que vous conduisez jusqu'au roux brun, joignez-y une pincée des quatre épices, faites-y réchauffer des tranches de betterave assez épaisses, et mettez-y au moment de servir une demi-cuillerée de fort vinaigre d'Orléans.

Betteraves à la crème. — Coupez votre betterave en tranches très-minces, faites-les mijoter dans une Béchameil (V. sauce Béchameil) où l'on aura soin d'ajouter un peu de coriandre et un peu de muscade.

Betteraves à la casserole. — Mettez des tranches de betterave dans une casserole avec du beurre, persil, ciboule hachée, un peu d'ail et de farine, du vinaigre, sel, poivre; faites-les bouillir un quart d'heure. On les sert encore à la sauce blanche.

BEURRE. — C'est une substance grasse, onctueuse qui se forme de la crème de lait épaissie à force d'être battue. Tous les laits donnent du beurre, le plus gras et le plus riche vient du lait de brebis. Ce furent les Scythes et les Pæoniens qui l'introduisirent en Grèce; Hippocrate ne parle que de celui des Scythes; Horace et Virgile parlent de fromage, mais ne parlent pas de beurre; Werther a rendu le beurre poétique; c'est en voyant Charlotte faire des tartines pour les enfants qu'il prend cet amour fatal, qui se termine par un coup de pistolet. Goëthe a raison : les enfants n'aiment rien tant que les tartines de beurre, si ce n'est les tartines de confitures. Dans quelque pays que j'aie voyagé, j'ai toujours eu du beurre frais du jour même. Je donne ma recette aux voyageurs, elle est bien simple et en même temps inmanquable.

Partout où je pouvais me procurer du lait soit de vache, soit de chamelle, soit de jument, soit de brebis, et particulièrement de brebis, je m'en procurais, j'en emplissais une bouteille aux trois quarts, je la bouchais, je la suspendais au cou de mon cheval, et je laissais mon cheval faire le reste; en arrivant le soir, je cassais le goulot et je trouvais à l'intérieur un morceau de beurre gros comme le poing qui s'était fait tout seul. En Afrique, au Caucase, en Sicile, en Espagne, cette méthode m'a toujours réussi.

Plusieurs arbres fournissent une matière qui remplace le beurre chez les peuples où la fabrication du beurre est inconnue.

Beurre de Bambuk. — Les Maures et les nègres se servent

dans l'alimentation d'un extrait de la graisse végétale que produit le fruit du bambuk. L'arbre est de médiocre grosseur, ses feuilles sont petites et rudes, rendent un suc huileux quand on les presse, le fruit est de la grosseur d'une noix, rond et recouvert d'une coque de couleur blanche, tirant sur le rouge et d'odeur aromatique.

Beurre de cacao. — On donne le nom de beurre aux huiles végétales lorsqu'elles sont concrètes. On extrait ce beurre, dont il est question ici, de l'amande du cacao, surtout de celui des îles, légèrement torréfié et chauffé dans l'eau bouillante. La chaleur de l'eau fond cette huile qui se sépare de l'amande et surnage à la surface du liquide. Cette huile se fige par le refroidissement et on purifie ce beurre par deux refontes successives.

Beurre de coco. — Le coco fournit aussi une substance onctueuse, grasse et concrète, qu'on a nommée beurre de coco; il est doux, agréable et sert comme l'autre à l'assaisonnement de certains mets.

Beurre de Galam. — C'est le produit d'un arbre appelé *shéa* qui croît en Afrique. Il ressemble au chêne américain; on en retire un beurre aussi savoureux que le meilleur qu'on puisse extraire du lait animal; mais l'avantage qu'il a sur tous les autres beurres, c'est de se conserver toute une année sans qu'il soit besoin de le saler.

Beurre rôti à la Landaise. — Salez d'abord la bille de beurre, cassez quatre œufs entiers, battez-les en omelette, préparez de la mie de pain blanche bien séchée, ajoutez un peu de sel fin, roulez votre bille de beurre dans vos œufs et soupoudrez de mie de pain, recommencez l'opération jusqu'à l'absorption des œufs; mettez votre beurre en broche; à la cuisson, la croûte devient ferme et vous en formez une croustade que vous servez en place de pain pour les huîtres. Buvez du vieux Barsac, mais n'arrosez pas avec. (*Formule de M. Vuillemot*).

BIBE. — Poisson des mers d'Europe dont la chair est excellente et de facile digestion.

Il ressemble au merlan et s'apprête comme lui.

BIBLIMBING. — Fruit originaire de l'île de Java dont l'aigreur est tellement forte qu'on ne peut le manger seul; aussi ne s'en sert-on que pour mettre par tranches dans les soupes pour donner du goût ou bien encore pour en faire avec du sucre une boisson rafraichissante.

BIÈRE. — La bière est une des boissons les plus anciennes et les plus répandues; les Egyptiens passent pour l'avoir connue les premiers.

C'est certainement après le vin la meilleure liqueur fermentée, elle est infiniment plus répandue que ce dernier et se fabrique dans tout l'univers.

On la prépare avec de l'orge germée et séchée, du houblon sans lequel la liqueur s'altérerait promptement et de l'eau ; dans quelques pays, on la fait avec du froment, ou du seigle, ou du maïs ou bien encore du millet, mais la plus estimée est celle qui est préparée avec de l'orge qu'on a fait germer pour y développer un principe sucré, et torréfier afin de lui donner de l'amertume et de la couleur.

Plus on fait bouillir la bière et plus elle se conserve; le houblon, qui y entre pour une grande partie, la rend par son amertume plus savoureuse et l'empêche de s'aigrir.

Nous avons dit qu'il fallait employer de l'orge germée; trois conditions sont nécessaires pour que la germination ait lieu : de l'humidité, une certaine température et la présence de l'air. Pour cela, on fait tremper une certaine quantité d'orge dans un grand bassin en pierre ou en bois dans lequel on a mis de l'eau suffisamment pour recouvrir entièrement l'orge qu'on veut faire tremper jusqu'à ce que les grains s'écrasent entre les doigts. On renouvelle deux ou trois fois l'eau du bassin pendant le cours de l'opération qui dure environ quarante heures, et quand les grains sont arrivés au point convenable de gonflement, on soutire l'eau et on en passe une dernière pour les laver; on laisse égoutter les grains qui lentement continuent à se gonfler, et au bout de huit heures en été et de quinze en hiver on retire l'orge que l'on réunit en tas dans lesquels il se développe bientôt de la chaleur et on voit peu de temps après de petits points blancs se former à l'extrémité du grain, ce qui dénote la germination ; on remue ce tas de temps en temps pour bien exposer toutes les parties à l'air, puis lorsque le grain est bien sec on le met dans un endroit également sec, où il se trouve exposé à une température suffisante pour le torréfier légèrement; on passe ensuite l'orge dans des cribles pour en séparer tous les germes desséchés et on la broie ensuite sous des meules de façon à obtenir une espèce de farine que l'on place dans des cuves en bois faites exprès, on fait arriver dans ces cuves de l'eau chaude à 40° en remuant bien toute la masse afin que l'orge se mêle avec l'eau, puis on laisse reposer un peu et on ajoute encore de l'eau plus chaude, de façon à faire monter la chaleur à 50°, on continue d'agiter, on jette à la surface une certaine quantité de farine de malt très-fine, on couvre bien la cuve et on abandonne la liqueur à elle-même pendant quelques heures, puis on la retire et on la verse dans une chaudière en y jetant du houblon à mesure que le moût de bière y arrive, on porte ainsi la liqueur jusqu'à l'ébullition, puis on la fait refroidir dans des bacs en prenant bien soin que le moût ne s'aigrisse pas, et pour cela nous conseillons de faire passer la liqueur dans un appareil où elle se trouve refroidie à mesure par un courant d'eau froide qui circule dans une double enveloppe en sens inverse du moût, ce qui le fait refroidir très-promptement et l'empêche de s'aigrir.

Le moût de bière abaissé à une température convenable, on y ajoute de la levure; bientôt une fermentation s'y développe plus ou moins rapidement, selon la température; alors on soutire la bière dans les tonneaux où la fermentation s'achève après qu'une écume épaisse formée par la levure s'est déversée au dehors; arrivée à ce point, il suffit pour que la bière puisse être bue, de la clarifier avec de la colle de poisson et de la tirer en bouteilles.

Les bières les plus estimées aujourd'hui à Paris, sont celles du Nord, de Lyon, de Strasbourg, et depuis l'exposition, la fameuse bière de Vienne, fabriquée par M. Dreher. Nous citerons aussi le porter de Londres, l'ale d'Édimbourg, la bière rouge d'Amsterdam et de Rotterdam, la bière brune de Cologne, le faro de Bruxelles, la bière de Louvain, celle de Morlaix, etc.

La bière est une boisson qui demande à être tirée avec beaucoup de soins; il ne faut pas manquer de bien rincer chaque fois les bouteilles, de n'employer que des bouchons neufs, de coucher les bouteilles au bout de trois jours et de les laisser ainsi sept à huit jours, moyennant cela, votre bière se conservera longtemps.

Dans tout le nord de l'Europe, on fait avec la bière une soupe très-substantielle et plus saine que la plupart des aliments usités chez les paysans, et tout le monde sait que le potage indigène et nationale de la Russie est cette fameuse soupe à la bière que Carême, alors qu'il était maître d'hôtel de l'empereur Alexandre, lui fit servir à tous les repas, lors de son séjour à Paris.

Voir pour ce potage l'article (*Soupe à la bière à la berlinoise*).

La bière, suivant le grain qu'on a employé pour la faire et le degré de fermentation où elle est arrivée, est plus ou moins bonne à la santé. La biere est en général nourrissante et rafraîchissante, mais elle cause quelquefois des viscosités, de la difficulté de respirer, des obstructions et des embarras dans les reins; au reste cela dépend des tempéraments et beaucoup de personnes qui font un usage fréquent de la bière, s'en trouvent très-bien.

Finissons par une petite anecdote qui nous a été racontée par un ennemi acharné de la bière.

Un malheureux condamné à mort se sent sur l'échafaud saisi d'une soif terrible et demande de quoi se rafraîchir. On lui présente alors un verre de bière qu'il repousse en disant :

— Non, pas de bière, elle engendre la gravelle !...

Avis aux condamnés à mort qui ont soif.

BIGARADE. — Sorte de citron trop amer pour être mangé cru. On en fait des confitures agréables; son suc, comme celui du verjus, sert à assaisonner une foule de mets.

Bigarade (en compote). — Aplatissez, dans un compotier, mais sans les écraser tout à fait, 250 grammes de marrons glacés, exprimez le jus de quatre bigarades grillées et mêlez-y un peu de sucre en poudre, avec une demi-cuillerée de curaçao, tournez, faites chauffer au bain-marie et versez sur les marrons, faites refroidir cette préparation, mais il faut toujours que le sirop soit bouillant quand on le transvase, afin que les marrons s'en laissent imprégner.

BIGARREAU. — Espèce de cerise bigarrée de rouge et de blanc; sa chair est ferme, et quoique mûre elle reste croquante. Le bigarreau donne dès la mi-juillet, et se mange à demi rouge. Il n'est d'ailleurs d'aucun usage culinaire.

BISCOTIN. — Pour opérer ce vieux mets de religieuse, on prendra en proportion du sucre cuit à la plume, on y mêle une pâte saupoudrée de sucre, pilée dans un mortier avec blanc d'œufs, eau de fleur d'oranger et un peu d'ambre; le tout étant bien incorporé se roule en petites boules qu'on jette dans une poêle d'eau bouillante; on les égoutte et on les cuit à feu ouvert.

BISCOTTES. — Faites des brioches en couronnes plates, coupées par tranches minces et faites dessécher au four à petit feu, forcez un peu la levure et servez-les beurrées et sucrées avec le thé.

BISCUITS. — Pâtisseries fines et légères, composées d'œufs, dont les blancs doivent être battus jusqu'à lassitude de poignet, avec du sucre, de la fleur de farine ou de fécule de pommes de terre, et de quelques aromates ou d'autres substances que l'on incorpore dans la pâte.

Biscuit de Savoie. — Prenez douze œufs frais, séparez les jaunes des blancs en ayant soin d'enlever tout le germe de l'œuf, c'est-à-dire le blanc (ce qui vous donne sur douze œufs beaucoup de neige), mettez les jaunes dans une terrine, ajoutez 500 grammes de sucre pilé bien sec, mettez votre essence vanille ou citron zesté; prenez deux spatules, battez bien vos jaunes jusqu'à ce qu'ils blanchissent et que la pâte se boursoufle; après cette manipulation, ajoutez 200 grammes de farine de gruau, 100 grammes de fécule de pommes de terre, faites bien sécher le tout ensemble; passez au tamis de soie, amalgamez farine et fécule dans vos jaunes et lissez la pâte.

Prenez vos blancs dans un bassin d'office; à l'aide d'un fouet en buis, fouettez doucement pour commencer, et lorsque vos blancs sont bien fermes, à l'état de neige, ajoutez-les aux jaunes d'œufs, ayant soin, avec une simple spatule, de manier la pâte légèrement et de la rendre maléable à entonner dans une bouteille; faites clarifier un peu de beurre; à l'aide d'un pinceau, beurrez bien toutes les parties du moule, laissez refroidir, saupoudrez avec de la glace de sucre bien sèche l'intérieur du moule, incorporez votre pâte dedans, à deux centimètres de la hauteur du moule en le frappant sur votre genou pour que la pâte tienne bien au moule, mettez à four doux; deux heures de cuisson suffisent, démoulez, et la glace de votre sucre fera sortir du moule un biscuit bien glacé et d'un jaune mat.

C'est ainsi que nous procédions avec MM. Allain et Chrétien, deux pâtissiers émérites, attachés à la maison du feu roi Charles X. Tous deux m'ont donné les principes de la pâtisserie.(VUILLEMOT.)

Biscuit manqué. — Le biscuit manqué se fait à seize œufs au lieu de douze; même procédé que ci-dessus, seulement ajoutez, après une manipulation légère, 250 grammes de bon beurre d'Isigny fondu dans la pâte, remuez le tout ensemble et beurrez une caisse carrée de quatre centimètres de hauteur, renversez votre pâte dedans, mettez à four doux; après cuisson, prenez des amandes hachées, sucrez-les, ajoutez deux blancs d'œufs, faites-en une pâte, mouillez le dessus du biscuit avec de l'œuf battu sur la surface, étendez votre appareil dessus d'égale épaisseur, laissez praliner au four doux, — découpez et détaillez par petits gâteaux carrés ou ovales et dressez sur une serviette. Cet entremets de pâtisserie est très-bon.

On prétend que ce gâteau a pris le nom de *manqué*, de ce que un apprenti ayant pris du beurre fondu pour de la génoise, mit ce beurre dans la pâte à biscuit, distraction de gâte-sauce qui devint une innovation culinaire. La part du hasard est grande dans les inventions humaines. (VUILLEMOT.)

Biscuit aux pistaches. — Prenez 250 grammes de pistaches bien fraîches, treize blancs d'œufs, neuf jaunes, 50 grammes de farine séchée et passée au tamis, enfin 50 grammes du plus beau sucre que vous pourrez trouver, battez à part les jaunes avec le sucre, fouettez les blancs en neige, mêlez les blancs et les jaunes, répandez la farine sur le tout, ajoutez la pâte de pistaches et peignez ce mélange avec du vert d'épinards; on verse dans des caisses de papier et on en glace le dessus au sucre et à la farine, on fait cuire dans un four peu chaud ou sous un four de campagne.

Biscuit aux amandes. — Les biscuits aux amandes, avelines, noisettes, se font par la même méthode, sinon qu'il faut y ajouter un peu de fleur d'oranger pralinée en poudre ou de la râpure de citron vert, en retrancher le suc d'épinards.

Biscuits à la cuiller. — Faites une pâte plus légère que pour le biscuit de Savoie, seize œufs au lieu de douze, 500 grammes sucre, maniez légèrement la pâte et couchez sur le papier avec une chausse. Glacez les biscuits et four doux pour laisser grêler le sucre dessus, attendez deux minutes avant de mettre au four.

Biscuit au chocolat. — Prenez douze œufs, 300 grammes de farine, 650 grammes de sucre, 90 grammes de chocolat fin à la vanille, le tout en poudre, battez les jaunes avec le chocolat et le sucre, ajoutez-y les blancs battus en neige, incorporez-y la farine, en remuant sans cesse, mettez la pâte en moule et glacez comme ci-dessus.

Biscuits à couper. — Quand vous aurez battu dix jaunes d'œufs dans une terrine avec 500 gr. de sucre pulvérisé, un peu de sel, de fleur d'oranger et de zeste de citron, vous les mêlerez avec les blancs bien fouettés, passez dessus, en maniant légèrement, 60 grammes de farine sèche dans un tamis de crin, dressez vos biscuits dans une caisse de papier, glacez-les et mettez-les dans le four à feu doux pendant une heure au moins, retirez-les et quand ils seront froids coupez-les ; puis si vous voulez en faire des biscuits à la bigarade, au cédrat, à l'orange, frottez votre fruit sur un morceau de sucre en pain pour qu'il prenne le zeste; mettez ce parfum dans la glace et glacez-en vos biscuits avant de les mettre à l'étuve ; on peut encore les glacer à la fraise, à la framboise, à la groseille, en mêlant dans la glace les chairs de ces fruits écrasées et tamisées.

Biscuits soufflés à la fleur d'oranger. — En mêlant du sucre en poudre passé au tamis avec un blanc d'œuf frais séparé du jaune, faites une glace de suffisante consistance. Quand elle sera à point, mêlez-y trois ou quatre grammes de fleur d'oranger pralinée ; remplissez de cette préparation de très-petits caissons de papier, faites cuire à feu doux et retirez quand ils auront acquis de la consistance.

Petits biscuits soufflés aux amandes. — Faites praliner 250 grammes d'amandes douces coupées en petits dés, mêlez-les avec une pincée de fleur d'oranger pralinée, dans une glace royale, faite avec deux blancs d'œufs bien frais, encaissez et faites cuire vos biscuits comme ci-dessus. Les petits biscuits soufflés au rhum, au vin d'alicante, aux liqueurs des îles, à la crème, se préparent de la même manière, c'est-à-dire au moyen de la même pâte.

Biscuits à la génoise. — C'est un biscuit croquant et le type de tous les autres. Prenez 500 grammes de farine, 120 grammes de sucre, de la coriandre et de l'anis en poudre, ajoutez quatre œufs et quantité suffisante d'eau tiède, pour faire une pâte levée ; faites cuire dans la tourtière, coupez ensuite en tranches et faites *biscuire.*

Biscuits à la mère Jeanne. — Faites une pâte de médiocre consistance avec deux blancs d'œufs, quatre cuillerées de sucre en poudre, deux cuillerées de farine et 30 grammes de fleur d'oranger pralinée en poudre.

On prend de cette pâte plein une cuiller à café, et on la couche sur des feuilles de papier en formant des ronds de la grandeur d'une pièce de cinq francs.

On les met au four, et on les retire lorsque les biscuits ont pris une belle couleur ; pour les détacher du papier, on mouille la feuille par derrière avec une éponge ; on dépose les biscuits sur un tamis pour les faire sécher et on les conserve dans des bocaux.

Biscuits à l'ursuline. — Prenez seize blancs d'œufs, six jaunes, la râpure d'un citron, 180 grammes de farine de riz, 300 grammes de sucre en poudre, 60 grammes de marmelade de pomme, 60 grammes d'abricots, 60 grammes de fleur d'oranger pralinée.

Pilez dans un mortier les marmelades et la fleur d'oranger, ajoutez-les ensuite aux blancs d'œufs fouettés en neige, battez les jaunes avec le sucre pendant un quart d'heure, mélangez le tout et battez encore. Lorsque le mélange est parfait, ajoutez la farine et la râpure de citron, dressez dans des caisses et faites cuire à un feu très-modéré.

Avant de mettre les biscuits au four, saupoudrez-les de sucre passé au tamis de soie. Et faites servir.

BISET. — Espèce commune de pigeon que l'on voit tourbillonner par masses au-dessus des colombiers des fermes et s'abattre dans la plaine si serrés les uns contre les autres, qu'ils semblent faire des tapis bariolés ; le biset mangé jeune est beaucoup plus tendre que le ramier et plus succulent que la grosse espèce appelée pigeon de pied. On le mange à la crapaudine, rôti, aux pois, de la même façon enfin que l'on mange les autres pigeons. A la broche, il est important de l'envelopper d'un triple rang de feuilles de vigne recouvert de bardes de lard.

BISHOP. — Liqueur dont les Anglais réclament l'invention et qu'ils ont appelés bishop, c'est-à-dire évêque. On appelle ainsi l'infusion de suc d'orange et de sucre dans un vin léger ; c'est une boisson fort en usage en Allemagne.

Un Allemand a dit de ce mélange, quand on le fait avec du vin de Bordeaux ou de Bourgogne, c'est une liqueur d'évêque.

Si on le fait avec du vin vieux du Rhin, c'est une liqueur de cardinal.

Si on le fait avec du vin de Tokai, c'est une liqueur de pape. (*A.-F. Aulagnier. Dictionnaire des aliments et boissons.*)

BISON. — Le bison, ou bœuf sauvage, habite dans toutes les parties tempérées de l'Amérique septentrionale et produit avec nos vaches.

Ce qui distingue le bison du bœuf est d'abord cette bosse qui s'élève sur ses épaules et qui, comme celle du zébu, n'est formée que d'une masse graisseuse, et varie suivant la grandeur ou l'embonpoint de l'animal ; il a aussi une longue barbe de crin et un toupet pareil qui pend échevelé entre ses deux cornes, presque sur ses yeux, ce qui lui donne un air sauvage et féroce, quoiqu'il soit fort doux et tout à fait inoffensif. Son poitrail est large, sa croupe effilée, sa queue épaisse et courte, ses jambes grosses et tournées en dehors, son poil roussâtre et long s'élève sur ses épaules, et le reste du corps est couvert d'une laine que les Indiennes tissent pour en faire des vêtements, des sacs à blé et des couvertures.

Les bisons sont si nombreux dans les steppes du Missouri, que leurs troupes mettent quelquefois plusieurs jours à défiler quand ils émigrent, leur marche fait trembler la terre et on en entend le bruit à plusieurs milles de distance.

Les Indiens ont une danse, la *danse du bison* qui vient de ce que pour faire la cour à sa génisse, cet animal danse tout autour en galopant en rond. Immobile au milieu du cercle que décrit son futur mari, la génisse mugit doucement, semblant encourager de cette manière les avances que lui fait le bison.

La viande du bison, coupée en larges et minces tranches, se fait sécher au soleil, à la fumée, et devient alors très-savoureuse, elle se sale et se conserve plusieurs années, comme celle du jambon. Elle a la même saveur que celle du bœuf avec un petit goût âcre et sauvage qui la rapproche de celle du cerf; dans les vaches, ce sont la bosse et les langues que l'on estime le plus, elles sont très-bonnes à manger fraîches, soit bouillies soit rôties.

Cet animal est très-utile aux Indiens; il les nourrit de sa chair, les vêt de sa peau et de sa laine, et sa fiente même, brûlée, donne une braise ardente dont ils se servent pour se chauffer dans les savanes où le manque de bois ne leur laisse que cette seule ressource.

Le bison et le sauvage, a dit Chateaubriand, placés sur le même sol, sont le taureau et l'homme dans l'état de nature; ils ont l'air de n'attendre tous les deux qu'un sillon, l'un pour devenir domestique, l'autre pour se civiliser.

BISQUE. — S'il était nécessaire de rappeler à nos lecteurs bien appris, dit l'auteur des *Mémoires* de Mme de Créquy, quelles sont toutes les qualités et toutes les illustrations de la bisque nous commencerions par citer, en guise d'épigraphe, ces vers gaulois du vieux chapelain de François 1er, Meslin de Saint-Gelais :

> Quand on est fébricitant
> Ma dame on se trouve en risque,
> Et pour un assez long temps,
> De ne jouer à la brisque
> Et de mal disner, partant,
> De ne point manger de bisque,
> Si rude et si fascheux risque,
> Que je bisque en y songeant !

Nous passerions ensuite à ce contemporain de l'austère Boileau, à cet heureux gourmand :

> . . . . dont la mine fleurie
> Semblait d'ortolans seuls et de bisque nourrie.

Vincent de la Chapelle a déclaré que la bisque au bon coulis était le plus royal des mets royaux; et M. de la Reynière nous dit fièrement que c'est un aliment princier ou financier. Brillat-Savarin, conseiller à la cour de cassation et commandeur de la Légion d'honneur, a dit dans sa physiologie du goût, que s'il restait dans ce monde une ombre de justice, on rendrait publiquement aux écrevisses cuites, *un culte de Latrie*.

Bisque d'écrevisses (potage). — Lavez cinquante écrevisses : jetez-les dans une casserole, ajoutez une mirepoix composée de carottes émincées, oignons en rouelle, un bouquet garni, assaisonnez de sel, poivre, un peu de piment en poudre; mouillez avec une grande cuiller à pot de consommé et un verre de madère, après cuisson, retirez la chair des queues, coupez-les en dés et mettez-les à part. Faites blanchir 125 grammes de riz, faites-le crever au consommé, ajoutez-le aux carapaces d'écrevisses et à la mirepoix; pilez le tout dans un mortier, mouillez et passez le tout à l'étamine; ajoutez à votre purée le bouillon de vos écrevisses, tournez-la sur le fourneau avec une cuillier de bois, retirez-la avant son ébullition et enlevez la pulpe de votre purée; ajoutez un morceau de beurre frais, mettez-le avant de le servir au bain-marie, ajoutez avec vos queues d'écrevisses des petits croutons en dés passés au beurre, mettez le tout dans une soupière, versez le potage dessus et servez bien chaud. (VUILLEMOT.)

Bisque à la normande (ou potage aux pouparts). — Faites cuire vingt minutes, avec de l'oignon, du persil et des tranches de carottes, deux douzaines de petits crabes dans une eau salée, laissez refroidir dans leur cuisson, égouttez sans les éplucher, pilez-les dans un mortier en y joignant gros comme un œuf de mie de pain tendre ou deux cuillerées de riz cuit à la vapeur; mouillez cette pâte avec du consommé si c'est au gras, avec des quatre racines si c'est au maigre; faites-la passer à l'étamine, puis, faites-la bien chauffer au bain-marie en y ajoutant votre bouillon gras ou maigre. Ces crustacés doivent être de ceux qu'on appelle pouparts sur la côte de Normandie, ils contiennent plus d'œufs et de laitance que tous les autres petits crabes connus sous d'autres noms.

BISTORTE. — Espèce de renouée, ainsi nommée parce que ses racines sont tortues et repliées en forme d'S.

La bistorte quoique n'ayant pas du tout une apparence farineuse, est très-nourrissante et pourrait, dans un cas de disette, servir à l'alimentation : on ne ferait en cela que suivre l'exemple des Samoyèdes qui la mangent en place de pain.

BLANC. — On appelle ainsi une composition dont l'usage est souvent ordonné dans les formules culinaires : faites bouillir dans une petite quantité d'eau du lard râpé, des tranches de carottes, autant d'oignons, une feuille de laurier, du persil en branche, et un nouet de toile fine où vous aurez mis du poivre en grain et quelques clous de girofle; il faut laisser bouillir le tout en le tournant sans cesse jusqu'à ce que l'eau soit entièrement évaporée, mouillez alors avec une plus grande quantité d'eau, faites bouillir de nouveau, écumez avec soin et conservez cette préparation dans une terrine pour vous en servir suivant la formule.

BLANC-MANGER (suivant l'ancienne recette). — On voit dans les lettres de Mme de Maintenon, que Fagon ordonnait cet aliment dans les cas d'affections ou dispositions inflammatoires.

Pilez 125 grammes d'amandes mondées en y joignant un peu d'eau, pour empêcher la séparation d'huile, ajoutez-y un litre de consommé fait sans légumes et complétement dégraissé; à la place des légumes on met, dans le pot où se fait le consommé, deux clous de girofle, un bâton de cannelle et un peu de sel; quand le bouillon est bien mêlé avec les amandes on y ajoute 60 grammes de blanc de volaille rôtie, hachée et pilée, après qu'on en aura ôté la peau, les tendons et les os; au lieu de volaille on peut se servir de veau rôti, on peut ajouter aussi gros comme un œuf de mie de pain mollet, ce qui rendra le blanc-manger plus épais. Le tout bien mêlé, on étamine en tordant, et on reverse ce qui a passé sur le marc en tordant encore pour en extraire tout ce qui peut en être extrait; on verse ce qui a passé dans un poêlon en y ajoutant le jus d'une orange et 125 grammes de sucre; on met le poêlon sur un feu vif, on remue d'abord pour que le blanc-manger s'épaississe, et on le laisse un peu reposer, ensuite on le remue de temps en temps avec une cuiller, il est cuit quand il est pris.

« *Blanc-manger* (suivant la recette de M. Beauvilliers). — Ayez deux pieds de veau : fendez-les en deux, afin d'en ôter les gros os, faites-les dégorger et blanchir ; rafraîchissez-les ; mettez-les dans une marmite, avec une pinte et demie d'eau ; faites-les partir ; écumez-les ; laissez-les cuire deux ou trois heures, dégraissez et passez leur bouillon au travers d'une serviette mouillée ; faites blanchir et émondez un quarteron d'amandes douces avec six amères, pilez-les, réduisez-les en pâte ; ayez soin de les mouiller de temps en temps avec un peu d'eau pour qu'elles ne tournent point en huile ; mettez dans une casserole un demi-setier d'eau, un quarteron et demi de sucre, le zeste de la moitié d'un citron et une bonne pincée de coriandre ; laissez infuser le tout une demi-heure ; retirez-en la coriandre et le citron, versez cette infusion sur vos amandes ; passez-la plusieurs fois à travers une serviette ; ajoutez-y autant de gelée de pieds de veau qu'il en faut pour que votre blanc-manger soit délicat, et qu'il puisse prendre suffisamment, ce dont vous vous assurerez en en faisant l'essai. Parvenu à son degré et d'un bon goût, versez-le soit dans de petits pots, soit dans un moule et faites-le prendre à la glace comme les autres gelées. Vous pouvez faire ce blanc-manger, ainsi que toutes les gelées possibles, avec de la colle de poisson, de la corne de cerf ou de la mousse d'Islande. »

La recette de M. Beauvilliers est excellente ; elle défie les innovations, on aurait tort de ne la point suivre.

Blanc-manger frit. — Prenez une casserole avec un demi-litre de crème, un quart de farine de riz, des zestes de citron hachés et un peu de sel, laissez sur le feu trois heures en remuant par intervalles. Quand votre préparation sera presque cuite, ajoutez-y du sucre, quatre massepains et six macarons écrasés ; achevez de faire cuire, cassez et incorporez avec elle trois œufs l'un après l'autre, faites lier cette pâte, étalez-la sur un couvercle fariné, poudrez de farine, et laissez-la refroidir. Divisez-la en petits carrés, faites-en de petites boules, faites chauffer la friture dans une poêle, et au moment de servir, mettez-la dans une passoire dans laquelle vous aurez versé vos pâtes remuez souvent la passoire et dès que vos boules auront une belle couleur, retirez-les, goûtez-les, dressez-les et saupoudrez de sucre. On peut hacher des blancs de volaille rôtie et les incorporer dans cette préparation.

BLOND DE VEAU. — Voltaire, qui était toujours non-seulement quelque part, mais chez quelqu'un, et qui quelque part qu'il fût, écrivait des lettres pour être imprimées, écrivait de Cirey à son ami Saint-Lambert : « Venez à Cirey ou Mme Duchatelet ne vous laissera pas empoisonner ; il n'y a plus une cuillerée de jus dans la cuisine, tout s'y fait au blond de veau, nous vivrons cent ans, et nous ne mourrons plus jamais. » Or la recette de ce blond de veau avait été donnée à Mme Duchatelet par le célèbre Tronchin, dont le cours d'hygiène était renfermé dans ces trois recommandations : « tenez-vous la tête froide, les pieds chauds et le ventre libre. » Voici donc la recette de Mme Duchatelet.

Blond de veau à la Duchatelet. — « Garnissez le fond d'une casserole avec des tranches de veau, ajoutez-y des abatis de volaille avec un peu de beurre ou du lard fondu, des oignons, des carottes et un bouquet garni ; mouillez avec une cuillerée de bouillon, laissez réduire sans laisser attacher, mouillez encore avec du bouillon en suffisante quantité pour que tout soit couvert, faites bouillir et écumez, ensuite amortissez le feu et faites cuire doucement pendant deux heures.

« Faites séparément un roux blanc, passez-y des champignons pendant quelques minutes, et versez-y le jus de la viande en remuant toujours, pour que le roux se mélange intimement, faites bouillir et écumer, et tenez la casserole sur un feu doux pendant une bonne heure, passez à l'étamine après avoir dégraissé. »

Blond de veau à la parisienne. — Prenez deux casis et deux jarrets de veau, mettez-les dans une casserole avec quatre oignons que vous mouillez avec deux cuillerées de bon bouillon. Vous posez le tout sur un fourneau tout allumé, quand le bouillon qui est dans la casserole est réduit, vous transportez la casserole sur un feu doux, où votre veau devra suer sans que la glace ait le temps de s'attacher. Quand la glace du fond de la casserole est de belle couleur, vous la remplissez de bouillon soigneusement écumé et surtout n'assaisonnez pas.

Blond de veau à la Beauvilliers. — « Beurrez le fond d'une casserole, mettez-y quelques lames de jambon, deux à trois kilos de veau de bonne qualité, deux ou trois carottes tournées, autant d'oignons, mouillez le tout avec une cuillerée de grand bouillon, faites-le suer sur un feu doux, et réduire jusqu'à consistance de glace; quand elle sera d'une belle teinte jaune, retirez-la du feu, piquez les chairs avec la pointe d'un couteau pour en faire sortir le reste du jus, couvrez votre blond de veau, laissez-le suer ainsi un quart d'heure, et mouillez-le de grand bouillon, selon la quantité de vos viandes, mettez-y un bouquet de persil et ciboule, assaisonné de la moitié d'une gousse d'ail et piqué d'un clou de girofle, faites bouillir ce blond de veau, écumez-le, mettez-le mijoter sur le bord d'un fourneau ; vos viandes cuites, dégraissez-le, passez-le comme il est dit à l'article précédent, et servez-vous comme de *l'empotage,* pour le riz, le vermicelle et même vos sauces. » (*Recette de M. Beauvilliers.*) Non-seulement avec cette recette on peut faire d'excellents potages, mais un bon velouté et une bonne espagnole (*voir* SAUCES).

BAOBAB. — Arbre qui produit un fruit connu au Sénégal sous le nom de pain de singe, parce que cet animal s'en nourrit beaucoup; on ne s'en sert guère que pour faire une boisson rafraîchissante en exprimant son suc et le mêlant avec du sucre.

BODIAN. — Poisson dont il existe plusieurs variétés étrangères, sa chair est excellente.

BOEUF. — On se plaint de la décadence de la cuisine; cette décadence est bien plutôt l'œuvre des maîtres que des serviteurs. Autrefois les grands gastronomes, comme le maréchal de Richelieu, le duc de Nivernais et le comte d'Escur, faisaient une fois au moins par semaine venir leur maître d'hôtel, pour lui demander où on en était des découvertes culinaires; les conversations savantes entre le maître et le serviteur faisaient avancer à grands pas la science gastronomique, en mettant le maître en face de la grande pratique et le cuisinier en face de la grande théorie. Quand M. le duc de Nivernais était obligé de changer ses chefs de cuisine ou qu'ils avaient appris quelques nouveautés qui lui paraissaient admissibles, il avait la patience et la conscience de s'en faire servir et d'y goûter huit jours de suite afin de conduire et de faire aboutir la chose au point de sa perfection. Il avait le palais tellement bien exercé qu'il pouvait distinguer si le blanc d'une aile de volaille provenait du côté du fiel. Quant à M. de Richelieu, c'était le côté pratique surtout qu'il connaissait mieux que le meilleur maître d'hôtel. Une anecdote est parfois plus probante qu'une règle de trois.

C'était à la guerre de Hanovre, où le pays se trouvait dévasté tout autour de l'armée française à plus de quatre-vingts kilomètres à la ronde, on avait fait prisonnier tous les princes et toutes les princesses d'Ostfrise, au nombre de vingt-cinq personnes, auxquelles il est bon d'ajouter une assez raisonnable suite de filles d'honneur et de chambellans. Le maréchal de Richelieu avait résolu de leur donner la clef des champs, mais avant de lâcher prise, il imagina de leur offrir à souper, ce qui mit ses officiers de bouche au désespoir.

Mais quand M. de Richelieu avait résolu quelque chose, il fallait que la chose s'exécutât. Il réunit tous ses officiers de bouche.

« Qu'avez-vous à la cantine, messieurs, leur demanda-t-il?

— Monseigneur, il n'y a rien.

— Comment rien?

— Rien du tout.

— Mais pas plus tard qu'hier, j'ai vu deux cornes passer par la fenêtre.

— C'est vrai, monseigneur, il y a un bœuf et quelques racines, mais que voulez-vous faire de cela?

— Ce que j'en veux faire, mais pardieu j'en veux faire le plus beau souper du monde.

— Mais, monseigneur, on ne pourra jamais.

— Allons donc, on ne pourra jamais. Rudière, écrivez le menu que je vais vous dicter, pour mâcher la besogne à ces ahuris de Chaillot. Savez-vous comment on écrit le tableau d'un menu, Rudière?

— Mais, monseigneur, j'avoue...

— Rendez-moi votre place et votre plume. »

Et voilà le généralissime qui s'assied à la place de son secrétaire et qui improvise un souper classique, un menu qui a été recueilli dans la collection de M. de la Poupelinière, et voici comment il est inscrit dans les nouvelles à la main.

MENU D'UN EXCELLENT DINER TOUT EN BŒUF.

DORMANT.

Le grand plateau de vermeil avec la figure équestre du Roi;
Les statues de Duguesclin, de Dunois, de Bayard et de Turenne;
Ma vaisselle de vermeil avec les armes en relief écaillé.

PREMIER SERVICE.

Une oille à la garbure gratinée au consommé de bœuf.

QUATRE HORS-D'ŒUVRE.

Palais de notre bœuf à la Sainte-Menehould.	Les rognons de ce bœuf à l'oignon frit.
Petits pâtés de hachis de filet de bœuf à la ciboulette.	Gras-double à la poulette au jus de citron.

RELEVÉ DE POTAGE.

La culote de bœuf garnie de racines au jus.

(*Tournez grossquement vos racines, à cause des Allemands.*)

SIX ENTRÉES.

La queue du bœuf à la purée de marrons.	La noix de notre bœuf braisée au céleri.
Sa langue en civet (*à la bourguignonne*).	Rissolés de bœuf à la purée de noisettes.
Les paupières du bœuf à l'estafoulade aux capucines confites.	Croûtes rôties à la moelle de notre bœuf. (*Le pain de munition vaudra l'autre.*)

SECOND SERVICE.

L'aloyau rôti (*Vous l'arroserez de moelle fondue*).
Salade de chicorée à la langue de bœuf.
Bœuf à la mode à la gelée blonde mêlée de pistache.
Gâteau froid de bœuf au sang et au vin de Juranson (*ne vous y trompez pas*).

SIX ENTREMETS.

Navets glacés au suc de bœuf rôti.

Tourte de moelle de bœuf à la mie de pain et au sucre candi.

Aspic au jus de bœuf et aux zestes de citron pralinés.

Purée de culs d'artichauts au jus et au lait d'amandes.

Beignets de cervelle de bœuf marinée au jus de bigarades.

Gelée de bœuf au vin d'Alicante et aux mirabelles de Verdun.

Et puis tout ce qui me reste de confitures ou conserves.

Si, par un malheureux hasard, ce repas n'était pas très-bon, je ferai retenu sur les gages de Maret et de Rouquelère une amende de 100 pistoles. Allez, et ne doutez plus.

RICHELIEU.

M. Vuillemot, qui raconte volontiers cette anecdote, ne manque jamais de l'accompagner de savants commentaires. Selon cet habile opérateur, la tourte à la moelle, demandée par le galant maréchal, est un mets hérétique; le pied de bœuf à la poulette est oublié à tort sur le menu; les beignets de cervelle sont un hors-d'œuvre et ne sauraient devenir, même de par le vouloir de l'irrésistible duc, un entremets. M. Vuillemot fait observer que, pour le malheur du menu bovin, le gras-double à la mode de Caen était inconnu au XVIII° siècle.

Sans le bœuf, dit Buffon, on aurait beaucoup de peine à vivre; la terre demeurerait inculte, les champs et même les jardins seraient secs et stériles; il est le domestique de la ferme, le soutien du ménage champêtre; il fait toute la force de l'agriculture; et aussi les anciens regardaient-ils comme un crime de se nourrir de sa chair. Pline rapporte qu'un citoyen fut banni pour avoir tué un bœuf. Valère-Maxime dit la même chose. Les Grecs modernes n'en mangeaient point, par respect pour *l'animal laboureur*. Dans les villages indous, celui qui mange de sa chair est regardé comme infâme. Les Égyptiens consultaient le bœuf Apis comme un oracle. C'est peut-être par un reste de cette vénération qu'à Paris on promène chaque année le bœuf gras. Cet animal change de nom d'après son âge, il est d'abord veau, puis bouvillon et enfin bœuf. Il y en a de plusieurs espèces, de plusieurs grandeurs et grosseurs, et ceux d'Egypte, par exemple, sont plus gros que ceux de la Grèce; de même qu'en France, nos meilleurs bœufs sont fournis par l'Auvergne et la Normandie. Lors de la découverte de l'Amérique, on n'y trouva pas le bœuf; mais importé par les Espagnols, il s'y multiplia considérablement, et est devenu depuis un des mets favoris des Américains, qui, comme les Anglais, proclament en tout et pour tout la supériorité du bœuf sur les autres viandes. Sa chair est celle qu'on emploie le plus généralement, elle nourrit bien et la digestion s'en fait facilement quand elle est de bonne qualité. Elle n'est cependant pas aussi bonne dans tous les pays, elle diffère aussi d'après les pâturages. La viande est excellente quand l'animal est jeune et gras, et convient, en général, à tout le monde, mais plus encore à ceux qui ont un bon estomac, qui font beaucoup d'exercice et qui ont besoin d'être bien nourris. Les personnes sédentaires, les convalescents, les estomacs faibles ne doivent en faire usage qu'après avoir consulté leurs forces. La viande de bœuf est aussi celle qui donne le meilleur bouillon.

Nous allons indiquer maintenant quelques-unes des nombreuses manières d'accommoder le bœuf et de le manger.

Les parties les plus recherchées sont la culotte, l'aloyau, la noix, les entre-côtes, les côtes et la poitrine ; l'épaule, que les bouchers nomment paleron, est inférieure aux parties élancées, le flanchet, le collier et la tête sont les parties les moins estimées comme le filet mignon est ce qu'il y a de plus délicat ; laissons de côté la cervelle qui est rarement bonne chez le bœuf, attendu l'habitude qu'on a en France de les assommer. On fait de la langue et du palais sous divers formes des mets assez délicats, les rognons sont ce qu'il y a de plus grossier dans le bœuf, quoique ce soit souvent avec eux que l'on fasse des rognons au vin de champagne ; comme il semble que la destination naturelle du bœuf soit de faire du bouillon, commençons l'énumération des plats qu'il fournit par celle de bœuf bouilli.

Le bœuf bouilli est fort méprisé des gastronomes, qui l'appellent de la viande sans jus ; mais il est la providence des pauvres gens et des petits ménages, à qui il fournit, non-seulement le dîner du jour, mais le déjeuner du lendemain.

Nous dirons plus tard, à l'article bouillon, la manière de

faire le bouillon le meilleur possible; ici nous ne nous occupons que du bœuf.

La manière la plus habituelle de servir le bœuf et hâtons-nous de dire que, dans ce cas, le morceau qui offre le plus de sapidité est la pointe de culotte, la manière, disons-nous, la plus habituelle de servir le bœuf, est, après l'avoir fait égoutter, de le servir sur un plat entouré soit de persil, soit de pommes de terre frites, soit d'une sauce tomate, soit d'oignons glacés ; vous trouverez tous ces accompagnateurs fidèles du bœuf, chacun à sa lettre.

Bœuf garni aux choux. — Prenez deux ou trois choux, coupez-les par quartiers, lavez-les, faites-les blanchir ; lorsqu'ils seront blanchis, rafraîchissez-les, ficelez-les, mettez-les dans une marmite, mouillez-les avec du bouillon, si vous avez une braise ou quelques bons fonds servez-vous-en, ajoutez-y quelques carottes, deux ou trois oignons, dont un piqué de trois clous de girofle, une gousse d'ail, du laurier et du thym ; de plus, pour que vos choux soient bien nourris, ajoutez-y le derrière de votre marmite, laissez-mijoter trois ou quatre heures, égouttez vos choux sur un linge blanc, pressez-les pour en faire sortir la graisse en leur donnant la forme d'un rouleau à pâte, dressez-les autour de votre pièce, masquez-la, ainsi que vos choux, avec une espagnole réduite et servez.

Pièce de bœuf au pain perdu. — Si vous n'avez pas une culotte de bœuf, prenez un aloyau ou seulement une partie, levez le filet mignon, il vous servira pour faire une entrée, dressez le reste, ficelez-le, roulez-le en manchon, marquez-le comme une pièce de bœuf ordinaire et faites-le cuire, coupez des lames de pain mollet en queue de paon ou en cœur, cassez trois œufs, battez-les comme une omelette, assaisonnez d'un peu de sel et de crème, trempez-y vos lames de pain, faites-les frire dans du beurre, ayez soin de les retourner les unes après les autres lorsqu'elles seront d'une belle couleur, égouttez-les sur un linge blanc, la cuisson de votre pièce de bœuf ou d'aloyau étant achevée égouttez-la, après l'avoir déficelée, vous la poserez sur le plat, vous rangerez autour d'elle vos lames de pain, faites sautez le tout, soit avec une espagnole, soit avec une sauce hachée, et servez.

Pièce de bœuf à l'écarlate. — Prenez tout ou partie d'une culotte de bœuf, laissez-la se mortifier trois jours ou plus, désossez, lardez, avec assaisonnement : persil, ciboules, poivre et épices, frottez de sel très-sec tamisé avec 30 ou 60 grammes de salpêtre purifié, mettez votre pièce dans une terrine d'office, avec genièvre, thym, basilic, ciboule, ail, clou de girofle et oignon, enveloppez d'un linge et couvrez-la d'un vase, laissez-la ainsi huit jours, retournez-la et recouvrez-la avec le même soin, et laissez-la encore trois ou quatre jours, ensuite retirez-la et faites-la égoutter, mettez dans une marmite de l'eau, assaisonnée de carottes, oignons et d'un bouquet, faites-la partir, et lorsque votre eau sera au grand bouillon, mettez-y votre culotte, après l'avoir enveloppée d'un linge blanc, que vous ficellerez, faites-la cuire ainsi pendant quatre heures sans interruption, après retirez-la pour la placer dans une terrine de sa forme, jetez dessus l'assaisonnement dans lequel elle a cuit, et laissez-la refroidir, servez-la sur une serviette comme un jambon, avec du persil vert autour.

Si vous la voulez servir chaude, mettez-la sur un plat comme une pièce de bœuf, avec un bon jus de bœuf corsé, et autour du raifort ou du cran râpé.

Culotte de bœuf à la gelée ou à la royale. — Prenez une culotte ou une partie, choisissez-la de bonne qualité et qu'elle soit bien couverte, dressez-la, lardez-la de gros lard, comme la culotte à l'écarlate, et assaisonnez ces lardons de même, enveloppez-la dans un linge blanc, ficelez-la, mettez-la dans une braisière, au fond de laquelle vous aurez mis les os de votre culotte, cinq ou six carottes, quatre oignons, deux gousses d'ail, un bouquet de persil et de ciboules, deux feuilles de laurier, un jarret de veau, un verre de vin blanc, du sel ce qu'il en faut pour qu'elle soit d'un bon goût, deux ou trois cuillerées à pot de bouillon ; faites-la partir sur un bon feu, couvrez-la de trois épaisseurs de papier beurré, couvrez votre braisière avec son couvercle, faites-la aller doucement avec feu dessus feu dessous environ quatre heures ; lorsque votre culotte sera cuite, retirez-la, laissez-la refroidir dans le linge, passez son fond à travers une serviette que vous aurez eu soin de mouiller afin que la graisse ne passe pas avec, laissez-la refroidir, fouettez avec une fourchette deux blancs d'œufs avec un peu d'eau, jetez-les dans votre fond encore tiède, remuez-le, mettez-le sur le feu jusqu'à ce qu'il commence à bouillir, retirez-le, couvrez-le avec un couvercle sur lequel vous mettrez quelques charbons ardents, laissez dans cet état votre fond près d'un quart d'heure, levez le couvercle, si votre fond est limpide, passez-le de nouveau à travers un linge mouillé et tordu, faites refroidir votre gelée pour voir si elle est trop forte ou trop légère. Dans le premier cas, mettez-y un peu de bouillon ; dans le second, faites-la cuire de nouveau avec un jarret de veau et clarifiez-la encore, ainsi qu'il est dit plus haut.

« Si elle n'était pas assez ambrée, vous pourriez y mettre un peu de jus de bœuf; si vous voulez décorer votre pièce de différentes couleurs, telles que rouge et vert, vous pouvez, pour la première, employer un peu de cochenille, après l'avoir fait infuser sur un feu doux, et en mettre seulement quelques gouttes, jusqu'à ce que vous ayez atteint le rouge que vous désirez : le mieux est que la couleur ne domine pas. Si vous la désirez verte, prenez un peu de jus d'épinards à cru, mettez-en également fort peu, afin de conserver la limpidité de votre gelée. Si vous n'aviez pas de cochenille et que ce fût en hiver, vous la remplaceriez aisément en substituant un peu de jus de betteraves rouges, pilées à cru, et en agissant comme pour la cochenille ; vous coulez toutes ces gelées dans des vases disposés de manière à pouvoir couper vos gelées de l'épaisseur d'un pouce ou moins, et de diverses façons, pour en décorer à volonté la pièce à servir, comme si c'était des rubis ou émeraudes ; ensuite déballez votre pièce, parez-la sur tous les sens, ôtez légèrement la peau de la première graisse qui la couvre, mettez-la sur un plat, qu'elle soit d'aplomb, garnissez-la de gelée, faites une bordure de couleurs, en les plaçant alternativement, l'une rouge et l'autre verte, comme le sont les diamants d'une couronne, et servez. » (Recette originale et manuscrite de V. de la Chapelle, à la Bibliothèque impériale.)

Rosbif, rond-bif ou corne-bif. — Prenez un morceau gras de cuisse de bœuf, coupez au-dessus de la culotte, de façon que le gros os se trouve au milieu, sciez cet os, faites sécher et piler 1 à 2 kilos de sel, tamisez ce sel, mêlez-y un peu d'épices fines et d'aromates en poudre, frottez-en toutes les parties de votre bœuf, mettez-le dans une grande terrine de grès avec le restant de votre assaisonnement; couvrez-le d'abord d'un linge, fixez ce linge avec de la ficelle autour de la terrine et couvrez-le bien, mettez-la au frais trois ou quatre jours; après, retournez dans son assaisonnement votre pièce de bœuf, faites-en de même tous les deux jours, durant huit ou neuf jours. Lorsque vous voudrez vous en servir, retirez-la, laissez-la égoutter et ficelez-la, mettez de l'eau dans une casserole ronde, avec navets, carottes, oignons, quatre clous de girofle, quatre feuilles de laurier; faites bouillir cet assaisonnement et mettez-y votre pièce de bœuf, posez-la sur une feuille de turbotière, afin de pouvoir l'enlever sa cuisson faite, sans la casser, faites-la bouillir durant trois heures, retirez-la, dressez-la sur votre plat, garnissez-la des légumes avec lesquels elle aura cuit, et servez-la avec deux saucières, une de sauce au beurre et l'autre de jus de bœuf. Surtout n'oubliez pas deux pieds de veau désossés pour gélatine.

Bœuf à la mode, à la bourgeoise. — Prenez de préférence le milieu de la culotte ou tranche grasse, lardez-la de gros lard, mettez-la dans une terrine avec deux carottes, quatre oignons dont un piqué de deux clous de girofle, ail, thym, laurier, sel et poivre, vous verserez sur le tout un grand verre d'eau, un demi-verre de vin blanc ou une cuillerée d'eau-de-vie, faites cuire jusqu'à ce que votre viande soit très-tendre, ensuite dégraissez, passez votre jus au tamis, et servez; il faut cinq ou six heures pour faire un bon bœuf à la mode.

Langue de bœuf, sauce hachée. — Il faut la mettre pendant vingt-quatre heures dégorger à l'eau fraîche en la changeant plusieurs fois d'eau, plongez-la plusieurs fois dans l'eau bouillante pour la blanchir, râtissez-la pour enlever la peau et la parer, piquez-la de gros lardons, assaisonnez-les de poivre, de sel, de muscade, persil, échalotes hachées, faites-la cuire cinq heures dans une braise.

Composition de la braise. Garnissez une braisière ou une daubière de bardes de lard, d'un pied de veau découpé, pour rendre la sauce gélatineuse, à défaut de pied de veau, prenez un bon morceau de couenne de lard salé, mettez sel, poivre, bouquet de persil, ciboule, thym, laurier, clous de girofle, oignons et carottes, mettez sur cet assaisonnement votre langue de bœuf, ajoutez un verre de vin blanc, un demi-verre d'eau-de-vie, un verre d'eau ou de bouillon, couvrez d'un papier beurré, recouvrez bien hermétiquement votre casserole avec un couvercle afin qu'il n'y ait point d'évaporation, faites cuire à petit feu pendant plusieurs heures, puis retirez votre langue, fendez-la en long sans la séparer, dressez-la sur un plat, dégraissez la cuisson, passez-la, mouillez-en un roux, faites réduire, joignez-y un peu d'échalotes, de persil, de champignons, de cornichons hachés fin, poivrez, faites bouillir pendant cinq minutes et servez.

Langue de bœuf piquée rôtie. — Préparez votre langue comme pour une braise, faites-la cuire avec deux cuillerées de bouillon, tranches de lard, bouquet garni, deux oignons dont un piqué de deux clous de girofle; lorsqu'elle sera aux trois quarts cuite, retirez-la, faites-la refroidir, piquez-la de gros lard dans l'intérieur et de fin par-dessus, mettez-la ensuite à la broche pendant une heure, servez ensuite une sauce piquante dans une saucière.

Langue de bœuf au gratin. — Coupez en tranches très-minces une langue de bœuf cuite à la broche ou à la braise, prenez le plat dans lequel vous comptez la servir sur la table, mettez dans le fond un peu de bouillon, un filet de vinaigre, des cornichons, persil, ciboules, échalotes, un peu de cerfeuil, le tout haché très-fin, sel, gros poivre, chapelure de pain. Couchez en dessus cette préparation les tranches de votre langue, assaisonnez-la dessus comme vous avez fait dessous, finissez par la chapelure, mettez le plat sur un fourneau à petit feu, faites bouillir jusqu'à ce qu'il se gratine, et en le servant délayez-le d'un peu de bouillon.

Les restes de langue cuite à la braise ou à la broche peuvent être coupés par tranches, panés à la Sainte-Menehould, servis sur une sauce à volonté en papillottes comme les côtelettes de veau.

Biftecks (cuits selon la méthode de M. Gogué). — Les

biftecks doivent être pris soit dans les côtes, soit dans le filet du bœuf ; après avoir choisi le morceau qui vous convient, vous le parez en ayant soin de ne laisser aucune partie nerveuse, puis vous le coupez en portions de la même épaisseur (deux ou trois centimètres) et vous aplatissez légèrement chacun des morceaux, auxquels vous donnez la forme ronde. Trempez les biftecks dans de l'huile d'olive, si vous voulez les rendre plus tendre, ou bien dans du beurre fin, que vous aurez fait fondre et dans lequel vous aurez mis une pincée de sel.

Ayez alors une bonne braise, claire, ardente, sans fumerons et sans autres corps étrangers qui puissent produire de la fumée. Placez sur cette braise le gril bien nettoyé, et sur le gril les biftecks préparés, ainsi qu'il a été dit. Surveillez-les, mais n'y touchez plus, jusqu'à ce que le moment de les retourner soit arrivé, ce moment vous est indiqué par des bulles qui se forment à la partie supérieure de la viande. Une fois retournés, ils ne doivent plus être maniés que pour être dressés sur le plat. C'est du bout du doigt qu'il faut les interroger, et on reconnaît à une certaine résistance que la cuisson est arrivée à point. Dressez-les alors en couronnes sur le plat, assaisonnez de poivre et de sel, et mettez dessous une sauce maître-d'hôtel qui est tout simplement un morceau de beurre frais manié avec un peu de persil haché et un jus de citron. Faites frire des pommes de terre taillées en petits bâtons carrés de la longueur d'un doigt, légèrement assaisonnés de sel, garnissez-en les biftecks et servez chaud.

Les biftecks au beurre d'anchois ou à la tomate, se préparent de la même manière que ci-dessus, à l'exception de la maître-d'hôtel, que vous remplacez par un beurre d'anchois ou par une sauce tomate. On peut également remplacer, si on veut, les pommes de terre, soit par du cresson que l'on assaisonne d'un peu de sel et de vinaigre, soit par de gros cornichons coupés en lames.

Remarque. — Il faut bien se garder d'assaisonner les biftecks pendant leur cuisson, c'est une grave erreur dont nous devons faire connaître les conséquences. Le sel, qui sur le feu devient un dissolvant, fait saigner les viandes et leur enlève ainsi le suc, qui est leur qualité la plus précieuse. Vous remarquerez alors que la braise, sur laquelle cuisent les viandes, se trouve toute arrosée de leur cuisson, et c'est ce qui a donné l'idée, pour remédier à cet inconvénient, d'établir des grils inclinés, avec réservoir, destiné à recevoir le jus et la graisse provenant de la cuisson ; cette invention peut être un moyen d'éviter la fumée, mais elle n'a aucun effet pour la cuisson, qui doit être pratiquée comme nous l'avons dit.

Gardez-vous bien aussi, une fois que les biftecks sont sur le gril, de les tourner et retourner plusieurs fois. Il suffit d'avoir un peu d'expérience et de bon sens pour s'abstenir d'un procédé routinier, dont le résultat est de compromettre la bonne cuisson. Suivez à cet égard la méthode que nous avons indiquée.

Filet de bœuf sauté. — Coupez par tranches de quatre ou cinq doigts d'épaisseur votre filet de bœuf que vous aplatissez légèrement, en lui donnant une forme ronde. Placez les tranches sur du beurre que vous aurez fait fondre dans un plat à sauter, saupoudrez de sel et de poivre, mettez-les à un feu un peu ardent, quand ils ont pris une belle couleur d'un côté, retournez-les, faites-leur prendre couleur de l'autre, dressez-les en couronne sur le plat, égouttez le beurre du sautoir, mettez-y un peu de jus pour détacher la glace qui s'est formée au fond par la cuisson des filets, ajoutez une cuillerée d'espagnole; faites réduire et servez avec un jus de citron.

Le filet de bœuf sauté dans sa glace, le filet sauté au madère, le filet sauté aux olives, le filet sauté aux truffes, aux champignons, le filet sauté aux écrevisses ou au beurre d'anchois, se préparent de la même façon, si ce n'est qu'au filet sauté dans sa glace on ajoute un peu de glace de veau et de jus pour détacher celle du sautoir.

Le filet sauté au madère en mettant au lieu de jus un verre de madère et une cuillerée à bouche d'espagnole.

Le filet sauté aux olives en ajoutant lorsque le plat est dressé un ragoût d'olives au milieu.

Le filet sauté aux truffes et aux champignons en ajoutant à l'espagnole des champignons sautés au beurre ou des truffes.

Le filet sauté au beurre d'écrevisse ou au beurre d'anchois

en ajoutant à l'espagnole l'un ou l'autre de ces beurres, mais alors on ne remet plus le filet au feu ; enfin tous les filets se préparent et se font sauter de la même manière, seulement les titres changent selon le légume dont on les garnit.

Filet de bœuf à la broche. — V. ALOYAU.

Tourne-dos. — S'il vous reste une moitié ou un quart de filet de bœuf coupez-le par tranches, faites chauffer ces tranches sans les faire bouillir, faites tailler des tranches de pain de même grandeur, auxquelles vous faites prendre couleur en les sautant dans le beurre, dressez en couronne sur un plat, mettez alternativement un filet et un croûton, et versez au milieu une ravigote de sauce piquante ou une poivrade.

Côte de bœuf à la vieille mode. — Étant parée et piquée de moyens lardons bien assaisonnés, faites-la sauter dans le beurre et, lorsqu'elle sera à moitié cuite, vous couvrirez la casserole et vous mettrez du feu sur le couvercle. Dressez et versez dessus le liquide dégraissé contenu dans la casserole.

Côte de bœuf aux épinards. — Mettez une côte de bœuf à la broche, ôtez-la lorsqu'elle est cuite à l'anglaise, c'est-à-dire un peu saignante et dressez-la sur des épinards au jus.

Côte de bœuf à la Provençale. — Parez, piquez votre côte de bœuf, faites-la sauter dans l'huile à grand feu et jusqu'à moitié de la cuisson, puis, couvrez la casserole en mettant du feu sur le couvercle en diminuant celui du fourneau : ces deux feux pourraient arriver à tarir la sauce et à faire brûler la côte de bœuf ; d'autre part, faites frire dans l'huile des oignons coupés par tranches minces, et lorsqu'ils seront bien jaunis vous ajouterez à l'huile dans laquelle ils auront cuit, du sel et du poivre, un peu de bouillon et un filet de vinaigre.

Côte de bœuf au vin de Malaga. — Parez une côte de bœuf bien épaisse, piquez-la avec des lardons de moyenne grosseur ; quand vous l'aurez bien assaisonnée de sel, de poivre, de fines herbes, vous verserez pour la faire cuire la valeur d'une demi-bouteille de vin de Malaga et la valeur d'une demi-bouteille de bouillon, après cela vous passerez le mouillement au tamis de soie, ayez soin qu'il n'y ait point de graisse, et faites réduire tout ce mouillement de manière qu'il n'en reste qu'un verre pour mettre sur la côte, et surtout ayez soin de ne pas trop saler votre mouillement.

Côte de bœuf à la Milanaise. — Parez, piquez avec lardons, poivrez, salez votre côte de bœuf, faites cuire dans deux verres de vin de Madère avec sel, gros poivre, bouquet garni, carottes et oignons. La côte cuite, passez, dégraissez et faites réduire le fond de cuisson, faites sauter dans ce fond du macaroni que vous aurez fait cuire dans du bouillon, ajoutez un peu de beurre, de fromage de Parme râpé, faites mijoter le macaroni ainsi assaisonné, dressez la côte, glacez et servez chaud.

Côte de bœuf aux concombres. — Préparez, cuisez une côte comme braisée, surmontez-la et entourez-la de concombres en morceaux, glacez et dressez. Vous pouvez servir de même sur un ragoût de laitues farcies ou sur une litière de choux rouges à la flamande.

Côte de bœuf aux oignons glacés. — Nous avons dit tout à l'heure comment il fallait parer et braiser une côte de bœuf, quand elle sera cuite, vous la déficellerez, vous l'égoutterez, vous la dresserez entière sur un plat, vous mettrez des oignons glacés à l'entour, et vous la servirez sur une sauce claire, que vous aurez travaillée avec un peu de mouillement de ce ragoût.

Côtes de bœuf couvertes aux racines. — Prenez les côtes couvertes, lardez-les de gros lard comme la noix de bœuf, assaisonnez-les et braisez-les de même, tournez des carottes avec votre couteau ou emporte-pièce, une quantité suffisante pour masquer vos côtes; faites-les blanchir, mettez-les cuire dans une casserole avec une partie de l'assaisonnement de vos côtes, ou du bouillon, faites-le tomber à glace, cela fait, prenez la valeur d'une cuillerée à bouche de farine, un peu de beurre, faites un petit roux, mouillez-le, quand il sera bien blond avec les restants de l'assaisonnement de vos côtes faites cuire votre sauce, dégraissez-la, tordez-la dans une étamine sur vos carottes, remettez le tout sur le feu, afin que votre sauce et vos carottes prennent du goût; mettez-y gros de sucre comme la moitié d'une noix, pour en ôter l'acreté, et un pain de beurre; sautez bien le tout jusqu'à ce que le beurre soit parfaitement fondu et incorporé, masquez vos côtes et servez.

Queue de bœuf à la hoche-pot. — Prenez une queue de bœuf, coupez-la par tronçons de point en point, faites-la dégorger et blanchir, foncez une casserole de viande de boucherie, placez dessus vos tronçons, ajoutez-y sel, oignons, carottes, un bouquet assaisonné d'une feuille de laurier, d'une gousse d'ail, de thym, de basilic et piqué de deux clous de girofle, mouillez le tout avec du bouillon de manière que vos tronçons ne fassent que tremper, couvrez-les de bardes de lard, faites-les partir, mettez-y un rond de papier, et les posant sur un feu modéré, couvrez-les avec un couvercle, avec feu dessus, laissez-les cuire quatre à cinq heures. Vous pourrez juger si votre queue est cuite, lorsque l'ayant pressée entre vos doigts, la chair quittera presque les os, alors égouttez-la, et servez-la avec le ragoût de racines. (Voyez l'article *côtes de bœuf aux racines.*)

Queue de bœuf à la Sainte-Menehould. — Faites cuire d'abord votre queue de bœuf en hoche-pot, comme il est dit ci-dessus, assaisonnez-la de sel, de gros poivre, trempez-la dans du beurre tiède et mettez-la dans de la mie de pain, panez-la deux fois, et faites-lui prendre couleur au four ou sur le gril, vous pouvez dès lors la servir comme vous voudrez, soit sur des choux rouges, soit sur une purée de haricots blancs, soit sur une soubise, soit enfin sur une sauce piquante et hachée à l'italienne.

Langue de bœuf à l'italienne et au parmesan. — Prenez une langue de bœuf, coupez-en le cornet, mettez-la dégorger deux ou trois heures et plus, retirez-la de l'eau, râtissez-la bien avec votre couteau pour en ôter la malpropreté, faites-la blanchir dans un chaudron ou dans une grande marmite, retirez-la sur un linge blanc, ôtez-en la peau, lardez-la de gros lard que vous aurez assaisonné avec sel, poivre fin, épices fines, persil et ciboule, mettez-la cuire dans une marmite avec oignons et carottes, mouillez-la avec un verre de vin blanc ou du bon bouillon, retirez-la, laissez-la refroidir dans son assaisonnement, coupez-la par lames très-minces, mettez du parmesan dans le fond d'un plat creux, couvrez votre parmesan de vos tranches de langue, ainsi de suite, faites trois ou quatre lits de langue et de fromage, arrosez chaque lit d'un peu du fond dans lequel aura cuit la langue dont il s'agit, et finissez par un lit de fromage que vous arroserez avec un peu de beurre fondu, mettez le plat au four ordinaire ou de campagne, donnez à votre parmesan une belle couleur et servez. « Il est fâcheux que l'on fasse rarement cette entrée, car étant bien soignée et telle que l'indique la recette ci-dessus, elle est délicieuse. Chez MM. Véry, du Palais-Royal; Grignon, du passage Vivienne; Borel, rue Montorgueil, au rocher de Cancal; dans les grands dîners de 1825 à 1835, cette entrée était très-recherchée, je tiens à mentionner cela. Les Langlet, les Michel, les Lennevaux, tous bons cuisiniers, ne sont plus. J'ai eu l'idée de recueillir leurs bons principes et je m'en suis bien trouvé. » (*Note de M. Vuillemot.*)

Palais de bœuf au gratin. — Procurez-vous trois ou quatre palais de bœuf que vous mettrez sur un gril du côté de la peau et sur de la cendre rouge; faites-les griller de façon que vous puissiez facilement enlever la peau avec le couteau, grattez la partie blanche qui se trouve sous cette peau afin qu'il n'en reste aucun vestige, supprimez le bout du mufle et celui du côté de la gorge, ainsi que la partie noire qui se trouve au milieu, sans trop l'altérer, faites-les dégorger et blanchir, mettez-les cuire dans un blanc, ainsi que vous verrez à l'article (*Tête de veau en tortue*) pendant trois ou quatre heures, égouttez-les, faites-les refroidir à moitié, séparez-les en deux avec votre couteau comme si vous leviez une barde de lard, garnissez-les d'une farce cuite; pour cela, étendez vos morceaux de palais, mettez avec la lame d'un couteau de cette farce dessus, à peu près de l'épaisseur desdits morceaux, roulez-les sur eux-mêmes, parez-les des deux bouts, égalisez-les, mettez au fond de votre plat à peu près l'épaisseur d'un travers de doigt de la farce ci-dessus, rangez vos petits cannelons debout sur votre fond de farce, en laissant un puits dans le milieu, garnissez de farce au dedans et au dehors les intervalles de vos cannelons, il faut que votre entrée ait la base d'une tour, garnissez ce puits de bardes de lard bien fines et remplissez la capacité d'un morceau de mie de pain, de façon à maintenir les cannelons dans la position que vous leur aurez donnée; faites fondre du beurre, dorez-les avec un doroir, mettez-les sous un four de campagne avec feu dessus et dessous, faites cuire et prendre belle couleur, ôtez votre bouchon de pain et les bardes de lard, égouttez le beurre, saucez dans le puits avec une italienne et servez.

Palais de bœuf à l'italienne. — Même préparation que les précédents; faites-les cuire de même, égouttez-les, coupez-les en escalopes ou en petits carrés, coupez-les ensuite en ronds de la grandeur d'une pièce de 5 francs, mettez dans une casserole cinq cuillerées à dégraisser d'italienne rousse que vous ferez réduire au deux tiers de son volume, jetez vos palais dedans, laissez-les mijoter un peu, sautez-les, mettez un jus de citron et servez.

Palais de bœuf à la poulette. — Préparez comme ci-dessus, coupez vos palais en ronds ou en filets, mettez-les dans une casserole avec trois cuillerées à dégraisser de velouté, laissez-les mijoter, faites une liaison de deux jaunes d'œuf, délayez-la avec un peu de lait ou de crème, retirez vos palais du feu, liez-les avec vos œufs, remettez-les sur le feu en agitant toujours afin de bien faire cuire votre liaison, mettez un demi-pain de beurre, un filet de verjus ou un jus de citron, un peu de persil haché et servez-les. Si vous voulez faire une bordure à votre plat, mettez des croûtes de pain tournées en bouchons et frites dans du beurre.

Les palais de bœuf à la ravigote se font de la même manière, on les fait seulement sauter dans une sauce ravigote froide ou chaude.

Croquettes de palais de bœuf. — Faites cuire dans un blanc trois palais de bœuf, laissez-les refroidir, coupez-les en petits dés avec des champignons et des truffes si c'est la saison; faites réduire quatre cuillerées d'espagnole ou de velouté à demi glacé, jetez dedans tous vos petits dés avec un peu de persil haché; retirez votre casserole du feu, liez votre salpicon avec deux jaunes d'œuf et du beurre gros comme une noix, versez le tout sur un plat, étendez-le avec la lame d'un couteau, en lui conservant une bonne épaisseur, laissez-le refroidir; lorsque votre salpicon sera froid, coupez-le par carrés égaux et donnez-lui la forme qu'il vous plaira : soit en côtelettes, soit en cannelons, soit en petites boules. Cassez trois œufs que vous battrez comme une omelette mettez-y un peu de sel fin, trempez vos morceaux l'un après l'autre dans cette omelette, mettez-les dans de la mie de pain en maintenant la forme que vous leur avez donnée et mettez-les sur un plat au feu et à mesure que vous les aurez passés ; repassez votre mie de pain au travers d'une passoire, trempez une seconde fois vos croquettes dans l'omelette, passez-les de nouveau. Saupoudrez votre plat de mie de pain, rangez-les dessus et couvrez-les avec le reste de la mie de pain pour qu'elles ne sèchent point; au moment de servir, retirez-les de cette mie de pain, posez-les sur un couvercle, mettez votre friture sur le feu, faites-la bien chauffer sans la brûler ; glissez toutes vos croquettes à la fois, afin qu'elles aient toutes la même couleur, retirez-les, faites-les égoutter un moment; rangez-les sur votre plat et servez avec un bouquet de persil frit dont vous couronnerez vos croquettes.

Palais de bœuf en cracovie. — Préparez trois palais de bœuf comme les précédents, laissez-les refroidir, coupez-les en quatre, fendez chaque morceau en deux comme si vous leviez une barde de lard, ce qui vous donnera vingt-quatre morceaux. Faites blanchir dans l'eau ou cuire dans la marmite une tétine de veau, coupez-la comme vos palais, faites également un salpicon comme celui des croquettes ci-dessus, étendez-en gros comme le pouce sur chaque morceau de vos palais, roulez-les, enveloppez-les avec votre morceau de tétine, passez-les comme les croquettes, ou trempez-les dans une pâte à frire, faites-les frire comme les croquettes, dressez-les de même et servez.

Palais de bœuf à la lyonnaise. — Faites cuire cinq ou six palais dans un blanc, ainsi qu'il est indiqué à l'article précédent, coupez cinq ou six oignons en tranches, passez-les dans le beurre, qu'ils soient d'une belle couleur; lorsqu'ils seront cuits, mouillez-les avec une cuillerée ou deux d'espagnole, si vous n'en avez pas, singez-les et mouillez-les avec un peu de bouillon, faites cuire le tout, coupez vos palais en carrés ou en filets, jetez-les dans votre sauce, mettez-y un peu de sel, de gros poivre et finissez avec un peu de moutarde.

Gras-double. — Prenez la partie la plus épaisse du gras-double, mettez-la dans de l'eau tiède, ratissez-la bien, enlevez avec soin la partie spongieuse, remettez-la dans l'eau beaucoup plus chaude, faites-lui jeter un bouillon et nettoyez-la de nouveau, frottez-la avec du citron, faites qu'elle soit aussi blanche que possible, mettez cuire ce gras-double, dans un blanc, sept à huit heures ; sa cuisson faite, coupez-le en losanges ou en filets. Si vous voulez le servir à la poulette, voyez l'article *Palais de bœuf à la poulette ;* si vous le voulez à *l'italienne*, voyez aussi cet article.

Gras double à la mode de Caen. — Prenez une panse de bœuf avec sa mulette et sa caillette, faites-la blanchir, après qu'elle a été bien nettoyée, jetez-la dans l'eau fraîche pendant une heure, — coupez le tout par morceaux, assaisonnez avec sel et poivre, quatre épices ; coupez en gros dés du lard maigre et mettez le tout ensemble. Prenez une grande jatte en terre, foncez-la avec carottes et oignons coupés, un bouquet garni à pointes d'ail, mettez par-dessus douze pieds de mouton blanchis, un pied de veau désossé, mettez votre gras-double par-dessus, ajoutez deux carottes coupées, un pied de céleri et douze poireaux entiers, ce qui sert à tenir toujours durant la cuisson du gras-double l'humidité convenable pour ne pas le sécher, — ajoutez une bouteille de vin blanc, un bon verre de cognac, deux litres d'eau et trois cents grammes de moelle de bœuf, couvrez le tout avec une feuille de papier beurré, puis, fermez le tout avec une pâte de farine et eau, — faites partir sur le feu et laissez mijoter, entourez la jatte de braise, et douze heures après, sondez la cuisson et servez bien chaud en ayant soin d'enlever les ingrédients du dessus. (Vuillemot.)

Cervelles de bœuf. — Elles se préparent exactement de la même façon que les cervelles de veau (V. Veau). Cependant nous l'avons déjà fait observer, comme on foudroie le bœuf d'un coup de masse, il y a presque toujours dans la cervelle un épanchement de sang qui la rend moins délicate.

Crépinettes de palais de bœuf. — Faites revenir dans du beurre des oignons coupés en petits carrés, mettez-y un peu de muscade, d'ail, de laurier, du sel et du poivre. Les oignons étant cuits, vous verserez dessus de bon jus que vous aurez battu avec des jaunes d'œufs, jetez dans cette préparation des palais de bœuf bien cuits, et coupez en morceaux carrés longs ; laissez refroidir le tout, chaque morceau de palais se trouvant enduit de cette pâte, vous les envelopperez, chacun à part, de crépinette de cochon, puis vous les ferez griller au feu doux sur un gril, ou vous les mettrez sous un four de campagne, et vous les servirez sur une purée de tomates ou sur une soubise.

Émincé de palais de bœuf. — Coupez des oignons en tranches aussi minces que possible, faites-les revenir dans le beurre jusqu'à ce qu'ils soient bien dorés, versez dessus un demi-verre de consommé, autant de sauce espagnole, faites mijoter le tout, ajoutez-y un peu de beurre bien frais et trois ou quatre pincées de sucre, d'autre part vous aurez émincé les palais de bœuf, vous les mettrez dans cette préparation, après quoi vous ferez encore mijoter le tout pendant deux ou trois minutes, puis vous dresserez votre émincé, vous ferez autour de lui un cordon de croûtons bien jaunes, vous pouvez aussi, arrivé là, faire votre émincé de palais de bœuf aux champignons, il s'agit pour cela de substituer des champignons aux oignons et la sauce allemande à la sauce espagnole.

Le pied de bœuf poulette. — Faites blanchir un pied de bœuf comme un pied de veau ; laissez-le dégorger vingt-quatre heures à l'eau froide, prenez deux mètres de bord de fil (lavez-le pour lui enlever son goût d'apprêt), ficelez votre pied comme une momie, mettez-le dans une marmite avec grande eau, sel, gros poivre, bouquet garni, carottes et oignons avec clous de girofle et laissez bouillir le tout doucement, jusqu'à ce que le nerf du pied se brise, relâchez ensuite votre bord de fil jusqu'à ce que le pied, par son gonflement, devienne émollient.

Préparez une bonne allemande (voir aux sauces), ajoutez des champignons tournés et persil hachés, citronnez la sauce et, avec un bon morceau de beurre frais, liez-la bien. Mettez votre pied bien chaud sur un plat et saucez dessus ; ce plat par son confortable, est très-recherché.

Un pied de bœuf poulette suffit à six personnes ayant bon appétit. Voilà un plat que le bon praticien, M. de Richelieu, n'a probablement pas pu indiquer à ses officiers de bouche. (VUILLEMOT.)

Pièce de bœuf à l'anglaise. — Prenez une culotte de bœuf

de quatre kilog., assaisonnez-la de sel et poivre, prenez une serviette, beurrez-la; eneloppez votre pièce de bœuf dedans, — prenez une marmite, emplissez-la d'eau que vous faites bouillir, une bonne poignée de gros sel, huit navets, six gros oignons dont un clouté de deux clous de girofle, une pointe d'ail, quand votre eau sera en pleine ébullition, plongez votre pièce de bœuf dedans, fermez hermétiquement la marmite; pour 4 kilog. de bœuf, il faut deux heures de cuisson, soit, pour 500 grammes, un quart d'heure, après ce temps, retirez vos légumes, passez-les au tamis à quenottes, mettez-les dans une casserole avec un bon morceau de beurre frais, assaisonnez sel et poivre, mettez cette purée dans un légumier, retirez votre pièce de bœuf de la marmite, dressez-la sur un plat garni de persil et servez. Ce relevé de potage en vaut bien un autre. (VUILLEMOT.)

Roolpins. (Article traduit du Hollandais par M. de Courchamps.) — « Prenez 3 kilos de viande de bœuf, celle des côtes découvertes est la meilleure; ayez soin qu'elle soit bien marbrée, faites en sorte qu'il y ait autant de gras que de maigre; hachez le tout ensemble, à peu près comme une farce à pâtés; assaisonnez de sel, poivre, épices, muscade.

Vous vous serez procuré de la panse de bœuf bien nettoyée, coupez-la en morceaux carrés, de la grandeur de vingt centimètres ou à peu près; remplissez-en l'intérieur de votre farce; rapprochez les extrémités de l'enveloppe et cousez-les avec une grosse aiguille.

Tous vos morceaux préparés ainsi, ayez un chaudron bien étamé, faites bouillir de l'eau avec une bonne poignée de sel et un litre de vinaigre; faites bouillir ces morceaux pendant une heure (vous aurez un grand pot en grès); égouttez vos morceaux sur un linge blanc, versez du vinaigre, ce qu'il en faut pour les couvrir, ne couvrez votre pot que lorsque le tout sera refroidi; vous pourrez vous en servir au bout de quinze jours. Si vous n'en faites pas l'emploi en totalité, laissez-les dans le vinaigre, seulement après ce temps il faut les mettre dans de l'eau tiède une heure, afin que le vinaigre soit absorbé.

Cuisson de roolpins. — Prenez ce qu'il vous faut de morceaux, coupez-les en tranches, telles que des biftecks; posez-les dans un plat à sauter où vous aurez mis du beurre, donnez cinq minutes de cuisson à feu vif, en ayant soin de les retourner de temps en temps ; vous aurez préparé autant de tranches de belles pommes de reinette, faites-les frire comme les morceaux ci-dessus ; dressez ce hors-d'œuvre en couronne, en posant alternativement un morceau de chaque sorte ; servez le plus chaud possible.

BOLET. — Genre de la famille des champignons dont le chapeau est conique et la surface inférieure garnie de pores ou tubes arrondis.

Le *bolet comestible*, le seul de cette espèce que l'on puisse manger, se trouve par toute la France, dans les bois et les lieux couverts. Il a un pédicule assez gros, cylindrique et quelquefois ventru, blanchâtre ou jaune avec des lignes en réseau ; son chapeau est large, voûté, d'une couleur ferrugineuse tirant sur le bleu, quelquefois d'un rouge de brique rembruni ou bien d'un rouge cendré, ou bien encore blanc et jaunâtre, souvent d'une teinte vineuse sous la peau ; les tubes sont d'abord blancs, ensuite jaunâtres et verdâtres.

M. Dennezil, à qui nous empruntons cette désignation, ajoute que les bœufs, les cerfs, les porcs, le mangent avec avidité, et il est très-recherché comme aliment et comme assaisonnement dans le midi de la France ; mais on n'en fait pas usage à Paris, quoiqu'il se trouve communément aux environs de cette ville, principalement dans les bois de Ville-d'Avray et de Meudon. On le connait dans le Midi sous le nom de *ceps, cep, girole, giroule, bruguet*. En Lorraine on le mange sous le nom de *champignon polonais*, parce que ce sont des Polonais de la suite du roi Stanislas Leczinski qui montrèrent qu'on en pouvait manger sans danger.

BONITE. — Poisson de la famille des maquereaux, mais plus gros que ces derniers ; il ressemble beaucoup au thon, et se nourrit comme lui de poissons et d'algues, mais sa chair est plus délicate, et les gourmets l'estiment autant que celle du maquereau. Le nom qu'il porte indique d'ailleurs suffisamment quel genre de mérite on leur a reconnu et prouve assez la bonté de sa chair.

Ce poisson vit dans la Méditerranée, on en trouve aussi sur

les côtes de France et d'Espagne ; mais il abonde entre les tropiques, et se plaît, dit-on, à suivre les vaisseaux.

Ces poissons vivent à la surface de l'eau et s'élancent même dans l'air pour y saisir les poissons volants qui constituent leur principale nourriture, il est donc facile de les pêcher, et voici le moyen qu'on emploie :

On se sert d'une ligne volante à laquelle on attache deux plumes blanches près du hameçon, afin de simuler le poisson volant, puis on laisse pendre cette ligne en l'agitant de temps en temps à quelques pouces au-dessus de l'eau, la bonite se précipite alors pour saisir sa proie et se trouve saisie elle-même.

Ce qui donne une certaine importance à la pêche de ce poisson, c'est qu'on le sale comme le thon et qu'on l'expédie comme tel dans des barriques, dans tous les pays du monde ; bien souvent quand on croit se régaler de thon, on ne mange que de la bonite, qui du reste est tout aussi bonne.

BONITOL. -- Fils de la précédente ; il est presque de la grosseur du maquereau, sa chair est d'un excellent goût.

BONNET DE TURQUIE. — Espèce de patisserie ancienne, faite dans un moule ayant la forme d'un bonnet turc, avec des côtes. On le fait de pâte de gâteau de Savoie ou de gâteau d'amande, on peut aussi le faire de pâte croquante.

On fait une grande abaisse de cette pâte, dont on fonce le moule en en marquant bien le dessus ; puis on le met au four, après l'avoir piqué avec la pointe d'un couteau, afin qu'il ne cloche point. On peut faire la pâte plus fine et même la foncer de pâte de massepains blanche, faite avec des amandes douces bien pilées ensemble ; on met le tout sur le feu dans une casserole avec une poignée de sucre, et on remue constamment avec la spatule ; quand la pâte est cuite, on en fait une abaisse comme pour une croquante, et on la met cuire d'une belle couleur. Lorsque ce gâteau est cuit, on y met des confitures de plusieurs sortes de couleurs ; on fait une côte d'une couleur, une autre côte d'une autre couleur, et cela fait un fort bel effet ; on le met ensuite sur un fond garni de confiture, on l'enjolive le plus qu'il est possible, et on le sert comme entremets.

Bonnet de Turquie à la Triboulet. — Mettez 500 grammes de pistaches pilées avec 250 grammes de sucre fin, un peu de citron vert haché, quinze jaunes d'œufs, afin que la pâte ne soit pas trop liquide; battez le tout ensemble comme les biscuits, fouettez les blancs d'œuf en neige et mêlez-les avec le reste, joignez-y 250 grammes de farine passée au tamis, et remuez le tout légèrement; beurrez votre moule en bonnet turc avec du beurre fin, mettez-y votre biscuit, et faites cuire au four à feu doux, et légèrement saupoudré de sucre. Au bout de deux heures il est cuit, alors retirez-le du feu, glacez une bande blanche avec une glace blanche et une bande rougeâtre avec de la glace faite avec de la cochenille.

Bonnet de Turquie coloré. — Échaudez et pilez 250 grammes de pistaches, quand elles seront bien pilées, mettez-y 375 grammes de sucre fin, du citron confit aussi pilé, un peu de citron vert haché très-fin, et douze jaunes d'œufs; battez bien le tout ensemble avec deux cuillers de bois, puis fouettez les douze blancs en neige en les faisant bien monter, et mêlez-les avec le reste; ajoutez-y aussi 250 grammes de farine très-fine, mélangez bien le tout ensemble avec les verges; vous beurrez ensuite avec du beurre fin votre bonnet turc, vous mettez votre pâte dedans, vous faites cuire au four pendant trois heures, puis, lorsqu'il est bien cuit, vous le couvrez d'une couche épaisse de confitures de quatre couleurs : vous faites un quart avec de la glace blanche, un deuxième avec la confiture de groseilles, un troisième avec de la marmelade d'abricots, puis un quatrième avec du verjus confit ou des pistaches pilées.

Vous servirez ensuite cet entremets qui fait très-bien sur la table.

Bonnet de Turquie en surprise. — Vous prenez de la pâte d'amandes, que vous avez faite avec des amandes douces pilées, arrosées d'un peu de blanc d'œuf fouetté avec un peu d'eau de fleurs d'oranger et réduites en pâte avec du sucre en poudre; vous pilez cette pâte d'amandes dans un mortier avec du bon beurre frais, de l'écorce de citron vert hachée, quelques confitures, du sucre, quatre ou cinq jaunes d'œufs; puis beurrez le moule avec du beurre très-fin, mettez au fond et autour de la pâte d'amandes préparée comme il est dit ci-dessus, et faites cuire au four, vous le laissez trois heures, puis quand le gâteau est cuit, vous le levez, le mettez sur un plat, le couvrez de confitures de différentes couleurs comme ci-dessus, et servez.

BORA. — Poisson des mers du Japon, ressemblant au brochet, sa chair est blanche et délicieuse et a les mêmes propriétés alimentaires que celle du brochet, c'est-à-dire de bon goût et de facile digestion.

On marine et on fume la chair du bora comme celle du brochet, et cette chair marinée et fumée est l'objet d'un très-grand commerce pour les Hollandais et les Chinois qui la transportent dans toutes les parties de l'empire.

BORDELIÈRE. — Poisson de rivière et de lac, ressemblant à la brème; son nom lui vient de ce qu'il se trouve toujours au bord des fleuves.

La chair de ce poisson est du goût de celle de la carpe, elle s'apprête de même.

BORQUIEN. — Poisson de l'océan Atlantique, il est très-vorace et saisit avec avidité tout ce qu'on lui jette, sa chair est bonne, mais peu recherchée.

BOUC. — Le bouc est le mâle de la chèvre; jeune il se nomme chevreau ou cabri, et doit être mangé, pour que sa chair soit tendre et délicate, avant six mois; mais après ce temps, c'est-à-dire lorsqu'il est devenu bouc, elle a un goût désagréable et porte une odeur très-forte.

Le bouc a été de tout temps sacrifié; il n'y a que les Egyptiens et d'autres peuplades de l'Asie qui, par respect pour le dieu Pan, ses pieds fourchus et ses cornes, aient laissé le bouc paître en paix et courtiser sa femelle; mais il est universellement condamné en Europe; et tout cuisinier qui se respecte, méprise profondément cet animal : qui pue, dit-il, et qui n'est bon tout au plus qu'à faire le chevreau.

Les Grecs immolaient un bouc sur les autels de Bacchus, parce que les ravages commis dans les vignobles par cet animal excitaient le courroux du dieu des buveurs; c'est sans doute en mémoire de cela que dans les fêtes de Bacchus, en Grèce, on préludait toujours par le sacrifice d'un bouc, aux chants joyeux, aux mascarades et aux autres divertissements auxquels on se livrait aux champs comme à la ville, divertissements qui furent, comme on le sait, l'origine très-peu reconnaissable de la tragédie.

Enfin, le Lévitique donne la description de la cérémonie du bouc émissaire, en ces termes « : Dieu parla à Moïse et lui dit :

« Puis Aaron jettera un sort sur les deux boucs : un sort
« pour l'Eternel et un sort pour le bouc qui doit être *Hazazel*...
« Et Aaron, posant ses deux mains sur la tête du bouc vivant,
« confessera sur lui toutes les iniquités des enfants d'Israël et
« toutes leurs fautes, selon tous leurs péchés, et il les mettra sur
« la tête du bouc, et l'enverra au désert par un homme exprès...
« Et le bouc portera sur soi toutes leurs iniquités dans une terre
« inhabitable; puis cet homme laissera aller le bouc dans le
« désert. »

Pauvre bouc, va! heureusement qu'il a bon dos, heureusement aussi qu'il n'est pas resté dans le désert; que seraient devenues nos chèvres?...

BOUCAGE. — Plante de la famille des ombellifères, ainsi nommée, à cause de la forte odeur de bouc qu'elle exhale. Il s'en fait un commerce considérable, car on s'en sert pour la composition de certains ratafias et de quelques pâtisseries. Les confiseurs s'en servent en place d'anis pour mettre dans des dragées, et l'on en retire encore une huile essentielle bleue, qui sert dans quelques contrées, à Francfort, par exemple, pour teindre l'eau-de-vie en cette couleur, mais ce mélange lui donne une âcreté désagréable.

Les semences du boucage ont les mêmes propriétés que celles de l'anis; elles sont stomachiques, facilitent la digestion et chassent les vents.

BOUCHER, BOUCHERIE. — Autrefois, le privilége de vendre la viande dite de boucherie, comprenait aussi celle du porc; mais quelques rôtisseurs et quelques aubergistes s'étant avisés de vendre du porc cuit et des saucisses, on leur donna le nom de charcutier venant de chair cuite, et s'étant institués en communauté, les bouchers leur cédèrent cette branche de leur commerce. (V. CHARCUTIER.)

L'institution de la boucherie et par conséquent des bouchers, remonte à la plus haute antiquité : dès qu'on put faire de la viande du bétail une alimentation constante et régulière, on forma des établissements, appelés *étaux* ou *boucheries*, pour vendre au public la viande fraîche et aussi pour servir d'abattoirs avant que des établissements de ce dernier genre fussent fondés.

Les Romains avaient leurs abattoirs nommés *lanionia* et leurs étaux ou boucheries nommés *macella*; ces établissements furent d'abord épars dans différents quartiers, puis ils finirent par se réunir en société, et on leur affecta un quartier tout entier qui prit la dénomination de *macellum magnum* après qu'on y eut transporté aussi les marchés où se vendaient les autres substances comestibles. L'accroissement de la population romaine nécessita bientôt la construction de deux autres grandes boucheries qui, par leur magnificence, ne le cédaient en rien aux bains, aux cirques, aux amphithéâtres, etc. Les Romains avaient aussi une police spécialement affectée à l'examen des viandes fraîches qui entraient au marché, cette police empêchait les marchands, sous peine d'une forte amende, de vendre de la viande qui eût été tuée depuis plus de quarante huit heures en hiver et de vingt quatre heures en été.

Dès les premiers temps de l'histoire de France, nous retrouvons à Paris, des boucheries établies sur le modèle de celles des Romains. La corporation des bouchers existait déjà sous la haute surveillance d'un chef nommé par eux; ce chef devait vider tous les différends qui pouvaient exister dans la corporation et ne relevait que du prévôt de Paris, en ce qui concernait le métier et l'administration des biens de ses sociétaires. La possession de ces biens était commune à tous les membres, à l'exclusion des filles, et les familles qui ne laissaient pas d'héritiers mâles cessant d'appartenir à la communauté, celle-ci profitait des héritages.

Il n'y eut pendant longtemps qu'une seule boucherie à Paris, dont la tour Saint-Jacques-la-Boucherie seule nous indique aujourd'hui l'emplacement; puis on en institua une seconde : la boucherie du Parvis; mais elle fut abandonnée, en 1122, par

Philippe-Auguste à l'évêque de Paris; enfin les Templiers, sur une charte de Philippe le Hardi, établirent aussi une boucherie dans le voisinage de leur maison ; la vieille corporation et la grande boucherie, gardèrent leurs antiques usages et conservèrent seules le privilége de délivrer des patentes à ceux qui voulaient ouvrir d'autres étaux.

Par une ordonnance de Charles VI, datée de 1481, tout boucher qui se faisait recevoir maître à Paris, était obligé de donner un *aboivrement* et un *past*, c'est-à-dire un déjeuner et un festin. Or, pour l'aboivrement, le nouveau maître devait au chef de la communauté, un cierge de 750 grammes et un gâteau pétri aux œufs ; à la femme de celui-ci, quatre pièces de viande à prendre dans chaque plat; au prévôt de Paris, un demi-litre de vin et quatre gâteaux; au voyer de Paris, au prévôt du Fort-l'Evêque, aux célerier et concierge du Parlement, un quart de litre de vin pour chacun et deux gâteaux.

Pour le past ou festin, il devait au chef de la communauté : un cierge de 500 grammes, une bougie roulée, deux pains, un demi-chapon et 15 kilog. 1/2 de viande; à la femme du chef, douze pains, un litre de vin et quatre pièces à prendre dans chaque plat; au prévôt, un demi-litre de vin, quatre gâteaux, un chapon et 30 kilog. 1/2 de viande, tant en porc qu'en bœuf (car à cette époque les bouchers vendaient encore la viande de porc, ce ne fut qu'au XVIe siècle que les charcutiers s'emparèrent de cette vente); enfin, au voyer de Paris, au prévôt du Fort-l'Evêque, au célerier et au concierge du Parlement, un demi-chapon pour chacun, deux gâteaux et 15 kilog. 1/2 de viande de bœuf, plus 60 grammes de porc.

Les différentes personnes qui avaient droit à ces rétributions étaient obligées, quand elles les envoyaient prendre, de payer un ou deux deniers au ménétrier qui jouait des instruments dans la salle.

Cela n'était pas cher se nourrir.

Quelques bouchers devenus riches, ayant mis des locataires dans leurs étaux à des prix exagérés, le Parlement décida qu'un conseiller de la cour, présiderait chaque année à leur adjudication. Puis enfin, Henri III, par lettres patentes du mois de février

1587, réunit en une seule et unique communauté tous les bouchers de la ville, qu'il érigea en corps de métier juré et leur donna des statuts.

La révolution de 1789, époque à laquelle il y avait environ à Paris 310 boucheries, vint apporter un grand trouble dans ce corps de métier ; la perturbation étant générale, une foule de gens se mirent à vendre de la viande de boucherie fraîche ou non, partout où ils se trouvaient et jusque dans les caves, et il en résulta les abus les plus pernicieux pour la santé publique ; enfin le désordre et le gaspillage devinrent tels que l'autorité se vit obligée de prendre des mesures pour réprimer cet état de choses. Un arrêté du 9 germinal an VIII porta que « nul ne pourrait exercer la profession de boucher sans être commissionné par le préfet de police; » puis le 8 vendemiaire an XI, un décret rétablit en corporation la boucherie parisienne, institua un syndicat, et exigea de tout boucher, indépendamment de l'autorisation du préfet de police, le versement d'un cautionnement qui variait de 1,000, 2,000, à 3,000 francs, selon l'importance des établissements. Le décret impérial du 8 février 1811 fut plus restrictif encore : il réduisit à trois cents le nombre des boucheries de la capitale, affecta au rachat des étaux dépassant ce nombre, les intérêts des cautionnements dont le capital alimentait la caisse de Poissy et réorganisa sur des bases nouvelles cette caisse, sorte de banque chargée déjà depuis plusieurs années de servir d'intermédiaire entre les bouchers et les marchands de bestiaux et de faire à ceux-ci l'avance des payements jusqu'à concurrence du cautionnement des acheteurs.

Depuis cinquante ans la boucherie a fait d'immenses progrès; d'abord il s'est fondé des abattoirs qui ont fait disparaître toutes les tueries des boucheries, effrayants foyers d'infection, que l'usage avait jusque-là tolérées, aux dépens de la salubrité publique, dans les rues étroites du centre de Paris; on en institua trois principaux : l'abattoir Montmartre, l'abattoir Popincourt et l'abattoir du Roule, qui se fondirent en un seul établi il y a un ou deux ans à la Villette; c'est là maintenant, dans cet immense et magnifique établissement que viennent s'approvisionner tous les bouchers qui vendent ensuite aux consommateurs, à des prix limités, la viande nécessaire à leur usage journalier; cette vente augmente tous les jours d'importance, et il se vend quotidiennement à Paris plus de 400,000 kilogrammes de viande de bœuf, de veau ou de mouton.

Le nombre des bouchers a aussi considérablement augmenté, et l'on n'en compte pas moins de 300 disséminés dans tous les quartiers de Paris, et qui, chaque matin, se trouvent presque tous réunis à l'abattoir de la Villette, où la viande du bétail tué pendant la nuit, leur est débitée; d'autres ont leur voiture qui, à deux ou trois heures du matin et bien avant que la clientèle soit éveillée, apporte la viande fraîchement dépecée; c'est presque sinistre, de voir la nuit ces voitures voyageant avec rapidité, afin de livrer leur marchandise le plus promptement possible, et portant ces corps sanguinolents, entourés de linges sanglants et laissant après eux une longue traînée de sang, l'imagination se livre alors aux plus lugubres réflexions.

Depuis quelques années, il s'était aussi établi à Paris quelques boucheries de viande de cheval, quelques amateurs hippophages avaient essayé de faire passer cet aliment dans la consommation : des banquets furent donnés dont les comptes rendus furent publiés dans les journaux, puis des prospectus furent distribués, offrant aux consommateurs bon marché et bonne qualité; mais rien n'y fit et l'on vit peu à peu ces boucheries disparaître; c'est à peine aujourd'hui s'il en reste deux ou trois établies dans les quartiers les plus pauvres de Paris et dont le bon marché soutient seul l'existence.

La viande de cheval, du reste, n'est pas précisément mauvaise, mais elle a besoin d'être fortement assaisonnée; et surtout d'être mangée sans préjugés.

Rappelons qu'à Rome, les bouchers avaient des boutiques dans toutes les rues jusqu'au moment où ces boutiques furent réunies dans un seul quartier qui s'appela, comme nous l'avons dit : *Macellum magnum*. Il y en avait surtout au Forum, cette grande exhibition quotidienne des produits de Rome et des ses environs.

Il y avait un étal de boucher en face du tribunal des Décemvirs puisque c'est à un étal de boucher que Virginius arracha le couteau avec lequel il tua sa fille.

Peut-être s'étonnera-t-on que Virginius, qui était centurion, par conséquent capitaine dans l'armée romaine, prit un ignoble couteau de boucher pour tuer la jeune et belle enfant dont Appius était amoureux et qu'il voulait lui enlever.

D'abord, il y a des moments où l'histoire fait du pittoresque mieux que les romanciers; l'histoire en faisant plonger dans le cœur de cette gracieuse créature l'immonde couteau qui servait à égorger les derniers animaux, faisait une splendide opposition des formes les plus élégantes avec l'arme la plus basse.

Puis il fallait bien que ce fût ainsi, puisqu'à cause des disputes qui avaient lieu à tous moments, il était défendu à tous les citoyens, même aux soldats, d'entrer au Forum avec leurs armes.

Virginius, quoique centurion, avait donc dû subir la loi générale et, venant plaider pour sa fille, y plaider désarmé.

Voilà ce qu'ignorait Alfieri qui fait tuer Virginie d'un coup d'épée, attendu, dit-il, que l'épée est une arme plus noble qu'un couteau.

L'arme est plus noble, c'est vrai; mais à notre avis, elle est moins dramatique; puis elle indique chez l'auteur une ignorance des mœurs et des lois du temps qu'il n'est pas permis à un auteur d'avouer.

On sait que c'est à la suite de l'émeute qui accompagna la mort de Virginie que le tribunal des Décemvirs fut renversé.

On lui doit la loi des *douze tables*, qui fut longtemps le code Romain.

Les bouchers, du reste, semblaient destinés à être illustrés par des événements dans le genre de celui que nous venons ci-dessus de raconter et à s'illustrer eux-mêmes, mais toujours dans de sanglantes circonstances; ne sont-ils pas hommes de sang, et par conséquent aimant le sang?

On sait quelle part active les bouchers prirent sous Charles VI à la querelle sanglante des Armagnacs et des Bourguignons. On sait que Caboche, un des leurs, leur chef, devint aussi le chef du peuple parisien. Les Armagnacs victorieux firent démolir la grande boucherie et celle du Parvis et abolirent tous leurs priviléges; mais leurs adversaires s'étant à leur tour retrouvés les plus forts, les rétablirent et relevèrent les ruines des étaux du Châtelet.

BOUCLIER. — Poisson vivant sur les côtes de l'Islande et en Danemark, la chair du mâle, trouvée excellente par les habitants, se mange fraîche, cuite sur le gril et quelquefois dans un potage de petit lait; c'est, paraît-il, une nourriture saine et agréable; on sèche aussi la chair, on la sale et on la mange dans le pays, comme nous mangeons les harengs-saurs.

BOUCON. — Espèce de ragoût de veau.

Pour faire ce ragoût, vous prenez de petites tranches de rouelle de veau, un peu longues et minces, vous les aplatissez sur une table, vous rangez l'un après l'autre sur ces tranches un gros lardon de lard cru et un de jambon; poudrez le tout d'un peu de persil et de ciboules; assaisonnez de fines épices et de fines herbes. Puis vos tranches ainsi garnies, vous les roulez proprement comme des filets mignons et les mettez dans un pot pour les cuire à la braise. Quand elles sont bien cuites, vous les égouttez et les servez avec un bon coulis et ragoût de champignons, truffes et autres garnitures.

BOUDELIERE. — C'est un des meilleurs poissons d'eau douce, sa chair nourrit et se digère facilement.

BOUILLANTS. — Ancien pâté d'entremets qui se sert encore aujourd'hui sur les meilleures tables.

Pour faire des bouillants, prenez l'estomac de poulets ou chapons rôtis, avec un peu de moelle, gros comme un œuf de tétine de veau blanchie, autant de lard et un peu de fines herbes, hachez et assaisonnez bien le tout et mettez-le sur une assiette.

Faites un morceau de pâte fine, tirez-en deux abaisses, minces comme du papier, mouillez-en une légèrement avec de l'eau, mettez de votre farce dessus par petits tas un peu éloignés les uns des autres. Couvrez-les ensuite avec l'autre abaisse en l'étendant avec le bout de vos doigts; enfermez chaque morceau bien hermétiquement entre les deux pâtes, coupez-les avec un fer propre à cela, dressez-les ensuite proprement sur un plat comme des petits pâtés et faites-les cuire au four; quand ils sont de belle couleur, vous les servez chaudement pour hors-d'œuvre ou garnitures d'entrées.

Cela ressemble beaucoup à ce que nous appelons vol-au-vent à la financière.

BOUILLI. — On entend par bouilli toute pièce de viande cuite dans l'eau.

Le président Hénault, raconte un homme d'esprit du temps de la restauration, dînant chez madame du Deffant, disait d'une poularde trop bouillie, qu'elle était comme un rayon de miel où il ne restait que de la cire, et madame du Deffant, chez laquelle on dînait, trouva que le président avait raison ; le bouilli n'est que de la viande cuite, moins son jus, disait Mme de Créquy. Il y avait une chose à répondre à ces illustres gourmands : Avez-vous goûté du bœuf ou des poulets de la marmite éternelle?

— Non !

— Eh bien, goûtez-en et vous reviendrez sur votre opinion.

— Qu'est-ce que la marmite éternelle?

La marmite éternelle est ou plutôt était, attendu que cette illustre institution gastronomique a cessé de fonctionner depuis longtemps, la marmite éternelle était un récipient qui, ni jour ni nuit ne quittait le feu, dans laquelle on mettait un poulet dès qu'on en retirait un poulet ; un morceau de bœuf dès qu'on en tirait un morceau de bœuf ; et un verre d'eau dès qu'on en tirait une tasse de bouillon ; toute espèce de viande qui cuisait dans ce bouillon gagnait en sapidité plutôt que d'y perdre, car elle héritait des sucs qu'avaient laissés dans ce bouillon où elle venait à son tour laisser une partie des siens, les sucs des viandes qui avaient cuit avant elle ; il ne fallait laisser dans la marmite éternelle le morceau de viande qu'on y faisait cuire que le temps absolument nécessaire à sa cuisson ; il ne perdait aucune de ses qualités.

Maintenant que la marmite éternelle nous manque, il faudra se contenter de faire un grand bouilli.

Pour faire un beau plat de relevé, achetez une culotte de bœuf de 12 à 15 kilog., faites-la désosser, ficelez-la de manière à ce que votre relevé de potage ait la forme d'un carré long, bombé ; faites-la cuire dans un bouillon que vous aurez fait la veille, et dans lequel vous aurez mis tous les restes des rôtis de la veille, poulet rôti, dinde rôtie, lapin rôti, etc., etc. Mettez autour de votre pièce de bœuf une garniture à la Chambord ou à la Godard, décorez-la d'une quantité d'hâtelets garnis de rissolles, et fichés dans les chairs en manière de porc-épic; si la garniture de votre bouilli n'est ni à la Chambord ni à la Godard, garnissez-le de petits pâtés d'oignons glacés, de choucroûte, de nouilles ou de légumes à la flamande.

Bouilli froid. — Faites avec le bouilli froid des tartines au beurre et aux fines herbes, ou mangez-le en salade. Mais comme notre goût peut n'être pas celui de tout le monde, nous allons dire tout le parti qu'on en peut tirer.

Poitrine de bœuf encharbonnée. — Coupez-la froide en longs morceaux; panez-la, faites-la griller lestement et servez-la sur une purée de tomates ou sur une sauce piquante aux échalotes et aux cornichons.

Miroton Saint-Honoré. — Versez sur un plat qui aille sur le feu de bon bouillon gras avec persil, estragon, ciboules, cerfeuil et câpres; couchez sur cet assaisonnement votre bœuf coupé en tranches les plus minces possible, assaisonnez comme dessus, couvrez le plat, et laissez cuire doucement trente ou quarante minutes.

Miroton à la mode de l'île Saint-Louis. — Coupez le bœuf en tranches minces, en travers, hachez des oignons, faites-les roussir à la graisse de bœuf, ajoutez farine, bouillon, sel, poivre et vinaigre, laissez bouillir un quart d'heure, versez sur votre bœuf disposé dans un plat; laissez mijoter pendant trente ou quarante minutes.

Chapelurez et faites prendre couleur au four, s'il vous convient.

Bouilli au pauvre homme. — Coupez votre bouilli en tranches, couchez ces tranches sur un plat, semez par-dessus du sel, du poivre, du persil, de la ciboule hachée, un peu de graisse du pot, une pointe d'ail, versez un verre de bouillon, un peu de chapelure de pain; faites-le mitonner sur de la cendre chaude pendant un quart d'heure.

Quand on était plus de huit jours sans donner à Louis XV son bœuf au pauvre homme, il était le premier à le redemander.

Hachis de bœuf à la ménagère. — Vous hachez des oignons avec du persil, des ciboules et un peu de thym, passez-les au beurre jusqu'à ce qu'ils soient bien cuits; vous y ajouterez un peu de farine et vous tournerez jusqu'à ce qu'elle ait pris couleur; vous la mouillerez avec du bouillon et un demi-verre de vin blanc. Assaisonnez de sel, de poivre, et quand l'oignon sera cuit, la sauce réduite, mettez-y le bœuf haché et laissez-le mitonner sur un feu très-doux pendant une demi-heure.

Bouilli en persillade. — Mettez au fond d'un plat de la graisse de rôti ou du beurre étendu, semez dessus du persil très-fin et des champignons hachés, saupoudrez le tout de chapelure, superposez des tranches de bœuf cuit dans le pot-au-feu, graisse, persil, champignons, et alternez; mouillez de bouillon, faites bouillir quarante-cinq minutes, ayez soin de rafraîchir de temps en temps, puis, lorsque le tout a bouilli, dégraissez-le et servez-le avec un cordon de pommes de terre sautées.

Bouilli en quenelles. — Hachez du bœuf bouilli avec des pommes de terre cuites dans la cendre, ajoutez-y du beurre ou de la graisse de potage et quelques œufs entiers, maniez bien le tout et faites-en des boulettes que vous passerez au beurre dans une casserole, servez avec une sauce à la ravigote ou une sauce piquante.

Bouilli en matelote et à la bourgeoise. — Mettez des petits oignons dans une poêle avec un peu de beurre, faites-les roussir sur un feu doux, mettez-y une cuillerée à bouche de farine; lorsque la sauce aura pris une certaine couleur, mettez un verre de vin rouge, un demi-verre de bouillon, faites-y sauter vos oignons, quelques champignons, du sel, du poivre, une feuille de laurier, un peu de thym; lorsque le ragoût sera cuit, vous le verserez sur les tranches de bouilli que vous aurez mises sur un plat, faites-le mijoter une demi-heure afin que le bouilli se pénètre de la sauce et servez.

Bouilli à la poulette et à la bourgeoise. — Mettez un morceau de beurre avec du persil et de la ciboule hachée dans une casserole, faites-les revenir, mettez une cuillerée de farine, agitez le tout ensemble, versez un verre de bouillon, ajoutez sel, poivre, et muscade; faites bouillir cinq ou six minutes, mettez-y votre bœuf que vous aurez taillé en petites tranches; sautez-le dans votre sauce et liez avec trois jaunes d'œuf.

BOUILLIE. — Espèce de potage, composé de farine, de blé ou de fécule que l'on fait cuire dans du lait, ou dans du bouillon, ou dans une émulsion d'amandes; c'est la première nourriture que l'on donne aux enfants qui quittent le sein; la bouillie la plus légère, se fait avec la fécule de pommes de terre; c'est celle également qui a besoin de rester le moins longtemps sur le feu pour arriver à son entière cuisson. Pour rendre la farine de froment plus alimentaire que celle de fécule il faut qu'elle soit séchée au four jusqu'à être légèrement roussie. La bouillie au reste se fait avec toutes sortes de farines; avec la farine de sagou, de salep, de tapioca, d'arrow-root, d'orge et d'épeautre, la bouillie de farine d'avoine, se nomme gruau, la bouillie de mie de pain, s'appelle panade.

Nota. Pour cette dernière sorte de bouillie, observe M. Vuillemot, ayez grand soin de ne mettre le beurre qu'au moment de la liaison, pour lui conserver toute sa suavité.

BOUILLON. — Il n'y a pas de bonne cuisine sans bon bouillon; la cuisine française, la première de toutes les cuisines, doit sa supériorité à l'excellence du bouillon français; cette excellence résulte d'une espèce d'intuition donnée je ne dirai pas à nos cuisinières, mais à nos femmes du peuple.

Rivarol disait à des gourmands de Lubeck et d'Hambourg en laissant son assiette de potage aux trois quarts pleine :

« Messieurs, il n'y a pas en France une garde-malade ni une portière, qui ne sache faire du meilleur bouillon que le plus habile cuisinier de vos trois villes hanséatiques. »

Dans ma jeunesse j'habitais ma ville natale, Villers-Cotterets; elle est entourée d'une magnifique forêt où le duc de Bourbon venait faire de très-belles chasses au sanglier, mon cousin était inspecteur de la forêt; ayant entendu un jour le duc de Bourbon me dire chez lui:

« Monsieur Dumas, votre père et moi avons échangé quelques bons coups de sabre dans notre jeunesse, » il m'invita désormais à dîner chez lui toutes les fois que le duc de Bourbon y dînait c'est-à-dire toutes les fois qu'il venait chasser à Villers-Cotterets.

Un jour le prince racontait qu'en sortant de France en 89, il était allé demander l'hospitalité au prince-évêque de Passau ; ce dernier la lui avait donnée avec la fastueuse hospitalité des prélats souverains, au premier dîner le prince de Condé s'écria :

« Ah par ma foi voilà de bonne soupe, passez-moi encore quelques cuillerées.

— Monseigneur, répondit le prince-évêque, je ferai ordonner que pendant tout le temps que vous passerez chez moi, on y soigne beaucoup les potages ; la nation française est une nation soupière.

— Et bouillonnante, monseigneur, répondit le vieil émigré, et de son dernier bouillon elle m'a flanqué à la porte. »

Nous allons donc en recueillant toutes les autorités, dire quels sont les principes de la viande auxquels le bouillon emprunte sa sapidité ; ces principes sont la *fibrine*, la *gélatine*, l'*osmazôme*, la *graisse*, et l'*albumine*.

La fibrine. — La fibrine est insoluble, la fibre est ce qui compose le tissu de la chair et ce qui se présente à l'œil après la cuisson ; la fibre résiste à l'eau bouillante, et conserve sa forme quoique dépouillée d'une partie de ses enveloppes ; quand un morceau de viande a longtemps bouilli dans un grand volume d'eau, ce qui en reste est à peu près de la fibrine pure.

La gélatine diminue à mesure qu'on avance en âge, à 90 ans les os ne sont plus qu'une espèce de marbre imparfait ; c'est ce qui les rend si cassants, et fait une loi de prudence aux vieillards d'éviter toute occasion de chutes. Les os sont principalement composés de gélatine et de phosphate de chaux.

L'osmazôme est cette partie éminemment sapide de viande qui est soluble à l'eau froide et qui se distingue de la partie extractive en ce que cette dernière n'est soluble que dans l'eau bouillante ; c'est l'osmazôme qui fait la valeur des bons potages, c'est lui qui en se caramélisant forme le roux des viandes, c'est par lui que se forme le rissolé des rôtis, enfin c'est par lui que sort le fumet de la venaison et du gibier.

L'osmazôme se tire surtout des animaux adultes à chair noire qu'on est convenu d'appeler chair faite; on n'en trouve point ou presque point dans l'agneau, le cochon de lait, les poulets, et même dans le blanc des plus grosses volailles; c'est la présence de l'osmazôme, dit Brillat-Savarin, qui a fait chasser tant de cuisiniers convaincus de distraire le bouillon, c'est elle qui a fait adopter les croûtes au pot comme confortatif dans le bain et qui a fait inventer au chanoine Chevrier des marmites fermant à clef; c'est le même à qui on ne servait jamais des épinards le vendredi qu'autant qu'ils avaient été cuits le dimanche et remis chaque jour sur le feu avec une nouvelle addition de beurre frais. Enfin c'est pour ménager cette substance, quoique encore inconnue, que s'est introduite la maxime que pour faire de bon bouillon, la marmite ne devait que *sourire*.

L'albumine. — Se trouve dans la chair et dans le sang, elle ressemble au blanc de l'œuf, elle se coagule à une chaleur au-dessous de 40 degrés, c'est ce que l'on rejette du pot au feu, sous le nom d'écume.

La graisse est une huile insoluble dans l'eau, elle se forme dans les interstices du tissu cellulaire, et s'agglomère quelquefois en masse dans les animaux prédisposés, comme les cochons, les volailles, les ortolans, et les becfigues; si dans un pot-au-feu, on ne voulait tirer que le bouillon, on pourrait tout simplement la hacher, la manier dans l'eau froide et la faire chauffer lentement jusqu'à ébullition; par là on dépouillerait la viande de tous ses principes solubles, et on obtiendrait en moins d'une demi-heure un véritable consommé; c'est ce que nous invitons à faire les personnes chez lesquelles il arrive des convives inattendus, et qui veulent donner un potage à ces convives.

C'est une erreur de croire que les volailles ajoutent, à moins qu'elles ne soient très-vieilles ou très-grasses, quelque chose à l'osmazôme du bouillon. Le pigeon lorsqu'il est vieux, la perdrix et les lapins rôtis d'avance, le corbeau, en novembre et décembre, ajoutent beaucoup à la sapidité et à l'arome du bouillon. En général la chair de ces animaux contient tout leur sang, et c'est ce qui fait qu'elles ajoutent à la sapidité et à l'arome du bouillon dans lequel on la met.

Maintenant comme on ne met pas seulement le pot au feu pour avoir du bouillon, mais pour avoir de la viande mangeable qui non-seulement peut le premier jour se servir bouillie, mais le lendemain reparaître sous un autre aspect, nous allons indiquer la marche à suivre pour avoir toujours du bon bouillon sans épuiser la viande.

Prenez toujours le plus fort morceau de viande que comporte votre consommation habituelle, plus le morceau sera fort, frais et épais, plus le bouillon se ressentira de ces trois qualités sans compter l'économie de temps et de combustible. Ne lavez pas la viande, ce qui la dépouillerait d'une partie de ses sucs, ficelez-la après en avoir séparé les os, afin qu'elle ne se déforme pas, et mettez dans la marmite un litre d'eau par cinq cents grammes de viande.

Faites chauffer la marmite avec lenteur, il en résultera que l'albumine se dissoudra d'abord, se coagulera ensuite, et comme dans ce premier état elle est plus légère que le liquide, elle s'élèvera à la surface en enlevant les impuretés que votre viande peut contenir; l'albumine coagulée, ce sont les blancs d'œufs que l'on emploie pour clarifier les autres substances. L'écume a été d'autant plus abondante que l'ébullition a été plus lente. Il doit s'écouler une heure entre le moment où la marmite a été mise sur le feu et celui où l'écume se rassemble à sa surface.

L'écume bien fournie, il faut l'enlever à l'instant même, l'ébullition de la marmite précipiterait l'écume, ce qui troublerait la transparence du bouillon; si le feu est bien conduit, on n'a pas besoin de rafraîchir la marmite pour faire monter une nouvelle écume; lorsque la marmite est bien écumée et qu'elle jette ses premières vagues, on y met les légumes qui consistent en trois carottes, deux panais, trois navets, un bouquet de poireaux et de céleri ficelés ensemble; n'oubliez pas d'y ajouter trois gros oignons piqués, l'un d'une demi-gousse d'ail et les deux autres d'un clou de girofle; dans la cuisine de second ordre, mais de second ordre seulement, on donne la couleur au bouillon, avec la moitié d'un oignon brûlé, une boule de caramel ou une carotte desséchée; n'oubliez pas de briser avec un couperet les os qui prennent part à la composition de votre bouillon, qu'ils soient achetés en même temps que le bœuf, ou qu'ils soient des restes du rôti de la veille; plus ils sont brisés en nombreux fragments, plus ils rendent de gélatine.

Il faut sept heures d'ébullition lente et toujours soutenue pour donner au bouillon les qualités requises; devant un feu de cheminée, régler cette ébullition est une chose presque impossible, mais on y parvient facilement au contraire en employant un fourneau qui doit chauffer constamment le dos de la marmite; pour diminuer autant que possible l'évaporation, il faut que la marmite reste couverte; il faut regarder deux fois à la remplir, même lorsqu'on en retire du bouillon, cependant si la viande était à découvert, il faudrait y verser de l'eau bouillante jusqu'à ce que la viande soit baignée, le bouilli en sortant du pot au feu a perdu la moitié de son poids.

Nous comprenons, dit Brillat-Savarin, sous quatre catégories les personnes qui mangent du bouilli.

1° — Les personnes qui en mangent parce que leurs parents en mangeaient, et qui suivant cette pratique avec une soumission implicite espèrent bien aussi être imités par leurs enfants.

2° — Les impatients qui abhorrent l'inactivité à table et ont contracté l'habitude de se jeter avidement sur la première matière qui se présente.

3° — Les inattentifs qui, n'ayant pas reçu du ciel le feu sacré, regardent les repas comme les œuvres d'un travail obligé, mettent sur le même niveau tout ce qui peut les nourrir et sont à table comme l'huître sur son banc.

Enfin, les dévorants qui, doués d'un appétit dont ils cherchent à dissimuler l'étendue, se hâtent de jeter dans leur estomac une première victime pour apaiser le feu gastrique qui les dévore et servir de base aux divers envois qu'ils se proposent d'acheminer vers la même destination.

Passons maintenant aux différentes variétés de bouillon.

Bouillon consommé à la régence. — Prenez à nouveau un morceau de bœuf, un morceau de poitrine de mouton, passez-les dans une casserole et faites-les suer, mouillez avec du bouillon, mettez le tout dans la marmite avec des râbles de lapin, une vieille poule, une ou deux perdrix, achevez de remplir votre marmite avec du bouillon, écumez et faites mijoter pendant quelques heures.

Bouillon consommé à l'ancienne mode (qui peut, réduit à moitié, remplacer le jus dans toutes les sauces.) — Dégraissez une épaule de mouton, faites-là cuire à moitié à la broche, mettez-la dans la marmite avec un bon morceau de bœuf, un vieux chapon bien en chair, quelques carottes, oignons, navets, un panais et un pied de céleri, mouillez avec du bouillon de la veille.

Bouillon consommé à la moderne. — Mettez à la marmite un morceau de tranche de bœuf, un jarret de veau, une poule, un vieux coq, un lapin de garenne ou une vieille perdrix, mouillez le tout avec un peu de bouillon, faites bouillir encore ce consommé, écumez-le, rafraîchissez-le de temps en temps, mettez des légumes : carottes, oignons, céleri, persil, ciboules, ail et clous de girofle; faites bouillir cinq heures à feu doux. Tamisez dans un linge fin.

Grand bouillon. — Si vous avez un grand dîner, il vous faut avoir du bouillon en assez grande quantité pour mouiller vos sauces et confectionner vos potages; mettez alors dans une grande marmite une pièce de bœuf, culotte ou poitrine, joignez-y les débris ou parures de toutes vos viandes de boucherie, bœuf, veau, mouton, tous les abatis, carcasses, cou, volaille et gibier dont vous aurez levé les chairs pour faire des entrées; mettez sur un feu modéré cette marmite qui doit être aux trois quarts seulement remplie d'eau, écumez-la doucement, rafraîchissez-la chaque fois que vous enlèverez l'écume, jusqu'à ce que le bouillon soit parfaitement limpide; mettez-y sel, navets, carottes, oignons, trois clous de girofle, poireaux, conduisez-le aussi lentement que possible, et passez dans un linge fin.

Bouillon conservé. — Faites bouillir votre bouillon soir et matin dans les plus fortes chaleurs, et le bouillon se conservera. — Faites bouillir avec adjonction d'un morceau de charbon de bois, qui empêchera le consommé de surir. (*Note de M. Vuillemot.*)

Tout bouillon dans lequel il n'entre pas de viande n'est

pour nous qu'un potage. Nous renvoyons donc tous les bouillons maigres et tous les bouillons de santé au mot POTAGE.

Bouillon. (*Cuisine italienne.*) — Nous avons dit que tous les peuples, excepté le peuple français, ignoraient l'art de faire du bouillon ; les Italiens, nos plus proches voisins, vont nous donner la preuve de ce que nous avons avancé ; nulle part on ne mange de plus mauvais potage qu'en Italie, mais cependant comme nous nous sommes engagés à donner des spécimens de toutes les cuisines, donnons quelques recettes sur la manière de faire ce bouillon en Italie.

Le but que l'on doit se proposer lorsqu'on veut faire de bon bouillon est d'abord de se procurer trois choses qui sont nécessaires à sa confection, une chair saine et entremêlée de gras et de maigre, un feu ménagé pour toujours faire marcher le pot au feu d'un mouvement pareil, enfin, de ne jamais allonger avec de l'eau le bouillon que l'on confectionne. Quand le bouillon est bon, il doit être de couleur blonde dorée, il faut en enlever la graisse, passer le reste par l'étamine et avec ce bouillon tremper la soupe.

Vous voyez que le cuisinier milanais ne vous fatigue pas de détails ; les diverses parties alimentaires que fournit la viande et la quantité qu'elle en fournit, il n'en est pas même question.

Maintenant, quelle est la viande que recommande d'abord ce cuisinier pour faire de bon potage ? c'est la viande de veau.

Prenons donc et offrons à nos lecteurs le bouillon de veau qui ne sert chez nous qu'aux malades.

Prenez un morceau de veau, mettez-le dans une casserole avec un morceau de lard, et laissez-le une demi-heure sur les charbons ardents, ayant soin de le tourner sur tous les côtés, au point qu'il ait pris une couleur d'or, pour l'aider à prendre cette couleur, accompagnez-le d'un morceau de lard, après quoi préparez le pot au feu plein d'eau bouillante, jetez-y votre veau roussissant, adjoignez-y des carottes, des oignons, un morceau de bœuf pour donner une certaine puissance au bouillon et faites-le frissonner lentement.

Quand le bouillon sera destiné à des malades, n'y mettez pas de lard, mais du beurre.

Bouillon de poulet. — Prenez la carcasse d'un poulet maigre, brisez-en les os, faites-le bouillir dans un vase avec une quantité d'eau, une pincée de sel ; le bouillonnement ne durera pas plus d'une heure et vous aurez un bouillon rafraîchissant qui raffermira un estomac débilité.

Bouillon pectoral. — Prenez un poulet, nettoyez-le, mettez dans l'intérieur de celui-ci 31 grammes de semences de melon et de citrouille, 15 grammes d'orge mondé, autant de riz et de sucre, faites bouillir le tout dans deux litres d'eau, prolongez le bouillonnement jusqu'à ce que les deux litres soient réduits à un, faites-le passer par l'étamine, ce bouillon produira des effets excellents sur tous ceux qui sont atteints de faiblesse d'estomac et d'étisie.

Bouillon à la minute. — Il est quelquefois nécessaire, en se trouvant à la campagne, de se procurer immédiatement du bouillon ; voilà une recette pour en faire d'excellent en une demi-heure.

Prenez 600 grammmes de viande de bœuf, coupez-la en trois morceaux, ajoutez-y une carotte de demi-grosseur, un oignon, du céleri, des clous de girofle, et mêlez le tout à la viande que vous hacherez en petits morceaux, mettez le tout dans une casserole, versez dessus de l'eau salée, faites bouillir pendant une demi-heure, enlevez l'écume, faites passer dans une étamine, et avec ce bouillon vous pouvez faire un potage au riz de la plus grande sapidité.

Bouillon consommé. — Pour faire ce genre de bouillon, il faut beaucoup de viande, et que, lorsqu'il devient froid, il se réduise en gélatine. Ordinairement les consommés se font avec le reste du gibier et des autres bonnes chairs qui se préparent pour un grand repas ; vous mettez ces restes dans un pot au feu et vous versez dessus une quantité suffisante de bouillon commun ; puis vous l'écumez promptement, vous mettez dans le pot au feu des carottes, des oignons, quelques clous de girofle, vous faites mijoter votre bouillon et vous le passez à l'étamine sans y mettre de sel.

Bouillon de lapin. — Les chairs du lapin, jeune et tendre, contiennent toutes les qualités nécessaires pour faire de l'excellent bouillon ; dans quelques pays il est très-utile et ne le cède en rien pour la graisse et la salubrité aux meilleurs bouillons de volaille. Le lièvre lui-même n'offre ni la même substance, ni la même salubrité. Le bouillon du lièvre est noir, pesant et indigeste.

Clarifiez le bouillon de lapin avec un pied de veau bien cuit. Vous obtenez ainsi une gelée claire comme un rubis.

Bouillon de perdrix. — Bouillon excellent et chaleureux qui se peut faire avec de bonnes perdrix bouillies lentement pendant trois ou quatre heures dans deux litres d'eau avec un peu de veau pour en adoucir la saveur ; on lui adjoint alors des légumes préparés, puis on le fait passer au tamis et l'on trempe la soupe.

Bouillon de coq. — Pour faire un bon bouillon de coq, il faut d'abord prendre un coq jeune encore, le faire cuire lentement dans très-peu d'eau avec la moitié d'une poule, deux oignons piqués, deux clous de girofle et le laisser sur le feu huit ou dix heures jusqu'à ce que la chair commence à se détacher elle-même des os. On achève alors d'en séparer cette chair, on la met dans un mortier, on en exprime tout le jus au tamis, et l'on en boit un verre chaque heure.

Ce bouillon est restaurant, mais il a le défaut d'échauffer le sang.

Tout cela, vous le voyez, est de la cuisine de pharmacien plutôt que de la cuisine de cuisinier.

BOULANGER, BOULANGERIE. — Il y avait trop de simplicité chez les anciens pour qu'ils apportassent à la préparation du pain un soin dont ils ne pouvaient même avoir idée ; aussi la profession de boulanger leur était-elle complétement inconnue. Ils mangeaient le blé en substance comme les autres fruits de la terre, et très-longtemps encore même après avoir découvert le moyen de le réduire en farine, ce qu'ils faisaient en broyant le blé entre deux pierres, ils se contentaient d'en faire de la bouillie.

Plus tard, quand ils furent parvenus à en pétrir du pain et à en faire leur nourriture principale, ils le faisaient dans chaque ménage et seulement à l'heure du repas. C'étaient les femmes qui étaient chargées de ce soin, et les plus grandes dames, les plus qualifiées, ne dédaignaient pas elles-mêmes de mettre la main à la pâte.

L'Écriture nous dit, à l'appui de cette vieille coutume des peuples anciens, qu'Abraham, entrant dans sa tente, dit à Sarah : « Pétrissez trois mesures de farine et faites cuire des pains sous la cendre. »

Ils n'apportaient pas du reste dans la fabrication de leur pain le raffinement que la gourmandise des peuples, augmentant à mesure que le progrès avançait, leur fit introduire dans cette préparation ; c'était tout simplement des espèces de galette, ou de gâteaux dans lesquels on faisait entrer, avec la farine, du beurre, des œufs, de la graisse, du safran et autres ingrédients. On ne les cuisait pas non plus dans un four, mais sur l'âtre chaud, sur des pierres, sur une sorte de gril ou dans une espèce de tourtière.

Mais le plus souvent, c'était sur des pierres plates posées sur la cendre chaude qu'on faisait cuire ces pains dans lesquels le sel n'entrait pas, ce condiment n'ayant pas encore été découvert.

Le plus difficile à trouver fut, on le comprend, le moyen de convertir le blé et les autres grains en farine ; ce travail étant très-pénible, attendu que la trituration du blé se fit d'abord avec des pilons et des mortiers, ce qui était très-long et très-fatigant, fut employé comme châtiment ; on y condamnait les esclaves pour les fautes les plus légères ; puis vinrent les moulins à bras moins difficiles, mais aussi fatigants, et pour se faire une idée de la force qu'exigeait ce pénible travail, on n'a qu'à se rappeler que Samson, après avoir eu les cheveux coupés par Dalila qui le livra aux Philistins et avoir eu les yeux crevés par ces derniers, fut condamné à tourner la meule.

Quant à la cuisson des pains dans des fours, elle vint plus tard encore, et ce n'est qu'à partir de la découverte de ces derniers que la boulangerie devint une profession.

Ce furent les Grecs qui les premiers eurent des moulins à bras et des fours à côté l'un de l'autre ; c'est-à-dire des boulangeries organisées ; ce ne fut guère que vers le vi[e] siècle de la fondation de Rome que cette coutume passa chez les Romains. Ils conservèrent à ceux qui avaient la direction de ces établissements leur ancien nom de *pinsores* ou *pistores,* dérivé de leur première occupation, celle de piler le blé dans des mortiers, et ils donnèrent la dénomination de *pistorix* aux lieux où ils travaillaient.

Ces boulangeries, qui s'étaient augmentées et qui étaient distribuées dans plusieurs quartiers différents, étaient presque toutes tenues par des Grecs qui étaient les seuls qui sussent faire du bon pain. Peu à peu ils firent des apprentis qui, à leur tour, devinrent maîtres, s'établirent, et bientôt après on s'occupa de former un corps comme celui des bouchers, corps auquel eux et leurs enfants furent attachés; on leur accorda plusieurs priviléges; on les mit en possession de tous les lieux où l'on s'occupait de moudre le blé auparavant, ainsi que des meubles, des esclaves, des animaux et de tout ce qui appartenait aux premières boulangeries. On y joignit des terres et des héritages, et l'on n'épargna rien de tout ce qui pouvait contribuer à soutenir et à encourager leurs travaux et leur commerce; pour qu'ils pussent vaquer sans relâche à leurs fonctions et ne fussent pas obligés de laisser en suspens un travail dont tout le monde aurait souffert, ils furent déchargés de tutelles, curatelles et autres charges onéreuses; il n'y eut pas de vacances pour eux, ce qui ne leur allait pas toujours; enfin les tribunaux leur étaient ouverts en tout temps, ce qui leur permettait de vider immédiatement les différends qu'ils pouvaient avoir entre eux.

Les conditions de ces avantages étaient peut-être un peu fortes, comme on va le voir, mais elles étaient formelles et exposaient les rebelles aux peines les plus sévères.

Ils furent soumis à certaines restrictions et obligations, telles que celle de demeurer ensemble et de s'allier presque exclusivement entre eux. Ils ne pouvaient surtout se mésallier, c'est-à-dire marier leurs filles, soit à des comédiens, soit à des gladiateurs, sans s'exposer à être fustigés, bannis et privés de leur état. Ils ne pouvaient non plus léguer leurs biens à d'autres qu'à leurs enfants ou à leurs neveux, qui devaient nécessairement faire partie de la corporation des boulangers, et si un étranger, pour une cause ou pour une autre, les acquérait, ils lui étaient de fait agrégés.

L'institution des boulangers fut à son tour introduite dans les Gaules par les Romains; ils avaient choisi pour patron Mercure-Artius, ainsi nommé du grec *Artos*, qui signifie pain, et lui avaient bâti un temple dont on voyait encore dans ces derniers siècles des ruines avec un pavé en marqueterie dans un petit village nommé *Artas*, près de Grenoble, département de l'Isère.

Il y eut en France des boulangers dès le commencement de la monarchie. Une ordonnance du bon roi Dagobert, celui-là même que la chanson a illustré, datée de l'année 670, nous apprend que les meuniers ou mouleurs de grains réunissaient à leur état de moudre le grain celui de cuire le pain pour les particuliers qui voudraient acheter leur farine chez eux ; on les nomma par la suite *panetiers, talmeliers* et *boulangers*.

A leur imitation, les fourniers s'emparèrent de cette industrie, se firent marchands de farine et vendirent du pain. Charlemagne, au siècle suivant, s'occupa de la police d'une profession qui devenait tous les jours plus importante, et il ordonna dans ses capitulaires que le nombre de ces artisans si utiles pour chaque ville, fût toujours complet et que, pour cela, « ils aient à former des apprentis qui puissent remplacer au besoin les maîtres dans les cas de grande nécessité ; » de plus, qu'ils tinssent avec ordre et propreté le lieu de leur travail, que leur conduite soit irréprochable, et il chargea spécialement des juges et autres officiers de bien faire observer ce dernier et important statut.

Saint Louis fit plus encore, et, pour mieux reconnaître les véritables services que cette institution rendait à tout le monde, en même temps que pour les dégager de toutes charges et rendre leur stabilité plus grande, il exempta tout boulanger du service militaire, et cette grâce était d'autant plus importante que, dans ces temps de guerre, tous les sujets, à moins d'un privilége particulier, étaient obligés de se rendre à l'armée quand le seigneur l'ordonnait.

Il y eut bientôt dans Paris quatre sortes de boulangers, ceux des villes, ceux des faubourgs et banlieue, les privilégiés et forains.

La maîtrise s'achetait du roi, mais, pour être reçu maître boulanger, il se pratiquait une cérémonie bien singulière; cérémonie dont il est fait mention dans les statuts que leur donna saint Louis.

L'aspirant, accompagné des anciens maîtres et jurés de sa communauté, venait présenter au lieutenant du grand Panetier un pot de terre neuf, rempli de noix et de nieules (fruit inconnu aujourd'hui); toute l'honorable assemblée, composée de cet officier, des autres maîtres et des *geindres* (mitrons), sortait dans la rue et allait casser ce pot contre la muraille; puis tout le monde rentrait et était tenu de payer un denier au lieutenant, lequel devait en échange, leur fournir du feu et du vin que l'on buvait ensemble.

Cette bizarre cérémonie était un hommage public de dépendance envers les autorités préposées, signifiant qu'elles pouvaient vous punir aussi aisément que l'on cassait ce pot, si votre gestion était répréhensible et si vous ne vous conformiez pas aux statuts.

Cette cérémonie se modifia dans les siècles suivants. Au commencement du XVII° siècle, le nouveau maître, à la troisième année de sa réception, était obligé de venir, le premier dimanche après les Rois, présenter au grand Panetier un pot neuf rempli de pois sucrés (dragées), avec un romarin, aux branches duquel étaient suspendus diverses sucreries, des oranges et les fruits que comportait la saison. Cette offrande fut changée ensuite en une rétribution d'un louis d'or.

Le grand Panetier de France avait la maîtrise des boulangers et talmeliers en la ville et banlieue de Paris, avec droit de justice. Ce fut saint Louis qui donna cette juridiction sur eux et sur leurs compagnons, à son maître panetier, pour en jouir tant qu'il plairait au prince, comme on l'apprend du recueil des usages de la police des boulangers fait par Étienne Boileau. Cette juridiction ne fut supprimée qu'en 1711.

Les boulangers, privilégiés deux siècles plus tard, n'étaient plus que de deux sortes: 1° les boulangers suivant la cour, établis par Henri IV, au nombre de dix, en 1601, et augmentés de deux par Louis XIII; ils avaient tous demeure à Paris et avaient mission de suivre la cour partout où elle allait; 2° ceux qui habitaient en lieu de franchise. Les boulangers forains étaient ceux qui exerçaient hors de la ville et des faubourgs, et qui fabriquaient le pain pour la plus grande partie de la population.

A partir du viiie siècle et pendant plusieurs autres, une maladie terrible, la lèpre, s'était répandue et multipliée en France d'une façon effrayante. Les boulangers, leurs femmes et leurs enfants, toujours privilégiés, avaient l'avantage d'entrer à l'hôpital Saint-Lazare pour s'y faire soigner et guérir, ce qui était considéré dans ce temps comme une des plus grandes faveurs; il est vrai, que pour acquérir ce droit, chaque maître boulanger était obligé de donner toutes les semaines un pain à l'hôpital. Sur la fin du xvie siècle, on substitua au pain un denier parisis qui fut appelé le denier Saint-Lazare ou denier Saint-Ladre.

Des boulangers faisant concurrence aux marchands de grains, ayant acheté et revendu du blé et de la farine sous ce dernier titre, les Romains instituèrent des lois qui défendirent aux boulangers, sous peine des plus fortes peines, à servir en qualité de pilotes sur les vaisseaux qui amenaient les blés à Rome.

Plus tard, en France, on fut obligé de faire la même chose, et un arrêt du Parlement, suivi d'autres ordonnances, défendit également aux boulangers d'être mesureurs de grains ou meuniers.

Les boulangers furent d'abord nommés boulangers, talmeliers, ainsi que nous l'avons dit plus haut, puis le premier nom leur resta seul; il vient, dit Ducange dans son Histoire de Paris, de ce que le pain qu'ils firent dans le commencement avait la forme d'une boule. Cette coutume, du reste, d'arrondir le pain existe encore aujourd'hui en France et dans tous les villages, où les ménagères font généralement leur pain elles-mêmes, c'est la seule forme qu'on lui donne, en l'aplatissant cependant comme une galette et même, dans certains pays, en lui laissant cette forme primitive de boule qui lui faisait donner, sous les premiers rois de la première race, le nom de tourte ou tourteau.

Quant au nom de talmeliers, aujourd'hui tout à fait oublié, c'est une corruption de celui de tamisiers; le bluteau n'étant point encore inventé, chacun était obligé de passer sa farine au tamis, celui qui ne voulait pas se donner cette peine; appelait un boulanger qui, tenu par sa profession d'avoir des tamis, venait la passer pour une mince rétribution.

La corporation des boulangers est aujourd'hui une des meilleures institutions et une des mieux organisées; nul ne peut exercer cette profession sans l'autorisation du préfet de police, et cette autorisation ne lui est accordée qu'autant qu'il est justifié par lui qu'il est de bonne mœurs, qu'il a fait un apprentissage et qu'il connaît les bons procédés de son art.

En outre, chaque boulanger, une fois autorisé et reçu, ne doit jamais manquer d'approvisionnement; il doit avoir constamment en réserve, dans son magasin, une quantité suffisante de farine pour pourvoir à la consommation journalière pendant un mois; de plus, sa boutique doit toujours être garnie de pains.

Depuis la liberté de la boulangerie, le nombre des boulangers est considérablement augmenté dans Paris, et il se débite quotidiennement plusieurs millions de kilogrammes de pain fabriqués la nuit par ces êtres étranges, presque nus, qu'on aperçoit à travers les soupiraux des caves et dont les cris pour ainsi dire sauvages, sortant de ces antres profonds, causent presque toujours une impression pénible.

Le matin, on rencontre ces hommes pâles, encore tout blancs de farine et portant sous le bras le pain d'un kilog. et demi dont on les gratifie, allant se reposer et prendre des forces pour recommencer le soir leur utile et pénible labeur.

Pour moi, j'estime beaucoup ces braves et humbles travailleurs qui fabriquent la nuit ces jolis petits pains bien tendres et bien croustillants, ressemblant bien plutôt à des gâteaux qu'à des pains.

BOURRUT. — On appelle vin *bourrut*, et non pas *bourru*, un vin qu'on a empêché de fermenter et qui a encore toute sa lie. Prenez une décoction de froment bien chargé, mettez-en deux litres avec un sachet de fleurs de sureau dans 5 hectolitres de vin blanc, pendant qu'il fermente encore. Du temps de Mme de Sévigné et de Mme de Grignan, c'était le régal des domestiques.

BOUTARGUE. — Espèce de caviar de Surmulet qui se

fait en France, aux Martigues et à Terrin; et en Italie, à Gênes et à Porto-Ferrago.

BRAISE. — Garnissez une braisière de bardes de lard, d'un pied de veau découpé ou d'un bon morceau de couenne de lard à demi salé pour rendre la sauce gélatineuse; joignez-y sel, poivre, bouquet de persil, thym, laurier, clous de girofle, oignons et carottes; mettez sur cet assaisonnement la pièce que vous voulez faire cuire, que ce soit un dinde ou une oie, ajoutez un verre de vin blanc, un demi-verre d'eau-de-vie, un verre de bouillon, faites cuire à petit feu pendant plusieurs heures, en couvrant l'objet que vous faites cuire d'un papier beurré et en couvrant également en outre votre casserole afin qu'il ne puisse y avoir d'évaporation. (*Recette de la cuisinière de la ville et de la campagne.*)

Braise à la Condé. — Enveloppez la pièce à braiser avec des tranches minces de veau ou de mouton, et par-dessus des bardes de lard, le fond de votre braisière aura dû être couvert de bardes et de viandes amincies. Mouillez avec un verre de Madère, assaisonnez, poivre, sel et muscade, ajoutez quelques truffes coupées en tranches, cuisez lentement à feu doux. Cette braise est excellente pour les faisans et les perdrix, préalablement farcis. Le vin blanc convient pour mouiller les viandes noires.

BRANDADE. — (*Recette de Grimod de la Reynière.*)
« Parmi les ragoûts de Provence ou de Languedoc qui ont pris singulièrement faveur à Paris, il faut distinguer surtout les brandades de merluche. On sait qu'un restaurateur du Palais-Royal a fait sa fortune par sa manière de les préparer, et qu'on envoie journellement en chercher chez lui, parce qu'il a la réputation de les faire excellentes.

Comme plus d'un de nos lecteurs serait peut-être bien aise de faire exécuter chez lui ce ragoût méridional dont la recette ne se trouve imprimée nulle part (au moins ne l'avons-nous trouvée dans aucun des nombreux dispensaires qui nous ont passé entre les mains, pas même dans le *cuisinier gascon*, ce qui doit paraître assez étrange), nous pensons qu'on nous saura gré de la publier telle qu'elle nous a été communiquée dans une ville du

Languedoc, qui, sous le rapport de la bonne chère, jouit d'une réputation éclatante et méritée.

Nous remarquerons d'abord que le nom singulier de brandade donné à cette préparation, et qu'aucun dictionnaire n'a pris le soin de recueillir ni de définir, dérive sans doute du vieux verbe *brandir*, qui signifie remuer, agiter, secouer avec force et pendant longtemps; et cette action, presque continue, est en effet indispensable pour que ce ragoût soit ce qu'il doit être; c'est ce qui surtout en rend la facture difficile et ce qui l'empêchera probablement d'être adopté généralement dans nos cuisines, car tout ce qui exige beaucoup de patience n'est pas du goût de tous les cuisiniers. Le mouvement qu'on imprime à la casserole dans cette circonstance est un mouvement d'un genre particulier; il exige une sorte d'étude et demande beaucoup de dextérité. Quoi qu'il en soit, voici la recette des brandades:

Il faut prendre un morceau de belle merluche et la faire tremper dans l'eau pendant vingt-quatre heures pour la dessaler et la ramollir.

Ensuite vous la mettez dans un pot, sur le feu, avec de l'eau, en observant qu'il faut la retirer quand l'eau commence à bouillir.

Vous mettez du beurre, de l'huile, du persil, de l'ail, dans une casserole, que vous faites fondre sur un feu doux.

Pendant ce temps, vous épluchez la merluche que vous rompez en très-petits morceaux, puis, vous la mettez dans la casserole, et de temps en temps vous ajoutez de l'huile, du beurre et du lait, quand vous voyez qu'elle épaissit.

Vous remuez très-longtemps la casserole sur le feu, ce qui fait que la merluche se réduit en une espèce de crème.

Si vous la voulez verte, vous pilez des épinards dont vous y joignez le suc.

Cette recette est, comme on voit, fort simple; mais nous ne cesserons de le répéter, la perfection des brandades dépend surtout du mouvement imprimé pendant très-longtemps à la casserole et qui seul opère l'extrême division de toutes les parties du poisson, naturellement coriace, et le métamorphose en une espèce de crème. Il ne faut donc pas se lasser de remuer, autrement vous n'auriez qu'une béchameil au lieu d'une brandade.

Au reste, une brandade bien faite est un ragoût délicieux, et, quoique la merluche soit de sa nature fort indigeste, elle devient, sous cette forme, aussi facile à digérer qu'une panade à la cannelle.

BRÊME. — On pêche ce poisson dans les rivières et dans les grands lacs de presque toute l'Europe; il est l'objet d'une pêche importante, qui se fait d'habitude dans les mois glacials.

En 1749, d'un seul coup de filet, on en prit dans un lac de Suède cinquante mille, qui ensemble pesaient plus de 9,000 kilogrammes. La brême a quelque ressemblance avec la carpe, seulement son corps n'a pas la même épaisseur, il est plus large et aplati latéralement; sa tête est noire, sa gueule petite, ses lèvres grosses. Comme l'alose, dont elle n'a point la finesse, sa chair contient beaucoup d'arêtes. On peut, en la couvrant de neige, en lui mettant dans la gueule un morceau de pain trempé dans de l'eau-de-vie, la transporter vivante à une grande distance. On la mange avec une sauce piquante à l'échalote.

BRÉSOLLES. — Le valet de chambre du marquis de Brésolles inventa ce ragoût, tandis que son maître faisait la guerre de Sept ans. Voici la recette comme la reproduisent les gastronomes autorisés :

Vous foncez une casserole avec une tranche de jambon, de l'huile, du persil, des ciboules, des champignons, une pointe d'ail, le tout haché fin et battu avec de l'huile ; vous mettez sur ce fond une couche de filets de rouelle de veau coupés très-minces, puis une seconde, puis une troisième, tant que l'huile ne la surmonte pas; à chaque couche vous assaisonnez de poivre et de sel; quand les brésolles sont cuites, vous en faites autant de couches que vous voulez. Seulement il est important que chaque couche soit arrosée avec de l'huile mêlée avec des fines herbes comme la première; vous les levez une à une, vous les mettez dans une casserole à part; dégraissez la sauce et liez-la avec un peu de farine ou, ce qui vaut mieux, avec quelques marrons cuits et pilés, versez sur les brésolles cet assaisonnement et faites chauffer sans bouillir. Le veau, le mouton et la chair de l'agneau surtout peuvent être préparés en brésolles.

BRIGNOLES (Prunes de). — Prunes que l'on fait sécher au soleil et qui portent le nom de Brignoles, ville du département du Var, où on les prépare. Ces prunes sont agréables à l'œil et au goût, on en fait d'excellente compote, et l'on peut les employer hachées dans les babas.

BRIOCHE. — Le nom de brioche vient à cette pâtisserie du fromage de Brie, qui entrait autrefois dans sa composition.

Brioche fine ou *royale*. — Prenez 1 kilo 500 grammes de farine de gruau. Prenez le quart de la farine, formez-en un bassin sur le tour à pâte; délayez 60 grammes de bonne levûre bien sèche dans de l'eau tiède, la quantité suffisante pour user votre farine et en faire une pâte légère; tournez-la, fendez-la en quatre et laissez revenir dans une sébile à température modérée; de la farine qui vous reste, formez un autre bassin dans lequel vous ajoutez 30 grammes sel fin et 120 grammes sucre en poudre; ajoutez un peu d'eau pour faire fondre le tout; maniez bien 1 kilo 500 grammes de beurre fin, ajoutez-le aux 30 ou 36 œufs frais que vous aurez jeté dans votre puits, ondulez légèrement votre pâte afin qu'elle soit en harmonie avec votre levain, maniez légèrement le tout ensemble; mettez le tout dans une sébile farinée, laissez reposer la pâte, et, de temps en temps, *rompez-la* légèrement au bout de douze heures de fermentation, en évitant de la laisser surir.

Moulez votre pâte selon la grosseur de votre brioche, mettez-la dans un moule cannelé en fer-blanc; dorez-la en ayant soin de dégager la tête de la brioche, chiquetez-la assez largement si la pâte est ferme, et mettez-la au four très-chaud. Aussitôt sa couleur prise, couvrez-la d'un papier mouillé, en dégageant la tête de la brioche qui lui fait faire le cou de cygne. Sondez sa cuisson et servez.

On l'appelle en terme de pâtisserie : brioche mousseline.

Nota. Si c'est une grosse brioche pour pièce de fond, faites-la cuire dans une laisse de papier de beurre. (*Recette de M. Vuillemot.*)

Brioche au fromage. — Faites un quart de pâte à brioche, et laissez-la revenir; mêlez-y alors 750 grammes de bon fromage de Gruyère coupé en dés; séparez votre pâte en deux parties, l'une du quart de la totalité; roulez-les toutes deux ; posez la plus forte du côté de la moulure sur un fort papier beurré, aplatissez-la dans le milieu avec la paume de la main, roulez l'autre petite partie et ensuite la grosse, soudez-les ensemble en les rapprochant et en les appuyant l'une sur l'autre, la plus petite au-dessus; cassez deux œufs, battez-les comme pour une omelette, dorez-en la brioche, coupez du fromage de Gruyère en lames ou en cœurs, faites-en une rosette sur la tête de cette brioche, mettez-la à un four bien atteint, laissez-la cuire trois heures environ, retirez-la, ôtez-en le papier, dressez-la sur une serviette et servez-la comme grosse pièce à l'entremets. (*Recette de M. de Courchamps.*)

BRIOCHINES VERTES (Entremets saxon). — Versez une demi-bouteille de lait bouillant sur la mie de deux petits pains ; laissez cette mie de pain environ une heure dans cet état; mettez-y ensuite, pour lui donner un peu de saveur, du jus de tanaisie; vous ajouterez alors du jus d'épinards pour la colorer d'un beau vert, puis une cuillerée d'eau-de-vie; râpez-y la moitié d'une écorce de citron, battez quatre jaunes d'œufs, mêlez le tout ensemble et sucrez à volonté. Mettez ensuite cette préparation dans une casserole avec 125 grammes de beurre frais sur un feu doux et tournez jusqu'à ce qu'elle soit épaissie. Retirez-la du feu, laissez-la reposer deux ou trois heures et versez-la par cuillerée dans du saindoux bouillant. Dès que vos briochines sont faites, vous râpez du sucre dessus, et vous les servez avec du vin blanc, du rhum bien sucré, dans une saucière chaude. (*Recette du baron de Müllbacher.*)

BROCHE. — Le spirituel auteur des Mémoires de la marquise de Créquy, arrivé dans son dictionnaire à l'article *Broche*, dit : « Ustensile assez connu pour que sa description soit inutile. » On voit bien que le comte de Courchamps écrit pour des Français; s'il eût écrit pour des Espagnols, il eût fait une longue description de cet instrument culinaire, espérant donner aux compatriotes de Don Quichotte le désir de faire connaissance avec lui.

En effet, excepté dans le dictionnaire, je n'ai pas trouvé une seule broche dans toutes les Espagnes ; il en résulte qu'on y fait d'exécrables rôtis, attendu qu'il n'y a de vrai rôti qu'à la broche et au feu de bois ou, à la rigueur, au feu de charbon de terre. C'est d'autant plus fâcheux qu'on y rencontre à chaque pas des lièvres que les Espagnols ne mangent pas, parce que, disent-ils, cet animal gratte la terre pour déterrer les cadavres; et des perdrix de toutes couleurs que, faute de broches, on est obligé de manger à *l'olla podrida,* c'est-à-dire à *l'huile ponte.*

Dans les anciens livres de cuisine on voit que, sous le règne des Valois et même sous Louis XIII, toutes les broches et les brochettes des cuisines royales étaient d'argent. On donnait alors le nom de brochettes à ce que nous appelons aujourd'hui des hâtelets.

Les broches et les hâtelets doivent être tenus avec une extrême propreté, car, lorsqu'ils se rouillent, ils communiquent aux parties qu'ils traversent une saveur ferrugineuse.

BROCHET. — On ne trouve nulle part le mot *brochet* ni son équivalent dans l'antiquité: c'est le requin des eaux douces, aussi rusé, aussi carnassier, aussi dévastateur que le requin de mer. Dans le lac de Zirkmitz, en Carniole, il y a des brochets de 20 et 25 kilogrammes, dans l'estomac desquels on trouve des canards entiers. Ce poisson peut arriver, si on le laisse vivre, à toutes les grosseurs et à tous les âges. En 1749, on en prit un, à Kaiserslautern, long de plus de 6 mètres et pesant 175 kilogrammes; on conservait son squelette à Manheim. (Olagnier, *Dictionnaire des aliments et des boissons.*)

La fécondité du brochet, sans être comparée à celle du hareng et à celle de la morue, est assez grande pour que dans une femelle d'un mètre de longueur on trouve jusqu'à 180,000 œufs.

Du temps du roi Charles IX, il y avait dans le vivier du Louvre un brochet qui arrivait lorsqu'on l'appelait Lupul; il sortait la tête de l'eau pour recevoir le pain qu'on lui jetait. L'empereur Frédéric II en avait mis un dans un étang le 5 octobre 1230, il fut pris dans le même étang deux cent soixante-sept ans après. Les brochets de Châlons étaient ceux qui, au XIIIe siècle, jouissaient comme finesse de la meilleure réputation.

Se garder de ses œufs qui, cuisant avec sa chair, peuvent communiquer à cette chair la faculté d'exciter les nausées et les vomissements.

Quelques journaux qui s'occupent de l'élève du poisson protestent contre la trop grande multiplication du brochet dans les étangs. M. Sauvadon, dans le *Bulletin de la Société zoologique*, est au nombre des opposants et fournit à l'appui de sa thèse des chiffres intéressants. Chacun connaît la voracité du brochet, c'est même cette qualité qui rend la présence de ce poisson nécessaire dans les pièces d'eau trop abondamment peuplées, mais on a peut-être rarement calculé par une règle de proportion combien un brochet de six ans a dévoré de kilogrammes de fretin et comparé son prix de vente à celui de la masse alimentaire qu'il a dévorée. C'est ce qu'a fait M. Sauvadon, et il est arrivé au résultat suivant :

Un brochet qui, en six ans, a absorbé 252 kilogrammes de nourriture, revient, en ne comptant le poisson qu'à un franc le kilogramme, à 252 francs ; nous ne tenons pas compte de la plus-value qu'aurait acquis en six ans le poisson victime, qui aurait doublé plusieurs fois de poids dans ce laps de temps. Admettons que le brochet pèse 100 grammes à la fin de la première année ; qu'il triple de la seconde à la quatrième et double de la quatrième à la sixième, ce qui est en rapport avec l'observation, car il est avéré que, quand le poisson vieillit, il grossit moins vite que dans les premières années ; il pèsera dix kilogrammes la sixième année. Ainsi ce poisson, qui ne se vend en moyenne que deux francs le kilogramme, vaut en réalité à l'éleveur vingt-cinq francs deux centimes le kilogramme, ce que nous ne croyons pas possible, car le brochet que nous avons vu profiter le plus pesait 500 grammes au moment où on le mit dans une pièce d'eau abondamment pourvue de poissons ; cinq ans après, il ne pesait que 5 kilogrammes ; par contre, le produit de la pêche fut moindre d'un tiers que les autres fois. Nous ne demandons pas, ajoute l'auteur, qu'on supprime l'éducation de ce poisson, mais nous désirons qu'on mette une certaine mesure dans sa propagation, convaincu que nous sommes que la culture du poisson deviendrait impossible si on laissait se propager sur une trop vaste échelle un poisson qu'à juste titre on a nommé le requin d'eau douce.

Brochet à la Chambord. — Prenez un beau brochet, échardez-le, videz-le, ouvrez-lui le ventre pour qu'il n'y reste ni œufs ni laitances, et ôtez-lui les ouïes; la peau levée sans avoir affecté les chairs, levez le nerf de la queue et piquez-le en totalité avec de l'anguille taillée en petits lardons, ou moitié avec des truffes et des carottes coupées de même; si vous servez votre brochet au gras, piquez-le de lard, de truffes ou de carottes, mettez-le dans une poissonnière, mouillez-le d'une braise maigre et faites-le cuire; mettez dans une casserole trois baquetées d'espagnole maigre et une demi-bouteille de vin blanc de Champagne; faites réduire votre sauce et dégraissez-la, mettez-y des champignons retournés, des fonds d'artichauts, des truffes, des laitances de carpes, de l'anguille coupée par tronçons, faites mijoter un quart d'heure votre ragoût et finissez-le avec un beurre d'anchois; égouttez votre brochet, pressez-le, mettez vos garnitures autour et joignez-y des écrevisses, décorez-le, saucez-le, glacez-le et servez. Si c'est au gras, ajoutez-y des ris de veau piqués, des pigeons ou des cailles, si c'est la saison, puis des crêtes et des rognons de coq.

Brochet au bleu ou au court-bouillon. — Videz votre brochet, éventrez-le sans lui crever l'amer et sans endommager ses écailles, ôtez-lui ses ouïes sans lui gâter le palais, placez-le dans une poissonnière de capacité suffisante pour le contenir, faites bouillir un quart de litre de vinaigre rouge, arrosez-en votre brochet pour lui donner une couleur azurée, servez-vous-en tout bouillant; mouillez-le d'une braise maigre ou grasse, enveloppez-le dans un papier beurré, faites-le cuire à petit feu; sa cuisson achevée, égouttez-le, dressez une serviette sur votre plat, posez-le dessus, entourez-le de persil et servez.

Brochet à la Chambord (recette de M. de Courchamps). — Pour bien exécuter ce beau relevé qu'on sert en grosse pièce au premier service, et qui est un des mets les plus somptueux de la cuisine moderne, il faut d'abord être en possession d'un très-fort et très-beau brochet; d'où vient que c'est un plat dispendieux à

Paris où un brochet de belle taille avec sa garniture à la Chambord ne saurait coûter moins de quatre-vingts francs, et peut, quelquefois, revenir au triple de la même somme. Après en avoir ôté les écailles et enlevé toute la peau, vous le piquerez par bandes ou raies transversales, larges chacune comme trois doigts; savoir, une bande avec de fins lardons épicés; la seconde avec des truffes bien noires coupées en forme de clous de girofle; la troisième, avec des filets de carottes et la dernière avec des filets de cornichons bien verts et pareillement coupés en forme de clous. Vous farcissez ce gros poisson avec un hachis pour quenelles aux truffes émincées (*V. Quenelles*). Cette opération terminée, faites cuire le brochet dans une poissonnière avec un court-bouillon dont le mouillement soit du vin de Champagne blanc et mousseux, mais qui soit assaisonné d'épices, de racines et d'un bouquet garni, comme pour un autre court-bouillon. Le poisson cuit, retirez assez de son fond de cuisson pour que le côté piqué, c'est-à-dire le dessus du brochet, s'en trouve à découvert, et mettez-le au four afin que les sucs se concentrent et que les parties piquées au lard y prennent une belle couleur dorée. Procédez maintenant au ragoût qui doit former la garniture de ce mets superbe.

Mettez dans une bassine ou grande casserole une demi-bouteille de vin de Sillery, d'Aï ou autre bon vin de Champagne non mousseux, ajoutez-y un demi-litre de blond de veau ou de consommé réduit, des quatre épices et le jus de quatre bigarades, dans lequel vous aurez délayé deux fortes pincées de poudre de Kari; faites réduire et passez ensuite au tamis de soie; remettez sur le feu et faites-y prendre sauce à des fonds d'artichauts braisés, des mousserons blancs et des champignons cuits à la moelle, de grosses truffes au vin de Bordeaux, des laitances et des langues de carpes, des foies de lottes et des quenelles de turbot à la crème et aux truffes, des tronçons d'anguilles piqués et de filets d'olives cuits au vin de Madère, des écrevisses d'Alsace au vin blanc, des ris de veau piqués et glacés, des ris d'agneau pralinés au vert-pré, des becfigues ou des râles de genêts et des cailles sautées, enfin des crêtes et des rognons de coq, et, si l'on veut quelques pigeonneaux de l'espèce dite à la Gauthier. On terminera cet appareil splendide en y mêlant du beurre d'anchois avec quelques cuillerées de glacis de viande, et l'on passera ce mélange avant de le placer au fond du plat. On arrangera le tout avec ordre et symétrie autour du brochet, dans le corps duquel on piquera quelques longs hâtelets d'argent, bien garnis de rissoles et autres substances variées, telles que belles truffes noires, grandes oranges ou ceps du Midi, jaunes d'œufs de pintade, ortolans rôtis, gros fruits d'Italie marinés au vinaigre.

Comme pour un plat d'une telle importance on ne saurait être trop bien renseigné, nous devons équitablement ajouter à la recette de M. de Courchamps les critiques qu'un autre maître, M. Vuillemot, lui oppose :

« A l'article *Brochet à la Chambord*, de M. de Courchamps, j'accueille favorablement le brochet farci, les garnitures au maigre, mais ce qui est de ses ris de veau, pigeons à la Gauthier, je ne puis les accepter.

« Couronnez votre brochet par les quenelles de poisson, champignons, truffes, écrevisses, queues de crevettes, huîtres, moules et autres. Cela me représente un beau relevé maigre. Bien croûtonné, et une bonne sauce génevoise avec beurre d'anchois. »

Brochet en dauphin. — Prenez un gros brochet, écaillez-le, videz-le par les ouies, retroussez-lui la queue; à cet effet, passez-lui un hâtelet dans les yeux et une ficelle dans la queue (il faut que les deux bouts se joignent de chaque côté du hâtelet); posez votre brochet sur le ventre et faites qu'il s'y maintienne, mouillez-le d'une braise maigre, et si c'est au gras, d'une bonne mirepoix; mettez-le dans un four, retirez-le de temps en temps pour l'arroser de son assaisonnement; sa cuisson faite, égouttez-le et saucez-le d'une italienne rousse et grasse ou d'une maigre. (*Méthode Beauvilliers.*)

Brochet à la broche. — Ecaillez, incisez légèrement votre brochet, lardez-le avec des filets d'anguille salés, poivrés; embrochez-le et arrosez-le, en cuisant, avec du vin blanc, de l'huile fine et du jus de citron vert. Dès qu'il est cuit, faites fondre des anchois dans ce qui est tombé dans la lèchefrite, ajoutez-y des huîtres que vous faites chauffer sans bouillir, des câpres, du sel et du poivre, liez cette sauce avec un peu de jus ou avec un roux, et servez.

La sauce *Pluche* ou verte convient très-bien à ce brochet en raison des anchois. — Les huîtres sont très-nécessaires.

Brochet à la tartare. — Coupez votre brochet par tronçons et faites-les mariner tout écaillés avec de l'huile, sel, gros poivre, persil, ciboules, échalotes et champignons hachés très-fin ; saucez-les dans la marinade et panez-les avec de la mie de pain, mettez-les sur le gril et faites cuire en arrosant avec le reste de la marinade, faites-les prendre belle couleur et servez à sec avec une rémoulade dans une saucière.

M. le comte de Courchamps a payé sa dette à la marquise de Créquy, dont il a écrit les mémoires, en donnant le nom de Créquy à un brochet, c'était bien de l'honneur pour ce poisson ; on sait que la devise des barons de Créquy était : *Créquy haut baron, Créquy haut renom.* Voyons ce qu'il fallait que fît un brochet ou ce qui fallait qu'on lui fît pour le conduire à un si grand honneur.

Brochet à la Créquy. — Après avoir enlevé la peau qui supporte les écailles d'un gros brochet, mortifié depuis quelques jours, on le pique jusqu'à la quatrième partie des côtes avec des anchois, l'autre quart avec des cornichons, puis des carottes et enfin des truffes, on le remplit avec farce au poisson, pour le placer dans une poissonnière, de manière à laisser en dehors tout ce qui a été piqué et qui doit être arrosé aussi souvent que possible, avec le mouillement qui se trouve dans l'intérieur ; on le couvre pour continuer, le feu par-dessus ; sa cuisson terminée, on le retire et lorsqu'il est égoutté on verse dessous une sauce à la crème et au jus de poisson bien réduit. C'est un des plus beaux relevés maigres, dit le *Cuisinier de la cour et de la ville.*

Brochet à l'allemande. (Recette de Beauvilliers). — Ayez un beau brochet, faites attention qu'il ne sente pas la vase, laissez-le mortifier deux ou trois jours et davantage, s'il fait froid ; lorsque vous voudrez vous en servir, videz-le, ôtez-lui les ouies, supprimez-en les nageoires et le petit bout de la queue, lavez-le et nettoyez bien le dedans, faites une eau de sel, mettez votre brochet dans une casserole avec quelques branches de persil, une feuille de laurier et quelques carottes coupées en lames, mouillez-le avec moitié eau de sel et moitié eau de rivière, faites-le cuire ; sa cuisson faite, égouttez-le, ôtez-en la peau, mettez-le dans une casserole et versez dessus de son assaisonnement, tenez-le chaudement, posez une serviette sur un plat, remplissez le vide des tronçons avec du raifort râpé, dressez-les et servez à côté une saucière remplie d'une sauce au beurre ou de toute autre sauce.

Brochet à l'allemande. (Recette de M. de Courchamps.) — Pour le préparer de cette manière, on le choisit de grosseur moyenne ; après l'avoir coupé en trois ou quatre parties égales, on le met dans une casserole avec de l'oignon, du persil, du laurier, de la ciboule, du sel et du poivre ; on mouille avec du vin blanc, et après une demi-heure on le retire ; après l'avoir paré on le met dans une casserole, on verse dessus le court-bouillon passé au tamis ; après avoir égoutté et mis sur un plat le brochet, on prend une autre casserole avec du beurre, un peu de fécule, de la muscade râpée, du poivre, un verre de court-bouillon, et l'on agite, en tournant sur le feu, jusqu'à ce que le tout soit bouillant: après avoir lié cette sauce avec les jaunes d'œufs, on continue de tourner sans pousser à l'ébullition, on la passe au tamis en la versant sur le poisson.

Brochet à la génevoise. — Prenez un brochet que vous ficellerez de distance en distance, de la largeur de deux doigts, et mettez-le dans une poissonnière avec sel, poivre, un oignon piqué de deux clous de girofle et un bouquet garni ; mouillez avec un demi-litre de vin moitié blanc moitié rouge par 500 grammes de poisson. Mettez votre poissonnière sur un feu très-vif et poussez assez vivement pour que les vapeurs vineuses qui s'élèvent s'enflamment. Quand le feu a ainsi fait son effet, mettez 250 grammes de beurre dans la poissonnière, ajoutez-y des épices mélangées et laissez cuire doucement environ une heure. Quand le court-bouillon sera assez réduit, jetez-y quelques morceaux de beurre en remuant toujours la poissonnière, retirez ensuite le poisson, égouttez-le et liez la sauce.

Brochet en fricandeau. — Après avoir écaillé, vidé et lavé votre brochet, coupez-le en tronçons, piquez ces tronçons en dessus avec du petit lard, versez dans une casserole un verre de vin blanc, du bouillon; ajoutez-y un bouquet garni, des rouelles de veau coupées en dés, du sel, du gros poivre, de la muscade, et mettez vos tronçons de brochet tremper dans cet assaisonnement, puis faites-les cuire ; la cuisson achevée, tamisez la sauce, faites-la réduire presque complétement et passez-y les tronçons de votre brochet du côté du lard pour les glacer; cette opération deviendra plus facile en ajoutant un peu de caramel à la sauce.

Dressez le poisson glacé sur un plat chaud et détachez avec un peu de bouillon ce qui reste au fond de la casserole.

Grenadins de brochet. lisez : *fricandeau de brochet*. — Si vous voulez les manger gras, piquez-les de lard ; si vous voulez les manger au maigre, piquez-les de lardons d'anguille et de filets d'anchois, servez dessous soit une sauce tomate, soit une purée de champignons, soit toute autre sauce ou toute autre purée.

Côtelettes de brochet. — Apprêtez et lavez les chairs d'un brochet, supprimez-en la peau, donnez à ces chairs, en les coupant, la forme de côtelettes de veau ou de mouton, faites-les cuire dans une enveloppe de papier huilé avec des fines herbes hachées, tel que vous feriez pour des côtelettes de veau ; procédez en tout comme pour ces côtelettes, c'est-à-dire faites-les griller en prenant garde que le papier ne brûle, et laissez-les cuire jusqu'à ce qu'elles aient atteint une belle couleur.

Filets de brochet à la Béchamel. — Mettez dans une béchamel réduite les restes de votre brochet, dressez-les ensuite sur un plat arrosé d'un peu de beurre fondu, entourez-le de bouchons de pain trempés dans une omelette; mettez-les au four, laissez-les jusqu'à ce qu'ils aient belle couleur et servez.

Salade de brochet. — Coupez votre brochet froid par morceaux et assaisonnez-le en y ajoutant câpres, anchois et cornichons coupés en filets, ainsi que de la fourniture hachée ; dressez-la sur un plat sans y comprendre les anchois, les cornichons et les câpres, garnissez le bord de votre plat de laitues fraîches coupées par quartiers et d'œufs durs coupés de même, décorez votre salade de filets d'anchois et de câpres, saucez-la avec son assaisonnement et servez.

BROCOLI. — Le brocoli est une espèce de chou-fleur qui au lieu de fleurir blanc fleurit noir, qui au lieu de se réunir en rameaux compactes se divise en rameaux séparés; c'est un excellent légume, seulement il est mal connu en France, excepté dans le Midi, où la chaleur est suffisante pour le faire pousser. Nous avons dit qu'il fleurissait noir, en Italie il fleurit violet. On les fait cuire et on les prépare comme des choux-fleurs. Le parenchyme en est plus léger, mais il a la saveur plus exquise. Ne pas confondre les brocolis avec les choux de Bruxelles. C'est du Milanais que nos jardiniers soigneux tirent la graine de cette plante.

Ils les font venir sur des couches préparées qui rendent le légume très-flexible à la cuisson.

Apprêtez avec une bonne sauce au beurre — ou une sauce au gratin avec parmesan.

BROU. — C'est le nom de la coque verte qui renferme certains fruits à écale, c'est ce qui fait faire la grimace à la guenon de la fable qui mord dans le brou au lieu d'éplucher la noix.

Brou de noix à la Sainte-Marie. — Prenez 2 kilog. de noix vertes, 7 grammes de cannelle, 3 grammes et demi de macis, huit litres d'eau-de-vie à 50 degrés, 2 litres d'eau de rivière, 2 kilogr. de sucre; choisissez des noix aux deux tiers de leur grosseur, assez peu formées cependant pour qu'une épingle passe encore facilement à travers leurs coquilles; vous les pilez au mortier de marbre et les mettez infuser avec les aromates et dans l'eau-de-vie pendant un mois et demi, puis vous tamisez le tout et recueillez la liqueur; vous faites fondre le sucre à l'eau de rivière, vous opérez le mélange des deux liqueurs et vous les laissez éclaircir pendant six semaines; enfin vous décantez le ratafia par inclinaison. Au lieu de laisser déposer votre liqueur, on peut à la rigueur la filtrer.

Brou de noix à la Carmélite. — Prenez 150 noix vertes, 3 gram. 1/2 de muscades, 3 gram. 1/2 de girofle, 2 kilogrammes de sucre concassé, mettez le tout dans 8 litres d'eau-de-vie, vous choisissez les noix comme pour le brou ci-dessus, vous les pilez de même, vous les faites infuser deux mois dans l'eau-de-vie, vous les égouttez dans un tamis au-dessus d'un vase, vous faites fondre le sucre dans cette liqueur que vous renfermez de nouveau dans un vase pendant trois autres mois, vous la décantez ensuite et la mettez en bouteilles. Ce dernier ratafia, comme stomachique, est encore supérieur à l'autre.

BRUGNON. — Espèce de pêche presque ronde, lisse et de couleur rouge tirant sur le violet; elle est moins grosse que les autres, sa chair est ferme et comme saveur tient le milieu entre la pêche et la prune; elle est de facile digestion. Le brugnon violet musqué est plus estimé que les autres, on le mange en août et en septembre.

BRULURE. — La brûlure est un des accidents les plus fréquents qui puissent arriver à un cuisinier consciencieux et exerçant de sa personne; nous extrayons du *Traité des préparations* de M. Lorrain l'indication des remèdes reconnus comme les plus propres à en prévenir les suites. Nous remercions d'abord pour notre compte M. Lorrain en lui laissant à recueillir les remercîments de ceux qu'il aura soulagés.

« Les plus fortes brûlures auraient presque toujours des suites très-légères si on y appliquait aussitôt les remèdes convenables; pour peu qu'on attende, l'action du feu qui, d'abord n'a attaqué que la superficie de la peau, pénètre dans l'intérieur et occasionne de grands désordres qu'il aurait été facile de prévenir.

« Les premiers soins à prendre doivent avoir pour but de diminuer l'inflammation qui est toujours la suite des brûlures, ou même de l'empêcher de naître.

« On arrosera donc la partie brûlée avec de l'eau la plus froide possible, sans le moindre délai; si la partie est couverte d'un vêtement, on commencera par l'imbiber d'eau froide jusqu'à ce qu'elle pénètre la brûlure, ou, ce qui est préférable, on plongera tout le membre dans l'eau froide; si on n'a pas d'eau froide sous la main, on enlèvera de suite le vêtement et on appliquera sur la brûlure un corps froid et, s'il est possible, de nature métallique. Par ces moyens, on empêchera la continuité d'action du calorique.

« Lorsque la brûlure sera à nu, on la couvrira avec des compresses trempées dans l'eau la plus froide, même à la glace, et qu'on renouvellera de minute en minute, ou qu'on arrosera par-dessus. Si on peut se procurer de l'alun, on en fera dissoudre dans l'eau froide et on en imbibera des compresses qu'on posera sur la brûlure. On arrosera fréquemment les compresses pendant la première heure sans les lever, et pendant les cinq ou six heures suivantes, on aura soin de ne pas les laisser s'échauffer et se dessécher. Ces moyens et surtout l'emploi de l'eau d'alun suffisent souvent pour prévenir les suites de brûlures très-fortes.

« Après cinq ou six heures d'arrosage, on fixe les compresses avec des bandelettes, et on ne fait plus rien. Il se forme ordinairement, sous les compresses, une croûte qui prend de l'épaisseur et de la dureté et qui se sépare d'elle-même dans un moment plus ou moins loin. L'alun agit dans ce cas par sa propriété astringente, aussi peut-on le remplacer par d'autres substances qui jouissent de la même propriété, quoiqu'à un degré moindre. Telle est, par exemple, la pulpe crue de pommes de terre, on en recouvre la brûlure et on la renouvelle à mesure qu'elle s'échauffe. Cette pulpe agit par le froid qu'elle apporte et par le principe astringent qu'elle contient. Pour obtenir la pulpe de pommes de terre, on les frotte sur une râpe ordinaire, ou, à défaut de râpe, on les écrase avec un marteau jusqu'à ce qu'elles soient réduites en bouillie.

« En général, la première chose à faire pour une brûlure, c'est de refroidir le plus qu'on peut la partie affectée; on emploie à ce refroidissement l'eau la plus froide et même la glace; ce refroidissement doit être continué sans interruption pendant une heure; ensuite, et même plus tôt si on le peut, tout en continuant à refroidir la partie brûlée et celles qui sont avoisinantes, on passe à l'emploi des astringents, l'eau d'alun, l'eau de goulard, la pulpe de pommes de terre, la boue ferrugineuse qu'on trouve dans l'auget des meules à émoudre, etc.; ou les toniques tels que l'éther, l'alcool, l'eau-de-vie; ces dernières substances doivent être employées sans compresses, on en mouille de temps en temps la partie brûlée.

« Si, malgré l'emploi des moyens ci-dessus, la plaie vient à suppuration, on la panse alors avec le cérat siccatif ou avec le baume de Geneviève. »

BUFFLE. — Animal originaire des Indes et de l'Afrique, qui ressemble assez au taureau, mais qui est plus fort.

La chair du buffle est moins agréable à manger que celle du bœuf, cependant elle est fort bonne et fort saine.

On fait avec le lait des femelles un fromage excellent que l'on appelle en Italie *œuf de buffle*, parce qu'on lui donne la forme d'un œuf.

Nous devons à l'obligeance de M. Duglerez, ancien chef de bouche de la maison Rothschild, une excellente recette pour assaisonner le museau de buffle; nous nous empressons de la donner à nos lecteurs.

Le museau de buffle est très-peu employé en cuisine, cependant c'est un mets qu'un bon cuisinier peut rendre très-délicat.

Prenez un museau de buffle, faites-le dégorger, blanchir et rafraîchir, puis grattez et flambez pour en extraire les poils; mettez-le après dans un bon fonds et faites cuire pendant trois heures. Assurez-vous de temps en temps si c'est cuit, puis égouttez-le et placez-le sur le plat imbibé d'une bonne sauce hachée bien relevée et servez.

On peut servir ce mets de plusieurs manières :

Soit en papillotes, à la Provençale, en matelotte, à la Lyonnaise, à la Tartare, à la sauce aux tomates et à la Villeroy. (V. *ces sauces.*)

C

CABELAN ou CAPLAN. — Sorte de poisson commun dans la Méditerranée. Sa chair est douce, tendre et de bon goût. On en fait, à Paris, des *sandwichs* à la crème de Meaux, et, sur les côtes de Bretagne, des beurrées fort appétissantes. Il sert pour amorcer les morues sur le banc de Terre-Neuve.

CABILLAUD, plutôt CABIAU. — Nom de la morue fraîche en Hollande, comme c'est le même poisson qui reçoit le nom de morue quand il est salé, c'est à ce nom de Cabillaud que nous dirons tout ce que nous avons à dire sur la morue.

Cabillaud. — Genre de poisson de la famille des *gadoïdes*, différent du merlan par la présence d'un barbillon attaché sous la symphise de la mâchoire inférieure. La fécondité du cabillaud égale sa voracité. Dans un cabillaud de la plus grosse taille, c'est vrai, pesant 30 à 32 kilogrammes, on a trouvé huit millions et demi et jusqu'à neuf millions d'œufs. On a calculé que si aucun accident n'arrêtait l'éclosion de ces œufs et si chaque cabillaud venait à sa grosseur, il ne faudrait que trois ans pour que la mer fût comblée et que l'on pût traverser à pied sec l'Atlantique sur le dos des cabillauds.

Les cabillauds frayent, en décembre, sur les côtes d'Espagne; au printemps, sur celles d'Amérique, et alors la voracité de ces poissons ne connaît plus d'obstacles, ils se réunissent en troupe serrée et infligent à leurs proies, et surtout aux maquereaux, une chasse qui les pousse par milliards sur les côtes. La résidence habituelle des cabillauds est sur les bancs de Terre-Neuve, au cap Breton, à la Nouvelle-Ecosse, à la Nouvelle-Angleterre, à la Norwége, aux côtes d'Islande, aux bancs de Dogger et aux Orcades. C'est particulièrement au printemps qu'on les voit se réunir par bancs en forme de parallélogramme et pulluler de façon à épouvanter ceux qui calculent la quantité de poissons dévorants que contiennent ces bancs de plusieurs pieds d'épaisseur; aussi le cabillaud est-il une des premières pêches auxquelles les nations d'Europe se sont livrées. Nous avons des preuves certaines que ces pêches sont organisées depuis le commencement du ixe siècle; car vers la fin de ce siècle, nous trouvons des pêcheries établies sur les côtes de Norwége et d'Islande.

Dès 1368, Amsterdam avait une pêcherie de morue sur les côtes de la Suède; au rapport d'Anderson, ce fut en 1536 que la France envoya au banc de Terre-Neuve son premier vaisseau pour y pêcher. Longtemps on prétendit qu'il était monté par des Malouins, aujourd'hui on en fait honneur aux Basques; et, en effet, cent ans environ avant l'expédition de Christophe Colomb, les pêcheurs basques poursuivant une baleine s'aperçurent de la grande abondance de cabillauds qu'il y avait à Terre-Neuve, et en firent la première pêche. En 1578, la France envoyait à Terre-Neuve 1,050 navires pour la pêche, l'Espagne 110, le Portugal 50 et l'Angleterre 30; au moment de notre première révolution, le produit de la pêche française s'élevait à 15,731,000. La pêche de la morue se fait ordinairement pendant le mois de février et est plus souvent terminée en six semaines; il n'est pas rare cependant qu'elle dure dans les bonnes années, quatre ou cinq mois. On se sert pour pêcher la morue de lignes, d'hameçons, de rets; un pêcheur ne pêche à la fois qu'un poisson, mais le cabillaud est si abondant que chaque pêcheur peut en prendre trois cent cinquante à quatre cents par jour. Le rendez-vous des morues et par conséquent des pêcheurs est au banc de Terre-Neuve, à l'île de Sable, à celle de Saint-Pierre et au banc Vert. Les morues sont d'une telle voracité, que tous les genres d'appâts sont bons pour les prendre. Les pêcheurs flamands se servent particulièrement de grenouilles, les Basques d'anchois et de sardines, les pêcheurs de Boulogne de harengs, de maquereaux et même de vers de terre. En Irlande, on fait usage de moules; en Hollande, de morceaux de lamproies.

Cabillaud (ou morue fraîche à la Hollandaise). — Choisissez un cabillaud frais et gras, ce qu'il sera facile de reconnaître à l'œil et en le flairant, qu'il ait la peau blanche et tachée de jaune, ce sont les meilleurs; videz-le, ôtez les ouïes, lavez-les à plusieurs eaux, ficelez-lui la tête, mettez-le dans une poissonnière, faites-le cuire dans une bonne eau de sel que vous aurez préparée ainsi. Mettez de l'eau dans un petit chaudron, proportionnez-y le sel à la quantité de l'eau, jetez-y quelques ciboules entières, du persil en branches, une gousse d'ail, deux ou trois oignons coupés en tranches, du zeste de carotte, du thym, du laurier, du basilic, deux clous de girofle; faites bouillir trois quarts d'heure, écumez votre eau, descendez-la du feu, couvrez-la d'un linge blanc, laissez-la reposer une demi-heure ou trois quarts d'heure, passez-la au travers d'un tamis de soie, servez-vous-en pour faire cuire votre poisson et, en général, tout ce qui doit être cuit à l'eau de sel. La cuisson de votre cabillaud achevée, sans l'avoir laissé bouillir, cinq minutes avant de le servir, retirez-le de l'eau, laissez-le s'égoutter sur la feuille, glissez-le sur le plat où il doit paraître sur la table, servez-le avec des pommes de terre cuites à l'eau et épluchées, et avec une saucière remplie de beurre fondu. Vous pouvez le servir aussi avec une sauce aux huîtres, une sauce blanche aux câpres, ou une sauce à la bonne morue. (*Recette Beauvilliers.*)

Cabillaud à la Sainte-Ménehould. — Choisissez avec soin votre cabillaud, c'est-à-dire frais et gras; introduisez-lui dans le corps une farce cuite. Si c'est en maigre, que la farce soit en poisson; dressez-le immédiatement sur le plat où vous devez le servir; mouillez votre cabillaud d'une braise grasse ou maigre, selon que sera grasse ou maigre la farce que vous lui aurez introduite dans le ventre; mettez-le au four, et, sa cuisson faite, égouttez-le sans l'enlever de dessus son plat; saucez-le d'une Sainte-Ménehould, passez-le avec de la mie de pain et du fromage de Parmesan, arrosez-le de beurre fondu, faites-lui prendre une belle couleur, égouttez-le de nouveau, nettoyez votre plat, et mettez-y une italienne blanche. (V. *italienne blanche.*)

Cabillaud à la hambourgeoise. (Recette traduite de l'allemand par l'auteur du *Dictionnaire de cuisine*.) — Prenez à cet effet un cabillaud bien frais et bien charnu; lorsque vous l'aurez bien nettoyé (en ayant soin de ne pas faire une trop grande ouverture pour lui retirer les intestins), faites-le égoutter et essuyez-le bien en dedans et en dehors. Faites blanchir six douzaines d'huîtres, égouttez-les sur un tamis; laissez reposer l'eau des huîtres, que vous aurez eu soin de conserver; faites une béchamel mouillée avec cette eau et moitié crème; faites réduire cette sauce jusqu'à ce qu'elle tienne à la cuiller; assaisonnez d'un peu de sel, poivre et muscade; mêlez-y les huîtres et remplissez-en l'intérieur de ce cabillaud; posez-le ensuite sur un plat ou une plaque bien étamée, ciselez légèrement la surface de votre poisson; prenez six jaunes d'œufs crus, 125 grammes de beurre fondu, sel et muscade; battez le tout, prenez un pinceau, enduisez bien toute la surface du poisson, semez de la mie de pain (cette opération doit se faire vivement), arrosez ensuite de beurre fondu toute cette panure (une heure suffit pour la cuisson, qui doit être à un four un peu chaud). Si c'est sur une plaque que vous avez posé votre poisson, enlevez-le avec deux couvercles de casserole. Pour sa sauce, ayez un gros homard cuit; retirez-en les chairs, pilez les coquilles avec ses œufs et intestins; ajoutez 180 grammes de beurre, relevez le tout dans une casserole, exposez-le sur un fourneau, remuez cette préparation avec une cuiller de bois, et quand le beurre sera bien fondu, versez-y une cuillerée de bon bouillon, faites bien chauffer; au premier bouillon, versez le tout dans une étamine, tordez fortement sur une terrine préparée à cet effet et laissez monter le beurre, ensuite enlevez-le avec une cuiller; servez-vous de ce qui reste dans la terrine pour faire votre sauce, en y ajoutant de la bonne crème en quantité égale à votre fond. Vous aurez coupé en dés vos chairs de homard que vous incorporez dans la sauce au moment de servir, ainsi que votre beurre rouge; goûtez si la sauce est de bon goût; lorsque vous mettez votre poisson au four, versez sur un plat un bon verre de vin blanc. Ce relevé fait le meilleur effet possible quand il est bien soigné.

Cabillaud à l'italienne. — Choisissez avec soin un beau cabillaud, tâchez qu'il soit d'Ostende ou des côtes de la Manche, faites une farce avec des merlans et des anchois pilés, remplissez-en la cavité du cabillaud, dressez votre poisson sur un plat creux avec du beurre et du persil haché, mouillez le tout avec une bouteille de vin blanc, mettez-le au four après l'avoir pané et saupoudré de mie de pain mêlée de fromage de Parmesan râpé, arrosez de beurre fondu, et faites-lui prendre couleur sous le four de campagne; vous pouvez le saucer alors avec telle sauce que vous voudrez.

Cabillaud aux fines herbes. — Même préparation que ci-dessus; quand il sera resté une heure dans son eau salée, servez avec fines herbes, beurre, sel, poivre, muscade, aromates et chapelure; mouillez-le d'une bouteille de vin blanc, mettez-le au four et arrosez plusieurs fois.

Morue à la maître d'hôtel. — Vous choisissez une belle crête de morue d'une peau blanche piquée de jaune; pour vous assurer qu'elle est tendre, pincez-en la chair, goûtez aussi si elle est d'un bon sel et, dans le cas où elle serait trop salée, mettez-la dans l'eau avec moitié lait, et elle se dessalera promptement; trempez-la dans l'eau chaude, ôtez les écailles en la grattant avec un couteau, mettez de l'eau fraîche dans une casserole avec votre morue, faites-la cuire; dès qu'elle aura bouilli, retirez-la pour l'écumer, couvrez-la un instant, puis égouttez-la, dressez-la et saucez-la d'une sauce à la maître d'hôtel forcée d'un peu de citron ou de verjus (*V.* SAUCE A LA MAITRE D'HOTEL); vous pouvez aussi supprimer la peau, la défaire par feuillets, la sauter dans une maître d'hôtel en y ajoutant un filet de verjus ou un jus de citron, la dresser et la servir aussitôt.

Brandade de morue. — Faites cuire votre morue comme ci-dessus, supprimez-en les peaux, égouttez-la, puis divisez-la par petites feuilles, mettez de l'huile d'olive dans une casserole et jetez-y votre morue avec deux gousses d'ail écrasées, remuez fortement le tout, en faisant tourner et retourner votre morue jusqu'à ce qu'elle soit bien mêlée avec l'huile, ajoutez du gros poivre, un jus de citron, dressez-la en rocher et servez.

Morue au beurre noir. — Préparez et faites cuire votre

morue de la même manière que les précédentes, égouttez-la, faites un beurre noir en procédant ainsi : mettez du beurre dans une poêle et faites-le fondre et cuire au point de noircir sans qu'il soit brûlé, mettez ensuite du persil en branche pour frire, ajoutez à votre sauce du vinaigre en suffisante quantité, ne mettez pas de sel, dressez votre morue, saucez-la et servez.

Morue à la crème, ou bonne morue. — La même préparation et la même cuisson que ci-dessus, égouttez-la, dressez-la et saucez-la d'une sauce bonne morue que vous faites en mettant dans une casserole 120 grammes de beurre, une cuillerée de farine, une bonne pincée de persil et une de ciboule hachée, poivre, sel, muscade râpée, un verre de crème ou de lait ; mettez sur le feu, tournez et faites bouillir un quart d'heure, versez sur votre poisson et servez.

Cabillaud ou morue à la Hollandaise. — Prenez un cabillaud ou une morue bien fraîche, ce que vous pouvez reconnaître en flairant ; les meilleurs sont ceux qui ont la peau blanche et tachée de jaune ; videz-le, ôtez les ouies, lavez-le à plusieurs eaux, ficelez-lui la tête et mettez-le dans une poissonnière, faites-le cuire dans une bonne eau de sel sans le laisser bouillir ; il faut un peu de lait dans la cuisson ; quand il sera cuit, et cinq minutes avant de le servir, retirez-le de l'eau, laissez-le s'égoutter sur la feuille, glissez-le avec sur le plat que vous devez servir, mettez au four des pommes de terre cuites à l'eau et épluchées et du beurre fondu dans une saucière. Vous pouvez servir ce poisson avec une sauce aux huîtres ou une sauce blanche aux câpres ou encore une sauce à la bonne morue.

Cabillaud ou morue au gratin. — Si vous avez du cabillaud de desserte, épluchez-le, ôtez les peaux, et les arêtes et faites une béchamel (*V.* cette sauce); assurez-vous que votre sauce n'est pas trop longue, mettez-y votre cabillaud et faites-le chauffer sans bouillir, dressez-le sur un plat en l'étendant avec la lame de votre couteau, vous le panez ensuite avec de la mie de pain et vous y ajoutez, si vous le jugez nécessaire, un peu de fromage de Parmesan ; arrosez-le de beurre comme pour le cabillaud à la Sainte-Ménehould, garnissez avec des bouchons de pain le tour de votre plat, mettez-le au four, faites-lui prendre belle couleur, retirez-le, ôtez les bouchons, mettez en d'autres passés au beurre et servez.

Morue à la bourguignote. — Coupez cinq ou six oignons en rouelles et mettez-les avec un bon morceau de beurre dans une casserole où vous les ferez cuire et roussir ; leur cuisson achevée, faites un beurre roux que vous tirez au clair et que vous mettez sur vos oignons, avec sel, poivre et un fort filet de vinaigre; vous ferez cuire votre poisson comme il est indiqué pour la morue à la maître d'hôtel ; égouttez-la ensuite, dressez-la sur votre plat, saucez avec vos oignons au beurre roux et servez.

Queues de morue à l'anglaise. — Vous ferez cuire des queues de morue comme ci-dessus, que vous égoutterez bien ; faites une sauce avec la chair de deux citrons coupés en dés, filets d'anchois, persil et ciboules hachés, échalote, une pincée de gros poivre, une pointe d'ail ; ajoutez-y un morceau de beurre et un peu d'huile, faites chauffer cette sauce à petit feu en la remuant bien, mettez-en la moitié dans le fond de votre plat, dressez-y votre morue, garnissez-la de croûtons frits dans le beurre, jetez sur votre morue le reste de votre sauce, panez-la avec de la chapelure, laissez-la mijoter un bon quart d'heure sous un four de campagne, nettoyez le bord de votre plat et servez.

Cabillaud ou morue à la norvégienne. — Procurez-vous une petite morue fraîche que vous couperez en quatre ou cinq morceaux, désossez, marinez avec beurre chaud, jus de citron, persil haché, échalotes et fines herbes; servez avec marinade dessus et dessous, panez, arrosez avec beurre chaud, faites cuire au four, servez avec sauce au vin blanc, jaunes d'œufs et muscade.

Cabillauds grillés à la crème et aux huîtres. (La recommandation reste toujours la même pour votre cabillaud.) — Mettez-lui dans le corps une farce maigre ou grasse, au poisson si c'est au maigre, à la viande si c'est au gras. Vous suivez en tous points les mêmes instructions que pour le cabillaud à la Sainte-Ménehould, seulement en le retirant du four vous le couvrez d'une sauce à la crème et aux huîtres.

Cabillaud pané. — Coupez votre cabillaud en cinq ou six

morceaux, marinez avec sel, poivre, persil, échalotes, ail, thym, laurier, ciboules, basilic; le tout haché, le jus de deux citrons et du beurre fondu; dressez-les, servez avec la marinade, panez et faites cuire sous un four de campagne.

CACAO. — Graine de la grosseur d'une petite fève, nichée dans une pulpe butyracée du fruit du cacaoyer ou cacaotier. Cet arbre croît abondamment en Amérique, produit des cosses cannelées et rayées, d'environ trois lignes d'épaisseur, renfermant trente ou trente-cinq amandes assez semblables à nos pistaches, mais plus grandes, plus grosses, arrondies et couvertes d'une pellicule sèche; la substance de ces amandes est d'un goût amer et légèrement acerbe.

Il y a différentes sortes de cacao : le cacao de Cayenne, celui de Caracas, de l'île Sainte-Madeleine, de Berbice et de Saint-Domingue; ils diffèrent entre eux par la grosseur et la saveur des amandes. Le gros Caraque, dont l'amande un peu plate ressemble assez à nos grosses fèves par son volume et sa figure, est le plus estimé de tous; après lui viennent ceux de Sainte-Madeleine et de Berbice, dont l'amande est moins aplatie que celle du Caraque, et sa pellicule est couverte d'une poussière de couleur cendrée très-fine. Les autres ne sont bons qu'à faire du beurre de cacao à cause de leur âcreté et de l'huile qu'ils contiennent. La différence qui existe entre nos amandes et le cacao, c'est que son germe est placé au gros bout de l'amande, au lieu que dans nos amandes européennes il est placé à l'autre bout.

Pour obtenir un chocolat de première qualité, il faut allier par parties égales les cacaos Caraque, de Sainte-Madeleine et de Berbice; cela lui donne la dose d'onctueux et d'oléagineux qu'il doit avoir; le chocolat fait avec le seul Caraque serait trop sec, et celui qui ne contiendrait que du cacao des îles deviendrait trop gras et trop âcre. On *terre* le cacao, afin de lui faire perdre son âcreté, et il faut avoir bien soin, avant de l'employer, de le dépouiller de cette enveloppe de terre qui le rend un peu moisi, ce qui n'empêche pas le Caraque, le seul qu'on soumette à cet enterrement préparatoire, de produire le meilleur des chocolats connus; toutefois il est nécessaire, comme nous l'avons déjà dit, d'y mêler d'autres sortes pour en corriger la fadeur par une certaine âpreté qui n'est pas déplaisante. Ces cacaos sont légèrement torréfiés ; étant refroidi ce cacao s'écrase pour en séparer les enveloppes ou écorces qui se rejettent. En Suisse et en Allemagne cependant on les conserve pour faire dans l'eau bouillante une infusion que les habitants mélangent avec le lait et boivent en place du vrai chocolat. En Orient, les arilles ou enveloppes du café s'emploient de la même manière pour le *café à la Sultane*.

On attend pour recueillir le cacao que les fruits, parfaitement mûrs, résonnent en les agitant par le choc intérieur des semences ; alors on en fait des tas que l'on laisse sécher pendant trois ou quatre jours, afin de briser le fruit et de le débarrasser de la pulpe qui l'environne.

Torréfaction et pâte de cacao. — Vous écossez les amandes de cacao, vous en mettez environ cinquante centimètres d'épaisseur dans une poêle de fer que vous placez sur un feu de charbon pour brûler légèrement l'écorce ligneuse du cacao que vous remuez avec une grande et large spatule de bois. Cette torréfaction, qui fait perdre au cacao son odeur de moisi, doit être faite avec ménagement, sinon le cacao trop chauffé amène un commencement de décomposition et ne produit plus qu'un chocolat brun ou noir qui est plus âcre et qui, loin de posséder les vertus de celui qui serait torréfié avec précaution, ne peut donner que de mauvais résultats. Lorsque l'écorce se sépare de l'amande sans difficulté en appuyant avec les deux doigts, le cacao est arrivé au degré de torréfaction nécessaire; vous retirez alors votre poêle du feu et vous le versez dans un tonneau, vous le mettez ensuite dans un crible assez serré pour que le moindre grain ne puisse passer sans être brisé; vous prenez un morceau de brique que vous appuyez sur votre cacao qui en se brisant se sépare de son enveloppe ; il est préférable, pour cette dernière opération, de prendre un moulin qui a l'avantage d'abréger ce travail et de le rendre plus perfectionné ; vous passez ensuite la première et la seconde grosseur du cacao dans des cribles de diverses grandeurs, et vous le mettez dans un petit van, afin de le remuer pour en séparer les écorces ; quand la première grosseur est vannée, vous passez à la seconde, et ainsi de suite jusqu'à ce qu'il ne reste plus aucune ordure. Vous éviterez, en faisant cette opération avec soin, la perte de temps que vous éprouveriez si vous étiez obligé d'éplucher grain à grain votre cacao pour en séparer les enveloppes qui resteraient avec les petits morceaux, si vous n'aviez pris la précaution de le passer plusieurs fois dans les différents cribles.

Votre cacao bien nettoyé, vous en pesez, par exemple, dix livres que vous torréfiez de nouveau en le remuant sans discontinuer avec une stapule de bois très-large pour le bien faire chauffer jusqu'au centre sans le griller, et vous le retirerez quand il commencera à devenir luisant. Vous le passez légèrement dans le van pour en extraire les dernières parcelles d'écorce brûlée. Il faut bien se pénétrer que la torréfaction est indispensable pour enlever l'âcreté du cacao en faisant évaporer sa première huile et servir à le broyer plus facilement.

Après le second vannage, vous remplirez un mortier de fer de charbons ardents, afin de le bien faire chauffer; vous l'essuyez, puis vous mettez votre cacao que vous pilez promptement avec un pilon de fer jusqu'à ce qu'il soit réduit en pâte et en huile et que le pilon puisse s'enfoncer par sa seule masse au fond du mortier.

Chocolat à la vanille (façon de Paris). — Prenez, par exemple, 5 kilogrammes de pâte de cacao, 60 grammes de vanille et 5 kilogrammes de sucre. Vous incorporez 4 kilog. 1/2 de sucre avec la pâte de cacao, vous les mettez en deux fois dans le mortier pendant qu'il est encore chaud, vous mélangez bien le tout en le pilant et vous retirez cette pâte quand elle est bien mêlée pour la mettre dans une terrine à la réserve de 500 grammes, que vous broyez sur une pierre à chocolat. Cette pierre doit être unie, de 43 à 48 centimètres de large sur 81 de long et 8 centimètres d'épaisseur. Vous l'affermissez sur un châssis de bois en forme de buffet garni de tôle à l'intérieur et disposé de manière à recevoir une petite poêle de braise bien allumée, suffisamment couverte de cendres pour conserver à la pâte une chaleur douce; vous mettez à côté de ce feu la terrine dans laquelle est le surplus de votre pâte; puis vous broyez celle qui est dessus avec un cylindre de fer poli. Lorsque votre pâte est suffisamment broyée, vous la transvidez dans une autre terrine que vous mettez de même à côté du feu pour la conserver fluide, vous en remettez de nouveau sur la pierre et vous procédez ainsi jusqu'à ce que votre pâte ait entièrement passé par cette opération. Vous aurez soin pendant ce travail de toujours entretenir le feu sous votre pierre, qui doit conserver le degré de chaleur convenable, c'est-à-dire assez chaude pour qu'on ne puisse y laisser le dos de la main qu'un instant. Vous ajoutez à votre mélange suffisamment broyé la vanille pulvérisée avec 500 grammes de sucre et tamisée. Remettez votre pâte sur la pierre, retirez-la promptement et roulez-la sur une feuille de parchemin, afin de lustrer votre chocolat; coupez-le par morceaux, mettez-les dans des moules frappés le plus droit possible pour que le chocolat devienne uni et luisant, et, dans le cas où il se formerait dessus des petites bulles produites par l'effet de l'air, piquez ces bulles avec une épingle, et votre tablette devient parfaitement unie. Laissez refroidir votre chocolat dans le moule, afin qu'il durcisse; quand il s'est solidifié, il se sépare des moules facilement, il suffit pour cela de les renverser ou de les presser légèrement par les deux bouts, comme si on voulait les tordre; de cette façon, les tablettes qui seraient attachées par quelque côté se retirent très-facilement sans courir le risque de se briser. Si votre chocolat est mis trop chaud dans les moules, il se forme dessus des taches; s'il est trop liquide, jetez deux ou trois cuillerées d'eau sur une quantité de 10 kilogrammes et remuez-le jusqu'à ce qu'il soit devenu plus épais, ce qui donne plus de facilité pour le mettre dans les moules.

Pour obtenir un chocolat qui flatte le goût, vous ajoutez au lieu de vanille 45 grammes de cannelle et 3 gr. 1/2 de macis que vous mélangez et pulvérisez avec le sucre; si vous désirez un chocolat plus fin, retranchez 1 kilogramme de sucre sur la quantité indiquée ci-dessus. Vous enveloppez vos tablettes dans du papier blanc et vous le conservez dans un endroit bien sec, la moindre humidité le ferait moisir.

La vanille contenant une matière résineuse et balsamique et étant dans un état de mollesse perpétuelle, il est indispensable de la piler avec le sucre et autant que possible par un temps sec, parce que le sucre passe difficilement à travers le tamis par les temps humides; il est important aussi que la vanille soit choisie fraîche et de bonne qualité.

La dose que nous prescrivons ci-dessus n'est que comme exemple: on emploie les différentes substances qui entrent dans la composition du chocolat à volonté et dans les proportions convenables à la quantité que l'on veut faire.

Chocolat à la manière de Bayonne et d'Espagne. — Ce chocolat diffère seulement de celui ci-dessus par la main-d'œuvre; les substances qui entrent dans sa composition sont les mêmes.

Ayez une pierre des Pyrénées, de 60 centimètres de largeur sur 80 de longueur, avec un rouleau du même grain; ménagez une pente à cette pierre et posez-la sur une table à la hauteur de la ceinture; faites faire quatre auges de bois mince, mettez-les sur la pierre de façon que l'ouvrier en ait une devant lui et une de chaque côté, la quatrième servira pour remplacer lorsque le cacao sera broyé; cette pierre vous dispensera de broyer le cacao dans le mortier de fonte, car vous le mettez dessus lorsqu'il est torréfié et vous le broyez avec le rouleau en procédant comme pour le chocolat de Paris, et jusqu'à l'entier broyage de votre pâte. Quand toute votre venue est broyée, vous retirez l'auge dans laquelle est tombé le cacao broyé et vous la remplacez par une autre dans laquelle vous mettez le sucre, vous broyez de nouveau la pâte et vous serrez avec le rouleau de manière à ce qu'il n'y ait que l'huile qui tombe dans l'auge sur le sucre.

Cela fait, vous formez une pâte avec votre huile et votre sucre mêlés; vous repassez une dernière fois cette pâte sur la pierre en y ajoutant les aromates, et vous mettez votre chocolat dans les moules.

Si vous voulez le faire sans sucre, lorsque le cacao est en huile dans les auges, vous le mettez dans des moules en fer-blanc, comme cela se pratique à Bayonne, où ce chocolat est excellent et du plus grand débit.

Chocolat à la façon de Milan ou d'Italie. — Il se fait de la même manière que le précédent; la différence existe seulement dans la forme de la pierre qui est cintrée et cannelée. Une seule espèce de pierre est propice à ce travail; elle se travaille aux environs de Milan, et se vend avec les deux rouleaux du même grain 300 fr. dans le pays. Le chocolat qui se fait sur cette pierre est de qualité supérieure, parce que le cacao s'y trouve mieux broyé qu'il ne saurait l'être dans un mortier de fonte qui, très-chaud, ne manquerait pas d'en absorber l'huile. Aussi les ouvriers italiens apportent-ils cette pierre à Paris, et leur chocolat fabriqué avec est-il trouvé meilleur.

Vacaca Chinorum. — Prenez du cacao bien torréfié et vanné et broyez-le avec soin, mêlez-y 120 grammes d'amandes de cacao, 30 grammes de vanille, 30 grammes de cannelle fine, 2 gr. 1/2 d'ambre gris et 30 grammes de sucre en poudre; formez-en une pâte que vous renfermez dans une boîte en fer-blanc; si vous voulez aromatiser agréablement votre chocolat, mettez dedans dix à douze grains de cette composition, qui est excellente et bonne à réparer les forces perdues par épuisement. Les Chinois font un très-grand usage de cette pâte et s'en trouvent très-bien.

Boisson de chocolat. — Mettez dans une chocolatière une tasse de lait ou d'eau par 30 grammes de chocolat, vous faites bouillir et vous ajoutez du chocolat râpé, vous remuez ce mélange. Quand le chocolat est fondu et incorporé avec le lait ou l'eau, vous le laissez reposer dans un endroit chaud pendant environ un quart d'heure; remuez fortement votre boisson et versez-la dans des tasses lorsqu'elle est bien mousseuse.

Falsification du chocolat. — Les falsificateurs de chocolat emploient pour le faire du petit cacao commun, duquel ils ont tiré la plus grande partie du beurre, ils y ajoutent une grande quantité d'amandes pilées, de la cassonade au lieu de sucre et du storax commun en place de vanille. Il est impossible, pour les personnes qui s'y connaissent, de confondre le bon et le mauvais chocolat; on le falsifie également avec du beurre, de la fécule de pommes de terre ou de l'amidon.

CACHOU. — Mélange de sucs provenant des gousses fraîches de la partie centrale du bois de l'acacia-catchen.

C'est une substance sèche, cassante, qui fond dans la bouche, et dont on se sert pour parfumer l'haleine ou du moins neutraliser les mauvaises exhalaisons. Il est de quelque usage pour le fumeur.

Pastilles de cachou. — Pilez 180 grammes de cachou que vous passerez au tamis de soie et délayerez dans 1 kilogramme de sucre et de l'eau, pour en former une pâte bien ferme que vous roulez par très-petites parties. Vous retirez vos pastilles de dessus les plaques une ou deux heures après, et vous les mettez à l'étuve environ vingt-quatre heures; vous les renfermez ensuite dans des boîtes. Ces pastilles sont stomachiques et astringentes.

On peut s'en servir en boisson, en mettant 30 grammes dans un litre d'eau bouillante qui prend, en remuant avec une cuiller, une teinte rougeâtre d'une saveur douce et fort agréable. Cette eau convient aux personnes qui ont de la répugnance pour les tisanes; elle fait cesser les diarrhées, elle convient dans les maladies bilieuses, et elle est salutaire dans les maux de gorge; elle arrête les vomissements et convient dans les dyssenteries. On peut parfumer ces pastilles de diverses manières, en ajoutant dans la pâte quelques gouttes d'essence de cédrat, de bergamote, d'angélique, d'iris, etc. (*M. de Courchamps.*)

CAFÉ. — La plante qui le produit est un petit arbrisseau fort bas qui porte des fleurs odorantes. Le café est originaire de l'Yémen, dans l'Arabie-Heureuse; on le cultive aujourd'hui dans plusieurs pays. L'historien arabe, Ahmet-Effendi, croit que c'est à un derviche qu'est due la découverte du café, vers le xve siècle ou l'an 650 de l'Hégire. Le premier Européen qui ait parlé de cet arbre est Prosper Alpin, de Padoue. En 1580, il suivit, en Egypte, un consul de la république de Venise; l'ouvrage où il en est question, écrit en langue latine, fut adressé à Jean Morazini. J'ai vu au Caire cet arbre dans les jardins d'Ali-Bey, on l'appelle *bon* ou *boun;* les Égyptiens, avec le grain qu'il produit, préparent une boisson que les Arabes nomment *Kawa.* Le goût pour le café fut porté si loin, à Constantinople, que les Imans se plaignirent que les mosquées étaient désertes tandis que les cafés étaient toujours pleins. Amurat III permit alors que l'on en prît dans les maisons particulières, pourvu que les portes en fussent fermées. Le premier pied de café qui, en 1714, fut planté dans les jardins du Roi, à Paris, y périt; il avait été apporté par M. de Resson, lieutenant général d'artillerie. M. Brancastre, bourgmestre d'Amsterdam, en envoya un pied à Louis XIV, qui le fit mettre dans son jardin de Marly.

Le café ne fut connu, en France, qu'en 1657 ; ce furent les Vénitiens qui l'apportèrent les premiers en Europe, et ce fut par Marseille qu'il fut introduit en France. Son usage devint universel; les médecins s'en alarmèrent, leurs prédictions sinistres furent traitées de rêveries; il en résulta que, malgré ces disputes, les cafés n'en furent pas moins fréquentés.

En 1669, l'ambassadeur de Mahomet II en apporta une grande quantité en France; on assure que le café se vendit, à Paris, jusqu'à 40 écus la livre.

Posée-Oblé, dans son *Histoire des plantes de la Guyane*, sous le règne de Louis XIII, dit qu'on vendait à Paris, sous le petit Châtelet, la décoction de café nommée *cahuet*. En 1676, un Arménien, nommé Pascale, établit un café à la foire de Saint-Germain, qu'il transporta ensuite quai de l'École ; il fit une assez belle fortune. Mais ce ne fut qu'au commencement du siècle suivant qu'un Sicilien, nommé Procope, rétablit la foire des cafés; il y attira la meilleure compagnie de Paris, parce qu'il ne fournit que de bonnes marchandises ; après la foire Saint-Germain, il vint s'établir dans une salle, en face de la Comédie-Française, qui devint le rendez-vous des amateurs de spectacles et le champ de bataille des disputes littéraires ; c'est dans ce café que Voltaire passait deux heures tous les jours. Il s'établit à Londres, à la même époque, plus de trois mille cafés; Mme de Sévigné lutta le plus qu'elle put contre cette mode et prédit que Racine et le café passeraient en même temps l'un que l'autre.

Il y a dans le commerce cinq principales sortes de café, sans compter la chicorée, que nos cuisinières s'entêtent à y mêler. Le meilleur vient de *Moka* dans l'Arabie-Heureuse; on le divise lui-même en trois variétés : la première nommée *baouri* qu'on réserve pour les grands seigneurs, le *saki* et le *salabi*.

Le café de Bourbon est bien coté dans le commerce; cependant on y préfère celui de la Martinique ou de la Guadeloupe.

Le Saint-Dominique, qui comprend aussi celui de Portorico et d'autres îles Sous-le-Vent, est d'une qualité inférieure.

Le café était devenu en France d'un usage général ; lorsqu'en 1808 Napoléon publia son décret du système continental, c'était priver la France, à la fois, de sucre et de café ; on suppléa au sucre de canne par le sucre de betterave, et l'on allongea le café en y mêlant moitié chicorée, ce qui fut tout bénéfice pour les épiciers et pour les cuisinières qui adoptèrent la chicorée avec fureur ; elles soutinrent que le café mêlé de chicorée avait meilleur goût et était plus sain ; le malheur est, aujourd'hui, que le décret continental est tombé en désuétude ; les cuisinières l'ont enregistré à leur avoir et continuent toujours, sous le prétexte de rafraîchir leurs maîtres, à mêler au café qu'elles achètent tout moulu une certaine quantité de chicorée. Les maîtres ont ordonné alors d'acheter du café en grain, mais, dans des moules faits exprès, on a donné, à de la pâte de chicorée, la forme du café, et bon gré mal gré la chicorée lui est restée fidèle. Voltaire et Delisle ont fait abus du café, qui, loin d'être un poison, comme on l'a dit d'abord, est un antidote pour tous les poisons stupéfiants ; il opère rapidement sur l'opium, sur la belladone, etc. Il faut alors le prendre très-fort et une cuillerée à café toutes les cinq minutes.

Nous croyons donner un excellent avis à nos lecteurs en leur enseignant l'essence de café de Trablit, pharmacien, rue Jean-Jacques-Rousseau ; quelques gouttes du café Trablit suffisent à donner au lait une couleur et un arome que jamais on n'obtiendra avec du café ordinaire.

Le café doit être torréfié (brûlé) en le remuant sans cesse dans un appareil quelconque en tôle, mais plutôt dans un brûloir dont le récipient, qui contient le café, est arrondi en tous sens, de manière à présenter le café partout également à la surface chauffante, en commençant par un feu très-doux de façon à le faire renfler d'abord sans le saisir, pour qu'il se torréfie en même temps à l'intérieur du grain comme à sa superficie et devienne d'un beau roux brun. Il faut trois quarts d'heure pour le brûler, on le retire alors du feu quand il est près d'être à son point et qu'il répand une agréable odeur, mais on le laisse dans le brûloir pour achever de se faire ; vous l'étendez ensuite sur un torchon pour refroidir et vous le serrez dans une boîte de fer-blanc hermétiquement fermée; ayez soin de ne le moudre qu'au fur et à mesure des besoins, afin qu'il ne puisse perdre son arome. il en faut à peu près une demi-cuillerée par tasse. Le café moka, ayant plus de parfum et de force que les autres, on le mélange ordinairement avec moitié Bourbon. Le Martinique ne convient guère qu'avec du lait, à cause de son âcreté.

On sert ordinairement après le repas, avec le café à l'eau, un petit pot de lait non bouilli ou de crème, que l'on ajoute à son café, si on le juge convenable.

Pulvérisation du café. — Dans le Levant on pile le café, en Europe on le moud, et comme plus une substance est divisée, plus on extrait de ses principes, en la soumettant à l'infusion, la méthode orientale est infiniment préférable, mais le café levantin est trouble et épais.

Infusion du café. — Tout le monde sait aujourd'hui comment se fait cette infusion, et l'usage de la cafetière est trop répandu pour qu'il soit nécessaire d'en donner la description.

Nous donnerons seulement à nos lecteurs le conseil de ne pas laisser séjourner trop longtemps le café dans des vases de fer-blanc; il contient une substance qui attaque le fer et cela lui donne une saveur désagréable.

Le café se fait en Orient comme il se faisait autrefois chez nous, seulement on ne le passe point à la chausse, on le laisse trouble, et les Orientaux le prennent trouble ; cependant, quand on veut précipiter le nuage qui ôte à votre café sa transparence, on n'a qu'à laisser tomber deux ou trois gouttes d'eau froide dans la tasse et le café se précipite.

Les Orientaux font bouillir le sucre avec le café, ils vous le versent tout mousseux dans des petites tasses du Japon maintenues par des coquilles en filigranes d'argent, que l'on nomme *fitzyanes*.

Le café bu de cette façon est loin de produire l'excitation nerveuse du café fait à la Dubelloy, qui est au reste la meilleure manière de le faire pour le prendre selon notre système; le grand avantage des cafetières à la Dubelloy, avantage qui se retrouve dans toutes celles où l'eau bouillante est obligée de traverser le café en poudre, c'est de donner immédiatement du café clair, qu'on est dispensé de faire clarifier par le repos, afin de le faire chauffer une seconde fois, ce qui altère toujours sa qualité, ou par celle de colle de poisson qui en précipite un des principes les plus essentiels.

Café à la crème frappé de glace. — Vous faites une infusion assez forte de café Moka ou de café Bourbon, vous la mettez dans un bol de porcelaine, vous la sucrez convenablement et vous y ajoutez une égale quantité de lait bouilli ou le tiers d'une crème onctueuse. Vous entourez ensuite le bol de glace pilée.

Le blocus continental, dont nous avons parlé plus haut, étant dans toute sa vigueur, l'empereur Napoléon Ier passa dans un village où s'exhalait un parfum de café en torréfaction. Curieux de savoir d'où venait ce parfum, il s'avança près du presbytère et aperçut le curé tournant tout tranquillement un brûle-café.

« Ah! ah! je vous y prends, monsieur le curé, dit l'empereur, dites-moi, s'il vous plaît, ce que vous faites là?

— Mais vous le voyez, sire, répondit l'impassible curé sans se déconcerter et tout en continuant à tourner son café, je fais comme Votre Majesté, je brûle les denrées coloniales. »

Fontenelle aimait beaucoup le café et en prenait à tous ses repas ; un jour qu'un médecin de ses amis lui disait que le café était un poison lent et qui finissait toujours par exercer une influence mauvaise sur la santé :

« Docteur, répondit l'académicien, je le crois comme vous, il y a quatre-vingts ans que j'en prends, il faut qu'il soit bien lent en effet pour que je ne sois pas encore mort. »

CAILLES. — La caille tient un rang distingué parmi les mets les plus excellents; c'est un animal voyageur qui se reproduit dans les pays tempérés, mais qui y reste rarement. Longtemps on a cherché par quel moyen la caille, qui n'a aucune des qualités des oiseaux au long vol, pouvait passer par-dessus les plus hautes montagnes et traverser les mers, car tout le monde sait que la caille un peu grasse est forcée à son troisième vol et que le chasseur la prend soit à la main, soit au chapeau, sous le nez de son chien ; aussi la question fut-elle longtemps pendante pour savoir comment la caille et l'hirondelle, qui ont si peu de ressemblance des ailes et de la queue, peuvent opérer d'aussi longs trajets l'une que l'autre ; le problème est resté insoluble, mais les termes en furent nettement posés par la présence de deux ou trois mille cailles dans une île où il n'y en avait pas une seule la veille.

Dans mes longues navigations dans la Méditerranée, j'ai été témoin de cette espèce de prodige, et dans mon jardin, j'en ai fait lever, où il n'y avait pas une caille la veille, j'en ai tué cinq ou six. Les passages, très-sensibles à Naples, sont au mois d'avril et au mois d'octobre. En avril, elles viennent du sud ; en octobre, elles y retournent ; seulement en avril, où elles viennent de traverser la grande mer d'Afrique, n'ayant pour se reposer que la Sicile et les îles Lipari et Caprée, elles arrivent épuisées au cap Misène et au cap Campanella ; épuisées à ce point qu'au jour naissant ou par un beau clair de lune, on les voit s'abattre, et qu'on peut aller les ramasser sans qu'elles fassent la moindre tentative pour fuir. La caille est, parmi le gibier proprement dit, ce qu'il y a de plus mignon et de plus aimable. Une caille bien grasse plaît également par son goût, sa forme et sa couleur. On fait acte d'ignorance culinaire toutes les fois qu'on la sert autrement que rôtie et en papillote, parce que son parfum est très-fugace et que, toutes les fois que l'animal est en contact liquide, son parfum se dissout, s'évapore et se perd. Nous n'en donnerons pas moins les différentes manières de préparer les cailles, tout en insistant pour qu'on les mange rôties.

Cailles à la broche. — Plumez, épluchez et videz six ou huit cailles bien grasses, flambez-les, troussez-les, enveloppez-les d'une feuille de vigne, mettez une barde de lard dessus afin qu'elles n'aient que la moitié des pattes à découvert, embrochez-les dans un hâtelet, posez-les sur une broche, faites revenir et servez. Mais n'oublions pas les croûtes et leur bon jus naturel.

Cailles au laurier. — Épluchez, videz et flambez ; hachez le foie avec lard, ciboule, laurier, sel, poivre et farcissez ; embrochez vos cailles sur un hâtelet en les enveloppant de bardes de lard et de papier afin qu'elles continuent à être enveloppées de leur jus, puis vous les servirez avec une sauce ainsi composée :

Coupez deux ou trois lames de jambon, mettez-les suer dans une casserole; lorsqu'elles commenceront à s'attacher, mouillez avec un verre de vin blanc, deux cuillerées à dégraisser de consommé et autant d'espagnole réduite; mettez-y une demi-gousse d'ail et deux feuilles de laurier, faites bouillir et réduire le tout à la consistance de sauce, passez cette sauce à l'étamine; pendant la cuisson de vos cailles, faites blanchir huit grandes feuilles de laurier, la cuisson achevée supprimez-en le lard, couchez chacune d'elles dans une feuille de laurier, ajoutez à votre sauce le jus d'un citron, du gros poivre et un peu de beurre, saucez et servez.

Cailles aux petits pois. — Prenez un certain nombre de cailles, videz-les, flambez-les, troussez-les, foncez votre casserole d'une lame de veau et de jambon, joignez-y une carotte, un oignon et un bouquet assaisonné; couvrez-les de bardes de lard et d'un rond de papier de la largeur de la casserole, faites partir et cuire avec feu dessus et dessous; la cuisson achevée, égouttez-les et masquez-les d'un ragoût de pois au lard ou au jambon.

Qu'on nous permette de regarder personnellement comme une hérésie ce ragoût d'un mets aussi distingué que l'est la caille, avec un ragoût aussi vulgaire que les pois au lard ou au jambon. Dans tous les cas, selon l'observation de M. Vuillemot, les cailles revenues avec le petit lard, faire cuire les pois avec est plus logique. Le ragoût n'a pas la même saveur quand il n'est pas cuit dans son objet.

Cailles au gratin. (Méthode Beauvillier.) — Flambez et désossez neuf cailles; faites un bouchon de la mie d'un pain du diamètre d'environ trois pouces et demi et de deux et demi de hauteur; entourez-le d'une barde de lard, posez-le au milieu de votre plat, garnissez le tour de ce bouchon de pain d'un gratin que vous tiendrez en talus (v. l'article GRATIN), c'est-à-dire que ce gratin soit presque de la hauteur du pain vers le milieu du plat, et qu'il aille en diminuant vers le bords de ce plat, à peu près de l'épaisseur d'un demi-pouce; remplissez vos cailles de ce même gratin, donnez-leur la forme primitive, dressez-les sur votre gratin, les pattes en dehors, que ces pattes ne débordent pas le pain; remplissez de gratin les intervalles de vos cailles de manière qu'on en voie l'estomac, unissez-bien votre gratin sans couvrir les estomacs de vos cailles que vous couvrirez de bardes de lard, mettez-les dans un four avec un petit âtre dessous ou sous un four de campagne avec feu modéré dessus et dessous, faites qu'elles aient une belle couleur. Leur cuisson faite, ôtez toutes les bardes de lard, ainsi que la mie de pain; égouttez-les, versez au milieu une bonne italienne rousse, glacez les estomacs de vos cailles, si vous le voulez; ajoutez des croûtons coupés en forme de crêtes et passés au beurre entre chaque caille, et servez.

Cailles aux laitues. — Troussez et flambez quatre ou six ou huit cailles, foncez une casserole d'une barde de lard et d'une lame de jambon, rangez vos cailles dans cette casserole, coupez un morceau de rouelle de veau en dé, ajoutez un oignon, piquez-le d'un clou de girofle, joignez une demi-feuille de laurier, une carotte tournée, un petit bouquet de persil et de ciboules; mouillez cela d'un verre de consommé et d'un demi-verre de vin blanc, couvrez vos cailles de bardes de lard et d'un rond de papier. Une demi-heure avant de servir, faites-les partir et cuire; aussitôt la cuisson faite, égouttez-les, dressez-les en les entremêlant de laitues. Si vous le voulez, ajoutez entre vos cailles et vos laitues des croûtes de pain passées dans du beurre, qui doivent être d'une belle couleur. Avant de placer ces crêtes, saucez vos cailles et vos laitues avec une bonne espagnole réduite dans laquelle vous aurez mis gros comme le pouce de glace, et servez.

Cailles en croustades. — Désossez six cailles, remplissez-les d'un gratin fait avec leur foie et quelques foies de volailles, cousez vos cailles et procédez pour leur cuisson comme il est dit à l'article précédent; faites autant de croustades que vous avez de cailles; vos cailles cuites, égouttez-les en défaisant les fils, mettez les cailles dans vos croustades, dressez-les, saucez-les avec une bonne italienne dans laquelle vous aurez mis des truffes hachées et passées au beurre, puis servez.

Cailles à l'anglaise. — Ayez huit cailles, troussez-les comme des poules, flambez-les, marquez dans une casserole, entre quelques bardes de lard avec une cervelle de veau séparée en deux avec une douzaine de saucisses à la chipolata, un bouquet de persil et de ciboules, du sel et du poivre; mouillez le tout avec une tasse de bouillon et un verre de vin de Champagne, couvrez vos cailles de bardes de lard et d'un rond de papier, faites-les cuire; leur cuisson achevée, égouttez-les ainsi que les cervelles, ôtez la peau de vos saucisses, rangez-les au milieu du plat, mettez vos cailles autour, posez vos cervelles sur vos saucisses. marquez le tout d'une financière au blanc.

Cailles aux truffes. — Videz par la poche neuf cailles, flambez-les légèrement, épluchez neuf belles truffes, coupez-les en dé, donnez-leur la forme de petites truffes, hachez toute leur parure très-fin avec des foies de cailles, assaisonnez de sel et de mignonnettes, mettez le tout sur un morceau de beurre, faites cuire légèrement, laissez-le refroidir et remplissez-en vos cailles, marquez-les dans une casserole comme celles aux laitues. Leur cuisson faite, égouttez-les, dressez-les, servez-les avec une sauce à la Périgueux.

Cailles à la poêle. — Fendez vos cailles un peu sur le dos, faites une farce avec du lard râtissé et un peu de jambon, une truffe, quelques foies gras, un jaune d'œuf cru, le tout haché ensemble pilé et assaisonné de sel, poivre, muscades et fines herbes; farcissez-en vos cailles. Mettez au fond d'une casserole des bardes de lard, rangez vos cailles dessus, l'estomac en dessous, avec sel, poivre, fines herbes dessus et dessous, couvrez-les de tranches de veau et de jambon et de bardes de lard, fermez ensuite votre casserole avec une assiette en sorte qu'elle touche la viande, mettez un linge autour de l'assiette et une autre couverture par-dessus, laissez votre casserole pendant deux heures sur des cendres chaudes, et au moment de servir ôtez les tranches de veau, de jambon et de lard; remettez-les cuire sur le fourneau, et quand elles ont pris belle couleur et que le jus est attaché à la casserole, tirez les cailles, arrangez-les sur le plat, ôtez la graisse qui est dans la casserole, mouillez ce qui est attaché de bouillon et de jus pour le détacher, mettez-y un peu de poivre concassé et un jus de citron, passez ce jus au tamis, jetez-le sur vos cailles et servez chaudement.

Cailles à la cendre aux écrevisses. — Flambez vos cailles, videz-les, laissez-leur les pattes en leur ôtant les ergots, videz-les par la poche et refaites-les légèrement, foncez une casserole de tranches de veau et de jambon, passez des truffes et des champignons hachés dans du lard fondu, mettez-les sur le veau et arrangez les cailles dessus, l'estomac en dessous. Mettez autant d'écrevisses que de cailles après les avoir passées dans du lard fondu, et arrangez-les entre les cailles; couvrez de bardes de lard et faites cuire à la braise pendant une heure; ôtez ensuite les écrevisses et laissez les cailles. Quand elles sont cuites, vous les dégraissez et les finissez comme ci-dessus, puis vous remettez chauffer les écrevisses dans la sauce après avoir ôté les petites pattes, et vous servez un jus de citron.

Cailles sous la cendre. — Videz, flambez et troussez vos cailles, assaisonnez-les de sel, bande de lard dessus et dessous. Prenez du gros papier de beurre, beurrez-le, enveloppez vos cailles dedans sous la cendre chaude comme pour les pommes de terre. Au bout d'une demi-heure retirez et servez : c'est délicieux.

Vous laissez à l'intérieur de la caille le foie avec un peu de beurre assaisonné. (*Méthode de M. Vuillemot.*)

Cailles au laurier. — Prenez des cailles, flambez-les, videz-les, farcissez-les d'une farce faite avec leurs foies, lard râpé, persil, ciboules, champignons hachés, assaisonnez de sel, poivre, liez de deux jaunes d'œufs, coulez vos cailles quand elles seront farcies, faites-les refaire dans de la graisse et faites-les cuire à la broche, enveloppées de bardes de lard et de feuilles de papier.

Prenez ensuite des feuilles de laurier, faites-les blanchir, mettez-les dans une essence, faites un bouillon, et servez dessus les cailles.

Cailleteaux au salpicon. — Prenez six cailleteaux, flambez-les, refaites-les sur un fourneau, laissez-leur les pattes en entier, foncez une casserole de tranches de veau et de jambon avec léger assaisonnement, mettez-y du lard fondu, arrangez ensuite vos cailleteaux, l'estomac en dessus, couvrez de bardes de lard et faites cuire à la braise à petit feu. Quand ils sont cuits, dressez-les sur un plat, après les avoir bien essuyés de leur graisse et servez en salpicon par-dessus.

Pour faire le salpicon, prenez des champignons, des ris de

veau blanchis que vous coupez en petits dés et un bouquet, vous passez le tout avec un morceau de beurre, une tranche de jambon; mouillez-les de bon bouillon, faites-les cuire et degraissez-les; quand le salpicon sera presque cuit ajoutez-y du coulis, quelques fonds d'artichauts coupés en dés et de petits œufs blanchis; mettez-les dans un plat et servez vos cailleteaux dessus.

Cailles en compote. — Habillez les cailles, troussez les pattes dans le corps, passez une brochette pour les tenir en état, faites-les revenir un peu dans la casserole avec du beurre, retirez-les ensuite et passez-les sur le feu avec un ris de veau blanchi coupé en quatre, des truffes, des champignons, une tranche de jambon, un morceau de beurre, un bouquet de toutes sortes de fines herbes, mettez-y une pincée de farine mouillée avec du bouillon, un peu de réduction, un verre de vin de champagne; faites cuire le tout ensemble à petit feu, dégraissez le ragoût. Quand les cailles sont cuites, mettez-y un peu de coulis, ôtez le jambon et le bouquet, pressez un jus de citron dans la sauce, dressez les cailles au milieu et la garniture autour.

Poupeton de Cailles. — Prenez de la cuisse de veau, moelle de bœuf, lard blanchi, le tout bien haché avec champignons, ciboules, persil, mie de pain trempée dans du jus et deux œufs crus. Cela fait, formez votre poupeton, c'est-à-dire prenez une tourtière, garnissez le fond de bardes de lard et par-dessus mettez votre hachis, couvrez votre tourtière, mettez du feu dessus et dessous et faites-les cuire. Votre poupeton étant cuit, vous le tirez adroitement sans le crever, le renversant dans un plat sens dessus dessous.

Cailles au basilic. — Echaudez vos cailles et faites-les blanchir, faites-leur sur le dos une petite fente pour pouvoir y mettre la farce suivante :

Prenez du lard cru, basilic, persil, sel, poivre, hachez le tout ensemble, farcissez-en vos cailles, faites-les cuire ensuite dans un pot avec de bon bouillon et assaisonnement. Quand elles seront cuites, retirez-les, dorez-les avec des œufs battus, poudrez-les de mie de pain, ensuite faites-les frire dans le saindoux jusqu'à ce qu'elles aient pris une belle couleur et servez-les chaudement pour entrée.

Bisques de Cailles. — Vos cailles troussées proprement, passez-les au roux comme des poulets, empotez-les dans un petit pôt avec de bon bouillon, bardes de lard, un bouquet de fines herbes, clous et autres assaisonnements avec une tranche de bœuf battu, une autre de lard maigre et du citron vert. Faites cuire à petit feu, garnissez votre bisque comme la bisque de poularde (v. POULARDE), de ris de veau, de fonds d'artichauts, champignons, truffes, fricandeaux, crêtes, dont vous faites un cordon avec les plus belles, mettez un petit coulis de veau clair par-dessus et servez.

Potage de Cailles. — Faites cuire vos cailles blanchies et bien troussées dans du bon bouillon gras, avec fines herbes, quelques bardes de lard dans la marmite, faites un coulis de blanc de volaille rôtie, mettez-le dans une petite marmite bien couverte, trempez-en votre potage qui doit être de croûtes de pain mitonnées avec du bon bouillon clair, mettez ensuite vos cailles dessus, arrosez-les de bon jus et avant de servir pressez un jus de citron dans le coulis et le mettez dessus, puis servez ce potage garni de crêtes de coq farcies, de ris de veau piqués et rôtis.

Potage de Cailles aux racines. — Faites du bon bouillon, passez-le dans une marmite, empotez-y vos cailles avec des racines de persil, panais et petites ciboules entières; le tout étant cuit ensemble, mitonnez votre potage, mettez vos cailles dessus, garnissez de panais et de petites ciboules, arrosez avec de bon jus de veau et servez.

Potage de Cailles en manière d'oil. — Faites blanchir à l'eau vos cailles et les empotez avec de bon jus. Mettez-y un paquet de poireaux coupés par morceaux, quelques ciboules et bouquet de fines herbes, un de céleri, un autre de navets et un paquet d'autres racines.

Le tout étant cuit, faites mitonner votre potage du même bouillon, rangez vos cailles dessus, faites un cordon de vos racines, jetez un bon jus par-dessus et servez.

Potage de Cailles farcies. — Faites une farce de blanc de chapon, moelle de bœuf, jaunes d'œufs crus, assaisonnée de sel, muscade et un peu de poivre blanc, farcissez-en vos cailles, faites-les cuire dans un pot avec bon bouillon et bouquet de fines herbes. Quand elles sont cuites, entretenez-les sur la cendre chaude puis faites un coulis.

Prenez un kilogramme de veau, un morceau de jambon, coupez-les par tranches, garnissez-en le fond d'une casserole avec un oignon coupé en tranches, carottes et panais et le laissez cuire. Quand il sera attaché comme un jus de veau, mouillez-le de bouillon et de jus, moitié l'un, moitié l'autre, mettez-y quelques croûtes de pain, champignons, truffes hachées, un peu de persil, de ciboule et de basilic, deux ou trois clous de girofles et faites cuire ensemble.

Pilez dans un mortier deux ou trois cailles cuites à la broche ou bien un perdreau; le coulis étant cuit, ôtez les tranches de veau de la casserole, délayez dedans les cailles qui sont pilées passez-les à l'étamine, videz votre coulis dans une marmite que vous tiendrez chaudement sur des cendres, mitonnez vos croûtes d'un bon bouillon, dressez vos cailles sur le potage tout autour, mettez au milieu un petit pain farci, jetez votre coulis par-dessus et servez chaudement.

Potage au roux de Cailles sans les farcir. — Faites-les cuire comme on vient de le dire, faites un ragoût de truffes ou de petits champignons, mitonnez des croûtes d'un bon bouillon, dressez les cailles sur votre potage, mettez ce ragoût tout autour, jetez par-dessus le coulis de cailles, comme on l'a dit dans l'article précédent et servez chaudement.

On fait un potage de croûtes attachées avec un coulis de cailles par-dessus et on le sert chaudement.

Potage de Cailles en profitrolles. — Faites cuire des cailles à la braise, passez crêtes, ris de veau, fonds d'artichauts, champignons et truffes dans une casserole avec un peu de lard fondu, mouillez-le d'un jus de veau et dégraissez-le bien, liez-le d'un coulis de perdrix. Tirez ensuite les cailles cuites à la braise, laissez-les égoutter et mettez-les dans le ragoût. Videz vos petits pains, mettez dans chacun une caille avec un peu de ragoût, faites-les mitonner ensuite tant soit peu dans un jus de veau, mitonnez des croûtes dans un plat, moitié jus de veau et moitié bouillon, dressez le gros pain dans le milieu et les petits autour, avec les fonds d'artichauts entre deux. Garnissez le tour de votre potage de crêtes et de ris de veau ou bien d'une bordure de petits champignons farcis. Quand le ragoût et le coulis sont d'un bon goût, jetez-les par-dessus et servez chaudement.

Pâté chaud de Cailles. — Videz et retroussez proprement vos cailles, gardez-en les foies, battez-les sur l'estomac avec un rouleau, piquez-les de gros lard et jambon, assaisonnez de poivre, sel, fines herbes et fines épices, fendez vos cailles par le dos; faites une farce avec les foies de vos cailles, du lard râpé, champignons, truffes, ciboules, persil, sel, poivre, fines herbes, fines épices, le tout haché menu et pilé, farcissez-en le corps de vos cailles.

Hachez encore et pilez du lard, faites une pâte composée d'un œuf, de bon beurre, de farine et un peu de sel, formez-en deux abaisses, mettez-en une sur du papier beurré, prenez du lard pilé dans le mortier, étendez-le proprement sur l'abaisse, assaisonnez vos cailles et les rangez avec soin sur votre lard après leur avoir cassé les os.

Ajoutez champignons, truffes, feuilles de laurier, le tout bien couvert de bardes de lard, couvrez-le de votre seconde abaisse, fermez les bords tout autour, dorez votre pâté et mettez-le au four.

Dès qu'il sera cuit, ôtez le papier de dessous, ôtez le couvercle du pâté, levez toutes les bardes de lard et dégraissez-le bien; ayez ensuite un bon coulis de perdrix, quelques ris de veau, champignons et truffes. Jetez ce ragoût dedans avec un jus de citron, couvrez votre pâté et servez chaudement pour entrée.

Tourte de Cailles. — Ayant bien nettoyé et troussé vos cailles, vous les dressez sur une abaisse de pâte fine, assaisonnez de sel et de poivre, paquet de fines herbes, ajoutez-y ris de veau, champignons et truffes par morceaux, lard pilé ou fondu au-dessus de vos cailles et moelle de bœuf, couvrez votre tourte faites-la cuire et servez-la chaudement.

Autre tourte de Cailles. — Prenez les foies de vos cailles, ôtez-en l'amer, mettez-les sur une table avec des champignons, un peu de jambon et de lard, de la ciboule et du persil haché; assaisonnez de poivre, sel, fines herbes, hachez bien le tout ensemble, pilez-les dans un mortier avec deux jaunes d'œufs, le tout bien pilé; farcissez-en vos cailles, farinez une tourtière, faites une abaisse de pâte brisée qui ne soit ni trop épaisse, ni trop mince, faites un petit lit de lard ratissé, assaisonné de sel, poivre, un peu de muscade, arrangez les cailles avec quelques ris de veau, crêtes, petits champignons, et mousserons, assaisonnez-les dessus comme dessous, mettez un bouquet dans le milieu, couvrez-les de tranches de veau, de bardes de lard et d'une abaisse de même pâte, frottez votre tourte d'un œuf battu et mettez-la au four; lorsqu'elle est cuite, dressez-la sur un plat, découvrez-la, ôtez-en les tranches de veau et de lard, jetez dedans une essence de jambon, recouvrez-la et servez.

CAKE ou KAKE (gâteau anglais). — Lorsqu'en Angleterre on marie ses enfants, on fait, comme on peut le voir dans Dickens, un énorme gâteau dont on distribue un morceau à chacun des conviés. Voici de quelle façon se fait ce gâteau. Vous prenez 2 kilogrammes de belle farine, 2 kilog. de beurre frais, 1 kilog. de sucre passé fin, 7 grammes de muscade; pour chaque livre de farine, il faut 8 œufs; lavez et triez 2 kilog. de raisins de Corinthe que vous faites sécher devant le feu; vous prenez 500 grammes d'amandes douces que vous faites blanchir, dont vous ôtez la peau et que vous coupez en morceaux très-minces; ajoutez-y 500 grammes de citrons confits, 500 grammes d'oranges confites, un demi-litre d'eau-de-vie, écrasez entre vos mains le beurre et battez-le avec le sucre pendant un quart d'heure, battez les blancs de vos œufs, mêlez-les avec votre beurre et votre sucre, mettez ensuite votre farine et la muscade et battez le tout ensemble en y mêlant bien les raisins et les amandes; faites trois couches en alternant avec oranges et citrons que vous mettez dans un moule et que vous placez au four, couvrez-le d'un papier et laissez-le dans le four jusqu'à parfaite cuisson.

CALAPE. — Ragoût que quelques praticiens confondent avec canapé; calape est un mot américain qui désigne un ragoût composé de la partie d'une tortue qu'on fait griller dans son écaille; ce ragoût, qui faisait les délices de mon équipage quand nous voguions entre la Sicile et l'Afrique, ne m'a jamais paru digne de paraître sur une table qui se respecte; voici comment on prenait les tortues, et comment on les préparait.

Lorsqu'arrivaient les mois de juin et de juillet, mois de calme, on mettait un homme en vigie, sur la flèche de la grande voile, qui, dès qu'il apercevait une tortue dormant sur l'eau, criait : Tortue, tortue !

Aussitôt on mettait le you-you à la mer, on approchait sans bruit, le plus près possible, de la tortue qui surnageait, quoiqu'elle pesât parfois soixante ou quatre-vingts livres.

Alors notre pilote Podimata, c'était lui qui d'habitude était chargé de cette expédition, se laissait glisser à la mer et nageait dans le sillage de la tortue; il s'approchait d'elle sans qu'elle s'aperçut de son voisinage, puis il la prenait par les deux pattes de derrière et la retournait sur le dos; dans cet état, quelques efforts qu'elle fît, elle ne pouvait ni plonger ni se retourner. Seulement, comme elle agitait sa tête qui sortait de l'écaille, il lui passait une corde au cou, remontait à bord, reprenait un des deux avirons et revenait le plus vite possible. Arrivée à bord, on la suspendait par les pattes de derrière à un des étais, on tirait la corde qui lui tenait le cou, et on le lui coupait d'un coup de sabre, elle dégorgeait alors une grande quantité de sang; nous la laissions pendue douze heures, puis une seconde fois on la renversait sur le dos, on introduisait un fort couteau entre l'écaille du ventre et l'écaille dorsale en faisant attention de ne pas abîmer les intestins et de ne pas crever le fiel, ce qui arriverait si vous introduisiez votre couteau trop avant; enlevez le côté plat de la carapace, videz-la comme nous faisions, gardez le foie seulement; l'aliment transparent que l'on trouve dedans n'est bon à rien. Vous trouverez à l'intérieur deux lobes de chair que l'on peut comparer à deux noix de veau, tant pour le goût que pour la blancheur. Parfois nous leur trouvions dans le ventre dix ou douze œufs sans coquille, comme ceux que l'on trouve dans le ventre des poules, et qui doivent venir successivement à leur tour.

Alors nous coupions par morceaux de la grosseur d'une noix une quantité suffisante de chairs de tortue, nous les mettions, après les avoir fait dégorger, dans du bon consommé avec poivre, girofle, sel, thym, carottes et laurier; nous faisions cuire le tout pendant trois ou quatre heures sur un feu doux; préparez pendant ce temps des quenelles de volaille que vous assaisonnerez de sel, persil, ciboules et d'anchois; faites pocher ces quenelles dans du consommé, égoutez-les, versez sur votre tortue votre consommé, dans lequel vous aurez mis quelques instants auparavant trois ou quatre verres de vin de Madère sec. Puis, au lieu de faire un plat séparé, vous le versez dans l'écaille et vous le servez à cinquante convives, et il y aura à coup sûr à dîner pour les cinquante personnes.

Quant à nous, tout notre équipage s'en régalait, à l'exception de deux Grecs à qui j'avais donné l'hospitalité du passage, et qui allaient à Chypre pour retrouver un trésor perdu.

CANARD. — Il y a quarante-deux variétés de canards, parmi lesquels on distingue le canard musqué dont la chair est très-délicate, mais il faut avoir soin de couper le croupion avant de le faire cuire; sans cette précaution il prend une odeur de musc si forte qu'il est presque impossible de le manger. On estime particulièrement la chair de l'estomac que l'on appelle vulgairement les aiguillettes. Les sarcelles petites et grasses sont mises au rang des canards sauvages, elles sont plus délicates. L'empereur Paul Ier accorda la grâce à un Polonais qui trouvait le moyen de lui envoyer de Toulouse chaque semaine un pâté de foie gras de canard dont le trajet n'altérait aucunement la fraîcheur. Le célèbre Vaucanson, entre autres chefs-d'œuvre mécaniques, fit, en 1741, deux canards qui nageaient, barbottaient, mangeaient et semblaient digérer.

Le canard est de tous les oiseaux celui qui approche le plus de l'oie, il est le plus délicat et le plus facile à la digestion; il en est du canard comme de l'oie, il y en a de sauvages et de domestiques, ces derniers sont les plus gros. Nous avons des variétés dans ces espèces, par exemple celle de Barbarie, qui est la plus grosse, moins délicate et plus sujette à sentir le musc; mais si on croise cette espèce avec les autres, il en provient des mulets qui n'ont pas le désavantage d'avoir le mauvais goût de ceux de Barbarie. C'est avec cette espèce de mulet qu'on fait les canetons de Rouen, si estimés pour leur grosseur et leur qualité. Le canard sauvage se mange presque toujours à la broche;

cependant on en fait des entrées que je vais tâcher de faire connaître.

Canards sauvages à la broche. — Avant d'acheter votre canard, étudiez-le, voyez s'il a les pattes fines d'une belle couleur et non desséchées; pour juger s'il est vieux tué, ouvrez-lui le bec et flairez pour savoir s'il n'émane pas une mauvaise odeur, tâtez-lui le croupion et le ventre; s'ils sont fermes et que l'animal soit pesant, c'est une preuve qu'il est gras et frais; s'il a toutes ces qualités, prenez-le. J'ai remarqué que les femelles étaient plus délicates que les mâles, quoique en général les mâles se vendent plus cher.

Plumez ces canards, ôtez-en le duvet, coupez-en les ailes bien près du corps, supprimez-en les cous, videz-les, flambez-les, épluchez-les, retroussez-en les pattes, bridez-les et frottez-les avec leur foie, mettez-les à la broche, faites-les cuire verts, débrochez-les, dressez-les et servez-les avec deux citrons entiers.

Filets de canards sauvages à l'orange. — Prenez trois canards, levez les filets, ciselez du côté de la peau, faites mariner avec ciboules, persil, gros poivre, etc.; au moment de servir, versez deux cuillerées d'huile dans une sauteuse, mettez-y vos filets, retournez, égouttez, dressez, servez avec sauce à l'orange (Voyez sauce à l'orange).

Salmis de canards sauvages. — Prenez deux ou trois canards que vous faites cuire à la broche et dont vous coupez les estomacs en aiguillettes; levez-en les cuisses, séparez la carcasse en plusieurs morceaux, mettez-y sel et gros poivre, arrosez-les de quatre cuillerées à bouche d'huile d'olive et d'un demi-verre de vin de Bordeaux, exprimez dessus le jus de deux citrons et remuez bien le tout ensemble.

Escalopes de filets de canards sauvages. — Levez les filets de trois canards, retirez-en les peaux, coupez-les en escalopes, battez-les avec le manche d'un couteau, parez-les en rond et placez-les sur un sautoir, avec sel, poivre, quatre cuillerées d'huile d'olive, et mettez un papier huilé dessus; faites sauter vos escalopes au moment de servir, et quand elles sont roidies d'un côté, égouttez l'huile, retournez-les, mettez-les dans une bonne poivrade réduite de façon à masquer le canard avec la sauce, ajoutez-y un peu de citron et d'huile et dressez avec des croûtons.

Cannetons à la Rouennaise. — Nous intercalons ici la recette d'un cuisinier poëte :

> Je le dénonce tout d'abord,
> Mon CANARD est un volatile;
> Il n'a, messieurs, aucun rapport
> Avec ces écrits, qu'en leur style,
> De trop spirituels loustics
> Dénomment des « canards publics. »
> Or, donc, sans *ceux* du journaliste,
> Dont j'excepte les vérités,
> LE CANARD compte, dans sa liste,
> Quarante-deux variétés !
>
> Détournez les yeux de la boue,
> Dans laquelle il fait son festin ;
> N'écoutez sa voix qui s'enroue,
> A « cancaner » soir et matin ;
> Et lorsque l'oiseau palmipède
> Sera devenu gras et gros,
> Faites-en des *daubes*, des *rôts* ;
> A ses qualités, gourmet cède.
> En *lui*, non, plus rien de mauvais :
> A sa forte odeur, quel remède,
> *Qu'une sauce aux tendres navets*,
> — Où, pour qui les aime, *aux olives !*...
>
> Salut au fin gibier des rives,
> CANARD SAUVAGE, oui, tu nous plais !
> Et quelle que soit ton espèce,
> Qu'on te *rôtisse*, et te dépèce,
> Pour ne manger que tes *filets* ;
> — *Chair* savoureuse et *cuite rose*,
> Que le jus d'un citron t'arrose !...
>
> J. ROUYER.

Voici la formule moins lyrique mais plus précise des cannetons à la rouennaise :

Ayez un beau canneton bien blanc et bien gras; flambez-le légèrement sans lui roidir la peau. Coupez les petits bouts des pattes et refaites-les; retournez-les lui en dehors et rentrez lui le croupion; coupez-en les ailes près du corps, supprimez-en le cou, videz, flambez, épluchez, bridez pattes retroussées, frottez-les avec leur foie, mettez à la broche; laissez cuire et servez avec deux citrons.

Canard au verjus. — Comme le précédent. Mais, ayez du verjus dont vous ôtez les queues et que vous faites blanchir et égoutter; mettez trois cuillerées d'espagnole réduite dans une casserole avec vos grains de verjus, faites réduire votre ragoût, dégraissez-le, masquez-en vos canards et servez.

Canard aux olives. — Comme ci-dessus, en y ajoutant de belles olives confites dont vous aurez enlevé les noyaux et que vous aurez fait blanchir à l'eau bouillante, afin de leur ôter leur âcreté; vous achevez leur cuisson dans du bouillon, vous les placez sur un feu vif, assaisonnez de bon goût et versez sur votre canard.

Canards à la choucroute. — Cuisez dans du bouillon de la choucroute avec des saucissons, des cervelas et du petit lard tranché par morceaux. Votre choucroute à moitié cuite, ôtez cette garniture que vous remplacez par votre canard retroussé et paré. Le tout étant cuit, vous dressez le canard, vous l'entourez de choucroute et vous arrangez sur cette dernière les cervelas, les saucisses et le lard tenus au chaud.

Canards aux navets à la bourgeoise. — Videz un ou deux canards, retroussez-les en poule avec les pattes en dedans, puis mettez du beurre dans une casserole, faites-y revenir vos canards. Apprêtez une quantité suffisante de petits navets coupés d'égale grosseur, faites-les roussir dans le beurre de vos canards, égouttez-les, faites un roux que vous délayerez avec du bouillon ou de l'eau et prenez garde que votre sauce ne soit grumeleuse, ajoutez-y sel, poivre, un bouquet de persil et ciboules, assaisonné d'une demi-gousse d'ail et d'une feuille de laurier. Mettez cuire les canards dans cette sauce; à moitié de leur cuisson mettez-y les navets mijoter, ayez soin de retourner les canards sans écraser les navets; une fois la cuisson terminée, dégraissez votre ragoût et servez.

Canards aux petits pois. — (V. Pigeons.)

Les canards et canetons peuvent encore être employés de différentes manières : en galantine, en pâté froid, en daube, à la macédoine, en hoche-pot, en haricot vierge, à la purée verte, aux petits oignons, aux concombres, au beurre d'écrevisses et au vert-pré; mais comme ces sauces sont formulées pour certaines substances auxquelles on les applique habituellement avec plus d'aptitude qu'à ce volatile, la simple énumération suffit.

CANEPETIÈRE. — La veille du jour où je devais quitter l'Astrakan je reçus la visite du prince Tumen, chef des Kalmoucks. J'étais assez embarrassé sur la manière dont j'allais vivre en traversant les steppes des Tatares Nogaïs; je savais qu'ils contenaient pour tout gibier des canepetières et des oies sauvages, mais que ces animaux très-défiants partaient à une telle distance du chasseur qu'il était presque impossible de les tuer au fusil. Le prince, dont j'aurai occasion de parler plus d'une fois, à propos de l'hospitalité qu'il nous a donnée et des objets quelque peu bizarres qu'il nous a fait manger, me dit alors de ne pas m'inquiéter et qu'il se chargeait de ma nourriture pendant tout le temps que durerait notre voyage. Il me demanda seulement si je croyais que le pain nous fût absolument indispensable, et dans ce cas, il nous invitait à nous procurer deux ou trois pains de la plus grande dimension et de la plus forte épaisseur. Quant au vin, nous avions à notre disposition toute la cave de notre hôte, une des mieux garnies avec lesquelles j'eusse encore fait connaissance.

Nous devions partir le lendemain soir vers six heures; le prince s'informa de tous ces détails, calcula les heures sur ses doigts et nous dit :

« Ne vous inquiétez pas, la viande ne vous manquera pas. »

J'avoue que cette assurance me réjouit fort. Un bon repas est un des moments agréables d'un voyage long et fatigant; or, nous voyagions jour et nuit, faisant en tarentasse une cinquantaine de lieues toutes les vingt-quatre heures, et la tarentasse est une voiture, non suspendue, passant partout, à travers tout, ne se dérangeant ni pour les ravins, ni pour les ruisseaux, ni même pour les petites rivières.

Nous partîmes à l'heure convenue sans avoir vu reparaître aucun messager du prince Tumen, ce qui ne laissa pas que de nous inquiéter; mais confiant dans sa parole, nous nous contentâmes d'attendre quelques minutes après avoir franchi le Volga qui, à Astrakan, a près d'une lieue de large; mais ne voyant aucun Kalmouck ni près ni loin, nous crûmes que le prince avait oublié, nous criâmes à notre cocher:

« *Pascare* », c'est-à-dire *allons vite*, et nous partîmes.

La nuit fut assez bonne, les steppes à travers lesquels on roule sur une couche de bruyère, sont un assez agréable chemin, nous eûmes bien deux ou trois violentes secousses, mais c'est que nous traversions alors des ravins qui eussent mis en capilotade une voiture d'Europe. Nous vîmes de loin une espèce de déménagement à chameau : c'était une famille kalmoucke qui, mécontente du lieu qu'elle avait choisi pour y établir sa tente, allait en chercher un autre.

Je commençais à avoir une certaine inquiétude, non pas pour notre pain, mais pour ce que nous aurions à mettre dessus, lorsque j'aperçus un lac salin dont les rives étaient couvertes d'oies sauvages et de canepetières. Je savais la difficulté que j'aurais à approcher de ces deux espèces d'oiseaux les deux plus défiants de toute la race ornithologique, et j'ordonnai à mon cocher de se déranger du chemin et de s'avancer avec la voiture vers les rives du lac qui resplendissait comme un bassin d'argent.

C'était un lac de sel dans lequel les oiseaux au long cou pâturaient au milieu de plantes rouges à têtes argentées; mais au premier mouvement que je fis au fond de ma voiture, une cane poussa un cri d'éveil et toute ma bande trompettante s'éleva avec le bruit que fait en chargeant un régiment de cavalerie.

Tout à coup au milieu de ces cris, que je reconnus parfaitement pour des cris d'oies sauvages et de canepetières, j'entendis des cris de chasseur et je vis s'élancer au milieu du tourbillon de ces oiseaux affolés, deux oiseaux qui, au milieu des premiers, semblaient gros comme des hirondelles.

C'étaient deux nobles faucons que, fidèle à sa promesse, le prince Tumen m'envoyait avec leurs fauconniers.

C'étaient enfin mes pourvoyeurs.

Au même instant, nous vîmes passer près de notre tarentasse nos deux Kalmoucks à cheval qui rappelaient leurs faucons en leur montrant de la viande crue. Chacun des faucons avait déjà choisi sa proie et s'était attaqué à une canepetière qu'il avait abattue.

Nous sautâmes en bas de la tarentasse, et en quelques instants nous fûmes avec les cavaliers au lieu où se livrait le combat. Il n'y avait plus de combat, au reste, les deux outardes, car la canepetière est une espèce d'outarde, s'étaient rendues secourues ou non secourues.

Nous refîmes connaissance avec nos Kalmoucks, car je me rappelai bien vite les avoir vus à la chasse au cygne et au héron que nous avions faite quelques jours auparavant. Eux aussi nous reconnurent, burent une goutte d'eau-de-vie à nos gourdes, et nous invitèrent à reprendre place dans notre tarentasse.

Je demandai à faire l'examen de notre prise, car je n'avais jamais vu de près la petite outarde. Un jour, seulement, en traversant le *Guadalquivir* j'en avais tué une grande, mais entraîné par le bateau à vapeur, je n'avais pas pu aller la ramasser.

La canepetière est un joli oiseau, ayant une tête charmante qui tient de la perdrix, un très-beau plumage blanc sur le ventre et des couleurs variées sur le dos ; j'essayai de leur arracher quelques plumes, mais à la façon dont elles tenaient à la peau, je commençai quelque peu à craindre pour nos dents si solides qu'elles fussent.

Sur ces entrefaites, nous arrivâmes à une maison de poste. Le prince nous avait dit de ne pas nous inquiéter et de nous en rapporter à nos hommes.

En effet, un quart d'heure après, nos deux outardes enfilées à des bâtons et correctement battues le long du mur, nous offraient du rôti, sinon tendre, du moins mangeable.

J'avais remarqué aussi autre chose qui m'avait donné une certaine satisfaction ; nous n'avions, pendant les vingt lieues de steppes déjà faites, encore rencontré ni un hochequeue ni une alouette. En approchant de la maison de poste, je vis un nuage s'élever au-dessus du toit avec des cris dans lesquels je reconnus ceux de ces estimables oiseaux à qui nous avons donné le nom passablement vulgaire de pierrot.

C'étaient en effet des nuées immenses de pierrots qui s'élevaient au-dessus de la maison de poste. Ces pauvres oiseaux ne trouvant rien à manger dans toute la plaine que des détritus de blé, d'avoine et de crottin qui abondaient autour de ces haltes, s'étaient fixés là où se fixaient les hommes, ces grands partageurs de la nature, et vivaient de leur superflu.

Au moment où une de ces bandes passait au-dessus de ma tête, je tirai au plein travers et j'en abattis une vingtaine. Il fut convenu que ce serait le petit plat du dîner.

La route fut occupée tout entière à plumer notre gibier qui, malheureusement, ne changeait pas de nom comme les alouettes, lesquelles au fur et à mesure qu'elles perdent leurs plumes, prennent le nom de mauviettes.

Nous repartîmes après le déjeuner, et nous assistâmes à une nouvelle chasse dont une superbe oie sauvage fit les frais.

Tout notre passage à travers les steppes fut assaisonné de cette triple variété : oies sauvages, canepetières et petits oiseaux à gros bec; voilà comment, grâce au prince et à ses deux fauconniers, nous traversâmes près de deux cents lieues de steppes sans mourir de faim, et en faisant connaissance avec un nouveau gibier.

CANETONS *en bâtons*. — Prenez un caneton, flambez-le, fendez-le en deux ; désossez chaque moitié et étendez sur chacune une farce faite avec de la volaille cuite, graisse de bœuf, lard blanchi, persil, ciboules, champignons, pointe d'ail, sel et poivre, liez de quatre jaunes d'œufs, puis roulez chaque morceau, enveloppez-le de morceaux d'étamine, et ficelez par les deux bouts ; faites cuire ensuite dans une bonne braise, retirez, essuyez et servez avec un jus de citron.

Canetons au chausson. — Désossez un caneton sans le fendre en commençant du côté de la poche et renversez-le à mesure que vous ôtez les os, puis remettez-le comme il était, remplissez-le d'une bonne farce, recousez-le, faites-le cuire dans une bonne braise, retirez-le, dégraissez-le et servez.

Canetons aux fines herbes. — Blanchissez et aplatissez un caneton sur l'estomac, refaites-le dans de la graisse ; foncez une casserole de veau, de jambon, persil, champignons hachés et lard fondu, mettez le caneton dessus, l'estomac dessous, couvrez-le de bardes de lard et faites cuire à la braise, retirez-le lorsqu'il est cuit, dégraissez-le, ajoutez-y du coulis, passez la sauce au tamis, assaisonnez-le de bon goût et servez avec un jus d'orange.

Canetons aux paupiettes. — Flambez des canetons et coupez-les en quatre, aplatissez chaque morceau avec le couperet et étendez dessus une farce faite avec de la poularde, mie de pain desséchée et trempée dans la crème, graisse de bœuf, lard blanchi, persil, ciboules hachés, une pointe d'ail, le tout lié de cinq jaunes d'œufs, sel et poivre, roulez chaque morceau, enveloppez-le de bardes de lard, réunissez les deux bouts avec un couteau trempé dans l'œuf battu, passez-le de mie de pain, embrochez-le dans un hâtelet enveloppé de bardes de lard et de papier, faites cuire à la broche, retirez-le de ses bardes, dégraissez-le et servez chaud.

Canetons de Rouen à l'échalote. Prenez le caneton le plus blanc que vous trouverez, faites-le cuire à la broche à petit feu, enveloppé de papier, hachez très-fin des échalottes, mettez-les dans une bonne essence et versez sur votre caneton avec un jus d'orange.

Canetons de Rouen glacés. — Flambez un caneton, videz-le, piquez de petit lard, faites-le blanchir, et faites cuire avec du bouillon, un bouquet, une tranche de jambon. La cuisson faite, glacez-le comme un fricandeau, finissez-le de même (v. fricandeau) et servez avec un jus d'orange.

Canetons à l'orange. — Prenez deux canetons, troussez-les en entrée de broche. Foncez une casserole d'une bonne mirepois, ajoutez-y les canetons, couvrez-les d'une feuille de papier beurré, faites subir un suage, mouillez avec une demi-bouteille de champagne, une cuillerée à pot de bon consommé, laissez mijoter le tout jusqu'à sa parfaite cuisson. Prenez le zeste de deux oranges, ciselez-le bien fin, blanchissez à l'eau bouillante, séparez les quartiers des oranges en enlevant la peau et blanchissez-les également. Passez le fond des canetons à la serviette, dégraissez-le bien, clarifiez le tout avec deux blancs d'œuf et un peu de mignonnette, passez à la serviette et mettez le tout au bain-marie. Ajoutez un jus de citron, gros comme une noisette de glace de viande et un peu de mignonnette. Ajoutez les canetons et dressez-les, mettez autour les quartiers d'orange, couchez le jus sur les canetons et laissez le zeste dessus. (*Recette Vuillemot*.)

J'avoue mon goût prononcé pour ce mets, surtout préparé par l'excellent opérateur à qui j'en emprunte la formule.

CANETTES. — *Aux pointes d'asperges*. — Prenez des canettes, troussez-les en poulets, flambez-les et faites-les blanchir, ficelez et faites cuire dans une bonne braise. Prenez des asperges, coupez-en les pointes, faites blanchir et achevez de les faire cuire dans du bouillon, retirez-les, mettez-les sur une essence de bon goût et servez-les sur vos canettes.

Canettes aux pois. — Flambez, troussez, blanchissez vos canettes et faites-les cuire dans la braise, comme ci-dessus. Mettez vos pois dans une casserole avec un morceau de beurre, singez-les légèrement, mouillez-les moitié jus, moitié bouillon, liez-les d'un coulis et servez-les sur les canettes.

Vous pouvez encore faire cuire vos canettes avec les pois, elles en sont meilleures, mais elles n'ont pas si bonne mine.

CANNELLE. — L'arbre qui produit la cannelle est très-commun dans l'île de Ceylan, d'où il paraît être originaire. C'est la seconde écorce d'un petit arbre nommé cannellier; son tronc est assez élevé, ses feuilles ont de l'analogie avec celles du laurier, elles sont pointues et ont la même saveur que l'écorce, la cannelle de Ceylan est la plus estimée, et à Ceylan, on appelle kérandu l'arbre qui la produit. La cannelle de Tonquin serait un objet de commerce considérable pour une nation plus intelligente; les forêts en sont remplies, on la cultive dans les forêts du roi et dans les temples seulement.

Eau de cannelle. — Infusez, une semaine, cannelle fine dans eau et eau-de-vie avec zeste de citron et bois de réglisse; distillez, mélangez avec dissolution de sucre et passez.

Proportions : deux litres d'eau-de-vie, un quart de litre d'eau, un zeste de citron, quinze grammes de bois de réglisse, enfin cinq cents grammes de sucre dans un litre d'eau par trente grammes de cannelle.

Huile de cannelle. — Concassez cent-vingt grammes de cannelle, sept grammes de macis et trente grammes de bois de réglisse battu; faites infuser le tout dans six litres d'eau-de-vie pendant quelques jours et distillez après, faites fondre dans trois litres et demi d'eau deux kilogrammes de sucre et mélangez.

Pastilles à la cannelle. — Délayez dans de l'eau un kilogramme cinq cents grammes de sucre, faites-en une pâte très-solide, que vous parfumez avec quelques gouttes d'essence de cannelle et coulez.

CANNELLON. — On appelle ainsi, de la forme de leurs moules, certaines compositions de pâtes fines.

Cannellons à la d'Escars ou *Canapés aux abricots* (recette de M. de Courchamps). — Abaissez un demi-litron de feuilletage à dix tours ; donnez à cette abaisse dix-huit pouces carrés, et détaillez en vingt-quatre petites bandes de neuf lignes de largeur, ayez à portée de vous vingt-quatre colonnettes de bois de hêtre tourné, de six pouces de longueur sur six lignes de diamètre, et qu'ils perdent une ligne de fût d'un bout à l'autre, afin que le bout le plus petit quitte plus facilement la pâte quand elle sera cuite. Beurrez ensuite légèrement ces petites colonnes, et, après avoir humecté six bandes de feuilletage seulement, vous commencerez avec le bout d'une bande à masquer le bout le plus mince d'une colonne en tournant la colonne de manière que vous formiez une espèce de vis à quatre pouces de longueur ; vous suivez le même procédé pour le reste des colonnes, que vous placez sur deux plaques à deux pouces de distance entre elles. Dorez légèrement le dessus, et mettez au four chaud. Lorsque ces cannellons sont cuits, de belle couleur, vous les saupoudrez de sucre fin et les glacez au four à la flamme selon la règle ; aussitôt qu'ils sont sortis du four, vous ôtez les colonnes, et placez au fur et à mesure les cannellons sur un plafond froid. Au moment du service, vous les garnissez de gelée de pommes et de marmelades de framboises ou d'abricots.

Cannellons (recette de M. Beauvillier). — Abaissez du feuilletage, coupez ce feuilletage en rubans de la largeur de treize millimètres ; ayez des petits bâtons tournés, posez votre ruban de pâte sur un des bouts du bâton ; tournez ce ruban sur lui-même en en couvrant la moitié jusqu'à l'autre extrémité de ce bâton, où vous fixerez votre ruban ; vos cannellons ainsi préparés, posez-les sur un plafond, dorez-les et faites-les cuire, leur cuisson presque achevée, retirez-en les bâtons, approchez-les l'un contre l'autre, saupoudrez-les de sucre fin, faites-les glacer au four, remplissez leurs vides avec des confitures, dressez et servez.

CAPILOTADE. — Espèce de ragoût fait avec des reliefs de volailles, de gibier, etc.

Mettez du beurre dans une casserole avec de la viande cuite coupée en morceaux, sel, poivre, écorce d'orange, de la ciboule hachée menu, des croûtons de pain avec un peu de persil et des câpres, mouillez avec du bouillon, faites cuire jusqu'à ce que la sauce soit suffisamment réduite, ajoutez une pointe de vinaigre ou de verjus et de la chapelure de pain. Quand la capilotade est faite avec des viandes noires, on peut mouiller moitié bouillon et moitié vin et huilez légèrement.

CAPRES. — Boutons ou fleurs qui croissent aux sommités du câprier, arbuste originaire d'Asie. Quand ces boutons ont acquis une certaine grosseur, on les cueille et on les confit avec de l'eau et du sel. Les câpres contiennent beaucoup de sel essentiel et un peu d'huile, elles conviennent dans un temps froid, aux vieillards et aux personnes d'un tempérament flegmatique et mélancolique.

Les câpres bien confites servent beaucoup dans les ragoûts, plutôt pour exciter l'appétit que comme aliments. Elles ont donné leur nom à une sauce qui n'est autre qu'une sauce blanche dans laquelle elles remplacent le verjus et le vinaigre.

CAPUCINES. — Les graines vertes se confisent au vinaigre et conservent la même saveur que ses fleurs, qui, épanouies, servent à garnir les salades.

CARAMEL. — Sucre brûlé, prenez sucre en poudre ou cassonade, faites chauffer à sec, remuez, retirez bruni et délayez avec de l'eau.

CARDONS. — Il y a deux espèces de cardons : le cardon d'Espagne qui est très-épineux et le plus estimé à cause de ses côtes plus épaisses et plus charnues; et le cardon ordinaire, peu épineux et qui se rapproche beaucoup de l'artichaut commun.

Cardons d'Espagne à la moelle. — Coupez les côtes de deux ou trois cardes près du pied, les blanches, non les creuses;

coupez celles qui sont pleines, parez, faites blanchir, retirez et mettez dans l'eau fraîche, limonnez, mettez dans la marmite, mouillez d'un blanc citronné (v. blanc). Faites partir ; couvrez d'un papier beurré, laissez mijoter environ trois ou quatre heures, une fois cuits, égouttez, parez, mettez dans la casserole en arrosant de consommé, faites tomber presque à glace, puis dressez sur un plat avec espagnole réduite, ajoutez croûtons à la moelle.

Cardons au parmesan. — Sur un lit de fromage au fond de votre plat, mettez un lit de cardes saupoudré de parmesan arrosé de beurre et colorez vos cardes.

Cardons au coulis de jambon. — Blanc comme ci-dessus, mijotez dans du consommé que vous faites réduire et tomber à glace. Dressez-les, masquez d'une sauce à l'essence de jambon avec deux jaunes d'œufs.

Ragoût de cardon. — Épluchez vos cardons et mettez-les cuire dans une eau blanche, quand ils sont cuits, faites une sauce :

Prenez un morceau de beurre frais que vous mettez dans une casserole avec une pincée de farine, sel, poivre, un peu de muscade; mouillez avec un peu de vinaigre et un peu d'eau, mettez-y une demi-cuillerée à potage de coulis d'écrevisses, si c'est au maigre, et d'un peu de coulis de veau ou de jambon si c'est au gras, tirez les cardes de la marmite, égouttez-les et mettez-les dans la casserole où est la sauce, remuez de temps en temps jusqu'à ce que tout soit soit bien lié, dressez-les sur le plat et servez chaudement.

CARÊME. — Nous avons à choisir, en écrivant carême, entre le nom d'une époque qui représente le jeûne et le nom d'un homme qui représente l'art culinaire arrivé à sa perfection. Commençons par la prescription religieuse qui d'ailleurs a un droit chronologique.

On appelle Carême le jeûne annuel en usage dans l'Église catholique et qui commence le mercredi des cendres, et finit à Pâques, excepté dans l'Église de Milan, où il ne part que du dimanche de la Quadragésime et chez les Grecs, qui le commençant le même jour, s'abstiennent de viande le lundi d'après la Quinquagésime, jusqu'au dimanche suivant, sans jeûner toutefois, mais en observant un Carême plus rigoureux, puisqu'ils se privent non-seulement de laitages et d'œufs, mais encore de poisson et de viande. On n'est point d'accord sur l'époque de l'institution du Carême, quelques-uns l'attribuent à Moïse, d'autres prétendent qu'il était observé en Égypte longtemps avant Moïse et que ce fut l'un des usages que les Israélites rapportèrent de ce pays; toutes les nations qui ont des lois ont aussi leur carême. On doit en conclure que ce n'est point uniquement pour plaire à Dieu que le Carême fut institué, mais aussi pour la santé en prévenant la transition des saisons, toujours funeste aux tempéraments non préparés par un régime convenable.

Dans l'enfance des nations, les peuples ignorants n'eussent point suivi un conseil d'hygiène, on en fit un précepte religieux, la superstition l'adopta.

La rigueur du Carême, aussi bien que sa durée, a varié selon les pays; dans l'Église d'Occident, on ne faisait qu'un repas vers le soir, et on ne mangeait que des légumes et des fruits; le laitage, les œufs, les viandes et le vin étaient défendus; le poisson était permis, mais la plupart des fidèles s'en abstenaient; il paraît que le jeûne était encore plus rigoureux en Orient, où presque tous les chrétiens ne vivaient que de pain et d'eau et de quelques légumes; les Latins, au rapport de Bède, avaient d'autres carêmes, celui de Noël et celui de la Pentecôte, et tous deux, comme celui de Pâques, étaient de quarante jours. Les Grecs ont encore quatre carêmes outre celui de Pâques; ce sont ceux de Noël, des Apôtres, de la Transfiguration et de l'Assomption, mais ils ne sont que de sept jours chacun.

La France est peut-être aujourd'hui le pays du monde où le Carême est le moins observé; il n'en était pas de même autrefois. Quand le clergé fut devenu riche et puissant, son influence fit rendre sur l'abstinence des lois les plus rigoureuses, et tandis qu'il contentait sa sensualité en rompant l'uniformité des viandes par les poissons les plus exquis, que son insatiable cupidité entassait l'or en vendant des dispenses aux riches, le misérable qui n'avait pas d'or pour racheter son malheureux péché, était pendu pour avoir mangé de la viande une fois en Carême; le boucher qui en avait vendu était fouetté et mis au carcan ; on lit dans les *Capitulaires* (année 780) que Charlemagne, voulant forcer les Saxons d'adopter le christianisme, déclara que les Saxons qui ne voudraient pas se faire baptiser et qui mangeraient de la viande en Carême seraient punis de mort.

En 1522, on fouetta par sentence du prévôt de Sens, et l'on condamna à l'amende honorable, devant la porte de l'église cathédrale le nommé Passeigne pour avoir mangé en Carême des haricots au lard. Sous Henri III, la peine de mort fut abolie, mais celle du fouet fut maintenue contre les délinquants. Voltaire rapporte un fait à l'appui des précédents, arrivé près de Saint-Claude. L'an de grâce 1729, le 28 juillet, eut lieu l'exécution d'un nommé Claude Guillon, qui eut la tête tranchée pour avoir, étant dans la plus affreuse misère, et pressé d'une faim dévorante, emporté, fait cuire et mangé de la viande d'un cheval tué et abandonné dans un pré, et cela le 31 mars.

Voici textuellement le prononcé de la sentence du juge :

« Nous, etc., après avoir vu les pièces du procès, et oui l'avis des docteurs en droit, déclarons le dit Claude Guillon dûment atteint et convaincu d'avoir emporté de la viande d'un cheval tué dans les prés de cette ville ; d'avoir fait cuire ladite viande le 31 mars, jour du samedi, et d'en avoir mangé, etc. »

A quels déplorables et ridicules excès ne poussait pas l'engeance monacale si nombreuse et si influente dans ces siècles de ténèbres, lorsque nous voyons encore, en 1791, à Rava en Pologne, des juges condamner et faire brûler par la main du bourreau, une *poupée* coupable de sacrilége, parce que les enfants d'une luthérienne lui avaient attaché au cou l'image de la Vierge. Et la même année, en Espagne, furent jugés et condamnés à périr au milieu des flammes, comme atteints et convaincus d'hérésie et de blasphème, un *perroquet* et un *singe,* appartenant à un Français. Le perroquet pour avoir crié : « Au feu le bref Margot! » et le singe, parce qu'il semblait applaudir par ses sauts et ses gambades. Ces deux grands criminels furent renfermés et brûlés dans une cage de fer, sur laquelle étaient deux écriteaux ; l'un portait : Blasphémateur, impie, sacrilége, traître à Dieu et à N. S. P. le pape ; et l'autre : Complice de sacrilége par gestes, signes et autres preuves non équivoques.

Un autre fait rapporté par M. B. Saint-Edme, dans son *Traité de législation historique du sacrilége, chez tous les peuples du monde*, est bien plus récent. L'an 1823, un samedi, quatre individus de la commune de Saint-Laurent de Cerdans, arrondissement de Céret, département des Pyrénées, vinrent pour leurs affaires à Céret; ils entrèrent dans une auberge pour dîner et se firent servir des côtelettes. Cette auberge étant située sur la place, ils furent aperçus faisant gras; rapport au maire; citation devant le procureur du roi; et condamnation, comme prévenus du délit d'outrage à la morale religieuse, à une année d'emprisonnement et 300 fr. d'amende. Bien leur en prit d'en rappeler, car le jugement fut cassé le 9 juillet par le tribunal de Perpignan. A la même époque, un boucher de Rome fut arrêté, conduit sur la place Fontana di Travi, et marqué par le bourreau; un écriteau annonçait son crime, qui était d'avoir mangé de la viande un vendredi dans une auberge, avec quelques-uns de ses amis.

CARÊME (*Marie-Antoine*). — Voilà un nom qui n'était certes pas destiné à acquérir la célébrité gastronomique à laquelle il est parvenu. Depuis la mort de Carême, arrivée le 12 janvier 1833, bien des princes ont perdu leur principauté, bien des rois sont descendus de leur trône. Carême, roi de la cuisine par le génie, est resté debout, et aucune gloire rivale n'est venue obscurcir la sienne. Comme tous les fondateurs d'empires, comme Thésée, comme Romulus, Carême est une espèce d'enfant perdu. Il naquit à Paris le 7 juin 1784, dans un chantier de la rue du Bac, où travaillait son père; celui-ci, chargé de quinze enfants et ne sachant où trouver de quoi les nourrir, emmena un soir le petit Marie-Antoine, âgé de 11 ans, dîner à la barrière. Puis, le laissant là au milieu du pavé, il lui dit :

« Va, petit, il y a de bons métiers dans ce monde, laisse-nous languir, la misère est notre lot, nous devons y mourir. Ce temps est celui des belles fortunes, il suffit d'avoir de l'esprit pour en faire une, et tu n'en manques pas; va, petit, ce soir ou demain quelque bonne maison s'ouvrira peut-être pour toi. Va avec ce que le bon Dieu t'a donné et ce que j'y ajoute. » Et l'excellent homme y ajouta sa bénédiction. A partir de ce soir-là, Marie-Antoine ne revit plus ni son père, ni sa mère, qui moururent jeunes; ni ses frères, ni ses sœurs, qui se dispersèrent dans le monde.

Cependant la nuit était venue.

L'enfant vit une fenêtre qui brillait, il alla y frapper; c'était l'officine d'un gargotier dont l'histoire n'a pas conservé le nom; celui-ci le recueillit et le lendemain l'enfant était à son service.

A seize ans, il quittait ce cabaret borgne pour travailler en qualité d'aide chez un restaurateur en pied; ses progrès y furent rapides, l'adolescent annonçait déjà ce qu'il serait un jour; admis chez Bailly, pâtissier en renom de la rue Vivienne, qui excellait dans les tourtes à la crème et fournissait la maison du prince de Talleyrand; à partir de ce moment, il vit clair dans son avenir et découvrit sa vocation.

« A dix-sept ans, dit Marie-Antoine dans ses mémoires, j'étais premier tourtier chez M. Bailly. Ce bon maître s'intéressait à moi; il me facilita des sorties pour aller dessiner au cabinet des estampes; il me confia la direction de plusieurs pièces montées, destinées à la table du premier consul. J'employais au service de M. Bailly mes dessins, mes nuits, et ses bontés payaient largement mes peines. Chez lui je me fis inventeur. Alors florissait dans la pâtisserie l'illustre Avice. Son œuvre m'enthousiasma, la connaissance de ses procédés me donna du cœur; je fis tout pour le suivre sans l'imiter, et devenu capable d'exécuter toutes les parties de l'état, je confectionnai seul des *extraordinaires* uniques. Mais pour en arriver là, jeunes gens, que de nuits passées sans sommeil! Je ne pouvais m'occuper de mes dessins et de mes calculs qu'après neuf ou dix heures, et je travaillais les trois quarts de la nuit.

Les larmes aux yeux je quittai mon bon M. Bailly; j'entrai chez le successeur de M. Gendron; je lui fis mes conditions; j'obtins que lorsque je serais appelé pour un *extra*, j'aurais le loisir de me faire remplacer. Quelques mois après, je sortais des grandes maisons pâtissières pour suivre mes seuls grands dîners : c'était bien assez, je m'élevais de plus en plus, et je gagnais beaucoup d'argent. Les envieux me jalousaient, pauvre enfant du travail, et depuis je me suis vu en butte aux attaques de bien des petits pâtissiers qui auront fort à faire pour arriver où je suis.

Au milieu des prodigalités du directoire, Carême avait préparé le luxe délicat et l'exquise sensualité de l'empire. La table du prince de Talleyrand était servie, dit Carême, avec sagesse et grandeur, donnait l'exemple et rappelait aux bons principes les gens comme il faut.

Cette maison était dirigée culinairement parlant par M. Bouchée ou Bouchesec qui sortait de la maison de Condé, citée pour sa succulence et sa bonne chère. Ainsi la cuisine de M. de Talleyrand n'était que la cuisine de la maison de Condé continuée. M. Bouchée avait débuté par la maison de la princesse de Lamballe, et pendant longtemps ce fut lui qui choisit les cuisiniers des grandes maisons de l'étranger. Carême lui a dédié son *Pâtissier royal*. Ce fut là qu'il fit aussi la connaissance de Laguipière, le cuisinier de l'empereur, qui mourut dans la retraite de Moscou, n'ayant pu supporter la transition des 35 degrés de chaleur de sa cuisine aux 35 degrés de froid de la plaine de la Moscowa. Jusque-là Carême avait appris à suivre son art; à partir de Laguipière, il apprit à l'improviser. Mais la pratique ne lui suffisait plus, il voulait approfondir la théorie, copier des dessins, lire, analyser des livres de science, suivre des cours analogues à sa profession; il écrivit et illustra une *Histoire de la table romaine;* malheureusement copie et dessins ont été perdus. Carême était un poëte; il mettait son art à la hauteur de tous les autres, et il avait raison; car, arrivé où il en était, il n'y a plus de taille.

« Je contemplais, dit-il, de derrière mes fourneaux, les cuisines de l'Inde, de la Chine, de l'Egypte, de la Grèce, de la Turquie, de l'Italie, de l'Allemagne et de la Suisse, je sentais crouler sous mes coups l'ignoble fabrication de la routine. »

Carême avait grandi avec l'empire; qu'on juge de sa douleur en le voyant s'écrouler; il fallut le forcer à exécuter, dans la plaine des Vertus, le gigantesque banquet royal de 1814. L'année suivante, le prince régent l'appelait à Brighton comme chef de cuisine; il resta auprès du régent d'Angleterre deux ans, chaque matin il rédigeait le menu sous les yeux de son altesse, gourmand blasé; c'est pendant ces tête-à-tête, qu'il lui faisait un cours de gastronomie hygiénique qui, s'il était imprimé, serait regardé comme un des livres classiques de la cuisine.

Ennuyé du vilain ciel gris d'Angleterre, il revint à Paris; mais le prince régent devenu roi, le rappela en 1821.

De Londres, Carême alla à Saint-Pétersbourg remplir les fonctions vacantes de l'un des chefs de cuisine de l'empereur Alexandre, puis il revint à Vienne exécuter quelques grands dîners de l'empereur d'Autriche. Attaché à lord Stuart, ambassadeur d'Angleterre, il revint avec lui à Londres, mais il le quitta pour revenir à Paris écrire et publier. Les congrès qui se multipliaient, les souverains qui tous voulaient l'avoir, l'arrachaient à chaque instant à la théorie; Carême était devenu l'homme indispensable des réunions politiques. Mais les grands travaux abrégent l'existence. « Le charbon nous tue, disait-il, mais qu'importe, moins d'années, plus de gloire. » Il mourut, tué en réalité par son génie, le 12 janvier 1833 avant d'avoir accompli sa cinquantième année, laissant des élèves dignes de lui, entre autres l'excellent Vuillemot.

CAROTTE. — Plante potagère de la famille des ombellifères dont la racine est fort en usage dans les cuisines à cause de son goût qui est fort agréable ; elle est sudorifique et apéritive, et purifie la masse du sang. La carotte est saine et ne produit d'incommodité que par son usage immodéré, elle contient beaucoup d'huile et de sel essentiel et convient à tout âge et à tout tempérament. On s'en sert ordinairement pour mettre dans toutes sortes de potages, pour braises, pour coulis, on s'en sert aussi pour des entrées de viandes en terrines qu'on appelle hochepot. (V. Hochepot.) On doit les choisir longues, grosses, charnues, jaunes ou d'un blanc pâle, se rompant aisément et d'un goût tirant sur le doux.

Ragoût de carottes ou carottes à la ménagère. — Coupez vos carottes de la longueur de deux doigts et tournez-les en rond, faites-les cuire dans l'eau un quart d'heure et mettez-les dans une casserole avec du bon bouillon, un verre de vin blanc, un bouquet de fines herbes, un peu de sel. Quand elles sont cuites, ajoutez-y un peu de coulis pour lier la sauce, et servez avec ce que vous voulez.

Carottes à la flamande. — Faites blanchir vos tranches de carottes, faites-les revenir dans le beurre, mouillez de bouillon avec sel, poivre et sucre; faites réduire à glace. Remettez du beurre, un peu de sauce tournée et des fines herbes, faites bouillir encore un instant, ajoutez croûtons et servez.

Potage aux carottes. — Mettez dans un pot assez d'eau pour faire un grand plat de potage, et quand elle sera bouillante, ajoutez-y 250 grammes de bon beurre et du sel, puis un demi-litron de pois secs, trois ou quatre carottes bien nettes coupées par morceaux, faites cuire, et une heure avant de dresser, mettez des herbes douces telles que cerfeuil, oseille, etc., de la chicorée blanche, un peu de racine de persil, ciboule, oignon, faites cuire le tout ensemble, dressez et servez.

Gâteau de carottes. — Faites cuire de belles carottes avec du sel, broyez-les et passez-les au tamis avant de les faire dessécher dans une casserole, ajoutez-y de la crème, de la fécule, un peu de fleurs d'oranger pralinées, du sucre, des œufs (plus de jaunes que de blancs), puis du beurre; mélangez le tout. Mettez-le dans un moule, faites-le cuire et renversez-le sur un plat d'entremets que vous ferez accompagner d'une saucière de sabayon. (V. SABAYON.) (*M. de Courchamps.*)

Carottes au sucre. — Cuisez à l'eau, faites sécher, pulvérisez, aromatisez, édulcorez avec sucre en poudre, œufs battus, beurre; cuisez sous four de campagne, renversez sur plat creux et servez chaud, saupoudré de sucre.

CARPE. — Poisson d'eau douce de rivière et d'étang dont il n'est pas fait mention par les Grecs ni par les Latins. Dans le Rhône on trouve des carpes de 40 à 50 livres dont la chair est délicieuse. Ce poisson vit plusieurs siècles ainsi qu'on a pu s'en assurer par les carpes mises de la main de François Ier au vivier de Fontainebleau; la carpe grossit moins dans le Nord qu'à l'Ouest et au Midi. Dans une carpe femelle de 18 pouces de long, le docteur Petit a trouvé 342,000 œufs. Dans l'Orient les Juifs, à qui on défend le caviar d'esturgeon, font du caviar avec des œufs de carpe. La plus grosse carpe qu'on ait vue, fut prise en 1711; elle pesait 70 livres.

Me trouvant à Poti, à l'embouchure du fleuve Rioni, le

Phâse des anciens, m'ennuyant de ne manger que du bélier, j'exprimais le désir de changer de nourriture. Vasiln, alors depuis trois jours à mon service, me proposa d'aller faire une pêche dans le lac de Poti; forcé d'attendre le bateau d'Odessa, je ne demandais pas mieux que d'occuper un jour à un exercice amusant. Nous fîmes à peu près une lieue à travers la forêt et nous nous trouvâmes sur le bord du lac où nous montâmes dans une barque de pêcheur.

Il fut convenu qu'au moyen de deux roubles, c'est-à-dire huit francs, elle pêcherait à forfait pour nous. Au bout de deux heures, nous avions pris trois ou quatre cents livres de poissons.

Nous choisîmes les plus beaux, nous laissâmes les autres à nos pêcheurs et nous revînmes à l'hôtel de maître Jacob.

La plus grosse pièce était une carpe pesant 40 livres et un soudak en pesant 35; nous ouvrîmes la carpe, elle renfermait 13 livres d'œufs, une de ses écailles suffisait pour couvrir entièrement une pièce de 5 francs. Il fallut 12 bouteilles de vin pour la cuire. C'est le plus gros poisson de cette espèce que j'aie jamais vu; comme elle avait été pêchée dans un lac de 8 lieues de tour communiquant avec la mer, elle ne sentait pas la vase et était sous ce rapport aussi pure qu'une carpe de rivière.

Le second jour nous en fîmes cadeau à l'hôtelier qui en nourrit tout son monde.

Puisque nous venons de parler de carpes sentant la vase, indiquons tout de suite le moyen de faire passer ce goût aux poissons qui en sont atteints:

Faites avaler au poisson qui vient d'être pêché, un verre de fort vinaigre, et à l'instant même vous verrez s'établir sur tout son corps une sorte de transpiration épaisse que vous enlèverez en l'écaillant. Quand il est mort, sa chair se raffermit et est d'aussi bon goût que s'il avait été pêché dans une eau vive.

Carpe frite. — Ecaillez une carpe, fendez-la en deux morceaux par le dos, videz-la, ôtez-en la laite ou les œufs. Faites-la mariner une ou deux heures avec sel, poivre, oignon, thym, laurier, persil, demi-cuillerée de vinaigre; passez-la dans la farine et mettez-la dans une friture bien chaude. Votre carpe à moitié cuite, vous la farinez à part et vous ajoutez dans la friture la laite ou les œufs; faites cuire et servez garni de persil frit et saupoudré de sel.

Carpe grillée. — Échardez ou écaillez une carpe, coupez-en les nageoires et le petit bout de la queue, ôtez-en les ouies, videz-la sans trop lui ouvrir le ventre, et prenez garde d'en crever l'amer; ciselez-la, passez la laitance dans du beurre et des fines herbes, telles que persil et ciboules hachées; assaisonnez de sel, poivre, remettez-la dans le ventre de votre carpe, cousez-la, mettez-la sur un plat, marinez avec un peu d'huile, des branches de persil et de ciboule hachées, un peu de sel fin, puis faites-la griller, ôtez-en les fils, et servez-la avec une sauce blanche et des câpres ou une maître-d'hôtel chaude. (V. SAUCES.)

Carpe aux champignons. — Prenez une belle carpe, faites-la cuire avec de l'eau, un peu de vin, sel et poivre, quand elle est cuite à propos, dressez-la dans un plat à sec et avant de la servir, jetez par-dessus un ragoût de champignons, laitances, fonds d'artichauts, bon beurre, le tout bien assaisonné de sel, poivre, fines herbes en paquet, et servez garni de croûtons frits.

Carpe à la Chambord. — Ayez une belle carpe du Rhin, échardez-la, levez-en la peau, videz-la sans lui ouvrir le ventre en totalité, ôtez lui les ouies sans endommager la langue, levez ensuite le nerf de la queue, piquez votre carpe entièrement avec de l'anguille taillée en petits lardons, ou moitié avec des truffes et des carottes coupées de même; si vous servez cette carpe au gras, piquez-la de lard, de truffes ou de carottes, mettez-la dans une poissonnière, mouillez-la d'une braise maigre et faites cuire, mettez ensuite dans une casserole trois tasses d'espagnole maigre et une demi-bouteille de vin blanc de champagne, faites réduire votre sauce, dégraissez-la, mettez des champignons tournés, des truffes, des laitances de carpes, des quenelles, de l'anguille coupée par tronçons, faites-mijoter un quart-d'heure votre ragoût et finissez-le avec du beurre d'anchois, égouttez votre carpe, dressez-la, mettez vos garnitures autour, joignez-y des écrevisses, décorez-en votre carpe, saucez-la, glacez-la et servez. Si c'est au gras, ajoutez-y des ris de veau piqués, des pigeons à la Gautier ou des cailles, si c'est la saison, des crêtes et des rognons de coq.

Carpe à la daube. — Faites une farce avec la chair de deux soles et d'un brochet désossés, hachez bien cette chair avec un peu de ciboule et fines épices, sel, poivre, muscade, beurre frais et un peu de mie de pain trempée dans de la crème; liez votre farce avec des jaunes d'œufs, emplissez une belle carpe de cette farce, et faites-la cuire à petit feu avec du vin blanc, assaisonnez de sel, poivre, clous de girofle, citron vert, un bouquet de fines herbes et bon beurre frais.

Faites un ragoût de champignons, morilles, truffes, mousserons, fonds d'artichauts, laitances de carpes, queues d'écrevisses, passé à l'étamine après avoir bouilli deux ou trois tours dans une casserole avec un peu de coulis ou de bouillon de poisson, vous faites mitonner vos filets dans cette sauce bien assaisonnée de champignons, sel, poivre, fines herbes et servez.

Vous les faites aussi aux concombres en liant vos concombres marinés et cuits dans une casserole avec bon beurre et bouillon de poisson, avec un bon coulis, vous faites mitonner vos filets dans cette liaison et vous les servez chaudement pour entrée.

Laitances de carpes frites. — Vous supprimez les boyaux de 15 à 18 laitances de carpes, puis vous les mettez dégorger dans l'eau en les changeant plusieurs fois afin qu'elles soient bien blanches; vous mettez dans une casserole de l'eau, un filet de vinaigre et une pincée de sel, mettez-y vos laitances, quand vous la voyez bouillir, faites-leur jeter un bouillon, trempez-les dans une pâte légère, faites-les frire d'une belle couleur et servez-les avec du persil frit.

Carpe à la hussarde. — Prenez une belle carpe, ouvrez-la le moins que vous pourrez pour la vider, mettez dans le corps du beurre manié avec des fines herbes hachées et assaisonnées de bon goût; faites mariner votre carpe avec fines herbes, huile fine, thym, basilic; quand elle aura bien pris le goût de sa marinade, faites-la griller et servez avec une sauce rémoulade. (V. *Sauce* Rémoulade.)

Carpe en poupeton. — Dépouillez une anguille et une carpe, gardez-en les peaux et hachez-en les chairs; mettez celle de la carpe avec de la mie de pain passée sur le feu et avec de la crème, ajoutez-y un morceau de beurre, persil, ciboule, sel, poivre et liez le tout avec six jaunes d'œufs.

Prenez ensuite l'anguille que vous coupez par filets et passez-la au beurre, avec champignons, truffes, un bouquet garni, une pincée de farine, un peu de jus maigre et un demi-verre de vin de champagne : faites cuire ce ragoût avec bon assaisonnement, et quand la sauce est bien réduite, mettez-la refroidir.

Mettez dans le fond d'une poupetonnière, une feuille de papier beurré. Mettez dessus les peaux de la carpe et de l'anguille entremêlées, le côté de l'écaille en dessous, garnissez bien le tour et le fond de votre poupetonnière, mettez ensuite de la farce de carpe partout sur les peaux de l'épaisseur d'un doigt et le ragoût froid de l'anguille au milieu, recouvrez-le avec la farce et les peaux de carpe, mettez dessus une feuille de papier et faites cuire au four. Quand votre poupeton sera cuit, dressez-le sur un plat, ôtez-en le papier et la graisse et servez par-dessus une sauce hachée avec un jus de citron.

Matelotes de carpes et d'anguilles. — (V. Matelote d'anguilles.)

Hachis de carpes. — Écaillez, videz et écorchez vos carpes prenez-en la chair que vous hacherez avec sel, poivre, fines herbes, champignons, laitances et fonds d'artichauts. Votre hachis fait, passez-le en casserole au blanc, ajoutez un peu de bouillon de poisson ou de la purée claire, laissez-le bien mitonner, tirez-le et servez pour entrée avec un jus de citron garni de champignons frits ou câpres ou andouillettes de poisson.

Autre hachis de carpes. — La chair de votre carpe étant bien hachée, comme on vient de le dire, mettez-la dans une casserole sur le feu, remuez avec une cuiller pour la faire un peu dessécher. Videz-la ensuite sur une table, mettez-y beurre frais, persil, ciboule, champignons, hachez le tout ensemble, faites ensuite un roux dans une casserole avec un morceau de beurre et une pincée de farine, mettez-y votre hachis avec sel, poivre, une tranche de citron, remuez toujours afin qu'il ne s'attache pas, mouillez d'un peu de bouillon de poisson et servez chaudement; mettez, si vous en avez, trois ou quatre cuillerées de coulis de poisson.

Fricandeau de carpes. — Après avoir enlevé la peau de votre carpe, levez-en les chairs et ne laissez que la colonne vertébrale ; si c'est au gras, piquez vos chairs de menu lard, coupez-les par grenadins et marquez-les de même (v. GRENADINS DE VEAU); si c'est au maigre vous les piquez de lardons d'anguilles, foncez votre casserole avec du beurre, ajoutez-y tranches d'oignons, lames de carottes, vin blanc et bouillon de poisson maigre, posez votre poisson sur ce fond, couvrez-le d'un papier beurré et faites-le cuire feu dessus et dessous comme un fricandeau. Quand il est cuit, égouttez-le et tirez par les gros bouts les côtes de votre carpe en prenant bien soin qu'il n'en reste aucune, vous glacez ensuite vos fricandeaux et les servez sur une purée de champignons, d'oseille ou d'oignons.

Filets de carpes. — Vous coupez votre carpe en filets que vous mettez mariner et que vous trempez ensuite dans une pâte claire ou poudrés seulement de farine, vous les faites frire au beurre affiné et servez garnis de persil frit.]

Vous pouvez aussi manger ces filets à la sauce blanche que vous faites avec une liaison de carpe et de mie de pain, le tout passé auparavant à la casserole, avec beurre frais et assaisonné de bon goût. Mettez dedans un bon coulis d'écrevisses.

Votre carpe cuite, dressez-la sur un plat ovale, versez votre ragoût par-dessus et servez.

Carpe farcie. — Levez les chairs, décarcassez en majeure partie, conservez tête et queue avec trois doigts d'arêtes. De ces chairs et de celles d'une ou deux autres petites carpes faites une farce (comme à l'article *Quenelles de carpes*), étendez de cette farce dans le fond d'un plat, mettez aux deux bouts la tête et la queue; faites un salpicon maigre ou gras, avec lequel vous remplacerez le ventre de votre carpe, ou un ragoût de laitances de carpes, le tout à froid, couvrez ce salpicon de votre farce, donnez-lui la forme d'une carpe, unissez-bien votre farce avec votre couteau trempé dans l'œuf, dorez-la avec deux œufs entiers et battus, ayez une cuiller à bouche, trempez-la dans le reste de votre dorure et formez avec la pointe les écailles de votre carpe; enveloppez la tête et la queue d'un papier beurré ; une heure avant de servir, mettez votre carpe dans un four moyennement chaud, donnez-lui une belle couleur, ôtez le papier, nettoyez les bords de votre plat, saucez-la, soit d'une bonne espagnole réduite, maigre ou grasse, soit d'un ragoût de laitances, de fonds d'artichauts et de champignons et servez (méthode de **M. Beauvilliers**).

Autre carpe farcie. — Fendez votre carpe le long de l'épine du dos, séparez la peau d'avec la chair, y laissant la tête et la queue, faites une farce, avec de la chair d'anguille, assaisonnée de sel, poivre, bon beurre frais, fines herbes, champignons, clous de girofle, muscade, thym, le tout haché bien menu, mêlez-y des laitances de carpe et faites votre farce.

Votre farce faite, garnissez-en la peau de votre carpe comme ci-dessus, cousez-la, et mettez cuire votre carpe au four ou dans une casserole avec bon beurre, bouillon de poisson ou purée claire, bon assaisonnement et farine frite pour liaison, quand elle est cuite, servez-la sur un plat, la sauce dessus et entourée de la garniture qu'il vous plaira.

Carpe au bleu ou au court bouillon. — Ayez une carpe que vous aurez soin de vider sans trop lui ouvrir le ventre, sans lui crever l'amer et sans endommager ses écailles; ôtez ses ouïes avec ménagement afin de ne pas gâter la langue, faites bouillir un demi-setier de vinaigre rouge avec lequel vous arroserez votre carpe placée dans une poissonnière de sa dimension ; mouillez-la ensuite d'une braise grasse ou maigre, couvrez-la d'un papier beurré et faites-la cuire à petit feu, égouttez-la quand elle sera cuite, posez-la sur une serviette étendue sur le plat, entourez-la de persil et servez.

Carpe à la piémontaise. — Prenez une belle carpe, videz-la et ôtez-en les ouïes, ciselez-la des deux côtés, faites-la mariner avec de l'huile, sel, poivre, persil, ciboules entières, tranches d'oignons, ail, échalotes en tranches, thym, basilic, laurier et laissez-la dans la marinade pendant deux heures.

Faites-la ensuite griller en l'arrosant de temps en temps avec sa marinade, passez des truffes et des champignons avec un morceau de beurre, un bouquet garni, une pincée de farine, mouillez avec du bon jus, ajoutez-y des fonds d'artichauts blanchis à moitié cuits, de petits oignons blancs et un demi-verre de vin de Champagne.

Quand votre ragoût est cuit, la sauce réduite, liez avec trois jaunes d'œufs et de la crème, pressez-y un jus de citron, et dressez votre carpe dans un plat avec le ragoût autour.

Carpe à la flamande. — Habillez proprement votre carpe, coupez une anguille en lardons bien assaisonnés de fines herbes hachées, sel, fines épices, lardez-en la carpe, mettez dans une casserole champignons, truffes, petits oignons blanchis avec un morceau de beurre, un bouquet de toutes sortes de fines herbes, une pincée de farine; mouillez votre ragoût avec du jus maigre et une demi-bouteille de vin de champagne. Quand il est à moitié cuit mettez-y la carpe pour achever de cuire; si la sauce n'est pas encore assez réduite, poussez-la à grand feu, mettez-y des câpres et servez la carpe au milieu, le ragoût autour.

Carpe à la bière ou à la moscovite. — Coupez votre carpe en trois morceaux, après l'avoir proprement arrangée, mettez-la dans une casserole avec une bouteille de bonne bière, un verre d'eau-de-vie, un morceau de beurre fin manié avec un peu de farine, un bouquet de persil, ciboules, ail, clous de girofle, thym, laurier, basilic, oignons coupés en filets, sel, poivre, faites cuire à grand feu et servez quand la sauce est bien réduite et après avoir ôté le bouquet.

Carpe à la bourguignonne. — Après avoir habillé une grosse carpe, dont vous conservez le sang dans une casserole, vous la lavez en dedans avec un peu de bon vin rouge que vous faites ensuite tomber dans la casserole où est le sang. Mettez ensuite la carpe dans un plat et piquez-la partout, afin d'y faire pénétrer le sel fin, laissez-la deux heures dans son sel, puis mettez-la dans une poissonnière avec quelques tranches d'oignons dans le fond, un bouquet garni et une bouteille de vin de Bourgogne. Faites cuire à petit feu.

Quand elle est cuite, passez son court bouillon dans un tamis et versez-le dans la casserole où est le sang, en y joignant un bon morceau de beurre manié de farine, et vous faites bouillir à grand feu, jusqu'à forte réduction; ajoutez-y un anchois haché, muscade rapée et câpres entières. Dressez ensuite votre carpe sur un plat et masquez-la de cette sauce.

Carpe à la Chambord garnie de volaille et de truffes. —

Choisissez une belle carpe, écaillez-la, ôtez les ouïes, prenez garde de gâter la langue, ouvrez-la sur le côté, ôtez-en l'amer, dépouillez-la le plus légèrement que vous pourrez du côté où elle n'est pas ouverte, piquez-la ensuite de lard le plus dru que vous pourrez, remplissez-la d'un ragoût de riz de veau, foies gras, truffes, liez d'une bonne essence. Cousez-la bien pour empêcher le ragoût de s'échapper et laissez passer un bout de ficelle par la tête.

Foncez une grande poissonnière de veau et de jambon, assaisonnez de sel, poivre, clous de girofle, bouquet garni; racines et oignons; mettez la carpe sur une feuille de papier beurré, couvrez-la de bardes de lard et faites cuire sur la braise, mouillez-la ensuite d'une bouteille de vin de Champagne, un peu de bouillon et faites cuire à petit feu pendant trois ou quatre heures.

Quand elle est cuite, laissez-la refroidir et glacez-la avec une cuiller de bois que vous trempez de temps en temps dans la glace et que vous promenez ainsi partout. Quand elle est bien glacée et égouttée, dressez-la sur un très-grand plat. Garnissez-la alors de six petits poulets glacés, de quatre perdreaux farcis de leurs foies et cuits à la broche, de douze pigeons naissants cuits dans un blanc et achevez de la faire cuire dans une bonne essence où vous aurez cuit huit belles truffes entières. Entremêlez les pigeons, les poulets, les perdreaux et les truffes, versez par-dessus une grande essence de bon goût avec le jus de deux oranges et servez.

Carpe piquée aux crêtes. — Prenez une carpe d'une bonne grosseur, piquez-la, glacez-la et servez autour un ragoût de crêtes. Vous prenez des crêtes, vous les passez et les faites cuire à moitié dans un blanc que vous faites en prenant une cuillerée à bouche de farine que vous délayez avec du bouillon ; mettez-y la moitié d'un citron en tranches, du sel, retirez-les quand elles sont à moitié cuites, achevez de les cuire dans une bonne essence et servez avec un jus de citron.

Carpe piquée entière glacée, garnie de truffes. — Écaillez, videz une grosse carpe par le côté, faites-la piquer de l'autre et faites-la cuire dans un bon bouillon, un demi-setier de vin blanc, un bouquet garni et glacez-la comme un fricandeau; quand elle est bien glacée, vous la dressez et servez tout autour un ragoût de truffes que vous faites en prenant des truffes que vous coupez par tranches et que vous faites cuire dans de bon bouillon avec un bouquet. Quand elles sont cuites, vous y ajoutez du coulis pour que la sauce soit de bon goût et servez avec un jus de citron.

Carpe rôtie à la broche. — Choisissez une belle carpe laitée, habillez-la à l'ordinaire, faites une farce avec la laitance, chair d'anguille, anchois, champignons, marrons, chapelure de pain, oignons, oseille, persil, thym, poivre, clous de girofle et bon beurre frais; farcissez-en votre carpe, recousez l'ouverture, piquez-la de clous de girofle et de feuilles de laurier, enveloppez-la de papier beurré, embrochez-la et arrosez-la en cuisant de beurre délayé avec du verjus ou mieux encore avec du lait chaud et du vin blanc; servez-la quand elle est cuite et jetez dessus un ragoût de champignons, laitances, truffes, morilles et autres choses semblables, le tout assaisonné de bon goût.

Casserole de carpes. — Ayez un hachis préparé comme celui dont nous avons parlé au *hachis de carpe*, remplissez-en une belle carpe proprement habillée, mettez-la cuire dans une casserole avec du vin blanc, sel, poivre, clous de girofle, citron vert et paquet de fines herbes.

Quand elle est cuite, dressez-la à sec dans un plat, mettez dessus un ragoût fait avec champignons, truffes, morilles, fonds d'artichauts, laitances, le tout passé à la casserole avec beurre frais et bien assaisonné, et servez votre carpe pour grande entrée avec laitances frites ou morceaux d'anguille marinée et tranches de citron.

Pâté de carpes. — Habillez-vos carpes, lardez-les de lardons d'anguille, assaisonnez-les de bon beurre, sel, poivre, clous de girofle, laurier, muscade; faites une abaisse de pâte fine de la longueur de vos carpes que vous dresserez dessus, couvrez-les d'une autre abaisse et faites cuire à petit feu; versez un verre de vin blanc quand votre pâté sera à moitié cuit.

Vous pouvez aussi farcir vos carpes. Comme il est dit à

l'article : *Carpes farcies,* et le pâté étant cuit, y jeter un ragoût d'huîtres bien dégraissé. (V. Huitres.)

Tourte de carpes. — Choisissez une bonne carpe, écaillez-la, ôtez-en les ouïes et fendez-la, coupez-la par tranches, faites une abaisse d'un demi-feuilletage et foncez-en une tourtière; faites un godiveau d'anguille, dans le fond, assaisonnez de sel, poivre, fines épices, un peu de fines herbes, mettez votre carpe dessus avec le même assaisonnement et un peu de beurre frais; couvrez d'une abaisse de même pâte avec une bordure, frottez-la d'un œuf battu et mettez cuire au four ou sous un couvercle, feu dessus et dessous. Quand votre tourte est cuite, découvrez-la dégraissez-la bien, jetez-y un ragoût de laitance, recouvrez et servez chaudement.

Sauté de filets de carpes. — Tirez filets, dépouillez, coupez en carrés, arrangez sur sautoir, faites chauffer à feu vif, retournez, égouttez, dressez en miroton avec purée ou poivrade et servez.

Langues et laitances de carpes. — Mettez dans une casserole du beurre, des champignons, une tranche de jambon, un bouquet de fines herbes et le jus d'un citron, laissez mijoter ce ragoût quelque temps et à petit feu, joignez-y un peu de farine, vos langues et vos laitances de carpes et un peu de bon bouillon; laissez bouillir le tout environ un quart d'heure, assaisonnez avec du poivre et du sel. La cuisson faite, vous l'épaississez avec une liaison de deux ou trois jaunes d'œufs, d'un peu de crème et de persil blanchi.

Quenelles de carpes. — Épluchez, préparez et hachez anguille et carpeaux, faites-en des quenelles, avec anchois, et servez avec une béchamel. (V. Quenelles).

Aspic de laitances de carpes. — Préparez votre aspic comme il est indiqué pour les crêtes et rognons de coqs, et servez-vous pour le remplir de laitances de carpes cuites dans un bon assaisonnement.

CARRELET. — Poisson de mer appelé ainsi parce que plutôt qu'un autre il approche de la forme d'un losange dont les angles seraient arrondis; les yeux sont placés sur la partie gauche de sa tête, l'ouverture de sa gueule est très-ample, le côté gauche du corps est couleur cendré mêlé de noir, le côté droit est blanc; la chair est blanche, molle, fort humide et délicate, préférable à celle de la limande, mais s'altérant facilement par le transport.

Carrelets à la bonne eau. — Faites bouillir pendant un quart d'heure dans trois litres d'eau salée, à la hollandaise, c'est-à-dire à l'eau de racines de persil, servez dans un plat creux, dans une partie de son mouillement, parez-le avec des branches de persil blanchies; placez près de lui une sauce hollandaise.

Carrelets au gratin. — Ce poisson aqueux et peu consistant n'est vraiment bon qu'au gratin.

Mettez sur un plat un morceau de beurre frais, des fines herbes hachées, des quatre épices; appliquez dessus votre poisson arrosé de vin blanc et masqué de chapelure, puis faites cuire sous un four de campagne.

Carrelets matelote normande. — Mettez sur un plat foncé de beurre frais, avec persil et oignons, un carrelet limoné du dos. Versez une bouteille de cidre, ajoutez-y une ou deux douzaines d'huîtres, une douzaine de moules, des crevettes, et faites cuire à feu doux. Arrosez de son jus.

N. B. Ne craignez pas, si vous voulez faire une véritable matelote normande, de substituer le cidre mousseux au vin blanc; c'est cette substitution qui lui donne tout son cachet.

Carrelet comme on le sert en Hollande. — Coupez un carrelet dans sa longueur; puis ces deux moitiés en six ou huit parties dans le sens opposé; faites cuire à l'eau de sel avec persil, et dressez sur un plat foncé d'une serviette.

Passons à sa sauce, que vous servirez pour conserver sa couleur locale, non pas dans une grande saucière d'argent, mais dans un bol du Japon, ou dans une jatte de la Chine.

Épluchez de l'oseille, et ne gardez que les feuilles; mettez-les dans une passoire que vous plongerez deux fois dans l'eau bouillante, et vous ferez ajouterez ces feuilles blanchies à 250 grammes de beurre frais que vous ferez fondre au bain-marie.

Filets de carrelets à la Orly. — Levez les filets de quatre petits carrelets, faites mariner dans du jus de citron, avec sel et gros poivre; de leurs arêtes et de leurs débris, tirez un bon consommé fait avec du vin blanc, farinez et faites frire vos carrelets jusqu'à ce qu'ils soient d'une belle couleur, arrosez du consommé que vous aurez tiré des arêtes, et qui, clarifié, servira de sauce.

Carrelets grillés. — Videz, lavez, huilez, salez, poivrez, grillez sur chalumeau, dressez et masquez de sauce blanche aux câpres ou de sauce brune au jus de racines avec boutons de capucines au vinaigre. Enfin chapelurez afin de lier ladite sauce.

CASSEROLE. — Que serait l'art culinaire sans la casserole, qui en est d'abord le principal ornement? Ce qu'il était du temps des patriarches, où la broche suffisait pour faire rôtir les viandes, et la marmite pour les faire bouillir; mais la casserole est sans contredit l'arme favorite, le talisman, la bonne fortune d'un cuisinier. Les splendides repas des Verrès, des Lucullus, des Néron, des Vitellius, des Domitien, des Apicius, ne se faisaient certes pas sans casserole, car on ne peut penser que ces grands gourmands ne vivaient que de viandes rôties ou grillées et de légumes bouillis.

En France la casserole est plus en honneur que partout ailleurs; on sait que les Espagnols ne vivent que de chocolat, de garbanços et de lard rance; les Italiens de macaroni; les Anglais de roast beef et de pudding; les Hollandais de viande cuite au four, de pommes de terre et de fromage; les Allemands de choucroute et de lard fumé; aussi la casserole a-t-elle fait chez nous la réputation de plusieurs de ceux qui l'ont mise en œuvre avec le plus de talent : les Mignot, les Robert, les Miot, les Beauvilliers, les Véry, les Carême, etc.; et de ceux qui l'ont célébrée, tels que les Grimod de la Reynière, les Berchoux, les Brillat-Savarin, dont les œuvres resteront à la postérité.

Il est inutile de recommander à tout cuisinier de tenir toujours bien proprement ses casseroles; la moindre détérioration suffirait pour gâter ou affecter d'un mauvais goût les aliments qui doivent y cuire. Les casseroles de cuivre sont les plus généralement employées dans les cuisines, à cause de leur solidité; mais si vous ne les entretenez continuellement ou si vous y laissez refroidir des viandes ou de la graisse, vous vous exposez au danger d'être empoisonné.

On donne aussi le nom de casseroles à plusieurs préparations culinaires dont nous allons indiquer les principales.

CASSEROLE AU RIZ A LA BOURGEOISE. — Braisez un morceau de viande cuit, égoutté, dressez-le, couvrez-le de riz croquant avec bouillon arrosé de lard, formez une masse demi-ronde et mettez au four afin que la croûte soit bien formée, et servez à sec.

Casserole au riz à la reine. — Hachez les blancs de deux poulardes avec champignons, cuisez, pilez, délayez; vous passez cette purée avec de la béchamel travaillée de consommé de volaille à l'essence de champignons, à l'étamine blanche, et la mettez au bain-marie afin qu'elle devienne presque bouillante sans ébullition; versez-la ensuite dans votre casserole au riz; placez dessus en couronne, et pour servir de couvercle, six œufs frais pochés à l'eau bouillante avec sel et un demi-litre de vinaigre, placez en travers sur chaque œuf un filet mignon de poulets *à la Conti*. Masquez le milieu des œufs avec un peu de béchamel, glacez légèrement et servez.

Casserole de riz garnie d'un ananas formé de pommes. — Nous empruntons à l'excellent livre de M. de Courchamps la préparation de cet aliment. Vous faites cuire 360 grammes de riz de la Caroline avec de l'eau, du beurre et du sel; le riz étant prêt, vous le séparez en deux parties : de l'une vous formez un dôme plat du dessus et cannelé autour, puis de l'autre partie vous formez un second dôme, le bord évasé, afin de former la coupe. Vous faites cuire ces deux petites casseroles au riz à four chaud et leur donnez une belle couleur blonde; vous les videz parfaitement, mais par-dessous, alors vous remplissez le dôme cannelé avec du riz (180 grammes préparés selon la règle), et vous mettez au milieu des pommes coupées en quartier; vous retournez le moule sens dessus dessous sur son plat d'entremets, vous placez alors par-dessus, la coupe; avec la pointe d'un couteau vous ôtez le fond des deux casseroles au riz qui se trouvent l'une sur l'autre et vous garnissez ensuite le fond et les parois de la coupe de manière qu'elle figure un vase où vous placez le reste du riz en forme d'ananas en groupant à l'entour de ce riz des quartiers de pommes cuites dans du sucre au caramel afin de les colorer en jaune. Quand vous les aurez coupées en forme de têtes de clous, de manière qu'ils imitent un corps d'ananas sur lequel vous placerez une couronne de longues tiges d'angélique, garnissez le pourtour avec des feuilles de biscuits aux pistaches. Au moment du service, vous masquez légèrement la surface de la croûte de la casserole au riz avec de la marmelade d'abricots bien transparente, de même couleur que l'ananas. On peut servir ce bel entremets froid ou chaud.

CASSONADE. — Sucre non encore purifié; ce nom lui vient de ce que les Portugais du Brésil qui la livraient au commerce, l'apportaient dans des caisses qu'ils appelaient *casses*. La cassonade ne diffère du sucre en poudre que par son état pulvérulent et sa moins grande pureté, elle contient une certaine quantité de mélasse qui la rend oléagineuse; la cassonade, quoique contenant moins de sucre pur que le sucre en pain, a une saveur plus sucrée, cette saveur vient de sa dissolubilité qui permet à toutes ses molécules d'agir à la fois sur l'organe du goût; le sucre, et surtout le sucre pur étant moins soluble, n'a qu'une action successive qui paraît moins intense. Il est important de l'avoir aussi pur que possible, car l'usage de la cassonade trop impure cause des dévoiements qu'on ne sait souvent à quelle cause attribuer.

CAVAILLON. — A vingt-cinq kilomètres sud-est d'Avignon. Restes d'un arc de triomphe. Melons d'hiver renommés.

On présume que la ville de Cavaillon n'est citée ici ni pour sa position sur la Durance, ni pour son voisinage d'Avignon, ni pour son arc de triomphe, mais pour ses melons, non pas d'hiver, mais verts, renommés.

Un jour je reçus une lettre du conseil municipal de Cavaillon, lequel me dit que, fondant une bibliothèque et désirant la composer des meilleurs livres qu'il pourrait se procurer, il me priait de lui envoyer deux ou trois de mes romans qui, dans mon esprit, tiendraient la première place. J'ai un fils et une fille, je crois les aimer également; j'ai cinq ou six cents volumes, je crois éprouver pour eux tous une sympathie à peu près égale; je répondis à la ville de Cavaillon que ce n'était pas un auteur qu'il fallait faire juge du mérite de ses livres; que je trouvais tous mes livres bons, mais que je trouvais les melons de Cavaillon excellents ; que, par conséquent, j'allais envoyer à la ville de Cavaillon une collection complète de mes œuvres, c'est-à-dire quatre ou cinq cents volumes, si le conseil municipal voulait me voter une rente viagère de douze melons verts.

Le conseil municipal de Cavaillon, je dois le dire, me répondit poste pour poste que ma demande avait été accueillie à l'unanimité et que je me trouvais avoir une rente viagère, la seule selon toute probabilité que j'aurai jamais.

Il y a une douzaine d'année que je jouis de cette rente, et, je dois le dire, elle n'a jamais manqué une fois d'arriver à l'époque où les melons verts, un peu en retard sur les autres, entrent dans leur maturité ; or je ne sais pas si le conseil municipal de Cavaillon a l'obligeance de faire un choix parmi ses melons et de m'envoyer ceux qu'il croit les meilleurs, mais je répète que je n'ai jamais rien mangé de plus frais, de plus savoureux et de plus sapide que les melons de ma rente. Je n'ai donc qu'un désir à émettre, c'est que mes livres aient toujours pour les Cavaillonnais le même charme que leurs melons ont pour moi ; c'est à la fois une occasion qui se présente d'exprimer à mes bons amis de Cavaillon toute ma reconnaissance, et de désigner à toute l'Europe leurs melons comme les meilleurs que je connaisse.

CAVE. — Une cave soigneusement organisée doit être à la fois sèche et fraîche, l'air ne doit y pénétrer que par de faibles issues, le soleil, dont les rayons méritent notre hommage au dehors, le soleil, qui a d'abord été adoré par les peuples comme le Dieu de l'univers parce qu'il faisait naître et mûrir tous les dons de la nature, est funeste pour la cave. Un gourmand expérimenté ne fait point grâce à ses rayons, il les condamne à un éternel exil.

On trouve ces préceptes déjà suivis dans l'antiquité ; on doit au célèbre architecte Mazois la description de la maison de Scaurus.

Voici ce qu'il dit de la cave :

« Du côté du nord sont les *cellæ vinariæ* où l'on conserve les vins de toute espèce qui, selon certains plaisants, comptent plus de consulats que les ancêtres de Scaurus n'en ont vu à eux tous. Ces caves tirent leur jour du côté du septentrion et du levant équinoxial; cette exposition est choisie de préférence afin que les rayons solaires ne puissent, en échauffant le vin, le troubler et l'affaiblir. On a soin qu'il n'y ait près de cet endroit ni fumier, ni racines d'arbres, ni aucune chose fétide. On en éloigne aussi les bains, les fours, les égouts, les citernes, les réservoirs, dans la crainte que leur voisinage n'altère le goût du vin en lui communiquant une mauvaise odeur. Scaurus, qui a plus de soin de sa cave que de sa réputation, fréquente volontiers les hommes les plus corrompus de Rome; mais il ne souffrirait pas que rien de ce qui peut corrompre son vin approchât des murs de son cellier; il pensa une fois faire divorce avec sa femme parce qu'elle avait visité cet endroit dans un moment où elle était indisposée comme les femmes ont coutume de l'être; ce qui pouvait, selon lui, faire aigrir ses vins précieux. Il porte si loin l'attention à cet égard, qu'il fait parfumer avec de la myrrhe, non-seulement les vases pour donner bon goût au vin, mais même le local tout entier.

« La cave de Scaurus est renommée, il est parvenu à y rassembler trois cent mille amphores de presque toutes les sortes de vins connues; il en a de cent quatre-vingt-quinze espèces différentes qu'il soigne d'une manière particulière; rien n'est négligé, la forme des vases a été soumise à certaines observations, et les amphores trop ventrues y sont proscrites.

« Au-dessus des caves, ou plutôt des celliers, sont les magasins pour les provisions, recevant aussi la lumière du septentrion, afin que le soleil ne puisse, en y pénétrant, faire éclore les insectes qui dévorent les grains. »

Après avoir vu comment était aménagée la cave d'un gourmand antique, voyons comment doit s'aménager la cave d'un gourmand moderne.

Le nombre des espèces de vins que doit contenir la cave d'un amateur n'est pas limité, mais une sage prévoyance, la science de l'âge auquel le vin doit être bu, doivent allier le luxe à l'économie; il n'y a que quelques espèces qui doivent être amoncelées en grande quantité, beaucoup d'autres ne doivent figurer qu'en nombre suffisant pour la consommation de quelques années. Malheur au buveur ignorant qui entasse dans sa cave les tonneaux de bourgogne et de champagne; ces vins qui n'ont que peu d'années à vivre, doivent être bus aussitôt qu'ils ont atteint leur maturité; leur dégénérescence est rapide, le bourgogne aigrit, le champagne graisse. En général, les vins blancs sont d'une conservation difficile, on ne doit s'approvisionner qu'au fur et à mesure des besoins, mais le bordeaux, les vins méridionaux et les vins d'Espagne peuvent et doivent être conservés longtemps, parce que la vieillesse est leur principal mérite; ceux-là doivent s'élever en tas énormes, les espèces encore trop jeunes seront cachées sous les piles d'autres vins, afin qu'elles ne reparaissent que lorsqu'elles auront été longtemps oubliées; alors elles se produiront sur la table dans des bouteilles murées d'une triple couche de tartre, et si l'amphitryon, poussé par un noble orgueil, s'écrie comme Horace : « Voilà du vin de l'époque de ma naissance, Mummius étant consul, » un rire sardonique ne circulera pas parmi les convives, et l'on ne prendra pas ces paroles pour une gasconnade.

Voici la liste des vins dont la cave d'un amphitryon de nos jours doit être garnie :

Aï.	Carbonnieux.	Coulanges.
Alicante.	Chablis.	Esparron-Lazerme.
Anjou.	Chambertin.	Falerne.
Arbois.	Chambolle.	Fley.
Aubigny.	Champagne rouge.	Florence.
Auxerre.	Champagne blanc tisane.	Frontignan.
Avallon.		Grave.
Barzac.	Chassagne.	Grenache.
Beaugency.	Château-Grillé.	Guigne.
Beaune.	Chateau-Margaux.	Haut-Brion.
Bellay.	Château-Neuf.	Haut-Villiers.
Benicarlo.	Chio.	Hermitage
Bordeaux.	Chypre.	Irancy.
Bougy.	Clos-Vougeot.	Joigny.
Brue.	Collioure.	Julna.
Bucella.	Constance.	Jurançon rouge ou blanc.
Cavello.	Condrieu.	
Cahors.	Cortone.	Lachainette.
Calabre.	Coteaux de Saumur.	Lacryma-Christi.
Calon-Ségur.	Côte-Rôtie rouge et blanc.	La Ciotat.
Canaries.		Laffite-Mouton.
Cap de Bonne-Espérance	Côte Saint-Jacques.	Laffite-Ségur.

La Gaude.
La Malgue.
La Neïthe.
Langon.
Lunel.
Mâcon.
Madère.
Malaga.
Malvoisie de Madère.
Malvoisie de Sitges.
Malvoisie de Ténériffe.
Médoc.
Mercurey.
Meursault.
Miés.
Monte-Fiascone.
Monte-Pulciano.
Montilla.
Montrachet.
Moulin-à-Vent.
Muscat de Frontignan.
Muscat de Rivesaltes.
Nuits de Rivesaltes.
Œil-de-perdrix.
Œras.
Orléans.
Pajaret.

Paille.
Paphos.
Pédro Ximenès.
Perpignan.
Picoli.
Pierry.
Piquepouille.
Pomard.
Porto.
Pouilly-Fuisse.
Rancio.
Reuilly.
Richebourg.
Rivesaltes.
Romanée-Conti.
Romanée.
Rosée.
Rota.
Roussillon.
Sancerre Fuisse.
Samos.
Saint-Amour.
Saint-Emilion.
Saint-Estève.
Saint-Georges.
Saint-Julien.
Saint-Julien du Sault.

Saint-Martin.
Saint-Péray.
Savigny.
Schiras.
Sercial.
Sétural.
Sillery.
Syracuse.
Sauterne.
Stancho.
Terrats.
Tavel.
Thorins.
Tokai.
Tonnerre.
Torremilla.
Val de Pégnas.
Vauvert.
Vermanton.
Vermouth.
Verzi-Verzenay.
Volnay.
Vosne.
Vougeot.
Vouvray blanc.
Xerès.

On sait au reste que les anciens ne préparaient pas leurs vins de la même façon que nous; ils ignoraient l'art de la fermentation, et faisaient cuire leurs vins avec du sucre. Cela les conservait, mais leur donnait une apparence de sirop qui devait bien vite émousser la soif; ils ne connaissaient au reste en vins romains que le Falerne, le Massique et le Cœcube; en vins grecs, ils connaissaient le Chypre, le Samos, le Santorin et le Ténédos; mais sans doute, dès cette époque, le gâtaient-ils comme ils font aujourd'hui, en mettant dans leurs amphores des pommes de pins, sous prétexte que cet arbre avait fourni le thyrse de Bacchus.

Les Grecs modernes ont malheureusement conservé cette habitude, ce qui rend leurs vins impossibles à boire à tout autre qu'à des Grecs.

On trouve quelque chose d'analogue en Espagne, où le vin

serait excellent, si on ne l'enfermait pas dans des peaux de boucs qui lui communiquent une odeur à laquelle les étrangers ne peuvent s'habituer.

CAVIAR (sorte d'esturgeon). — J'ai assisté pendant un mois à la pêche du caviar sur les bords de la mer Caspienne, dans toute la longueur de son rivage, qui s'étend de l'Oural au Volga. Rien de plus curieux que cette pêche, où l'on détruit en six semaines ou deux mois des milliers de poissons du poids de 300 livres, et de la taille de douze à quinze pieds; on en trouve dans le Danube qui ont jusqu'à vingt pieds de long; ils viennent de la mer Noire, et remontent pour frayer jusqu'à Bade. La chair du caviar a une saveur délicate, qualité fort rare dans les poissons cartilagineux; il est facile de la faire prendre pour de la chair de veau; mais nous devons avouer que les nations modernes n'ont pas pour cette chair l'enthousiasme qu'avaient les peuples anciens, qui non-seulement couronnaient ce poisson de fleurs, mais encore ceux qui le servaient, et qui l'apportaient sur la table au son des flûtes. Au rapport d'Athénée, on regardait en Grèce l'esturgeon comme le meilleur plat du festin. Ovide a dit de lui :

Esturgeon, pèlerin des plus illustres ondes.

On le trouve dans l'Océan, dans la Méditerranée, dans la mer Rouge, dans tous les grands fleuves. Au XVIe siècle, il était si commun en Provence, qu'il ne valait qu'un sou la livre. L'esturgeon grandit et s'engraisse dans les fleuves, où il trouve la tranquillité, la température et les aliments qui lui conviennent. En Russie, où on en fait les pêches les plus nombreuses, on les prend au moment où ils essayent de remonter le Volga et l'Oural.

D'après la manière dont on prend ce poisson, on peut se faire une haute idée de son intelligence : on ferme les fleuves avec des barricades, ce qui est d'autant plus facile que les fleuves n'ont pas de profondeur. Les esturgeons viennent par troupe de mille ou deux mille pour remonter les fleuves; ne pouvant y réussir, ils se promènent de long en large devant l'embouchure, où l'on a tendu des espèces de gros hameçons suspendus à des traverses et flottant à deux pieds, trois pieds, quatre pieds sous l'eau. Quelques-uns de ces hameçons sont amorcés, mais cela ne m'a jamais paru nécessaire; les esturgeons, en allant et en venant, s'accrochent à un obstacle qu'ils veulent forcer, l'obstacle leur entre dans la chair et ils sont pris. Des hommes qui se promènent en bateau entre les sillons que forment les poutres placées transversalement sur le fleuve, recueillent les esturgeons qui sont pris. Quand la barque est pleine, on la conduit à l'abattoir, véritable abattoir, où l'on assomme à coups de marteau, à coups de masse, deux ou trois mille esturgeons par jour. L'animal, quoique très-fort et pouvant renverser d'un coup de queue l'homme le plus robuste, ne fait aucune résistance; il pousse seulement un cri lorsqu'on lui arrache la moelle épinière; il fait un bond de quatre ou cinq pieds de haut et retombe mort. Avec cette moelle épinière, que l'on appelle visigha, on fait des pâtés fort estimés. Mais ce qui est plus estimé que le pâté à la moelle épinière, ce sont les milliers d'œufs que l'on recueille pour faire le *caviar* (car on appelle particulièrement caviar une préparation d'œufs d'esturgeon); privés d'air, les œufs se conservent quelque temps dans leur fraîcheur. Outre ceux-là, que l'on expédie le jour même où ils ont été enfermés dans des barils pareils à nos barils de poudre de huit, de quinze et vingt livres, il y en a encore qu'on prépare à demi-sel et à sel entier, qu'on envoie à leur heure.

Les esturgeons arrivent à un développement énorme. En 1769 on pêcha un de ces poissons qui avait 20 mètres de long, qui pesait 1,155 kilogrammes, et l'on en tira 3,030 kilogrammes d'œufs; le calcul fait, on suppose qu'il y en avait 30,412,860. Henri Cloquet dit qu'on en pêche souvent du poids de 1,400 kilogrammes et peuvent atteindre une longueur de 13 mètres.

La pêche d'hiver a lieu en janvier, et se fait avec un grand cérémonial; c'est celle-là que j'ai vue; le jour en est fixé à l'assemblée publique. Des lettres de convocation sont adressées, on se réunit sur la place avant le jour; on nomme un chef qui, avant le départ, passe les pêcheurs en revue, ainsi que leur armement, qui consiste en un crochet d'acier fixé à une longue perche; au lever du soleil, deux coups de canon donnent le signal de se mettre en route, c'est à qui arrivera le premier à la meilleure place ; une décharge de mousqueterie annonce le commencement de la pêche. Mais, à notre grand étonnement et à celui des pêcheurs, nous ne trouvâmes, en arrivant au rivage, ni le Volga ni la mer Caspienne pris ; mais au contraire toutes les préparations de la pêche d'été, qui avait continué, quand on avait vu que le froid ne prenait pas. C'est donc une pêche d'été que j'ai racontée, parce que c'est une pêche d'été que j'ai vue.

CÉLERI. — Le céleri est la plante dont les anciens se couronnaient dans leurs repas, pour neutraliser la puissance du vin ; les anciens l'appelaient ache ; la langue italienne s'en est emparée et de ache a fait céleri. « Remplissons les coupes de ce vin de Massique qui fait oublier les maux, dit Horace, tirons les parfums de ces larges pompes, et qu'on se hâte de nous faire des couronnes d'ache et de myrte. »

Salade de céleri. — Le céleri plein, tendre et frais, mangé en salade et assaisonné avec du vinaigre aromatique, avec de l'huile de Provence et un peu de moutarde fine, est vraiment délicieux ; il réveille l'action de l'estomac, donne de l'appétit et une sorte d'alacrité qui se prolonge pendant quelques heures.

Ragoût de céleri. — Vous faites cuire du céleri haché comme de la chicorée ou des épinards, vous l'assaisonnez de sel, de poivre, de muscade et de bon bouillon, vous le servez avec des croûtons dorés ; vous pouvez même, si vous êtes un peu friand, placer sur un lit bien douillet quelques ortolans ou quelques filets de perdreaux rouges ; essayez de ce plat, vous en serez peut-être satisfait. (Dictionnaire des plantes usuelles du docteur Roques.)

Céleri au jus, à la bonne femme. — Nettoyez des pieds de céleri en enlevant toutes les feuilles dures et vertes, coupez les pieds d'égale longueur, faites blanchir ; roux léger ; passez-y le céleri, mouillez de bouillon. Sel, gros poivre, muscade râpée. Le céleri cuit, liez la sauce avec du jus ou du beurre.

Céleri frit à la bourgeoise. — Après avoir épluché et blanchi votre céleri (surtout choisissez pour le faire frire du céleri bien plein), rognez les feuilles très-près de la racine, et fendez les pieds.

Céleri à la crème. — Épluchez du céleri, coupez-le comme il est dit à l'article : *Asperges aux petits pois*. Faites blanchir et égouttez dans une passoire ; passez-le dans la casserole avec un morceau de beurre ; saupoudrez d'une pincée de fécule, mouillez avec du consommé ; cuit, réduit, liez de jaunes d'œufs délayés dans la crème, avec muscade, et servez garni de croûtons.

Céleri au velouté. — Épluchez, lavez, coupez, faites blanchir, salez et beurrez ; après cuisson, faites rafraîchir, coupez votre céleri à dix centimètres de long, mettez au feu avec beurre, sel, poivre, muscade ; mouillez avec du velouté du bouillon, faites réduire et servez avec croutons glacés.

CÉPHALOPODE. — Les céphalopodes sont des mollusques du plus haut rang. Empruntons les détails qui le concernent à l'excellent livre de M. Meunier : *Les grandes pêches*.

Figurez-vous un sac musculeux, épais, mollasse, visqueux, sphérique chez les uns, cylindrique ou en fuseau chez les autres, et de couleurs changeantes comme le caméléon.

Renfermez-y des organes de respiration aquatiques, un appareil circulatoire, un tube digestif, y compris un estomac comparable au gésier des oiseaux.

Surmontez ce sac d'une tête ronde, munie de deux gros yeux situés latéralement, entre lesquels débouchera un petit tube représentant non pas un nez, mais l'anus (au milieu du visage!)

Sur le sommet et au milieu de cette tête, placez une bouche formée d'une lèvre circulaire, armée de deux mâchoires verticales cornées (un véritable bec de perroquet) et garnie à l'intérieur d'une langue hérissée de pointes. Enfin, tout autour de cette bouche, implantez une couronne d'appendices charnus, souples, vigoureux, rétractiles, quelquefois beaucoup plus longs que le corps, et le plus souvent armés à leur face externe de deux rangs de ventouses.

Vous avez une idée approximative des céphalopodes, ainsi nommés depuis Cuvier, parce qu'ils ont les pieds sur la tête, car les appendices que nous venons de décrire sont des pieds ou des bras, comme on voudra, vu qu'ils servent indifféremment à la préhension et à la locomotion.

Ces céphalopodes, comptent parmi les plus anciens habitants de la mer; les masses nerveuses groupées autour du tube digestif dans leur tête percée verticalement, tendent à se réunir en une seule masse, ce qui est un trait de ressemblance avec les animaux vertébrés; leur infime cerveau est protégé par un cartilage, rudiment de squelette sur lequel s'insèrent les principaux muscles; la circulation a du rapport avec celle des poissons; chez quelques-uns les yeux sont presque des yeux de vertébrés. Ces caractères leur assignent le premier rang parmi les mollusques, et la noblesse d'une antique origine ne leur manque pas davantage, ils datent des temps antédiluviens. Tous sont marins et carnassiers, les uns habitent la haute mer, les autres ne s'écartent point des côtes; celles de la Méditerranée, celles de la Grèce surtout en sont infestées; ils font un grand massacre de crustacés et de poissons; leur domicile se reconnaît aux débris d'êtres vivants qui en jonchent les approches; ils nuisent doublement aux pêcheurs, d'abord en leur faisant concurrence, ensuite en faisant fuir les animaux pour qui leur voisinage est malsain. Les pêcheurs se vengent d'eux en les mangeant, vengeance en général d'assez mauvais goût, culinairement parlant.

Voulez-vous vous représenter les céphalopodes, rampant, nageant ou saisissant leur proie, renversez l'image qu'a offerte à votre esprit la description qui précède; la bouche redressée verticalement, la tête en bas, les bras étendus, vous donnent le poulpe (les calmars et les seiches se tiennent horizontalement). Tous rampent en appliquant sur le sol leurs bras armés de ventouses; c'est de la même façon qu'ils saisissent leur proie, leur étreinte est irrésistible; la victime enlacée et comme aspirée, a bientôt senti la morsure du redoutable bec de perroquet dont ces longs appendices sont les pourvoyeurs. Il y a des exemples d'hommes morts de ce supplice.

L'abondance des poulpes sur certains points du littoral de la Grèce, en rend la fréquentation dangereuse pour les baigneurs; dans les îles de la Polynésie, ils sont l'effroi des plongeurs. C'est que leur taille est souvent très-grande; le *poulpe commun* de la Méditerranée est long d'environ 0^m,64 cent. et il en existe une espèce trois fois aussi grande dans l'océan Pacifique.

Aristote parle d'un calmar long de 5 coudées (2ᵐ,71). Pline va plus loin et décrit un poulpe dont les bras avaient 30 pieds de long. Un auteur moderne renchérit et raconte le cas d'un céphalopode qui, s'étant jeté sur un navire, manque de le faire sombrer. A partir de ce moment, le poulpe géant fut mis par les naturalistes de niveau avec le serpent de mer.

Des découvertes récentes les ont cependant convaincus qu'il existe des céphalopodes dont la taille dépasse de beaucoup celle que les Traités de zoologie assignent aux animaux de cette classe. Ainsi Péron a rencontré dans les parages de la Tasmanie un calmar dont les bras avaient 6 à 8 pouces de diamètre et 6 à 7 pieds de long. MM. Quoy et Gaymard ont recueilli dans l'océan Atlantique, près de l'équateur, les débris d'un mollusque de la même famille dont ils évaluent le poids à plus de 100 kilogrammes. Dans les mêmes eaux, Rang en a rencontré un de couleur rouge qui était de la grosseur d'un tonneau. M. Streenstrup (de Copenhague) a publié d'intéressantes observations sur un céphalopode auquel il a donné le nom d'*Architeuthis dux* et qui fut rejeté en 1853 sur le rivage du Jutland; le corps, dépecé par les pêcheurs pour servir d'amorce à leurs lignes, fournit la charge de plusieurs brouettes; le pharynx, qui a été conservé, a le volume d'une tête d'enfant, un tronçon de bras montré a M. Duméril, a la grosseur de la cuisse. Enfin, en 1860, M. Harting a décrit et figuré plusieurs parties d'un animal gigantesque du même genre qui se trouvent dans le musée d'Utrecht. Mais toutes ces observations le cèdent de beaucoup en intérêt à celle qui a été communiquée à l'Académie des sciences à la fin de l'année 1861 et que nous allons rapporter.

Le 30 novembre de l'année susdite, à deux heures de l'après-midi, l'aviso à vapeur l'*Alecton*, commandé par M. Bouyer, lieutenant de vaisseau, se trouvant entre Madère et Ténériffe, à 40 lieues dans le nord-est de cette dernière île, fit la rencontre d'un poulpe monstrueux qui nageait à la surface de l'eau.

Cet animal mesurait de 5 à 6 mètres, sans compter huit bras formidables, longs de 1ᵐ,80 environ et couverts de ventouses, qui couronnaient sa tête. Sa couleur était d'un rouge brique, ses yeux à fleur de tête avaient un développement prodigieux et une excellente fixité. Sa bouche pouvait offrir 0^m,50. Son corps fusiforme et très-renflé vers le centre présentait une masse dont le poids a été estimé à plus de 2,000 kilogrammes. Ses nageoires, situées à l'extrémité postérieure, étaient arrondies en deux lobes charnus et d'un très-grand volume.

« Me trouvant, écrit M. Bouyer, en présence d'un de ces êtres bizarres que l'Océan extrait parfois de ses profondeurs, comme pour porter défi à la science, je résolus de l'étudier de plus près et de chercher à m'en emparer. »

Aussitôt, il ordonna de stopper. En toute hâte, les fusils furent chargés, un nœud coulant disposé, les harpons préparés. Malheureusement une forte houle qui imprimait à l'*Alecton*, dès qu'elle le prenait en travers, des roulis désordonnés, gênait les évolutions, en même temps que l'animal, presque toujours à fleur de l'eau, se déplaçait avec une sorte d'intelligence et semblait vouloir éviter le navire ; mais celui-ci le suivait toujours.

Aux premières balles qu'on lui envoya, le monstre plongea, passa sous le navire et ne tarda pas à reparaître à l'autre bord, en agitant ses grands bras ; on le frappa d'une dizaine de balles, plusieurs le traversèrent inutilement. L'une d'elles produisit plus d'effet, car il vomit aussitôt une grande quantité d'écume et de sang mêlé à des matières gluantes qui répandirent une forte odeur de musc.

Ce fut alors qu'on parvint à l'*accoster* d'assez près pour lui lancer un harpon avec un nœud coulant, mais la corde glissa le long du corps élastique du mollusque, et ne s'arrêta que vers l'extrémité à l'endroit des deux nageoires. On tenta de le hisser à bord ; déjà la plus grande partie du corps se trouvait hors de l'eau, quand l'énorme poids de cette masse fit pénétrer le nœud coulant dans les chairs et sépara la partie postérieure qui, amenée à bord, pesait une vingtaine de kilogrammes.

« Officiers et matelots me demandaient, dit le commandant de l'*Alecton*, à faire amener un canot, à aller garrotter l'animal et à l'amener le long du bord. Ils y seraient peut être parvenus, mais je craignais que, dans cette rencontre corps à corps, le monstre ne lançât ses longs bras garnis de ventouses, sur les bords du canot, ne le fît chavirer et n'étouffât peut-être quelques matelots dans ses fouets redoutables.

« Je ne crus pas devoir exposer la vie de ces hommes pour satisfaire à un sentiment de curiosité, cette curiosité eût-elle la science pour base, et, malgré la fièvre ardente qui accompagne une pareille chasse, je dus abandonner l'animal mutilé qui, par une sorte d'instinct, semblait fuir avec soin le navire, plongeait et passait d'un bord à l'autre quand nous l'abordions de nouveau.

Cette chasse n'a pas duré moins de trois heures.

M. S. Berthelot, rapporte qu'ayant interrogé de vieux pêcheurs canariens, ceux-ci lui ont déclaré avoir vu plusieurs fois vers la haute mer de grands calmars rougeâtres de 2 mètres et plus de long, dont ils n'avaient pas osé s'emparer.

Cependant malgré les dimensions respectables du poulpe rencontré par M. Bouyer, la réalité cède ici à la fable.

« Les pêcheurs norwégiens, raconte Pontoppidan, évêque de Berghem, affirment tous sans la moindre contradiction dans leurs récits, que lorsqu'ils poussent au large à plusieurs milles, particulièrement pendant les jours les plus chauds de l'année, la mer semble tout à coup diminuer sous leurs barques, et s'ils jettent la sonde, au lieu de trouver 80 ou 100 brasses de profondeur, il arrive souvent qu'ils en trouvent à peine 30. C'est le Kraken qui s'interpose entre les bas-fonds et l'onde supérieure. Accoutumés à ce phénomène, les pêcheurs disposent leurs filets, certains que là abonde le poisson, surtout la morue et la lingue, et ils les retirent richement chargés, mais si la profondeur de l'eau va toujours diminuant, et si ce bas-fond accidentel et mobile remonte les pêcheurs n'ont pas de temps à perdre, c'est le serpent qui se réveille, qui se meut, qui vient respirer l'air et étendre ses larges plis au soleil. Les pêcheurs font alors force de rames, et quand, à une distance raisonnable, ils peuvent enfin se reposer avec sécurité, ils voient en effet le monstre qui couvre un espace d'un mille et demi de la partie supérieure de son dos. Les poissons surpris par son ascension sautillent un moment dans les creux humides formés par les protubérances de son enveloppe extérieure, puis, de cette masse flottante sortent des espèces de pointes ou de cornes luisantes qui se déploient et se dressent, *semblables à des mâts armés de leurs vergues.* Ce sont les bras du Kraken, et quels bras ! Telle est leur vigueur, que s'ils saisissaient les cordages d'un vaisseau de ligne, ils le feraient infailliblement sombrer. Après être resté quelque temps sur les flots, le monstre redescend avec la même lenteur et le danger n'est guère moindre pour le navire qui serait à sa portée, car en s'affaissant, il déploie un tel volume d'eau qu'il occasionne des tourbillons et des courants aussi terribles que ceux de la fameuse rivière Male (le Maëlstrom). »

Ellen nous montre ailleurs le poulpe donnant à son corps la couleur du rocher sur lequel il repose. Le fait du changement de couleur est réel; c'est un des traits les plus curieux de l'histoire de ces animaux. Il a été observé à Nice avec soin par M. Vérant sur des individus du genre Elédone. Quand elle dort, l'élédone est d'un gris livide en dessus, vineux en dessous avec des taches blanches. Éveillée, mais tranquille, elle est jaunâtre, ses yeux sont largement ouverts, sa respiration est régulière. Lorsqu'elle marche elle est d'un gris perlé avec des taches lie de vin. Lorsqu'elle nage, elle est d'un jaune clair livide avec de très-petits points rougeâtres et des taches claires. Enfin, si on l'irrite, et rien n'est plus aisé, il suffit de la toucher même légèrement, elle prend une belle couleur marron, se couvre de tubercules, contracte les yeux, lance par son entonnoir une colonne d'eau qui peut jaillir à un mètre de distance, en même temps sa respiration s'accélère; elle devient saccadée, irrégulière (Victor Meunier).

Ce poisson que, selon les différents pays où il apparaît sur le marché, on appelle : poulpe, pieuvre et calmar, est le régal des Napolitains. Il se pêche avec une ligne particulière qui s'appelle la *palingolle.* C'est un bout de ficelle auquel pendent de petits morceaux de drap rouge, ce drap rouge cache des hameçons; on les fait danser devant les yeux du calmar, qui s'élance après eux et les saisit avec son bec de perroquet.

Il est probable que le nom calmar leur vient de l'italien et surtout de la liqueur noire qu'ils ont la faculté de répandre autour d'eux au moment d'être pris. En Italie on appelle *Calamayo* un encrier.

Cet affreux mollusque, si hideux à voir, se mange cependant, comme nous l'avons dit, et particulièrement à Naples; on le fait cuire dans l'eau avec une sauce aux tomates, mais plus souvent encore, on le fait cuire d'abord et frire ensuite. Nous avons voulu manger nous-même du calmar pour nous rendre compte de cette chair qui ressemble énormément à de l'oreille de veau frite.

Diogène le Cynique mourut, dit-on, pour avoir voulu manger un calmar cru.

CÈPES FRANCS. — Champignons d'un volume considérable, ayant leurs chapiteaux tombants et réguliers; leur surface est sèche, entr'ouverte profondément, leurs tiges fortes enflées du bec, leur substance blanche, légère, leur parfum suave, et leurs qualités bonnes, dit-on, en font distinguer deux espèces principales : le cèpe franc à la tête rousse, et le cèpe franc à la tête noire. Le cèpe franc, tête rousse, est sec de consistance; cependant il cède à la pression du doigt, sa chair est fine, délicate, de bon goût, d'une odeur agréable; elle ne change pas au contact de l'air: on le trouve en septembre, en octobre dans les beaux environs de Paris, on le conserve très-bien en le séchant ; on le fait revenir dans l'eau chaude. En Hongrie on en fait des sauces et des coulis. Le cèpe franc est chaud et aphrodisiaque; on ne doit jamais oublier de couper cette plante, et si elle change de couleur au contact de l'air, il ne faut pas en faire usage.

Le Cèpe franc tête noire est un champignon haut d'environ quatre pouces ; le chapiteau a quatre centimètres d'épaisseur et quatre centimètres de diamètre; sa couleur devient marron foncé, sa substance est sèche, douce au toucher, d'un parfum très-suave et de la saveur des bons champignons ; c'est l'espèce la plus répandue dans le nord et dans les parties tempérées de l'Europe; il est très-recherché ; on l'apprête comme l'espèce ci-dessus.

C'est particulièrement dans le Midi et dans les environs de Bordeaux que se recueille cet excellent champignon; seulement, comme on ne le fait pas sécher comme à Gênes ou en Italie, comme il a ou que l'on croit qu'il a d'excellente huile, on le vend enfermé dans des boîtes de fer-blanc.

Ne vous laissez prendre ni aux prospectus imprimés ni au boniment oral : les cèpes de Bordeaux se gonflent dans l'huile, deviennent de véritables éponges auxquelles il est impossible de rendre leur fermeté première ; il en résulte que, soit sur le gril, soit frits, de quelque façon qu'on les fasse cuire, enfin, ils deviennent presque impossibles à manger.

Cèpe franc tête noire. — Ce cryptogame ne se trouve pas seulement dans les environs de Bordeaux : ceux de la forêt de Compiègne sont pleins de saveur parce qu'ils naissent dans l'ombre des hautes futaies ; c'est surtout en août qu'ils pullulent.

Voici la recette dont j'ai moi-même constaté l'excellence :

Coupez les queues, hachez-les, ajoutez persil haché, mie de pain, échalotes, beurre frais, une pointe d'ail haché ; faites un pâté de tout, assaisonnez, sel, poivre et un peu de piment, garnissez le dessous de vos cèpes, jetez un peu de mie de pain dessus, gratinez à four chaud et servez. (Recette Vuillemot.)

On peut les faire à la provençale, sautés à l'huile d'olive, persil, ail hachés ; faites bien rissoler, ajoutez un peu de glace de viande et servez bien chaud.

CERISE. — Fruit rouge à noyau du cerisier. Ce fruit est aqueux et acide. Si on le consomme en petite quantité, il ajoute à l'estomac un complément utile de sucs aqueux, de sels alcalins et de matières sucrées.

Un poëte didactique, l'excellent cuisinier J. Rouyer, décrit dans les vers suivants les différentes variétés de cet excellent fruit :

> *Les gobets* de Montmorency
> Sont originaires d'Asie ;
> Ce *fruit rouge* du *cerisier*,
> Fut importé de Cérisonte
> Par Lucullus, gourmand-guerrier,
> Lequel (l'histoire le raconte),
> Pour *la cerise*, en sa saison,
> Alla combattre Mithridate,
> Roi, fameux mangeur de poison !...

> Oui, de l'antique Rome, date
> *La cerise* dans nos desserts ;
> Mais, jusqu'à nous, l'arbre-trophée

> A vu chaque branche « greffée »,
> Se produire en genres divers :
> A part *la merise sauvage,*
> Pour *le kirschwasser* en usage,
> Et qui reste aux importateurs ;
> Nous, de *la cerise-aigriotte,*
> Pour *tourte, gelée* et *compote,*
> Nous pouvons nous dire inventeurs.
> Que rapidement je désigne
> Pour *ratafia, cassis-liqueur,*
> Cette espèce noire, *la guigne.*
> Quant à celle en forme de cœur,
> (*Le bigarreau,* dur, indigeste),
> Elle recèle un ver... Au reste,
> On vous la croque à belles dents,
> Sans jamais regarder dedans !...

Soupe aux cerises. — C'est un entremets sucré, d'un bon usage. On saute des cerises noires entières avec leurs noyaux, dans des cubes de mie de pain, préalablement sautés au beurre. On mouille, on sucre, on arrose de kirsch, on sert avec le sirop et les croûtes.

Soupe aux cerises à l'allemande. — Nous ne citons que pour mémoire ce détestable plat de cerises écrasées et de noyaux pilés le tout férocement épicé, noyé de vin et servi froid.

Compote de cerises. — Faites cuire vos cerises entières, la queue à moitié coupée, dans de l'eau sucrée ; parfumez de framboise et servez avec le jus. (*V. Compote.*)

Cerises à l'eau-de-vie. — Pour cette préparation universellement connue, écoutons encore les enseignements lyriques de M. Rouyer :

> *Gobets,* dont la queue est petite,
> Et qu'il faut raccourcir encor,
> Sont dans *l'eau-de-vie* un trésor.
> En bocal, ranger tout de suite,
> Noyé de *spiritueux pur,*
> Le *fruit* qu'on a choisi peu mûr,
> Jusqu'à deux doigts du bord ; puis, vite,
> Boucher très-fortement avec
> Liège, parchemin et ficelle ;
> Placer le bocal en lieu sec...
> Après deux mois, qu'on le descelle

> Pour la simple opération
> D'y verser du sucre en liquide,
> Afin de combler tout le vide
> Qu'a fait l'évaporation ;
> Et qu'encor le bocal on bouche
> Pour les huit jours d'infusion ;
> Surtout, qu'aucune main n'y touche
> Avant la dégustation !

« Les cerises, dit le célèbre chimiste Payen, se conservent bien lorsqu'on peut les soumettre à une cuisson et à une évaporation rapide, en contact avec 25 à 33 centièmes de leur poids de sucre. Les préparations ainsi obtenues non-seulement sont agréables à manger et se conservent bien, surtout dans les endroits secs, mais encore elles sont plus nourrissantes et plus salubres en raison du sucre qu'elles contiennent, car le sucre constitue l'un des meilleurs aliments réparateurs, et en augmentant la masse de substance solide, il rend d'autant moindre la proportion d'acide, à poids égal de substance alimentaire. »

CERNEAUX. — Une chose excellente et tout à fait inconnue hors de France, c'est les cerneaux ; je dis tout à fait inconnue parce que les cerneaux ne sont bons qu'à la condition qu'on les fera d'une certaine façon. Un proverbe de bonne femme dit :

« A la Madeleine, les noix sont pleines,

« A la Saint-Laurent on regarde dedans. »

Quelques jours après la Saint-Laurent, c'est à dire après le 10 août, ou même quelques jours auparavant si l'année a été hâtive ; ouvrez les noix, si les cerneaux sont parfaitement formés, si la liqueur qui doit les fournir est à l'état de l'amande, c'est le moment de les détacher des noix.

Vous ouvrez les noix, vous les détachez d'un mouvement circulaire du couteau ; vous les laissez tremper dans un saladier plein d'eau, dans laquelle vous aurez mis une légère dissolution d'alun en poudre qui conservera à la chair de vos noix sa blancheur ; puis, quand il y en a le nombre que vous en désirez, vous les lavez en les passant dans un tamis ou dans une passoire pour que l'eau puisse s'échapper, puis vous les remettez dans un saladier.

Prenez alors. Ne jetez pas les hauts cris. Prenez alors une

poignée de sel de cuisine, jetez-là sur vos cerneaux, hachez aussi fines que possible deux échalotes, jetez-les sur vos cerneaux; pilez dans un petit pilon ou de marbre ou de fonte une grappe de verjus, quand elle vous aura donné un demi-verre de liqueur, versez ce demi-verre de liqueur sur vos cerneaux, retournez-les non pas comme on retourne la salade, c'est à dire avec une cuiller et une fourchette; mais par un simple mouvement du plat qui fait venir ceux qui sont dessus, dessous, et qui fait passer ceux qui sont dessous, dessus; prenez vos cerneaux un à un, trempez-les dans leur jus, sucez d'abord, épluchez et mangez.

Je n'ai rencontré dans aucun pays du monde qu'à Paris, et encore rarement, des cerneaux assaisonnés de cette façon.

CERVELAS. — Espèce de boudin ou saucisson gros et court, fait avec de la chair de cochon hachée, assaisonnée de sel, poivre et une pointe de rocambole. Le cervelas de cochon a, du reste, toutes les mauvaises qualités de la chair de cet animal, et la façon dont on l'apprête le rend encore plus indigeste. On en fait aussi avec de la chair de poisson; ceux-là sont moins indigestes, mais les épices, entrant pour beaucoup dans leur composition, ils ne sauraient être un aliment salutaire, surtout si l'on en fait un fréquent usage.

Cervelas à la ménagère. — Dépouillez de ses nerfs et de ses membranes de la chair de cochon, hachez-la en y mêlant une quantité égale de lard, ajoutez-y persil, ciboules, thym et basilic pilés, sel et fines épices; mêlez le tout ensemble et formez-en des petites masses ovales que vous enveloppez avec de la crépine après les avoir aplaties et ficelées par les deux bouts.

Les saucisses rondes se préparent de la même manière, avec cette différence qu'on les entonne dans des intestins de volaille bien nettoyés, au lieu de les envelopper avec de la crépine.

Pendez vos cervelas à la cheminée pour les faire fumer pendant trois jours, faites-les cuire ensuite dans le bouillon pendant trois heures avec sel, une gousse d'ail, du thym, du laurier, du basilic et un bouquet de persil et ciboules, laissez-les refroidir et servez au besoin.

Cervelas de Milan. — 3 kilogrammes de chair de porc maigre, 500 grammes de bon lard, 120 grammes de sel, 30 grammes de poivre, hachez le tout, mêlez-le bien ensemble, ajoutez-y un litre de vin blanc et 500 grammes de sang de porc avec 15 grammes de cannelle et girofle pilés et mêlés, et des morceaux en manière de gros lardons que l'on fait de la tête de porc qu'il faut saupoudrer de ces épices et larder dans les cervelas en les finissant; faites cuire et servez.

Gros cervelas appelé saucisson de Lyon. — Que la chair du cochon soit maigre et courte; ajoutez moitié de filet de bœuf et autant de lard; hachez le cochon et le filet et pilez-les, coupez le lard en dé et mêlez-le de manière qu'il soit réparti également, assaisonnez avec sel, poivre fin, poivre concassé moyen et gros poivre entier, nitre, ail et échalotes, pétrissez le tout et laissez reposer pendant vingt-quatre heures, prenez ensuite de gros boyaux lavés à plusieurs eaux, emplissez-les du mélange ci-dessus, fermez-les et ficelez-les; mettez-les dans un saloir avec sel et salpêtre pendant huit jours; faites-les sécher à la cheminée. Quand ils sont devenus blancs, c'est-à-dire qu'ils sont assez secs, vous resserrez les ficelles et vous les barbouillez d'une composition de sauge, de thym et de laurier que vous avez fait bouillir avec de la lie de vin. Secs, on les enveloppe de papier et on les conserve dans la cendre.

Cervelas à trancher et pour garnir. — Hachez de la chair de cochon bien tendre et entrelardée avec du persil et un peu d'ail, assaisonnez de sel et épices mêlés; emplissez de ce mélange des intestins de grosseur convenable, faites cuire pendant deux ou trois heures et conservez au sec.

Cervelas mortadelles dits saucisson de Bologne. — Hachez de la chair de porc grasse et maigre, ajoutez du sel, du poivre entier, autant de vin blanc et de sang qu'il est nécessaire pour lier la pâte, mêlez le tout ensemble, pétrissez-le, remplissez-en des boyaux en serrant fortement, faites les cervelas de la longueur que vous voulez, nouez-les aux deux bouts, faites-les sécher à l'air ou à la fumée.

Cervelas maigres à la bénédictine. — Hachez anguilles et carpes avec beurre frais, persil, ciboules hachées, échalotes, ail, sel, épices fines, œufs; prenez des boyaux de poisson bien nettoyés, emplissez-les de votre farce, faites-les fumer à la cheminée pendant trois jours, et mettez-les cuire dans du vin blanc avec oignons et racines aromatiques.

Cervelas de plusieurs façons. — On procède comme ci-dessus, on ajoute de plus des truffes, des pistaches, des échalotes hachées ou des oignons ; on les passe sur un feu un peu ardent, on les incorpore dans leur enveloppe et on procède comme pour les autres.

CHAMPIGNON. — Nom générique d'un grand nombre de plantes spongieuses, cryptogames, en chapiteau, sans branches ni feuilles. Les champignons croissent dans les lieux humides ; il y en a beaucoup de vénéneux ; les bons sont eux-mêmes capables d'intoxiquer légèrement les personnes qui, comme l'empereur Claude ou le Trimalcion de Pétrone, seraient tentés d'en faire abus.

Champignons à la bordelaise. — Prenez les plus gros cèpes que vous pourrez, préférez les plus secs, les plus épais et les plus fermes, surtout qu'ils ne soient pas vieux cueillis ; lavez-les, égouttez-les, ciselez légèrement le dessous en losange, mettez-les dans un plat de terre, arrosez-les d'huile fine, saupoudrez-les d'un peu de sel et de gros poivre, laissez mariner deux heures, faites-les griller d'un côté. Leur cuisson achevée, ce dont vous jugerez facilement s'ils sont flexibles sous les doigts, dressez-les sur votre plat à servir, saucez-les avec la sauce suivante :

Mettez dans une casserole de l'huile en suffisante quantité pour saucer vos champignons, hachez très-fin dans votre huile du persil, de la ciboule, une pointe d'ail ; faites chauffer le tout, saucez-en vos champignons, pressez le jus de deux citrons ou arrosez-les de verjus, ce qui vaudrait mieux.

Champignons à la bordelaise sous la tourtière. — Préparez ces champignons comme les précédents, laissez-les mariner une heure ou deux dans de l'huile fine, du sel, du poivre et un peu d'ail ; hachez les queues et les parures de vos champignons, pressez-les dans un linge pour en ôter l'eau, mettez-les dans une casserole avec de l'huile, du sel, du gros poivre, du persil, de la ciboule hachée et une pointe d'ail. Passez ces fines herbes un instant sur le feu, posez vos champignons sens dessus dessous sur la tourtière, mettez dans chaque une portion de ces fines herbes, faites cuire vos champignons ainsi préparés dans un four ou sous un four de campagne, avec feu dessus, feu dessous. Leur cuisson faite, dressez-les sur le plat, saucez-les avec l'assaisonnement dans lequel ils ont cuit, exprimez dessus le jus d'un citron, arrosez-les d'un filet de verjus et servez.

Champignons à la tourtière. — Comme ceux à la bordelaise, posez-les sur votre tourtière, assaisonnez-les d'un peu de sel et de gros poivre, passez vos fines herbes dans du beurre au lieu d'huile, garnissez-en vos champignons, faites-les cuire, soit au four, soit sous un four de campagne ; leur cuisson faite, dressez-les sur votre plat, arrosez-les de l'assaisonnement dans lequel ils ont cuit, exprimez dessus le jus d'un citron et servez.

Croûtes aux champignons. — Tournez, faites cuire, mettez dans une casserole avec un morceau de beurre, un bouquet de persil et des ciboules, posez votre casserole sur un fourneau, sautez, singez d'une pincée de farine, mouillez au consommé-bouillon, faites partir, laissez mijoter, assaisonnez de sel, de gros poivre et d'un peu de muscade râpée, prenez de la croûte d'un pain râpé, beurrez, mettez sur un gril, sur une cendre rouge, laissez sécher ainsi, liez les champignons avec des jaunes d'œufs délayés dans de la crème, versez un peu de sauce dans le creux de votre croûte, dressez et servez.

Croûtes aux morilles. — Épluchez, fendez, lavez, faites blanchir, égouttez, mettez à la casserole vos morilles avec beurre, persil, ciboules, passez-les sur le feu, sautez, farinez, mouillez avec consommé, faites cuire, réduisez, supprimez le bouquet, liez avec jaunes d'œufs délayés, sucrez et servez avec garniture de truffes noires. (Voir l'article Cepes.)

Avis. — J'avoue que rien ne m'effraye plus que l'apparition de champignons sur une table, surtout lorsque je me trouve par hasard dans une petite ville de province. Je vois cet entrefilet dans un journal :

« Hier M. X., sa femme et sa fille aînée ayant été se promener dans la forêt de ......, en ont rapporté un plat de champignons qu'ils ont mangé à leur dîner ; ce matin le mari et la femme étaient mort empoisonnés, et l'on désespérait de leur fille. »

Le grand malheur de l'empoisonnement par les champignons, c'est que, quand les premiers symptômes d'intoxication se font sentir, il est déjà trop tard, l'aliment vénéneux étant déjà à moitié digéré.

Il n'existe donc pas, à proprement parler, de contre-poison pour les champignons vénéneux ; on commencera par administrer un vomitif, puis, si le vomitif n'agit pas suffisamment, on donnera un purgatif doux : 30 grammes d'huile de ricin, 60 grammes de manne, des lavements avec de la casse, 60 grammes, sulfate de soude et de magnésie, 15 grammes ; on donnera en outre quelques cuillerées d'une potion éthérée avec de l'eau de fleur d'oranger ; pendant ce temps le médecin arrivera et appréciera la situation.

CHAPELURE. — Croûte de pain râpée qui se vend chez tous les épiciers, et qui, unie à de fines herbes, à du sel et à de la muscade, sert à couvrir les côtelettes, les jambons, etc.

CHAPON. — Nous avons déjà dit dans notre préface que c'était les habitants de l'île de Cos qui avaient appris aux Romains l'art d'engraisser les volailles. Dans les lieux clos et sombres la profusion qui s'en faisait à Rome obligea le consul Caius Fanius à rendre une loi qui défendait d'élever les poules dans les rues. Que firent alors les Romains pour éluder la loi ? ils apprirent à châtrer des coqs qu'ils élevèrent comme des poules. Ainsi nous devons l'introduction des chapons sur les tables modernes à la défense faite aux Romains de manger des poulardes.

Chapon au gros sel. — Ayez un chapon, videz, flambez, épluchez, troussez les pattes en dedans, bridez, bardez et faites-le cuire dans le consommé ; égouttez, dressez, salez, saucez au jus de bœuf réduit et servez.

Chapon au riz. — Préparez comme ci-dessus ; faites blanchir environ 375 grammes de riz, égouttez-le, mettez dans la marmite, mouillez le tout avec deux cuillerées à pot de consommé, faites partir et couvrez, laissez mijoter sur la paillasse, ayez soin de remuer de temps en temps votre riz. La cuisson faite, dressez, dégraissez votre riz, finissez d'assaisonner avec beurre, sel, gros poivre, un peu de réduction, si vous en avez, et masquez-en votre chapon.

Chapon aux truffes. — Préparez comme ci-dessus ; videz par la poche, épluchez environ un kilogramme de bonnes truffes, hachez-en quelques-unes, coupez par dé et pilez environ 500 grammes de lard gras, mettez-le dans une casserole avec vos truffes, du sel, du poivre, un peu de muscade râpée et des fines épices, faites mijoter environ une demi-heure, laissez refroidir, remplissez-en votre chapon jusqu'à la poche, et cousez-la, bridez-le, les pattes en long, conservez-le, et si vous pouvez attendre deux ou trois jours, bardez-le, embrochez-le après l'avoir enveloppé d'un papier, faites-le cuire à peu près une heure et demie, déballez-le si vous l'employez pour relevé, supprimez la barde, servez-le à la peau de goret et mettez dessous une sauce aux truffes. (Voir l'article *Sauces aux truffes*.) Cette recette est honorée de l'approbation de l'excellent Villemot.

Chapon à l'indienne ou en pilau. — Après avoir troussé un chapon les pattes en dedans, vous le bridez; mouillez une casserole avec du bon consommé, couvrez-la d'une barde de lard et mettez-y votre chapon, joignez-y 250 grammes de riz bien lavé quand vous verrez votre chapon aux trois quarts cuit; retirez-le ensuite, quand vous verrez que le grain de votre riz ne se délayera pas; égouttez votre chapon, dressez-le sur un plat, mettez autour votre riz, safrané et pimenté.

Chapon poêlé à la cavalière. — Videz, parez, bridez un chapon, mettez-le au feu avec bouillon, oignons, carottes, céleri et bouquet d'herbes; laissez cuire une heure, égouttez et servez dans une purée d'écrevisses, ou purée de tomates aux anchois, ou sauce Robert à la moutarde, ou crème à la Béchamel aux huîtres, ou sauté de champignon, etc., etc.

Kari de chapon à l'indienne. — Dépecez un ou plusieurs jeunes chapons, faites-les dégorger vingt minutes, épongez-les bien dans un linge, assaisonnez-les, hachez quelques oignons bien fin, beurrez grassement votre casserole; couchez vos chapons les membres en dedans, ajoutez un bouquet garni, faites suer quinze minutes, jusqu'à réduction complète d'humidité, en ayant soin toutefois de ne pas laisser prendre trop de couleur à votre volaille; ajoutez ensuite les oignons hachés que vous avez préparés, faites passer le tout à feu doux sans obtenir couleur, égouttez-les de leur graisse, ajoutez quelques cuillerées de sauce suprême ou velouté de volaille ; à défaut de cette sauce, vous pouvez en faire une de la façon suivante : lorsque votre chapon et vos oignons seront à revenir, ajoutez dans la casserole quelques cuillerées de farine et du bon bouillon sans que votre sauce soit trop consistante. Laissez cuire le tout pendant vingt minutes ou plus suivant la tendreté de votre volaille ; quand la cuisson sera parfaite, faites dissoudre dans un vase quelconque deux ou trois cuillerées de poudre de Kari à l'indienne, soit avec du consommé froid, soit avec de l'eau, versez cette dissolution dans votre fricassée et laissez cuire encore un moment afin qu'elle s'imprègne dans toutes les parties de votre chapon et retirez vos membres ; passez la cuisson à travers une étamine, faites réduire jusqu'à consistance d'une bonne allemande, ajoutez-y un bon morceau de beurre fin, afin d'en corriger l'âcreté et passez après avoir goûté si c'est de bon goût, relevez bien le tout, et dressez dans un grand plat d'entrée.

Pendant ces préparations, faites cuire à l'eau de sel seulement 500 grammes de riz de la Caroline, à grande eau surtout ; faites-le bouillir pendant 12 ou 15 minutes sans discontinuer, égouttez-le, mettez dans un plat un fort morceau de beurre fin, faites sauter votre riz et mettez-le sécher à l'étuve ou au four à température modérée, de façon à le bien faire égoutter de toutes les eaux que le riz contient et à le faire gonfler. Il doit après ces opérations se détacher grain par grain, et vous le servez avec votre kari dans un autre vase ; vous pouvez aussi, si cela vous plaît, passer votre riz au beurre noisette. (Recette de M. Verdier, Maison d'Or.)

CHARBONNÉES. — On donne ce nom aux morceaux d'un petit aloyau tiré des fausses côtes tendres ; on les fait cuire sur le gril après les avoir saupoudrées de chapelures et trempées dans une marinade, vous les faites cuire à la braise en les dressant sur une purée de haricots rouges au vin de Bourgogne ou un ragoût des quatre racines au jus. Vous pouvez aussi les servir à la maître d'hôtel.

On donne aussi le nom de charbonnées à des tranches maigres de veau, de porc et de venaison.

CHARCUTERIE. — L'art de préparer la chair de porc.

On fait à la charcuterie les honneurs d'une foire, que l'on appelle *Foire aux jambons* et qui a lieu à Paris dans la semaine sainte; son nom lui vient de ceux qui l'exercent et qu'on appela *chaircuitier* (cuiseur de chair) et depuis *charcutier*. Les produits qu'ils tirent du cochon, cet animal immonde, dont depuis les pieds jusqu'à la tête tout est bon, sont immenses : jambon, saucisson, saucisses, pieds, hure, hachis, oreille, langue, couenne, fromage de cochon, fromage d'Italie, lard, boudin, petit salé, côtelettes, etc.

La vente du porc n'est exclusive aux charcutiers que depuis 1475, où ils se réunirent en communauté; par leurs statuts, que confirma un édit du roi, la vente du porc cuit leur fut attribuée, mais cette vente devait cesser pendant le carême, et alors ils pouvaient la remplacer par celle du hareng salé et du poisson de mer; aujourd'hui on trouve chez la plupart des charcutiers un grand nombre de mets froids dont la base est le veau, la volaille et le gibier et dans lesquels la chair de porc n'entre que comme accessoire.

Comme la charcuterie ne se fait qu'avec du cochon, nous indiquerons à cet article les différentes manières de le préparer et de le servir.

CHARLOTTE. — Plat d'entremets à la crème et aux fruits.

Charlotte de pommes aux confitures. — Coupez des pommes en morceaux après les avoir pelées et en avoir retranché les cœurs, faites-en une marmelade, après avoir ajouté du sucre à peu près le tiers des pommes, un peu de cannelle en poudre et la moitié d'un zeste de citron, laissez réduire cette marmelade.

Coupez des tranches de pain le plus mince possible, les unes en carré long, les autres en triangle, trempez-les dans le beurre tiède, couvrez le fond d'une casserole beurrée avec les triangles et revêtissez les bords de ladite casserole avec les carrés longs, jusqu'à la hauteur à laquelle vous voulez la remplir et mettez au milieu de cette marmelade une forte cuillerée de groseille framboisée ou de confitures d'abricots.

La casserole préparée, vous y mettez de la marmelade de pommes, bien unie par-dessus et panée avec de la mie de pain trempée dans du beurre, la casserole mise sur des cendres rouges, vous couvrez avec un four de campagne un peu chaud ou un couvercle sur lequel vous mettez du feu et laissez prendre une belle couleur.

Charlotte de poires à la vanille. — Pelez des poires de Messire Jean, ôtez les cœurs, coupez-les en morceaux, et les mettez avec un verre d'eau dans une casserole que vous couvrez, faites-les cuire jusqu'à amollissement, écrasez, tamisez, ajoutez du sucre, une gousse de vanille pilée sous marbre et faites cuire.

Charlotte de poires à la Condé. — Comme ci-dessus, en y ajoutant vingt-quatre petits citrons chinois. (Façon de Provence.)

Charlotte d'abricots. — Prenez vingt-quatre abricots de plein vent un peu rouges et pas trop mûrs; vous coupez chacun d'eux en huit quartiers après avoir ôté la pelure, sautez-les ensuite dans une casserole avec 120 grammes de sucre fin et 60 grammes de beurre tiède pendant dix minutes à petit feu; foncez la Charlotte comme celle aux pommes d'api, versez-y les abricots bouillants, recouvrez la Charlotte et faites-la cuire jusqu'à coloration blonde, puis glacez de marmelade d'abricots et servez.

Charlotte de pêches. — Vous opérez comme ci-dessus après avoir coupé vingt pêches de vigne un peu fermes, que vous faites blanchir dans un sirop; quand elles sont égouttées, vous coupez chaque moitié en trois quartiers d'égale grosseur et vous les sautez dans la casserole avec 120 grammes de sucre en poudre et 60 grammes de beurre tiède. Vous versez cette marmelade dans la charlotte que vous avez foncée comme la précédente, vous la dressez sur le plat en la masquant dessus et autour avec le sirop qui vous a servi à cuire le fruit et vous servez.

Procédez de même pour les charlottes de prune de reine-Claude et de mirabelle.

Charlotte de pommes d'api. — Epluchez quatre-vingts pommes d'api, coupez-les par petits quartiers minces, sautez-les dans une grande casserole avec 120 grammes de sucre en poudre et autant de beurre tiède, ajoutez le zeste d'une orange ou d'une bigarade jaune. Placez ensuite les pommes couvertes sur un feu modéré et sautez-les de temps en temps, afin de les cuire bien également et le plus entières possible. Mêlez un pot de belles cerises égouttées de leur sirop. Pendant qu'elles cuisent, vous coupez la mie d'un pain mollet de 1 kilog. avec un coupe-racine de 18 millimètres de diamètre; trempez ces colonnes de mie dans du beurre tiède et garnissez-en le fond et le tour de votre moule. Versez les pommes dans la charlotte, couvrez-les de mie de pain trempée dans du beurre, et un peu avant de la servir, mettez-la au four gai ou sur des cendres rouges et entourez-la de braises ardentes. Après une demi-heure de cuisson, vous observez la charlotte, si elle est colorée bien blonde, vous la renversez sur un plat, sinon, vous renouvelez le feu jusqu'à ce qu'elle soit cuite; enlevez alors le moule, masquez légèrement la charlotte avec un doroir imbibé de marmelade d'abricots, de gelée de pommes ou de groseilles rouges et donnez-lui une *physionomie* brillante.

On glace le moule avec du sucre en poudre avant de s'en servir; mais il est préférable de le beurrer, parce que le sucre est susceptible de donner en cuisant une couleur trop foncée à la charlotte. (*Recette de M. de Courchamps.*)

Charlotte russe au café. — Foncez un moule d'entremets uni avec des biscuits à la cuiller, faites infuser 100 grammes d'excellent café dans un litre de lait et laissez cette infusion une heure dans un endroit chaud. Mettez 8 jaunes d'œufs et 3 hectogrammes de sucre en poudre dans une casserole; mettez 25 gr. de grenetine tremper dans l'eau froide, passez la crème sur les œufs et le sucre, mêlez parfaitement et faites lier sur le feu. Lorsque votre crème est liée, égouttez la grenetine, mettez-la dans le moule et remuez jusqu'à ce qu'elle soit dissoute, passez ensuite au tamis et faites prendre sur la glace. Ajoutez 15 décilitres de crème fouettée ferme, emplissez votre moule, et couvrez la charlotte d'un plafond glacé, laissez une heure dans la glace et servez.

Charlotte russe aux amandes grillées. — Hachez des amandes, faites fondre du sucre en poudre, mêlez vos amandes au sucre et pralinez-les au feu. Mettez-les sur un couvercle et laissez refroidir; pilez-les ensuite, passez-les dans un tamis fin pour en ôter la crème, mêlez-les dans une casserole avec des jaunes d'œufs et du sucre, finissez et servez comme ci-dessus.

Charlotte froide à la Brunoy. — Émincez des biscuits et garnissez-en un moule uni en faisant dans l'intérieur plusieurs compartiments, remplissez de confitures diverses, couvrez votre charlotte avec du biscuit, renversez-la sur un plat et servez.

Charlotte à la crème, dite à la russe ou à la Richelieu. — Arrangez des biscuits à la cuiller au fond et autour d'un moule que vous remplissez de la composition suivante : délayez des jaunes d'œufs avec de la crème, mettez-y infuser deux pincées de fleur d'oranger pralinée, joignez-y 125 grammes d'amandes douces et 4 amères que vous aurez bien pilées; jetez cette composition dans la crème bouillante, mettez-y du sucre en poudre, posez le tout sur un feu très-doux et remuez jusqu'à ce que vous la voyiez s'épaissir, mais qu'elle ne bouille pas, cela ferait tourner les œufs, passez-la ensuite dans une étamine ou un tamis de soie, laissez-la refroidir, mettez-la dans une sarbotière, faites-la glacer en y adjoignant un fromage fouetté à la Chantilly et quelques filets très-déliés d'écorces de cédrat confis et d'angélique.

Charlotte aux macarons d'avelines. — Préparez d'abord la crème aux macarons (v. cet article), faites-la prendre, et quand vous la voyez commencer à se lier et devenir coulante, vous y amalgamez une assiettée de crème fouettée; vous couvrez le fond d'un moule uni avec des macarons aux avelines, vous en placez d'autres le long du moule et vous remplissez les vides avec des fragments de macarons. Versez de la crème dans la charlotte pour contenir les macarons du tour, placez-en d'autres dessus, remettez de la crème, et, votre charlotte bien garnie, vous la glacez et la servez au bout d'une heure.

Charlotte aux gaufres de pistaches. — Coupez des gaufres aux pistaches de la hauteur de votre moule en leur donnant cinq centimètres et demi de largeur, roulez-les en petites colonnes, garnissez-en le tour du moule en les plaçant droites. Masquez le fond de votre moule avec des gaufres coupées en carrés, allongées et pliées en cornets de façon à foncer la charlotte partout; garnissez-la ensuite de crème fouettée à la liqueur, placez à la glace pendant une heure, renversez et servez.

CHARTREUSE. — M. Carême a décidé que la *grande-chartreuse* était la reine des *entrées modernes*; mais nous allons laisser parler cet illustre professeur, attendu que nous n'avons pas, à beaucoup près, autant d'éloquence que lui.

« La grande-chartreuse ne doit contenir, comme on sait, que des légumes et des racines, mais elle ne saurait être parfaite que dans les mois de mai, juin, juillet et août, saison riante et propice, où tout se renouvelle dans la nature et semble nous inviter à apporter de nouveaux soins dans nos opérations, par rapport à la tendreté de ces excellentes productions. Les détails minutieux de la Chartreuse sont à peu près les mêmes que pour les pâtés chauds de légumes, c'est pourquoi je passerai *rapidement* sur la description de cette entrée. »

Chartreuse à la parisienne, en surprise. — Faites cuire huit belles truffes bien rondes dans du vin de Champagne ou sous la cendre; quand elles sont froides, vous les épluchez, les coupez dans leur plus grande longueur; parez ensuite légèrement une centaines de queues d'écrevisses dont vous formez une couronne au fond d'un moule beurré; vous placez vos colonnes de truffes parées sur vos queues d'écrevisses, de façon qu'elles forment une espèce de bordure grecque ou méandre, vous y joignez des filets mignons de poulets que vous avez fait roidir dans le beurre et proprement parés, et pour faire pendant à la couronne de queues d'écrevisses qui se trouve sur le fond, vous placez sur le haut de votre chartreuse une autre couronne de queues d'écrevisses, de façon qu'elle s'en trouve entourée, ce qui est d'un effet charmant.

Hachez ensuite les parures de vos truffes, masquez-en une première fois le fond du moule, puis masquez-le de nouveau avec soin de quenelle de volaille un peu ferme, à la hauteur d'un centimètre et demi, vous masquez aussi de la même façon votre bordure grecque. Votre moule étant ainsi garni partout, vous mettez au milieu une blanquette de ris d'agneau ou un ragoût à la financière ou à la Toulouse, mais en ayant soin d'y mettre ces ragoûts à froid et de ne remplir le moule qu'à 13 millimètres du bord; mettez ensuite un morceau de papier beurré de la grandeur de votre moule afin de le couvrir, une couche de farce d'environ 13 millimètres d'épaisseur et placez ce couvercle sur la garniture qui se trouve contenue par ce moyen; dégraissez et ôtez ensuite ce papier au moyen d'un couvercle de casserole chaud que vous mettez dessus pour en faire fondre le beurre afin d'en détacher la farce, que vous liez avec la pointe d'un couteau à celle du tour de votre moule.

La chartreuse ainsi faite, vous couvrez le dessus d'un rond de papier beurré, puis vous la mettez pendant une heure au bain-marie; prête à servir, vous l'ôtez du moule. Vous la dressez sur un plat en la masquant d'une couronne de petits champignons bien blancs entourant une rosace préparée d'avance avec huit filets mignons à la Conti en forme de croissant; placez au milieu de votre croissant un beau et gros champignon; glacez-la, si vous voulez, et servez.

Cette entrée est d'un très-bel effet, et d'après Carême, ce qu'il a composé de mieux en fait d'*entrée de farce*.

Chartreuse de pommes. — Ayez une vingtaine de belles pommes de reinette, pelez-les, servez-vous d'un vide-pomme un peu moins gros que le petit doigt pour en enlever les chairs tout autour du cœur, comme vous feriez pour extraire le cœur de la pomme; garnissez votre moule de ces petits montants de pommes, et faites une marmelade avec le reste des chairs; faites en sorte que vos montants soient tous d'égale grandeur, faites infuser une pincée de safran en la mettant dans un verre d'eau bouillante, faites-en une teinture, sucrez-la, mettez-y un tiers de vos montants, retirez-les, égouttez-les. Vous faites la même opération avec le second tiers de vos montants, dans un peu de cochenille, et vous faites jeter un bouillon à votre troisième tiers dans du sirop de sucre blanc. Prenez ensuite de l'angélique en quantité égale à l'un des tiers de vos montants; garnissez votre moule de papier blanc et faites au fond le dessin que vous voudrez avec vos montants verts, jaunes, rouges et blancs, coupez en liards ou autrement, et en les entremêlant, garnissez-en aussi le tour; remplissez votre moule de marmelade et faites cuire; au moment de servir, renversez votre chartreuse sur un plat, ôtez le papier et servez.

Vous pouvez aussi faire votre chartreuse toute blanche en trempant vos petits montants dans de l'eau mêlée avec le jus d'un citron. (*D'après Carême.*)

CHASSELAS. — Raisin blanc fort estimé, surtout celui de Fontainebleau. Il y en a aussi du rouge, mais il est plus rare.

CHASSEUR. — Homme aimable, jovial, bien portant, mangeant bien, buvant encore mieux, se couchant de bonne heure, se levant matin, dormant toute la nuit. En général les dames n'aiment pas les chasseurs. Tel est le portrait que trace des chasseurs, dans son livre du *Chien d'arrêt*, Elzéar Blaze, l'un des plus grands chasseurs devant Dieu qui aient existé depuis Nemrod.

Ce n'est pas sous ce rapport que j'examinerai le chasseur.

Vous voyez de loin dans la plaine un homme armé d'un fusil et accompagné d'un chien; s'il vous évite, c'est qu'il n'a pas de port d'arme, pas la permission de chasser sur le terroir où il se trouve ou pas de gibier dans sa carnassière.

Il y a chasseur et braconnier.

Chasseur qui chasse pour le plaisir et la gourmandise.

Je me rappelle dans mes premières chasses avoir chassé souvent avec un fermier nommé Moquet. Quand il manquait une perdrix, il était rare qu'on ne l'entendît pas s'écrier :

« Sapristi ! elle aurait été si bonne aux choux ! »

Et quand c'était un lièvre :

« Sapristi ! il eût été si bon aux petits oignons ! »

A ce chasseur, qui chasse pour le plaisir et par gastronomie, nous allons donner quelques conseils, non pas sur la manière de tenir son fusil, de mettre en joue, de diriger son chien, de marcher à contre-vent, de chanter un petit air si on aperçoit un lièvre au gîte, mais sur la manière de placer le gibier tué dans sa carnassière.

La carnassière, le chasseur le sait, a deux séparations, l'une en cuir, l'autre en filet, celle en cuir est destinée à mettre dans les petites poches qui y sont pratiquées le port d'arme, la permission de chasse, les capsules et les lièvres, mais les lièvres seulement, pas d'autre gibier.

Si la carnassière du chasseur déborde, qu'il attache tout le menu gibier, cailles, cailletots, perdreaux, faisandeaux à l'extérieur avec des ficelles passées dans les mailles; qu'il réserve le filet pour les perdrix, les faisans et les gros oiseaux qui ne craignent pas d'être froissés les uns par les autres; s'il fait très-chaud, qu'il ne mette jamais le lièvre dans le compartiment de cuir sans l'avoir fait pisser.

Qu'il ne mette jamais la perdrix ou le perdreau dans le compartiment de filet sans lui avoir, à l'aide d'une petite branche, ôté le gros intestin.

Tout chasseur qui ne sait pas comment cette opération se pratique, se la fera apprendre par un chasseur mieux renseigné.

Recommandation suprême : qu'il ne tire jamais une caille plus près que vingt ou vingt-cinq pas, la chair de la caille essentiellement délicate, déchiquetée par le coup de fusil, s'il fait chaud, n'arrivera pas mangeable à la maison; mieux vaut manquer une caille, que l'on retrouvera plus tard, que de la rendre impossible à manger.

Les Italiens, sous ce rapport, sont mieux outillés que nous. Ils ont des carnassières dont le filet, bombé en osier, laisse passer l'air et ne presse pas le gibier; le chasseur n'y perd rien comme amour-propre. Les mailles d'osier laissent voir le poil et la plume aussi bien que les mailles de fil.

CHATAIGNE. — Fruit du châtaignier, arbre de la famille des *hêtres*, la châtaigne s'allie très-bien à toutes les viandes et peut être employée comme garniture de viandes cuites à la braise; on en introduit aussi dans toutes les farces, mais dans la saison seulement, car elles se conservent difficilement jusqu'à la fin de l'hiver; cependant on peut les conserver indéfiniment après les avoir fait sécher à l'étuve, comme cela se pratique depuis longtemps dans les provinces et plus particulièrement dans le Limousin où les châtaignes sont une partie considérable de la nourriture. On en fait même du pain dans les endroits où le blé est très-rare, mais ce pain est toujours de mauvaise qualité, pesant et difficile à digérer.

Châtaignes à l'eau ou à la ménagère. — Mettez dans une casserole avec de l'eau, du sel et un pied de céleri, la quantité de châtaignes que vous voulez faire cuire, laissez-les le temps voulu et vous aurez des châtaignes excellentes et de fort bon goût.

CHAUFROID *de poulets, de perdreaux ou de bécasses en pain de munition*. — Poulets tendres découpés, sautés au beurre, saupoudrés de farine, mouillés avec de l'eau chaude. Assaisonner de sel, poivre, champignons, petits oignons blancs, bouquet de persil. Faire cuire rapidement en agitant la casserole. Lier ensuite avec deux ou trois jaunes d'œufs et un jus de citron. Oter le bouquet de persil, et mettre la fricassée dans un pain rond préalablement vidé de sa mie, par une très-petite ouverture. Refermer le pain. Laisser bien refroidir avant que d'emballer le chaufroid, afin que le pain reste croustillant. Rompre au moment du service cette sorte de tourte par parts. (J. Rouyer.)

CHEVAL. — Manger du cheval est une locution proverbiale qui veut dire manger une viande hyperboliquement dure : la viande du cheval est en effet plus serrée que celle du bœuf. Elle est rouge, huileuse. Bien que très-azotée, par conséquent très-nourrissante, il est fort douteux qu'elle entre jamais dans la consommation journalière. M. de Saint-Hilaire a tenté vainement jusqu'ici, par ses agapes de cheval d'installer définitivement cet animal dans les boucheries parisiennes ; il est probable que le noble animal que l'homme associe à sa gloire militaire ne lui servira d'aliments que dans les circonstances exceptionnelles de blocus et de famine. Tant que le cheval ne sera point élevé, nourri, engraissé comme le bœuf, en vue uniquement de la consommation, il ne devra figurer sur la table que dans des temps difficiles. Alors, seulement alors, identifiez le cheval au bœuf et préparez-le comme vous voudrez ou comme vous pourrez.

CHEVREAU. — A trois ou quatre mois, le chevreau est totalement exempt de saveur bouquetine et d'odeur capriacée.

Le chevriot des roys est ainsi décrit par Jean Leclercq :

« Estant despouillé, vuidé, nestoyé emundé trez bien, je le faits rostir tout entier, en l'arrousant d'un bon graissage et de vin d'épices ; et du sel à deux foix par dessus, quand je le mets à l'astre et le sors de broche. Emmi la saulce au chevriot, ne fault obmettre ou ménaiger les herbes fort en goust, comme le vin vieulx d'Espaigne, le fin miel et bons onguants d'oultremer, avec cassepière aisgre et moustarde à la royale. Aussi chasqu'un m'en huschoit-il et le roy le premier, quand me voyoit en la grand'cour : « Hola doncq, hé! maistre Jehan, maistre « queux, tu nous veulx doncq empifrer de bombanse et faire « cresver, avecq tes daulphins chevriers d'Epiphanie, tu nous « sauspique et nous ards tout vifs, mon brave homme! » Et nous de rire à ces joyeusetés, comme en disoit touts jours à ceulx du Louvre, icelluy bon prince et grand roy Françoys, que Dieu l'absolve et recueille en sa gloire celeste! »

Malgré la difficulté qu'il y aurait d'accommoder un chevreau comme l'indique Jean Leclercq, il est resté quelque chose de sa recette, puisqu'au jour des Rois, selon la tradition, on assaisonne encore aujourd'hui, dans certaines provinces, le chevreau avec de la sauge et du vin blanc sucré, auxquels on ajoute des quatre épices.

CHEVRETTE. — Femelle du chevreuil.

On appelle aussi de ce nom une espèce de crevette, moins recherchée cependant que la crevette vulgaire et qui s'apprête et s'emploie de la même façon. (V. Crevettes.)

CHEVREUIL. — Petite espèce du genre cerf auquel il ressemble beaucoup, mais il a plus d'élégance et paraît plus leste et plus vif. Le chevreuil est très-sauvage, très-difficile à apprivoiser. On a essayé d'en apprivoiser en les prenant très-jeunes, mais leur naturel impétueux et indépendant reparaissait à la première occasion, et ils étaient alors sujets à des caprices dangereux pour les personnes qu'ils avaient prises en aversion.

On distingue l'âge du chevreuil comme celui du cerf, par le nombre d'andouillers qui sont à ses bois. Pour que sa chair soit tendre et savoureuse, il faut le prendre de dix-huit mois à trois ans; sa chair est alors très-bonne, quoique sa qualité dépende aussi beaucoup des lieux qu'il habite; les meilleurs nous viennent des Cévennes, des Ardennes, du Rouergue et du Morvan. Mais la meilleure est sans contredit celle du chevrotin ou faon de chevreuil quand ils n'ont encore que neuf ou dix mois.

Nous allons indiquer les différentes manières de préparer ce gibier, un des plus connus et des plus recherchés par les chasseurs.

Quartier de chevreuil rôti. — Faites macérer votre chevreuil avec huile fine, vin rouge, persil, épices et quelques tranches d'oignons.

Enlevez ensuite la peau du filet et celle du dehors de la cuisse, piquez-les de lard fin; enveloppez le quartier d'un papier beurré; faites cuire et servez pour grosse pièce avec une poivrade.

Civet de chevreuil. — Lardez de gros lard les deux parties de la poitrine d'un chevreuil, passez-les à la casserole avec persil et lard fondu; puis faites-le cuire avec un bouquet de fines herbes, sel, poivre, laurier, citron vert. Quand tout est cuit à point, faites une sauce que vous liez avec farine frite, filet de vinaigre, poignée de câpres et quelques olives désossées, et servez avec des croûtons.

Gigot de chevreuil rôti. — Après avoir paré un gigot de chevreuil et l'avoir piqué de lard fin, vous le mettez mariner quelques heures avec du sel et de l'huile d'olive, puis vous le laissez une heure à la broche, l'arrosant avec sa marinade, et faites une sauce avec cette marinade et du jus d'échalotes.

Côtelettes de chevreuil. — Levez, aplatissez, marinez un jour, faites revenir dans l'huile vos côtelettes. — Cuites et d'une belle couleur, égouttez et servez avec une sauce poivrade ou une sauce tomates.

Épaules de chevreuil. — Levez la chair des épaules, ôtez les peaux, piquez comme ci-dessus, faites mariner, cuisez et servez. (Sauce au pauvre homme.)

Filets de chevreuil sautés à la minute. — Parez, piquez, marinez, faites sauter au beurre sur un feu vif, dressez, glacez et servez à la poivrade.

Escalopes de chevreuil. — Vous levez les chairs de deux épaules, ôtez les peaux, coupez en escalopes, faites cuire sur sautoir avec du beurre fondu, sel, poivre, ail, laurier, placez vos escalopes au moment de servir sur un fourneau un peu ardent, retournez-les, ajoutez du beurre et garnissez le plat avec du verjus.

Crépinettes de chevreuil. — Joignez à des chairs de chevreuil rôties, des truffes, des champignons, de la tétine de veau; faites réduire dans une bonne sauce, laissez refroidir le tout et amalgamez avec du beurre pour partager en portions à peu près égales, que vous enveloppez de *crépines*, mettez ensuite vos crépinettes sur un plafond beurré, faites prendre couleur, versez dessus en les servant une ravigote d'anchois.

Hachis de chevreuil aux œufs pochés. — Hachez des chairs de chevreuil rôti avec des fines herbes cuites, mettez le tout avec un peu de beurre dans une poivrade bien réduite, sans le laisser bouillir et surmontez ce hachis avec des œufs pochés.

Émincé de chevreuil aux oignons. — Faites un roux avec des oignons coupés en rouelles, faites-y chauffer vos tranches de chevreuil en y ajoutant du poivre blanc et le jus d'un citron.

Chevreuil en daube. — S'il a été mariné, ne le faites macérer qu'un jour et faites-le cuire environ cinq heures dans une braise; faites réduire la sauce et passez-la au tamis; ajoutez-y quantité suffisante de corne de cerf pour en faire une gelée, laissez refroidir, masquez-en votre pièce de chevreuil et servez.

Cervelles de chevreuil. — (V. Cervelles de veau et d'agneau.

CHICORÉE. — Il y a deux genres de chicorée qui servent de types à dix-huit ou vingt sortes, la *chicorée sauvage* et la *chicorée cultivée*, vulgairement connue sous le nom de *scarole*.

La chicorée sauvage appelée aussi *pisse-en-lit*, à cause de la vertu qu'elle possède de pousser aux urines, ne se mange qu'en salade, et elle doit être choisie jeune et tendre. Nous parlerons donc seulement de l'autre espèce, en renvoyant pour celle-ci nos lecteurs à l'article Salade.

Ragoût de chicorée à la bonne femme. — Faites blanchir à l'eau bouillante, mettez dans l'eau froide, égouttez, divisez, mettez dans la casserole, mouillez avec bouillon et beurre, liez avec farine; servez avec croûtons frits.

Chicorée au grand jus. — Prenez et faites blanchir des chicorées et fendez-les par le milieu avant de les avoir égouttées; ficelez-les, mettez-les dans une casserole avec des bardes de lard, poivre et muscade, ajoutez des morceaux de bœuf, de veau ou de mouton, des oignons, des carottes, un bouquet bien garni; faire cuire feu dessus et dessous pendant trois heures; pressez-les dans un linge blanc pour bien les égoutter, dressez-les en couronne sur un plat et servez-les avec les entrées que vous désirerez.

Chicorée au blanc ou à la crème. — Épluchez vos chicorées, ôtez-en tout le vert, lavez-les à plusieurs eaux, égouttez-les, faites-les blanchir avec une poignée de sel et mettez-les rafraîchir dans l'eau fraîche, hachez cette chicorée, mettez-la dans une casserole avec du beurre, faites-la cuire un quart d'heure pour la dessécher, versez petit à petit deux verres de crème ou de lait réduit, ajoutez muscade râpée, sel et laissez bien cuire le tout.

Manière de la conserver. — Après avoir épluché et lavé votre chicorée, vous la jetez dans l'eau bouillante jusqu'à ce qu'elle soit amortie et non cuite, mettez-la ensuite dans l'eau fraîche et faites-la bien égoutter. Mettez-la dans des pots de grès en la foulant bien, et au bout de vingt-quatre heures retirez l'eau salée qu'elle a jetée ; versez ensuite dessus de la saumure bien claire et recouvrez d'huile ou de beurre fondu.

CHIEN. — Plusieurs peuples de l'Asie, de l'Afrique et de l'Amérique mangent la chair du chien. Les nègres même la préfèrent à celle des autres animaux et leur plus grand régal est de manger du chien rôti. Ce même goût se retrouve chez les sauvages du Canada, chez les Kamtchadales et dans les îles de l'Océanie. Le capitaine Cook fut sauvé d'une maladie dangereuse avec du bouillon de chien. Hippocrate dit que les Grecs mangeaient du chien et que les Romains en servaient sur les tables les plus somptueuses; Pline assure que les petits chiens rôtis sont excellents et qu'on les jugeait dignes d'être présentés aux Dieux. A Rome, on mangeait toujours des chiens rôtis dans les festins que l'on donnait pour la consécration des pontifes ou dans les réjouissances publiques.

Or voici comment Porphyre, écrivain grec du IIIe siècle, raconte l'origine de la coutume de manger du chien :

« Un jour qu'on sacrifiait un chien, certaine partie de la victime (on ne dit pas laquelle) tomba par terre, le prêtre la ramassa pour la remettre sur l'autel; mais comme elle était très-chaude, il se brûla. Par un mouvement spontané et naturel dans cette circonstance, il mit ses doigts dans sa bouche et il trouva que le jus était bon. La cérémonie terminée, il mangea la moitié du chien et porta le reste à sa femme; puis, à chaque sacrifice, ils se régalaient de la victime. Bientôt le bruit en courut dans la ville, chacun voulut en essayer, et en peu de temps on trouva des chiens rôtis sur les meilleures tables. On commença par faire cuire les jeunes chiens, qui étaient naturellement plus tendres, puis les jeunes n'y suffisant plus, on se servit des gros.

Les bulletins de la récente expédition des Anglais en Chine nous ont donné des détails fort curieux sur la nourriture des Chinois; entre autres, qu'ils engraissent des chiens dans des cages comme nous faisons de nos poulets; ils les nourrissent de substances végétales, puis ils les mangent et les trouvent excellents. C'est, paraît-il, un des mets les plus recherchés du Céleste-Empire. On le vend dans toutes les boucheries chinoises, mais c'est une friandise qui, comme nos dindes truffées, n'est réservée qu'aux heureux du siècle, et le commun des mortels est obligé de s'en tenir à la vue seulement.

CHIPOLATA. — Ragoût d'origine italienne dont voici la recette :

Prenez deux douzaines de carottes, de navets, de marrons rôtis et d'oignons, faites cuire dans du consommé sucré; procurez-vous des petites saucisses appelées *chipolates*, et ajoutez-les avec quelques morceaux de lard dans votre ragoût. Mettez le tout dans une casserole avec des champignons, des fonds d'artichauts, des tranches de céleri et quelques cuillerées de blond de veau; faites réduire, écumez; clarifiez bien et faites-y réchauffer des volailles ou des tendrons de veau, des cervelles de desserte, etc., et vous en garnissez des entrées de broche ou vous vous en servez pour mettre sous des chapons ou autres volailles.

CHOCOLAT. — Le mot chocolat vient, croit-on, de deux mots de la langue mexicaine : *choco*, son ou bruit et *atle*, eau, parce que le peuple mexicain le bat dans l'eau pour le faire mousser. Les dames du nouveau monde aiment, paraît-il, le chocolat à la folie et en font un usage considérable. On rapporte que, non contentes d'en prendre chez elles à tout moment de la journée, elles s'en font quelquefois apporter à l'église, sensualité qui leur a souvent attiré la censure et les reproches de leurs confesseurs, qui ont cependant fini par en prendre leur parti, y trouvant leur intérêt d'ailleurs, car ces dames leur faisaient la gracieuseté de leur en offrir de temps en temps une tasse, ce qu'ils se gardaient bien de refuser. Enfin, le révérend père Escobar, dont la métaphysique était aussi subtile que sa morale accommodante, déclara formellement que le chocolat à l'eau ne rompait aucunement le jeûne, proclamant ainsi en faveur de ses belles pénitentes l'ancien adage : *Liquidum non frangit jejunium*.

Importé en Espagne vers le xviie siècle, l'usage du chocolat y devint promptement populaire; les femmes et surtout les moines se jetèrent sur cette boisson nouvelle et aromatique avec un grand empressement, et le chocolat fut bientôt à la mode. Les mœurs n'ont guère changé à cet égard, et encore aujourd'hui, dans toute la Péninsule, il est de bon goût de présenter du chocolat dans toutes les occasions où la politesse exige d'offrir quelques rafraîchissements, et cela partout et dans toutes les maisons qui se respectent.

Le chocolat passa les monts avec Anne d'Autriche, femme de Louis XIII, qui la première l'importa en France, où toujours à l'aide des moines français à qui leurs confrères d'Espagne en envoyaient aussi des échantillons comme cadeaux, il devint bientôt en vogue. Au commencement de la Régence, il était devenu plus en usage que le café qui, tout nouvellement importé aussi, était regardé comme boisson de luxe et de curiosité, tandis que le chocolat était considéré, à juste titre du reste, comme un aliment sain et agréable.

M. Brillat-Savarin, dans son excellent livre sur les *Classiques de la table*, recommande le chocolat comme une substance tonique stomachique et même digestive; il dit que les personnes qui en font usage jouissent d'une santé constamment égale, et il parle du chocolat ambré comme très-bon pour les personnes fatiguées par un travail quelconque.

Laissons parler lui-même l'illustre gastronome :

« C'est ici le vrai lieu, dit-il, de parler des propriétés du chocolat ambré, propriétés que j'ai vérifiées par un grand nombre d'expériences, et dont je suis fier d'offrir le résultat à mes lecteurs.

« Or donc, que tout homme qui aura bu quelques traits de trop à la coupe de la volupté, que tout homme qui aura passé à travailler une portion notable du temps qu'on doit passer à dormir, que tout homme d'esprit qui se sentira temporairement devenu bête, que tout homme qui trouvera l'air humide, le temps long et l'atmosphère difficile à porter, que tout homme qui sera tourmenté d'une idée fixe qui lui ôtera la liberté de penser, que tous ceux-là, disons-nous, s'administrent un bon demi-litre de chocolat ambré à raison de soixante à soixante-douze grains d'ambre par demi-kilogramme, et ils verront merveille.

« Dans ma manière particulière de spécifier les choses, je nomme le chocolat à l'ambre, *chocolat des affligés*, parce que, dans chacun des divers états que j'ai désignés, on éprouve je ne sais quel sentiment *qui leur est commun* et qui ressemble à l'affliction. »

C'est toujours M. Brillat-Savarin qui parle :

« Quant à la manière officielle de faire le chocolat, c'est-à-dire pour le rendre propre à la consommation immédiate, on en prend environ une once et demie pour une tasse, qu'on fait dissoudre doucement dans l'eau à mesure qu'elle s'échauffe en la remuant avec une spatule de bois; on la fait bouillir pendant un quart d'heure pour que la solution prenne consistance, et on sert chaudement.

« Monsieur, me disait il y a plus de cinquante ans Mme d'Ares-
« trel, supérieure du couvent de la Visitation, à Belley, quand
« vous voudrez prendre du bon chocolat, faites-le faire dès la
« veille dans une cafetière de faïence et laissez là. Le repos de
« la nuit le concentre et lui donne un velouté qui le rend bien
« meilleur. Le bon Dieu ne peut pas s'offenser de ce petit raffi-
« nement, car il est lui-même tout excellence. »

Nous avons indiqué à l'article CACAO les différentes manières de faire le chocolat avec le cacao, et nous renvoyons pour les emplois culinaires dont il est susceptible à chacune des prescriptions suivantes. (V. BEIGNETS, CANNELONS, CRÈMES, FROMAGES GLACÉS, MOUSSES, PASTILLES, PRALINES et PROFITEROLLES.)

CHOU. — Genre de la famille des crucifères.

Il y a différentes espèces de choux qui presque toutes sont originaires d'Europe, où l'on en fait du reste la plus grande consommation. Dans presque toutes les provinces de la France, c'est régal des paysans, qui la plupart du temps ne vivent que de lelégumes, quoiqu'il nourrisse fort peu, qu'il soit venteux et répande une mauvaise odeur. Le chou était en grande vénération chez les anciens, ils juraient par lui, semblables en cela aux Égyptiens qui rendaient les honneurs divins à l'oignon. L'histoire rapporte cependant qu'Apicius ne l'aimait pas et qu'il en inspira du dégoût à Drusus, ce dont Tibère blâma son frère.

On donne aussi le nom de chou à une sorte de pâtisserie dont nous indiquerons plus loin la recette.

Chou blanc ou *vert*. — Ceux de Milan sont les meilleurs; les choux de Saint-Denis, de Bonneuil et ceux qu'on appelle le petit pommé, le frisé hâtif sont les premiers qui paraissent et ceux qu'on emploie généralement dans la consommation.

Chou au lard. — C'est un des excellents mets plébéiens; vous le faites de la façon suivante : coupez un gros chou pommé en quatre morceaux, faites-les blanchir, mettez-les ensuite dans un pot quelconque avec du lard, des saucisses, des cervelas, du céleri, des oignons, des grosses carottes, du laurier et du thym; faites cuire pendant une heure et demie à petit feu; dressez ensuite le tout sur un plat en mettant le petit salé et les cervelas par-dessus; retranchez les autres légumes et faites une sauce de votre mouillement réduit.

Chou farci au gras. — Prenez une bonne tête de chou, ôtez-en le pied ou trognon et un peu dans le corps; faites-le blanchir et tirez-le de l'eau quand il est blanchi; étendez les feuilles avec soin pour ne pas les briser et remplissez-le d'une farce faite avec la chair de volaille, un morceau de veau, du petit lard, de la moelle de bœuf ou de la graisse de jambon cuit, truffes et champignons hachés, persil, ciboules, sel, poivre, mie de pain, deux œufs entiers, deux ou trois jaunes, une pointe d'ail; hachez le tout ensemble et pilez-le bien dans un mortier. Après avoir rempli votre chou de cette farce, refermez-le, ficelez-le bien afin qu'elle ne s'échappe pas des feuilles et mettez-le dans une casserole; faites ensuite du jus avec des tranches de bœuf ou de veau bien battues que vous faites réduire dans une casserole, mettez-y un peu de farine, faites prendre couleur, mouillez-le de bon bouillon, assaisonnez de fines herbes et de tranches d'oignon. Quand votre jus est à moitié cuit, vous mêlez vos tranches et ledit jus avec votre chou et faites cuire le tout ensemble.

Dressez ensuite votre chou sur un plat, mettez dessus un ragoût de champignons ou de ris de veau bien assaisonné et de bon goût, puis servez chaudement avec votre jus autour.

Chou farci au maigre. — Procédez comme ci-dessus en farcissant votre chou avec de la chair de poisson ou autres garnitures, ainsi qu'on le ferait pour la carpe, le brochet ou autre poisson. (V. ces articles.)

Chou en surprise. — Vous faites blanchir et ensuite rafraîchir un chou entier; ôtez le trognon, écartez les feuilles avec soin et remplissez-le de marrons, de saucisses et de mauviettes; arrangez les feuilles dans leur état habituel, ficelez le chou, faites-le cuire à la braise; laissez-le égoutter quand il sera bien cuit et servez-le avec une sauce faite avec de la moelle fondue et de la muscade râpée.

Chou à la petite russienne. (Méthode Rouyer.) — Exactement comme choux farcis à la française. (La farce, ici, est composée de champignons, oignons, persil, hachés grossièrement et liés en bouillie de semoule au lait; sel, poivre, muscade râpée; longue cuisson au four.) Servir avec une sauce au beurre et crème aigre.

Chou en garbure. (Cuisine bordelaise.) — Après avoir fait blanchir des choux et les avoir égouttés, vous ôtez les plus grosses côtes des feuilles; puis vous prenez une soupière pouvant aller sur le feu; vous placez au fond un lit de feuilles de choux, puis un lit de tranches de fromage de Gruyère très-minces et vous les couvrez avec des tranches de pain; vous continuez de faire des couches en alternant toujours, chou, fromage et pain; vous assaisonnez ensuite, vous mouillez de bon bouillon et vous faites mijoter et gratiner pendant une heure; puis vous servez comme potage avec du bouillon dans un autre vase.

Pain de chou. — Faites blanchir un chou de Milan; mettez-le dans de l'eau, levez-en les feuilles et ôtez-en les grosses côtes, faites mariner ensuite une noix de veau avec huile fine, persil, ciboules, champignons, ail, échalotes, gros sel, poivre et tranches de jambon. Etendez quelques feuilles de chou bien égouttées, mettez dessus des tranches de veau et de jambon et un peu de leur marinade, et continuez ainsi les couches les unes par-dessus les autres, jusqu'à ce que vous ayez formé la grosseur d'un petit pain; faites cuire dans une braise bien nourrie. Quand ils sont bien cuits, vous les dégraissez et servez avec une sauce à l'espagnole dessous.

Chou rouge piqué. — Prenez un chou gros et dur, faites-le blanchir et enlevez-en le trognon; piquez-le de très-gros lard. Mettez à la place du trognon une sauce faite avec de la graisse, du jus, poivre, sel; enveloppez-le d'une toilette de porc et mettez le tout dans une casserole en le renversant sens dessus dessous; faites cuire à petit feu, retirez-le, dégraissez la sauce, faites-la réduire et servez-la sur le chou.

Chou rouge à la hollandaise. — Nous allons indiquer la manière de faire ce chou qui est un des meilleurs entremets.

Epluchez des pommes de reinette et des oignons que vous hachez bien menu; puis vous faites blanchir des choux rouges dont vous aurez préalablement rejeté les trognons et le bout des feuilles. Mettez ensuite le tout cuire dans une casserole avec un bon morceau de beurre, une cuillerée de sucre en poudre, une pincée de sel, poivre et bouquet garni; faites cuire le tout pendant cinq ou six heures; ajoutez un verre de vin de Bordeaux, ôtez le bouquet et achevez votre préparation en faisant fondre dedans un bon morceau de beurre.

Chou à la crème. — Faites presque cuire à l'eau bouillante, retirez, faites égoutter et laissez rafraîchir; hachez et mettez dans la casserole avec beurre, sel, poivre, muscade râpée et une cuillerée de farine. Mouillez ensuite avec de la crème et laissez réduire jusqu'à ce que votre chou soit bien lié avec son assaisonnement.

Choux de Bruxelles. — Vous prenez des choux de Bruxelles (qui, vous le savez, sont des petits choux verts de la grosseur d'une noix et bien pommés); vous les faites cuire à l'eau bouillante avec du sel après en avoir enlevé les premières feuilles, puis vous les faites égoutter. Mettez ensuite un bon morceau de beurre dans la casserole, versez vos choux dedans et faites-les revenir avec sel, poivre et persil haché, et, pour le maigre, ajoutez-y une cuillerée de jus ou de crème.

Choucroute. (En allemand *Sauer-kraut,* c'est-à-dire *choux aigres.*) — Tous les peuples du Nord et de l'Est en font un grand usage, et les navigateurs au long cours s'en approvisionnent pour leurs voyages.

C'est le mets par excellence des Allemands qui en raffolent; aussi est-il passé en proverbe qu'un moyen certain de se faire assommer, c'est : en Italie, de ne pas trouver les femmes jolies; en Angleterre, de chicaner le peuple sur le degré de liberté dont il jouit; et en Allemagne, de ne pas croire que la choucroute est un mets des dieux.

Le célèbre capitaine Cook attribue aussi en grande partie l'excellente santé de ses matelots dans tous ses voyages à la grande quantité de choucroute qu'il leur faisait distribuer; la choucroute étant d'une digestion plus facile que le chou ordinaire, qui, d'après un proverbe grec, causait la mort au bout de deux fois.

On conserve la choucroute de préférence dans des tonneaux qui ont renfermé du vinaigre, du vin ou tout autre liquide contenant un acide. On emploie de préférence le *chou cabu* blanc, dont on enlève les feuilles pendantes et la tige; on coupe la pomme de chou par rouelles en la rabotant sur une espèce de *colombe* de tonnelier. Cette opération la divise en tranches minces qui se développent d'elles-mêmes comme des rubans. Vous étendez au fond du tonneau un lit de sel marin, sur ce lit une couche de vos choux coupés en rubans; vous saupoudrez par-dessus avec une poignée de graine de genièvre ou de carvi afin de l'aromatiser; puis vous continuez à mettre couches sur couches en procédant toujours de même jusqu'à ce que le tonneau soit plein et en foulant bien la matière et terminez par une couche de sel.

Vous couvrez votre dernier lit de sel avec les grandes feuilles vertes du chou sur lesquelles vous placez une grosse toile humide et un fond de tonneau assez lourd pour empêcher par son poids que la masse ne se soulève par la fermentation qui va avoir lieu. Les choux ainsi entassés laissent écouler une eau fétide, acide, boueuse, que l'on soutire par un robinet placé à la base du tonneau, et que l'on remplace par une saumure nouvelle qu'il faudra changer encore au bout de quelques jours, jusqu'à ce qu'il n'existe plus aucune fétidité. La choucroute dès lors achevée, vous la mettez dans un lieu très-frais afin de la conserver et vous en servir au besoin.

Préparation de la choucroute. — Après avoir lavé votre choucroute à plusieurs eaux, vous l'égouttez bien et la mettez dans une casserole avec un bon morceau de lard de poitrine fumé, saucisses, cervelas, graisse de rôti, genièvre, vin blanc et bouillon. Laissez-la cuire six heures à feu doux, égouttez-la, dressez-la sur un plat avec du lard dessus entremêlé de vos saucisses et de vos cervelas.

Choux-fleurs. — Nous empruntons aux dispensaires du temps de Louis XIV la plus excellente et royale façon d'apprêter ce légume :

« *Choux-fleurs étuvés.* — Prenez des hauts choux-fleurs, lavez-les à l'eau tiède et faites-les cuire dans du consommé en y ajoutant quelque peu de macis en poudre. Étant bien cuits et au moment de les servir égouttez-les de leur mouillement et remuez-les avec du beurre tout frais et tout cru; aussitôt que le beurre sera fondu, dressez et servez sur la table. »

Choux-fleurs au beurre. — Épluchez bien les pommes de vos choux-fleurs et ne leur laissez aucune feuille, lavez-les dans de l'eau fraîche et faites-les cuire ensuite dans de l'eau avec sel, poivre et un morceau de beurre manié. Quand ils sont cuits, égouttez-les, dressez-les sur un plat avec une sauce dessous faite avec beurre frais, sel, poivre, muscade, un filet de vinaigre et servez.

Choux-fleurs au jus. — Comme ci-dessus. Prenez moitié sauce blanche et moitié blond de veau, vannez, sassez, dressez, masquez et servez chaud.

Choux-fleurs au fromage. — Cuisez, égouttez vos choux-fleurs, foncez un plat d'une sauce que vous faites avec du coulis, du beurre, du gros poivre; mettez au fond de votre plat du parmesan râpé, rangez les choux-fleurs dessus, jetez sur eux le reste de la sauce et du parmesan, puis mettez au four avec feu dessus et dessous, glacez et servez.

Choux-fleurs frits. — Cuisez comme à l'ordinaire, égouttez, laissez mariner avec sel, poivre, vinaigre, trente minutes; égouttez, trempez dans une pâte légère; faites frire et servez chaud.

Choux-fleurs farcis. — Blanchissez à l'eau salée, égouttez, bardez, farcissez dans la casserole avec rouelle de veau, graisse de bœuf, persil, ciboule, sel, épices, champignons, œufs et consommé; faites cuire à petit feu jusqu'à réduction entière. Dressez, servez. Si vous avez mis vos choux-fleurs la tête en bas dans la casserole, vous dresserez aisément en retournant vivement votre casserole.

Ragoût de choux-fleurs. — Faites blanchir des choux-fleurs, mettez-les cuire avec de l'eau et de la farine, faites-les égoutter et, si c'est pour garnir un plat de viande, vous les dressez autour du plat avec une bonne sauce; si c'est pour entremets, dressez-les seuls et la sauce par-dessus.

CHOU. (*Pâtisserie.*) — Expliquons les différentes manières de faire cet excellent petit gâteau.

Choux pâtissier (à la parisienne). — Faites bouillir un peu d'eau avec du beurre et du sel, mettez-y deux ou trois poignées de farine et délayez le tout sur le feu; remuez jusqu'à ce que la pâte se détache; mettez-y alors du sucre en poudre, ôtez la pâte du feu, délayez dedans des œufs, jaunes et blancs, jusqu'à ce qu'elle soit liquide et faites cuire dans des petits moules à pâtés que vous aurez beurrés.

Choux à la royale. — Faites bouillir du lait et du beurre fin, ôtez-les de dessus le feu quand ils commencent à bouillir et joignez-y de la farine tamisée; remettez la casserole sur le feu en remuant bien le tout pour qu'il ne s'attache pas; votre pâte bien desséchée, vous la mêlez dans une autre casserole avec du beurre, du parmesan râpé et des œufs; ajoutez une pincée de mignonnette, une cuillerée de sucre fin, un œuf et du fromage de gruyère coupé en petits morceaux, mélangez bien le tout et joignez-y de la crème fouettée ; cela doit vous donner une pâte assez semblable à une pâte à beignets ; vous dorez vos choux, les mettez au four gai pendant vingt minutes et les servez de suite.

Choux aux amandes. — Comme ci-dessus ; après avoir doré vos choux, vous les couvrez de filets d'amandes légèrement trempés dans du blanc d'œuf sucré et vous faites cuire.

Choux soufflés au zeste d'orange. — Vous faites bouillir dans une casserole du beurre d'Isigny et de la bonne crème, puis vous le remplissez légèrement avec de la farine de crème de riz desséchée ; transvidez dans une autre casserole en y joignant du beurre, des œufs, un grain de sel ; le tout bien mêlé, vous y joignez des jaunes d'œufs, du sucre ; râpez dessus la moitié d'un zeste de citron et la moitié d'un zeste d'orange. Mélangez bien le tout, fouettez deux blancs d'œufs et mettez-les dans la pâte avec de la crème fouettée. Mettez ensuite vos choux dans de petites caisses rondes ne les remplissant qu'à moitié, couvrez-les de gros sucre, mettez au four à une chaleur ordinaire, laissez-les cuire un quart d'heure et servez sans les dorer.

Choux en caisse au cédrat. — Comme ci-dessus, vous les parfumez seulement avec du cédrat haché très-fin et mêlé à la pâte.

Choux à la Mecque. — Mêlez ensemble du beurre et de la crème bouillis, de la pâte mollette un peu desséchée, du beurre et un peu de lait, faites un peu dessécher le tout et transvidez dans une autre casserole en y ajoutant deux œufs, du sucre en poudre, puis vous y mêlez encore des œufs, une cuillerée de bonne crème fouettée et un grain de sel ; vous couchez vos choux à la cuillerée en forme de navette, vous les dorez, les masquez de gros sucre et les faites cuire au four, chaleur modérée. Quand ils sont de belle couleur, vous les servez parfumés soit avec du cédrat, de l'orange, de la bigarade ou du citron.

Petits choux à la Saint-Cloud. — Même préparation et même cuisson que ci-dessus, seulement quand ils sont cuits, vous les glacez à la flamme en mettant un allume à la bouche du four et les servez chauds.

CIBOULE. — Espèce d'ail qu'on emploie pour mettre dans tous les bouquets qui entrent dans la composition des sauces.

CIBOULETTE. — Petite ciboule qui s'emploie comme la précédente.

CIDRE ET POIRÉ. — Le cidre n'est connu en Europe que depuis que les Maures de Biscaye l'importèrent d'Afrique; d'Espagne, il a passé en France et les conquérants Normands l'ont naturellement mené à leur suite en Angleterre. Le cidre a été l'objet de discussions très-sérieuses. Pour le Normand, c'est le vrai nectar des maîtres de l'Olympe, pour l'habitant des pays vignobles, au contraire, ce n'est qu'un fade et épais breuvage. Quoi qu'il en soit, le Normand lui est resté fidèle et le cidre a pénétré dans d'autres contrées de la France où il est presque aussi estimé que le vin.

Un jour, je reçus de M. Jules Oudin, propriétaire d'un château et d'une terre appelée la Pommeraye, à cause de la quantité de pommiers qui y poussent, la lettre suivante :

SOCIETE D'HORTICULTURE DU CENTRE DE LA NORMANDIE.

A Monsieur Dumas.

« Maître,

« Vous m'avez fait l'honneur de me donner l'accolade en me disant : « Nous nous reverrons. »

« Ce sera l'ère du bonheur de mon existence.

« J'en prends texte pour vous demander un renseignement, qu'il vous sera probablement très-facile de me donner et qu'il me faudrait peut-être une année pour trouver, sans votre aide.

« — Quels sont les faits historiques les plus saillants de l'antiquité et du moyen âge au sujet des pommes, des pommiers, des poiriers et du cidre?

« Je serais au désespoir de vous demander ce renseignement s'il n'avait pour moi un but très-utile.

« Mon remercîment sera d'aller vous montrer l'usage que j'en aurai fait.

« Pendant la saison d'été, vous viendrez, n'est-ce pas, respirer les parfums des végétations exotiques et indigènes *sous un pommier*. Ne me faites pas languir, je vous prie.

« Bien à vous.

« JULES OUDIN. »

Je pris la plume, et poste pour poste je fis la réponse suivante :

« Cher Monsieur Jules,

« Je vais vous répondre d'abord sur ce que je sais certainement moins bien que vous sur la pomme, le pommier, le poirier, l'origine du cidre et son invasion en Europe.

« Devons-nous mettre la pomme avant le pommier, ou le pommier avant la pomme? Le pommier est-il poussé d'un pepin jeté dans l'espace et venant d'une pomme par conséquent, ou la pomme a-t-elle poussé sur un pommier créé en même temps que la création?

« C'est la question de la poule et de l'œuf : la poule vient-elle de l'œuf, ou l'œuf vient-il de la poule?

« Si nous nous en rapportons à Moïse, le premier auteur qui parle de pommes et de pommiers, le pommier et la pomme préexistaient à l'homme dans le Paradis terrestre, puisque les arbres fruitiers furent créés le troisième jour et l'homme le sixième.

« Nous savons le commandement qui fut fait à Adam et Ève à l'endroit de ce pommier, et comment ils désobéirent pour notre malheur à ce commandement de Dieu.

« Le serpent présenta la pomme à Ève, Ève y mordit, Adam l'acheva et nous fûmes tous condamnés à l'exil, au travail et à la mort.

« Un autre poëte, né cinq cents ans après Moïse, nous a appris comment, dans une autre circonstance, la pomme ne fut pas moins fatale au genre humain.

« Aux noces de Thétis et de Pélée, la Discorde, qu'on avait oublié d'inviter, jeta pour se venger, au milieu de l'assemblée des dieux et des déesses, une pomme portant cette inscription : « *A la plus belle!* »

« Trois déesses crurent avoir droit à la pomme, Minerve, Junon et Vénus ; elles allèrent devant Pâris qui l'adjugea à Vénus.

« Il y avait encore une autre déesse qui avait des prétentions à la beauté et qui n'avait point oublié que le jour où Vénus avait été proclamée la plus belle, un affront lui avait été fait. C'était la mariée elle-même, la femme de Pélée, la mère d'Achille, la belle Thétis; aussi, sachant que Vénus devait, sur le rivage des Gaules, venir chercher des perles pour se faire un collier, ordonna-t-elle à tous les monstres de la mer de tâcher de s'emparer de cette pomme pour laquelle Vénus n'avait pas craint de se montrer nue au beau berger du mont Ida.

« Et en effet, tandis que Vénus cherchait des perles au même endroit, sans doute, où son fils César vint pêcher celle dont il devait payer l'amour de Servilie, un triton lui déroba sa pomme, et alla la porter à Thétis. Thétis, aussitôt pour vulgariser le fatal présent de la Discorde, et afin que toutes les déesses pussent avoir la leur, prit les pepins de la pomme et les planta sur les rivages de la Normandie.

« De là viennent, disent nos aïeux, les vieux Celtes, la multitude de pommiers qui poussent du Maine à la Bretagne, et la beauté des femmes de toute cette côte septentrionale.

« Malgré le mauvais tour joué par Thétis à Vénus, les pommes, et surtout celles des Hespérides, étaient restées précieuses dans l'île de Scyros, puisque Atalante, la fille du roi, perdit à la fois le prix de la course et sa liberté pour ramasser les pommes qu'Hippomène laissait tomber sur sa route.

« La pomme avait cessé d'être un fruit rare et son prix était rentré dans celui des autres comestibles du même genre, puisque Solon, effrayé des sommes que coûtaient les repas de noce chez les Athéniens, ordonna que les mariés ne mangeassent qu'une pomme à eux deux, avant de se mettre au lit.

« Pline et Diodore de Sicile parlent des pommes comme d'un fruit très-estimé des Romains et surtout lorsqu'elles venaient des Gaules; mais ni l'un ni l'autre ne dit qu'on en tirât une boisson quelconque. Saint Jérôme est le premier qui parle du cidre et qui constate que les Hébreux en faisaient une de leurs boissons habituelles. Tertullien, qui vivait vers la fin du deuxième siècle à Carthage, et saint Augustin, qui vivait vers la fin du quatrième siècle à Hippone, parlent tous deux du cidre des Africains.

« Mais la première trace que l'on trouve de l'existence de

cette boisson en France est dans les *Capitulaires* de Charlemagne où il est question des fabricants de cidre et de poiré. Mais à cette époque, le cidre avait déjà avec les Maures traversé le détroit de Gibraltar.

« Voici comment :

« Mahomet, l'an 609 de l'ère chrétienne publie son Coran, sans défendre positivement le vin aux Arabes, il le leur présente comme une liqueur pernicieuse qu'il ne leur conseille de boire qu'à titre de médicament. Aussi, dans toutes les villes tatares que j'ai visitées, ai-je vu les marchands de vin intituler leur boutique : « *Balzam.* » C'est-à-dire pharmacie. Du moment où le vin se vend dans une pharmacie, ce n'est plus du vin, en effet, c'est un médicament.

« Pour obéir à Mahomet, les Arabes alors imitèrent les Hébreux et du fruit des pommiers et des poiriers firent du cidre.

« Appelés en Espagne par la trahison du comte Julien, ils y transportèrent leur science agriculturale sur laquelle les Espagnols vivent encore aujourd'hui. Ce fut en Biscaye que se firent les premiers essais de ce genre.

« De Biscaye, l'usage passa en France. Les Normands l'accueillirent tout particulièrement, leur pays étant fécond en pommiers et stérile en vignes. Guillaume le Conquérant l'implanta en Angleterre, en même temps que son drapeau, après la bataille d'Hastings en 1066.

« D'Angleterre, l'usage du cidre s'est répandu en Allemagne et même en Russie.

« Il existe, au reste, une brochure qui a recueilli sous le titre : *De Origine Cidri*, tout ce que la science humaine a colligé sur cet intéressant sujet.

« Maintenant, je présume que vous êtes au courant des derniers travaux de Pasteur sur la fermentation du cidre, et que vous savez que le ferment n'est autre chose que l'agglomération par milliards de petits animalcules ou plutôt de cryptogames, moitié animaux, moitié végétaux, qui, sous le nom de microzoaires et de microphites opèrent ce singulier travail, de changer le sucre en alcool, travail qui se fait chez eux simplement par la digestion.

« Voilà tout ce que je sais sur le cidre, et je m'empresse de vous vider mon sac, pour vous prouver combien j'ai bon souvenir de votre réception et comment je serai heureux d'aller un jour, avec ma fille, vous demander l'hospitalité d'une demi-semaine.

« Mille compliments empressés.

« ALEXANDRE DUMAS. »

CITRON. — Fruit dont l'arbre est toujours vert comme l'oranger; ses feuilles sont larges et longues comme celles du laurier; il est originaire de l'Asie, et les Hébreux furent les premiers qui le naturalisèrent dans les belles vallées de la Palestine; ce qui le prouve, c'est que, aujourd'hui encore, ils se présentent le jour des Tabernacles, dans les synagogues, avec un cédrat à la main.

Virgile a célébré le citron sous le nom de pomme de Médie. Delille a traduit les vers que le poëte latin a consacrés à cet arbre.

> L'arbre égale en beauté celui que Phœbus aime;
> S'il en avait l'odeur, c'est le laurier lui-même;
> Sa feuille sans effort ne se peut arracher;
> Sa fleur résiste au doigt qui la veut détacher,
> Et son suc, du vieillard qui respire avec peine,
> Raffermit les poumons et rafraîchit l'haleine.

Et pour que rien ne manque à la gloire et à l'importance de ce fruit, Aristophane qui l'appelle *axioma persicum* à cause de sa saveur aigre, dit qu'autrefois on faisait avec les feuilles du citronnier des couronnes qu'on plaçait sur la tête des dieux immortels.

Le citron est souvent employé dans la cuisine pour l'assaisonnement de plusieurs sauces; on en fait aussi une boisson très-rafraîchissante et de fort bon goût.

Citrons confits. — Pelez, coupez en quatre, faites blanchir vos citrons. Lorsqu'ils sont cuits, vous les mettez d'abord dans l'eau fraîche et ensuite au sucre clarifié; quand vous les aurez bien égouttés, laissez-les bouillir un quart d heure dans le sucre, et laissez-les refroidir ensuite; étant refroidis, vous les remettez sur le feu et les faites bouillir jusqu'à ce que le sucre soit cuit à soufflé, puis vous les laissez reposer jusqu'au lendemain, et vous liquéfiez le sirop en trempant votre poêlon dans l'eau.

Faites cuire à part du sucre à la plume, égouttez vos citrons et jetez-les dedans et donnez-leur un bouillon couvert; ôtez-les du feu; le bouillon abaissé, blanchissez votre sucre en le travaillant et l'amenant avec la cuiller contre le bord du poêlon.

Ce sucre étant blanchi, passez-y vos citrons, mettez-les égoutter sur des planches, faites-les sécher et serrez-les.

Vous confisez de la même manière les oranges, cédrats, limons, pommes, etc. (V. *Orange*.)

Petits citrons verts confits. — Incisez de petits citrons verts, faites-les blanchir jusqu'à ramollissement, retirez-les du feu et laissez-les dans leur eau jusqu'au lendemain; vous les remettez alors sur un feu doux, vous jetez une poignée de sel dans l'eau, qui ne doit pas bouillir et vous remuez. Poussez le feu, donnez à vos citrons quelques bouillons, puis mettez-les dans l'eau fraîche et égouttez-les. Vous faites bouillir un peu d'eau dans du sucre clarifié et vous en donnez un bouillon couvert à vos citrons. Le lendemain, vous les égouttez, vous leur faites jeter trois bouillons en ajoutant chaque fois du sucre clarifié; vous faites donner encore un bouillon aux fruits dans du sucre cuit au perlé, vous les mettez dans une terrine à l'étuve et vous les laissez glacer dans le sucre cuit.

Zestes de citron confits. — Faites bouillir vos zestes dans quatre eaux différentes et remettez-les autant de fois dans l'eau fraîche, il faut les laisser bouillir un quart d'heure chaque fois sur le feu.

Faites cuire d'abord du sucre clarifié et jetez-y vos zestes, quand il commence à bouillir, faites-leur prendre une vingtaine de bouillons et laissez-les refroidir; remettez ensuite votre poêlon sur le feu pour cuire le sirop à lissé et glissez-y vos zestes à qui vous faites prendre sept ou huit bouillons. Retirez votre confiture du feu, laissez-la refroidir, égouttez les zestes, faites bien cuire le sucre perlé, donnez-leur un bouillon couvert, tirez-les au sec et glacez-les.

Citronats. — Ils se font avec les écorces de citrons dont vous avez rejeté la plus grande épaisseur du tissu blanc et que vous avez coupés en long, faites blanchir et confire comme ci-dessus et faites sécher.

Marmelade de citrons. — Prenez le nombre que vous voulez de citrons à écorce très-épaisse, ôtez-en la peau, faites-les blanchir et mettez-les à l'eau fraîche; égouttez-les, pliez-les fortement et passez-les dans un tamis de crin; pesez-les, mettez du sucre en proportion (750 ou 500 gr.), et faites bouillir le tout en remuant avec la spatule, jusqu'à ce que la marmelade soit bien cuite, ce que vous reconnaissez en appuyant avec le bout de votre doigt; retirez-la alors et mettez-la en pot.

Conserve de jus de citron. — Faites cuire du sucre au fort perlé, tirez-le ensuite du feu, mettez-y votre jus de citron que vous faites bouillir en remuant afin qu'ils se mêlent bien ensemble et jusqu'à ce qu'ils commencent à s'épaissir et à former une petite glace autour du poêlon, laissez refroidir votre conserve et mettez-la dans des moules pour la garder.

Sirop de citrons. — Après avoir fait cuire du sucre au fort boulet, vous le sablez et le mettez dans une terrine en terre ou en grès, puis vous y versez le jus de vos citrons avec un peu d'eau et vous le mettez au degré de cuisson qu'il doit avoir; mettez ensuite votre terrine au bain-marie et remuez de temps en temps afin de bien faire fondre le sucre et le bien mêler avec le jus de citron; quand votre sirop sera très-clair, vous le retirez et vous le mettez en bouteille, après l'avoir laissé un peu refroidir.

Grillage de tailladins de citrons. — Mettez des zestes de citrons découpés dans du sucre cuit à la plume, remuez, grillez presque; poudrez de sucre blanc, dressez et servez.

Citronnelle. — Ayez six citrons zestés pour deux litres d'eau-de-vie, à peu près; ajoutez cannelle, coriandre, sucre fondu (500 gr.), laissez infuser trente jours, passez et mettez dans les flacons.

Eau distillée de citron. — Râpez l'écorce de bons citrons, mettez la pulpe et la râpure sur la grille de la cucurbite, lavez dans l'eau de vos citrons la râpe qui a enlevé une partie de l'odeur, ajoutez cette eau dans la cucurbite, dressez votre appareil et procédez à la distillation du petit filet.

Vinaigre au citron. — Enlevez les zestes, mettez vos citrons dans la cornue, versez le vinaigre et distillez jusqu'à réduction au quart.

Biscuits de citron. — Faites cuire du sucre, ôtez-le du feu et mettez-y un peu de raclure de citron en lui donnant telle couleur que vous voudrez; ajoutez-y deux blancs d'œufs bien fouettés et versez promptement votre glace dans des moules de papier double plié en longueur ou en largeur, à proportion du sucre que vous voulez mettre. Quand votre pâte commence à refroidir, vous la coupez de la façon que vous voulez, et vous faites cuire vos biscuits à l'ordinaire.

Compote de chair de citron. — Faites cuire une gelée de pommes, pelez bien épais et proche du jus un gros citron, coupez-le en long par la moitié et faites plusieurs tranches avec; jetez ces tranches dans votre gelée après en avoir ôté les pépins et faites bouillir le tout ensemble; tirez-la ensuite du feu et laissez-la refroidir à moitié; chargez une assiette de tranches de citrons et couvrez-les de votre gelée.

CITROUILLE. — Variété du potiron, qui en diffère par la forme oblongue et la grosseur de son fruit dont la couleur est tantôt verte, tantôt jaune ou blanche. La chair de citrouille se mange de plusieurs façons : soit en potages gras ou maigres, en gâteaux, en crème cuite et gratinée. On en fait aussi des andouillettes avec du beurre frais, jaunes d'œufs durs et frais cassés, persil, sel, poivre, fines herbes, etc.

CIVET. — (V. aux articles Lievre, Chevreuil, Lapin, Outarde, Dinde, Oie sauvage, etc.)

CLARIFIER. — La clarification est la séparation, par précipitation ou par ascension, de toutes les matières liquides étrangères tenues en suspension. On clarifie le plus communément avec de la colle de poisson ou du blanc d'œuf.

CLOVIS DE SAINT-JEAN-DE-LUZ. — Appelées à Saint-Jean-de-Luz *Chirlat*, à Marseille *Praises*, et à Naples *Vougoli* (*Conca Veneris*).

Mettre sur le feu, faire sauter jusqu'à ce qu'elles rendent toute leur eau; les enlever de la casserole et les mettre à part; ajouter dans le jus qu'elles ont rendu trois petites gousses d'ail hachées bien fin; poivrer seulement, le jus rendu par le coquillage étant suffisamment salé ; mettre de la mie de pain, ou mieux encore de la chapelure, aussitôt que l'ail commence à chauffer ; remettre le coquillage dans la casserole, lui faire sauter deux ou trois bouillons et servir chaud. (Recette donnée par François Frères, excellent chef de l'hôtel de France à Saint-Jean-de-Luz.)

COCHEVIS. — Genre d'alouette huppée. (V. Mauviettes.)

COCHON. — « C'est le roi des animaux immondes, dit Grimod de la Reynière, dans l'éloge qu'il fait de cet animal ; c'est celui dont l'empire est le plus universel et les qualités les moins contestées. Sans lui, point de lard, et par conséquent, point de cuisine ; sans lui, point de jambon, point de saucisson, point d'andouilles, point de boudins noirs, et par conséquent, point de charcutiers.

« Gras médecins, continue Grimod de la Reynière, en s'élevant jusqu'au style lyrique, vous condamnez le cochon et il est sous le rapport des indigestions, l'un des plus beaux fleurons de votre couronne. »

Puis retombant au style familier : « la cochonnaille, continue-t-il, est beaucoup meilleure à Troyes et à Lyon que partout ailleurs. Les cuisses et les épaules de cochon ont fait la fortune de deux villes : Mayence et Bayonne. Tout est bon en lui ; par quel oubli coupable a-t-on pu faire de son nom une injure grossière ? »

Et par quel ingrat oubli M. Grimod de la Reynière ne se souvient-il pas lui-même que c'est à la finesse de l'odorat du cochon que nous devons les truffes ; et de quelle façon le cochon est-il récompensé pour chaque truffe qu'il trouve, et qu'il permet à l'homme de mettre dans son panier ? et comment n'admire-t-on pas la persistance de l'intrépide chercheur et sa patience gastronomique qui a sur lui cette bienheureuse influence de toujours le tromper, non pas dans sa recherche, mais dans son résultat ; il persiste toujours à chercher pour être battu et voit la truffe lui passer devant le grouin.

Au reste, au mot truffe nous nous étendrons plus longuement sur ce produit que les savants ont placé entre le règne minéral et le règne végétal, ne sachant auquel des deux l'appliquer.

Le cochon était la principale nourriture des Gaulois, aussi en avaient-ils des troupeaux considérables.

Les Romains les faisaient cuire entiers et de différentes manières ; une de ces manières consistait à les faire bouillir d'un côté et rôtir de l'autre.

La seconde s'appelait à la Troyenne, par allusion au cheval de Troie dont l'intérieur était rempli de combattants. Celui du cochon se farcissait de becfigues, d'huîtres, de grives, le tout arrosé de bons vins et de jus exquis ; ces mets devinrent si chers que le sénat fit une loi somptuaire pour les défendre.

Athénée parle d'un marcassin à demi bouilli, à demi rôti préparé par un cuisinier qui avait eu l'art de le vider et de le farcir sans l'éventrer ; il avait fait un petit trou sous une épaule ; l'animal lavé en dedans par du vin avait été ensuite farci par la gueule. Les Égyptiens regardaient le cochon comme un animal immonde, si quelqu'un par mégarde, avait touché à un cochon, il devait de suite pour se purifier entrer dans le Nil avec ses habits. Un seul jour et dans une seule circonstance, il était permis de manger du cochon, c'était au moment de la pleine lune : l'animal était alors immolé à Bacchus et à Phœbé. Tout le monde sait que les Israélites regardent la chair du cochon comme une chair immonde ; mais tout le monde sait aussi que cette prescription est plus hygiénique que religieuse ; le pays où les cochons acquièrent le plus haut degré de délicatesse, sans doute par les fréquentes occasions qu'ils ont, si l'on en croit, à tort d'ailleurs, les pères jésuites, de manger de la chair humaine est la Chine ; aussi les Chinois font-ils du cochon la base de tous les festins et leurs jambons ont-ils une qualité supérieure à ceux de tous les pays.

En 1131 mourut le jeune roi Philippe, que Louis le Gros, son père, avait associé au royaume et fait couronner à Reims. En passant dans une rue étroite un cochon s'embarrassa dans les jambes de son cheval, son cheval s'abattit et le jeune prince se heurta si vivement la tête qu'il en mourut le lendemain ; il fut alors défendu de laisser vaguer les pourceaux dans les rues ; la crainte de déplaire à saint Antoine fit que l'on excepta de cette défense ceux de l'abbaye du digne saint, mais à la condition qu'ils auraient une clochette au cou.

En 1386. par sentence du juge de Falaise, une truie fut condamnée à être mutilée et pendue, pour avoir tué un enfant.

En 1394, dans la paroisse de Roumaigne, vicomtée de Morraigne un porc fut condamné pour le même crime.

Humbert, Dauphin du Viennois, partant pour la croisade, en 1345 (nous laissons aux savants à dire quelle fut cette croisade), Humbert Dauphin du Viennois fit un règlement par lequel il fixa la maison de la Dauphine, son épouse, à trente personnes ; or, pour ces trente personnes il accorda un cochon par semaine, et trente cochons salés par an ; ce qui faisait trois cochons par personnes.

Cuvier, ennuyé d'entendre dire que l'intérieur du corps du cochon ressemblait en tout à celui de l'homme et que les anciens chirurgiens, qui n'avaient pas le droit d'ouvrir les morts, étudiaient sur les cochons une anatomie équivalente, a écrit ces quelques lignes pour redresser l'erreur dans laquelle les historiens de la science médicale sont tombés.

« L'estomac de l'homme et celui du cochon n'ont aucune ressemblance ; dans l'homme ce viscère a la forme d'une cornemuse, dans le cochon il est globuleux ; dans l'homme, le foie est divisé en trois lobes, dans le cochon il est long et plat ; dans l'homme, le canal intestinal égale sept à huit fois la longueur du corps, dans le cochon, il égale quinze à dix-huit fois la même longueur. L'épiploon, c'est-à-dire cette partie qu'on appelle vulgairement toilette, est beaucoup plus étendu et plus chargé de graisse ; et, ce qui est très-consolant pour les âmes délicates qui ne veulent avoir rien de commun avec le naturel du cochon, c'est que son cœur présente des différences notables avec celui de l'homme.

« J'ajouterai, pour la satisfaction des savants et des beaux esprits, que le volume de son cerveau est aussi beaucoup moins considérable ; ce qui prouve que ses facultés intellectuelles sont fort inférieures à celles de nos académiciens. » (CUVIER.)

Le cochon est, avec le lapin, l'animal le plus prolifique qui soit au monde. Vauban, qui était, comme on le sait, excellent mathématicien, a fait sur les cochons un traité qu'il appelait : *Ma cochonnerie*. Il avait calculé la postérité d'une seule truie pendant douze ans.

Cette postérité se montait en enfants, petits-enfants arrière-petits-enfants, à 6,434,838 cochons.

Le cochon a été longtemps regardé, à Naples, comme un personnage sacré; c'était le seul balayeur de rue, qui existât dans la moderne Parthénope; il y avait peu de maisons où un cochon ne fût attaché avec une corde assez longue pour qu'il nettoyât un diamètre de vingt-quatre pieds. Aussi les cochons étaient-ils, ceux qu'on laissait libres, du moins, de toutes les fêtes.

Un des frères du roi de Naples, nommé le prince Antoine, dont la réputation s'expliquera par un mot de son frère, disait devant le roi, en parlant du marquis de Sal... « Nous sommes amis comme cochons. » Et le roi lui répondait en haussant les épaules :

« Vous êtes encore plus cochon qu'ami. »

Le prince Antoine fut surpris dans la chambre d'une paysanne, par un des frères de la jeune fille armé d'un bâton ; il voulut se sauver par la fenêtre, où était appliquée une échelle, mais au bas de l'échelle il trouva le second frère armé d'un second bâton ; il ne lui fallait pas passer par les verges du balai, mais par le manche; les deux frères s'en donnèrent si bien et vengèrent si galamment l'honneur de leur sœur sur le dos du prince Antoine, que celui-ci en mourut douze ou quinze jours après ; on lui fit un enterrement en grandes pompes, qui partit du palais du roi et s'achemina vers Sainte-Claire, l'église des tombes royales. Mais l'étonnement fut grand lorsqu'on vit un énorme cochon, dont personne ne réclamait la propriété, prendre le haut du pavé et servir de conducteur au cortége ; on fit tout ce qu'on put pour le chasser, mais rien au monde ne put parvenir à le faire dévier de sa route ; arrivé à l'église Sainte-Claire il s'arrêta de lui-même, et monta les sept ou huit marches qui conduisent à l'intérieur de l'église. Alors on fit de nouveaux efforts pour éloigner l'animal immonde; mais celui-ci sembla défendre ce qu'il paraissait regarder comme son droit ; le suisse s'avança en le menaçant de sa hallebarde, dont il allait peut-être le percer lorsqu'une voix dans la foule s'écria :

« Malheureux ! ne voyez-vous pas que c'est l'âme du prince Antoine ? »

Il ne fallut que cet éclaircissement pour faire connaître les droits du cochon, à qui l'église fut ouverte et qui assista à toute la cérémonie mortuaire avec la tranquillité d'une âme qui sait qu'elle peut compter sur des prières.

Le cochon est de tous les animaux celui qui est le plus employé dans la cuisine; car dans presque tous les mets, soit entrées ou rôtis, on se sert de lard et de jambon; les autres parties de cet animal sont moins recherchées; cependant la hure est un mets fort distingué, quand elle est apprêtée par un homme qui connaît bien son état; les pieds se servent à la Sainte-Ménehould ou farcis de truffes; les oreilles se servent en menu de rois, et les poitrines s'emploient dans bien des ragoûts; il faut choisir le porc jeune et gras, mais bien prendre garde que sa chair ne soit envahie par des parasites qu'on appelle trichines; la science moderne a appris que cette invasion des trichines n'était rien autre chose que la ladrerie.

Dans cet animal, il n'y a rien à jeter : de son sang on fait du boudin, de ses intestins des andouilles, des débris de ses chairs des saucisses et des fromages de cochon.

Terminons par une boutade poétique et porcine du cuisinier lyrique Rouyer :

> Entre Pâques et Pentecôte,
> Que de *Jambons* l'on mangera !
> Aussi chacun, en aimable hôte,
> Sur ce *mets*, son mot contera.
>
> Citons la réponse naïve
> Faite par un gourmand abbé,
> A qui disait un gai convive :
> — « Si dans la religion juive
> Vous viviez...; pour vous prohibé
> Ce *Jambon gras*, à chair exquise !...
> — Oui; pour en manger bel et bien,
> (Si j'étais enfant de Moïse,)
> Je me ferais vite chrétien ! » —

> Bonne riposte à l'Esculape
> Grondant le bel esprit Beautru,
> Qui fait de ses draps une nappe
> Sur laquelle est un *Jambon cru :*
> — « Quelle qu'en soit la provenance,
> Cuit ou non cuit, mon ordonnance
> Vous défend, malade piteux,
> Ce jambon, mauvais pour la goutte !...
> — Pour *Elle,* oui, docteur, oui, sans doute ;
> Mais qu'il est bon pour le goutteux ! »

COCHON (HURE DE). — Le célèbre Beauvilliers et l'illustre M. de Courchamps, donnant exactement la même recette pour la hure de cochon ou de sanglier, nous croyons ne pouvoir faire mieux que de nous joindre à ces deux grands maîtres — en l'art de manger.

Coupez votre hure jusqu'à la moitié des épaules, c'est-à-dire plus longue qu'on ne la coupe ordinairement ; flambez-la, de manière qu'il n'y reste aucune soie ; nettoyez le dedans des oreilles en y introduisant un fer presque rouge, pour en brûler les poils qui s'y trouvent ; cela fait, lavez bien cette hure, épluchez-la de nouveau, ratissez-la et désossez-la ; prenez garde de n'y faire aucun trou, surtout à la couenne de dessous le nez ; la chair qui provient des parties charnues, telles que celle des épaules, étendez-la dans les parties de votre hure, où il n'y en a pas, afin que les chairs soient égales partout ; ensuite mettez-la dans un grand vase de terre ; faites une eau de sel, laissez-la refroidir, tirez-la à clair et versez-la dans votre vase sur la hure, afin qu'elle trempe entièrement ; mettez-y une poignée de graines de genièvre, quatre feuilles de laurier, cinq ou six clous de girofle, deux ou trois gousses d'ail (coupées en deux), une demi-once de salpêtre en poudre, du thym, du basilic et de la sauge ; couvrez votre terrine d'un linge blanc et mettez dessus un autre vase qui le couvre le plus possible ; laissez-la mariner huit ou dix jours ; ensuite égouttez-la ; faites une farce pour en garnir votre hure. A cet effet, prenez de la chair de porc, ôtez-en la peau et les nerfs ; mettez à peu près la même quantité de lard assaisonné de sel fin et de fines épices ; hachez le tout très-menu, en sorte qu'on ne puisse distinguer le lard d'avec la chair ; mettez votre farce dans un mortier, pilez-la bien ; incorporez, l'un après l'autre, cinq ou six œufs entiers ; faites l'essai de cette farce, et remédiez à ce qui pourrait y manquer. Votre farce achevée, étendez votre hure sur une nappe blanche ; ôtez les ingrédients qui ont servi à lui donner du goût. Vous aurez coupé du lard en grands lardons que vous aurez assaisonnés avec sel, poivre, quatre épices, des aromates pilés, persil et ciboules hachés et que vous aurez incorporés le mieux possible avec vos lardons ; arrangez de nouveau vos chairs dans la peau de la hure ; garnissez-la de ces lardons, posés en long de distance en distance, bien entremêlés avec la chair et la farce, de l'épaisseur d'un pouce, mettez-y la langue que vous aurez échaudée et épluchée ; faites un autre lit de lardons, et entre ces lardons, placez des truffes épluchées et coupées en long, entremêlées de pistaches que vous aurez émondées ; faites ainsi plusieurs lits, jusqu'à l'emploi entier de votre farce, de vos truffes, de votre lard et des pistaches. Votre hure remplie, cousez-la avec une aiguille à brider ; ménagez-lui bien sa première forme ; enveloppez-la dans une étamine neuve et cousez-la ; attachez les deux bouts avec de la ficelle ; foncez une braisière avec des parures de boucherie, surtout de veau, des oignons, des carottes, trois feuilles de laurier, deux bouquets de persil et ciboules, quelques clous de girofle, de l'ail et trois bouteilles de vin rouge de Bourgogne ; achevez de mouiller avec du bouillon ; il faut qu'elle trempe dans son assaisonnement ; faites-la partir ; couvrez-la avec deux feuilles de fort papier beurré ; couvrez la braisière de son couvercle ; mettez-la sur une paillasse, avec feu dessus et dessous ; faites-la cuire cinq à six heures, cela dépendra de la grosseur de la pièce et de la jeunesse de l'animal dont elle provient ; pour vous assurer si elle est cuite, sondez-la avec une lardoire ; si elle entre facilement, retirez votre braisière du feu, laissez votre hure dedans et ne la retirez de son assaisonnement que quand elle sera presque tiède ; laissez-la refroidir dans son étamine ; après, déballez-la, retirez la graisse qui pourrait se trouver dessus ; ôtez les ficelles, parez-la du côté du chignon, dressez-la sur une serviette et servez.

Hure de cochon à la manière de Troyes. — Appropriez, désossez comme ci-dessus. Seulement remplacez la farce dont vous remplissiez votre hure par des truffes et des pistaches.

Jambon au naturel. — Procurez-vous un bon jambon, ceux de Westphalie sont les meilleurs et en général plus estimés que ceux de Bayonne; parez-le c'est-à-dire enlevez le dessus des chairs et sur le bord du lard ce qui pourrait être jaune, ôtez l'os du quasi, coupez le bout du jarret et mettez votre jambon tremper, après l'avoir égoutté en enfonçant une lardoire dans la noix ce qui vous décidera de laisser dessaler plus ou moins longtemps; cela fait, mettez-le dans un linge, nouez-en les quatre bouts, arrangez-le dans une marmite ou une braisière, proportionnée à sa grosseur; mouillez-le avec de l'eau, mettez-y quatre ou cinq carottes, autant d'oignons, quatre clous de girofle, trois ou quatre feuilles de laurier, deux ou trois gousses d'ail et un ou deux bouquets de persil, thym et basilic; faites-le partir et cuire ensuite à petit feu, par poids de 500 gr.; lorsque vous soupçonnerez qu'il est cuit, sondez-le avec la lardoire : si elle s'enfonce facilement, c'est que sa cuisson est faite; retirez-le; dénouez et renouez le linge pour serrer davantage; votre jambon à moitié refroidi levez-en la couenne près du combien; parez-le et panez avec de la chapelure passé au travers d'un tamis; mettez une serviette sur un plat et dressez-le dessus.

Jambon braisé. — Parez, ôtez le bord du lard, coupez le manche, désossez l'os du quasi, faites dessaler, mettez dans un linge, liez et posez dans la braisière foncée de bœuf, veau carottes, oignons, ciboule, persil, clous de girofle, laurier, thym, etc. Mouillez, faites partir, arrosez mi-cuit d'une bouteille de vin blanc (Champagne mêlé d'eau-de-vie ou préférablement Madère pur). Ne couvrez pas, laissez réduire; égouttez, levez la couenne, glacez avec sauce de veau réduite. Servez sur légumes, *ad libitum.*

C'est, modifiée légèrement, la recette Beauvilliers.

Jambon à la broche. — Dessalez, parez, mettez dans une terrine avec oignon, carotte, laurier, cassis, un litre de Malaga ou Marsala (voir plus haut); fermez dans un linge, laissez mariner un jour et une nuit; faites cuire à la broche arrosé de sa marinade. Levez la couenne, panez et servez sur anglaise et sur la marinade tamisée.

Échinée de cochon. — Prenez-la comme vous feriez d'un carré de veau, ôtez-en l'arrête jusqu'au point des côtes et deux heures avant de la mettre à la broche, saupoudrez-la d'un peu de sel dessus et dessous; faites-la bien cuire, et servez-la sous une sauce poivrade. (V. cette sauce.)

Côtelettes de cochon, sauce Robert. — Coupez, aplatissez, parez, salez, faites griller et vous servirez avec une sauce Robert. (V. sauce ROBERT.)

Oreilles de cochon, en menu de roi. — Flambez, nettoyez au fer presque rouge, ratissez, lavez, faites blanchir et cuire dans une braisière; laissez refroidir; coupez par filets agrémentés d'oignons en filets cuits au beurre et au blond de veau et dont vous verserez la sauce, en servant, sur vos oreilles de cochon avec adjonction d'un filet de vinaigre.

Oreilles de cochon à la purée. — Comme ci-dessus. Puis braisez avec bouillon, carottes, oignons, persil, ciboules, thym, laurier et basilic, égouttez, dressez et masquez avec purée de pois ou de lentilles. (V. purée de pois verts.)

Queues de cochon à la purée. — Procédez à l'égard de ces queues, comme il est dit à l'article précédent pour les oreilles.

Pieds de cochon à la Sainte-Ménehould. — Lorsque le roi Louis XVI s'enfuit de Paris pour se faire arrêter à Varenne, dix brochures parurent pour exposer les causes de cette arrestation; une entre autres de cet enfant terrible de la Révolution que l'on appelait Camille Desmoulins? insinue que le roi fugitif n'avait pu résister au désir de manger des pieds de cochon à la Sainte-Ménehould, ceci était un mensonge qui, dans la situation où il était fait, prenait les proportions d'une calomnie. Louis XVI ne s'arrêta à Sainte-Ménehould que le temps d'y être reconnu par le fils du maître de poste Drouet qui, lui-même, sella son cheval et partit par des chemins de traverse, afin d'arriver avant le roi à Varennes; il le précéda en effet de quelques minutes, et le roi fut arrêté en face de l'hôtel.

Ceci posé et c'est toujours la place de poser une vérité, revenons à nos pieds de cochon.

Flambez ce qu'un cochon peut avoir de pieds, c'est-à-dire quatre, en général; ratissez-les, lavez-les à l'eau chaude, faites qu'ils soient bien propres, fendez-les en deux, rapprochez les morceaux l'un contre l'autre ; entortillez-les de ruban de fil, appelé ruban à tabliers, exactement comme si un perruquier faisait une queue ; cousez les deux bouts du ruban, faites-les cuire dans une braise ou dans du bouillon, comme les queues à la purée. Égouttez-les, laissez-les refroidir, ôtez-en les rubans, séparez ces morceaux ; trempez dans du beurre fondu, panez-les, faites-les griller, et servez à sec.

Cochon (Petit salé aux choux). — Nous pourrions évoquer les ombres des Grecs et des Romains pour prouver que le chou a mérité les suffrages des premiers peuples de la terre. Et par exemple Caton, ennemi irréconciliable des médecins, médicastre lui-même, traitait toute sa maison avec le chou, sans distinction de maladie, et chose merveilleuse, ses gens ne s'en trouvaient pas plus mal. — A l'exception d'Auguste, tous les empereurs, jusqu'à Vespasien, furent gourmands. Mais il faut le dire à la louange de ce stupide Claude, ce fut lui qui releva le chou par l'amour qu'il portait au petit salé. « Pères conscrits, s'écria-t-il un jour en entrant au sénat, dites-moi, je vous prie, est-il possible de vivre sans petit salé ? » Et l'honorable compagnie de répondre aussitôt : « Oui, seigneur, plutôt mourir que de se passer de lard. »

Dès ce moment les sénateurs, pour faire la cour à Claude, se régalèrent de petit salé aux choux.

Pour faire le petit salé, vous coupez des poitrines de cochons en morceaux ; frottez-les de sel fin comme le lard, ajoutez-y un peu de salpêtre, arrangez-les au fur et à mesure les uns après les autres dans un pot, ayez soin de les bien fouler pour éviter qu'elles ne prennent le goût d'évent ; bouchez les vides que pourra laisser le sel, recouvrez le vase d'un linge blanc et fermez le plus hermétiquement possible et servez-vous-en au bout de huit ou dix jours pour mettre sur des choux ou sur ce que vous voudrez.

Langues de porc fourrées et fumées. — Prenez des langues de porc dont vous ôtez une partie du cornet, échaudez-les pour leur ôter la première peau, mettez-les dans un vase en les serrant bien l'une contre l'autre, et les salant avec du sel et un peu de salpêtre; joignez-y du basilic, du thym, du laurier, du genièvre et quelques échalotes, si vous voulez, couvrez le pot comme il est indiqué au petit salé, mettez-le de même dans un endroit frais pendant huit jours; au bout de ce temps, retirez-les de la saumure, faites-les égoutter, emballez-les dans des boyaux de cochon, de bœuf ou de veau, liez-en les deux bouts, faites-les fumer, et quand vous voudrez vous en servir mettez-les cuire dans l'eau avec un peu de vin, un bouquet de persil et ciboules, quelques oignons, thym, laurier, basilic; laissez refroidir et servez.

Cervelles de cochon. — On les prépare comme les cervelles de veau (V. cet article), en ayant soin de les faire accompagner en les servant d'une sauce relevée soit à l'estragon, soit au Kari des Indes.

Saucissons dits de Bologne. — Les saucissons se font de la même manière que les cervelas dits Mortadelles. (V. cet article.)

Émincé de porc frais à la minute. — Coupez des filets mignons de porc en forme d'escalopes que vous posez dans une poêle ou sur une tourtière après les avoir saupoudrés de mie de pain assaisonnée de fines herbes, sel et poivre; mettez du beurre dans une casserole et passez-y des échalotes hachées, mouillez avec le jus des côtelettes, sel et poivre, faites lier avec du beurre manié de farine et ajoutez une cuillerée de moutarde à votre sauce au moment de servir.

Rôtie au lard. — Coupez les deux extrémités d'un petit pain mollet et piquez-le d'une extrémité à l'autre avec des languettes de filets mignons de porc frais et de petit lard; coupez votre pain en tranches et trempez ces tranches dans des œufs battus, faites frire à petit feu et servez à sec ou à la sauce piquante.

COCHON DE LAIT. — (Article copié dans un vieux formulaire.)

En choisissant un cochon de lait, vous devez avoir soin de le prendre court, gras et jeune, c'est-à-dire qu'il n'ait pris pour nourriture que le lait de sa mère et alors il doit être bon; préferez les tonquins aux autres espèces, ils sont beaucoup plus délicats. Quand vous voudrez le tuer prenez lui le corps entre vos genoux, en lui serrant le grouin dans la main gauche et vous lui enfoncez le couteau au bas de la gorge, ce qu'on appelle le petit cœur : il est nécessaire que le couteau soit étroit de lame et fort pointu ; dirigez-le bien droit afin d'atteindre l'animal au cœur. Prenez garde de l'*épauler*, car alors il serait difficile à échauder, et comme il saignerait peu, les chairs en seraient noires et moins délicates ; vous aurez fait chauffer une chaudronnière d'eau un peu plus que tiède, vous aurez eu la précaution d'avoir un peu de poix-résine. Avant de tremper votre cochon dans l'eau ayez soin de lui casser les défenses de crainte qu'elles ne vous blessent en l'échaudant ; trempez-lui la tête dans cette eau ; si le poil des oreilles commence à quitter retirez votre eau du feu et trempez en entier votre cochon ; mettez-le sur la table et la résine près de vous ; posez votre main à plat sur cette résine (ce qui vous donnera l'aisance de bien approprier votre cochon) frottez-le, trempez-le plusieurs fois dans l'eau, afin qu'il n'y reste aucun poil, déchaussez-le, c'est-à-dire ôtez lui les sabots, videz-le et prenez garde de faire l'ouverture trop grande, ôtez-lui tout ce qu'il a dans le corps, hors les rognons, passez votre doigt entre le quasi, pour lui faire sortir le gros intestin, supprimez-le, ciselez-lui le chignon, faites-lui quatre incisions sur la croupe pour lui retrousser la queue entre la peau et les chairs, passez-lui trois brochettes, une dans les cuisses pour lui assujettir les pieds de derrière comme ceux d'un lièvre au gîte, une autre à travers la poitrine pour lui trousser les pieds de devant, et une autre auprès des rognons pour l'empêcher de faire le dos de chameau ; cela fait, mettez-le dégorger dans l'eau fraîche, égouttez-le, laissez-le se ressuyer et mettez-le à la broche ; s'il lui restait quelques poils, flambez-les avec du papier ; lorsqu'il aura fait trois ou quatre tours de broche, frottez-le d'huile avec un pinceau de plumes pour que la peau soit croquante ; faites cette opération plusieurs fois pendant le temps de la cuisson, quand il sera cuit, débrochez-le, faites-lui une incision autour du cou, afin que la peau reste croquante et servez-le très-chaudement.

Cochon de lait farci à l'anglaise. — La seule différence de celui-ci d'avec le précédent est que la farce sera faite avec le foie haché, de la mie de pain trempée dans le lait, du beurre, de la tétine, des œufs, des jaunes surtout, des assaisonnements épicés, etc.

Cochon de lait en galantine. — Échaudez un cochon, comme il est indiqué plus haut, faites-le dégorger, égouttez-le, désossez-le, à la réserve des quatre pieds et prenez garde de trouer sa peau; faites une farce cuite, de volaille ou de veau, étendez la peau de votre cochon sur un linge blanc, mettez-y de cette farce l'épaisseur d'un doigt, garnissez-la de gros lardons de lard et placez entre ces lardons des filets de truffes, des filets d'omelettes et des jaunes d'œuf entiers, des filets de pistaches, des filets d'amandes douces et des filets de noix, de jambon cuit, couvrez le tout d'une même épaisseur de farce et continuez ainsi jusqu'à ce que la peau soit bien remplie sans être trop tendue; surtout faites en sorte de conserver à la tête de l'animal ainsi qu'à son corps, leurs premières formes; cousez-le avec une grosse aiguille et du meilleur fil de Bretagne, fixez les quatre pieds comme pour le mettre à la broche, frottez-le de jus de citron, couvrez-le de bandes de lard, emballez-le dans une étamine neuve que vous coudrez en attachant les deux bouts, formez une braise avec les os et les débris de ce cochon, quelques lames de jambon cru, un jarret de veau partagé en deux, deux gousses d'ail, deux feuilles de laurier, du sel, carottes, oignons et un bouquet de persil et ciboules; posez dessus le même cochon que vous mouillerez avec du bon bouillon et une bouteille de vin de Grave; faites-le partir, retirez-le sur les bords du fourneau, faites-le aller doucement pendant trois heures, laissez-le refroidir dans sa cuisson, ensuite déballez-le, ôtez les bardes de lard, dressez-le sur le plat. Vous aurez passé le fond de votre braise au travers d'un tamis de soie, si ce fond n'est pas assez *ambré*, mettez-y un peu de jus, faites-le réduire et clarifiez comme il est indiqué à l'aspic (V. *aspic*), faites un cordon de cette gelée autour de votre plat, soit en *diamant* ou de toute autre manière, et servez pour grosse pièce à l'entremets. (Recette traditionnelle.)

COING. — Fruit du Cognassier. On en fait un sirop de coings qu'on administre dans les cas de diarrhées rebelles et l'eau mucilagineuse qu'on obtient par l'immersion des pepins de coings. Le coing sert à faire la *bandoline*, dont se servent les coiffeurs pour lisser les cheveux.

Le coing sert aussi à fabriquer des confitures dont nous allons indiquer les différentes recettes.

Coings au beurre. — Vous faites cuire des coings au four puis vous les pilez et les émincez en bons morceaux, en évitant d'en rien détacher; jetez-les encore chauds dans une bassine de faïence dans laquelle vous aurez mis un bon morceau de beurre frais, une pincée de sel, une bonne dose de sucre en poudre et de la cannelle, sautez sans laisser bouillir et servez avec des croutons frits.

Coings confits. — Prenez des coings bien odorants, coupez-les par moitié ou par quartiers, pelez-les et ôtez-en les cœurs, mettez-les à mesure dans l'eau fraîche, faites-en bouillir d'autre, mettez-y vos coings et laissez-les jusqu'à ce qu'ils commencent à s'amollir.

Cela fait, tirez-les et remettez-les dans de l'eau fraîche, faites cuire du sucre, mettez-y vos coings et faites-les bouillir à petit feu, couvrez-les pour leur faire prendre une couleur rouge, ôtez-les quelquefois de dessus le feu et remettez-les après qu'ils se seront un peu reposés, jusqu'à ce que le sirop soit cuit presque en gelée et couvrez-les lorsqu'ils seront froids.

Faites une décoction des pelures, des trognons et de quelques autres parties de coings, passez-les au tamis ou à travers un linge et servez-vous-en pour cuire ceux qui sont destinés à être confits, ajoutez-y de la cochenille préparée pour leur donner belle couleur.

Compote de coings. — Les coings ne forment point une substance assez compacte pour qu'on en puisse faire rien qui vaille en compote.

Coings à la moelle. — Mettez vos coings sous la cendre dans une robe de papier beurré. Cuits, coupez-les, sucrez en les tenant devant le feu. Ajoutez quelques grammes de moelle parfaitement fraîche, du ratafia de coings, de la cannelle, laissez bouillir et dressez avec biscuits d'une pâte légère.

Gelée de coings. — Prenez et coupez par morceaux une certaine quantité de coings, tirez-en la décoction en les faisant bouillir dans l'eau, qu'ils trempent seulement sans être noyés, jetez-les sur un tamis, lorsqu'ils seront bien cuits, ayez du sucre clarifié, une cuillerée pour deux de décoction, faites-le cuire au soufflé, ajoutez-y votre décoction et faites cuire votre gelée, retirez-la, sa cuisson faite, et mettez-la en pots.

Conserve de coings, appelée cotignac d'Orléans. — (Cette bonne recette provient des archives de M. Grimod de la Reinière qui la tenait du confiseur de son oncle, M. de Jarente, évêque d'Orléans.) Prenez les plus beaux coings et ôtez-en les pepins en y laissant toute la peau des fruits, car c'est dans la peau des coings que se trouve la plus grande partie de leur parfum et de leur saveur particulière; enlevez les pepins et la partie fibreuse, vous les mettez avec de l'eau dans une bassine, les retournant de temps en temps avec une spatule jusqu'à ce qu'ils soient bien tendres, alors vous les retirez et les jetez dans un tamis sur une terrine; quand ils sont refroidis, vous les écrasez et les réduisez en pulpe que vous faites réduire à moitié sur le feu, vous la retirez et la versez de la bassine dans un vase de terre vernissée ou dans une terrine, précaution sur laquelle on ne peut trop insister.

Vous clarifiez même quantité de sucre que de marmelade, et vous le faites cuire au petit cassé; vous y versez la marmelade en remuant bien avec une spatule; quand le mélange est bien fait vous remettez la bassine sur un petit feu, en remuant toujours jusqu'à ce que vous découvriez facilement le fond de la bassine, alors vous la retirez de dessus le feu.

Vous posez sur une plaque de fer-blanc ou sur des ardoises, des moules de différentes figures, soit en rond, soit en carré, soit en forme de cœur, vous les emplissez de votre pâte ou marmelade, ayant soin d'en bien unir la surface avec un couteau; lorsque tous les moules sont remplis, vous saupoudrez avec du sucre et les mettez à l'étuve avec un bon feu. Le surlendemain vous les retirez des moules, vous les posez sur des tamis en les retournant et les saupoudrez aussi de sucre de ce côté; vous les laissez en cet état un jour à l'étuve et les conservez dans des boîtes bien bouchées, en les disposant par lits et mettant entre chacun une feuille de papier blanc.

Nous avons cru devoir mettre ces recettes au mot coing,

plutôt que de les indiquer aux mots compotes, conserves ou gelées, et nous ferons de même pour les autres fruits, susceptibles des mêmes préparations.

COLLAGE. — On appelle collage en terme culinaire, l'opération que l'on fait subir aux vins pour les clarifier.

Le collage du vin a pour but de lui donner de la limpidité, de le dégager de la lie et des parties trop colorantes, d'opérer enfin ce qu'on appelle la clarification. Pour obtenir ce résultat, on se sert ordinairement de colle de poisson et de blancs d'œufs ou de poudres préparées à cet effet. On a soin d'abord de tirer de la pièce la valeur de deux bouteilles, on prend six blancs d'œufs que l'on bat ensemble avec une demi-bouteille de vin. On introduit par la bonde un bâton fendu et l'on agite le vin en faisant pénétrer le bâton dans tous les sens, et puis on verse les blancs d'œufs préparés et l'on achève de remplir la pièce qui doit être bouchée environ un quart d'heure après avec une bonde fraîche; huit jours après on peut tirer le vin sans inconvénient. Pour opérer le collage avec de la colle de poisson (collage qui convient uniquement au vin blanc, retenez-le bien, tandis que les blancs d'œufs ne sont bons que pour coller le seul vin rouge), il faut prendre 6 grammes de colle, la couper par feuilles très-minces, la faire dissoudre dans une demi-bouteille de vin pendant vingt-quatre heures, et agir de la même façon qu'avec les blancs d'œufs.

Le collage de la bière se fait de la même manière.

COMPOTE. — On se sert également de ce terme pour désigner un grand nombre de préparations culinaires.

On fait des compotes avec toutes sortes de volailles, telles que pigeons, tourtereaux, ramiers, perdreaux, alouettes, etc., que l'on fait cuire avec des carrés de petit lard et dans du consommé assaisonné avec des cinq racines, des sept fines herbes et des quatre épices.

Quant aux compotes de fruits, ce sont tout simplement des confitures qui n'ont pas assez cuit pour dénaturer la forme du fruit qui fait leur base, et qui, par ce seul fait, conservent encore toute leur saveur originelle, ainsi que leur fraîcheur et leur parfum. Les compotes doivent être mangées aussitôt leur préparation, sans quoi elles perdent toutes leurs qualités.

Nous allons indiquer les différentes espèces de compotes en renvoyant pour leur préparation, aux fruits qui les composent :

Compote de pommes dite à la paysanne (V. Abricot).
Compote de pommes de reinette à la gelée d'oranges.
Compote de pommes de calville rouge à la gelée de framboises.
Compote de cœur de pigeon aux tranches de cédrat.
Compote de pommes grillées à la portugaise.
Compote de poires à la ménagère. (V. Abricot.)
Compote de poires crues à la royale. (V. Bon-chrétien.)
Compote de poires de bon-chrétien mêlées de petits citrons confits.
Compote de poires de Martin-sec à la portugaise.
Compote de poires de rousselet aux montants d'angélique.
Compote de coings. (V. Coing.)
Compote de pêches à la coque.
Compote de pêches royales au jus de groseilles blanches.
Compote de pêches de vigne au vin de Clos-Vougeot.
Compote de pêches tardives au vin de Lunel.
Compote de brugnons à la ménagère.
Compote de brugnons glacés au candi.
Compote d'abricots.
Compote de prunes de reine-Claude au naturel.
Compote de reine-Claude au rhum.
Compote de prunes de mirabelle mêlées de cerises.

Compote de prunes de Damas jaune au ratafia de fleurs d'oranger.
Compote de framboises mêlées de groseilles épipennées.
Compote de verjus au naturel.
Compote de verjus muscat au candi.
Compote des quatre fruits et de verjus rouge en macédoine.
Compote de cerises hâtives à la bourgeoise.
Compote de cerises au marasquin.
Compote de fraises ananas crues au vin de Rivesalte.
Compote de fraises des bois cuites au bain-marie.
Compote d'oranges au naturel.
Compote d'oranges à leur gelée.
Compote d'oranges à leurs zestes pralinés.
Compote de citrons doux à l'écorce de cédrat.
Compote de limons à l'eau de vanille.
Compote d'ananas crus au vin grégeois. (V Ananas.)
Compote de marrons au jus de bigarade.
Compote de marrons glacés à la liqueur de cannelle.
Compote de groseilles vertes à la crème fouettée.
Compote d'amandes vertes à la purée de pistaches.
Compote de nèfles frites à la moelle et au vin de Bordeaux sucré.

Toutes ces compotes se préparent de la même manière, les fruits seuls en changent la composition.

CONCOMBRE. — Il y a différentes espèces de concombres, mais nous n'avons à nous occuper ici que des concombres verts dont on se sert le plus ordinairement dans la cuisine où on les emploie de diverses manières.

Concombres farcis. — Épluchez trois ou quatre concombres, parez-les avec soin et tournez-les; coupez-en les pointes du côté de la queue, prenez une grosse lardoire et videz-les après en avoir ôté tous les pépins. Mettez-les dans l'eau avec un filet de vinaigre rincez-les bien et faites-les blanchir au grand bouillant; rafraîchissez-les, laissez-les égoutter, et remplissez-les d'une farce cuite, faite avec des blancs de volaille (V. FARCE), foncez une casserole de bardes de lard, posez-y vos concombres, assaisonnez-les avec sel, poivre, bouquet de persil, ciboules, un verre de vin blanc, une demi-feuille de laurier, deux clous de girofle, joignez-y une cuillerée à pot du derrière de la marmite, couvrez-les d'un rond de papier, faites-les partir, mettez-les mijoter sur une cendre chaude; leur cuisson achevée, égouttez-les, dressez-les, glacez-les, saucez-les d'une espagnole réduite, bien corsée et servez.

Ragoût de concombres pour garnitures. — Vous coupez vos concombres par tranches et vous les faites mariner avec sel, poivre, un peu de vinaigre et des oignons coupés, puis vous les pressez dans une serviette et les passez avec du lard fondu, liez la sauce en la mouillant avec du jus, avec du blond de veau ou coulis de jambon.

Concombres à la poulette. — Faites blanchir vos concombres et mettez-les, après les avoir coupés, dans une casserole avec du beurre, singez-les d'une pincée de farine bien fine, sautez-les, mouillez-les avec de l'eau, avec sel et poivre, faites cuire et réduire, mettez du persil haché, un peu de muscade, liez-les avec des jaunes d'œufs et de la crème, faites cuire votre liaison sans laisser bouillir et servez.

Concombres à la béchamel. — Préparez ces concombres prêts à être accommodés, et mettez cuire et réduire avec de la béchamel grasse ou maigre dans une casserole, ajoutez au moment de les servir du beurre et un peu de muscade râpées, sautez-les, assurez-vous s'ils sont de bon goût et servez.

Concombres fricassés. — Vos concombres coupés par tranches, vous les faites cuire entre deux plats avec sel, clous de girofle, et un peu de beurre, ajoutez de la croûte de pain, des raisins de Corinthe et des champignons coupés bien menu ; quand vos concombres sont cuits mettez-y du verjus ou des jaunes d'œufs délayés avec du verjus et un peu de muscade et servez.

Salade de concombres. — Prenez un ou deux concombres, qu'ils ne soient pas encore à leur maturité, épluchez-les, goûtez s'ils ne sont pas amers et dans ce cas rejetez le concombre, coupez-les en ronds bien minces, mettez-les dans un compotier avec sel, poivre, vinaigre, oignons hachés, laissez-les confire deux ou trois heures et servez avec le bœuf après avoir supprimé une partie de leur assaisonnement.

CONFITURES. — Il y a deux sortes de confitures, les *confitures sèches* et les *confitures liquides*. Les premières sont composées de fruits, de tiges, de racines, de certaines plantes et des écorces de certains fruits. Les secondes se font avec des fruits confits dans du liquide et leur préparation demande les plus grands soins.

Les marmelades, les gelées et les pâtes sont aussi de la catégorie des confitures, seulement les marmelades, ne s'appliquent guère qu'aux abricots et aux prunes ; quant aux gelées, elles s'obtiennent avec des jus de fruits dans lesquels on fait dissoudre le sucre et que l'on fait bouillir jusqu'à consistance sirupeuse.

Nous allons d'ailleurs donner, par catégories, les différentes recettes des marmelades, gelées, pâtes, etc.

GELÉES.

Gelée de groseilles. — Il est important pour faire cette gelée que vous preniez des groseilles qui ne soient pas trop mûres et encore acidulées afin que votre gelée soit bien claire ; dans le cas contraire, vous seriez obligé de la clarifier, ce qui ne saurait se faire sans nuire à l'arome des fruits.

Il faut ordinairement pour faire une bonne gelée 500 grammes de sucre par 500 grammes de fruits, mais cette proportion n'est pas de rigueur.

Prenez 2 kilos de sucre, cassez-le par morceaux dans une poêle d'office, ayez 5 kilos de groseilles dont un kilo de blanches pour que votre gelée soit plus belle, égrenez-les ensemble, mettez-les dans une autre poêle avec un demi-setier d'eau, pour les fondre, mettez-les sur le feu et remuez de temps en temps afin qu'elles ne s'attachent pas ; ajoutez-y pour donner du goût, un petit panier de framboises bien épluchées, et faites bouillir le tout ; passez-les après sur un tamis pour en retirer le jus que vous versez sur le sucre, remettez ce sucre sur le feu, pour lui faire jeter une douzaine de bouillons et assurez-vous si elle est cuite à point, mettez-en une pleine cuillerée à bouche sur une assiette, laissez-la refroidir ; si elle tombe en gelée vous pourrez l'emporter, sinon faites-lui prendre un ou deux bouillons de plus.

Vous couvrez vos pots, d'abord avec une rondelle de papier blanc trempé dans de l'eau-de-vie, puis vous recouvrez cette rondelle d'un autre papier double que vous rabattez sur les parois de votre pot et que vous attachez avec une ficelle fine.

On ne saurait trop insister sur la couverture des pots : s'ils sont mal couverts, l'air, en pénétrant, altère votre confiture et lui fait perdre une grande partie du liquide qu'elle contient, ce qui la dessèche et lui donne une consistance trop forte.

Il faut aussi employer toujours pour la couverture des pots, du papier blanc collé : l'autre absorbe trop facilement l'air.

Je reçois à l'instant un billet d'un maître. On ne saurait être trop renseigné. Je le transmets à mes contemporains et à la postérité. Le voici :

« Cher et illustre maître,

« Voici ce que mon expérience, acquise devant les fourneaux, me suggère sur le point où vous voulez bien me consulter.

« Pour faire de la bonne gelée de groseilles prenez le fruit peu mûr, qui est gélatineux, égrenez-le, jetez les grains dans une terrine, ajoutez quelques framboises également ; prenez pour deux kilos de fruits, deux kilos de sucre que vous ferez fondre dans une bassine avec un demi-litre d'eau ; à la première ébullition, cinq minutes après, jetez vos groseilles dans le sucre. — Un quart d'heure de grande ébullition ; enlevez la pulpe, jetez votre gelée de groseille sur un tamis fin ; ondulez-la deux minutes, et versez dans vos pots. — Vous obtenez par ce ce moyen de la belle gelée, et le goût de fruit bien prononcé. — Infaillible réussite.

« VUILLEMOT. »

Gelée de pommes à la façon de Rouen. — On emploie ordinairement pour faire cette gelée, des pommes de reinette, à cause de la plus grande quantité d'acide qu'elles contiennent, et qui leur permet de ne pas faire une gelée trop fade malgré cela ; on y ajoute encore généralement un jus de citron.

Pelez des pommes de reinette avec un couteau d'argent afin d'empêcher leur jus de se colorer, lavez-les bien à l'eau chaude, égouttez-les, mettez-les dans un poêlon, avec assez d'eau pour les baigner complétement, faites-leur jeter un bouillon afin qu'elles soient bien cuites mais pas écrasées, versez-les sur un tamis, laissez-les égoutter, mettez dans votre jus que vous avez passé, deux cuillerées de sucre clarifié et cuit au fort lissé ; versez le tout dans le poêlon et faites bouillir jusqu'à ce qu'elle tombe en nappe, ajoutez-y de l'écorce de citron coupée en petits filets, laissez bouillir encore une minute ou deux, enlevez les filets de citron avec lesquels vous couvrez les pots que vous avez remplis de gelée.

Gelée de fleurs d'oranger. — Quand votre gelée de pommes est arrivée à son point de cuisson, vous retirez la bassine du feu et vous laissez tomber l'ébullition, alors vous versez et mêlez rapidement de la teinture de fleurs d'oranger en faisant bien attention que la gelée soit encore assez chaude pour faire évaporer l'esprit tandis que l'arome se mélange avec le sucre.

Gelée de roses. — Se fait de la même manière que celle d'orangers en ajoutant à votre gelée de pommes la quantité suffisante d'eau double de rose, délayée avec un peu de carmin pour donner à la gelée une teinte suave de rose pâle.

Gelée de cerises. — Ecrasez des cerises dont vous ôtez les noyaux en en conservant seulement une partie pour donner un bon goût d'amande à votre gelée, vous y ajoutez un quart de groseilles égrenées puis vous mettez le tout dans une casserole avec du sucre en suffisante quantité, entretenez l'ébullition pendant un quart d'heure et passez le contenu de votre bassine sur un tamis afin de bien extraire le jus que vous remettez dans la bassine et que vous faites cuire jusqu'à ce qu'il ait atteint la consistance prescrite ; alors vous retirez votre gelée et la mettez dans les pots.

MARMELADES.

Marmelade de pêches. — Choisissez des pêches automnales et mûres que vous pelez et coupez par morceaux, ajoutez du sucre en quantité que vous clarifierez et ferez cuire au fort perlé ; puis mettez vos pêches dans le sucre, ne manquez pas de remuer continuellement, quand votre composition cuit, avec une spatule, jusqu'à ce qu'elle soit arrivée au degré de cuisson voulu.

Ajoutez aussi quelques amandes comme à la marmelade d'abricots.

Marmelade de prunes mirabelles. — Prenez de la petite espèce de mirabelles, bien mûres, ôtez les noyaux et faites macérer 24 heures avec du sucre en poudre.

Faites cuire, tamisez et procédez comme pour les autres marmelades de fruits.

Marmelade de cerises. — Prenez des cerises mûres, que les oiseaux auront jugées telles en les piquant du bec. Otez-en les queues et les noyaux, écrasez-les et donnez-leur un fort bouillon, passez-les au travers d'un tamis, mettez ce qui est passé dans un poêlon, faites-le réduire à moitié et ajoutez-y quantité égale de sucre ; finissez comme ci-dessus.

La marmelade de groseilles se fait de même.

Marmelade de framboises. — Faites macérer vos framboises pendant 3 ou 4 heures avec du sucre en poudre, mettez-les ensuite dans une bassine et faites cuire à grand feu, passez-les quand elles seront bien fondues sur un tamis très-fin, remettez-les dans la bassine et faites chauffer jusqu'à ce que la marmelade ait pris la consistance nécessaire, empotez-la quand la chaleur est tombée.

Marmelade de fraises. — Comme ci-dessus.

Marmelade de verjus. — Choisissez du verjus presque mûr dont vous ne prendrez que les grains, écrasez-les et mettez-les au feu, faites-leur prendre plusieurs bouillons et passez-les au travers d'un tamis, pour qu'il ne reste que les peaux et les pepins, vous les remettez réduire au feu et vous y ajoutez la même quantité de sucre; faites cuire et finissez comme ci-dessus.

Marmelade sans nom. — Elle se fait avec des fruits d'églantier cueillis après les premières gelées, elle est très-agréable et fortement astringente, c'est un bon stomachique dont il ne faut pas abuser.

Après avoir ôté les queues et les calices de vos fruits, vous les fendez et enlevez toutes les graines. Mettez vos églantines épluchées dans une bassine avec assez d'eau pour les baigner, et faites cuire doucement, passez-les, ajoutez leur poids de sucre, faites réduire et faites bouillir jusqu'à ce que la marmelade ait en refroidissant acquis plus de fermeté que les autres.

Marmelade de poires. — Pelez des poires de bonne espèce, coupez-les par quartier et mettez-les baigner dans l'eau, faites cuire à grand feu, retirez-les et mettez le sucre dans leur eau, pendant que le sucre se fond, vous écrasez vos poires et vous les passez à travers un tamis, puis vous remettez le tout dans la bassine et vous achevez de faire cuire en finissant comme pour les autres.

Raisiné de poires à la paysanne. — Prenez un moût de raisins blancs ou de raisins noirs, faites-le réduire d'un quart en bouillant, laissez-le refroidir, versez-y du vin blanc d'Espagne ou de la craie délayée avec de l'eau, mêlez bien la craie avec le moût, il se fait alors une vive effervescence; quand elle est apaisée, vous ajoutez une nouvelle portion de craie et vous continuez jusqu'à ce que cette effervescence soit disparue. Laissez reposer la nuit, le lendemain décantez le dépôt, passez-le à la chausse jusqu'à ce qu'il soit bien clair; puis remettez-le sur le feu et faites bouillir avec quelques blancs d'œufs battus dans l'eau; mettez alors vos poires coupées en morceaux, faites bouillir le tout ensemble jusqu'à cuisson complète des poires et réduction suffisante du moût.

Raisiné de coings à la dauphinoise. — Il se fait de la même manière que le raisiné de poires, on y ajoute seulement des coings coupés en morceaux et que l'on a bien brossés pour enlever les poils.

PATES DE FRUITS.

Pâte de prunes. — Cuisez de la mirabelle en gelée et évaporez par couches à l'étuve, même pour toutes les pâtes de fruit. *Observation générale :* Sucrez fortement pour conserver le goût et la couleur.

Pâte de pommes. — On la fait avec une belle gelée de pommes aromatisée.

Pâte de fruits variés. — On peut convertir en pâte tous les fruits dont on fait des gelées et des marmelades; on peut en faire en toutes saisons, il ne s'agit que de mettre les gelées ou les marmelades dans une bassine et de les faire amollir en les chauffant doucement.

Pâte transparente d'abricots, de prunes, etc. — Écrasez à froid, mettez le suc exprimé dans une bassine avec un peu de gomme arabique, puis vous clarifiez au blanc d'œuf, en l'introduisant dans le jus que vous remettez dans la bassine et que vous mêlez bien en faisant bouillir et en ôtant les écumes à mesure qu'elles se forment.

Cougloff à l'allemande. — On ne saurait donner une meilleure formule que celle ci-après, recueillie par M. Carême.

Mettez dans une grande terrine vernissée une livre et demie de beurre fin que vous avez fait tiédir, puis avec une grande cuiller de bois (neuve ainsi que la terrine) vous mêlez ce beurre pendant six bonnes minutes, afin qu'il devienne velouté et d'un moelleux parfait, vous y joignez ensuite deux œufs, puis vous remuez ce mélange pendant deux bonnes minutes, ajoutez trois jaunes d'œufs et remuez encore deux minutes. Vous sucrez ce procédé, en mettant successivement dix autres œufs et neuf jaunes, ce mélange de beurre et d'œufs doit vous donner une crème extrêmement douce au toucher; alors vous y mêlez peu à peu deux livres de belle farine tamisée, ce qui commence à donner une pâte mollette, vous y joignez douze gros de bonne levure dissoute dans un verre de lait chaud. Vous passerez ce liquide dans le coin d'une serviette (on emploiera le même procédé pour passer la levûre liquide avant de la joindre dans les détrempes où son addition est nécessaire), remuez bien ce liquide à la pâte en y mettant huit onces de farine passée, puis faites un creux dans la pâte, dans laquelle vous mettez une once de sel fin et quatre onces de sucre en poudre, ensuite vous versez dessus un verre de lait chaud et le mêlez à la masse entière en y joignant encore huit onces de farine.

Cette pâte se travaille encore quelques minutes en y versant de temps en temps un peu de lait chaud, afin de la rendre de la consistance mollette du gâteau de Compiègne. L'addition du lait donne plus de corps et la rend plus lisse qu'elle n'était d'abord.

Il est aisé, ce me semble, de voir que la manière de travailler cette détrempe contribue seule au moelleux de ce délicieux gâteau.

Ensuite vous avez tout prêt un moule de la même grandeur et beurré de même que pour le gâteau de Compiègne; mais avec cette différence que dans celui-ci vous placez avec symétrie des amandes douces séparées en deux parties, puis vous y versez la pâte par petite partie, afin de ne pas déranger les amandes pour la fermentation et la cuisson. C'est absolument la même manière de procéder que pour la brioche royale ou gâteau de Compiègne. (V. BRIOCHE.)

« Nous sommes redevables de cette intéressante recette (dit toujours M. Carême) à M. Eugène Wolf, chef de cuisine du prince Schwartzemberg, et je remercie bien sincèrement cet estimable et savant praticien de ce qu'il a bien voulu me rendre ce service important, puisque aujourd'hui je peux en enrichir notre grande pâtisserie nationale.

« M. Eugène Wolf m'a assuré que les Viennoises ont un talent tout particulier pour bien faire ce gâteau. Elles ont la sage précaution de se mettre dans un lieu chaud pour travailler, puis elles font tiédir les œufs, le beurre, la farine et même la terrine, ce qui fait le plus grand honneur aux femmes de Vienne. »

CONSERVES. — Les conserves sont une grande et précieuse ressource pour la marine et l'armée, ainsi que pour l'économie domestique.

On donne aussi ce nom à des substances végétales sèches ou fraîches, qu'on incorpore avec une quantité suffisante de sucre pour en faire une pâte assez consistante mais toujours molle.

La conservation des aliments paraît toujours beaucoup plus moderne que celle des corps. La plus simple méthode, est celle des salaisons, quoiqu'elle ne soit pas générale, et ne s'applique qu'à un petit nombre d'aliments.

La méthode la plus générale est celle soumise par M. Appert à l'Institut, et qui consiste à conserver toutes les substances alimentaires dans des boîtes de fer-blanc et de fer battu. Avant de renfermer une substance alimentaire quelconque, M. Appert la fait soumettre à l'influence de la chaleur du bain-marie, qu'il considère comme le principe unique et universel de conservation; par ce procédé, les substances animales ne perdent rien de leur poids ni de leur volume; dans les substances végétales au contraire, le calorique en sépare l'eau de végétation qui, restant dans les bouteilles, devient un jus excellent; il diminue d'autant le volume de la substance conservée et en améliore la qualité.

M. Masson, jardinier en chef de la Société d'horticulture, emploie pour la conservation des substances alimentaires végétales le procédé suivant.

Ces substances sont épluchées avec soin, débarrassées des parties dures comme pour les préparations usuelles culinaires; on les dispose sur des claies en canevas très-clair cloué sur un cadre en lattes; ces claies sont placées sur des rayons en lattes, et les matières sont soumises à l'action de l'air chaud dans une étuve chauffée à environ 40 degrés.

Cette opération prive les substances de l'eau surabondante qui n'est pas indispensable à leur constitution et qui, pour certains végétaux, tels que les choux et les racines s'élève à plus de 80 ou 85 pour o/o de leur poids à l'état frais. On les soumet ensuite à la compression très-énergique d'une presse hydraulique, compression qui réduit leur volume, augmente leur densité, la porte à celle du bois de sapin, et facilite ainsi la conservation, l'arrimage et le transport de ces substances. Les légumes desséchés et comprimés sont habituellement livrés en tablettes de 0^m,20 de côté environ, enveloppées d'une feuille mince d'étain; 25,000 rations ne demandent qu'un espace d'un mètre cube. Pour employer les légumes ainsi préparés, il suffit de les laisser tremper de 30 à 45 minutes dans l'eau tiède; ils reprennent alors presque toute l'eau qui leur a été enlevée; on les cuit ensuite pendant le temps nécessaire et on les assaisonne à la manière ordinaire. Le procédé ci-dessus s'applique à tous les légumes verts, aux racines, aux tubercules et même aux fruits.

Si vous voulez de bon bouillon, prenez de l'essence de chair crue du baron Liebig, et mettez-en une cuillerée à café dans un bol d'eau bouillante, salez-le en conséquence, et vous aurez en cinq minutes de l'excellent consommé, où vous pouvez ajouter des pâtes après les avoir préalablement fait cuire.

Ne nous occupons ici que des conserves de fruits, en renvoyant pour la préparation des conserves de viande à l'article qui les concerne.

CONSERVES DE FRUITS ENTIERS.

Prunes confites. — On laisse le fruit tel qu'il est, et on le pique en divers endroits, pour qu'il puisse rendre son eau et se bien pénétrer de sirop. On suit le même procédé que pour les abricots (V. ABRICOTS), mais il faut que le sirop soit concentré cinq ou six fois, c'est-à-dire chaque fois qu'on le verse sur les prunes dont il absorbe une partie de l'eau qu'elles contiennent.

A la dernière cuisson, on y jette les prunes et on leur fait essuyer un gros bouillon, on laisse les prunes dans le sirop pendant quarante-huit heures, en prenant bien soin que le sirop ne refroidisse pas.

On fait ensuite sécher les prunes comme les abricots.

Conserve de citrons. — Vous zesterez un citron dans une assiette, vous exprimerez le jus sur vos zestes et les laisserez infuser un peu de temps, faites cuire environ une demi-livre de sucre clarifié au fort perlé, passez votre jus de citron au travers d'un linge ou tamis de soie pour en retirer les zestes, vous mettez votre jus dans le sucre et le travaillez avec une cuiller, jusqu'à ce qu'il soit très-blanc, et le versez après dans vos moules.

Noix confites. — Vous enlevez l'épiderme des noix vertes, et vous les jetez à mesure dans l'eau fraîche pour les empêcher de noircir, faites-les blanchir dans l'eau bouillante, et remettez-les ensuite dans l'eau fraîche; clarifiez et faites cuire du sucre au lissé, laissez-le refroidir et versez-le sur vos noix. Le lendemain, faites chauffer votre sirop sans bouillir, ajoutez du sucre pour remplacer celui que les noix ont absorbé et versez-le sur vos noix après l'avoir laissé un peu refroidir, répétez cinq fois cette opération en ajoutant chaque fois assez de sucre pour que le sirop revienne à la même consistance; faites sécher au four sur des assiettes saupoudrées de sucre dans lequel vous aurez roulé les noix.

Citrons verts confits. — (V. Citrons.)

Oranges confites. — Incisez par endroits l'écorce de vos oranges, mettez-les dans un sirop bouillant, mi-eau, mi-sucre, laissez bouillir jusqu'à ce que les oranges soient devenues très-tendres, retirez-les alors.

Remettez du sucre dans le sirop, de manière à l'amener au lissé, faites-le bouillir et remettez vos oranges auxquelles vous donnerez quelques bouillons; écumez le sirop, retirez vos oranges, mettez-les dans une terrine et versez le jus dessus.

Vous les laissez jusqu'au lendemain, vous donnez encore quelques bouillons au sirop et vous les versez sur les mêmes fruits.

Le troisième jour on met le sucre à la nappe et on y ajoute les oranges auxquelles on donne un bouillon couvert.

On opère de même les deux jours suivants; le dernier jour après avoir amené le sirop au perlé, vous y mettez les oranges auxquelles vous donnez trois ou quatre derniers bouillons, vous les retirez, les faites égoutter et sécher à l'étuve.

Les cédrats et les bergamotes se préparent de la même manière.

Marrons glacés. — Ayez de beaux marrons de Lyon, faites-les cuire à la braise, puis faites clarifier du sucre et faites-le cuire au cassé, pelez ensuite vos marrons, jetez-les les uns après les autres dans le sucre, retirez-les aussitôt avec une cuiller et mettez-les à mesure dans l'eau fraîche; le sucre se glacera aussitôt autour.

Conserve de café. — Faites du café très-fort et très-clair, prenez une livre de sucre clarifié, faites-le cuire au boulet ou au petit cassé, retirez-le du feu et l'affaiblissez avec une tasse de café pour le mettre à son point afin de le travailler, c'est-à-dire qu'il faut toujours que votre conserve soit cuite au fort perlé ou au petit soufflé pour qu'elle puisse prendre et sécher, dressez-la ensuite comme les autres.

Conserve en forme de tranches de jambon. — Choisissez le plus beau sucre que vous pourrez, faites-en deux parties que vous mettez dans deux poèlons et faites cuire à soufflé dans l'un et dans l'autre, mettez-y du jus ou de la râpure de citron et un peu de cinabre dans un seul, remuez-le bien avec du sucre pour lui faire prendre couleur, faites ensuite une couche de conserve blanche sur une feuille de papier, par-dessus une couche de conserve rouge, et ainsi de suite en alternant jusqu'à l'épaisseur de quatre doigts, en sorte que la dernière soit rouge; coupez le tout avec un couteau en forme de tranche de jambon, et renversez-le à mesure sur du papier en ajoutant chaque fois à la conserve rouge un peu de cinabre pour rougir davantage.

Conserve de roses. — Faites cuire une demi-livre de sucre au fort soufflé, prenez de la meilleure eau double de roses, quand votre sucre sera cuit, faites-le cuire avec votre eau jusqu'au fort perlé, donnez-lui de la couleur avec un peu de cochenille préparée ou du carmin que vous travaillerez et coulerez dans des moules.

Conserve de nougat — Mondez 500 gr. d'amandes douces et séparez les dicotylédons, faites-les sécher et blondir sur le feu. dans une bassine, faites fondre à sec, en remuant toujours, douze onces de sucre dans une casserole non étamée et légèrement beurrée; jetez vos amandes chauffées dans le sucre quand il est fondu et blond; mêlez-les ensemble et étalez-les en les relevant sur les bords de la casserole, en en laissant au fond une couche d'égale épaisseur, laissez ensuite refroidir la casserole et moulez.

CONSOMMÉ. — (V. Bouillon.)

COQ. — Le coq est à coup sûr l'oiseau le plus glorieux, le plus vigilant et le plus courageux qui existe.

Comme orgueil, il n'y a qu'à le voir marcher au milieu de son harem de poules pour reconnaître que, sous ce rapport, il est le rival du paon. Comme vigilance, il ne dort jamais plus de deux heures de suite et, a partir de une heure du matin, il arrache, par son chant aigu, l'homme au sommeil et le renvoie à ses occupations. Comme courage, Levaillant rapporte dans ses *Mémoires*, que son coq était le seul de tous ses animaux que ne troublât ni l'approche ni le rugissement du lion.

Le coq fut de tous temps mêlé à la magie, et les magistrats de Bâle, en Suisse, condamnèrent un coq à être brûlé pour avoir pondu un œuf.

Il fut un instant question, sous le premier empire, de prendre, comme emblème et comme armes, au drapeau français, l'ancien coq gaulois. L'empereur Napoléon Ier à qui l'on soumettait cette question refusa en répondant :

« Je ne veux pas, parce que le *Renard le mange*. »

Et il choisit l'aigle.

Le coq ne sert dans la cuisine qu'à faire un consommé à qui les anciens dispensaires attribuent des vertus héroïques connues sous le nom de *gelée de coq*.

Le coq-vierge cependant, le célibataire de nos basses-cours, doit à sa continence et à sa vertu, un goût et un parfum qui le distinguent éminemment de son oncle le chapon qui, on le sait, est non le père mais l'oncle des poulets. On le mange à la broche et simplement bardé, car ce serait l'outrager que de le piquer et le déshonorer que de le mettre en ragoût.

Nous avons aussi le coq de bruyère, superbe gibier qui nous vient principalement des Ardennes, des Vosges et des montagnes d'Auvergne, et qui se mange comme le coq-vierge rôti ou piqué.

Le coq, en somme, est un fort bel animal, galant, intrépide, doué d'une voix sonore, et représentant bien l'esprit français; mais fort peu estimé à la cuisine, où l'on préfère sa progéniture.

CORNICHON. — Ce sont de jeunes concombres que l'on confit ordinairement au vinaigre de la façon suivante :

Prenez de très-petits cornichons, brossez-les, coupez le bout de la queue, mettez-les dans un vase de terre avec deux poignées de sel, retournez-les assez pour qu'ils soient tous bien imprégnés de sel, laissez-les reposer vingt-quatre heures, égouttez-les bien, versez du vinaigre blanc bouillant en quantité suffisante pour les faire baigner. Couvrez le vase et laissez infuser vingt-quatre heures, ils auront pris une couleur jaune ; retirez-en le vinaigre que vous mettez bouillir dans un chaudron non étamé sur un feu très-vif, jetez-y les cornichons, remuez-les et, au moment où ils seront près de bouillir, retirez-les du chaudron, laissez-les refroidir, ils reprennent le vert ; mettez-les dans les vases où ils doivent rester et couvrez-les d'assaisonnements comme passe-pierre, estragon, piment, petits oignons, ail, remplissez les vases de vinaigre, de manière que le tout baigne ; couvrez-les avec soin, ils sont bons huit jours après. Si vous tenez plus *au goût qu'à la verdeur*, brossez-les par petites portions à mesure de la cueille, salez-les, faites-les égoutter de leur eau, comme ci-dessus, et mettez-les dans le vinaigre à froid avec assaisonnements.

COTELETTES. — (V. Agneau, Chevreuil, Mouton, Bœuf, Veau, Cochon, etc.)

Côtelettes à la gendarme :

> Mais c'est pour les offrir aux gens les plus honnêtes,
> Qu'ici je taille en *veau* de larges *côtelettes :*
> J'assaisonne de : *sel, poivre ;* et de *beurre frais*
> J'enduis chaque *morceau*, puis je le roule après
> Dans une *chapelure*. Ainsi qu'en une *croûte,*
>   La *côtelette* est mise toute ;
> Ensuite sur un gril, je fais, au feu très-doux,
> Cuire, en les retournant, ces *pains* aux beaux tons roux,
> Qu'il faut servir sur *sauce citronnée* .. —
>   J. Rouyer.

COULEURS (ou coloration culinaire). — On se sert toujours dans la préparation des pièces d'office de colorations artificielles, voici les colorations inoffensives :

Bleu. — Indigo étendu d'eau.

Jaune. — Gomme-gutte ou safran.

Vert. — Jus cuit au feu, tamisé, étendu d'eau et sucré, de feuilles d'épinards ou de blé vert pilées.

Rouge. — Cochenille et alun en poudre bouillis dans de l'eau.

Pourpre. — Pollen de fleurs de carottes sauvages séché et étendu d'eau, ou jus de sureau étendu d'eau.

Violet. — Cochenille et bleu de Prusse.

Orange. — Safran et cochenille.

La couleur verte peut se composer de bleu et de jaune, plus le jaune y domine, plus la nuance verte est claire.

Le violet se forme également du rouge et du bleu dont la teinte s'assombrit en augmentant l'une ou l'autre de ces couleurs.

Avec ces diverses indications, on pourra donner aux mets qui doivent être colorés, les couleurs que l'on jugera les plus appropriées à leur nature.

COULIS. — Préparation faite à l'avance et reservée dans les cuisines pour achever certains ragoûts dont le mouillement doit être lié.

Votre coulis d'abord ne doit être ni trop épais ni trop clair et offrir une belle couleur cannelle ; mettez dans un poêlon de la rouelle de veau, en proportion de ce que vous voulez avoir de coulis et du lard coupé en petits morceaux, ajoutez trois ou quatre carottes et placez le tout sur un feu doux ; quand la viande a jeté son jus, vous faites cuire à grand feu ; quand tout est cuit, vous retirez la viande et les légumes, et vous mettez dans la casserole du beurre et de la farine, faites un roux de belle couleur, mouillez-le avec du bouillon chaud, jetez la viande dedans et faites cuire deux heures à petit feu ; passez-le ensuite à l'étamine pour vous en servir au besoin.

Coulis de poisson. — Faites fondre un bon morceau de beurre à la casserole et mettez revenir et prendre couleur des carottes et oignons par tranches, mouillez avec de l'eau et ajoutez des chairs, bien nettoyées, de poisson, avec sel, poivre, muscade et bouquet garni. Le poisson étant bien cuit, passez ce bouillon dans une passoire et servez-vous-en pour bouillon ou sauce.

COURT-BOUILLON. — Sorte de bouillon maigre destiné à lier certaines sauces de poissons. Faites cuire ensemble du vin blanc, du vin rouge, du beurre, des fines épices, du laurier et des fines herbes ; servez votre poisson quand il est cuit, sur une serviette et mangez-le à la sauce à l'huile et au vinaigre.

Les courts-bouillons dits au bleu consistent en employant du vin bouillant dans lequel on met le poisson pour lui donner une belle couleur bleuâtre.

CRABES. — Il y a plusieurs espèces de crabes ; mais il n'y a guère que le gros crabe de Bretagne et le crapelet de la Manche qui puissent figurer dignement sur la table, quoique leur chair soit toujours de difficile digestion ; leurs œufs sont meilleurs et les nègres s'en nourrissent ; les Caraïbes ne vivent presque que de crabes.

On les fait cuire à l'eau de sel, ainsi que les homards et les crevettes avec du beurre frais, du persil, un bouquet de poireaux, vous les laissez refroidir dans leur brouet, vous en détachez proprement les chairs blanches, et vous enlevez avec une cuiller, la crème de laitance que vous mélangez avec les chairs épluchées en y joignant du cresson, du gros poivre, un peu d'huile vierge et un peu de verjus ; garnissez votre plat de ces deux mordants et servez comme rôt fort élégant, surtout en carême.

CRAPAUD. — Le crapaud n'a point dans tous les pays la qualité malfaisante que nous lui connaissons. Quand les nègres d'Afrique sont incommodés de migraines auxquelles l'ardeur du soleil les rend sujets ; ils se frottent le front avec des crapauds vivants, ce qui les soulage merveilleusement. Les crapauds des Antilles ont la chair aussi bonne et aussi délicate que l'est celle de nos grenouilles, et comme ils sont fort gros, deux de ces crapauds suffisent pour faire un bon plat que l'on sert en fricassée de poulet et dont les indigènes sont friands.

CRÈME. — On appelle ainsi l'espèce de peau qui s'élève sur le lait avant ou après son ébullition ; elle est composée de sérum, d'un peu de fromage et de beurre à l'état d'émulsion ; on ne s'en sert guère comme aliment à cause de la grande quantité de beurre qu'elle contient qui pèserait sur l'estomac et donnerait lieu à des nausées et même à des vomissements ; à Roquefort cependant, on en fait un fromage nommé crème de Roquefort, elle est faite avec le lait une fois caillé et avant d'être broyé ; elle s'altère facilement, ne supporte pas le voyage et se dénature par une fermentation très-prompte.

On donne aussi ce nom à diverses préparations culinaires dont la base est le lait et qui se font par la cuisson.

Nous allons en indiquer quelques-unes :

Crème fouettée à la paysanne. — Vous prenez une certaine quantité de crème que vous faites réduire à moitié, en y mettant du sucre et une bonne pincée de gomme arabique dissoute dans de l'eau de fleurs d'oranger.

Fouettez fortement jusqu'à ce que votre crème forme mousse.

Si vous voulez que votre crème se conserve, mettez le vase qui la contient sur la glace pilée ou recouvrez-le d'un autre plat sur lequel vous mettez de la glace.

Crème frite. — Ayez un demi-litre de lait que vous faites bouillir avec un zeste de citron, délayez deux œufs entiers avec de la farine tant qu'ils en pourront boire, relâchez cet appareil avec quatre œufs blancs et jaunes, mouillez avec votre lait chaud, et supprimez le citron ; délayez cette crème de manière qu'il ne se forme pas de grumeaux, faites cuire en tournant comme une bouillie et au bout d'un quart d'heure de cuisson, vous ajoutez du sel, du sucre, un peu de beurre et quelques gouttes de fleurs d'oranger, achevez de la faire cuire 7 ou 8 minutes, mêlez de suite quatre jaunes d'œufs, versez-la sur un plafond que vous aurez beurré ou fariné en l'étendant d'un doigt d'épaisseur, laissez-la refroidir, coupez-la en losange ou en petits pâtés, farinez-la ou panez les beignets avec de la mie de pain bien fine, et faites frire d'une belle couleur, égouttez-les sur un linge blanc, posez-les sur un plafond, saupoudrez de sucre fin, glacez-les, dressez et servez. On peut faire cette crème au chocolat mais sans macaroni.

Crème en mousse à la vanille. — Vous versez le tiers d'une gousse de vanille que vous aurez fait bouillir dans du lait, sur votre crème à fouetter après l'avoir passée au tamis.

Crème en mousse au café. — Vous mettez deux ou trois cuillerées de café infusé dans votre crème et vous procédez comme ci-dessus.

Crème en mousse aux liqueurs. — Vous procédez comme ci-dessus en ajoutant les liqueurs que vous voulez.

Crème en mousse au chocolat. Fouettez fortement votre crème dans laquelle vous aurez mis du chocolat bien fin.

Crème en mousse aux fruits. — Prenez un demi-litre de crème bien fraîche, ajoutez-y du sucre en poudre, un peu de gomme arabique et un moyen verre de pulpe de fraises passée au tamis.

Fouettez bien le tout, enlevez la mousse et dressez en forme de rocher.

On fait de cette façon les crèmes de pêches, d'abricots, de framboises, d'amandes, de prunes, etc.

Crème au café blanc. — Prenez de la crème suivant la quantité que vous voulez obtenir, ajoutez-y du zeste de citron et du sucre, faites brûler deux onces de café ; lorsqu'il sera de belle couleur, jetez-le dans votre crème bouillante, et couvrez le tout avec un couvercle ; laissez infuser votre café dans la crème, retirez-le, mettez dans une étamine trois dedans de gésiers lavés, séchés et presque en poudre ; passez votre crème à demi refroidie trois fois à travers cette étamine, en bourrant un peu le gésier avec une cuiller de bois ; remplissez promptement vos pots de crème en ayant soin de la remuer, puis faites-la prendre au bain-marie, et couvrez la casserole dans laquelle sont vos pots avec un couvercle sur lequel vous mettez du feu. Quand votre crème est prise, vous les retirez et les mettez dans de l'eau fraîche sans les couvrir, essuyez-les, dressez-les, et servez.

Nota. La gélatine de gésier vaut mieux que le blanc d'œuf, retenez-le bien.

Crème à la religieuse. — Mettez dans une casserole, farine, sucre en poudre, sel, jus de citron, d'orange, ou vanille, mettez ensuite du lait ou de la crème bouillante et faites prendre votre crème au feu. Laissez-la ensuite refroidir et garnissez-la autour d'une mousse, que vous aurez faite avec des jaunes d'œufs et durs un peu de sucre que vous aurez disposés en mousse.

Crème renversée. — Ayez un bol assez grand pour contenir, par exemple, un litre de lait, six œufs et une demi-livre de sucre ; faites cuire ensuite au caramel environ un quart de sucre en poudre, ajoutez-y un peu d'eau pour le rendre coulant, puis versez-le dans un moule en enduisant bien les bords et le fond de ce moule ; vous laissez refroidir et vous versez ensuite votre crème liquide que vous aurez bien battue, c'est-à-dire, bien mêlé votre lait, les œufs, le sucre et la substance à laquelle vous voudrez faire la crème; mettez le tout au bain-marie dans votre moule avec feu dessus et dessous, jusqu'à cuisson parfaite et belle couleur ; laissez ensuite refroidir votre crème dans son moule pendant douze heures afin qu'elle se durcisse bien, renversez ensuite votre moule sur un plat de façon que la crème se trouve sens dessus dessous, dressez et servez avec le jus autour.

Crème bachique. — Elle se fait avec du vin de Champagne rose, du sucre, de l'écorce de citron ou de la cannelle que l'on fait bouillir ensemble ; cassez ensuite une certaine quantité d'œufs dont vous prenez les jaunes et que vous liez bien ensemble avec un peu de vin que vous versez peu à peu dessus et que vous continuez de remuer sur le feu sans laisser bouillir ; puis vous la passez et versez dans le vase qui doit la contenir.

Les crèmes au chocolat, aux pistaches, à la rose, aux oranges, citrons, etc. se font toutes comme celle au café. (V. CRÈME AU CAFE.) Les substances seules changent et vous les mettez toujours en proportion avec la quantité de crème que vous voulez obtenir.

Sabayon (cuisine italienne). Soit : douze jaunes d'œufs, une demi-bouteille de Madère ou de Malvoisie, 50 grammes de sucre et cannelle en poudre ; cuisez, remuez, faites mousser, servez chaud dans de petits pots.

Crème au céleri. — Faites bouillir du lait ou de la crème et ajoutez-y une racine de céleri, rave épluchée, coupée par quartiers et lavée ; laissez infuser pour faire prendre le goût ; prenez ensuite des jaunes d'œufs et liez-les avec 250 grammes de sucre concassé, puis versez-y et liez votre crème en remuant constamment, passez-la, versez-la dans des pots et finissez-la au bain-marie.

Crème aux œufs en surprise. — Vous faites un trou dans un œuf avec la pointe d'un couteau pour le vider entièrement, puis vous mettez dans cette coquille telle crème que vous voudrez ; posez-les ensuite sur des coquetiers ou des morceaux de navets taillés pour cet usage; placez-les dans une casserole où ils puissent baigner dans l'eau à moitié, faites-les prendre au bain-marie, lavez-les et servez-les comme des œufs à la coque; on peut aussi les remplir de blanc-manger ou de gelée de poissons.

Crème au fromage bavarois, aux noix fraîches. — Vous pelez des noix vertes et vous les mouillez légèrement par intervalles, vous les délayez ensuite avec de la crème bouillante dans laquelle vous aurez fait dissoudre du sucre; laissez infuser et passez à l'étamine; ajoutez à la crème un peu de colle clarifiée tiède, et versez le tout dans un moule quelconque que vous placez dans de la glace pilée; remuez-la alors jusqu'à ce qu'elle soit bien liée, c'est-à-dire qu'elle soit très-lisse et coulante; vous ôtez votre moule de dedans la glace, vous mêlez à votre préparation un peu de fromage de Chantilly bien égoutté, vous remuez parfaitement le tout et vous replacez le moule dans la glace où vous le laissez congeler une-demi heure environ; au bout de ce temps vous pouvez démouler votre composition qui vous donne un excellent fromage bavarois, d'un velouté et d'un moelleux parfait.

Les fromages bavarois à l'essence de menthe, au thé, au cacao, aux boutons de roses, à la fleur d'œillet, aux pêches, aux melons, etc., se font de la même manière en les parfumant avec ces différentes matières.

CRÊPES. — On les opère avec une pâte à frire faite avec de la farine, du lait, des jaunes d'œufs et un peu d'eau-de-vie. Beurrez votre poêle, versez une cuillerée de pâte sur le beurre chaud, étendez, retournez, retirez et neigez de sucre. (V. *Panequets.*)

CRÉPINETTES. — Ragoût fait avec des viandes hachées et qu'on place dans des morceaux de crépines ou de crépinette de porc.

CRESSON. — Herbe crucifère antiscorbutique. Il y a le cresson de fontaine et le cresson alénois. (V. cet article.) Le cresson de fontaine qui est le meilleur et très-dépuratif se sert en salade mêlé avec la laitue, la chicorée, etc., et pour assaisonnement sain à des volailles rôties ou à des beefsteaks.

CRÊTES. — Expansions purpurines et déchiquetées que les coqs et les poules possèdent sur la tête (V. abatis et garniture.)

CREVETTES. — Tout le monde connaît ce petit crustacé qu'on voit sur toutes les tables bien servies mais qui semble y être plutôt pour l'ornement que pour l'utilité. En effet à peine vit-il deux heures hors de son élément sans mourir et, il a besoin d'être cuit vivant encore.

Rien n'est plus joli que de voir nager des crevettes dans un bocal; l'animal est transparent lui-même comme le cristal dans lequel il est enfermé; on voit tout son organisme intérieur et jusqu'aux battements de son cœur; vivante, sa chair semble être visqueuse, cuite elle est compacte et du plus beau blanc.

Les crevettes des bords de la Manche sont renommées et celles surtout des environs du Havre qu'on appelle *bouquet*. Nous inviterons les touristes qui habitent le Havre ou Étretat à aller manger des crevettes, à Saint-Jouit, chez la *belle* Ernestine, et en effet, Ernestine est une belle et sage personne de vingt-huit ans, tenant un hôtel et ayant réputation faite sur toute la côte.

Là, on mange le plus beau bouquet qui se pêche à dix lieues à la ronde; c'est le rendez-vous des gourmands du Havre, des peintres et des poëtes de Paris qui ont laissé les uns des dessins les autres des vers à sa louange sur son album.

Ce sont en général les femmes qui pêchent les crevettes en poussant devant elles un filet qui ratisse le fond de la mer et ramasse tout ce qui s'y trouve.

Quand elle doit être mangée séance tenante, la crevette se jette tout simplement vivante dans une casserole pleine d'eau de mer bouillante, à laquelle on joint un filet de vinaigre; quand elle doit être transportée à Paris, on plonge la crevette vivante dans un chaudron d'eau douce avec un kilogramme de sel par quatre kilogrammes de crevettes, on la laisse bouillir cinq minutes et on la retire, on la mouille avec de l'eau froide et non salée qui lui donne pour le regard, une valeur égale à celle qu'elle conserve pour le goût.

Outre la crevette servie comme on sert les écrevisses on fait encore une foule de choses à la crevette que nous allons indiquer ici.

On fait du potage à la crevette.

Potage à la crevette. — Prenez 6 belles tomates, 6 oignons blancs, faites une purée, moitié tomate, moitié oignons, faites cuire vos crevettes dans du vin blanc avec sel, poivre, un peu de poivre de Cayenne. Vous épluchez vos queues de crevettes que vous posez sur une assiette à part, 100 à peu près. Vous gardez le corps que vous faites bouillir avec l'assaisonnement de vos crevettes, vous le pilez, lui faites prendre un bouillon et le passez au tamis. Vous faites trois parties égales de très-bon bouillon de votre bisque aux crevettes et de vos tomates et oignons; vous mêlez le tout dans trois ou quatre bouillons qui lient bien les trois substances, vous goûtez et si le mélange est bien fait et ne laisse rien à désirer, vous y jetez vos queues de crevette et vous servez bouillant.

Omelette aux queues de crevette. — Vous faites cuire de la même façon vos crevettes, vous les nettoyez de même et vous les pilez également; vos œufs battus, salés, poivrés, vous y mêlez votre bisque de crevettes, et vous faites l'omelette selon la coutume.

Il en sera de même pour les œufs brouillés aux queues de crevettes. Si vous avez du bouillon de poulet vous le mêlerez avec votre bisque, puis bisque, crevettes, vous jetterez tout dans vos œufs battus dont vous aurez retiré un blanc sur trois, vous tournerez et brouillerez vos œufs comme vous le feriez avec des pointes d'asperges.

Vous pouvez aussi éplucher deux ou trois cents crevettes, pilez les corps dans l'huile et le vinaigre, passez au tamis et cette bisque froide, l'étendre sur une salade salée et poivrée.

CROMESQUIS. — Ragoût polonais. Genre croquettes seulement enveloppez-les avec de la toilette de porc, passez à la maréchale, faites frire, servez sauce tomate. (*Vuillemot.*) (V. Agneau.)

CROQUANTS. (V. Croquembouche).

CROQUEMBOUCHE. — On donne ce nom aux pièces montées qui se font avec des croquignolles, des gimblettes, macarons, nougats et autres pâtisseries croquantes, qu'on réunit avec du sucre cuit au cassé et qu'on dresse sur une abaisse de feuilletage en forme de large coupe; cette préparation n'est usitée que dans la décoration d'un ambigu d'apparât ou pour l'ornement d'un buffet de grand bal.

Croquembouche à la Soubise. — (Recette de M. de Courchamp.) Après avoir fait et cuit une livre et demie de croquignolles à la reine, vous aurez le soin de les *coucher* le plus également possible et d'un pouce seulement de diamètre, puis vous en coucherez le quart plus petit de moitié. Lorsqu'elles seront cuites et refroidies, vous moulerez ce croquembouche de cette manière : après avoir fait cuire dans un petit poêlon d'office huit onces de sucre au cassé, un peu serré, vous en versez la moitié sur un couvercle de casserole à peine beurré, puis vous masquez le feu du fourneau de cendres rouges afin de maintenir le sucre du poêlon assez chaud pour vous en servir et en même temps pour l'empêcher de prendre davantage de couleur ; alors vous glacez légèrement le dessus et l'épaisseur des croquignolles que vous placez de suite dans un grand moule uni, parfaitement bien essuyé, mais pour tremper vos croquignolles dans le sucre vous devez les piquer à la pointe du petit couteau, vous les posez avec symétrie dans la forme qui vous agrée le mieux, mais toujours avec l'intention soutenue d'une forme régulière et pittoresque. Lorsque le sucre du poêlon est diminué de trois quarts vous y joignez alors la moitié du sucre au cassé conservé et quand cette partie se trouve employée vous ajoutez le reste du sucre, mais dès qu'il commence à se colorer, vous le versez sur le couvercle de la casserole où vous en avez déjà mis, ensuite vous faites cuire comme ci-dessus huit onces de sucre dans un petit poêlon d'office bien propre, puis vous l'employez de même que le précédent et après celui-là vous recommencez la même opération ; lorsque le moule se trouve garni de croquembouche, vous n'aurez pas garni le fond attendu que vous le remplacez par une abaisse de pâte d'office, du même diamètre et que vous aurez parée bien ronde, ainsi que deux plus petites dont une de six pouces de diamètre et une de quatre pouces; alors vous les placez sur leur épaisseur, c'est-à-dire tout autour, puis avec des petites croquignolles que vous placez dans le reste du sucre, vous faites fondre dans le même poêlon comme les précédents, vous les placez en deux ronds l'un sur l'autre à l'entour et sur le bord des deux petites abaisses, vous collez la grande abaisse sur le croquembouche et sur cette abaisse vous collez le plus grand socle par-dessus le second sur lequel vous collez un rang seulement de croquignolles, vous collez par-dessus une espèce de coupe que vous formez dans un moule en dôme avec des croquignolles glacées, et à l'entour du haut vous ajoutez un double rang de croquignolles glacées, et dessus, pour servir de couronnement, vous collez des denticules formées de croquignolles que vous aurez parées carrément, puis au moment de servir vous garnissez la coupe de crème fouettée à la vanille.

Croquembouche de quartiers d'oranges. — Faire sécher des quartiers d'oranges, faire cuire le sucre au cassé et non au caramel, les tremper dans le sucre un à un et les dresser dans un moule huilé; renversez sur un plat et servez.

Les marrons de même. (*Recette Vuillemot.*)

On connaît aussi les croquembouches de feuilletage blanc; ces préparations se trouvent en abondance chez les bons pâtissiers de Paris. On aura meilleur compte à les faire venir qu'à les exécuter soi-même.

CROQUETTES. — Sortes de beignets panés et frits, foncés de hachis de viandes rôties ou de chair de poisson ou encore d'œufs durs et de purée de pommes de terre, etc.

On verra du reste par les recettes qui vont suivre et que nous a transmises M. de Courchamps, quelles sont les diverses préparations qui se rapportent à ce mets :

Croquettes de lapereau. — Après avoir fait cuire deux lapereaux à la broche et les avoir fait refroidir, vous en levez les chairs et en supprimez la peau et les tendons, vous coupez ces chairs en petits dés, avec des truffes, des champignons, quelques foies gras ou demi-gras coupés de même, faites réduire ensuite une cuillerée à pot de blond de veau à la consistance de demi-glace, ajoutez-y persil, ciboules hachées, laissez cuire cinq ou six minutes, mettez les chairs et les truffes dans votre sauce sans la laisser bouillir, liez-le tout avec deux jaunes d'œufs, ayant soin de remuer avec une cuiller de bois, versez cet appareil sur un plafond, étendez-le avec la lame d'un couteau et laissez refroidir. Divisez-le ensuite par parties égales grosses comme la moitié d'un œuf, formez-en des poires ou des canelons, ainsi préparées, roulez-les dans la mie de pain, trempez-les dans une omelette où vous aurez mis un peu de sel fin, roulez-les encore une fois dans la mie de pain en leur conservant la forme qu'il vous aura plu de leur donner, faites-les frire à friture un peu chaude, afin qu'elles soient de belle couleur, égouttez-les, dressez-les en dôme et servez-les avec un bouquet de persil frit.

Croquettes de volailles. — Détaillez par membres un jeune poulet, faites le mariner deux à trois heures avec huile, un jus de citron ou vinaigre, sel, gros poivre, ail, tranches d'oignons, persil, égouttez, essuyez, farinez : faites frire, servez avec persil frit ou sur une sauce à volonté.

Vous pouvez vous servir des membres de desserte, mais alors on fait frire la pâte. On fait aussi ces croquettes comme celles de veau (V. Veau).

Croquettes de marrons à la Dauphiné. — Faites griller cinquante beaux marrons de Lyon ou de Luc, épluchez-les et ôtez-en toutes les parties colorées par l'âpreté du feu, ensuite choisissez-en que vous partagez par moitiés bien intactes, pilez le reste avec deux onces de beurre, et passez ensuite par le tamis de crin ; puis vous délayez cette pâte dans une casserole avec un verre de crème, deux onces de beurre, deux de sucre en poudre et un grain de sel. Tournez cette crème sans la quitter sur un feu modéré, desséchez-la deux minutes seulement, mêlez-y 6 jaunes d'œufs et remettez-la un moment sur le feu. Alors la crème doit se trouver un peu consistante mais non pas ferme ; versez-la sur un plafond légèrement beurré, et élargissez-la. Couvrez-la également d'un rond de papier beurré lorsqu'elle est froide vous prenez une de ces moitiés de marron, que vous avez conservée, vous la placez au milieu d'un peu de crème, le double en grosseur d'une moitié de marron que vous enfermez en roulant la crème pour en former une croquette très-ronde ; vous la roulez ensuite sur de la mie de pain extrêmement fine ; vous employez ainsi toutes vos moitiés de marron en les masquant de crème. Toutes les croquettes étant formées et roulées dans la mie de pain, vous battez 5 œufs entiers avec un grain de sel fin dans une petite terrine où vous trempez vos croquettes et vous les égouttez un peu, vous les roulez de nouveau sur la mie et vous les placez ensuite, au fur et à mesure, sur un couvercle de casserole ; enfin vous trempez tour à tour les croquettes dans l'œuf et les roulez sur la mie de pain; après quoi vous les versez dans une friture très-chaude; si la poêle est grande vous y mettez toutes les croquettes, sinon vous n'en mettez que la moitié afin de les conserver bien rondes; vous les remuez doucement avec la pointe d'un hâtelet et les ôtez avec l'écumoire. Aussitôt qu'elles sont colorées d'un beau blond, égouttez-les sur une serviette double, ensuite vous les saupoudrez de sucre fin, les dressez en pyramide et servez bouillant.

Croquettes de riz. — Faites crever du riz, comme pour le gâteau de riz (V. cet article), mais au lieu de le mettre dans un moule, vous en faites des boulettes allongées que vous battez dans de l'œuf battu et sucré, passez-les, retrempez-les, repassez-les et faites frire.

Croquettes de pommes de terre à la vanille. — Faites cuire dans les cendres vingt belles vitelottes, épluchez-les, parez-les pour ôter le tour rougeâtre afin de ne vous servir que du cœur de la pomme de terre, alors employez-en une partie que vous pilez et dont vous faites une espèce de marmelade, que vous faites revenir sur le feu avec des œufs, du lait, de la vanille, de l'ail et des macarons amers; puis laissez-la refroidir, faites-en des boulettes, que vous tremperez dans la pâte à frire, et vous finissez comme les beignets.

Croquettes de nouilles au citron confit. — (Très-peu usité.) Vous détrempez et détaillez 6 onces de pâte de nouille que vous versez peu à peu dans quatre verres de lait en ébullition, faites prendre quelques bouillons, joignez-y 4 onces de beurre, 4 de sucre fin, une once de citronnat émincé, faites mijoter pendant vingt-cinq minutes pour que les nouilles renflent et deviennent moelleuses; alors vous mêlez trois onces de macarons amers, 6 jaunes d'œufs et un grain de sel, laissez refroidir l'appareil et terminez l'opération en procédant comme il est dit précédemment.

Vous procédez de la même manière pour toutes les croquettes à la pâte, en changeant la substance, et en continuant de la verser dans le lait bouillant.

CROQUIGNOLLES. — Espèce de petit four qui entre dans la composition des croquembouches (V. Croquembouche.)

Croquignolles à la Chartres. — Vous pelez une certaine quantité (250 grammes environ) d'amandes douces, et une demi-once d'amandes amères, mouillez-les ensuite avec des blancs d'œufs et mettez-les sur un tour avec de la farine, du sucre, un peu de beurre, de sel et d'écorce de citron râpé, puis cassez des œufs et pétrissez le tout ; quand votre pâte sera bien ferme, vous la roulerez et la couperez en petits morceaux que vous poserez sur un plafond beurré, vous les dorerez et les ferez cuire dans un four bien chaud.

CROUSTADES. — On appelle ainsi des pâtes de différentes dimensions dont la pâte est plus croquante que celle des *vol-au-vent, des timbales, des casseroles de riz,* etc.

Croustades à la financière. — Vous faites une pâte comme pour les petits pâtés et vous en foncez des moules de croustades, vous garnissez de farine et vous faites cuire, couvrez-les avec des couvercles de feuilletage fin, posez dessus un deuxième couvercle et faites cuire.

Préparez un ragoût financière avec des quenelles de volailles, crêtes, truffes, champignons, coupés en dés ; vous en garnissez vos croustades et vous les servez avec la sauce financière.

Croustades à la reine. — Vous prenez un pain rond de la veille, vous le coupez en lames minces, vous coupez ensuite dans la mie douze croustades sans la séparer, et vous formez le couvercle en faisant du côté le plus uni de votre pain, une petite incision à environ deux lignes du bord.

Vous prenez ensuite six de vos croustades que vous mettez dans une casserole en les masquant avec du beurre clarifié et vous leur faites prendre couleur, vous les égouttez ensuite et vous procédez de même pour les six autres ; vous ôtez la mie et vous la remplacez par une cuillerée de farce fine ; vous formez ensuite des petits ballons avec 12 cailles désossées, assaisonnées, glacées et farcies, vous en placez une sur chaque croustade, l'estomac en dessus, et vous mettez les douze croustades sur un plafond masqué de bardes de lard, entourez-les de bardes, et pour les tenir, d'une bande de papier fixée avec une ficelle ; masquez vos cailles de bardes de lard et par-dessus deux ronds de papier beurré; faites cuire environ une heure et demie au four et à chaleur modérée; ôtez les bardes, égouttez vos croustades et saucez avec de la glace de veau.

Les croustades de mauviettes, de grives, de ramereaux ou autres petits oiseaux se font de la même manière après avoir eu bien soin de désosser le gibier.

Croustades aux truffes en surprise. — Vous faites cuire douze belles truffes bien nettoyées dans du vin de Champagne et vous les laissez refroidir, vous les coupez ensuite en dedans avec un coupe-racine, de façon à ne pas percer la peau, puis vous les videz avec soin. Quand la chair de vos truffes est entièrement retirée, vous la remplacez par une purée de volaille ou de gibier, ou un salpicon de blancs de volaille coupés en dés, ou bien encore de rognons de coq avec des petites truffes de la même forme, le tout saucé à la béchamel, et vous les servez sur une serviette.

Croustade de Carcassonne. — Vous bridez trois jeunes pigeons, les pattes en dedans et les mettez dans une casserole avec oignons et saindoux, sel, poivre, vous faites prendre belle couleur, vous y joignez ensuite un peu de petit salé et saupoudrez d'une cuillerée de fine farine, mouillez ensuite avec du bouillon et du vin blanc. Vous faites cuire ce ragoût un quart d'heure, avec quelques salsifis cuits coupés en morceaux, quelques mousserons crus et une pointe de Cayenne. Vous masquez ensuite le fond et le tour d'un plat à tarte d'un feuilletage fin; vous mettez votre ragoût et vous le couvrez d'une abaisse de la même pâte que vous dorez; vous faites cuire ensuite votre pâté dans un four à une chaleur modérée, dès que la pâte commence à se colorer, vous le retirez du feu et le servez sur une serviette posée dans un plat.

CROUTES AU POT. — On donne ce nom à un potage dans la composition duquel il entre des croûtes de pain grillées.

Croûtes au pot à la bonne femme. — Prenez des croûtes de pain bien dorées, arrosez-les de bouillon non dégraissé, qui bouille jusqu'à entière réduction; et lorsque vos croûtes commenceront à gratiner, jetez dessus du bouillon chaud, dégraissez et servez votre potage.

On fait aussi d'excellents potages avec des croûtes gratinées aux laitues farcies, à la moelle, aux petits oignons glacés, à la purée de lentilles, aux tranches de concombre, au parmesan, aux huîtres, à la purée de crevettes, aux œufs de homard, etc.

CROUTONS. — Tranches de mie de pain découpées et frites dans du beurre dont on se sert pour garnir les potages, certains ragoûts et les purées de légumes ou d'herbes cuites.

CUILLER et FOURCHETTE. — L'usage des cuillers et des fourchettes ne s'introduisit que fort tard en Europe Avant leur invention, on mangeait avec ses doigts, ou on se servait comme cuiller d'une espèce d'écuelle en bois, grossièrement travaillée, et comme fourchette, de deux petits morceaux de bois avec lesquels on prenait les aliments solides pour les porter à la bouche.

En Angleterre, en 1610, on regardait comme une des manies du voyageur Thomas Coryate d'avoir apporté d'Italie l'usage de meubles aussi inutiles. Cependant, en ayant reconnu plus tard l'utilité, l'usage s'en introduisit peu à peu parmi les riches ; le peuple, à leur imitation, se servit de cuillers et fourchettes de bois, leur fragilité fit employer depuis le fer et l'étain.

Un jour dans un grand dîner, un prince voulant embarrasser un médecin de ses amis, qu'il avait invité et à qui il avait défendu qu'on servît une cuiller, lui adresse en se mettant à table ces paroles : « C... qui ne mange pas de soupe ! » Le médecin qui vit bien que c'était une farce qu'on voulait lui jouer, prit son pain, le creusa, mit sa fourchette dedans et s'en servit comme d'une cuiller pour manger sa soupe ; puis après s'être sorti d'embarras de cette manière, il voulut à son tour embarrasser le prince et ses amis qui s'étaient déjà apprêtés à rire à ses dépens. Il prit donc le pain qui lui avait servi de cuiller, l'avala et dit : « C... qui ne mange pas sa cuiller ! »

Qui fut attrapé ? Ce fut le prince qui avoua franchement sa défaite et rit beaucoup de l'imagination du docteur.

CUISINE, CUISINIER, CUISINIÈRE. — Nous renvoyons

pour la cuisine à l'article de M. Victor Hugo qui se trouve dans la préface de notre livre.

Cuisinier. — Monsieur de Courchamps donne dans son *Dictionnaire de la cuisine,* le titre de : *Cuisinier du roi de Sidon*, à Cadmus, que nous ne connaissions que comme le fils d'Agénor, le frère d'Europe, le fondateur de la ville de Thèbes et l'inventeur de l'écriture.

Ces titres nous semblaient suffisants pour illustrer Cadmus ; M. de Courchamps y joint celui de cuisinier, nous ne le contesterons pas. La fonction de cuisinier au moyen âge n'était point incompatible avec la noblesse, et ne fût-ce que par Vatel, ils auraient au moins droit à l'illustration ; et en effet on voit par les annales de Saint-Denis que Thibaut de Montmorency, chevalier de l'ordre et seigneur de Boury, avait été grand queux, c'est-à-dire chef de cuisine ou premier cuisinier du roi Philippe de Valois.

Nous n'hésitons pas à donner un démenti à cette seconde assertion de notre confrère Courchamps, attendu que Philippe de Valois était mort depuis plus de deux cents ans lorsque l'ordre fut fondé en 1578 par Henri III ; ce qu'il y a de certain au moins, c'est qu'il existe sous le règne de Louis XI un arrêt du conseil d'en haut, lequel arrêt maintient dans sa noblesse et tous les priviléges d'icelle, un ancien cuisinier de madame de Beaujeu, nommé Cyrant de Bartas, attendu que ladite charge de maître queux n'a jamais fait ni dû faire encourir nulle déchéance en maison noble. Le célèbre Montesquieu descendait de Robin, second cuisinier du connétable de Bourbon et anobli par ce prince ; il est curieux que cet homme, nous parlons du connétable de Bourbon, que Bayard dégradait de son titre de noblesse, pût faire de son cuisinier un noble. Henri IV anoblit Nicolas Fouquet, seigneur de la Varenne, et maître cuisinier de la reine Marguerite, pour services rendus dans l'exercice dudit office ; en outre il avait trouvé moyen d'acquérir soixante-dix mille livres de rentes, non pas en piquant ses poulets, dit cette bonne langue de Margot, mais en piquant ceux du roi.

Selon Brillat-Savarin on peut devenir bon cuisinier, mais rester mauvais rôtisseur ; on naît rôtisseur comme on naît poëte.

Carême et Beauvilliers nous prouvent péremptoirement, Carême surtout, qu'on peut être à la fois écrivain archéologue et cuisinier.

Quelques gourmands, bien connus et à qui l'on ne peut disputer le titre de gastronomes, préfèrent *les cuisinières aux cuisiniers;* ils prétendent que ces dames ont la main plus savante et plus légère dans la distribution des épices ; il est vrai que comme les anciennes bacchantes de Thrace, elles sont rancunières en diable ; je me rappelle que deux vaudevillistes de beaucoup d'esprit ont fait, il y a trente-cinq ou quarante ans, une petite pièce qui fut jouée aux Variétés sous le titre *des Cuisinières,* et sous les noms de Brasier et de Demersan.

Messieurs les auteurs n'avaient point gardé vis-à-vis les artistes femelles tous les ménagements qui étaient dus à leur talent et à leur sexe ; le lendemain les deux auteurs eurent à régler leurs comptes avec leurs cuisinières qui les quittèrent en les vouant à la haine de toutes les corporations. Ce ne fut pas le tout, les cordons bleus de Paris se réunirent en une assemblée générale ; dans cette assemblée on montra les intentions les plus sinistres, et on fulmina les plus atroces malédictions contre les auteurs de la pièce ; une d'elles les attendit même à la sortie du théâtre des Variétés, et, de même que l'on dénonce la *vendetta* en Corse, elle lui cria : « Garde-toi, et nous nous garderons. »

Pendant plusieurs années, Brasier et Demersan racontaient qu'il avaient été forcés de se passer de cuisinières, d'abord parce qu'ils n'en pouvaient pas trouver, et ensuite parce qu'ils craignaient de confier leurs jours précieux à un membre quelconque de cette vindicative corporation ; quand ils ne dînaient pas ou ne déjeunaient pas chez leurs amis, les deux malheureux parias vivaient d'œufs frais et de saucisson de Lyon.

Aussi se vengèrent-ils d'elles dans un couplet de leur prochain vaudeville qui se terminait par ces deux vers :

> Et j'dis qu'celles qui sont les meilleures
> Sont les cuisinières en fer-blanc.

Le président Hénault, paraît-il, n'avait pas non plus les cuisinières et surtout les mauvaises cuisinières en grande odeur de sainteté, puisqu'il disait de la cuisinière de madame du Deffant, qui était véritablement par trop bourgeoisement mauvaise, surtout pour un gastronome tel que lui chez lequel était le meilleur cuisinier de l'époque : « Entre elle et la Brinvilliers, il n'y a de différence que dans l'intention. »

Comme c'était aimable et comme c'était rassurant !

Malherbe, qui se piquait aussi d'être gourmand et qui surtout aimait voir les cuisiniers à l'œuvre, disait qu'il fallait, pour qu'un dîner fût bon, qu'il ait été combiné et préparé longtemps à l'avance.

Aussi, allant un jour dîner chez un de ses amis, il trouva à la porte de cet ami un valet qui avait des gants aux mains; il était midi, et on devait, suivant l'usage du temps, dîner à une heure. « Qui êtes-vous, mon ami? demanda Malherbe au valet.

« Monsieur, je suis le cuisinier ! — Vertudieu ! reprit l'invité en s'éloignant au plus vite, je ne dîne pas chez un homme dont le cuisinier à midi a des gants aux mains; la cuisine doit être bien faite, je m'en moque.

— Ce gigot est *incuit*, disait à son hôte un homme qui faisait le beau parleur.

— Monsieur, répondit l'autre piqué, c'est par l'*insoin* de la cuisinière. »

Finissons par un mot fort spirituel du marquis de Bièvre.

Le marquis de Bièvre, regardant deux marmitons qui se boxaient et quelqu'un lui ayant demandé ce que c'était que ce bruit :

« Ce n'est rien, répondit-il, ce n'est qu'une *batterie de cuisine.* »

Cuisine espagnole. — En Espagne, il n'y a qu'un plat pour tout le monde, ce plat c'est le *puchero.*

Voici les ingrédients dont un puchero bien conditionné se compose :

Viande de bœuf, une livre.

Remarquez qu'aussitôt que le bœuf est mort il devient vache, et qu'au lieu de dire *buey* on dit *vaca*.

Jambon fumé, avec des os, 1/2 livre.

Plus le jambon est vieux, meilleur il est : le meilleur est celui de Galice.

Faire bouillir ces viandes dans quatre litres d'eau, jusqu'à réduction à deux litres.

Garbanços, 1/4 livre.

Avant d'aller plus loin nous devons dire ce que c'est que le garbançoa.

Le garbançoa est un énorme pois chiche, ce doit être le pois chiche de Cicéron ; il tire sa valeur de la terre où il est né.

Le garbançoa qui cuit en une demi-heure n'a pas de prix; mais s'il est né dans une mauvaise terre, il est plus dur après une heure de cuisson qu'avant d'être mis au feu.

Sa pellicule un peu froissée et sa grosseur qui est à peu près celle d'une balle de fusil de vingt-deux à la livre, indiquent qu'il est de qualité supérieure. Dès la veille du jour où on veut s'en servir, on le trempe dans l'eau salée. C'est un légume extrêmement capricieux au physique et au moral ; si on y ajoute une goutte d'eau froide pendant qu'il cuit, il profite de cette erreur pour ne plus cuire ; plus pressé que le haricot, il produit dans l'estomac le bruit que le haricot produit seulement dans les entrailles.

Si vous paraissez étonné qu'un Espagnol se livre devant vous à cette incongruité qui chez nous paraîtrait fort excentrique, il vous répond très-tranquillement que *por un punado de aire no se debe perder un barrenon de tripas*.

C'est-à-dire que, pour une poignée d'air, il ne faut pas perdre une marmite de tripes.

L'excuse ressemble assez à celle que donnait le maréchal Lefèvre lorsque quelques paroles étranges échappées à la bouche de sa femme laissaient transparaître la blanchisseuse sous la maréchale.

Un autre proverbe dit en Espagne que *el buen garbançoa y el buen ladron de Fuente-Sanco son*, c'est-à-dire que le meilleur garbançoa et le meilleur voleur sont de Fuento-Sanco.

Revenons à notre puchero qui est loin d'être fini.

L'heure est arrivée de mettre le chorizo.

Le chorizo est un hachis de viande de porc et de viande de

veau, assaisonné de piments rouges et d'autres substances vigoureuses.

Quand la réduction que nous avons indiquée de quatre litres d'eau en deux est faite à petit feu, on prend une once de lard, une once de jambon, une pincée de persil, une demi-gousse d'ail ; on hache le tout avec une cuillerée de bouillon prise dans la marmite, on casse ensuite deux œufs que l'on bat comme pour une omelette, on y émiette un petit morceau de pain, on mêle le tout ensemble et on le fait frire en autant de cuillerées qu'il y a de personnes à manger le puchero.

Lorsque les cuillerées sont bien frites on les ajoute au bouillon et on retire le tout une demi-heure après.

Dans certaines parties de l'Espagne on glisse un quart de volaille dans le puchero.

Voilà l'invariable dîner de l'Espagnol. De tout Espagnol qui n'a pas ce dîner, on peut dire ce qu'on dit du voyageur qui n'a pas de manteau :

Pauvre diable !

Mais que cependant on ne s'extasie pas sur la sobriété de l'Espagnol ; cet homme, à l'heure où il mange son puchero, c'est-à-dire à deux heures de l'après-midi, a déjà, s'il se respecte, pris son chocolat le matin à six heures, mangé un ou deux œufs à onze heures, et à six heures il reprendra son chocolat s'il n'a pas quelqu'un à rafraîchir ; dans ce cas le chocolat s'augmentera de glaces et de pâtisserie.

Puis enfin à onze heures du soir il soupera de guisado, qui, pareil au puchero éternel, est toujours prêt à être servi dans une maison bien réglée.

Le guisado se compose de bœuf et de veau accompagné de pommes de terre ; il doit être mis sur le feu à l'heure du dîner pour être mangé comme nous l'avons dit le soir à onze heures.

La seule différence qu'il y ait entre les guisados, c'est que dans les uns on met les pommes de terre cuire en même temps que la viande, et que dans les autres on les ajoute au moment de servir, après les avoir fait griller d'avance.

Ceci est l'ordinaire de la Castille, de cette bonne Castille où nous avons erré avec don Quichotte et Sancho Pança, demandant à cor et à cri comme eux du lait et du fromage à la pie.

En Galice l'ordinaire change, ce n'est plus le puchero qui attend le voyageur, c'est le caldo.

D'abord au lieu du chocolat épais que vous trouvez dans les deux Castilles vous avez le chocolat clair ; toute la différence est que la tasse de Galice est plus grande et qu'elle contient un chocolat plus liquide.

Vous qui avez le malheur de traverser la Galice comme je l'ai fait, gardez-vous d'une surprise.

Dans la cour de l'hôtel où descend la diligence à la gare des chemins de fer, si, ce dont je doute, il y a maintenant des chemins de fer en Galice, vous trouverez comme partout des aboyeurs qui vous inviteront à vous rendre à leur hôtel, renseignez-vous bien, où vous tomberez dans quelque atroce *posada* que l'on appelle *casa de huéspedes;* là ne cherchez ni le chocolat potable, ni caldo mangeable, ni lit praticable.

Si au contraire vous suivez le domestique d'un bon hôtel qu'on vous aura recommandé d'avance, vous ne mangerez en Galice ni mieux ni plus mal que dans les autres parties de l'Espagne.

Au reste je donnerai le conseil au touriste qui parcourra l'Espagne de voyager d'abord en Italie, l'Italie est une heureuse intermédiaire entre la France et l'Espagne.

En Italie, où l'on mange mal, les bons hôtels vous disent :

« Monsieur, j'ai un cuisinier français. »

En Espagne, où l'on mange abominablement, les grands hôtels vous disent ;

« Monsieur, j'ai un cuisinier italien. »

Si en Galice vous avez la chance de tomber dans un bon hôtel, on vous servira d'abord le caldo, espèce de soupe qui se compose d'une grande marmitée d'eau dans laquelle on a taillé des choux, des pommes de terre, des navets et où l'on verse des haricots ; le cuisinier ajoute pour donner du goût au bouillon un quart de porc frais et un quart de porc rance. Vous qui voulez faire du caldo, ne confondez pas porc rance avec porc salé ; plus le porc est rance, meilleur il paraît aux Galiciens.

Puis viendront quelques plats de viandes et de poissons, cuisinés, vous dira-t-on, à la française ou à l'italienne.

Le poisson, la volaille ou le gibier seront excellents, mais l'assaisonnement sera abominable.

La volaille, faute de broche, se mange frite à la poêle ou rôtie à la casserole; il en sera de même du gibier. En Espagne la broche n'est connue que comme substantif; elle est dans tous les dictionnaires, mais on ne la rencontre dans aucune cuisine.

C'est un grand malheur, car le gibier est très-commun et, quoiqu'à bon marché, excellent en Espagne.

Les lièvres coûtent de quinze à vingt sous ; personne n'en mange sous prétexte qu'ils grattent la terre évidemment pour déterrer les morts.

Les perdrix, d'excellentes perdrix rouges coûtent de huit à dix sous; c'est en Galice, au reste, que l'on mange le meilleur poisson. Au centre de l'Espagne, c'est-à-dire en Castille, avant les chemins de fer, il était impossible de manger du poisson frais ; il lui fallait quatre jours pour arriver et on ne le mangeait que salé ou pourri.

Le poisson dont on usait alors le plus habituellement dans ces provinces éloignées de la mer était la bonite ou plutôt le thon.

C'est à Castroreale et aux environs que se fait cette pêche; à l'instant même où on prend la bonite, les pêcheurs la vendent à de grandes fabriques qui la font frire dans l'huile et la préparent en conserves dans des barriques, lesquelles barriques sont détaillées aux consommateurs qui les mangent de quatre façons :

Naturelle, comme elle est, avec adjonction d'huile fraîche;

Cuite avec des tomates dans la même casserole ;

En omelette;

Et enfin avec des piments enragés.

Quant au poisson frais qu'on mange en Galice, c'est particulièrement la morue, c'est l'anguille, soit de mer, soit de rivière, c'est la lamproie, et enfin le poulpe ou les pieuvres qui sont le manger des pauvres.

C'est en Galice que vous mangerez les plus belles fraises comme grosseur.

A Madrid seulement vous pourrez leur faire concurrence avec la fraise d'Aranjuez dont une assiettée suffit pour parfumer un palais.

En fait de coquillages, il y a des étangs qui les conservent ; on trouve là des huîtres, comme dans les lacs de Naples, plus grasses et plus dessalées que dans la mer.

Les coquillages ordinaires sont les prayres marseillaises ; on les vend deux sous le cent.

La Galice est le seul pays où l'on fasse des huîtres marinées, qu'on expédie par petites barriques dans toute l'Europe.

Santiago, situé à une lieue et demie environ de la mer, est le meilleur pays de la Galice pour y manger le poisson, car il y arrive juste assez aéré pour perdre de sa pesanteur alimentaire, et attendu à ce point qu'il jouisse de sa plus grande sapidité.

Une autre partie de l'Espagne est renommée pour ses truites ordinaires et ses truites saumonées.

C'est la Puébla san Abria, près de laquelle est situé le *Lac*. C'est le seul nom que cette immense flaque d'eau porte dans le pays ; on y pêche des truites de vingt-cinq et trente livres.

Une petite rivière, qui passe à côté, fournit des truites inférieures en grosseur, mais pas en qualité, et vient aider pour sa part à la pêche du Lac.

La propriété dans laquelle se trouve cette petite rivière qui appartenait à des moines a été vendue pendant la dernière révolution comme propriété nationale. C'est un nommé Perès Gallos qui l'a achetée.

Par malheur le peu de voyageurs qui passent par cette partie détournée de l'Espagne, fait que le propriétaire ne peut tirer aucun parti de ce Lac ni de cette rivière et qu'il se contente de faire manger ses truites grosses et petites à ses amis, aux voyageurs qui vont lui demander l'hospitalité et non à un public qui n'existe pas.

Selon le nombre de ses convives, il dit à un de ses pêcheurs de plonger et de lui rapporter une truite de douze ou quinze livres.

Le nageur plonge, rapporte la truite et se trompe rarement d'un quart ou d'une demi-livre.

La légende de ce Lac est que sur son emplacement s'élevait autrefois une ville qui disparut dans un tremblement de terre et donna cette masse d'eau à la place de la masse de pierres.

Tout cela est tellement abandonné, que l'on a laissé tomber en morceaux la seule barque qui existât.

Les truites se mangent sur les bords du Lac par les habitants du pays avec une sauce que l'on apporte.

Je dis que l'on apporte, car on fait là-bas des parties de truites comme à Naples on fait des parties d'huîtres.

Voici la composition de cette sauce :

On prend une tasse à chocolat d'huile, une tasse pareille d'eau, deux cuillerées de vinaigre, du persil; et de l'ail hachés, du sel, du poivre rouge et du piment enragé ; on mêle le tout ensemble en le battant avec une fourchette.

Arrivé au bord de l'eau, on allume du feu et on met cuire le poisson tout frais pêché et tout frétillant encore dans cette composition qui devient son court-bouillon et sa sauce.

Là on prépare aussi des truites pour envoyer à ses amis ; frites d'abord, elles sont encaissées dans de petits pots où elles font le voyage plus ou moins long qu'elles ont à faire.

Il résulte de ces diverses préparations qui se font en Espagne, qu'il y a dans ce pays des commissionnaires en poisson.

Ces commissionnaires déposent leur poisson, en surveillent la vente et repartent avec l'argent pour s'approvisionner de nouveau.

A côté de ces commissionnaires mobiles, il y a d'autres commissionnaires qui restent stationnaires pour surveiller leur vente ; ceux-là ont des arriéros qui apportent ce poisson venant des Asturies dans les autres villes et principalement à Rio-Secco qui est l'endroit où il s'en fait le plus grand débit.

Il est assez curieux, je crois, de jeter un regard sur la nourriture de ces Arriéros et de tous les Arriéros en général.

Il y a deux espèces d'Arriéros, les Maragatos, auxquels on se fie comme chez nous aux Auvergnats et qui font principalement le transport des marchandises, et les Arriéros proprement dits qui font le commerce des vins et autres denrées pour leur compte;

leur nourriture se compose de riz et de morue qu'ils font cuire de cette façon :

Sans dessaler la morue, ils la déchirent par morceaux, la couchent sur des braises où elle se dessale, enfin ils la font cuire avec du riz, de l'huile et de l'eau.

Chacun d'eux a son sac sur lequel il couche; son dîner fini, il fait pour deux sous emplir son sac de paille, c'est le seul loyer qu'il paye; moyennant ces deux sous, il a droit au couvert.

Si cependant l'Arriéro a fait de bonnes affaires dans son voyage il change son modeste repas contre un extra, mais toujours au riz, poule au riz, lapin au riz, perdrix au riz.

Alors la morue disparaît et se change en volaille ou en gibier, mais le riz reste invariablement comme condiment principal du repas. C'est Valence qui produit le meilleur riz; dans les temps les plus chers il ne dépasse pas six sous la livre, c'est à peine la moitié de ce qu'il coûte en France.

Ce qui me faisait, lorsque je voyageais en Espagne, entrer dans des rages d'estomac, c'est que la vie animale pourrait y être aussi agréable et aussi sensuelle qu'en France; le gibier y abonde, les perdrix rouges et grises y vont par bandes, et j'ai déjà dit que le lièvre, qui est en Espagne d'un tiers plus gros qu'en France, s'y vendait vingt sous.

Mais les malheureux Espagnols ont si peu le sentiment de la cuisine que lorsqu'ils tuent un lièvre, la première chose qu'ils font, même celui qu'ils tuent pour le vendre, ils le saignent par la carotide jusqu'à la dernière goutte de son sang; ils ne savent pas, les ignorants, que le sang du lièvre ne se fige point à sa mort et reste liquide parce que le lièvre veut être assaisonné dans son sang.

Voici comment les Espagnols préparent le lièvre :

Ils le dépouillent, le font mariner trois jours avec une once de piments doux, une poignée d'origano, herbe qui n'a point d'analogue en France, mais qui en Espagne sert à toutes les sauces; du sel, du poivre, une pointe d'ail hachée, et l'on fait baigner le tout pendant trois jours dans de l'eau ordinaire.

Au bout de ce temps on le retire de l'eau, on le suspend pour égoutter, on le fait étouffer dans une casserole avec une livre d'oignons, deux onces d'huile rance, deux onces de vinaigre, une gousse d'ail entière et des épices, on recouvre le tout d'une feuille de papier huilé, on replace le couvercle sur la casserole, on remet du feu sur le couvercle et on laisse cuire l'animal pendant trois ou quatre heures.

La seconde manière de le manger est rôti dans le four avec des oignons et des pommes de terre tout autour.

Quant aux perdrix dont on fait très-peu de cas, le maître les donne à la cuisinière, qui, pour les plumer plus facilement, les trempe dans l'eau bouillante sans se douter qu'elle leur ôte le meilleur de leur goût, et les jette dans l'*olla podrida* où elles cuisent et d'où on les tire au hasard avec une grande fourchette, souvent plutôt qu'à leur tour.

Voici ce qu'est l'*olla podrida*, mets très-peu commun en Espagne, mais rendu très-connu en France par les romanciers qui ne connaissent guère que celui-là, et de nom seulement :

Une *olla podrida*, c'est une immense marmite placée sur le feu, que jamais on n'en retire, et dans laquelle on jette successivement toutes les viandes et particulièrement les viandes gélatineuses qui entrent dans la maison.

Ainsi les pieds de veau, les pieds de mouton, les pieds de cochon, les museaux et les oreilles de cochon, tout cela fait partie de l'*olla podrida*.

Cela distille, comme on le comprend bien, un jus fort épais, fort savoureux, que j'eusse trouvé excellent sans l'adjonction de l'éternel gras-double qui lui donne un goût de tripe qui m'était insupportable.

Il était donc bien rare que j'attendisse dans l'olla la cuisson de mes perdrix, que je mangeais rôties devant le feu au bout d'une ficelle.

Quant à mon lièvre, j'en faisais un civet que l'absence du sang rendait malheureusement incomplet.

Un des embarras les plus inattendus se dresse parfois devant les voyageurs : c'est la façon dont ils sont obligés de boire dans certaines contrées de l'Espagne et jusque dans la Navarre et le bas Aragon.

Je ne sais si, aujourd'hui que l'Espagne se vante de progresser, il se trouve des verres dans cette province, mais je sais que de mon temps il n'y en avait pas; comme cependant il faut boire, surtout quand on mange, on met sur la table des burettes en verre de la capacité d'un litre ou d'un demi-litre; dans ces burettes est contenu le vin qui doit désaltérer les convives, et chacun d'eux est obligé de boire à la régalade pour ne pas toucher le bord de la burette avec les lèvres; ce qui est fort incommode pour l'étranger qui ne s'est jamais servi de ce mode de désaltération; si on a le malheur de toucher des lèvres le col de la burette, les autres convives vous arrachent la bouteille des mains et vous en jettent le contenu au visage en vous accablant des plus grossières injures.

Quant au coucher, il est aussi difficile de trouver un lit que de trouver un verre : on ne rencontre ce meuble, très-nécessaire chez nous, mais regardé comme très-superflu par les Espagnols, que chez les gens mariés depuis peu, qui, pour une mince rétribution, vous cèdent le leur.

Cela m'est arrivé à Castrejou, où j'ai été obligé de me mettre sous la protection du maire et du maître d'école, à qui j'étais recommandé, pour obtenir un lit qui me fut disputé le soir même par un voyageur plus tardif que moi.

Mais il est si rare que l'on soit bien couché en Espagne que je tins bon, et le touriste retardataire fut forcé de se rouler dans son manteau et de passer la nuit devant le feu, ce qui me serait arrivé bien souvent à moi-même si je n'avais été chaudement recommandé par don Vento d'Alvarès, le patron des étrangers qui voyagent dans la Navarre et dans l'Aragon.

Tout ménage a sa servante.

La plus pauvre fille qui se marie, fût-elle servante elle-même, a, le lendemain à sept heures du matin, une servante au chevet de son lit qui lui présente son chocolat.

L'homme est déjà sorti depuis cinq heures du matin pour aller à ses affaires ou à son travail, et il a pris dans la taverne la plus voisine de sa maison son aguardiente.

L'aguardiente, comme l'indique son nom, est une espèce d'eau-de-vie, eau-de-feu, comme l'ont appelée les Indiens dans leur langage pittoresque; elle se fait avec le marc du raisin, elle se passe dans un alambic avec de l'eau et de l'anis; il y en a depuis dix-huit degrés jusqu'à quarante.

L'aguardiente se boit rarement pure ; on en met une dizaine de gouttes dans un grand verre d'eau qu'elle blanchit ; on avale ce verre d'eau à jeûn; il donne de l'appétit et ne brûle pas l'estomac comme l'absinthe.

C'est la même chose à peu près que le sambucco que, pendant les jours d'été, on vend à chaque coin de rue à Naples; seulement l'aguardiente se fait, comme nous l'avons dit, avec de l'anis, et le sambucco avec du fenouil.

L'autre eau-de-vie est tout simplement du tafia venant de la Havane et fait avec la canne à sucre.

Aucun vin fin en Espagne n'est naturel; ce sont en général les pâtissiers qui font les vins d'extra; ils sont en même temps que pâtissiers, confiseurs, fabricants de vins et fabricants de cierges.

Le xérès, le malaga, l'alicante, le pagareté sont fabriqués par ces industriels et se vendent en général deux francs cinquante, achetés chez les fabricants.

Les Français qui ont voulu soutenir la concurrence en l'honneur de notre pays fabriquent une espèce de vin de Champagne avec des vins de Ronéda, qui sont blancs et très-capiteux.

Ces vins se boivent généralement au moment où on sert le poisson.

Quant aux salades elles se mangent presque toujours avant le potage.

Voici les principales salades et la manière de les faire.

Salade de choux-fleurs. — On fait cuire les choux-fleurs avec quatre œufs durs, choux-fleurs et œufs se servent en même temps dans un plat après avoir épluché des œufs et les avoir coupés en quatre, on l'assaisonne chaude.

Deux raisons pour que la salade soit exécrable.

La première, parce que les œufs cuits dans de l'eau de choux-fleurs contractent un goût affreux.

La seconde, c'est que toute salade, excepté la salade au lard, est exécrable à manger chaude.

Salade de chou. — On fait bouillir le chou avec des os

de jambon, lorsqu'il est bien cuit on l'égoutte et on le fait frire dans la poêle avec de l'huile, on présente ensuite le chou sur la table pour y être assaisonné une seconde fois avec de l'huile, du sel, du poivre et du vinaigre.

Les autres salades sont les mêmes qu'en France et s'assaisonnent de la même manière.

J'ai dit, dans mon voyage en Espagne, comment, pour échapper à l'huile infecte des Espagnols et à leur vinaigre insipide et à ses animalcules visibles à l'œil nu, je faisais de la salade sans huile et sans vinaigre avec des jaunes d'œufs frais et du jus de citron.

Aujourd'hui que les chemins de fer existent, il s'est fait une grande amélioration à ce qu'on assure parmi les victuailles, je n'étais déjà plus en Espagne lorsqu'on m'apprit le secret d'enlever à l'huile sa rancité.

Comme quelqu'un de mes compatriotes pourrait se trouver en face d'une burette d'huile rance, hâtons-nous de lui dire le moyen de rendre à l'huile sa saveur primitive.

On met l'huile dans une poêle et on la fait bouillir après avoir eu le soin de fermer toutes les portes et toutes les fenêtres de la cuisine, quand elle est à cent ou à cent cinquante degrés de chaleur, vous y jetez un morceau de pain que vous laissez littéralement brûler dans l'huile, il fume et entraîne avec lui toute la mauvaise odeur du liquide.

C'est à asphyxier un Esquimau ; on ouvre les fenêtres, l'odeur s'en va de la maison empoisonnée, des voisins accourent sur leur porte pour ne rien perdre de cette odeur délicieuse, et l'huile est devenue mangeable, seulement elle a perdu sa teinte jaune pour prendre une teinte noirâtre.

Les salades se mangent ordinairement en Espagne avant le potage.

Le potage le plus estimé des Espagnols, est la soupe à l'ail. En voici la recette :

Prenez deux onces de graisse par litre d'eau, mettez chauffer la graisse dans la poêle, prenez une gousse d'ail que vous laissez rôtir jusqu'à ce qu'elle soit brûlée, alors vous y versez l'eau, vous y ajoutez une bonne pincée de sel et vous faites prendre à votre potage trois ou quatre bouillons, puis vous coupez dans une soupière du pain en tranches minces, vous cassez autant d'œufs que vous avez de personnes et vous en couvrez le pain, et vous versez dessus le bouillon en ébullition.

Lorsque le repas a quelque consistance, le potage est ordinairement suivi d'une langue de bœuf à l'étouffée.

On arrive à faire ce plat par les moyens suivants :

Vous prenez une langue de bœuf que vous faites mariner trois jours dans la même marinade que celle indiquée déjà pour le lièvre; au bout de ce temps vous la retirez, vous l'égouttez, vous la piquez de lard très-fin, puis vous la faites cuire à l'étouffée comme le lièvre, avec des oignons et des pommes de terre.

Ajoutons à la langue à l'étouffée un des mets les plus appréciés des Espagnols, la *Poule en pépitoria*.

On coupe la poule en quatre, on la fait roussir dans la friture bien chaude, on met ensuite le tout, poule et saindoux, dans une casserole, on ajoute de l'eau, du sel, une feuille de laurier; on le laisse bien cuire; puis on pile dans un mortier trois jaunes d'œufs durs, un peu de mie de pain, du persil, et on mêle le tout ensemble de façon à former une sauce épaisse, on le fait cuire avec la poule, et l'on sert le plus chaud possible.

Il est possible qu'on échappe dans un dîner bourgeois donné par des Catalans à la poule pépitoria, mais on n'échappera pas à coup sûr au poulet aux tomates et aux piments.

Supposez que vous vouliez régaler vos amis de cet entremets exotique.

Vous faites frire le poulet dans le saindoux, comme il est dit pour la poule en pépitoria, puis vous enlevez les morceaux quand ils sont frits dans la poêle, puis dans la graisse bouillante vous jetez les tomates et les piments épluchés et déjà rôtis sur les braises, enfin vous remettez le poulet avec les piments et les tomates et faites frire le tout ensemble jusqu'à entière cuisson.

Voici ce que l'on appelle une omelette de famille.

Vous faites cuire une douzaine de pommes de terre en robe de chambre avec du sel, vous les épluchez et vous les pilez dans un mortier; puis on casse six œufs, on ajoute du sel, du poivre, on les mêle bien avec les pommes de terre et on verse le tout dans la poêle pour être cuit à petit feu afin que l'omelette ne tienne pas au fond du récipient.

On la sert accompagnée d'une sauce au pauvre homme.

Il n'y a pas de charcutiers en Espagne; le sang de cochon avec lequel nous faisons le boudin se garde dans de gros intestins bouilli avec du riz et des oignons, puis on le garde ainsi jusqu'à ce qu'on l'utilise, soit en le coupant par tranches et en le faisant frire, soit en le faisant bouillir dans la soupe, ou cuire sous les cendres comme des pommes de terre.

Tout le reste du porc est salé et se vend chez des marchands de salaison qui sont presque tous de l'Estramadure.

La charcuterie qui peut se rapprocher le plus de la charcuterie française se fait dans les maisons.

Une ordonnance qui défendait, par hygiène, de tuer les cochons depuis le premier de juin jusqu'à la fin d'août est cause de ce manque d'industrie publique en Espagne.

Toute maison un peu régulière tue un, deux et même trois cochons au mois de décembre pour les besoins de l'année.

J'ai connu un maître de maison, à Sérisi, qui tuait à cette époque de l'année jusqu'à dix-huit cochons pour la nourriture de son personnel.

Un des principaux comestibles que l'on tire du cochon est le *chorizo*, c'est-à-dire un certain saucisson fait de viande de porc, de viande de veau hachée, fortement épicée, fumée, et conservée comme le jambon.

Dans les maisons réglées, on fait autant de chorizos qu'il y a de jours à s'écouler, et le jour de l'année suivante où on le tuera, c'est-à-dire que l'on fait trois cent soixante-cinq chorizos plus une cinquantaine pour les jours où l'on aura des invités.

Quant aux jambons, ceux de Bayonne peuvent nous en donner une idée, avec cette différence que les jambons de Catalogne atteignent le double de leur grosseur; ces jambons se fument et se conservent comme les nôtres.

On mange ces jambons de deux façons.

D'abord à la minute, et ils se font alors cuire ainsi:

On coupe le jambon par tranches pas trop minces, puis on

le fait frire dans le saindoux, ayant soin de ne pas trop le laisser se dessécher dans la poêle; on jette alors dans la friture un verre d'eau dans laquelle on a mis une ou deux cuillerées de vinaigre suivant sa force, et deux cuillerées de sucre en poudre, puis on fait bouillir le tout ensemble jusqu'à ce que la sauce soit liée.

C'est, à mon avis, la meilleure manière de manger le jambon espagnol quand on est pressé; j'invite donc les voyageurs à demander du jambon à la minute et surtout à en apprécier la sauce.

Voici maintenant le jambon *doux* qui constitue la véritable charcuterie particulière.

Peu de noces se passent en Espagne sans le fameux plat de jambon *doux*.

On désosse le jambon, puis on le met dessaler dans l'eau bouillante pendant une heure; on le retire, on jette l'eau, on égoutte le jambon, on le fait tremper entièrement dans du vin blanc, on laisse réduire à moitié et on ajoute une demi-livre de sucre par litre de vin; on laisse bouillir le tout jusqu'à ce que le jambon soit bien cuit, on retire la viande, on jette le vin dans dans lequel il a cuit, à moins qu'on ne l'emploie à quelque sauce; puis vous mettez le jambon dans un moule de la forme que vous voulez lui donner, vous le pressez ainsi pendant deux jours sous une forte presse, cela forme une pâte compacte et très-serrée que l'on coupe par tranches et que l'on mange comme il est.

Le mouton est très-apprécié en Espagne. — Un proverbe dit :

Mange du mouton pour cher qu'il soit, demeure dans la ville pour mal que tu y sois, et bois de l'eau de rivière si trouble qu'elle soit.

Il se mange rôti, en côtelettes, ou en ragoût, avec des haricots, mais toujours poinçonné de beaucoup d'ail.

L'abondance des agneaux et leur bon marché sont tels qu'un de mes amis, logeant à Carion de los Condès, après en avoir mangé pendant tout un mois, fut obligé de quitter le pays pour manger autre chose.

Le chevreau passe avant l'agneau, et s'accommode exactement de la même manière; il n'en est pas plus cher pour cela.

L'agneau, comme nous l'avons dit, est en telle défaveur que tout berger a droit de prendre trois agneaux par mois pour sa nourriture, pourvu qu'il rapporte les peaux à son maître.

Les autres petits bénéfices lui viennent des voleurs dont il est presque toujours l'espion, quand il n'est pas voleur lui-même.

CONSEIL GÉNÉRAL DONNÉ AUX VOYAGEURS.

Ne demandez jamais de renseignements aux bergers, afin qu'ils ne sachent pas d'où vous venez et où vous allez.

Un des grands plaisirs des Espagnols, qui ne se laissent pas mourir de faim, comme on le voit, est de goûter dans les champs en plein air. Ce plaisir ne serait pas complet si l'*épanada* manquait.

Disons ce que c'est que l'épanada et de quelle manière elle se fait.

Vous prenez, suivant le nombre des convives, six ou huit livres de pâte de pain prête à être mise au four; vous l'emportez chez vous où vous la travaillez avec du saindoux connu sous le nom de *grapo*, vous en trouvez partout en Espagne; il peut, dans certains cas, remplacer le beurre; vous en formez un pâté rond, creux au milieu, que l'on enduit partout avec des œufs battus, pour que la viande qui doit y entrer ne se colle pas aux parois. En Castille, l'épanada se fait soit avec six ou huit pigeons, et c'est alors une épanada de pigeons; soit avec quatre ou cinq poulets, et c'est une épanada de poulets.

On en fait avec du porc, avec du veau, ou toute autre espèce de viande.

En Gallicie, les épanadas se font en poisson au lieu de se faire en viande.

La viande qui doit entrer dans la confection de l'épanada est frite à l'avance; les poissons seulement s'y mettent crus.

Cette viande, placée dans la cavité qui lui est ménagée, est recouverte, comme nos pâtés, d'une couche de la même pâte, puis on porte ce pâté chez le boulanger pour être mis au four, avec une marque indiquant le nom du propriétaire, les boulangers ayant parfois à faire cuire en un seul jour des milliers d'épanadas.

On laisse le pâté au four le temps suffisant pour cuire la viande qu'il renferme, on paye la cuisson ; puis chacun part avec son épanada pour le champ de la fête.

Arrivée sur le terrain, chaque famille se réunit au porteur de l'épanada, qui est presque toujours la servante, et qui s'est munie des couverts et ustensiles nécessaires pour le repas ; elle porte en même temps les fruits, le vin, toujours dans une peau de bouc ; enfin tout ce qu'on ne veut pas acheter aux marchands qui s'établissent sur le champ de la fête pour tout le temps qu'elle dure.

C'est le jour de saint Jeidre que cette fête se passe à Madrid.

A un quart de lieue de la ville, et sur une petite côte, s'élève la chapelle de Saint-Jeidre ; toute la rampe qui conduit à cette chapelle est couverte de frituriers et de marchands de vin, destinés à remplacer les lacunes de ceux qui n'ont pas pu faire préparer l'épanada de circonstance.

La colline est une ruche couverte d'abeilles ; trente ou quarante mille personnes se pressent à la porte de la chapelle pour voir le saint, se bousculant, se poussant et s'engouffrant dans la chapelle, arrivent à voir le saint, font une prière, et se poussent dehors comme ils se sont poussés dedans.

De la porte de la chapelle, on domine la plaine, où deux cent mille personnes assises, faisant leur *merienda*, c'est-à-dire leur goûter, présentent le spectacle le plus curieux qui se puisse voir, celui qui sans doute a donné à Cervantès l'idée de ses noces de Gamache.

Cette fête semble le reste du carnaval romain qui mettait les serviteurs et les esclaves au niveau des maîtres ; les serviteurs espagnols oublient ce jour-là leur domesticité, et peuvent se croire autant que ceux avec lesquels ils sont assis, puisqu'ils mangent la même nourriture et boivent le même vin à la même table.

A mesure que le temps s'écoule, que les outres se vident, on voit les groupes s'amuser, l'agitation devient de la confusion, la confusion du tumulte, et il est bien rare que ces fêtes se passent sans quelques jolis coups de couteau et sans que quelques convives n'aient payé de leur vie le plaisir de faire la merienda en famille.

Je donne donc au voyageur le conseil d'aller voir ce spectacle fort curieux, mais non de prendre part à la fête. Qu'il tâche surtout d'y aller et de revenir en voiture, car le pont de Tolède, même en plein jour, est dangereux ce jour-là.

Nous serions ingrats envers la Catalogne, si nous oubliions deux de ses plats nationaux.

Le longuet et les ragoûts aux pruneaux.

Le longuet se fait avec de petits pains longs particuliers à la Catalogne; on les fait bouillir dans du lait, on en ôte la mie, on la remplace par du hachis de viande, et on les met frire dans la graisse.

La France farcit aux truffes, la Castille aux olives, la Galice aux châtaignes, et la Catalogne aux pruneaux.

Ainsi le fricandeau s'apprête comme les ragoûts ordinaires; ils ajoutent seulement des pruneaux qu'au premier coup d'œil les amateurs prennent pour des truffes.

Le même étonnement existe pour les poulardes et dindons; à travers leur peau transparente, apparaissent des taches noires qui font venir l'eau à la bouche des gourmands; prenez garde, imprudents convives, ce sont des prunes sèches.

CUISSON. — Temps que demandent à cuire, avec un feu de bois ou de charbon, les aliments. — La cuisson des viandes est le fondement des consommés et des jus, tout aussi bien que la cuisson du sucre à la nappe, à la plume, au caramel ou au perlé est celui de l'art de confire.

Bœuf, pesant 10 kilos, quatre heures de cuisson.
— — 5 kilos, deux heures et demie.
— — 3 kilos, deux heures.
Veau, — 5 kilos, trois heures et demie.
— — 2 kilos, deux heures.
Mouton, pesant 5 kilos, deux heures.
— — 3 kilos, une heure et demie.

Mouton, pesant 2 kilos, une heure.
Porc frais, pesant 4 kilos, quatre heures.
— — 2 kil., une heure trois quarts.
Jambon, une demi-heure par livre.
Cochon de lait, deux heures et demie.
Venaison, pesant 5 kilos, deux heures et demie.
— — 3 kilos, une heure et demie.

Venaison, pesant 2 kilos, une heure.
Agneau, selle ou gros quartier, deux heures.
— quartier ou gigot, une heure.
Dindon farci, deux heures.
— moyen, une heure un quart.
Dindonneau, une heure, toujours enveloppé de papier.
Chapon, une heure.
Poularde, une heure un quart.
Poulet gras, trois quarts d'heure.
— à la reine, une demi-heure.
Coq vierge, vingt-cinq minutes.
Pintade, trois quarts d'heure.
Paonneau, une heure.
Oie grasse, une heure un quart.
Oison, trois quarts d'heure.
Canard, trois quarts d'heure.
Caneton, vingt-cinq minutes.
Albran, vingt minutes.
Pigeon, une demi-heure.
Pigeonneau, vingt minutes.
Lièvre, une heure et demie.
Levraut, trois quarts d'heure.
Lapin, trois quarts d'heure.
Lapereau, vingt-cinq minutes.
Faisan, trois quarts d'heure.
Poule faisane, quarante minutes.
Faisandeau, vingt-cinq minutes.
Perdreau rouge, une demi-heure.
— gris, vingt-cinq minutes.
Bartavelle, vingt-cinq minutes.
Outarde, une heure un quart.
Oie sauvage, une heure.
Coq des bois, une heure.
— de bruyère, une heure un quart.
Poule — trois quarts d'heure.
Gelinotte, une demi-heure.
Bécasse, une demi-heure.
Bécassine, vingt minutes.
Bécasseaux, un quart d'heure.
Pluvier doré, vingt minutes.
Rouge de rivière, vingt-cinq minutes.
Poule d'eau, vingt minutes.
Sarcelle, un quart d'heure.
Macreuse, vingt-cinq minutes.
Râle de genêt, une demi-heure.
Caille, vingt minutes.
Engoulevent, vingt minutes.
Mauviette, vingt minutes.
Grive, vingt minutes.
Ortolan, un quart d'heure.
Bec-figue, un quart d'heure.
Merle de Corse, vingt minutes.
Guignard, un quart d'heure.
Bécot, dix minutes au plus.
Rouge-gorge, dix minutes.

CURAÇAO. — On nomme curaçao une espèce d'orange dont on tire une liqueur qui porte le même nom qu'elle, et dont les zestes desséchés nous arrivent par la Hollande; on distille ses écorces avec de l'alcool, on en mêle l'esprit avec du sirop. Cette écorce est d'un goût amer et charmant. On la lave, on l'égoutte, on la laisse infuser dans 1/4 d'eau et 3/4 d'alcool, quinze jours. On égoutte sur tamis, on mêle à un fort sirop et on filtre.

N.-B. — Agitez de temps à autre votre réceptacle pendant l'infusion.

Cette opération, simple en théorie, est d'une pratique scabreuse. Le plus sûr est d'acheter son curaçao tout préparé.

C'est chez Foking, à Amsterdam que se vend le meilleur curaçao; quelque soin que l'on donne à cette liqueur, à Bordeaux, elle n'atteint pas le degré de perfection de sa rivale.

CYGNE, PATÉ DE CYGNE. — Les cygnes qui pour plusieurs naturalistes, rentrent dans le genre canard, forment au contraire dans la classification de Cuvier, un genre distinct de l'ordre des **Palmipèdes**; de tous les oiseaux, le cygne est celui dont le cou se compose d'un plus grand nombre de vertèbres, il en a vingt-trois, les dorsales sont au nombre de onze, il en a quatorze sacrales et trois codales.

Le cygne domestique a une élégance de forme qui ne permet pas de le confondre avec l'oie et le canard, qu'il touche cependant de si près; une seule anomalie signale le cygne aux yeux ou plutôt aux oreilles des ornithologistes, c'est que les naturalistes aient appliqué à cet animal le nom de *cygnus musicus*. Or, quiconque a entendu ce fameux chant du cygne, avouera que c'est le cri le plus désagréable qu'il ait jamais ouï. — Le chant du cygne est une locution qu'il faut accepter à cause de sa poésie, et non à cause de sa vérité; ce qui a maintenu le cygne dans sa position de virtuose, c'est l'admirable rôle qu'il joue dans tout le Lohengrin; mais au point de vue de la cuisine, tout cela n'aurait pas pu lui constituer une position, si la chair du jeune cygne, et surtout du cygne sauvage, n'était pas plus tendre et plus savoureuse que celle de nos meilleures palmipèdes; on en fait des pâtés à la manière des pâtés d'Amiens.

D

DAIM. — Quadrupède de l'ordre des ruminants et de la famille des cerfs. On regarde, avec raison, la chair de cet animal comme un excellent aliment.

Le daim est trop connu pour qu'il soit besoin de le décrire ici. Nous ne faisons pas d'ailleurs un cours d'histoire naturelle. Nous dirons seulement que la chair du daim, comme celle du chevreau, est meilleure quand il a été tué étant en exercice.

Les parties du daim les plus estimées sont le train et les pieds de derrière, parce qu'elles sont les plus charnues; la cervelle est aussi, d'après Redi, qui dit en avoir mangé avec du lard, un morceau fort délicat.

On doit choisir le daim jeune, tendre, gras et bien nourri; sa chair produit un bon suc et nourrit beaucoup. Quand il est trop vieux, elle est dure et difficile à digérer.

Quartier de derrière du daim. (Mode anglaise.) — Lorsque vous aurez un quartier de daim bien gras, c'est-à-dire couvert de graisse, tel que peut l'être un gigot de mouton, désossez-en le quasi, battez-le bien, saupoudrez le dessus d'un peu de sel fin, faites une pâte avec trois litrons de farine, dans laquelle vous mettrez une demi-once de sel, six œufs entiers et un peu d'eau seulement pour que votre pâte soit extrêmement ferme; enveloppez-la dans un linge blanc et humide, laissez-la reposer une heure; après abaissez-la bien également en lui donnant l'épaisseur d'une pièce de six livres, embrochez votre venaison, enveloppez-la entièrement de votre abaisse de pâte, pour cela elle doit être d'un seul morceau, soudez-la en mouillant les bords, et les joignant l'un sur l'autre ; enveloppez le tout de fort papier beurré, puis faites cuire à un feu bien égal environ trois heures ; la cuisson faite, ôtez le papier, faites prendre belle couleur à la pâte, débrochez-la, servez-la en joignant une saucière de gelée de groseilles qu'on appelle en anglais : *Corinthe gelée*. (Recette de M. Beauvilliers.)

Daim rôti à la broche. — Lardez-le de gros lard assaisonné de sel, poivre, clous de girofle, mettez-le tremper dans le vinaigre avec laurier, sel, tranches d'oignons et de citron, faites-le rôtir à petit feu en l'arrosant de sa marinade. Faites ensuite une sauce avec anchois, échalotes hachées, citron vert et farine frite, liez le tout avec un coulis et versez sur votre quartier de daim.

DALLE OU DARNE. — On donne ce nom à une tranche de saumon, de cabillaud, de bar, etc.

DAMPINARD (fromage de). — Ces fromages d'une ferme de l'Aisne sont faits avec du lait de chèvre en forme de boules de 8 centimètres de diamètre. Ils sont estimés des connaisseurs.

DARIOLE. — Pâtisserie d'entremets ; voici la manière de les faire :

Faites une abaisse de pâte brisée, de l'épaisseur d'un centimètre. Coupez-la avec un coupe-pâte assez grand pour que vos abaisses débordent les moules de vos darioles, et vous leur donnez avec la pointe d'un couteau, la forme qu'elles doivent avoir ; posez-les dans les moules beurrés d'avance, rognez la pâte qui déborde des moules, mettez dans une casserole pour la quantité de darioles que vous voulez faire, une ou deux cuillerées à bouche de farine, huit ou dix macarons bien écrasés, du sel, de la fleur d'orange et des jaunes d'œufs crus, vous délayez le tout avec un bon verre de crème, versez cette composition, après l'avoir bien remuée dans vos moules et faites-les cuire au four ; leur cuisson achevée, retirez-les des moules, dressez-les sur un plat, saupoudrez-les de sucre fin et servez-les le plus chaudement possible.

Darioles à la duchesse. — Vous opérez comme ci-dessus en ajoutant à votre pâte de la fleur d'oranger praliné, un zeste de citron, une pleine cuillerée de raisins de Corinthe, une forte pincée d'angélique hachée et quelques merises confites au sec, vous les mettez de même dans des moules et faites cuire comme ci-dessus.

Darioles au Moka. — Vous faites bouillir de la crème double, la quantité que vous voulez et vous jetez dans cette crème trois onces de café Moka que vous avez fait bouillir jusqu'à légère coloration ; vous faites infuser un quart d'heure, vous passez votre crème et vous procédez, pour le reste, comme il est indiqué pour les darioles ci-dessus.

Les darioles au chocolat, au rhum, au thé se font de la même manière ; celles au fromage de Brie se nomment *Talmouses*. (V. Talmouses.)

DATTES. — On donne ce nom au fruit du dattier commun. Les meilleures dattes nous viennent d'Afrique, c'est la principale nourriture des Arabes, et en France on les voit rarement sur les tables, et l'on ne s'en sert guère que pour faire des sirops ou confitures.

Ce fruit doit être mangé bien mûr et bien frais, autrement il occasionne des indigestions et des maladies de la peau ; Pline rapporte que plusieurs soldats d'Alexandre moururent pour avoir mangé avec excès des dattes trop vertes. Il contient un noyau très-dur que l'on fait broyer et macérer et que l'on donne à manger aux chameaux et aux moutons.

DAUBE. — C'est la préparation à chaud ou à froid d'un aliment gras et charnu, les substances les mieux appropriées pour être mises en daube sont ordinairement : la noix de bœuf et le filet d'aloyau, le gigot de mouton, le carré de porc frais et les grosses volailles.

- DAUPHIN. — Mammifère de l'ordre des cétacés et de la famille des souffleurs. J'ai dans mes voyages mangé du foie et de la langue de dauphin qui est un met d'honneur. La chair a le goût du thon et une forte odeur de marée : elle est indigeste.

DAUPHIN (fromage). — Fromage flamand qu'on mange très-fait et qui excite à boire.

DEGUSTATION. — Action d'apprécier, par le moyen de

la langue et non du palais comme on le dit à tort, la saveur propre aux aliments. Un fin dégustateur est rare.

DÉJEUNER. — A la lettre : *repas qui rompt le jeûne.* C'est le repas du matin ou celui de midi. Ce dernier doit être servi sans nappe et sans étiquette rigoureuse.

DELESSERIA. — Genre de la famille des Algues et de l'ordre des cryptogames. Les Ecossais en mangent, cuite dans du lait ou du bouillon.

DEMI-BEC. — Genre de poisson osseux, à chair huileuse, lourde à digérer.

DENTS. — La mâchoire humaine est meublée de trente-deux dents ou moins. Celles de devant tranchent et celles des côtés broient les aliments. L'absence des dents rend la digestion difficile à cause de l'insuffisante trituration des aliments, de là des spasmes, des crampes, etc.

DESSERT. — Dernière partie du dîner, composée d'aliments légers.

Un dessert bien ordonné doit charmer les yeux autant que le goût des convives. Soignez dont l'arrangement des assiettes et l'harmonie générale des pièces.

DIABLOTINS. — On donne ce nom à différentes choses, c'est d'abord un plat d'entremets qui n'est autre chose que de la crème aux œufs qu'on a partagée, refroidie et fait frire ; c'est ensuite une sorte de petites dragées napolitaines. (V. Dragées.) Enfin, on donne ce nom à des bonbons de chocolat enveloppés d'une papillotte.

DIGESTION. — Fonction qui consiste dans la transformation des substances alimentaires, introduites dans l'estomac, en matières assimilables.

DINDE. — (V. Dindon.)

DINDON. — En ornithologie on dit un dindon et une dinde pour désigner le mâle et la femelle de ces animaux. En cuisine on dit généralement un dinde du mâle et de la femelle.

La femelle est toujours plus petite et plus délicate que le mâle. Les dindons étaient connus des Grecs, qui les appelaient des *Méléagrides,* parce que ce fut Méléagre, roi de Macédoine, qui les apporta en Grèce l'an du monde 3,559.

Quelques savants ont contesté ce fait, et ont dit que c'était des pintades; mais Pline (livre 37, chap. II) décrit le dindon à ne pouvoir s'y méprendre. Sophocle, dans une de ses tragédies perdues, introduisait un chœur de dindons qui pleuraient sur la mort de Méléagre.

Les Romains professaient une estime particulière pour les dindons : ils les élevaient dans leurs métairies. Comment disparurent-ils? quelle épidémie les enleva! c'est ce que l'histoire ne nous apprend point. Seulement ils devinrent si rares qu'on finit par les mettre en cage, comme on y met aujourd'hui les perroquets.

En 1432, les vaisseaux de Jacques Cœur, qui commença par être un des premiers négociants du monde et qui finit par être argentier et maître d'artillerie du roi Charles VII, en 1432, disons-nous, les vaisseaux de Jacques Cœur rapportèrent les premiers dindons de l'Inde. Nous ne devons donc point ce précieux oiseau aux jésuites, comme la croyance en est vulgairement répandue, puisque l'ordre des jésuites ne fut fondé par Ignace de Loyola qu'en 1534 et ne fut approuvé par le pape Paul III qu'en 1540.

Cette croyance que les sectateurs de Loyola ont importé le dindon d'Amérique, fait que quelques mauvais plaisants ont pris l'habitude d'appeler les dindons des jésuites. Les dindons ont exactement le même droit de se fâcher de ce changement de nom, que l'auraient les jésuites si on les appelait des dindons.

Notre avis n'est donc pas celui de la plupart des savants qui disent que le dindon vient d'Amérique. L'Amérique, découverte en 1492 par Christophe Colomb, ne pouvait en 1450, c'est-à-dire quarante-deux ans auparavant, approvisionner les vaisseaux de Jacques Cœur, quoique la devise de celui-ci fut : — A vaillant cœur, rien d'impossible. — Son nom de poule d'Inde, d'où dérive le mot dindon, paraîtrait plus naturel d'ailleurs, venant de l'Inde que venant d'Amérique, quoique l'on prît à cette époque l'habitude d'appeler l'Amérique l'Inde occidentale.

Aujourd'hui on trouve en Amérique, et surtout chez les Illinois, le dindon à l'état sauvage. Brillat-Savarin, dans sa physiologie du goût, se fait le héros d'une chasse où il eut le bonheur de tuer un dindon. Un chasseur canadien m'a assuré avoir tué un de ces animaux qui pesait près de cinquante livres.

Quoique la chair du dindon, surtout froide, soit excellente, pleine de sapidité et préférable à celle du poulet, il y a des gourmets qui n'en mangent absolument que les *sot-l y-laisse*, étymologie : *sot qui le laisse*.

Un jour Grimod de la Reynière, oncle du célèbre comte d'Orsay, qui, pendant vingt ans a donné la mode à la France et à l'Angleterre, un jour Grimod de la Reynière étant, dans une tournée financière, surpris par la nuit ou par le mauvais temps, ou par un de ces obstacles insurmontables enfin qui forcent un épicurien à s'arrêter dans une auberge de village, demande à l'hôte ce qu'il peut lui donner pour souper.

Celui-ci lui avoue avec honte et regret que son garde-manger est complétement vide.

Un grand feu qui brille à travers les carreaux d'une porte vitrée, qui n'est autre que celle de la cuisine, attire les regards de l'illustre gourmand, qui voit avec étonnement sept dindes tournant à la même broche.

« Comment osez-vous me dire que vous n'avez rien à me donner à souper, exclame Grimod de la Reynière, quand je vois à la même broche sept magnifiques dindes, arrivées à leur degré de cuisson ?

— C'est vrai, monsieur, lui répondit l'hôte, mais elles sont retenues par un monsieur de Paris qui est arrivé avant vous.

— Et ce monsieur est seul ?

— Tout seul.

— Mais c'est donc un géant que ce voyageur ?

— Non, monsieur, il n'est guère plus grand que vous.

— Oh ! oh ! dites-moi le numéro de la chambre de ce gaillard-là, et je serai bien maladroit, s'il ne me cède pas une de ses sept dindes. »

Grimod de la Reynière se fait éclairer et conduire à la chambre du voyageur, qu'il trouve près d'une table dressée, assis devant un excellent feu et aiguisant l'un sur l'autre deux couteaux à découper.

« Et pardieu ! je ne me trompe pas, s'écrie Grimod de la Reynière, c'est vous, monsieur mon fils !

— Oui, mon père, répondit le jeune homme en saluant respectueusement.

— C'est vous qui vous faites embrocher sept dindes pour votre souper?

— Monsieur, lui répondit l'aimable jeune homme, je comprends que vous soyez péniblement affecté de me voir manifester des sentiments si vulgaires et si peu conformes à la distinction de ma naissance, mais je n'avais pas le choix des aliments, il n'y avait que cela dans la maison.

— Pardieu! je ne vous reproche pas de manger de la dinde, à défaut de poulardes ou de faisan; en voyage on est bien obligé de manger ce qu'on trouve, mais je vous reproche de faire mettre pour vous seul sept dindes à la broche.

— Monsieur, je vous ai toujours entendu dire à vos amis, qu'il n'y avait réellement de bon, dans le dindon non truffé; que les *sot-l'y-laisse*.

— J'ai fait mettre sept dindes à la broche pour avoir quatorze *sot-l'y-laisse*.

— Ceci répliqua son père, obligé de rendre hommage à l'intelligence du jeune homme, me paraît un peu dispendieux pour un garçon de dix-huit ans, mais je ne saurais dire que ce soit déraisonnable. »

Avignon a été de tout temps une ville où l'on a mangé à merveille, c'est une vieille tradition du temps où Avignon était ville pontificale.

Un respectable président du tribunal de cette ville appréciait les qualités du dindon.

Il disait un jour:

« Par ma foi, nous venons de manger un superbe dinde, il était excellent, bourré de truffes jusqu'au bec, tendre comme une poularde, gras comme un ortolan, parfumé comme une grive. Nous n'en avons, ma foi, laissé que les os.

— Combien étiez-vous? demanda un curieux.

— Nous étions deux, monsieur! répondit-il.

— Deux?...

— Oui. Le dinde et moi. »

Louis XV voulant un jour visiter la ménagerie de Versailles.

prit le chemin de Saint-Hubert pour s'y rendre, mais il fut arrêté en route par un groupe de dindons qui lui barrait le passage. Ces dindons étaient ceux de la ménagerie qui sans doute s'étaient échappés.

« Qui est-ce, dit le roi, qui est chargé de cette volaille ?

— Sire, c'est le capitaine La Roche, lui répondit-on.

— Eh bien, allez dire au capitaine La Roche que s'il lui arrive encore de laisser échapper ses dindons, je le casserai à la tête de sa compagnie de volailles. »

La couleur rouge a la faculté d'exciter la colère du dindon, comme celle du taureau ; il s'élance alors sur celui qui la porte et l'attaque à coups de bec. C'est ce qui fut cause de l'accident arrivé à l'illustre Boileau.

Boileau étant encore enfant, jouait dans une cour où se trouvait entre autres volailles un dindon ; tout à coup l'enfant tombe, sa jaquette se retrousse et le dindon qui aperçoit la couleur abhorrée, se jette dessus et, à force de coups de bec, meurtrit le pauvre Nicolas de telle sorte que celui-ci, ne pouvant plus jamais devenir un poëte érotique, prit par la suite le parti d'être un poëte satirique et de médire des femmes.

Le poëte fut incommodé toute sa vie. C'est là sans doute la cause de l'aversion secrète qu'il eut toujours contre les jésuites qu'il croyait, d'après l'opinion la plus commune, les introducteurs du dindon en France.

Dinde aux truffes. — (Recette de Courchamps.) — Ayez une jeune et belle poule d'Inde, bien grasse et bien blanche ; épluchez-la, flambez-la, videz-la par la poche, prenez garde d'en crever l'amer et d'en offenser les intestins ; si ce malheur-là vous arrivait, passez-lui de l'eau dans le corps ; ayez quatre livres de truffes, épluchez-les avec soin, supprimez celles qui seraient musquées, et hachez une poignée des plus défectueuses (pour la forme) ; pilez une livre de lard gras ; mettez-le dans une casserole avec vos truffes hachées et celles qui sont entières ; assaisonnez-les de sel, gros poivre, fines épices et une feuille de laurier ; passez le tout sur un feu doux, laissez-le mijoter pendant trois quarts d'heure et puis retirez vos truffes du feu ; remuez-les bien, et remplissez-en le corps de votre dinde jusqu'au jabot; cousez-en les peaux, afin d'y faire tenir les truffes; bridez-la et laissez-la se parfumer pendant trois ou quatre jours, si la saison vous le permet; au bout de ce temps, mettez-la à la broche, enveloppez-la de fort papier, faites-la cuire environ deux heures, et puis déballez-la pour lui faire prendre une belle couleur. Servez-la avec une sauce faite sur son jus de cuisson, où vous ajouterez un léger hachis des mêmes truffes.

Brillat-Savarin a le malheur, ou plutôt commet la faute, dans sa physiologie du goût, de qualifier la dinde aux truffes de rôti. Cette hérésie culinaire exaspère M. de Courchamps, le vieil ami des Lauraguais et des Ximenès, qui avait été des petits soupers de Sophie Arnould et du maréchal de Richelieu. Il tance vertement Brillat-Savarin dans les quelques lignes suivantes, où l'on reconnaît la haine, nous dirons presque le mépris, que la noblesse d'épée a toujours eu pour la noblesse de robe.

Aussi au-dessous de la recette que nous venons de citer, écrit-il la note suivante :

« Nous n'avons pas besoin d'avertir qu'il ne faudra la donner que pour les grosses pièces, au premier service. Rien n'est si lourdement bourgeois et si *Chaussée d'Antin* que de faire servir, ou même de laisser paraître une dinde aux truffes en guise de plat de rôt ! On ne comprend pas comment l'auteur de la *Physiologie du goût* a pu se tromper sur un pareil article. De la part de M. Brillat-Savarin, c'est l'effet d'une légèreté singulière, ou d'une illusion prodigieuse. L'estime qu'il avait méritée sous d'autres rapports et la considération de son ouvrage en ont beaucoup souffert. »

Recette de la dinde aux truffes, de M. le marquis de Cussy. — Vous disposez vos truffes, vous les passez dans du lard râpé, assaisonné de poivre, sel, quatre épices; vous laissez mijoter les truffes pendant vingt minutes, puis vous les introduisez dans l'intérieur de la dinde que vous venez de sacrifier et de vider. Vous la laissez pendue par les pattes dans un garde-manger frais, et, au bout de trois jours après l'avoir plumée et flambée, vous remplacez les premières truffes par des truffes vierges, pareillement préparées et disposées.

M. de Cussy, vous le voyez, comme Grimod de la Reynière

ne veut pas qu'on plume la volaille truffée. « Faites donc attention, dit-il, qu'en ne plumant pas l'animal, tous les pores restent fermés, et il n'y a point d'évaporation. Les truffes chaudes se combinent avec les chairs palpitantes, et l'infiltration de leurs parfums est plus active, plus intense, plus universelle. Mais dans cette combinaison, les truffes perdent ce qu'elles donnent. » Dès lors, nous avons pensé qu'il fallait les remplacer par des truffes vierges.

Nous reconnaissons les deux recettes pour excellentes ; mais comme tout le monde ne peut pas dépenser 40 francs à bourrer une dinde de truffes, nous allons donner la nôtre :

Faites un hachis de veau, de poulet, de perdrix, si vous en avez, ajoutez-y un quart de chair à saucisses ; faites cuire dans une eau bien salée, où vous aurez introduit une feuille de céleri, quinze ou vingt beaux marrons de Lyon que vous pilerez et réduirez en bouillie avec votre hachis. Joignez-y un bon boudin de table, que vous hacherez avec le reste ; mettez un bouquet de persil au centre de cette farce, que vous introduirez dans le ventre de votre dinde ; rétrécissez autant que possible l'orifice intérieur, dans lequel vous fourrerez un morceau de beurre salé et poivré ; mettez votre dinde à la broche, et ne l'en retirez que lorsque jailliront de son corps comme d'un volcan, de petits jets de fumée qui indiqueront qu'elle est cuite à point.

Cette dinde pourra s'appeler : *Dinde des artistes*.

Surtout, n'arrosez jamais vos rôtis, quels qu'ils soient, qu'avec du beurre manié de sel et de poivre. Toute cuisinière ou cuisinier qui met une seule goutte de bouillon dans sa lèchefrite mérite d'être chassé à l'instant et mis au ban de la France.

Dinde en daube. (Recette de M. Beauvilliers). — Prenez une vieille dinde, après l'avoir flambée et épluchée, refaites-lui les pattes, videz-la et retroussez-la en poule ; coupez de gros lardons, assaisonnez de sel et poivre, épices fines, aromates pilés, persil et ciboules hachés, roulez bien les lardons dans tout cela, lardez-en votre dinde en travers et en totalité, bridez-la, enveloppez-la dans un morceau d'étamine, cousez-la et ficelez-la des deux bouts, foncez une braisière de la grandeur convenable à la grosseur de votre dinde de quelques bardes de lard et de débris de veau, de quelques lames de jambon et du restant de vos lardons; ajoutez encore, si vous le voulez, un jarret de veau ; posez votre dinde sur ce fond, assaisonnez-la de sel, d'un fort bouquet de persil et ciboules, de deux gousses d'ail et de deux feuilles de laurier, de deux ou trois carottes, de quatre ou cinq oignons dont un piqué de trois clous de girofle, mouillez votre dinde avec du bouillon et un verre de bonne eau-de-vie, faites en sorte qu'elle baigne dans son mouillement; couvrez-la de quelques bardes de lard et de feuilles de papier beurré, faites-la partir et couvrez votre braisière de son couvercle: mettez-la sur la paillasse avec feu dessus et dessous, entourez-la de cendres rouges, laissez-la mijoter ainsi pendant quatre heures; cependant à moitié de sa cuisson découvrez votre dinde, retournez-la, goûtez si elle est d'un bon sel, et ajoutez au cas contraire, ce dont elle peut avoir besoin. Sa cuisson faite, retirez-la du feu, laissez-la presque refroidir dans son assaisonnement, retirez-la sur un plat, ayez soin de la laisser égoutter, passez son fond au travers d'un tamis de soie, clarifiez-le de même que l'aspic, (V. Sauces). Laissez refroidir votre gelée, déballez votre dinde, dressez-la et garnissez-la de cette gelée. (Observez qu'on peut servir cette dinde chaude avec partie de son fond réduit.)

Dinde grasse à la cardinale. — Prenez une petite dinde bien grasse, flambez-la, videz-la, prenez son foie et coupez-le avec truffes, champignons que vous mêlerez bien avec lard râpé, sel, gros poivre ; mettez cette farce dans le corps de votre dinde, détachez la peau de l'estomac, mettez-y du beurre d'écrevisses ; cousez la dinde, troussez les pattes en long, faites-la cuire à la broche, enveloppée de bardes et de papier beurré, et servez-la avec un coulis d'écrevisses.

Dindon en ballon. — Prenez un bon gros dindon qui soit tendre, levez-en la peau en prenant garde de la déchirer et désossez tout le reste. Quand toute la chair est ôtée de dessus la peau, mettez-la dans une casserole, avec du lard pilé, des fines herbes hachées très-fin, puis dessus une couche de tous les filets de dindon coupés très-minces; ajoutez-y des fines herbes, un peu d'ail, des champignons coupés en tranches, du poivre concassé, très-peu de sel, couvrez avec une couche de tranches de jambon coupées très-minces et continuez ainsi par couches en alternant toujours et finissant par les fines herbes ; foncez ensuite une marmite de bardes de lard, jetez dessus le ballon avec quelques racines, oignons, champignons, bouquet garni ; mouillez de bon bouillon et faites cuire à la braise ; retirez-le, égouttez-le bien et servez avec une bonne essence.

Vous pouvez aussi garnir le tour du ballon d'un cordon de choux-fleurs cuits dans un blanc comme à l'ordinaire et arrosés avec la sauce de votre dindon.

Dindon à la crème. — Suivant le plat que vous voulez faire, vous prenez un ou deux dindons que vous habillez et faites cuire à la broche et que vous laissez refroidir. Vous faites ensuite une farce avec un morceau de noix de veau, un morceau de lard blanchi avec de la graisse de bœuf, une tétine de veau, quelques champignons, persil, ciboules, fines herbes, fines épices, sel, poivre ; vous faites cuire le tout ensemble et vous le hachez en y ajoutant l'estomac des dindons ; vous mettez cette farce avec du pain bouilli dans du lait, six jaunes d'œufs, la moitié des blancs fouettés en neige ; le tout bien pilé : vous mettez une couche de cette farce au fond du plat, et sur cette couche, le dindon rempli d'une partie de la farce ci-dessus ; vous mettez au milieu du dindon dans un trou fait à l'avance, un ragoût fait de ris de veau, de crêtes, de champignons, vous couvrez ce ragoût et vous arrondissez autant que possible votre dindon que vous panez de mie de pain très-fine et que vous mettez cuire au four ; quand il a pris belle couleur vous le dégraissez et servez chaudement.

Salmis de dindon. — Troussez proprement un dindon, faites-le cuire à demi à la broche, puis coupez-le en pièces et mettez-le cuire dans une casserole avec du vin, ajoutez des truffes, des champignons hachés, un peu d'anchois, du sel et du poivre ; lorsqu'il est cuit, vous liez la sauce avec un coulis de veau, vous le dégraissez et servez pour entrée avec du jus d'orange.

Dindon gras à la Périgord. — Prenez deux livres de truffes pelées, lavées et bien essuyées, maniez-les avec du lard râpé, sel et gros poivre, farcissez-en un dindon frais tué, cousez-le, troussez les pattes en long, laissez-le mortifier et prendre le goût des truffes pendant trois ou quatre jours, mettez-le ensuite à la broche enveloppé de lard et de papier beurré, laissez-le bien cuire et servez avec une sauce hachée aux truffes.

Dindon en filets. — On accommode ces filets comme ceux de poulets (V. poulets), et on les sert de même, ou bien on les sert avec un ragoût aux concombres passés avec un coulis roux.

Dindon aux écrevisses. — Habillez proprement et videz un dindon, détachez bien la chair de la peau, ôtez-en l'estomac et faites avec une farce en y ajoutant du lard, de la graisse de bœuf, un peu de jambon, ciboules, champignons, truffes, le tout assaisonné de sel, poivre et muscade, un peu de mie de pain trempée dans la crème et deux jaunes d'œufs crus, le tout haché ensemble et pilé dans un mortier, vous en farcissez le dindon et vous lui mettez dans le corps un bon ragoût d'écrevisses ; puis vous le bouchez par les deux bouts, le cousez et le mettez à la broche enveloppé de bardes de lard, de tranches de veau et de jambon que vous couvrez avec un papier beurré et vous ficelez le tout.

Votre dindon étant bien cuit, vous le dressez dans un plat, vous mettez le ragoût par-dessus et vous servez chaudement.

Dindon aux huîtres. — Il se fait de la même manière que celui ci-dessus, on fait seulement un ragoût aux huîtres au lieu d'un aux écrevisses. (V. HUITRES.)

Dindon aux marrons. — Epluchez et videz un dindon, hachez le foie avec du persil, de la ciboule, du lard râpé, beurre, sel, poivre, fines herbes et marrons que vous aurez d'abord fait cuire dans la braise pour ôter la petite peau ; mettez cette farce dans le corps du dindon et embrochez-le, enveloppé de bardes de lard et de papier beurré et laissez-le cuire jusqu'à ce qu'il soit bien tendre. Prenez d'autres marrons épluchés et mettez-les cuire dans une casserole avec un peu de bouillon, quand ils sont cuits vous ôtez le bouillon, vous mettez dans la casserole un peu de coulis, du jus et un peu d'essence et vous en garnissez votre dindon que vous aurez bien dégraissé et dressé sur un plat.

Dindon en galantine. — Chaque dindon devant former une galantine, vous en prenez la quantité que vous voulez et que vous préparez à l'ordinaire ; fendez-le par le dos, ôtez-en la peau le plus proprement possible sans la casser, prenez ensuite le blanc de ces volailles que vous coupez en filets avec du jambon, du lard, des pistaches également coupés en filets, et arrangez le tout sur un plat; faites une farce avec le restant de votre chair, une noix de veau, un morceau de jambon que vous coupez en petits morceaux et que vous hachez ensuite avec persil, ciboules, fines épices, fines herbes, poivre, sel et jaunes d'œufs, en ayant bien soin que cette farce soit de fort bon goût; vous étendez ensuite les peaux de vos dindons sur lesquelles vous mettez d'abord un lit de farce, puis un filet du blanc du dindon, un filet de jambon, un filet de lard, un filet de pistaches, un filet de jaunes d'œufs durs, si vous servez de cette galantine pour entremets froids; ensuite un lit de farce par-dessus et vous continuez jusqu'à ce que les peaux de dindons soient remplies, vous faites rejoindre ces peaux et vous les cousez. Vous garnissez une marmite de bardes de lard et de tranches de veau. Vous y arrangez les dindons, les assaisonnez et achevez de les couvrir dessus comme dessous; mettez une demi-bouteille de bon vin blanc, quelques gousses d'ail, du bouillon, et faites cuire feu dessus et dessous, tout doucement; puis ôtez-les du feu, laissez-les refroidir dans leur braise afin qu'ils prennent du goût, et servez-les ensuite entiers ou coupés en tranches.

Dindon à la princesse. — Retroussez votre dindon, coupez-le en deux, mettez-le à la braise comme le chapon, retirez-le, panez-le, faites-le frire dans du saindoux jusqu'à belle couleur. Dressez-le ensuite et servez avec une rémolade faite avec des anchois, du persil, des câpres hachés, un peu de ciboule, un jus de bœuf et autres bons assaisonnements.

Dindon mariné. — Vous le faites mariner pendant 8 heures avec verjus, jus de citron, sel, poivre, clous de girofle, ciboules et laurier; faites ensuite une pâte claire avec de la farine, du vin blanc, des jaunes d'œufs, vous trempez votre dindon dans cette pâte, vous le faites frire dans le saindoux et le servez garni de persil frit.

Pattes de dindon à la Sainte-Ménehoult. — Prenez 18 pattes de dindons dont vous ôtez la peau et que vous faites cuire dans une braise blanche ou dans une Sainte-Ménehould. (V. SAUCES.)

Quand elles sont cuites et refroidies, mettez autour une farce fine, panez avec de la mie de pain après avoir uni avec de l'œuf battu; faites ensuite frire vos pattes dans la friture bien chaude et servez-les garnies de persil frit.

Ailerons de dindons à la d'Estrées. — Procurez-vous des peaux de poulets ou de poulardes et mettez-les sur des moules de cuivre faits en ailerons de dindons; remplissez ces peaux d'une bonne farce fine ou de filets de volaille mis dans une béchamel; faites cuire au four pendant un quart d'heure, ôtez-les des moules, en ayant soin de leur conserver la forme d'ailerons, et servez-les avec une sauce au vin de Champagne.

Ailerons à la Stanislas. — Prenez des ailerons de dindons ou de poulardes bien échaudés, panez-les avec des truffes, champignons, riz de veau, un bouquet garni et du beurre en quantité suffisante; mouillez avec un peu de vin de Champagne, du bouillon, et deux cuillerées de coulis, faites cuire le ragoût à petit feu, dégraissez-le, assaisonnez-le de bon goût et dressez-le dans le plat sans la sauce; coupez ensuite des cornichons en long, faites-les blanchir, égouttez-les sur un tamis, faites-les chauffer dans la sauce, mettez-les autour du ragoût en cordon et servez la sauce par-dessus.

Ailerons de dindons au blanc. — Prenez dix ou douze ailerons, échaudez-les, faites-les blanchir, parez-les des bouts et mettez-les dans une casserole avec un morceau de beurre, une tranche de jambon, des champignons coupés en dés, un bouquet garni; passez-les, soignez-les, assaisonnez-les de bon goût et faites-les cuire. Dégraissez-les, liez-les de crème et de jaunes d'œufs et servez-les avec un jus de citron.

Ailerons de dindons aux petits pois. — Faites blanchir huit ailerons, parez-les, mettez-les dans une casserole avec une tranche de jambon, un bouquet de fines herbes, du bon bouillon; faites bouillir les ailerons et à moitié de leur cuisson mettez-y un litron de petits pois, un morceau de beurre, un peu de coulis et un peu de jus. Quand ils sont cuits, dégraissez le ragoût, assaisonnez-le avec un peu de sel et servez.

Ailerons ou quenelles de dindons frits. — Faites cuire des ailerons dans une bonne braise bien nourrie, qu'elle soit d haut goût, mettez-les refroidir, trempez-les dans des œufs battus, panez-les, faites-les cuire de belle couleur et servez-les garnis de persil frit.

Ailerons au four aux petits oignons. — Foncez une casserole de tranches de veau blanchies, mettez dessus vos ailerons aussi blanchis, couvrez de bardes de lard, ajoutez un bouquet, mouillez de bouillon, assaisonnez de sel et gros poivre; à moitié de cuisson, mettez des petits oignons blanchis à l'eau bouillante; lorsque tout est cuit, retirez vos ailerons et les oignons, passez la sauce au tamis, liez-la sur le feu avec un blond de veau et des jaunes d'œufs; mettez-en une partie dans un plat, de la mie de pain, du parmesan râpé par-dessus; ensuite vos ailerons et les oignons; arrosez du reste de la sauce, panez de mie de pain et de parmesan, faites prendre couleur au four, égouttez la graisse et servez à courte sauce.

Potage de dindonneaux aux écrevisses. — Épluchez et videz des dindonneaux, troussez-les proprement et faites-les blanchir; mettez-les cuire dans une marmite avec de bon bouillon, prenez des écrevisses que vous faites cuire dans l'eau, et prenez-en ce qu'il vous faut pour faire un cordon du tour du plat de votre potage; ôtez-en les pattes, épluchez la queue, qu'elle se tienne au corps de l'écrevisse, mettez les queues à part et ne gardez que les coquilles; mettez douze amandes douces dans de l'eau tiède, pelez-les et pilez-les avec les coquilles d'écrevisses; garnissez ensuite le fond d'une casserole avec des rouelles de veau, un morceau de jambon coupé par tranches, oignons, carottes et panais; couvrez le tout et laissez suer sur le fourneau, mouillez-le d'un bon bouillon, mettez quelques croûtes de pain, du persil, de la ciboule, des fines herbes, des champignons, des truffes; faites mitonner le tout ensemble jusqu'à ce que les tranches de veau soient cuites, vous les retirez et vous délayez dans la casserole le coulis d'écrevisses qui est dans le mortier et le passez à l'étamine, puis videz-le dans une marmite, mettez-le sur des cendres chaudes pour le faire chauffer sans bouillir. Faites un ragoût avec les queues d'écrevisses que vous avez épluchées, quelques petits champignons et truffes coupés par tranches, passez-les dans une casserole avec du lard fondu, mouillez-les d'un jus de veau, ajoutez-y six fonds d'artichauts et faites mitonner le tout ensemble. Lorsque c'est cuit, vous liez le petit ragoût avec le coulis d'écrevisses, mitonnez des croûtes dans le plat où vous voulez servir le potage, garnissez le bord du plat des écrevisses que vous avez épluchées, mettant le côté de la queue en dedans du plat; tirez les dindonneaux de la marmite, déficelez-les, et servez-les proprement sur le potage en dressant autour les fonds d'artichauts de votre ragoût; jetez ensuite le ragoût et le coulis sur le potage et servez chaudement.

Hachis de dindons à la béchamel. — Vous hachez fin les chairs d'un dindon rôti, vous faites bouillir une béchamel peu épaisse, vous y mettez le hachis avec sel, poivre, muscade, et vous servez avec croûtons aux œufs pochés.

Blanquette de dindon. — Vous levez les blancs d'un dindon rôti et refroidi et vous les coupez par morceaux bien minces, puis vous faites réduire une béchamel avec champignons cuits dans un blanc, vous mettez vos morceaux de dindon dans votre béchamel, que vous lierez avec des jaunes d'œufs et que vous servez soit dans un vol-au-vent, soit dans une casserole de riz ou une timbale de nouilles.

Capilotade de dindon. — Préparez une sauce à l'italienne et mettez dedans un dindon cuit à la broche et refroidi que vous aurez dépecé; faites bouillir pendant quelques instants, dressez les morceaux de dindon, versez la sauce dessus et mettez autour des morceaux de pain frits dans du beurre.

Hâtelets de dindon. — Vous levez les chairs blanches d'un dindon rôti et refroidi, puis vous les coupez par morceaux carrés après en avoir ôté les peaux et les tendons; vous coupez, de la même manière, du petit lard cuit, des truffes et des champignons, vous embrochez ces diverses substances avec des hâtelets, et en alternant les morceaux; vous arrosez d'une sauce allemande réduite. Trempez vos hâtelets refroidis dans de la mie de pain, des œufs battus et une seconde mie de pain, enfin dans une friture chaude et servez avec jus de viande.

DINER. — Action journalière et capitale qui ne peut être accomplie dignement que par des gens d'esprit : car il ne suffit pas, au dîner, de manger, il faut parler avec une gaieté discrète et sereine.

La conversation doit étinceler avec les rubis des vins d'entremets, elle doit prendre une suavité délicieuse avec les sucreries du dessert et acquérir une vraie profondeur au café.

DORADE. — Poisson qui tire son nom du reflet doré de ses écailles. On trouve la dorade dans toutes les mers; elle remonte périodiquement les rivières; sa chair est blanche, ferme et d'un excellent goût. On la mange de préférence rôtie ou cuite au court bouillon et accompagnée d'une sauce blanche aux câpres. On peut la servir aussi frite ou avec une purée de tomates.

DORURE. — On nomme ainsi, en pâtisserie, la composition qui est destinée à dorer les croûtes des pâtés, des vol-au-vent ou de tout autre gâteau auquel on veut donner une couleur.

On fait la dorure en battant, comme pour une omelette, des jaunes et des blancs d'œufs, puis on se sert d'un petit pinceau ou d'une plume pour faire la coloration.

A défaut d'œufs, on peut se servir de safran ou de fleur de souci dans laquelle on délaye un peu de sagou jaune, afin de donner plus de fermeté à cette composition.

DOUCETTE. — On donne ce nom à une petite espèce de mâche. On la mange en salade comme celle-ci et ses propriétés alimentaires sont les mêmes.

DOUM. — Arbre de la famille des palmiers. C'est un bel arbre d'Égypte, mais qui, comme tous les végétaux de ce pays, ne donne pas d'ombre. Ampère a dit : un arbre sans ombre est comme une fleur sans parfum. Mais, à défaut d'ombrage, le doum donne un fruit rafraîchissant dont j'ai pu juger par moi-même le goût de pain d'épice. Une dame du Caire, qui voulut jadis y fêter ma présence, me tendit, de ses fines mains rougies de henné, un frais sorbet de doum.

DRAGÉES. — On donne ce nom à un des produits de l'art du confiseur; c'est une espèce de bonbon dont le noyau est formé tantôt de grands ou de petits fruits, tantôt de morceaux d'écorce ou de racines aromatiques, le plus communément d'amandes douces; ce noyau est recouvert d'une pâte sucrée ou de sucre cristallisé; on en fait aussi où l'on remplace le noyau par la liqueur qu'il vous plaît d'y mettre. On colore ces dragées soit en rose, soit en rouge ou en telle autre couleur.

Comme cette friandise appartient plus principalement au confiseur et qu'il y a peu de maisons d'ailleurs où l'on en fasse pour sa consommation, préférant les acheter, nous ne nous occuperons pas de sa composition.

Les dragées, on le sait, sont le présent coutumier des baptêmes.

DUMPLING. — Cuisine étrangère, entremets anglais.

Dumplings aux pommes ou aux prunes. — Roulez votre pâte chaude et mince, superposez pommes pelées ou prunes de Damas, les bords de la pâte étant mouillés et fermés, faites bouillir le tout une heure dans un linge; versez du beurre chaud, poudrez de sucre et servez.

Dumpling ferme. — Pâte de farine et d'eau salée ; roulez en boules grosses comme le poing, emplissez de raisins de Corinthe, farinez, enveloppez d'un linge, faites cuire à l'eau bouillante trente minutes, arrosez de Xérès, sucrez et servez.

Dumpling de Norfolk. — Ce mets, qui a l'honneur de devoir son nom au duc de Norfolk, lequel l'affectionnait beaucoup, se fait de la façon suivante :

Vous mettez dans une pâte un peu épaisse un grand verre de lait, deux œufs et un peu de sel, faites-la cuire deux ou trois minutes dans de l'eau bien bouillante, jetez égoutter sur un tamis et servez avec du beurre frais un peu salé.

DURION. — On donne ce nom au fruit d'un arbre fort élevé, remarquable par sa grosseur et ressemblant à nos melons. Cet arbre est originaire de l'Inde, et les Siamois aiment tellement le durion qu'ils le conservent toute l'année; avec de la crème fraîche, ils en font, par la cuisson, une marmelade qu'ils mettent et soignent dans des pots.

Le durion est enveloppé d'une peau plus dure que celle des marrons et couverte d'épines très-pointues, l'odeur en est désagréable, elle a le goût de l'oignon rôti, mais la pulpe a une saveur exquise. Dans cette pulpe se trouve un petit noyau contenant une amande qu'on fait griller pour la manger ensuite, elle a la saveur de nos châtaignes.

DUTROA. — Plante américaine du genre datura. Ses graines macérées dans le vin constituent une liqueur spiritueuse qu'on estime en Portugal.

E

EAU. — Les personnes habituées à l'eau deviennent aussi bons gourmets en eau que les buveurs de vin le deviennent en cette liqueur.

Pendant cinquante ou soixante ans de ma vie je n'ai bu que de l'eau, et jamais Grand-Laffite ou Chambertin n'a fait éprouver à un amateur de vin les mêmes jouissances qu'à moi un verre d'eau de source fraîche, dont aucun sel terreux n'avait pu altérer la pureté.

L'eau très-froide, glacée même artificiellement, agit sur l'estomac comme excellent tonique, sans y exciter aucune irritation, calmant même celle qui pourrait y exister.

Mais il n'en est point ainsi des eaux de neige ou de glace, elles sont lourdes parce qu'elles ne contiennent pas d'air, agitez-les avant de les boire et elles perdront bientôt par l'agitation leurs qualités nuisibles.

Autrefois, Paris tout entier se désaltérait au fleuve qui le traverse ; aujourd'hui, l'eau nous vient de Grenelle ; des tuyaux la conduisent à la montagne Sainte-Geneviève, d'où elle se distribue dans tout Paris ; depuis cinq ou six ans, l'eau de la Dhuys lui fait concurrence et descend du côté opposé, c'est-à-dire de Belleville, Montmartre, la butte Chaumont.

L'eau de Seine était tant calomniée depuis si longtemps, surtout par les provinciaux qui venaient passer quelques jours à Paris, qu'elle s'est lassée de désaltérer deux millions d'ingrats ;

mais quand l'eau de Seine était bien épurée, quand on la faisait prendre au-dessus du Jardin des plantes et au milieu du courant, aucune espèce d'eau n'était comparable à celle-là pour la limpidité, la légèreté, la sapidité ; elle était surtout abondamment saturée d'oxygène, se repliant sur elle-même par des sinuosités multipliées qui, pendant près de deux cents lieues la soumettaient à l'action de l'air atmosphérique ; en outre, depuis sa source jusqu'à Paris, elle ne coule que sur un lit de sable, ce à quoi les gourmands attribuent la supériorité du poisson de Seine sur celui des autres rivières.

Tout le monde sait que les moines n'ont jamais beaucoup aimé l'eau, voici un fait qui vient encore prouver leur antipathie pour ce *fade liquide*.

Un cordelier fréquentait assez assidûment la cuisine d'un évêque qui avait recommandé à ses gens d'avoir soin du bon frère. Un jour que le prélat donnait un grand dîner, le moine se trouva justement à l'évêché ; monseigneur parla du religieux et le recommanda à la compagnie. Quelques dames s'écrièrent aussitôt :

« Monseigneur, il faut nous amuser et jouer un tour au moine. Faites-le venir, nous lui ferons boire un verre de belle eau claire que nous lui présenterons comme un verre d'excellent vin blanc.

— Mais vous n'y pensez pas, mesdames, dit l'évêque.

— Oh ! cela nous divertira, laissez-nous faire, monseigneur. »

Alors on fit venir un valet de chambre, et on lui fit apprêter sur le champ une bouteille d'eau, bien ficelée et bien cachetée. Puis on fait monter le quêteur.

« Frère, disent les dames, il faut boire à la santé de Sa Grandeur et à la nôtre. »

Le moine s'applaudit de sa bonne fortune et s'apprête à la bien recevoir ; on débouche la bouteille, on lui verse rasade. Le malin moine qui s'aperçoit aussitôt de la supercherie ne perd point la tête et dit du ton le plus piteux et le plus humble à l'évêque.

« Monseigneur, je ne boirai pas que vous n'ayez donné votre sainte bénédiction sur ce nectar.

— Cela est fort inutile mon frère.

— Je vous en conjure, monseigneur, par tous les saints du Paradis. »

Les dames se mettent de la partie et conjurent le prélat d'avoir cette complaisance pour elles. L'évêque se prête enfin à leur volonté et bénit l'eau. Le cordelier appelle alors un laquais et lui dit en souriant :

« Champagne, portez cela dans l'église, un cordelier n'a jamais bu d'eau bénite. »

Il avait bien raison, n'est-ce pas ?

EAU DE SELTZ. — L'eau de seltz naturelle se trouve dans une source du duché de Nassau. C'est une eau légèrement gazeuse agréable et digestive. On en fait partout d'artificielle qui garde quelques-unes des excellentes propriétés de l'eau naturelle qui lui sert de type.

L'eau de seltz est bonne pour les phthisiques.

On connaît le petit poëme que lord Byron écrivit sous l'influence des fumées d'un vin du Midi, *lymphatus Mareotico*, dans lequel il s'éleva à des considérations sublimes et pathétiques touchant la destinée humaine et qu'il interrompit sans retour par ce cri : « *J'ai soif ! apportez-moi de l'eau de seltz.* »

EAU-DE-VIE. C'est le produit de la distillation du vin opérée à feu moins vif que pour la fabrication de l'alcool. Tandis que tous les trois-six poussés à leur plus haut degré de sublimation se ressemblent, les eaux-de-vie témoignent de goûts fort différents suivant le climat, le sol et le cépage. Les eaux-de-vie fines ont du bouquet et de la séve; les eaux-de-vie moyennes ont de la séve seulement : les eaux-de-vie communes ont du terroir ou de l'empyreume, mais toutes ont conservé des principes extractifs des vins dont elles émanent.

Parmi les eaux-de-vie fines on doit placer en première ligne la grande champagne, obtenue d'un vin récolté sur une partie du territoire du département de la Charente. La petite champagne succède, les borderies viennent en troisième ligne, les fins bois suivent de près, les bons bois et les bois clôturent cet ordre de mérite des eaux-de-vie des deux Charentes. Celles de Surgères, d'Aigrefeuille et de la Rochelle ont leur valeur, mais elles sont inférieures en finesse et en qualité aux précédentes.

Ce n'est pas sans motif que nous avons établi entre les eaux-de-vie des Charentes une sorte de démarcation. En effet, le consommateur ne connaît, comme tout l'univers au reste, des eaux-de-vie à qualités si diverses de ce pays, que le vocable typique de *Cognac*.

Il n'est pas hors de propos de dire ici que cette petite ville a acquis, par les eaux-de-vie de son territoire, une renommée qui atteint, si même elle ne dépasse, celle des plus importantes capitales du monde.

Cependant, au terme *cognac*, employé comme désignation d'eau-de-vie excellente, ne répond pas l'idée d'un produit issu nativement du cru. *Cognac* est un mot générique usité depuis de longues années pour indiquer un type d'eau-de-vie composé des deux, trois, quatre, cinq et même six crus ci-dessus indiqués. C'est dans la proportion employée de ces divers crus, dans le bon choix des premières sortes, dans leur heureuse combinaison qu'il faut chercher le secret de la haute faveur dont jouissent certaines marques. La coloration bien maniée, le judicieux emploi du sirop, la limpidité sont des conditions qui rehaussent le mérite intrinsèque du cognac.

Donc *cognac* ne signifie pas eau-de-vie absolument naturelle, bien que préférée par certains amateurs aux fines et directes provenances des Charentes. A l'exposition du Havre, nous avons eu l'occasion, en suivant les travaux du jury, de faire cette différence entre le cru réel et les diverses hybridations. L'heureux et méritant lauréat de l'unique médaille d'or, à cette exposition, M. Léonin Arnaud, de Cognac, avait mis à notre disposition les Grande Champagne et fins bois Borderies, qui venaient de lui valoir cette distinction. Il est véritablement impossible de n'être pas frappé de ce goût exquis, de ce parfum suave; tout cela franc, correct, tonique et réchauffant, sans cette âcre chaleur des spiritueux. Le meilleur cognac, goûté comparativement, paraissait édulcoré et dépourvu de cette essence originelle qui caractérise les produits immaculés de haute race.

Les eaux-de-vie d'Armagnac ont une réputation méritée; elles sont fines, plus déliées que celles des Charentes; leur bouquet est tout différent de celui de ces dernières, et, il faut bien le dire, il plaît généralement moins. Ces eaux-de-vie se fabriquent dans le département du Gers. Condom et Eauze sont les plus importants marchés de l'Armagnac.

Dans la Gironde et le Lot-et-Garonne, à Marmande principalement, on fabrique des eaux-de-vie un peu communes qui se vendent sous le nom d'eaux-de-vie de pays. Elles ont de la séve et en vieillissant elles acquièrent un certain degré de finesse.

Les eaux-de-vie de Montpellier, qu'on fabriquait sous le nom de preuve de Hollande, n'étaient pas dépourvues de mérite. On réduit plutôt les trois-six de vin de ce pays aujourd'hui, qu'on ne distille des eaux-de-vie de consommation à 52 degrés centigrades comme autrefois.

En Bourgogne, on fabrique, avec les résidus des cuves, des eaux-de-vie de marc, à goût plus ou moins prononcé d'empyreume, qui ont de très-zélés partisans.

Enfin un peu partout on prépare des eaux-de-vie avec des alcools d'industrie, réduits au degré potable et parfumés avec des bouquets factices.

ÉCHALOTES. — En latin *ascalonia*, ce mot est l'indication de son origine, elle a passé de la Syrie en Europe avec les Croisés.

Comme l'oignon et l'ail elle est employée dans les sauces, mais elle y apporte une saveur tout à fait à elle, plus fine que les deux condiments que nous venons de nommer.

Ainsi l'échalote est excellente dans les sauces à l'huile et au vinaigre avec lesquelles, chauds ou froids on mange les artichauts; il est impossible de faire une bonne sauce piquante sans échalotes.

ÉCHAUDÉS. — Sorte de gâteaux non sucrés que l'on fait bien plus pour les oiseaux et pour les enfants que pour les adultes.

Faites votre pâte sans levûre. La pâte fermentera assez pendant le temps qu'elle mettra à se reposer. Tenez chaud trente minutes environ, soit 125 grammes de farine, 60 grammes de sel, 125 grammes d'œufs et 500 grammes de beurre; on mêle et l'on pétrit le tout en donnant trois tours; on y met le levain par petits morceaux, et l'on donne encore six tours de la même façon ; on met la pâte dans une nappe ou dans une serviette jusqu'au lendemain; alors on taille les échaudés de la grosseur qu'on les veut pour les mettre dans de l'eau bouillante que l'on retire du feu et qui dès lors cesse de bouillir, on a soin d'égoutter l'eau et de les retirer dans l'eau fraîche à mesure qu'ils montent; il faut bien les égoutter : on les fait cuire au four.

ÉCREVISSE. — Ce crustacé a la tête et l'estomac confondus en une seule pièce; il porte cinq paires de pieds, dont les premiers plus gros ont la forme de pinces et sont des pinces en effet.

Les écrevisses sont aquatiques et deviennent rouges par la cuisson; leur carapace noire ou violette, noire tant qu'elles sont vivantes a la propriété étant de carbonate calcaire de rougir au feu.

On a fait à notre ami Janin ce qu'on appelle en termes d'atelier une scie pour sa dénomination du homard qu'il aurait en plaisantant appelé le « Cardinal de la mer. »

Janin qui, ainsi que nous le disons dans la lettre que nous lui adressons a obtenu l'honneur d'être gravé dans les classiques de la table, avec M. de Talleyrand, Carle Vernet, le marquis de Cussy, Grimod de la Reynière, était un gastronome trop distingué pour faire de pareilles erreurs.

Il a en outre donné de trop bons moments de distraction à ses contemporains pour que ses contemporains permettent qu'aucune atteinte soit portée à cette douce et charmante physionomie épicurienne, qui complète l'illustre critique du lundi.

Nous avons vu manger Janin et nous nous sommes trouvé assez souvent à la même table que lui pour affirmer qu'il était non-seulement un charmant convive comme causeur, mais encore un savant élève, sinon professeur, dans le grand art des Brillat-Savarin et des Carême.

Ceci posé, revenons à nos écrevisses.

Les écrevisses des eaux courantes doivent être préférées; la plus simple manière de les apprêter est celle indiquée par le *Dictionnaire des aliments* de M. Aulagnier, auquel nous ne serons jamais assez reconnaissant des services qu'il nous a rendus; elle consiste à les mettre vivantes dans un chaudron dans lequel on a versé du vinaigre coupé d'eau, fortement assaisonné avec sel, poivre, thym, laurier.

Mais quoique cette recette donne des écrevisses excellentes, nous pourrions presque dire qu'elle ne dépasse pas l'enfance de l'art culinaire et nous allons en donner une autre qui nous a été communiquée par notre ami Vuillemot, propriétaire du restaurant de la *Tête noire*, à Saint-Cloud.

Écrevisses (dites *Vuillemot*). — Prenez des écrevisses de la Meuse, émincez un gros oignon en rouelle, une carotte bien mince, un bouquet garni, deux pointes d'ail, jetez le tout dans une casserole, ajoutez une demi-bouteille de vin de Chablis, un quart de verre d'eau-de-vie et autant de vinaigre. Laissez cuire la mirepois, c'est-à-dire les légumes ; jetez après les écrevisses bien lavées et dès qu'elles seront cuites, mettez-les dans une autre casserole en faisant réduire votre jus de moitié, ajoutez-y un peu de sauce tomate réduite et une noix de beurre ; liez le tout ensemble, et jetez-le sur vos écrevisses ; puis vous laissez macérer cette composition pendant une demi-heure en les faisant sauter souvent et lorsqu'elles sont bien cuites et la sauce bien faite, servez-les tièdes.

Écrevisses bordelaises. (Recette de M. Verdier, de la Maison-d'Or.) — Coupez en petits dés deux ou trois carottes et autant d'oignons, ajoutez laurier, thym, persil, maigre de jambon, le tout coupé très-fin. Mettez dans une casserole un fort morceau de beurre que vous faites passer un moment, vous y jetez votre mirepois et faites cuire le tout ensemble sans prendre trop de couleur. Nettoyez et videz bien proprement vos écrevisses et mettez-les dans la mirepois avec une demi-bouteille de vin de Sauterne, un morceau de glace de viande, quelques cuillerées de bon bouillon, sel, poivre, et un demi-verre de bon cognac ; couvrez votre casserole et faites cuire à plein feu ; arrivées aux trois quarts de leur cuisson, vous les retirez ; vous liez la sauce avec un bon morceau de beurre très-fin, et vous servez vos écrevissses avec la sauce par-dessus et après l'avoir passée au tamis.

Écrevisses au court bouillon. — Lavez vos écrevisses à plusieurs eaux, retournez-les avec une écumoire, si vous ne voulez pas qu'elles se vengent sur vos mains du sort que vous leur préparez ; mettez-les dans une casserole avec du beurre frais, du vin blanc, du poivre, du sel, une feuille de laurier, un peu de thym, et un oignon coupé en tranches ; quelques clous de girofle, un bon morceau de beurre frais, fin ; posez vos écrevisses sur un fourneau un peu vif, ayant la précaution de les couvrir et de les sauter de temps en temps afin que celles qui sont dessous reviennent dessus ; au bout de vingt minutes, retirez-les du feu et couvrez-les afin qu'elles achèvent de cuire ainsi. Si vous les aimez chaudes, servez-les tout de suite, ou, si l'heure du dîner n'est pas arrivée, faites les réchauffer dans leur assaisonnement ; si vous les aimez froides, dressez-les en buisson, et servez-les à l'heure du dîner.

Écrevisses à la poulette. — Prenez vos écrevisses, faites-les cuire dans une légère eau de sel ; leur cuisson faite, égouttez-les, supprimez-en les petites pattes et les coquilles de la queue, coupez-leur le bout du nez et le bout des grosses pattes ; mettez dans une casserole du velouté réduit, un peu de persil haché et lavé, un peu d'échalotes hachées de même ; faites bouillir, jetez vos écrevisses dans cette préparation, liez-les de deux jaunes d'œufs, mettez un pain de beurre coupé par petits morceaux, sautez vos écrevisses, exprimez-y un jus de citron, dressez-les, saucez-les et servez-les.

Canapé d'écrevisses. — Les canapés d'écrevisses sont de petites tartines de pain minces et rondes, enduites de beurre d'anchois, et sur lesquelles sont rangées, en rosace, des queues d'écrevisses tout épluchées. On remplit les interstices avec cerfeuil et estragon hachés menus.

Écrevisses à l'anglaise. — Faites-les cuire dans une simple eau de sel, arrachez les petites pattes, en laissant les grosses terminées par des pinces, passez-les au beurre frais, champignons et fonds d'artichauts hachés, mouillez-les d'un peu de consommé, laissez mijoter à petit feu, liez avec deux jaunes d'œufs délayés avec de la crème douce et du persil haché ; au moment de servir, jetez-y une cuillerée de catchup ou bien quelques gouttes de soya.

Écrevisses en matelotte. — Prenez une trentaine de belles écrevisses, faites-les cuire au vin, comme pour en faire un buisson; épluchez-les comme il est dit pour les écrevisses à la poulette, ayez, préparés d'avance, des oignons coupés en tranches, des carottes coupées en lames, du persil en branches, quelques ciboules, deux gousses d'ail, une feuille de laurier, du thym, deux clous de girofle et une pincée d'épices fines, sel, poivre, deux bouteilles de vin blanc; jetez vos écrevisses dans cette sauce, laissez bouillir un quart d'heure, dressez vos écrevisses et saucez-les, mettez autour des croûtes de pain passées dans le beurre.

Écrevisses à la gasconne. — Fendez vos écrevisses en deux dans le sens de la longueur, faites-les cuire avec persil, ciboules, champignons, gousses d'ail, oignons, clous de girofle, feuilles de laurier, deux verres d'un vieux vin rouge, un demi-verre d'huile d'olive, sel, poivre, tranches de citron, laissez réduire la sauce, et après en avoir retiré l'oignon, le laurier et le citron, servez en casserole, à l'entremets et pour extra.

ÉLÉPHANT. — Que ce titre n'effraye pas le lecteur, nous n'allons pas le condamner à manger tout entier ce monstrueux animal, mais nous l'engagerons, si toutefois il lui tombait une trompe ou des pieds d'éléphant sous la main, d'y goûter en les assaisonnant de la façon que nous allons indiquer plus loin, et à nous en dire après des nouvelles.

La Cochinchine est peut-être aujourd'hui la seule nation qui mange la chair de l'éléphant et la regarde comme un aliment très-délicat. Quand le roi en fait tuer un pour sa table, il en envoie des morceaux aux grands, ce qui est une très-grande marque de faveur; mais les morceaux les plus estimés sont toujours la trompe et les pieds.

Levaillant dit que c'est un mets exquis. « Les pieds grillés, ajoute-t-il, sont un manger de roi; je ne concevais pas qu'un animal aussi lourd, aussi matériel pût fournir un mets aussi délicat; je dévorai sans pain le pied de mon éléphant. »

Nous allons donc indiquer, pour ceux de nos lecteurs qui voudraient faire comme Levaillant, une recette pour les pieds d'éléphant que nous devons encore à M. Duglerez de la maison Rothschild.

Prenez un ou plusieurs pieds de jeunes éléphants, enlevez la peau et les os après les avoir fait dégorger pendant quatre heures à l'eau tiède. Partagez-les ensuite en quatre morceaux dans la longueur et coupez-les en deux, faites-les blanchir dans de l'eau pendant un quart d'heure, passez-les ensuite à l'eau fraîche et égouttez-les dans une serviette.

Ayez ensuite une braisière qui ferme bien hermétiquement; placez au fond de cette braisière deux tranches de jambon de Bayonne, mettez dessus vos morceaux de pieds, puis quatre oignons, une tête d'ail, quelques aromates indiens, une demi-bouteille de madère et trois cuillerées de grand bouillon.

Couvrez bien ensuite votre braisière et faites cuire à petit feu pendant dix heures; faites passer la cuisson bien dégraissée à demi-glace en y ajoutant un verre de porto et 50 petits piments que vous aurez fait blanchir à grande eau et à grand feu pour les conserver très-verts.

Il est nécessaire que la sauce soit très-relevée et de bon goût; veillez surtout à ce dernier point.

Les Indiens ne font pas tant de façons; il est vrai qu'ils sont moins versés que nous dans les mystères de la haute cuisine; aussi font-ils tout simplement cuire sous la cendre, après les avoir préalablement enveloppés dans des feuilles serrées avec des fibres de jonc.

Ce qui ne les empêche pas, du reste, de s'en régaler.

ÉMINCÉS. — Lames de viande rôties qu'on apprête en ragoût. Les émincés de mouton doivent être servis sur de la chicorée à la crème, et les émincés de chevreuil sur une purée de champignons; les émincés de filet de bœuf sur une sauce piquante; les émincés de bœuf bouilli s'appellent miroton.

ENTRÉES. — Préparation chaude qui accompagne ou suit le potage.

ENTREMETS. — Préparations servies avec le rôti, tels que légumes, crèmes cuites et quelques pâtisseries.

ÉPEAUTRE.—Froment qui produit une farine très-légère, et d'un goût très-savoureux, il est particulièrement cultivé dans le Nord de l'Europe. Mme de Genlis dit que les melchpaes et les autres pâtisseries allemandes doivent leur suprême délicatesse à l'emploi de la farine des épeautres.

EPERLAN. — L'éperlan est un des poissons les plus délicats que l'on puisse manger.

Éperlans frits. — Ayez une quantité suffisante d'éperlans; videz-les, écaillez-les, essuyez-les l'un après l'autre, enfilez-les par les yeux avec un hâtelet ou brochette, trempez-les dans du lait, farinez-les, faites-les frire, qu'ils soient d'une belle couleur, mettez une serviette sur votre plat, dressez-les dessus et servez.

Éperlans à l'anglaise. — Mettez deux cuillerées d'huile dans une casserole, du sel et du poivre, la moitié d'un citron coupé en tranches, dont vous aurez ôté la peau et les pepins; ajoutez-y deux verres de vin blanc, autant d'eau que de vin; faites bouillir cet assaisonnement environ un quart d'heure, mettez-y vos éperlans, après les avoir vidés, écaillés et bien essuyés; faites-les cuire, égouttez-les, saucez-les avec la sauce ci-après indiquée.

Faites blanchir une gousse d'ail, pilez-la avec le dos de votre couteau, mettez-la dans une casserole avec du persil et ciboules bien hachés, et deux verres de vin de Champagne, faites bouillir votre sauce cinq minutes, ajoutez-y un pain de beurre manié avec de la farine et un autre sans être manié, du sel et une pincée de gros poivre, faites lier votre sauce, et, sa cuisson faite, ajoutez-y un jus de citron, goûtez-la et servez.

EPINARDS. — Plante potagère de la famille des arroches, et dont on ne mange les feuilles que cuites.

On a fait beaucoup de plaisanterie sur l'épinard, qui n'a, dit-on, aucune propriété alimentaire et qui a été qualifié de *balai de l'estomac;* c'est une erreur, et l'épinard est au contraire alimentaire et plaît beaucoup à l'estomac, dont il n'est le *balai,* si je puis me servir aussi de cette expression, qu'en ce sens qu'il convient tellement à cet organe que ce dernier le digère avec une facilité remarquable.

Il y a différentes façons d'apprêter les épinards; nous allons indiquer celles qui nous paraissent les meilleures.

Épinard à la vieille mode. — Vos épinards blanchis et hachés, vous les mettez dans une casserole avec beurre et muscade râpée; quand ils sont passés ajoutez beurre manié de farine, sucre et lait, puis vous les servez garnis de croûtons de pain passés au beurre.

Épinards à la maître d'hôtel. — Quand vos épinards sont bien blanchis à l'eau bouillante, vous les jetez dans l'eau froide, vous les égouttez bien et les hachez; mettez-les à sec dans une casserole, soumettez-les au bain-marie avec sel, poivre, muscade râpée, joignez-y un morceau de beurre quand ils sont chauds et remuez.

Épinards au jus. — Quand vos épinards sont cuits et bien passés, vous y ajoutez soit deux cuillerées de blond de veau, soit de jus de fricandeau réduit en glace; puis, au moment de servir, un bon morceau de beurre frais que vous laisserez fondre, et servez avec des croûtons frits.

Épinards à l'anglaise. — Faites bouillir dans un chaudron de l'eau dans laquelle vous aurez jeté une poignée de gros sel, mettez-y vos épinards que vous aurez d'abord bien épluchés, bien lavés et fait blanchir; quand ils seront cuits dans l'eau salée, vous les hacherez et les mettrez dans une casserole avec du sel et du poivre, remuez-les bien et ajoutez, quand il seront chauds, un bon morceau de beurre que vous mêlerez bien avec les épinards, et servez comme pour les épinards au jus.

Épinards au sucre. — Quand vos épinards sont cuits, vous les assaisonnez avec un peu de sel, un morceau de sucre, un peu d'écorce de citron et deux macarons pilés, et vous les servez entourés de quelques biscuits à la cuiller.

Crème d'épinards. — Mêlez une grande cuillerée d'épinards cuits, une douzaine d'amandes douces pilées, un peu de citron vert, trois ou quatre biscuits d'amandes amères, du sucre, deux verres de crème, un verre de lait et six jaunes d'œufs. Vous passez le tout à l'étamine, cuisez dessus et dessous, et servez chaud.

Rissoles d'épinards. — Epluchez des épinards, lavez-les à plusieurs eaux et faites-les cuire dans une casserole avec un verre d'eau et égouttez après; laissez-les refroidir, ajoutez-y du beurre frais, de l'écorce de citron vert, deux biscuits d'amandes amères, du sucre et de la fleur d'oranger; vous pilez le tout dans un mortier. Vous faites ensuite une abaisse de pâte bien mince que vous coupez en petits morceaux; mettez au coin de chaque morceau un peu de la farce ci-dessus, mouillez vos rissoles ainsi préparées et couvrez-les de pâte, parez-les tout autour avec un couteau, faites-les frire dans une friture maigre; quand elles ont pris une belle couleur, mettez-les égoutter, dressez-les promptement sur un plat, saupoudrez-les de sucre, glacez-les à la pelle rouge et servez chaudement pour entremets. (Méthode de M. de Courchamps.)

Vert d'épinards de cuisine. — Faites blanchir une poignée d'épinards avec persil et ciboules; rafraîchissez, pressez, pilez, passez à l'étamine. Si le vert est trop épais mouillez avec du bouillon.

Vert d'épinards d'office. — Lavez, pilez au mortier, pressez au torchon vos feuilles, mettez-les dans une tourtière sur le feu, laissez jeter deux ou trois bouillons, égouttez.

Tourte d'épinards. — Epluchez bien vos épinards, ôtez-en les queues, lavez-les à plusieurs eaux, mettez-les dans une casserole avec de l'eau, faites-les cuire, retirez-les, égouttez-les, laissez-les refroidir, pressez-les pour en exprimer tout le jus, pilez-les bien dans un mortier avec de l'écorce de citron vert confit, du sucre et un morceau de beurre frais avec un peu de sel; foncez une tourtière d'une abaisse de pâte feuilletée, étendez dessus les épinards le plus également que vous pourrez, faites des façons de bandes de feuilletage et un cordon autour et mettez la tourte cuire. Quand elle est cuite, râpez du sucre dessus, glacez-la avec la pelle rouge, dressez-la sur un plat et servez chaudement.

Potage d'épinards. — Mettez dans un pot des épinards bien lavés, ajoutez-y de l'eau, du beurre, du sel, un petit bouquet de marjolaine, du thym, un oignon piqué de quelques clous de girofle; faites bouillir le tout ensemble, et lorsque votre potage est à moitié cuit, mettez de sucre ce qu'il en faut, une poignée de raisins secs, des croûtons de pain séchés au four, achevez de le faire cuire et dressez-le sur des soupes de pain.

ESCARGOTS. — Gros limaçon gris à coquille. La seule différence que les gourmands font entre les limaçons dépend des lieux où ils sont récoltés; ceux de vigne sont les plus recherchés et les meilleurs. Les Romains en étaient si friands qu'ils les engraissaient dans des viviers construits pour cet usage. On les nourrissait avec du blé et du vin cuits, pour les rendre plus faciles à digérer. On les assaisonne vigoureusement; en outre on fait avec les escargots des bouillons très-calmants pour les poitrinaires ; dans plusieurs villes de France, à Nancy particulièrement, on les fait cuire et on les mange comme les huîtres à Paris.

Escargots à la provençale. — Prenez trois douzaines d'escargots, laissez les tremper dans un vase rempli d'eau froide pour les brosser après cette immersion avec une brosse de chiendent ; pendant ce temps faites bouillir dans un chaudron assez d'eau pour qu'ils y blanchissent, faites un sachet d'une poignée de cendre tamisée, liez-le avec une ficelle; jetez ce sachet dans l'eau et laissez bouillir la cendre pendant un quart d'heure. Ce temps écoulé, jetez dedans les escargots, laissez-les jusqu'à ce qu'ils puissent facilement se retirer de leurs coquilles ; douze ou quinze minutes après, remettez-les dans l'eau fraîche pour les retirer de leurs carapaces, pour les rejeter à mesure dans de l'eau tiède. Vous aurez dans une casserole deux cuillerées de bonne huile, persil, champignons, échalotes et la moitié d'une gousse d'ail râpée, sel et muscade râpée, enfin un peu de piment vert. Lorsque ces fines herbes seront bien passées, ajoutez une demi-cuillerée de farine et mouillez d'un verre de bon vin blanc. Aussitôt que cette sauce commencera à bouillonner, jetez dedans vos escargots bien égouttés, et laissez-les achever leur cuisson en mijotant ; il faut que la sauce soit tenue serrée, en ce moment ajoutez-y deux, trois jaunes d'œufs crus, et emplissez les coquilles, masquez-les de mie de pain, arrosez-les d'huile et mettez-les pendant un quart d'heure au four, si vous n'avez pas de four celui de campagne suffira, avec feu dessous. Servez-les bouillants.

Matelotte d'escargots à la bordelaise. — Après avoir nettoyé les escargots avec une brosse, passez-les au beurre sans laisser roussir, ajoutez-y une cuillerée à bouche de farine, mouillez d'un verre de vin blanc de Bordeaux et de consommé, sel, poivre, muscade râpée, un bouquet garni de thym, laurier, basilic, une gousse d'ail, piquez un oignon d'un clou de girofle, et laissez cuire ainsi, afin que les escargots deviennent moelleux ; dégraissez la sauce, égouttez vos escargots, et placez-les dans une seconde casserole avec deux morceaux de champignons tournés et cuits auparavant ; réduisez la sauce, liez-la de trois jaunes d'œufs crus dans lesquels vous ajoutez gros comme une noix de beurre cassé en petits morceaux. Passez cette sauce à l'étamine sur les escargots que vous aurez tenus chaudement ; ajoutez une demi-cuillerée à bouche, persil et civettes hachées et blanchies, pressez un demi-jus de citron et servez.

Escargots à la polonaise. — Coupez vos escargots en gros dés après les avoir préparés comme je l'ai dit, vous aurez fait cuire d'avance dans du bouillon du raifort coupé comme une julienne, autant de racine de persil, un oignon en dés, du beurre, du sel, de la muscade râpée et de la mignonnette ; lorsque les racines seront cuites, jetez vos escargots dans cette préparation, laissez-les mijoter jusqu'à leur entière cuisson, que le fond soit réduit, et lorsqu'ils arriveront à ce point, versez-y une cuillerée d'allemande, pressez-y un jus de citron, emplissez aux trois quarts les coquilles, maniez d'avance du beurre bien frais avec du persil haché, du raifort râpé, mie de pain réduite en poussière ; finissez d'emplir les coquilles avec ce pain, et servez-les au bout d'un quart d'heure ; à vingt minutes tout au plus.

Nous empruntons à l'excellent livre de M. Plumeret, l'*Art de la cuisine française au* XIX*e siècle*, la recette du bouillon d'escargots, plus complète chez lui que dans aucun dispensaire.

Bouillon rafraîchissant et pectoral d'escargots[1]. — Il faut avoir une douzaine d'escargots que vous aurez fait dégorger la veille ; le lendemain, cassez-en les coquilles, car il ne serait guère possible de les sortir, ou il faudrait les faire blanchir, ce qui leur ôterait toute la partie glutineuse ; mettez-les dans une casserole avec un litre d'eau : ajoutez une laitue coupée en

---

1. *L'Art de la cuisine française au* XIX*e siècle*, par Plumeret, 6e, 7e et dernière parties de l'ouvrage de Carême. (Se trouve chez Garnier frères, libraires-éditeurs, 6, rue des Saints-Pères et Palais-Royal, 215.)

quatre parties, quelques feuilles de cerfeuil et d'oseille, deux dattes, quatre jujubes, très-peu de sel, seulement pour enlever la fadeur; écumez jusqu'à ce que l'ébullition se fasse. Alors passez la casserole sur l'angle du fourneau pour que le bouillon mijote pendant trois heures, et que, pendant sa cuisson, il réduise d'un tiers; vous aurez fait dissoudre une once de gomme dans la moitié d'un verre d'eau tiède; versez cette gomme dans le bouillon d'escargots, avant de le passer à la serviette dans une jatte de porcelaine ou de faïence pour le chauffer sans ébullition, à mesure que l'on vous en demandera une tasse. Quelques personnes ajoutent avec la gomme, pour se fondre, un morceau de sucre candi, mais on ne doit le mettre que lorsqu'on le demandera.

Escargots à la bourguignonne. — Prenez des escargots de Bourgogne, terre rouge, ceux de la Franche-Comté sont plus délicats; passez-les à l'eau tiède pour les nettoyer extérieurement, puis faites-les cuire dans un demi-court-bouillon, ensuite les laisser égoutter sans les sortir de leur coquille.

Garnir ensuite l'escargot d'une couche de fromage suisse râpé et le couvrir de beurre bien frais qui aura été préalablement assaisonné de fines herbes et un soupçon d'ail, sel et poivre.

Les faire chauffer ensuite, soit sur un gril, dans la poêle ou sur la braise; ils sont meilleurs cuits sur le gril.

Escargots et limaçons :

> Les anciens Romains faisaient leurs délices
> De ces *Escargots* (ni *chairs*, ni *poissons*),
> Qu'hommes de science appellent « hélices, »
> Et qu'il ne faut pas croire *Limaçons*...

> — Fi! l'horreur! dit-on, me trouvant trop brusque
> A parfaire un *mets* « de rampants visqueux. »
> Donc, séparant l'*un* de l'*autre* mollusque,
> J'en fais un fin *plat*, — foi de Maître-Queux!

> D'abord, l'*Escargot* point ne se désigne
> A notre dégoût, durant les jours froids :
> Clos dans sa coquille, au pied d'une vigne,
> Il s'engraisse, loin d'humides endroits...

> (— Qu'en poète, ailleurs, j'en dirais merveille!
> « Mystérieux, seul, il se reproduit,

« S'il s'accouple, il lance un trait à l'oreille
« Du semblable qui, clairvoyant, le suit. » —)

Mais qu'à l'*eau bouillante* il jette sa bave;
De son enveloppe extrait, on est sûr
Qu'avec *bain de sel*, l'*Escargot* se lave
De tout son limon; il est *ferme* et *pur*...

(Qu'au feu, sans apprêts, aux champs on le grille;)
L'*Escargot*, pour nous, n'est propre qu'ainsi.
Cuit, avec *jus*, *lard*; puis, mis en *coquille*,
D'*épices*, de *beurre* et d'*herbes farci*;

Ensuite, au four chaud, en une minute,
Qu'il *rôtisse*, et soit bien à point mangé!...
Quant au *Limaçon*, qu'ici j'exécute,
Il triomphe, hélas! du sot préjugé!

— Faible de poitrine! absorbe un reptile,
Qu'on mange, en Provence, avec l'*Aïllolis* :
Sauce, faite d'*ail*, de jaunes d'*œufs*, d'*huile*;
Le *Limaçon cru* vaut tous nos *coulis*!...

J. ROUYER.

ESPAGNOLE (sauce). (Recette du *Cuisinier national* et non pas *économique*.) — « Mettez dans une casserole deux noix de veau, un faisan ou quatre perdrix, la moitié d'une noix de jambon, quatre ou cinq grosses carottes, cinq oignons dont un piqué de cinq clous de girofle; mouillez vos viandes avec une bouteille de vin de Madère sec, plein une cuiller à pot de gelée; mettez votre casserole sur un grand feu. Quand votre mouillement est réduit vous le mettez sur un feu doux; lorsque votre glace est plus que blonde, vous retirez votre casserole du feu et la laissez dix minutes dehors pour que la glace puisse bien se détacher, vous aurez fait suer des sons noirs, comme dans la grande sauce, et vous prendrez ce mouillement pour en mouiller votre espagnole; quand elle sera bien écumée, vous aurez un roux que vous delayerez avec le mouillement et vous le verserez sur votre viande; vous y mettrez des champignons, un bouquet de persil et ciboule, quelques échalotes, du thym et du laurier; quand votre sauce bouillira, vous la mettez sur le coin du fourneau pour qu'elle bouille tout doucement jusqu'à ce que vos viandes soient cuites.

Cette sauce doit être d'une belle couleur, c'est-à-dire ni trop pâle ni trop brune ; elle doit être bien liée et pas trop épaisse. »

Voici la note que M. Vuillemot pique en marge de cette recette :

« Je ne puis ni comprendre ni approuver ces *sons noirs* dans l'*espagnole*. »

Espagnole travaillée (d'après la même autorité culinaire). — Mettez dans une casserole une égale quantité de consommé et de sauce espagnole, faites comme nous l'avons dit plus haut, ajoutez-y des champignons (une douzaine par litre de sauce) et faites bouillir le tout ; écumez et dégraissez avec soin ; laissez réduire jusqu'à ce qu'elle ait acquis assez d'épaisseur. passez-la alors à l'étamine, et lorsque vous en aurez besoin faites-la chauffer au bain-marie.

On peut aussi ajouter à cette sauce du vin blanc ; dans ce cas, il faut, non comme le dit le *Cuisinier national*, mettre autant de vin que de consommé, mais seulement un demi-verre de vin blanc pour deux litres de consommé.

ESSENCE DE GIBIER. — Prenez 500 gr. de bœuf, deux perdrix, deux lapins de garenne et un quasi de veau ; faites cuire à la marmite ; mouillez avec un demi-litre de vin blanc et faites bouillir jusqu'à réduction ; remplissez ; ajoutez oignons, carottes, thym, basilic, serpolet, clous de girofle ; écumez ; faites bouillir ; passez votre essence.

Essence de légumes. — Mettez deux kilos de bœuf, une vieille poule et un jarret de veau dans une marmite avec deux ou trois douzaines de carottes, oignons, navets, deux ou trois laitues, cerfeuil, pieds de céleri, girofle ; emplissez votre marmite de bouillon et agissez comme pour le consommé. Les viandes étant cuites, passez votre essence et faites réduire si besoin en est.

Essence de jambon. — Battez des tranches de jambon cru, garnissez-en le fond d'une casserole, faites suer jusqu'à ce que les tranches commencent à s'attacher, ajoutez alors du beurre fondu et un peu de farine ; remuez avec une cuiller et ajoutez ensuite du jus ou du bouillon ; assaisonnez avec épices mêlées, pas de sel, un bouquet garni, un jus de citron, deux clous de girofle et une poignée de champignons hachés. Quand tout est cuit passez à l'étamine; liez avec croûtons mitonnés.

ESTRAGON. — Plante aromatique, originaire de la Sibérie et qu'on cultive beaucoup dans les jardins, pour s'en servir comme assaisonnement dans les salades ou pour confire dans le vinaigre.

On sait combien l'usage en est fréquent dans les sauces.

J'ajouterai même qu'il n'y a pas de bon vinaigre sans estragon, et j'engage le lecteur à en mettre dans son vinaigre.

ESTURGEON. — Un des plus grands poissons de rivière, j'en ai fait à propos du caviar une description assez complète; il a été très-rare et très-estimé en France, il pèse jusqu'à trois et quatre cents livres. J'ai donné, en 1833, un bal masqué, dont quelques contemporains se souviennent, on y servit un chevreuil rôti et un esturgeon cuit au court-bouillon; tout entier le chevreuil fut dévoré jusqu'aux os; mais, quoiqu'il y eût quatre cents personnes à souper, on ne put venir à bout de l'esturgeon.

Un jour, l'archichancelier Cambacérès qui se disputait avec Murat, Junot, M. de Cussy, M. de Talleyrand, la royauté de la table, reçut le même jour, jour de grand dîner, deux esturgeons monstrueux, l'un pesait 162 livres, l'autre 187.

Le maître d'hôtel crut devoir venir consulter Son Altesse sur ce cas remarquable, si on les servait tous les deux, l'un nuisait évidemment à l'autre, si l'on n'en servait qu'un, le second était perdu, on ne pouvait deux jours de suite donner deux poissons de la même espèce aux convives de son Altesse.

Cambacérès s'enferma avec son maître d'hôtel, qui sortit radieux de son cabinet au bout d'un quart d'heure.

En effet, on avait trouvé un biais qui permettait sinon de les servir, du moins de les montrer tous les deux, et de sacrifier le premier en l'honneur du second, et de le sacrifier de façon à faire le plus grand honneur à la table de Son Altesse.

Voici ce qu'avaient imaginé monseigneur et son maître d'hôtel :

L'esturgeon devait être servi en relevé de potage.

On coucha le moins énorme sur un lit de feuillages et de fleurs; un concerto de violons et de flûtes annonça son entrée.

Le flûtiste, en costume complet de chef, suivi des deux violons habillés comme lui, précédèrent l'esturgeon qui entra accompagné de quatre valets de pied portant des torches, de deux aides de cuisine le couteau au côté, le suisse en tête, sa hallebarde à la main.

L'esturgeon, placé sur une petite échelle de huit à dix pieds de long, reposait à ses deux extrémités sur les épaules des deux aides de cuisine.

Le cortége, au son des violons et de la flûte et au milieu des cris d'admiration des convives, commença de faire le tour de la table.

L'apparition était si inattendue que l'on oublia le respect que l'on devait à monseigneur et que chacun monta sur sa chaise pour voir le monstre.

Mais le tour de la table achevé, au moment où le poisson allait sortir pour se faire découper aux applaudissements de toute la société, un des porteurs fit un faux pas, tomba sur un genou, tandis que le poisson de son côté glissait de dessus son échelle et tombait sur le parquet.

Un long cri de désespoir sortit de tous les cœurs, ou plutôt de tous les estomacs; il y eut un instant de trouble, pendant lequel chacun donna son avis, mais la voix de Cambacérès domina le tumulte, et, avec une simplicité digne d'un vieux romain :

« Servez l'autre, » dit-il.

Et l'on vit entrer un second convoi pareil au premier; seulement il avait deux flûtes, quatre violons, quatre valets de pied; alors les applaudissements succédèrent au cri de douleur, et l'on fit disparaître le premier poisson, qui pesait 25 livres de moins que l'autre.

Esturgeon au court-bouillon. — Procurez-vous un esturgeon; il est inutile qu'il soit de la taille des esturgeons de Mgr l'archichancelier, videz-le, enlevez ses ouïes, laissez-le s'égoutter, et couchez-le dans une poissonnière avec un court-bouillon bien nourri, soit de lard râpé si c'est au gras, soit de beurre si c'est au maigre; assaisonnez-le plus que tout autre poisson, en vertu de son épaisseur, d'aromates et de sel; faites-le cuire feu dessus, feu dessous; arrosez-le souvent, égouttez-le et servez-le avec une sauce italienne grasse ou maigre que vous mettrez dans une saucière.

Esturgeon à la broche. — Préparez un tronçon d'esturgeon, *manchon* est le véritable terme dont on se sert, à cause de sa forme; levez-en la peau et les plaques osseuses; piquez-le comme vous piqueriez une noix de veau, si c'est en maigre avec de l'anguille et des filets d'anchois; faites une marinade (V. MARINADE) dans laquelle au lieu de vinaigre vous mettrez du vin blanc et beaucoup de beurre; arrosez-le souvent, durant sa cuisson, avec cette marinade que vous aurez passée au travers d'un tamis de crin; donnez-lui une belle couleur et servez-le avec une sauce poivrade.

Esturgeon grillé au gras. — Coupez-le par tranches que vous mettez cuire dans du vin blanc, lard fondu, sel et poivre, une feuille de laurier et un peu de lait; faites cuire doucement, et quand il est cuit panez vos tranches et les grillez; après quoi vous les servez avec une sauce de la même manière que la queue de mouton à la Sainte-Ménehould.

On les sert aussi à sec sur une serviette blanche.

Côtelettes d'esturgeon en papillottes. — Levez la peau de votre esturgeon et les plaques osseuses, coupez-le en côtelettes de l'épaisseur d'un doigt, mettez un morceau de beurre dans une casserole, faites-y revenir vos côtelettes; retournez-les quand elles commenceront à blanchir, et procédez pour ces côtelettes comme il est énoncé pour celles de veau (V. cet article), si c'est au gras, mettez-y des petites bardes de lard; si c'est au maigre n'en mettez point.

Esturgeon en fricandeau. — Prenez un morceau d'esturgeon, levez-en la peau et les plaques osseuses, battez-le légèrement avec le plat du couperet, piquez-le de petit lard, si c'est au gras, foncez une casserole de lames de jambon, de tranches de veau, de quelques carottes et d'oignons; procédez pour le tout comme il est indiqué pour les grenadins de veau. (Voyez l'article GRENADINS DE VEAU.) Si c'est au maigre, piquez votre esturgeon de filet d'anguille et de filet de brochet.

Esturgeon aux fines herbes. — Prenez un gros esturgeon

que vous coupez en tranches de l'épaisseur d'un doigt, mettez ces tranches dans une casserole avec du lard fondu, du poivre, du sel, des fines herbes, du persil, de la ciboule hachée et laissez cuire et prendre goût pendant une heure ou deux; remuez-le bien, panez-le ensuite de mie de pain bien fine ; faites-le griller et servez-le sur une serviette avec une sauce hachée piquante ou une sauce rémoulade.

Esturgeon aux croûtons. — Coupez-le par petites tranches, mettez-les dans une casserole avec beurre, persil, ciboules, échalotes hachées, sel, gros poivre; quand ils sont cuits d'un côté, retournez-les de l'autre, laissez-les bien cuire, ôtez-les. Mettez dans la casserole un morceau de beurre manié de farine, un verre de vin rouge, faites bouillir un instant, mettez une pincée de câpres hachées, faites chauffer sans bouillir et servez garni de croûtons frits dans le beurre.

Esturgeon glacé. — Piquez d'un côté une belle tranche d'esturgeon avec du petit lard, mettez-la ensuite dans une casserole avec une demi-bouteille de vin blanc, un bouquet de persil, ciboules, thym, laurier, basilic, trois clous de girofle, une gousse d'ail, sel, poivre, deux tranches de citron, un peu de bouillon et faites-le cuire dans cette braise ; quand il est cuit, mettez-le sur un plat.

Ayez dans une casserole une glace faite avec tranches de veau et de jambon coupées en dés et mouillées de bon bouillon. Quand le veau est cuit, passez la sauce au tamis et faites-la réduire; quand elle est presque en caramel, mettez dedans la tranche d'esturgeon, faites-la glacer comme un fricandeau et dressez-la ensuite dans un plat: mettez un peu de coulis et une cuillerée de réduction dans la casserole, détachez tout ce qui reste au fond, passez cette sauce au tamis, pressez-y un jus de citron et servez sous l'esturgeon.

Pâté d'esturgeon. — Prenez deux tranches d'esturgeon de l'épaisseur de trois doigts et piquez-les d'anchois, dressez un pâté de pâte fine, garnissez-en le fond de beurre frais, avec sel, poivre, fines herbes, fines épices, mettez dessus vos tranches d'esturgeon et le même assaisonnement que dessous, couvrez-le de beurre frais, ensuite de son abaisse et faites cuire au four.

Quand le pâté est cuit, dégraissez-le, mettez-y un coulis d'écrevisses qui soit un peu piquant et servez chaudement pour entrée.

Potage d'une hure d'esturgeon. — La hure d'esturgeon bien nettoyée, mettez-la dans une marmite, mouillez-la d'un bouillon de poisson, assaisonnez d'un bouquet de fines herbes et d'une tranche de citron; faites mitonner des croûtes dans une quantité égale de bouillon où a cuit l'esturgeon et de bouillon de poisson; dressez la hure d'esturgeon sur le potage et garnissez-le d'un cordon de ragoût de laitances fait comme il suit :

Faites blanchir vos laitances dans de l'eau, passez-les ensuite dans une casserole avec un peu de beurre, des petits champignons, truffes coupées par tranches et mousserons. Mouillez-les d'un peu de bouillon de poisson, mettez un bouquet de fines herbes et les laitances de carpes, laissez mitonner à petit feu. Quand le ragoût est cuit, dégraissez-le, liez-le d'un coulis d'écrevisses un peu amplement, afin de pouvoir mouiller le potage, tirez les laitances du ragoût, garnissez-en le potage; jetez le ragoût et le coulis par-dessus et servez chaudement. (V. KAVIAR, *pour les œufs d'esturgeon*.)

F

FAISAN. — Genre d'oiseau de l'ordre des gallinacés.

Le roi Crésus, assis sur son trône tout incrusté de diamants et de pierres précieuses, orné de son diadème et couvert d'or et de pourpre, demandait à Solon s'il avait jamais vu quelque chose de plus beau ?

« Oui, lui répondit le philosophe, j'ai vu les faisans et les paons. »

Le faisan a été découvert et rapporté par les Argonautes des bords du Phase, d'où il tire son nom ; de la Grèce il a passé à Rome, et de Rome dans le reste de l'Europe.

La chair du faisan est peut-être la plus délicate et la plus sapide qui se puisse trouver ; on le sert rôti, cuit à la braise, en filet sauté, en escalopes et en salmis ; quand on l'apprête à la braise, on peut le servir sur une sauce aux truffes, à la Périgueux, sur un ragoût d'olives tournées ou sur une litière de choucroute. L'auteur de la *Henriade* a fait sur le faisan un poëme qui vaut mieux que son poëme sur le Béarnais.

Il n'a qu'un vers :

> L'oiseau du Phase est un mets pour les dieux.

Brillat-Savarin a fait sur ce magnifique oiseau une de ses meilleures méditations :

« Le faisan, dit-il, est une énigme dont le mot n'est révélé qu'aux adeptes; eux seuls peuvent le savourer dans toute sa bonté.

« Chaque substance a son apogée d'esculence, quelques-unes y sont déjà parvenues avant leur entier développement, comme les câpres, les asperges, les perdreaux gris, les pigeons à la cuiller, etc.,... les autres y parviennent au moment où elles ont toute la perfection d'existence qui leur est destinée, comme les melons, la plupart des fruits, le mouton, le bœuf, le chevreuil, les perdrix rouges; d'autres, enfin, quand elles commencent à se décomposer, telles que les nèfles, la bécasse, et surtout le faisan.

« Ce dernier oiseau, quand il est mangé dans les trois jours qui suivent sa mort, n'a rien qui le distingue; il n'est ni aussi délicat qu'une poularde, ni aussi parfumé qu'une caille.

« Prise à point, c'est une chair tendre, sublime et de haut goût; car elle tient à la fois de la volaille et de la venaison.

« Ce point si désirable est celui où le faisan commence à se décomposer; alors son arome se développe et se joint à une huile qui, pour s'exalter, avait besoin d'un peu de fermentation, comme l'huile du café qu'on n'obtient que par la torréfaction.

« Ce moment se manifeste aux sens des profanes par une légère odeur, et par le changement de couleur du ventre de l'oiseau; mais les inspirés le devinent par une sorte d'instinct qui agit en plusieurs occasions, et qui fait, par exemple, qu'un rôtisseur habile décide, au premier coup d'œil, qu'il faut tirer une volaille de la broche ou lui laisser faire encore quelques tours.

« Quand le faisan est arrivé là, on le plume, et non plutôt, et on le pique avec soin en choisissant le lard le plus frais et le plus ferme.

« Il n'est point indifférent de ne pas plumer le faisan trop tôt; des expériences très-bien faites ont appris que ceux qui sont conservés dans la plume sont bien plus parfumés que ceux qui sont restés longtemps nus, soit que le contact de l'air neutralise quelques portions de l'arome, soit qu'une partie du suc destiné à nourrir les plumes soit résorbée et serve à relever la sapidité de la chair.

« L'oiseau ainsi préparé, il s'agit de l'*étoffer*, ce qui se fait de la manière suivante :

« Ayez deux bécasses, désossez-les et videz-les de manière à en faire deux lots : le premier, de la chair, le second, des entrailles et des foies.

« Vous prenez la chair et vous en faites une farce en la hachant avec de la moelle de bœuf cuite à la vapeur, un peu de lard râpé, poivre, sel, fines herbes, et la quantité de bonnes truffes suffisante pour remplir la capacité intérieure du faisan.

« Vous aurez soin de fixer cette farce de manière à ce qu'elle ne se répande pas en dehors, ce qui est quelquefois assez difficile quand l'oiseau est un peu avancé. Cependant on y parvient par divers moyens, et, entre autres, en taillant une croûte de pain, qu'on attache avec un ruban de fil, et qui fait l'office d'obturateur.

« Préparez une tranche de pain qui dépasse de deux pouces de chaque côté le faisan couché dans le sens de sa longueur ; prenez alors les foies, les entrailles de bécasses et pilez-les avec deux grosses truffes, un anchois, un peu de lard râpé et un morceau convenable de bon beurre frais.

« Vous étendez avec égalité cette pâte sur la rôtie et vous la placez sous le faisan préparé comme dessus, de manière à être arrosée en entier de tout le jus qui en découle pendant qu'il rôtit.

« Quand le faisan est cuit, servez-le couché avec grâce sur sa rôtie ; environnez-le d'oranges amères et soyez tranquille sur l'événement.

« Ce mets de haute saveur doit être arrosé, par préférence, de vin du cru de la haute Bourgogne, j'ai dégagé cette vérité d'une suite d'observations qui m'ont coûté plus de travail qu'une table de logarithmes.

« Un faisan ainsi préparé serait digne d'être servi à des anges, s'ils voyageaient encore sur la terre, comme du temps de Loth.

« Que dis-je ! l'expérience a été faite. Un faisan *étoffé* a été exécuté, sous mes yeux, par le digne chef Picard, au château de la Grange, chez ma charmante amie Mme de Ville-Plaine, apporté sur la table par le majordome Louis, marchant à pas processionnels. On l'a examiné avec autant de soin qu'un chapeau de Mme Herbault; on l'a savouré avec attention, et pendant ce docte travail les yeux de ces dames brillaient comme des étoiles, leurs lèvres étaient vernissées de corail, et leur physionomie tournait à l'extase.

« J'ai fait plus : j'en ai présenté un pareil à un comité de magistrats à la cour suprême, qui savent qu'il faut quelquefois déposer la toge sénatoriale, et à qui j'ai démontré sans peine que la bonne chère est une compensation naturelle des ennuis du cabinet. Après un examen convenable, le doyen articula d'une voix grave le mot : *Excellent!* Toutes les têtes se baissèrent en signe d'acquiescement, et l'arrêt passa à l'unanimité.

« J'avais observé, pendant la délibération, que les nez de ces vénérables avaient été agités par des mouvements très-prononcés d'olfaction, que leurs fronts augustes étaient épanouis par une sérénité paisible, et que leur bouche véridique avait quelque chose de jubilant qui ressemblait à un demi-sourire.

« Au reste, ces effets merveilleux sont dans la nature des choses. Traité d'après la recette précédente, le faisan, déjà distingué par lui-même, est imbibé à l'extérieur de la graisse savoureuse du lard qui se carbonise; il s'imprègne, à l'intérieur, des gaz odorants qui s'échappent de la bécasse et de la truffe. La rôtie, déjà si richement parée, reçoit encore les sucs à triple combinaison qui découlent de l'oiseau qui rôtit.

« Ainsi, de toutes les bonnes choses qui se trouvent rassemblées, pas un atome n'échappe à l'appréciation; et, attendu l'excellence de ce mets, je le crois digne des tables les plus augustes. »

Faisan Lucullus. (Recette de M. Vuillemot, de la *Tête noire*, à Saint-Cloud.) — Ayez un beau coq-faisan, bien gras (en novembre surtout), qu'il n'ait pas été tué par le plomb, désossez-le, mettez de côté les os, faites une mirepoix avec des carottes, oignons émincés, bouquet garni, passez-les au beurre, mouillez avec une bouteille de champagne mousseux, une bouteille de sauterne, un demi-verre de madère et une cuillerée à pot de bon consommé, laissez le tout cuire quatre heures; faites ensuite une bonne farce fine avec du veau, du lard gras, des pellicules de truffes hachées, sel, poivre, quatre épices, coupez des lames de veau, de jambon, de lard gras; ne galantinez pas le coffre du faisan; ne mettez qu'un peu de farce dans l'intérieur; flanquez deux bécasses désossées que vous galantinez dans le coffre du faisan. Recousez le faisan et faites suer votre galantine dans votre mirepoix avant de mouiller. N'oubliez pas les truffes dans la galantine. Enveloppez le faisan dans une serviette beurrée en le serrant bien de chaque côté, puis préparez dans une braisière une forte mirepoix, faites suer le tout avec un demi-verre d'eau et mouillez avec une bouteille de champagne, une bouteille de sauterne, une bouteille de madère, faites revenir le tout à grande ébullition jusqu'à ce que ce soit réduit de moitié, ajoutez-y le fond de votre gibier, laissez cuire encore environ deux heures en sondant de temps en temps la galantine pour voir si elle est bien cuite.

Prenez alors douze ortolans que vous garnissez de la farce de de votre faisan après les avoir désossés; nettoyez bien douze belles truffes du Périgord, faites-les cuire, sans les éplucher, dans la cuisson de votre faisan avec les ortolans. Passez ensuite le fond de la galantine à travers une serviette et faites-le réduire de moitié en y ajoutant un peu de mignonnette et un jus de citron.

Retirez le faisan du linge qui l'enveloppe et dressez-le sur un plat d'argent, puis coupez vos truffes comme vous le feriez pour des œufs à la coque, et posez chaque ortolan dessus, glacez le tout, faisans et ortolans, avec de la glace de viande. Piquez enfin sur le faisan deux hâtelets garnis de crêtes de coq, écrevisses et truffes, et servez chaudement en mettant le coulis dans un bol à côté de votre plat.

Faisan à la broche. — Ayez un faisan jeune, tendre et gras, plumez-le par tout le corps, excepté à la queue et à la tête, en prenant garde de le déchirer; l'ayant vidé, flambé, épluché, bridez-le, bardez-le ou piquez-le, enveloppez-lui la tête et la queue de papier, retroussez-lui la queue le long des reins, embrochez-le, enveloppez-le entièrement de papier beurré, faites-le cuire, déballez-le ainsi que sa tête et sa queue et servez-le.

Faisan à la braise. — Plumez, videz et épluchez votre faisan, coupez-lui les pattes, mettez le bout des cuisses dans le corps et piquez-le de gros lard bien assaisonné ; garnissez le fond d'une marmite de lard et de tranches de bœuf battu avec sel, poivre, fines épices, fines herbes, tranches d'oignons, panais et carottes ; mettez votre faisan sur cette première couche avec le même assaisonnement dessus que dessous, couvrez-le de tranches de bœuf et bardes de lard, et faites cuire doucement feu dessus et dessous. Faites ensuite un ragoût de foies gras, riz de veau, champignons, truffes, fonds d'artichauts, pointes d'asperges ; passez le tout avec lard fondu, mouillez de jus et laissez mitonner, dégraissez-le une fois cuit, liez-le d'un bon coulis de veau et de jambon, puis vous retirez le faisan de sa braise, vous l'égouttez, le dressez sur un plat, votre ragoût par-dessus, et servez chaudement.

Faisan aux truffes ou à la Périgueux. — Plumez un jeune faisan comme si vous vouliez le mettre à la broche, videz-le par la poche en lui cassant l'os du bréchet ou de la poitrine et sortez-lui les intestins en prenant garde de lui crever l'amer, flambez-le légèrement, épluchez-le ; brossez et épluchez quelques belles truffes et mettez-les dans une casserole avec trois quarts de lard pilé, faites cuire sur un feu doux avec sel, poivre, épices fines ; laissez-les ensuite refroidir et garnissez-en le corps de votre faisan ; cousez-le, bardez-le, laissez-le se parfumer ainsi deux ou trois jours, puis enveloppez-le de papier, embrochez-le, faites-le cuire environ une heure et servez-le.

Faisan à l'espagnole. — Votre volaille étant bien faisandée, vous la remplissez d'une farce faite avec son foie, persil, ciboules, champignons hachés, lard râpé, deux jaunes d'œufs ; mettez-le ensuite à la broche, faites-le cuire et servez avec une sauce à l'espagnole que vous ferez en garnissant le fond d'une casserole de deux tranches de jambon et de quelques tranches de veau, deux racines et deux oignons coupés en tranches, faites suer sur le feu ; quand tout est attaché, mouillez avec du bon bouillon, du coulis, une demi-bouteille de vin de Champagne, que vous aurez fait préalablement bouillir ; ajoutez une poignée de coriandre, une gousse d'ail, un bouquet garni et deux cuillerées d'huile ;

faites bouillir cette sauce deux ou trois heures à petit feu, dégraissez-la, faites-la réduire, passez-la au tamis et servez avec votre faisan.

Faisan braisé à l'angoumoise. — Vous épluchez des truffes et vous les coupez en filets; vous lardez avec ces filets toutes les parties charnues d'un faisan; mettez dans une casserole cent vingt-cinq grammes de lard râpé et autant de beurre, passez-y des truffes coupées en morceaux et les parures de celles qui ont servi à larder le faisan après les avoir hachées et assaisonnées de sel et de poivre; laissez revenir le tout pendant quelques minutes, laissez refroidir et ajoutez vingt-cinq ou trente marrons grillés, remplissez de ce mélange le corps du faisan, enveloppez-le avec émincés de veau et de bœuf et bardes de lard. Ficelez et mettez dans une braisière foncée de bardes de lard; mouillez avec un verre de malaga ou de vin blanc et deux cuillerées de caramel, et faites cuire à petit feu. Cuit, déficelez-le, dégraissez la cuisson, ajoutez-y un peu de hachis de truffes, faites bouillir quelques instants, liez la sauce avec purée de marrons et superposez le faisan.

Faisan à la broche aux pistaches. — Faites cuire à la broche un faisan enveloppé de bardes de lard et de papier beurré, et farci de son foie, avec lard râpé, persil, ciboules, champignons hachés, trois jaunes d'œufs. Lorsqu'il est bien cuit, vous l'égouttez et le servez avec un ragoût de pistaches que vous faites en échaudant un quarteron de pistaches et le mettant dans une bonne essence.

Faisan aux laitances de carpes. — Farcissez un faisan de son foie et faites-le cuire à la broche; faites blanchir des laitances de carpes, mettez-les dans une bonne essence avec un demi-setier de vin de Champagne bouilli d'écume, faites cuire vos laitances dedans, dégraissez et servez sur le faisan.

Faisandeau à la sauce de brochet à la broche. — Faites une farce avec un riz de veau, une tétine de veau blanchie, un peu de jambon, champignons, persil, ciboules hachée, fines herbes, sel, poivre, fines épices, deux ou trois jaunes d'œufs crus et un peu de mie de pain trempée dans la crème; vous hachez bien le tout ensemble et vous farcissez le faisandeau; vous enveloppez des truffes d'une barde de lard et d'une feuille de papier, vous les passez à travers une brochette que vous attachez à la broche et vous faites cuire à petit feu.

Vous garnissez le fond d'une casserole avec des tranches de rouelle de veau et de jambon, un oignon, des panais et carottes coupés aussi par tranches, vous faites suer le tout à petit feu; quand c'est bien attaché, vous y ajoutez un peu de lard fondu et une pincée de farine, et vous remuez le tout ensemble en lui faisant donner sept ou huit tours sur le fourneau.

Videz, écaillez, lavez et coupez un brochet par morceaux, mettez-le dans la casserole où est le coulis, faites-lui faire trois ou quatre tours sur le fourneau, mouillez-le de jus et de bouillon en égale quantité, assaisonnez de sel, poivre, clous de girofle, basilic, thym, laurier, persil, ciboules entières, champignons et truffes coupées; ajoutez-y la croûte d'un petit pain et deux verres de vin de Champagne que vous aurez auparavant fait bouillir; faites mitonner le tout ensemble, quand il est cuit et réduit à propos, passez-le dans une étamine; si la sauce n'est pas assez liée, mettez un peu de coulis et de jambon et tenez-la sur des cendres chaudes afin qu'elle cuise sans bouillir.

Vous tirez ensuite votre faisandeau de la broche, vous ôtez les bardes, le dressez sur un plat, votre brochet par-dessus, et servez pour entrée en hors-d'œuvre.

Filets de faisan à la Vopallière. — Prenez trois jeunes faisans dont vous levez les filets, ôtez-en les mignons, levez la peau des gros en les posant sur la table et faisant couler votre couteau bien délicatement de façon à ne pas endommager les chairs, battez-les ensuite légèrement avec le manche de votre couteau et parez-les; faites fondre du beurre dans une sauteuse, vous y trempez vos filets et les rangez après de manière à ce qu'ils ne se touchent pas; saupoudrez-les de sel et de poivre et couvrez-les d'un rond de papier. Piquez trois de vos petits filets de même lard et décorez les trois autres de petites crêtes de truffes, mettez-les sur une tourtière avec un peu de beurre fondu et un grain de sel, donnez-leur la forme d'un demi-cercle et couvrez-les d'un rond de papier; les cuisses de vos faisans cuites à la broche ou dans une casserole avec du beurre et refroidies, vous en supprimez les peaux et les nerfs, vous hachez ces chairs et les mettez dans une casserole que vous couvrez; vous aurez fait un fumet de vos carcasses comme il est indiqué au fumet de lapereaux (Voyez cet article), et sa cuisson faite, vous le passez au travers d'une serviette, vous le faites réduire et y ajoutez trois cuillerées à dégraisser d'espagnole travaillée, faites réduire le tout à consistance de demi-glace et réservez-en une partie pour glacer votre entrée; sautez vos filets, retournez-les, assurez-vous s'ils sont cuits, dressez-les en couronne, mettez votre hachis et vos truffes dans votre sauce avec un morceau d'excellent beurre, remuez le tout sans le laisser bouillir, versez-le dans le puits de vos filets, puis faites une deuxième couronne sur cette première, avec les petits filets que vous aurez fait sauter dans le beurre et glacés; glacez le tout avec ce que vous avez conservé de votre sauce et servez.

Escalopes de faisans. — Vous levez les ailes de trois faisans et vous leur enlevez la petite peau comme à l'article précédent, puis vous les coupez en filets d'égale grosseur dont vous formez des escalopes; vous faites fondre du beurre dans une sauteuse et vous y arrangez vos escalopes les unes après les autres; saupoudrez-les de sel et de poivre, arrosez-les de beurre fondu, faites un fumet du restant de vos chairs et de vos carcasses, ajoutez-y trois cuillerées à dégraisser d'espagnole, mettez le tout à demi-glace, faites sauter vos escalopes, égouttez-les et mettez-les avec leur jus dans votre réduction, sautez-les, finissez-les avec du beurre, goûtez si elles sont de bon goût, dressez-les et servez avec des truffes coupées en rondelles.

Salmis de faisans. — Vous laissez refroidir deux faisans cuits à la broche, vous les dépecez et les parez proprement en supprimant les peaux; arrangez-les dans une casserole, mouillez-les avec du consommé et faites-les chauffer sur des cendres chaudes. Mettez dans une casserole un bon verre de vin rouge ou blanc, ajoutez-y trois ou quatre échalotes hachées, un zeste de bigarade, trois cuillerées à dégraisser d'espagnole réduite, gros comme une muscade de glace ou de réduction de veau; faites réduire le tout, pilez les peaux et les parures de vos faisans, mettez-les dans votre réduction, délayez-les sans les faire bouillir, passez-les à l'étamine comme une purée, mettez cette espèce de purée ou sauce de salmis dans une casserole et tenez-la chaudement au bain-marie ; au moment de servir égouttez vos membres de faisans, dressez-les sur le plat en mettant les inférieurs les premiers, conséquemment vos ailes et vos cuisses tout autour ; le tout entremêlé de croûtons en cœur, soit de mie ou de croûte de pain, passés dans du beurre ; exprimez dans votre salmis le jus d'une ou deux bigarades, saucez et servez.

Faisan à la choucroute. — Ayez un beau faisan, plumez-le, videz-le, flambez-le, lardez-le de gros lardons assaisonnés de sel, poivre, fines épices, persil, ciboules, un peu d'aromates pilés ; lavez et pressez de la choucroute en suffisante quantité pour en former un bon plat, mettez-la cuire avec un morceau de petit lard et un cervelas, nourrissez-la avec quelques fonds ou dessus de braises, faites-la cuire trois ou quatre heures sur un feu doux, mettez au milieu votre faisan, faites-le cuire environ une heure et lorsqu'il le sera, dressez-le sur le plat, prenez votre choucroute pour l'égoutter avec une cuiller percée, garnissez-en votre faisan, coupez le cervelas en tranches, ôtez-en la peau, faites-en une bordure autour de la choucroute en l'entremêlant de petit lard coupé en lames et de quelques saucisses et servez.

Pâté de faisan aux truffes. — Votre faisan vidé et piqué de gros lard bien assaisonné, farcissez-en le corps avec une farce mouillée au vin blanc et au madère et composée de lard râpé, truffes vertes, persil et ciboules hachés, le tout bien mêlé ensemble ; dressez votre pâté d'une pâte commune ; mettez au fond lard râpé, sel, poivre, fines herbes, fines épices. Ayez soin de faire une cheminée à votre pâte. Mettez votre faisan dans le pâté avec même assaisonnement que dessous, couvrez-le de tranches de veau, de lard râpé, de beurre frais, de bardes de lard, fermez ensuite votre pâté et mettez-le au four ; pendant qu'il cuit, prenez des truffes bien pelées et bien lavées, coupez-les par tranches, mettez-les dans une casserole et mouillez-les de jus, faites-les mitonner à petit feu, liez-les d'un coulis de veau ou de jambon bien clair. Vous ôtez alors, quand votre pâté est cuit, les bardes de lard et les tranches de veau, vous le dégraissez, jetez votre ragoût de truffes dedans et servez chaud ou froid.

Pâté de faisan sans truffes. — Troussez proprement le faisan et cassez lui les os, piquez-le ensuite de gros lard et de jambon, assaisonnez-le de fines herbes, persil, ciboules et épices, dressez-le sur une abaisse de pâte ordinaire avec laurier, beurre frais, bardes de lard et lard pilé; assaisonnez de sel, poivre, fines herbes et fines épices, couvrez et façonnez proprement votre pâté et faites cuire deux ou trois heures.

Nota. — N'oubliez jamais d'ajouter le fumet ou l'essence du faisan dans votre pâté, par la cheminée, après qu'il est sorti du four. *(Vuillemot.)*

Soufflé de faisans. — On procède de la même façon que pour le soufflé de perdreaux. (Voir cet article.)

FANCHONNETTES. — Entremets de pâtisserie dont nous empruntons les principales formules à l'auteur des *Mémoires de la marquise de Créquy*, bien sûrs que nous ne trouverions point ailleurs un gourmet plus familier avec toutes les chatteries du dernier siècle et toutes les friandises de celui-ci.

Fanchonnettes à la vanille. — Faites infuser une gousse de bonne vanille dans trois verres de lait, et laissez-la mijoter sur le coin d'un petit fourneau pendant un quart d'heure; passez ce lait dans le coin d'une serviette, mettez dans une casserole quatre jaunes d'œufs, une once de farine tamisée et un grain de sel; ce mélange étant bien délié, vous y joignez peu à peu l'infusion de vanille et faites cuire cette crème sur un feu modéré en la remuant continuellement avec une spatule pour qu'elle ne s'attache pas au fond de la casserole.

Vous faites ensuite un demi-litron de feuilletage et lui donnez douze tours, vous l'abaissez de deux petites lignes d'épaisseur; détaillez cette abaisse avec un coupe-pâte rond de deux pouces de diamètre; foncez avec une trentaine de moules à tartelettes comme les précédentes, ensuite garnissez légèrement les tartelettes de crème de vanille; mettez-les au four à un feu modéré, et lorsqu'elles seront bien ressuyées et que le feuilletage sera de belle couleur, vous les retirerez du feu et les laisserez refroidir.

Prenez trois blancs d'œufs bien fermes, mêlez-y quatre onces de sucre en poudre, remuez bien ce mélange afin d'amollir le blanc d'œuf et qu'il soit plus facile à travailler ; garnissez le milieu des fanchonnettes avec le reste de la crème à la vanille et masquez légèrement cette crème de blancs d'œufs. Sur chaque fanchonnette vous placez en couronne sept meringues, que vous formez avec la pointe du petit couteau en prenant au fur et à mesure du blanc d'œuf que vous avez placé sur la lame du grand couteau : lorsque vous aurez cinq ou six fanchonnettes de perlées, vous les masquerez le plus élégamment possible avec du sucre en poudre passé au tamis de soie ; puis, à mesure que vous perlez et glacez votre entremets, vous le mettez au four, à chaleur douce ; lorsqu'il est d'un beau meringué rougeâtre, vous le servez.

Fanchonnettes au lait d'amandes. — Pilez une demi-livre d'amandes douces émondées et une once d'amères ; lorsque vous n'apercevrez plus aucun fragment d'amandes, vous les délayez dans trois verres de lait presque bouillant ; pressez fortement ce mélange dans une serviette afin d'exprimer la quintessence du lait d'amandes. Le reste du procédé est de même que ci-dessus, avec cette différence cependant que vous employez le lait d'amandes en place de l'infusion de vanille.

Fanchonnettes au café moka. — Mettez dans un poêlon d'office quatre onces de vrai café moka, torréfiez-le sur un feu modéré, en le sautant continuellement afin qu'il prenne couleur égale ; lorsqu'il est d'un rouge clair, vous le versez dans trois verres de lait en ébulition ; couvrez parfaitement l'infusion afin que l'arome du café ne s'évapore point ; après un quart d'heure d'infusion vous passez ce liquide à la serviette, puis vous terminez l'opération de la manière accoutumée.

Fanchonnettes au chocolat. — Vous faites l'appareil comme le premier de ce chapitre, en y joignant quatre onces de chocolat râpé à la vanille ; vous supprimez deux onces de sucre seulement, voilà toute la différence.

Fanchonnettes au raisin de Corinthe. — Vous préparez seulement la moitié de l'appareil ordinaire, puis vous y joignez trois onces de bon raisin de Corinthe bien lavé ; faites cuire cette crème comme de coutume, et finissez l'opération à l'ordinaire.

Vos fanchonnettes étant perlées et prêtes à mettre au four, vous placez entre chaque petite perle un grain de raisin de Corinthe (vous en laverez quatre onces, dont trois dans l'appareil, et vous en aurez une once pour perler), ainsi qu'un grain sur chaque perle; mettez au four chaleur molle, afin que les meringues sèchent sans prendre couleur. Donnez des soins à cette cuisson pour que les perles conservent leur blancheur, ce qui distingue cet entremets d'une manière toute particulière.

Fanchonnettes aux pistaches. — Après avoir émondé quatre onces de pistaches, vous en choisissez les plus vertes (une once à peu près), et pilez le reste avec une once de cédrat confit; lorsqu'il est parfaitement pilé, vous joignez ce mélange dans la moitié de la crème ordinaire et vous garnissez légèrement vos fanchonnettes avec le reste de la crème blanche, que vous aurez faite selon la première recette. Lorsque vos fanchonnettes sont cuites et froides, vous les garnissez de nouveau avec la crème de pistaches, puis vous les meringuez comme de coutume. Après avoir été masquées de sucre en poudre, vous mettez entre chaque perle la moitié d'une pistache conservée, que vous coupez en travers.

Donnez-leur la même cuisson que ci-dessus, et servez-les chaudes ou froides.

On ne mettra pas la crème aux pistaches au four, afin de lui conserver la fine saveur des pistaches et surtout leur tendre couleur verdâtre; autrement cette crème, par l'action de la chaleur, perdrait bientôt ces deux avantages.

Fanchonnettes aux avelines. — Après avoir pilé quatre onces d'avelines émondées, vous les mêlez dans la moitié de la crème décrite dans le premier paragraphe de cet article, et vous suivrez l'opération suivant les mêmes procédés.

Fanchonnettes aux abricots. — Foncez vos fanchonnettes selon la règle et garnissez-les légèrement de marmelade d'abricots. Lorsqu'elles sont cuites et refroidies, vous les remplissez de la même marmelade; vous les finirez ensuite de la manière accoutumée.

On les fait également de marmelades de pommes, de poires, de pêches, de coings et d'ananas.

FAON. — On appelle du même nom le petit de la daine et de la biche; il reçoit absolument la même préparation que le daim et le chevreuil; sa longe fait un fort beau rôti.

FARCE. — Chair hachée dont on se sert pour farcir.

FARCE CUITE. — Prenez la quantité de volaille dont vous croirez avoir besoin, ou du veau faute de volaille; vous le couperez en dés et vous le mettrez dans une casserole avec un morceau de beurre, un peu de fines herbes hachées, telles que champignons, persil, ciboules; levez-en les chairs, ôtez leurs nerfs et leur peau, hachez ces chairs et pilez-les bien; mettez autant de panade que de chair et même de la tétine, afin que le tout soit par tiers; ayant pilé le tout à part, repilez ces trois portions réunies; mettez-y des œufs entiers en raison du volume de votre farce, ayez soin qu'elle ne soit pas trop liquide, assaisonnez-la de sel, poivre, épices fines et fines herbes, passez au beurre, faites un essai; arrivée à son degré, finissez-la avec quelques blancs d'œufs fouettés et servez-vous-en au besoin.

Il arrive parfois aussi que l'on a besoin de farce maigre, c'est-à-dire de farcir le poisson; procédez alors selon la recette suivante.

Farce de poisson. — Habillez et désossez des brochets, des carpes, des anguilles et autres poissons que vous hacherez bien ensemble et bien menu, joignez à ce hachis une omelette baveuse, des champignons, des truffes, du persil, des ciboules, une poignée de mie de pain trempée dans du lait, un peu de beurre et des jaunes d'œufs; on hache cette adjonction aussi fine que la première partie, et l'on fait de toutes deux une farce qu'on assaisonne de sel, de poivre, d'épices; on la fait cuire pour la servir seule ou pour en farcir sur l'arête des carpes et des soles; on en fait aussi des andouillettes, on en farcit des choux, des croquettes et des rissoles.

FARINE. — Poudre extraite des semences des graminées et particulièrement du froment. On fait un emploi fréquent de la farine de froment dans la sauce blanche, dans les roux, et enfin dans les préparations alimentaires; ayez la main légère quand vous vous servez de farine; la farine cuit difficilement et affadit et alourdit vos sauces; il faut donc se servir de la plus belle qualité et surtout de celle appelée gruau, pour faire la pâtisserie grosse et fine; pour les biscuits, servez-vous de la fécule de pomme de terre.

Si vous voulez éviter une partie des inconvénients de la farine, faites-la sécher à un four un peu chaud, jusqu'à ce qu'elle y ait pris un faible degré de coloration : elle sera excellente alors pour mélanger avec le beurre qu'on ajoute aux sauces trop claires pour les lier.

FARO. — Petite bière en usage à Bruxelles.

FAUCON. — Oiseau de proie qu'on dressait à la chasse avant l'invention des armes à feu.

J'ai mangé de la chair d'un faucon rôti. Elle est d'un goût assez fort mais pas mauvais.

FÉCULE. — Substance qui est un principe végétal. Composée chimiquement d'hydrogène, d'oxygène et de carbone, elle est nourrissante et convient aux enfants et aux convalescents. La fécule sert à lier les sauces. La fécule de pommes de terre est d'un certain usage dans la pâtisserie. .

Les pommes de terre contiennent de la fécule; elle est préférable à la farine de froment pour les sauces blanches; on peut en ajouter une certaine quantité dans les sauces qui refusent de prendre.

FENOUIL. — Plante ombellifère très-aromatique, dont les graines ont une odeur anisée, surtout dans l'Italie méridionale. On mange le fenouil comme le céleri; il n'est pas rare de rencontrer les gens du peuple ayant leur botte de fenouil sous leur bras, et en faisant, avec du pain, leur déjeuner ou leur dîner.

L'odeur, qui en est agréable d'abord, devient désagréable par l'abus qu'en font les Napolitains, qui en mettent dans tout.

FENOUILLET. — On appelle ainsi une poire qui se cueille en novembre et que l'on peut manger fraîche et crue jusqu'en février. Elle est bonne aussi en confiture.

FERMENT. — On appelle ferment la substance qui a la propriété de faire fermenter : ainsi le levain est du ferment, et si l'on n'ajoutait pas du ferment à la pâte, on n'obtiendrait qu'un pain très-indigeste.

La levûre de bière, le jus de groseilles, la bière qui commence à mousser sont aussi des ferments.

FÈVE. — Les graines de la fève sont assez digestibles tant qu'elles sont jeunes; mais elles deviennent lourdes lorsqu'elles approchent de leur maturité et qu'on est obligé de les débarrasser de leur peau.

Fèves à la crème. — Prenez de petites fèves, ne les dérobez pas, c'est-à-dire ne leur ôtez pas leur peau; faites-les blanchir à l'eau bouillante, jetez-les dans l'eau froide, égouttez, passez au beurre à demi roux avec sel, poivre, persil haché fin et sariette; ajoutez du bouillon, un morceau de sucre et une pincée de farine maniée avec du beurre. Quelque temps avant de servir, versez dans vos fèves un verre de crème et faites jeter seulement un bouillon; liez avec des jaunes d'œufs.

Petites fèves en macédoine. — Hachez et passez au beurre ciboules, persil, champignons, échalotes, avec farine, bouillon, vin blanc, bouquet garni : faites mijoter, ajoutez des fèves blanchies comme ci-dessus, des fonds d'artichauts blanchis et coupés en cubes, avec sel et poivre. Cuisez, puis ôtez le bouquet et servez réduit.

FIGUES. — Malgré la réputation des figues d'Argenteuil, on ne mange de bonnes figues en France que dans le Midi; celles de Marseille ne le cèdent qu'aux figues de Capodimonte et de Sicile, qui ne le cèdent à aucunes.

Elles se mangent fraîches et séchées.

Les personnes qui ont voyagé en Italie savent que la plus grande injure que l'on puisse faire aux Milanais est de leur montrer le bout du pouce serré entre deux doigts, ce qui s'appelle *faire la figue;* cette aversion pour la figue vient d'un fait que Rabelais rapporte de la façon suivante :

« Les Milanais, s'étant révoltés contre Frédéric, avaient chassé de leur ville l'impératrice, son épouse, qu'ils avaient fait monter sur une vieille mule, le visage tourné vers la queue.

« Frédéric, vainqueur à son tour, après avoir fait les rebelles prisonniers, imagina de faire placer par le bourreau une figue sous la queue de cette même mule, et d'exiger que chacun des vaincus l'en tirât, la présentât au bourreau en disant : *Ecco il fico!* puis la remit en place; le tout sous peine d'être pendu.

« Plusieurs aimèrent mieux périr que de se soumettre à une semblable humiliation, mais la crainte de la mort y détermina le plus grand nombre. De là la fureur des Milanais quand on leur *fait la figue.* »

C'est aussi une figue qui décida le sénat romain à la destruction de Carthage. Toutes les fois que Caton donnait son avis dans le sénat, il terminait par ces mots :

« Il faut détruire Carthage! (*Delenda est Carthago!*) »

Dans une séance où l'on délibérait sur la guerre avec cette puissance, Caton montra à ses collègues une figue :

« Depuis quand, dit-il, croyez-vous que cette figue soit cueillie? A en juger par sa fraîcheur, il y a peu de temps. Eh bien! cette figue pendait à l'arbre il n'y a que trois jours, et elle vient de Carthage. Jugez combien l'ennemi est près de nous! »

La guerre fut à l'instant décidée.

Thouin, le pépiniériste du jardin des Plantes, avait chargé un domestique fort simple de porter à Buffon deux belles figues de primeur. En route, le domestique se laissa tenter et mangea un de ces fruits. Buffon, sachant qu'on devait lui en envoyer deux, demanda l'autre au valet, qui avoua sa faute.

« Comment donc as-tu fait? » s'écria Buffon.

Le domestique prit la figue qui restait et dit en l'avalant :

« J'ai fait comme cela!... »

FIGUES D'INDE. — Tout touriste ayant voyagé en Sicile ou en Calabre sera reconnaissant aux figues d'Inde des services qu'elles lui auront rendus.

La figue d'Inde est le fruit du cactus raquette. Elle est ou jaune ou rose, elle contient une pulpe glacée quoique exposée au soleil; il est vrai qu'elle est abritée par une peau épaisse, qu'il faut ouvrir avec précaution à cause des épines qu'elle contient. Une fois entrées dans la peau, ces épines se refusent obstinément à en sortir; du reste, quelque chaleur qu'il fasse, quelque quantité qu'on en mange, je n'ai jamais entendu dire dans le pays que l'on ait été indisposé d'une indigestion de figues de barbarie. C'est, avec le *cocomero,* le mets éminemment national des Napolitains.

Les Napolitains ont l'habitude de dire, en vantant leur pays, que pour un liard de cocomero ils mangent, ils boivent et se débarbouillent.

FILETS. — Les filets, chez les quadrupèdes, sont les parties charnues qui longent l'épine dorsale ; dans l'oie et le canard, ce sont les aiguillettes que l'on peut découper dans les muscles des ailes et sur les estomacs ; dans les poissons, on nomme filet toute bande de chair dépourvue d'arêtes.

FLAN DE CRÈME A LA FRANGIPANE. — Croûte en pâtes brisées. Garnissez de frangipane à la moelle, faites cuire au four et glacez-la avec sucre en poudre avant de servir.

Flan de fruits. — Prenez un moule qui n'ait pas plus de cinq centimètres de hauteur, garnissez avec de la pâte à dresser, donnez à votre pâte la forme exacte du moule ; mettez dans un vase des brugnons, des prunes, des abricots dont vous aurez ôté les noyaux ; sautez-les dans du sucre en poudre, couchez-les dans la croûte que vous avez moulée ; arrosez de sirop et faites cuire à four chaud.

Flan suisse. — Faites bouillir 125 grammes de beurre fin dans un demi-litre de crème ; faites une pâte à choux à la confection de laquelle vous emploierez de la farine de fécule de pommes de terre ; maniez cette pâte dans une terrine avec sel, gros poivre, 250 grammes de beurre fondu, gruyère râpé, parmesan. et neufchâtel ; déliez avec des jaunes d'œufs crus ; fouettez la moitié de vos blancs d'œufs et incorporez-les dans votre pâte ; vous garnirez celle-ci d'un papier fort et beurré que vous ficellerez ; vous mettrez cuire votre flan dans un four qui ne soit pas trop chaud, et quand il sera cuit vous le dresserez.

FLÈCHES DE LARD. — Les rôtisseurs et les cuisiniers appellent flèches de lard les morceaux de graisse ou de panne que l'on enlève de dessus les côtes des porcs, depuis les épaules jusqu'aux cuisses. Ils composent beaucoup de ces flèches de lard pour barder leur viande.

FOIE. — Il n'existe en réalité que trois bonnes manières d'apprêter le foie de veau : à la broche, à la bourgeoise et à l'italienne.

Foie de veau rôti. — Qu'il soit gros, gras, blond ; piqué de gros lardons, assaisonné d'épices, de fines herbes, d'ail.

On peut faire rôtir un foie de veau dans un four de cuisine, ça se comprend, mais à la broche c'est bien différent; c'est la question de la livre de beurre à la broche. La grande difficulté, c'est de faire tenir le foie de veau qui n'a pas de corps sans qu'il tourne sur la broche.

Faites chauffer sans rougir le fer de la broche au milieu, votre foie de veau étant préparé avec bande de lard ficelé, poussez-le au milieu, la chaleur du fer le saisit et il se tient ferme jusqu'à cuisson. *(Vuillemot.)*

Faites rôtir à petit feu. Servez dans son jus dégraissé, en y ajoutant un jus d'orange amère ou filet de verjus muscat.

Foie de veau à la bourgeoise. — Piquez votre foie de veau de gros lard assaisonné; foncez une braisière de bardes de lard; mettez-y le foie avec des carottes, un bouquet garni, des oignons, dont un piqué de clous de girofle, de la muscade râpée, sel et gros poivre, couvrez avec des bardes de lard, mouillez avec du bouillon et deux verres de vin rouge; ajoutez des tranches de citron dont vous aurez enlevé le zeste et les pepins, ou, à défaut de tranches de citron, du verjus, et faites cuire en mijotant. Lorsque le foie est cuit, dégraissez la cuisson, faites-la réduire et servez-vous-en pour mouiller un roux que vous exécuterez à part, mais pour Dieu ne mettez jamais de cornichons dans un ragoût de foie de veau.

Foie de veau à l'italienne. — Coupez par tranches un foie de veau; ayez dans une casserole de l'huile fine, du lard fondu, du vin blanc, persil, ciboules, champignons, sel, gros poivre; couchez sur ce fond vos tranches de foie, mettez une couche d'assaisonnement et continuez en alternant; faites cuire à petit feu, dégraissez la cuisson, faites-la réduire et servez vos tranches de foie dans leur sauce; vous pouvez substituer une sauce italienne. (V. Sauce italienne.)

Gâteau de foies de volailles. — Hachez, pilez foies de volailles grasses avec 250 grammes de graisse de bœuf, autant de lard avec champignons, oignons coupés en cubes, passés au beurre, six œufs dont vous fouettez les blancs, un demi-verre d'eau-de-vie, sel, poivre, muscade; pilez le tout; garnissez le fond et les côtés d'une casserole avec des bardes de lard; mettez-y tout ce hachis avec des truffes coupées ; couvrez avec des bardes de lard ; posez la casserole sur un fourneau étouffé par la cendre, et recouvrez de braise allumée.

Nous avons recommandé une casserole de terre ou de fer parce que, pour qu'il ne se déforme pas, il faut que le gâteau refroidisse dans la casserole. Quand le gâteau est froid, on trempe un instant la casserole dans l'eau bouillante, ce qui détache le contenu du contenant ; et on renverse ce contenu sur un plat.

Foies de lottes. — On en fait des garnitures à la Chambord et à la Régence. Mets rare et délicat.

Lorsque je voyageais en Russie, je voyais toujours les pêcheurs jeter loin d'eux avec dédain une espèce d'anguille ou de lamproie marbrée de vert et de blanc, appétissante et grasse, ronde comme une grosse andouille, et qui me paraissait ressembler à un poisson d'eau douce que j'avais reconnu en France.

Des Russes l'appelaient *naïm;* enfin, après une foule de questions risquées, je demeurai convaincu que ce poisson si méprisé des Russes n'était autre que la lotte, que j'avais si souvent pêché avec une fourchette dans les ruisseaux de France. Je m'emparai d'un des premiers que je vis jeter, j'en demandai le prix : le pêcheur haussa les épaules.

Je fis cuire une lotte, après l'avoir limonée dans du vin blanc avec de l'oignon coupé en tranches, du persil, des ciboules, du basilic, sel, poivre, girofle et un morceau de beurre. Quand elle fut cuite, je la mangeai dans son court-bouillon réduit avec des tartines de beurre frais et des fines herbes crues.

Je ne m'étais pas trompé, c'était bien une lotte.

FOIE GRAS. — On sait que le foie gras de Strasbourg est réputé fournir le roi des pâtés. L'opération par laquelle on obtient les foies gras consiste principalement à engraisser les oies de manière à produire chez eux une tuméfaction de cet organe. Le foie d'une oie soumise au traitement que leur font subir les engraisseurs de Strasbourg arrive à être jusqu'à dix ou douze fois plus gros que nature.

Pour en arriver là, on soumet ces animaux à des tourments inouïs, qui n'ont pas même été déployés sur les premiers chrétiens : on leur cloue les pattes sur des planches pour que l'agitation ne nuise pas à l'obésité ; on leur crève les yeux pour que la vue du monde extérieur ne vienne les distraire; on les bourre avec des noix sans jamais leur donner à boire, quels que soient les cris de souffrance que leur arrache la soif.

Aussi le comte de Courchamps, auteur des *Mémoires de Mme de Créquy*, et l'un des gourmands les plus érudits du commencement de ce siècle, faisant taire les appétences de son estomac sous les cris de sa conscience, présenta, au nom des oies de Strasbourg, une pétition à la chambre des pairs.

Voici textuellement cette pétition qui, si juste qu'elle pût être, ne fut, comme il en arrive d'habitude des pétitions justes, suivie d'aucun résultat :

« Nobles pairs.

« Au mépris des lois de la nature, adoptées par les deux chambres et garanties par le code de l'humanité, les Strasbourgeois s'appliquent à nous faire grossir monstrueusement un viscère composé de deux lobes inertes. C'est aux dépens du cœur, que nous avons sensible, de l'estomac, que l'injustice révolte, du poumon, qui nous est essentiel, de la rate, qui ne peut s'épanouir; enfin, c'est au détriment de l'honneur national que la cruauté compromet.

« Hélas ! qu'avons-nous fait, malheureux oiseaux ? On nous aveugle, on nous étouffe, on nous torture. Que diriez-vous, nobles pairs, si l'on vous mangeait, si l'on vous coupait ces ailes avec lesquelles vous vous envolez si haut, si l'on vous attachait sur les planches et qu'on vous y clouât les pattes; enfin si l'on vous arrachait les yeux pour s'attaquer ensuite à votre foie, comme le vautour de Prométhée ?

« Ah Jupiter ! diriez-vous alors, quelle injustice ! Avons-nous donc, sans le savoir, dérobé le feu sacré ? Et parce qu'on ne le trouve nulle part, est-ce vraisemblable que ce soit nous qui l'ayons pris ? Nous sommes Françaises, nobles pairs, et nous vous conjurons de nous faire participer aux douceurs de l'orgueil national. Nous sommes la fable des oies britanniques, un sujet de risée pour les dindons de Lincoln; il n'y a pas jusqu'à la volaille irlandaise qui ne prenne des airs de nous mépriser, et la moindre cane des Trois-Royaumes est plus fière qu'un aigle impérial. Nous sommes libres, disent-ils avec emphase, et jamais les oies n'ont eu besoin de recourir chez nous à la chambre des lords.

« Ah! l'Angleterre! s'écrie la moindre volaille qui a l'honneur d'appartenir à cette grande puissance, voilà le vrai pays de la liberté et de l'égalité. On y prend des hommes qui passent dans la rue, et, sans leur demander si c'est leur goût ou celui de leur famille, on en fait des marins et des soldats. Quand ces soldats ou ces marins ont manqué à leur devoir, on leur donne des coups de fouet comme à des chiens. Quand un paysan est pris le fusil à la main sur les terres d'un grand seigneur, on l'envoie aux galères. Un homme qui vole un pain est pendu. Mais les bœufs, mais les cochons, mais les veaux, mais tout animal qui se mange enfin, ou plutôt qui est mangé, a droit à une mort uniforme, légale, constitutionnelle. Le parlement a prescrit, en 1796, comment il fallait tuer les bœufs et les cochons : avec douceur et célérité. Par un bill postérieur, il est ordonné de transporter les veaux au marché sur un filet suspendu. Il est interdit de mettre plusieurs de ces animaux sur la même charrette. Il est enjoint d'observer que leur position n'y soit pas contrainte et qu'ils ne soient pas obligés d'avoir la tête pendante, ainsi qu'on a trop souvent occasion de le remarquer sur le continent.

« Une cuisinière anglaise qui tuerait un canard, une poule ou même un poulet, se croirait un objet d'opprobre pour l'humanité. Aussi l'on vous montre, à la porte des châteaux et dans la ruelle la plus obscure des villages, une espèce de bourreau, qui fait l'horrible métier d'étouffer les pigeons et d'égorger les agneaux. C'est un être infâme, abhorré, semblable aux chirurgiens de l'ancienne Égypte.

« Voilà ce que les oies prennent la liberté d'affirmer à vos seigneuries.

« Nous vous supplions de proposer une loi qui défende aux Strasbourgeois de martyriser la volaille et de tourmenter les animaux, à qui, du reste, ils n'ont rien à reprocher. Qu'on leur prescrive de n'exercer leur industrie que sur la manière de plumer les pauvres oies, sans appliquer leur intelligence à déranger l'harmonie de leurs viscères. Qu'ils prennent exemple sur les fournisseurs et sur les usuriers, qui plument les poules sans les faire crier. Que si, par un abus de la force et par un texte mal interprété de la Genèse, ils nous ôtent la vie, ils ne puissent du moins nous ôter la vue, ce qui nous plonge dans une mélancolie funeste. Enfin, qu'ils nous plument et nous mangent, puisqu'ils sont pour nous des tyrans féodaux, des chefs saliques, et que dans les basses-cours il n'y a encore ni charte, ni constitution, ni lois d'*habeas corpus*. C'est un despotisme épouvantable; la plus libre de nous est à la merci du dernier roquet, et dans toute l'Alsace il n'existe pas une chambre qui soit seulement comparable à celle des députés.

« Puissiez-vous étendre ce bienfait jusqu'aux extrémités de l'empire et jusque sur les canards de Toulouse, nos malheureux cousins. »

Jusqu'à l'invention des plumes de fer par l'Anglais Parry, ce furent les oies qui eurent le privilége de fournir le précieux canal par lequel le chef-d'œuvre de l'esprit humain passait du cerveau sur le papier. Beaucoup de nos grands hommes d'aujourd'hui ont refusé de subir la plume de fer et persistent à employer la plume d'oie. Victor Hugo, par exemple, et Chateaubriand se sont toujours refusés à l'emploi des plumes de métal qui ôtent à l'écriture son ampleur et toute la fierté de son caractère, pour la transformer soit en pattes de mouches, soit en bâtons de maître d'école ou de jeune miss.

Foie de raie. — Le foie de raie n'est pas précisément un plat, mais une simple sauce. Après l'avoir fait cuire en même temps et dans le même court-bouillon que la raie, on en fait avec ce court-bouillon une purée qui sert à masquer la raie, et qui porte le nom, dans les dispensaires, de sauce à la noisette; la la raie sauce noisette est donc tout simplement la raie préparée avec son propre foie.

FONDUE. — Pesez le nombre d'œufs que vous voudrez employer d'après le nombre présumé de vos convives.

Vous prendrez ensuite un morceau de bon fromage de Gruyère pesant le tiers, et un morceau de beurre pesant le sixième de ce poids.

Vous casserez et battrez bien les œufs dans une casserole; après quoi vous y mettrez le beurre et le fromage râpé ou émincé.

Posez la casserole sur un fourneau bien allumé, et tournez avec une spatule, jusqu'à ce que le mélange soit convenablement épaissi et mollet; mettez-y un peu ou point de sel, suivant que le fromage sera plus ou moins vieux, et une forte portion de poivre, qui est un des caractères positifs de ce mets antique. Servez sur un plat légèrement échauffé; faites apporter le meilleur vin, qu'on boira rondement, et on verra merveilles. (*Recette de la fondue, telle qu'elle a été extraite des papiers de M. Trollet, bailli de Mondon, au canton de Berne.*)

FOURNITURE. — On désigne sous ce nom les fines herbes accompagnant les chicorées ou laitues faisant le corps de la salade. Ces fournitures sont : le cresson alénois, le cerfeuil, les ciboules, l'estragon, la perce-pierre, le baume, quand il est nouveau, la corne de cerf, la pimprenelle, les capucines fleuries, les fleurs de violette, de bouillon blanc, de bourrache et de buglosse.

FRAISES. — Fraises des bois, ananas, capron, des quatre-saisons et de Calabre musquée.

FRAISE DE VEAU. — Ayez une fraise de veau bien blanche et bien grasse; faites-la dégorger et blanchir en lui faisant jeter quelques bouillons. Rafraîchissez-la, faites-la cuire dans un blanc. (V. Blanc.) La cuisson faite, égouttez-la et servez-la avec la sauce au pauvre homme.

Sauce au pauvre homme. — Prenez cinq ou six échalotes, ciselez-les et hachez-les, ajoutez une pincée de persil taillé bien fin, mettez le tout dans une casserole, soit avec un verre de bouillon, soit avec du jus ou de l'eau en moindre quantité et une cuillerée à dégraisser de bon vinaigre, du sel et une pincée de gros poivre; faites bouillir vos échalotes jusqu'à ce qu'elles soient cuites et servez.

Si vous ne voulez pas vous donner la peine de faire un blanc pour cuire votre fraise, contentez-vous de la passer à l'eau bouillante pendant dix minutes et ensuite à l'eau froide, puis mettez dans une casserole une cuillerée de farine, un demi-verre de vinaigre, du sel, du poivre, deux oignons, dont un piqué de deux clous de girofle, et un bouquet garni.

Fraise de veau à la Brissac. — La cuisson achevée ainsi qu'il est dit ci-dessus, coupez-la par morceaux égaux, mettez ces morceaux dans une italienne bien réduite et bien corsée, et comme la fraise est fade par elle-même, relevez-la au moment de la servir d'un jus de citron, d'un peu d'huile et d'ail râpé.

FRAMBOISES. — Il y en a de deux espèces, les rouges et les jaunes, les rouges sont plus communes ; les amateurs de framboises trouvent aux jaunes, quoiqu'elles aient à peu près le même goût, un arome plus fin.

FRANCOLIN. — Oiseau sauvage, mais qui vit en bandes comme la perdrix. Je ne l'avais jamais rencontré en France, lorsqu'en arrivant sur les bords de la mer Caspienne je levai une bande d'oiseaux qui m'étaient inconnus ; du premier coup que je tirai, deux tombèrent ; un buisson me déroba le reste. J'ignorais le nom du gibier que j'avais tué, lorsque j'appris le soir de Mme de Tatare que c'était un couple de francolins.

Le francolin doit s'apprêter comme la perdrix, comme le faisan et comme la bartavelle.

FRANGIPANE. — Espèce de crème, garniture fréquente de pâtisseries.

Ce nom lui vient de son inventeur. don César Frangipani, qui descendait de ces fameux Frangipani qui étaient toujours prêts à rompre le pain pour faire l'aumône : *frangere panem.*

Les restes de leur forteresse, qui était sur la Via-Appia, sont encore visibles entre le tombeau de Cécilia Métella et le cirque de Maxence.

FRICANDEAU. — Rouelle ou tranches piquées et glacées ; s'applique surtout à la viande de veau.

Fricandeau à l'ancienne. — Vieux principe qui vaut mieux que la manière de faire actuellement. La plupart des cuisiniers mouillent tout bonnement leur fricandeau avec du bouillon, et allez, ça n'a pas de saveur.

Ce qui faisait dire à Beaumarchais, en un couplet :

> Dans vos restaurants nouveaux,
> Tous vos plats sont suprêmes,
> Et pourtant les fricandeaux
> Sont toujours les mêmes.

Il y a fricandeau et fricandeau. La préparation suivante vous le démontrera.

Extraire la noix d'un cuissot de veau bien blanc, la parer, la piquer ; foncez votre casserole d'une bonne mirepoix, carottes, gros oignons en rouelles, un bouquet garni ; beurrez le fond de la casserole, ajoutez votre noix de veau, faites-la suer afin que la partie aqueuse du veau s'évapore, mouillez ensuite avec un bol de consommé qui ne couvre pas le lard. Faites cuire doucement feu dessous et dessus, et glacez bien votre fricandeau en l'arrosant de temps en temps, passez le fond, réduisez pour glacer la noix de veau et le surplus pour corser soit l'oseille, la chicorée qui sert de garniture, et servez. *(Vuillemot.)*

Fricandeau d'esturgeon, de brochet ou de saumon. — Coupez des tranches du poisson que vous voulez glacer de la grosseur de trois centimètres, dépouillez-les, piquez-les de lard, farinez-les, mettez-les dans une casserole le lard en dessous avec le lard fondu, colorez et enlevez-les du feu. Hachez des truffes, des champignons ou des mousserons ; dressez sur eux vos fricandeaux dans un plat, arrosez-les du jus de jambon, couvrez-les d'un plat et laissez cuire à feu doux une heure durant.

FRIRE. — Action de faire cuire de la viande, du poisson ou des légumes dans du beurre, de l'huile ou du saindoux.

On sait que la cuisson est beaucoup plus rapide dans les corps gras que dans l'eau ; l'eau en effet ne monte qu'à la chaleur de cent degrés, la friture atteint le double. Cette effrayante chaleur aurait bientôt desséché les substances que l'on soumet au corps gras, si avant de les tremper dans la friture on ne les cuirassait pas habituellement d'une pâte qui les soustrait en partie à l'action du calorique.

FRITURE. — Brillat-Savarin pouvait dire du friturier ce qu'il a dit du rôtisseur : « On devient cuisinier, mais on naît rôtisseur. »

Son friturier recevait de lui des instructions à part. Il raconte lui-même, avec son esprit habituel, l'interrogatoire qu'il fit subir un jour à maître Laplanche, son cuisinier. Le professeur était assis dans son grand fauteuil à méditation, quand il fit appeler devant lui celui à qui il avait à donner des conseils, s'il n'avait pas à lui faire des reproches.

Le juge gastronome met dans son récit toute la solennité qu'il mérite. Sa jambe droite était verticalement appuyée sur le parquet, la gauche en s'étendant formait une irréprochable diagonale; il avait les reins convenablement adossés, et ses mains étaient posées sur les têtes de lions qui terminent les sous-bras du meuble vénérable sur lequel il donne ses audiences.

Son front élevé indiquait l'amour des études sévères, et sa bouche le goût des distractions aimables. Son air était recueilli et sa pose sculpturale et bien équilibrée.

Ainsi établi, le professeur fit appeler son préparateur en chef et bientôt le serviteur arriva, prêt à recevoir des conseils, des leçons ou des ordres :

Allocution. — « Maître Laplanche, dit le professeur, avec cet accent grave qui pénètre jusqu'au fond des cœurs, tous ceux qui s'asseyent à ma table vous proclament potagiste de première classe, ce qui est fort bien, car le potage est la première consolation de l'estomac besoigneux, mais je vois avec peine que vous n'êtes encore qu'un friturier incertain.

« Je vous entendis hier gémir sur cette sole triomphale que vous nous servîtes pâle, mollasse et décolorée. Mon ami Récamier jeta sur vous un regard désapprobateur; M. Richerand porta à l'ouest son nez gnomonique, et le président Séguier déplora cet accident à l'égal d'une calamité publique.

« Ce malheur nous arriva pour avoir négligé la théorie dont vous ne sentez pas toute l'importance. Vous êtes un peu opiniâtre, maître Laplanche, et j'ai de la peine à vous faire concevoir que les phénomènes qui se passent dans votre laboratoire ne sont autre chose que l'exécution des lois de la nature, et que certaines choses que vous faites, sans attention et seulement parce que vous les avez vu faire à d'autres, n'en dérivent pas moins des plus hautes abstractions de la science. Ecoutez donc avec attention, et instruisez-vous pour n'avoir plus désormais à rougir de vos œuvres.

Chimie. — « Les liquides que vous exposez à l'action du feu ne peuvent pas tous se charger d'une égale quantité de chaleur, la nature les y a disposés inégalement; c'est un ordre de choses dont elle s'est réservé le secret et que nous appelons capacité du calorique.

« Ainsi, vous pourriez tremper impunément votre doigt dans l'esprit-de-vin bouillant, vous le retireriez bien vite de l'eau-de-vie, plus vite encore si c'était de l'eau, et une immersion, si rapide qu'elle soit, dans l'huile bouillante, vous ferait une blessure cruelle, car l'huile peut s'échauffer au moins trois fois plus que l'eau. C'est par une suite de cette disposition que les liquides chauds agissent d'une manière différente sur les corps sapides qui y sont plongés. Ceux qui sont traités à l'eau se ramollissent, se dissolvent et se réduisent en bouillie, il en provient du bouillon ou des extraits. Ceux au contraire qui sont traités à l'huile se resserrent, se colorent d'une manière plus ou moins foncée et finissent par se charbonner. Dans le premier cas, l'eau dissout et entraîne les sucs intérieurs des aliments qui y sont plongés; dans le second, ces sucs sont conservés parce que l'huile ne peut pas les dissoudre, et si ces corps se dessèchent, c'est que la continuation de la chaleur finit par en vaporiser les parties humides.

« Les deux méthodes ont aussi des noms différents; on appelle frire l'action de faire bouillir dans l'huile ou la graisse des corps destinés à être mangés. Je crois déjà vous avoir dit que sous le rapport officinal huile ou graisse sont à peu près synonymes, la graisse n'étant qu'une huile concrète, ou l'huile une graisse liquide.

Application. — « Les choses frites sont bien reçues dans les festins, elles y introduisent une variation piquante, elles sont agréables à la vue, conservent leur goût primitif et peuvent se manger à la main, ce qui plaît toujours aux dames.

« La friture fournit encore aux cuisiniers bien des moyens pour masquer ce qui a paru la veille et leur donne, au besoin, des secours pour les cas imprévus, car il ne faut pas plus de temps pour frire une carpe de quatre livres que pour cuire un œuf à la coque.

« Tout le mérite d'une bonne friture provient de la surprise ; c'est ainsi qu'on appelle l'invasion du liquide bouillant qui carbonise ou roussit, à l'instant même de l'immersion, la surface extérieure du corps qui lui est soumis.

« Au moyen de la surprise, il se forme une espèce de voûte qui contient l'objet, empêche la graisse de le pénétrer et concentre les sucs, qui subissent ainsi une coction intérieure qui donne à l'aliment tout le goût dont il est susceptible.

« Pour que la surprise ait lieu, il faut que le liquide bouillant ait acquis assez de chaleur pour que son action soit brusque et instantanée ; mais il n'arrive à ce point qu'après avoir été exposé assez longtemps à un feu vif et flamboyant.

« On connaît par le moyen suivant que la friture est chaude au degré désiré : vous couperez un morceau de pain en forme de mouillette, et vous le tremperez dans la poêle pendant cinq à six secondes ; si vous le retirez ferme et coloré, opérez immédiatement l'immersion ; sinon il faut pousser le feu et recommencer l'essai.

« La surprise une fois opérée, modérez le feu afin que la coction ne soit pas trop précipitée et que les sucs que vous avez renfermés subissent, au moyen d'une chaleur prolongée, le changement qui les unit et en rehausse le goût.

« Vous avez sans doute observé que la surface des objets bien frits ne peut plus dissoudre ni le sel, ni le sucre, dont ils ont cependant besoin suivant leur nature diverse. Ainsi vous ne manquerez pas de réduire ces deux substances en poudre très-fine, afin qu'elles contractent une grande facilité d'adhérence, et qu'au moyen du saupoudroir la friture puisse s'en assaisonner par juxtaposition.

« Je ne vous parle pas du choix des huiles et des graisses ; les dispensaires divers dont j'ai composé votre bibliothèque vous ont donné là-dessus des lumières suffisantes.

« Cependant n'oubliez pas, quand il vous arrivera quelques-unes de ces truites qui dépassent à peine un quart de livre, et qui proviennent des ruisseaux d'eau vive qui murmurent loin de la capitale, n'oubliez pas, dis-je, de les frire avec ce que vous aurez de plus fin en huile d'olive. Ce mets si simple, dûment saupoudré et rehaussé de tranches de citron, est digne d'être offert à une éminence.

« Traitez de même les éperlans, dont les adeptes font tant de cas. L'éperlan est le becfigue des eaux : même petitesse, même parfum, même supériorité.

« Ces deux prescriptions sont encore fondées sur la nature des choses. L'expérience a appris qu'on ne doit se servir de l'huile d olive que pour les opérations qui peuvent s'achever en peu de temps et qui n'exigent pas une grande chaleur, parce que l'ébullition prolongée y développe un goût empyreumatique et désagréable qui provient de quelques parties de parenchyme dont il est très-difficile de les débarrasser et qui se charbonnent.

« Vous avez essayé mon enfer, et, le premier, vous avez eu la gloire d'offrir à l'univers étonné un immense turbot frit. Il y eut ce jour-là grande jubilation parmi les élus.

« Allez ! continuez à soigner tout ce que vous faites, et n'oubliez jamais que, du moment où les convives ont mis le pied dans mon salon, c'est nous qui demeurons chargés du soin de leur bonheur.

FROMAGE. — Le fromage n'est autre chose que le caillé du lait séparé du sérum et endurci par une chaleur lente; c'est la partie du lait la plus grossière et la plus compacte, d'où il est aisé de conclure qu'il produit un aliment solide, mais difficile à digérer quand on en mange avec excès.

Ce furent les Romains qui apportèrent dans les Gaules l'art de préparer le fromage; depuis, il a fait son chemin, car il y a peu de cantons en France qui n'ait son fromage particulier, et il y a peu de bonnes tables où on n'en serve sous quelque forme ou de quelque façon qu'il se présente.

On peut faire le fromage ou avec du lait dont on a auparavant séparé la partie butireuse, ou avec le lait encore chargé de cette partie. Dans ce dernier cas, le fromage a un bien meilleur goût à cause de sa partie crémeuse qui est la portion du lait la plus exaltée et la plus remplie de principe huileux et de sel volatil. On fait le fromage avec le lait de plusieurs animaux, mais celui dont on se sert le plus ordinairement est le lait de vache, il est d'un goût agréable, nourrit beaucoup, mais se digère difficilement.

Le fromage, pour être mangé, ne doit être ni trop nouveau, ni trop vieux; trop nouveau, il est lourd, pèse sur l'estomac et cause souvent des vents et des diarrhées; trop vieux, il échauffe par sa grande âcreté, produit un mauvais suc, a une odeur désagréable et rend le ventre paresseux, parce que la fermentation considérable qu'il a soufferte l'a privé des humidités qu'il contenait et qui a fait perdre à ses principes tout leur premier arrangement.

Il existe une quantité considérable de fromages : les plus estimés sont : le Brie, le Hollande, le Gruyère, le Livarot, le Marolles, le Camembert, le Roquefort, le Parmesan; enfin ces délicieux petits fromages suisses qui sont de véritables crèmes et au goût et à la vue, et que les gourmands trouvent si délectables.

Nous n'indiquerons pas ici toutes les manières de faire les différents fromages qu'il est du reste plus commode, plus facile et moins dispendieux de se procurer chez les marchands de fromages. Nous donnerons seulement les recettes de ceux qui se font journellement à la campagne et dont la préparation est la plus simple.

Pour faire de bons fromages généralement, il faut avoir du bon lait et de la bonne présure.

Prenez du lait fraîchement trait, coulez-le, mettez-y de la présure en remuant le lait avec une grande cuiller, laissez-le reposer jusqu'à ce qu'il se coagule; une fois réduit en caillé, vous le tirez du pot et le mettez dans des formes, vous laissez égoutter le petit lait et vous le dressez proprement sur une assiette.

Fromages communs. — On appelle ainsi ceux qu'on met en présure après avoir été écrémés; ces fromages se coagulent plus promptement que les autres, parce qu'il ne sont pas si gras. Vous les achevez de même que les précédents.

Fromages de garde. — Vous prenez du lait chaud et fraîchement tiré, jetez-y de la présure délayée, et quand il est pris, dressez-le dans ses formes, égouttez-le, salez-le par-dessus et laissez-le reposer jusqu'au lendemain afin qu'il s'affermisse.

Retournez-le pour le saler de l'autre côté, mettez-le dans l'éclisse, laissez-le s'affermir, et mettez-le sécher à l'air jusqu'à ce qu'on veuille l'affiner.

Fromage affiné. — Le fromage étant assez sec, on le trempe dans l'eau salée, on l'enveloppe dans des feuilles d'ormes ou d'orties, puis on le met dans quelque vaisseau avec d'autres afin qu'ils se communiquent leur humidité. Les fromages s'affinent très-bien ainsi.

FROMENT. — Voici ce que M. Aulagnier dit de cette plante, la plus commune et la meilleure qui existe :

« Le froment, dont l'origine se perd presque dans celle du monde, est la plus précieuse de toutes les plantes. Les Egyptiens mirent au rang des dieux Osiris pour leur avoir enseigné l'agriculture, qui a produit les mêmes résultats dans toutes les contrées de la terre. En Orient, c'est dans la Babylonie que le blé croissait naturellement, c'est aussi là qu'on croit devoir placer le berceau de la civilisation. Aujourd'hui peu de nations se nourrissent uniquement de fruits, eu égard au grand nombre de celles qui cultivent les céréales. Les dattes et les figues servent bien encore à la nourriture des Egyptiens, des Persans, mais c'est seulement chez les pauvres, car le froment forme l'aliment principal. Sa racine est composée de fibres déliées, sa tige s'élève à la hauteur de quatre ou cinq pieds et forme des tuyaux plus ou moins gros, garnis d'espace en espace de nœuds qui lui donnent de la force et qui soutiennent à leur extrémité des épis longs où naissent des fleurs composées d'étamines auxquelles succèdent des grains ovales, mous des deux bouts, convexes d'un côté, sillonnés de l'autre, de couleur jaune lorsqu'ils sont mûrs, remplis d'une matière blanche et farineuse composée de gluten et d'amidon, et qui sert à faire le *pain*. »

La France est très-fertile en froment de toutes les espèces ; la Beauce, la Brie, l'Ille-et-Vilaine, le Vexin, en produisent surtout de très-beaux sujets.

Les anciens honoraient l'agriculture par des fêtes, mais aucune n'est comparable à celle qui, depuis un temps immémorial, se pratique en Chine tous les ans. L'empereur, entouré des princes et des grands de sa cour, ainsi que des laboureurs les plus recommandables, ouvre et laboure lui-même la terre, et sème les cinq espèces de grains les plus nécessaires à la vie qui sont : le froment, le riz, les fèves et deux sortes de millet. Cette fête est célébrée chaque année à Pékin, au retour du printemps, ainsi que dans tout l'empire ; là, la profession de laboureur est plus honorable que celle de marchand.

FRUITS. — Les fruits forment une grande partie de la nourriture de l'homme, depuis les temps les plus reculés où il ne vivait que de racines et de fruits, jusqu'aujourdhui où les fruits paraissent encore sur toutes les tables.

On les mange frais et crus, cuits ou séchés. Lorsqu'ils sont bien mûrs, on peut les manger avec sécurité, pourvu qu'on n'en fasse pas excès et qu'on ne craigne pas qu'ils s'aigrissent dans l'estomac, disposition qu'on peut affaiblir à un certain degré par l'addition du sucre et d'aromates toniques. La cuisson les rend de plus facile digestion sans altérer leurs propriétés laxatives ; par la dessication, ils deviennent de moins facile digestion, mais plus sucrés et plus nourrissants ; aussi les figues desséchées faisaient-elles autrefois en grande partie l'alimentation des athlètes.

Les fruits sont alimentaires à différents degrés, suivant la nature et le nombre des éléments qui les constituent. En général ceux qui forment la base de l'alimentation chez tous les peuples civilisés sont les *fruits féculents*, qui contiennent en proportions variées du gluten, du sucre, de la fécule, de l'albumine, du mucilage, de la résine et du sel ; on peut classer comme les principaux, le blé, le seigle, l'orge, l'avoine, le riz, le maïs, les haricots, les pois, les fèves, les lentilles, les châtaignes, etc., il faut pour les rendre alimentaires les soumettre à différentes préparations qui sont toutes du ressort de la cuisine et que nous indiquerons aux articles concernant ces fruits ou graines.

Puis viennent les fruits *mucoso-sucrés*, la prune, l'abricot, le raisin, la figue, la cerise, etc., qui sont beaucoup moins alimentaires que les premiers et qui seuls ne pourraient pas suffire à la nourriture quotidienne de l'homme ; on en fait ordinairement des marmelades, des gelées, des conserves ; on les mange aussi crus, mais il faut qu'ils soient bien frais afin de ne causer aucun dérangement dans le système organique.

Nous avons encore les amandes, les noix, le fruit du cocotier, les noisettes, etc., que l'on appelle fruits *oléagino-féculeux*, qui sont d'une digestion difficile à cause de l'huile qu'ils contiennent et qui ne peuvent être mangés qu'en petite quantité.

Enfin, les fruits *acides-mucilagineux,* les moins nourrissants de tous sont encore une grande ressource pendant les grandes chaleurs de l'été où ils servent à faire des boissons très-rafraîchissantes, ainsi que des confitures, des conserves, etc.; les principaux sont l'orange, le citron, la groseille.

Les fruits figuraient toujours en grande quantité sur les tables des anciens; on rapporte que l'empereur Claudius Albinus les aimait tellement qu'il mangea un jour à son déjeuner cinq cents figues, cent pêches, dix melons, et quantité considérable de raisins.

De tous les fruits précoces, la fraise des bois est celui qui paraît le premier; tout le monde sait que c'est la meilleure et la plus naturelle, et elle fait longtemps l'ornement utile et agréable des tables. Puis viennent les cerises, dont les plus estimées sont celles dites de Montmorency, plus tardives que les autres; les groseilles à grappes, les framboises qui succèdent aux fraises et qui passent aussi vite pour faire place aux abricots, aux prunes, aux amandes vertes, aux melons, aux poires, aux figues, à la pêche de Montreuil, ce fruit si savoureux et si délectable, que tout gourmand veut manger, et aux raisins de table de Fontainebleau, les meilleurs qu'il existe. Puis, enfin, les fruits d'hiver, la poire, la pomme; les fruits à coquille, les noix, les noisettes, les marrons, etc.

Maintenant que nous avons rendu aux fruits toute la justice qui leur est due, nous prions nos lecteurs de se reporter pour les diverses préparations auxquelles on les soumet, aux articles qui les concernent.

FUMET DE PERDRIX. — Prenez une bouteille de vieux vin blanc, deux lapins de garenne et deux vieilles perdrix coupés en quartiers, joignez-y des oignons, des carottes, panais, un pied de céleri, des champignons, bouquet garni des quatre épices; mettez en casserole, faites cuire le tout ensemble, écumez, ajoutez un demi-litre de consommé déjà réduit, laissez mijoter pendant deux heures, tamisez, dégraissez, remettez-la sur le feu et faites réduire en glace; ajoutez-y alors un peu d'espagnole, tenez en réserve et servez-vous-en au besoin pour l'assaisonnement de certains plats, surtout pour accompagnement d'œufs pochés ou brouillés.

FUMIGATION. — La fumigation peut être considérée comme un moyen de conservation des viandes, mais des viandes fermes seulement.

Pour bien fumer une viande, il faut une fumée graduée; si elle était trop forte en commençant, elle sécherait la viande à l'extérieur et la rendrait coriace à l'intérieur, aussi faut-il l'employer faible d'abord et la forcer progressivement afin de bien saisir le morceau que vous voulez fumer.

Il faut saler la viande d'abord, la faire sécher ensuite, puis vous la pendez à la cheminée, assez loin du feu pour qu'il ne puisse l'atteindre et cependant assez près de la fumée pour qu'elle y pénètre bien; vous la laissez plus ou moins longtemps suivant la force de la fumée, le degré de température et la nature de la viande.

La fumée épaisse et aromatique est celle qu'il faut préférer; le bois de charme et les branches de chênes garnies de leurs feuilles sont excellents pour la fumigation, tandis que le pin, le sapin et tous les arbrisseaux de cette nature communiquent à la viande un goût résineux fort désagréable; le genièvre aussi produit une fumée subtile et odoriférante, aussi l'emploie-t-on presque toujours.

Vous pouvez terminer la fumigation en brûlant des aromates tels que le laurier, le romarin, les fèves de café, les clous de girofle, le bois de réglisse, etc.; cela donne à la viande une saveur particulière et un goût fort agréable.

Voici la manière la plus simple de soumettre diverses substances à la fumigation.

Bœuf. — Les côtes et la poitrine sont les morceaux qu'il faut choisir de préférence; vous plongez le morceau que vous avez choisi dans l'eau bouillante, à plusieurs reprises, et vous le retirez promptement, puis vous le frottez avec un mélange de sel et d'un peu de salpêtre, vous le laissez sécher et l'exposez pendant un mois ou six semaines à la fumée d'un feu étouffé.

Porc. — Vous exposez les jambons que vous voulez fumer huit jours à l'air, vous les laissez une dizaine de jours dans la saumure et vous les plongez dans une infusion de genièvre pilé dans l'eau-de-vie, et vous les fumez avec des branches de genièvre. Ayez soin de suspendre alternativement les jambons et les saucisses que vous fumez par chaque bout, afin que les sucs qu'ils contiennent ne s'écoulent pas et se maintiennent en équilibre.

Poissons. — On les sale, on les embroche et on les expose à la fumée du genièvre ou des feuilles de chêne, on tient les gros entr'ouverts au moyen de petites traverses, et on entoure de papier ou de toile ceux qui ont la chair délicate. On fume les harengs vingt-quatre heures, les saumons trois semaines; les brochets et les anguilles quatre jours au plus.

G

GALANTINE. — La galantine est un composé de plusieurs viandes fines réunies par tranches ou par couches et cuites ensemble.

Galantine de poularde ou de chapon. — Prenez deux poulardes, désossez-les, ôtez-en proprement les peaux sans les décharner, faites une farce avec la chair, un peu de lard, une tetine de veau, quelques champignons et truffes, un peu de mie de pain trempée dans la crème, et trois ou quatre jaunes d'œufs crus avec fines herbes, fines épices, un peu de persil et de ciboules, poivre et sel, le tout haché et pilé dans un mortier.

Etendez ensuite la peau de vos poulardes et arrangez la farce dessus, sur cette farce, vous étendez une première couche de lardons bien blancs, et bien assaisonnés, puis sur cette couche une autre de jambon cru, ensuite un autre rang de lardons, puis un rang de pistaches bien vertes, encore un rang de lardons et continuez ainsi jusqu'à la fin. Enveloppez le tout dans les peaux en les roulant, pliez-les dans un linge et ficelez-les. Garnissez ensuite le fond d'une marmite de bardes de lard et de tranches de bœuf battu avec fines herbes, fines épices, sel, poivre, oignons, panais et carottes, mettez-y vos deux poulardes, assaisonnez et garnissez dessus comme dessous et faites cuire à petit feu dessus et dessous.

Quand tout est cuit, égouttez-le bien, ôtez la ficelle et le linge qui les enveloppe, coupez-les par tranches, garnissez-en le fond d'un plat et jetez par-dessus un ragoût de truffes vertes de façon que les truffes se trouvent seulement dans les intervalles et qu'elles ne couvrent pas la galantine, et servez chaudement.

Galantine d'une tête de veau. — Echaudez bien la tête de veau, levez-en la peau, remplissez-la d'une farce de poularde et garnissez-la de lardons, de lard, de jambon et de pistaches comme les poulardes en galantine, c'est-à-dire en alternant toujours les couches; faites-la cuire à la braise roulée, ficelée et pliée dans un linge comme il est dit plus haut, puis vous la coupez par tranches et la servez avec le même ragoût que les poulardes.

Galantine de dinde. — Vous coupez les pattes et le cou de la dinde, vous lui rentrez les cuisses en dedans, et lui désossez les ailes sans les détacher, vous fendez aussi votre dinde par le dos pour la désosser sans endommager sa peau, vous enlevez les chairs de l'estomac et les gros morceaux des cuissses, vous les piquez de lard fin, et assaisonnez de sel, poivre et épices. Vous faites une farce avec un morceau de maigre de veau et autant de gras de lard hachés bien fin, assaisonnez fortement de sel, poivre et épices; vous étendez sur la peau de votre dinde une première couche de cette farce, puis une seconde avec des lardons, continuez alternativement et finissez comme il est indiqué à l'article *Galantine de dindon* (v. DINDON).

Galantine de poulets. — La galantine de poulets se fait de la même façon que celle ci-dessus.

GALETTE. — Espèce de gâteau plat cuit au four, illustrée par Paul de Kock qui en fait manger aux grisettes parisiennes dans tous ses romans. On en fait de différentes manières.

Galette commune. — Pétrissez deux litrons de belle farine avec trois quarterons de beurre frais et quantité suffisante d'eau et de sel, pétrissez-la ferme et ajoutez de l'eau en la pétrissant toujours jusqu'à ce qu'elle soit molasse, mettez-la alors en boule, aplatissez-la avec le rouleau, en ayant soin de la poudrer de farine afin qu'elle ne s'attache pas, dorez et mettez cuire au four.

Galette feuilletée. — Si vous voulez que votre galette soit feuilletée, après avoir fait la pâte comme la précédente, et bien maniée en l'aplatissant avec le rouleau, vous la pliez en quatre, l'aplatissez encore et la pliez de la même façon, faites cela trois ou quatre fois, formez votre galette et mettez-la au four.

Galette aux œufs. — Après avoir préparé votre pâte comme il est indiqué ci-dessus, et ajouté le beurre et le sel, vous y cassez des œufs en quantité suffisante, vous détrempez et battez bien le tout ensemble, et votre galette étant achevée vous la finissez comme les autres en la mettant au four.

Galette galeuse. — Préparez la pâte comme pour les précédentes ; toutefois, avant de la pétrir, vous y ajoutez de l'eau, du beurre et du fromage de Gruyère bien affiné et coupé par petits morceaux. Cette pâte étant faite, vous l'étendez sur la table en la saupoudrant de farine pour qu'elle ne s'y attache pas, vous formez votre galette, vous la garnissez par-dessus de morceaux de fromage éparpillés et la faites cuire pendant trois quarts d'heure.

GALIMAFRE. — On donne ce nom à un ragoût composé de restes de viandes dépecées par morceaux que l'on fait cuire dans une casserole avec eau, sel, poivre quand c'est de la viande blanche ; et si c'est de la viande noire, on y ajoute un filet de vinaigre ou un peu de vin et une pointe d'échalote, de rocambole ou d'ail, suivant le goût.

GARBURE. — On donne ce nom à un potage gascon à fond gratiné.

Garbure aux oignons. — Vous couperez en deux une quarantaine d'oignons et vous couperez chaque moitié en cinq ou six parties que vous mettrez en forme de demi-cercle, puis vous prendrez 250 grammes de beurre et vous ferez frire vos oignons dedans jusqu'à ce qu'ils soient bien blonds, alors vous faites un lit de tranches de pain coupées très-minces, puis un lit d'oignons, vous mettez sur chaque lit un peu de gros poivre jusqu'à ce que votre plat soit complétement plein, vous arrosez le tout avec du bon bouillon et faites mijoter jusqu'à ce que ça forme gratin sans brûler, puis vous verserez votre garbure avec une jatte pleine de bouillon à côté.

Garbure à la béarnaise. — Prenez quatre choux de moyenne grosseur et douze laitues pommées ; émincez-les, ciselez un morceau de petit lard jusqu'à la couenne, sans couper celle-ci, et mettez-le, ainsi que les choux et les laitues, dans une braisière, avec un saucisson sans ail, deux cuisses d'oies marinées et un combien de jambon dessalé. Faites cuire et mouillez le tout avec du bon bouillon non salé, ajoutez oignons, clous de girofle, racines, persil. Après la cuisson, égouttez vos légumes et vos viandes, tamisez le fond, dégraissez-le, clarifiez-le; coupez en tranches la mie d'un pain de seigle, dressez en couronne vos choux, vos laitues, le petit lard et la mie de pain de seigle que vous aurez trempée dans votre dégraissis, sur un plat creux qui puisse aller sur le feu, mettez dans le puits de cette garbure une purée de pois verts, mettez autour du plat votre saucisson coupé par tranches, au milieu votre combien de jambon avec vos cuisses d'oie, gratinez sur un fourneau doux et servez avec votre fonds clarifié et bouillant.

Garbure au hameau de Chantilly. (Recette du *Vieux Cuisinier royal.*) — Vous mettrez dans une moyenne marmite trois livres de tranches, un jarret de veau entier, deux perdrix et deux pigeons de volière; vous aurez grand soin que vos viandes soient bien ficelées pour qu'elles restent bien entières, vous remplirez votre marmite de bon bouillon ou consommé, vous ferez écumer votre marmite, ensuite vous la garnirez de légumes, comme carottes, navets, oignons, poireaux, deux pieds de céleri, deux clous de girofle. Quand vos viandes seront bien cuites, au moment de servir, vous les dresserez sur un grand plat creux, vous mettrez à l'entour de vos viandes, des carottes, des navets, des oignons, des poireaux par compartiments, c'est-à-dire que vos légumes ne soient pas pêle-mêle; les carottes ensemble, les navets de même et ainsi des autres, vous tournerez 40 ou 50 carottes en rondes de deux pouces de long, un peu grosses et toutes de la même longueur et de la même grosseur, autant d'oignons, de navets, de poireaux moyens, de même grosseur et bien épluchés, c'est-à-dire que, quand ils seront cuits, ils puissent se conserver bien entiers; vous les faites cuire après dans un bouillon qui n'est pas celui de votre marmite, vous ajoutez dedans, carottes, navets, oignons et à chacune des cuissons un petit morceau de sucre pour en tempérer l'acreté; vos légumes cuits, vous les mettez à l'entour de vos viandes; à côté, vous servirez une jatte de bouillon que vous aurez passé à travers une serviette fine ou un tamis de soie afin que votre bouillon soit bien clair. Avec ce potage, il ne faut pas de pain et on ne sert pas le morceau de bœuf.

Garbure à la Villeroy. — Coupez et concassez vingt carottes, vingt navets, douze oignons, six pieds de céleri, douze poireaux, six laitues, une poignée de cerfeuil, puis passez vos carottes dans du beurre; joignez-y vos poireaux, vos oignons, faites revenir et mettez-y aussi vos herbes, que vous remuez avec tous ces légumes; quand elles sont fondues, vous mouillez le tout avec du bouillon, et vous laissez bouillir vos légumes jusqu'à ce qu'ils soient cuits, vous y ajoutez un peu de sucre, puis vous faites une couche de pain, une couche de légumes; sur chacun vous mettez un peu de gros poivre jusqu'à ce que votre plat soit plein, vous le mouillez avec le bouillon de vos racines sans le dégraisser et vous laissez mijoter jusqu'à ce qu'il soit gratiné.

Garbure à la Polignac. — Prenez trente ou quarante marrons, ôtez l'écorce et mettez-les dans l'eau, retirez-les pour voir si la peau se lève, épluchez-les de manière qu'il ne reste aucune peau, mettez au fond d'une casserole des bardes de lard, des tranches de veau, du laurier, des clous de girofle, des carottes, des oignons, un bouquet de feuilles vertes de céleri, puis les marrons; assaisonnez de gros poivre, recouvrez le tout de bardes de lard, mouillez avec du bouillon, laissez mijoter une heure environ, jusqu'à ce qu'ils soient cuits; égouttez-les, coupez-les en deux, mettez dans votre plat un lit de marrons, un lit de pain, jusqu'à ce que votre plat soit comblé; vous formez des cordons de marrons sur votre garbure, passez le bouillon qui a servi à la cuisson; arrosez-en la garbure et laissez-la bouillir jusqu'à ce qu'elle soit gratinée.

Garbure aux laitues. — Faites blanchir une trentaine de laitues entières; laissez refroidir, pressez, ficelez; mettez dans une casserole tranches de veau, bardes de lard, puis vos laitues, recouvertes de lard avec oignons, carottes, clous de girofle; mouillez de bouillon, laissez mijoter une heure et demie, égouttez, coupez en tranches; mettez une couche de pain émincé dans votre plat, , une couche de laitues, jusqu'à ce qu'il soit rempli, jetez dessus du bouillon de vos laitues sans le dégraisser, mais après l'avoir tamisé; mettez votre plat sur le feu et laissez mijoter jusqu'à couleur de gratin blond et servez en ajoutant un peu de gros poivre.

GARDE-MANGER. — Espèce de cage à claires-voies ou en toile, où l'on conserve les viandes fraîches et les dessertes exposées à un courant d'air; c'est l'appendice indispensable de toute maison éloignée de la ville, ou même située dans une ville où l'on ne peut pas s'approvisionner tous les jours, il doit être exposé au nord ou à l'est, et pendant huit mois de l'année où les gelées ne sont pas à craindre, mieux vaut pour le garde-manger être fermé par une toile métallique assez serrée pour que les mouches ne puissent le traverser, que par toute autre cloison. Pendant les quatre autres mois, grâce à la rigidité du temps, les provisions se conserveront fraîches.

Le beurre est la substance qui s'altère le plus facilement au contact de l'air; il faut le déposer dans un vase de grès à large ouverture, dans des feuilles de poirée ou de betteraves, ne pas se servir de feuilles de choux surtout, le chou communiquant son odeur.

Il ne faut pas, l'été, introduire des poissons de mer dans le garde-manger; la précaution, si on y en mettait, serait de les faire cuire aux trois quarts et de n'achever la cuisson qu'au moment de servir; dans tous les cas, recommandez pour le transport de les envelopper de feuilles d'orties.

GARDON. — Petit poisson d'eau douce qu'on met au rang des poissons blancs, il se pêche comme le goujon, et s'apprête en cuisine comme la carpe. (V. Carpe)

GARENNE. — On entend par garenne un petit bois taillis jeté au milieu d'une plaine ou sur le penchant d'une montagne où se réfugient les lapins à demeure fixe, ou les perdreaux à titre de refuge momentané.

Les lapins de garenne sont ordinairement les meilleurs, surtout si la garenne est exposée au levant ou au midi, parce que le lapin, qui aime la chaleur et le soleil, hésite à se terrer au nord; si la garenne appartient à un amateur de chasse, il doit la planter de pruniers sauvages, de fraisiers, de mûriers, de genêts, de groseilliers, de romarins et surtout de genévriers, les perdreaux et les grives étant très-friands des fruits de ces arbrisseaux ; il ne faut s'occuper pour le lapin ni d'eau ni de logement, le lapin fait sa maison lui-même, exècre l'eau ; on peuple une garenne en y mettant une douzaine de femelles pleines, au bout de la première année il y aura cinq cents lapins, au bout de la deuxième quatre ou cinq mille.

Je me rappellerai toujours, sous ce rapport, une garenne modèle où j'ai fait mes premières armes avec un des meilleurs hommes et des plus originaux chasseurs que j'aie jamais vus.

Il se nommait l'abbé Fortier, était vicaire et instituteur au village de Béthisy, près Compiègne ; je l'appelais mon oncle, je ne sais pourquoi ; souvent le dimanche ou plutôt le samedi il me disait :

« Lève-toi demain de bonne heure, nous irons déjeuner chez M. de Cambronne. »

Je savais ce que cela voulait dire, et à sept heures du matin je me tenais prêt à accompagner l'abbé Fortier ; à huit heures nous étions arrivés.

Alors l'abbé Fortier laissait retomber sa soutane, déposait son fusil dans la sacristie, y enfermait Finot et venait dire la messe devant les illustres propriétaires du château de la Croix.

C'était moi qui avais l'honneur de servir cette messe.

Or l'église était appuyée à la colline sur laquelle s'étendait la garenne, que nous pouvions appeler notre garde-manger, l'abbé Fortier n'en sortant jamais que la carnassière pleine.

Un matin que l'abbé disait la messe, il s'interrompit tout à coup, des aboiements furieux venaient du côté de la garenne.

« Est-ce que ce n'est pas la voix de Finot que j'entends ? me demanda l'abbé.

— Si fait, mon oncle.

— Eh bien ! comment s'est-il sauvé de la sacristie ?

— Quelqu'un y sera entré et aura laissé la porte ouverte.

— Les imbéciles, dit-il, c'est un lapin qu'il chasse.

— Oui, mon oncle.

— Eh bien, si j'ai un conseil à lui donner, c'est de se taire et bien vite, ou sans cela il est... flambé. »

Mon oncle se servit d'un mot plus expressif qui lui fut sans doute pardonné a cause de son intimité grande avec les puissances célestes.

Mais c'était le jour d'ouverture qu'il fallait entendre l'abbé Fortier; dès la veille, à la messe basse, il avait adressé ce petit discours à ses paroissiens :

« Mes bons amis, vous savez que ma seule distraction au milieu de vous autres imbéciles, c'est la chasse; or si demain je vous disais vos deux messes à l'heure ordinaire, c'est-à-dire la première à huit heures du matin et la seconde à dix, quand je me mettrais en chasse vers onze heures et demie ou midi, je trouverais le terroir complétement brûlé, attendu que vous êtes tous des braconniers et des vagabonds; je vous dirai donc votre première messe à six heures du matin, et je vous invite tous à y assister; je reconnaîtrai ceux qui n'y seront pas et ils auront affaire à moi, donc à demain six heures du matin. »

A cinq heures et demie l'abbé Fortier faisait sonner sa messe, et la messe était à moitié dite quand à six heures les paroissiens arrivaient; à six heures un quart, la basse messe était dite.

Les paroissiens faisaient un mouvement pour s'en aller.

— Ta, ta, ta, disait l'abbé Fortier, je vous vois venir, ou plutôt je vous vois en aller; puisque je vous tiens, c'est pas la peine de vous faire revenir a dix heures, je vais vous dire ma grand'messe tout de suite.

Et l'abbé disait sa grand'messe en trois quarts d'heure.

La grand'messe dite, chacun s'apprêtait à partir.

« Ah çà! disait l'abbé, n'allez pas vous figurer que je vais quitter la chasse au plus beau moment, c'est-à-dire à deux heures de l'après-midi, pas si bête, nous allons en finir avec vêpres comme nous en avons fini avec la messe basse et la grand'messe; c'est l'affaire d'un quart d'heure; soyez tranquilles. »

Et l'abbé disait en effet ses vêpres, de sorte qu'à sept heures et demie, heure excellente pour se mettre en chasse, il avait dit sa messe basse, sa grand'messe et ses vêpres.

Pauvre abbé, Dieu fasse paix à son âme, jamais créature humaine n'a été meilleur homme et plus mauvais prêtre.

Il mourut à quatre-vingt-dix ans, et nul dans le village n'a oublié son dernier sermon.

« Je vais vous quitter, mes enfants, dit-il ; bêtes, le bon Dieu vous a donnés à moi, bêtes je vous rendrai à lui ; il n'aura pas de reproches à me faire. »

Ce furent ses dernières paroles à ses ouailles.

GARNITURE. — Cela se dit de toute substance accompagnant et garnissant un plat.

Garniture de bouilli à la bourgeoise. — Faites blanchir et cuire des choux comme pour le potage, faites blanchir une dizaine de carottes, après les avoir tournées ; mettez-les dans une casserole avec cinq ou six cuillerées de sauce brune, avec autant de consommé ; faites cuire à petit feu, ajoutez quelques navets que vous aurez tournés comme vos carottes ; après avoir fait blanchir du petit lard, vous le mettrez cuire avec les choux ; saucez votre pièce de bœuf avec la sauce dans laquelle vous avez fait cuire vos légumes ; versez-la dessus si elle n'est pas en glace ; vous pouvez ajouter des oignons glacés, si vous les aimez.

Garniture de tomates. — Coupez-en deux, à l'endroit de leur plus grande rotondité, pressez-en le jus, les pepins et les morceaux du côté de la fleur, en faisant attention de ne pas les écraser ; on les place couchées à côté l'une de l'autre, on les garnit de champignons hachés, d'échalotes, de persil, d'ail, de chair de jambon ; on fait cuire le tout en y ajoutant une couche de mie de pain, de jaunes d'œufs, sel et muscade, un peu de beurre de piments et d'anchois, pilez le tout ensemble en y versant peu à peu de l'huile ; passez la farce à travers un tamis à quenelles et garnissez-en les tomates, passez-les avec de la mie de pain et un peu de parmesan, arrosez-les avec de l'huile, et faites cuire à four chaud.

Garniture de raifort. — Ayez du raifort, enlevez-en la peau, râpez après l'avoir lavée à plusieurs eaux, et placez-la autour des bouillis ou des rôtis.

Garniture à la flamande. — Tournez une trentaine de carottes et de navets, faites-les cuire et blanchir dans un consommé avec une cuillerée à soupe de sucre, ayez trente laitues braisées, ainsi que trois cœurs de gros choux ; égouttez, pressez, tranchez et dressez-les autour de votre plat en couronne, en mettant un navet et une carotte entre chaque laitue ; au milieu du plat resté libre, posez la viande que vous aurez préparée, rangez trente oignons glacés sur le rebord des carottes et des laitues, quand votre relevé ou entrée est dressé, masquez-le avec une sauce bien réduite à la glace, allongez d'espagnole.

GATEAU. — Sorte de patisserie, presque toujours de forme ronde, faite ordinairement avec de la farine, des œufs et du beurre ; on en fait aussi avec du riz. Leur nom leur vient sans doute de la prodigalité avec laquelle on gâte les enfants en leur distribuant des gâteaux comme récompense ou encouragement gastronomique.

Le plus renommé de tous les gâteaux est le *gâteau des Rois,* espèce de galette dans laquelle on met une fève ; cette ancienne et patriarcale coutume est devenue universelle, et il y a peu de familles qui ne choisissent le jour de l'Epiphanie pour se réunir et tirer les Rois.

Dans certaines provinces, on fait toujours, outre les parts destinées aux personnes présentes, la *part du bon Dieu* qui appartient au premier mendiant qui passe, et qui par conséquent devient la part de l'indigence.

On sait que c'est toujours la personne la plus jeune de la société qui est chargée de tirer et de distribuer les parts du gâteau ; ce fut pour Barjac, valet de chambre du cardinal de Fleury, l'occasion d'une spirituelle flatterie.

Un jour des Rois, il trouva moyen de réunir à la table de son maître douze convives d'un âge si avancé que son Eminence, qui cependant était âgée de plus de quatre-vingt-dix ans, se trouvant la personne la plus jeune, dut remplir les fonctions ordinairement attribuées à l'enfance, ce qui la surprit fort agréablement.

Voici maintenant quelques recettes :

Gâteau de carottes. — Prenez douze grosses carottes bien rouges, ratissez-les, lavez-les, faites les cuire dans une marmite avec de l'eau et du sel, supprimez-en les cœurs, égouttez-les, passez-les à l'étamine, mettez-les dans une casserole et faites-les dessécher sur le feu, comme une pâte royale ; faites une crème pâtissière de la valeur d'un demi-setier de lait, forcez-la un peu en farine, et, la cuisson faite, incorporez-y votre purée de carottes, une pincée de fleur d'orange pralinée et hachée, trois quarterons de sucre en poudre, quatre œufs entiers que vous mettez l'un après l'autre, six jaunes d'œufs dont vous réservez les blancs et un quarteron de beurre fondu; mêlez bien le tout, fouettez vos blancs, mettez-les dans la composition, préparez une casserole en la beurrant et la mettant sens dessus dessous, afin de bien l'égoutter, saupoudrez-la de mie de pain, versez-y votre gâteau, mettez-le cuire au four, dressez-le et servez chaud ou froid.

Gâteau au riz. — Vous faites cuire 150 grammes de riz comme pour faire un potage au blanc; quand il est cuit et bien épais, mettez-le dans une pâte brisée faite avec un litron de farine, trois quarterons de beurre, quatre blancs d'œufs, un peu de sel, ce qu'il en faut pour un gâteau ordinaire; mettez la pâte et le riz dans un mortier, pilez le tout ensemble, dressez ensuite votre gâteau à l'ordinaire, dorez-le, faites-le cuire au four sur une feuille de papier beurré et servez chaud.

Le gâteau de vermicelle se fait la même chose.

Gâteau de pistaches. — Pilez ensemble 180 grammes de pistaches, 60 grammes d'amandes douces pelées, une côte de citron vert confit, ajoutez-y deux blancs d'œufs, passez cette composition au tamis, mettez autant de sucre en poudre que de pâte, mêlez bien le tout ensemble, fouettez ensuite huit autres blancs que vous délayerez bien avec quatre jaunes; mêlez bien le tout, passez à travers un tamis, et mettez la pâte dans un moule en papier beurré, faites cuire deux heures au four avec plus de chaleur dessous que dessus, retirez-le du four, ôtez le papier et servez-le glacé pour entremets.

Gâteau de mille feuilles. — Faites un feuilletage brisé, coupez-le en cinq parties dont une plus forte du double que les autres, abaissez les quatre autres a l'épaisseur d'une pièce de cinq francs, faites-en le corps du gâteau et servez-vous de la cinquième pour en former le dessus, dorez-les et faites cuire au four, glacez le couvercle si vous voulez, puis mettez sur chaque plaque la confiture qu'il vous plaira, mettez-les unes sur les autres après les avoir couvertes avec la confiture qui doit être différente sur chaque plaque, posez sur la dernière plaque le couvercle et coupez-le sur le modèle des huit pans de dessous, dorez et faites des dessins avec des confitures différentes et servez sur une serviette comme grosse pièce d'entremets.

Gâteau à la Madeleine. — Cassez dix œufs dont vous séparez les blancs et les jaunes; battez les jaunes avec trois quarterons de sucre en poudre, une pincée de citron vert haché et un peu de sel fin, ajoutez-y une demi-livre de farine fine et mêlez bien le tout; incorporez dans cette composition un bon morceau de beurre fin clarifié; ajoutez-y six blancs d'œufs bien fouettés et finissez votre pâte; beurrez ensuite de petits moules à la Madeleine, remplissez-les de cette pâte et faites-les cuire à un four doux et servez.

Vous pouvez remplacer les moules par une grande caisse de papier beurré, dans laquelle vous mettez la pâte; vous faites cuire et coupez ensuite le gâteau en losanges ou comme il vous plaira.

Gâteau à la reine. — Émondez et pilez une livre d'amandes douces, ajoutez y une livre de sucre et quatre blancs d'œufs que vous mêlez au fur et à mesure, vous faites vos gâteaux avec cette composition bien préparée, et vous les décorez de plusieurs manières; vous les posez sur un plafond et les faites cuire à un four doux, masquez les comme des génoises et servez.

Gâteau d'amandes. — Faites une pâte à l'ordinaire avec du beurre et deux ou trois jaunes d'œufs, et de la farine, bien entendu; ajoutez du sucre, 125 grammes d'amandes pilées bien menu, une bonne pincée de sel et un peu d'eau de fleur d'orange. Maniez et mêlez bien le tout ensemble, faites-en une pâte consistante, étendez-la avec un rouleau sur un papier beurré, dorez-le et mettez cuire au four.

Gâteau de Pithiviers. — Préparez vos amandes comme pour le gâteau ci-dessus, ajoutez-y 250 grammes de sucre en poudre, un peu de zeste de citron haché et une demi-livre de bon beurre fin; mêlez-y au fur et à mesure six œufs, et finissez comme le gâteau d'amandes.

Petits gâteaux polonais. — Prenez du feuilletage suivant la quantité de petits gâteaux que vous voulez faire et donnez-lui un tour ou deux de plus, abaissez-le à environ trois lignes d'épaisseur, coupez cette abaisse par petits carrés, mouillez-les dessus légèrement et ramenez-en les quatre coins au centre, posez-les sur une plaque, dorez-les et mettez-les au four ; leur cuisson presque faite, saupoudrez-les de sucre fin, glacez-les au four afin qu'ils soient de belle couleur. Mettez au milieu de chacun d'eux une cerise ou un grain de verjus, dressez et servez comme petits entremets ou en gros buisson.

Gâteaux de puits d'amour. — Faites un feuilletage que vous étendez de l'épaisseur de deux lignes, couvrez-le d'un plat de la grandeur que vous voulez donner à votre gâteau, coupez la pâte tout autour, mettez cette abaisse sur un plafond ; prenez un autre plat plus petit, refaites une autre abaisse, coupez-la dans le milieu, et enlevez-en une pièce de six pouces en rondeur, mettez le collier sur la première abaisse, faites avec le même feuilletage quatre autres parties dont vous enlevez toujours le milieu et dont vous mettez les colliers sur la première abaisse, de façon à former un puits ; vous dorez ce puits, et vous le mettez au four. Sa cuisson presque faite, vous le saupoudez de sucre fin, vous le glacez, vous en videz l'intérieur par la partie carrée qui forme trou ; vous remplissez cet intérieur de confitures, et vous servez en entourant, si vous voulez, votre gâteau d'un cordon de choux à la crème, attachés ensemble de façon à former la chaîne.

Gâteaux en losange. — Abaissez du feuilletage et coupez-le par bandes dont vous faites ensuite des losanges. Vous les posez sur un plafond ou une feuille d'office, vous les dorez et les mettez au four ; leur cuisson faite, glacez-les et servez.

Gâteau au lard. — Faites une pâte brisée très-fine, dressez un gâteau à l'ordinaire, mettez par rangées et fort près des lardons de petit lard de la hauteur du gâteau, égalisez bien le tout, mettez-le cuire au four et servez-le froid.

Il ne faut pas trop saler la pâte à cause du lard qui entre dans la composition du gâteau.

Gâteau de Compiègne. — Passez 125 grammes de belle farine au tamis, faites deux fontaines comme à la pâte à brioche, prenez un peu plus que le quart de votre farine pour faire un levain, mettez-y un plus de levûre, et tenez votre levain moins ferme que pour la brioche, faites-la revenir et mettez dans votre grande fontaine une once de sel, un bon verre d'eau, une bonne poignée de sucre fin, le zeste de deux citrons bien hachés, du cédrat confit et coupé en petits dés. Faites votre pâte comme il est indiqué à l'article *Pâte à brioches*, tenez-la plus molle; beurrez un moule, mettez-y votre pâte, laissez-la revenir selon la fraîcheur de la levûre pas plus de une heure à deux heures, mettez votre gâteau cuire pendant deux heures à un four bien atteint, renversez-le du moule et servez-le froid pour grosse pièce.

Gâteau au fromage de Brie. — Prenez du fromage de Brie bien affiné, pétrissez-le avec un litre de farine, 90 grammes de beurre, peu de sel, ajoutez cinq ou six œufs et délayez bien votre pâte que vous tournez avec la paume de la main, laissez-la ensuite reposer une demi-heure. abaissez-la avec un rouleau, formez votre gâteau comme à l'ordinaire, dorez-le, mettez-le cuire au four et servez.

Gâteau fourré. — Vous formez avec de la pâte à feuilletage deux gâteaux égaux, de la même épaisseur chacun, vous étendez sur le premier une couche de confiture, en laissant un bord de la largeur d'un doigt, vous mettez le second gâteau sur le premier et les collez bien ensemble en les maniant avec les doigts tout autour, vous dorez ensuite votre gâteau et le mettez cuire au four.

Quand il est bien cuit, vous passez dessus un doroir trempé dans du beurre et vous semez partout de la petite nonpareille ou du sucre fin que vous glacez à la pelle rouge.

Gâteau à l'anglaise. — Vous délayez de la farine avec du lait et de la crème, vous y ajoutez une demi-livre de raisins secs hachés avec autant de graisse de bœuf, de la coriandre, de la muscade râpée, de l'eau de fleur d'orange et de l'eau-de-vie; vous mêlez bien le tout ensemble, puis vous beurrez le fond d'une casserole, vous mettez dedans votre gâteau que vous faites cuire au four et que vous glacez avec du sucre au moment de servir.

Gâteau royal. — Coupez une noix de veau de la largeur d'une assiette que vous piquerez de menu lard, coupez-en une autre de la même largeur sans la piquer pour la couvrir, garnissez une petite casserole de bardes de lard, renversez la noix piquée dedans, le lard en dessous, faites une petite abaisse de farce liée au fond sur la noix de veau, faites un petit bord tout autour avec la même farce et mettez-y un ragoût de foies gras, truffes vertes, couvrez ce ragoût d'une couche de farce fort mince et ensuite de l'autre noix de veau, dorez le gâteau, couvrez-le de deux ou trois bardes de lard, mettez-le cuire au four, et servez-le avec une essence de jambon et jus de citron pour entrée.

Gâteau Frascati. — Vous faites cuire un biscuit fin à l'orange dans un moule à timbale rond ; en le sortant du four, vous le renversez sur un plafond pour le parer droit en dessus et le diviser transversalement en tranches d'un centimètre d'épaisseur, vous divisez ensuite ces tranches chacune en quatre parties pour les ranger sur le centre d'un plat les unes sur les autres et reformer le gâteau, mais en ayant soin d'arroser à mesure chaque tranche avec quelques cuillerées à bouche de crème anglaise parfumée à l'orange, et en les saupoudrant chacune avec une pincée d'écorce d'orange confite et coupée en dés très-fins. Quand le gâteau est monté, vous l'entourez à sa base avec des moitiés de pommes en hérisson, c'est-à-dire cuites au beurre, bien entières, un peu fermes et glacées avec de la marmelade d'abricots, puis piquées avec des amandes en filets et sèches saupoudrées avec du sucre et glacées au four. Poser aussi une demi-pomme sur le haut et servir le gâteau en même temps qu'une saucière de crème anglaise. (*Recette Urbain Dubois, cuisinier de tous les pays.*)

Gâteau Savarin. — Délayez ensemble un peu de levûre de bière et de crème, ajoutez trois œufs, un quart de sucre en poudre, trois quarts de beurre frais fondu, un litron de farine et très-peu de sel, vous pétrissez le tout ensemble avec assez de crème pour rendre votre pâte molle. Vous beurrez en dedans un moule fait en couronne et vous en parsemez le fond, qui deviendra le dessus du gâteau, d'amandes émondées et hachées ; vous le remplissez aux trois quarts de votre pâte et vous l'exposez à une chaleur douce afin de le faire gonfler, puis vous le faites cuire comme la brioche, vous le démoulez et vous versez dessus doucement, afin de bien en imprégner le gâteau, un sirop fait avec du kirsch, du sirop de sucre cuit à la grande plume, une pincée de vanille en poudre et un peu de lait d'avelines, cela lui donne un goût exquis, et vous le servez froid ou chaud.

GAUFRES. — Menue pièce de pâtisserie qui se fait beaucoup dans certaines provinces, mais qui se mange fort peu à Paris.

Voici quelques recettes :

Gaufres au sucre. — Ayez huit œufs, 250 grammes de sucre, autant de beurre fondu, deux mesures de crème ; mêlez bien le tout ensemble en le battant, ajoutez-y trois quarterons de farine et délayez-la peu à peu avec les œufs et le sucre jusqu'à ce que la pâte ait acquis un peu de consistance, goûtez-la pour voir si elle est assez fine, sinon ajoutez-y du beurre et du sucre.

La pâte étant en bon état, vous prenez les fers à gaufre que vous faites chauffer comme il faut, vous les frottez avec une plume de beurre fondu et vous versez la pâte dedans; une bonne cuillerée à bouche suffit pour chaque gaufre; vous mettez les fers sur un feu clair, vous les retournez pour faire cuire les gaufres des deux côtés, puis vous les retirez et les saupoudrez de sucre.

Gaufres aux pistaches. — Vous mouillez 125 grammes de pâte à brioches avec un verre de vin de Madère, vous y incorporez trois onces de sucre en poudre et deux onces de raisins de Corinthe, vous étendez cette composition sur les fers en lui donnant l'épaisseur d'un demi-pouce, vous faites cuire environ un quart d'heure à four vif, vous formez vos gaufres, les glacez au sucre, au café, les masquez légèrement avec des pistaches hachées et les servez au naturel.

Gaufres à la flamande — Vous délayez dans une terrine 30 grammes de levûre de bière nouvelle avec un quart de litre de bon lait, vous y ajoutez un demi-litre de farine pour faire une pâte coulante et vous la mettez dans un lieu chaud pour fermenter ; joignez-y ensuite du sel, du sucre en poudre, un peu de râpure d'écorce d'orange, deux œufs entiers et quatre jaunes, ajoutez-y une demi-livre de beurre tiède et mêlez le tout ensemble; vous y amalgamez quatre blancs d'œufs battus en neige et deux cuillerées de crème fouettée; quand elle aura atteint, par le gonflement, le double de son volume, vous ferez chauffer des deux côtés le gaufrier, verserez votre pâte dedans et ferez cuire comme les précédentes.

GELEE. — On fait les gelées avec le suc des fruits mûrs, cuits avec du sucre à une consistance convenable.

Les gelées de fruits sont rafraîchissantes et possèdent des avantages certains qui les recommandent soit aux malades ou aux personnes valides; elles sont d'une très-grande ressource dans la convalescence des malades et figurent très-convenablement dans tous les desserts.

Nous renvoyons pour les gelées de fruits à l'article *Confitures* où nous nous sommes expliqué tout au long à ce sujet et nous n'allons nous occuper ici que des gelées de viande.

Gelée de viande. — Les gelées de viande ont pour base la gélatine et surtout celle fournie par la colle de poisson ou la corne de cerf râpée. La solution de ces corps gélatineux procure un liquide qui se prend aisément en gelée transparente; les pieds de veau sont communément employés pour l'obtenir. On les fait bouillir plus ou moins de temps avec des viandes blanches, telles que veau ou poulet, et quelquefois même du poisson; on clarifie le bouillon qui en résulte avec un blanc d'œuf : bientôt il tourne en gelée et prend la forme du vase dans lequel on le verse. La gelée de viande est d'un fréquent usage dans les convalescences à cause de la quantité considérable de matière alibile qu'elle contient, produite par les sucs de viande ajoutés à la gélatine; on l'emploie aussi dans diverses maladies chroniques, surtout dans les affections des intestins et la diarrhée chronique.

Façon de la faire. — Prenez des pieds de veau selon la quantité de gelée que vous voulez faire et un bon coq. Après avoir bien lavé et épluché le tout, vous le mettez dans une marmite avec de l'eau en proportion, vous faites cuire ces viandes et les écumez avec soin. Quand vous vous apercevez que votre gelée est assez faite, vous prenez une casserole et vous la mettez dedans après l'avoir passée à travers un linge et l'avoir bien dégraissée; vous y mettez du sucre en proportion, de la cannelle en bâton, deux ou trois clous de girofle et l'écorce de deux ou trois citrons dont vous conservez le jus. Vous faites cuire votre gelée avec tous ces ingrédients et vous y ajoutez quatre ou cinq blancs d'œufs battus en neige et le jus du citron; vous remuez de temps en temps la cuisson, puis vous la laissez reposer jusqu'à ce que le bouillon s'élève au-dessus de la casserole, videz alors la gelée dans une chausse, passez-la deux ou trois fois afin qu'elle soit bien claire et servez-la.

La gelée est susceptible de plusieurs couleurs, on la mange dans sa couleur naturelle, on la blanchit avec des amandes pilées, on la jaunit avec des jaunes d'œuf, etc.; voyez du reste, pour les différentes couleurs à donner, à l'article *Dorure*.

GELINOTTE. — Cet oiseau est un peu plus gros que la perdrix rouge et ressemble tellement à la poule qu'on l'appelle vulgairement *poule sauvage* ou *poule des bois;* on la trouve partout où il y a des bois et des buissons épineux.

Varron dit qu'elle était si rare à Rome qu'on l'apportait dans des cages où on la nourrissait de fruits sauvages, de chatons de bouleau et de baies de genévrier.

Il n'y a qu'une opinion sur le goût exquis et la délicatesse de sa chair, surtout en automne et même en hiver; c'est peut-être le gibier dont on fait le plus de cas et qui est le plus recherché. Les Hongrois l'appellent *oiseau de César* pour dire morceau de roi, et en Allemagne la gelinotte est le seul gibier qu'il soit permis de servir deux fois de suite sur la table des princes.

Voyez pour son apprêt à l'article *Canard sauvage*.

GENIÈVRE. — Nom que l'on donne aux baies du genévrier qui est un arbrisseau fort commun, dont le bois est dur, approchant de la couleur rougeâtre, revêtu d'une écorce rude; il pousse quantité de branches, ses feuilles sont étroites, toujours vertes et garnies d'épines; ses fleurs forment de petits chatons qui ne laissent aucun fruit; ses baies sont rondes, semblables à celles du lierre, vertes d'abord, et noires quand elles mûrissent; elles renferment trois ou quatre graines oblongues, et c'est ce que l'on appelle genièvre.

On attribue beaucoup de propriétés à la graine de genièvre. Elle conserve le cerveau, réconforte la vue, nettoie la poitrine, chasse les vents et facilite la digestion; aussi l'emploie-t-on assez souvent en médecine.

Sirop de genièvre. — Vous faites infuser chaudement pendant neuf jours des baies de genièvre fraîchement cueillies et bien mûres; vous les faites bouillir pendant peu de temps, vous les écrasez et les refaites bouillir encore un peu, puis vous passez la liqueur avec une forte expression. Vous la remettez sur le feu avec une quantité suffisante de sucre, et faites cuire le tout ensemble jusqu'à consistance de sirop, laissez refroidir et mettez en bouteille.

Ratafia de Genièvre. — Vous faites infuser dans l'eau-de-vie des baies de genièvre bien grosses et bien mûres, vous y ajoutez du sucre en proportion et vous mettez en bouteille.

Le ratafia ainsi que le sirop de genièvre sont cordiaux et bons pour faciliter la digestion.

GÉNOISES. — Sorte de pâtisserie fort agréable au goût, et qui se fait généralement avec des amandes.

Génoises glacées à l'italienne. — Mettez dans un poêlon d'office 150 grammes de sucre en poudre et cinq œufs entiers, mêlez-les comme pour un biscuit; joignez-y ensuite, un quarteron de farine et autant d'amandes douces pilées, beurrez un plafond, mettez votre appareil dessus, étendez-le et donnez lui l'épaisseur d'une pièce de cinq francs, faites cuire à un four vif jusqu'à belle couleur, puis coupez-le et formez-en vos génoises soit en croissants, en ronds ou en losanges; mettez le fond du vase dans l'eau, puis fouettez cinq blancs d'œufs, mêlez-y du sucre clarifié et formez une glace dont vous couvrirez vos génoises; mettez-les sécher un quart d'heure et servez-les.

Petites génoises. — Prenez de la pâte d'amandes, abaissez-la et saupoudrez-la de sucre, puis coupez des petits ronds comme pour des petits pâtés ordinaires de la grandeur d'une pièce de deux francs à peu près, faites ensuite avec cette même pâte, une abaisse de la grandeur du plat que vous voulez servir, ajoutez-y un rebord de la grandeur de vos petites génoises et faites autant de cette génoise que votre abaisse peut en contenir; mettez-les sécher et cuire en les mettant à l'entrée d'un four doux et quand vous serez pour les servir, remplissez-les de confitures de couleurs différentes en en formant un quadrille ou tout autre dessin.

On peut servir les génoises comme dessert ou comme petit entremets, à la volonté des personnes.

Génoises à l'orange. — Émondez 120 grammes d'amandes douces, pilez-les, et mouillez-les avec la moitié d'un blanc d'œuf; quand elles sont pulvérisées, vous les mettez dans une terrine avec 180 grammes de farine, 130 grammes de sucre, dont 75 grammes saturés de zestes d'orange, 6 jaunes d'œufs, deux œufs entiers, une cuillerée d'eau-de-vie et un peu de sel, mélangez bien le tout ensemble, battez ensuite 180 grammes de beurre que vous aurez mis ramollir devant la bouche du four et vous le mêlerez d'abord avec un peu d'appareil, puis vous l'amalgamerez avec le reste. Vos génoises étant terminées, vous beurrez un plafond à rebord, ou bien vous faites deux caisses de papier dans lesquelles vous versez vos génoises après les avoir terminées en y ajoutant pour les glacer 120 grammes de sucre très-fin, du blanc d'œuf et un peu de marasquin et vous faites cuire à four et à feu modérés.

Génoises aux pistaches. — Vous émondez des pistaches, la quantité qu'il vous plaît et vous les pilez avec un peu de blanc d'œuf, puis vous y joignez une cuillerée d'essence de vert d'épinards passé au tamis de soie. Quand vos génoises sont à point vous les couvrez d'un glacé fait avec 120 gr. de sucre travaillé dans un blanc d'œuf, et la moitié d'un suc de citron afin qu'il soit d'une blancheur parfaite, ce qui fera très-bien sur vos génoises qui doivent être d'un vert tendre.

Génoises aux avelines. — Vous pilez parfaitement 180 gr. d'avelines, vous en retirez un tiers et vous mêlez le reste à votre composition que vous faites comme ci-dessus. Vos génoises cuites, vous les coupez en petits croissants sans les faire sécher comme d'habitude. Puis vous mêlez le tiers d'avelines conservées avec 120 grammes de sucre très-fin et le quart d'un blanc d'œuf, vous en marquez vos génoises en leur donnant une teinte dorée. (V. COULEUR).

Génoises perlées au raisin de Corinthe. — Vous procédez de la même façon que ci-dessus, vous placez entre chaque perle un grain de raisin de Corinthe bien lavé et en mettez un plus petit sur chaque perle.

Vous faites vos génoises de toutes formes possibles, en carrés, en losanges ou en ronds.

GÉSIER. — Le gésier est l'estomac des oiseaux, la chair en est dure, et complétement dépourvue de saveur.

GIBELOTTE. — Préparation faite sur des morceaux d'oison ou de lapin. (V. LAPIN).

GIBIER. — Le mot gibier s'applique à tout ce qu'on a pris en chassant, et qui sert à l'alimentation du chasseur. Les sangliers, les cerfs, les daims, les chevreuils, et autres animaux semblables sont ce qu'on appelle le *gros gibier*, le *menu* se compose des animaux plus petits tels que lièvres, lapins perdrix, etc.

Le gibier, le poisson et la volaille se conservent parfaitement au moyen d'un linge fin avec lequel on les enveloppe, on le place dans un charbonnier et on le couvre de charbon fin; ou bien on vide le corps du gibier que l'on veut conserver et on le remplit de froment, on coud la pièce et on la place dans un tas de blé de façon à la recouvrir entièrement.

GIGOT. — (V. AGNEAU, CHEVREUIL et MOUTON.)

GIMBLETTES. — Pâtisseries dites de menu service ou de petit four. (V. CROQUIGNOLES et CROQUEMBOUCHE.)

GLACE. — L'usage de la glace dans les pays méridionaux remonte à la plus haute antiquité; Sénèque reproche aux Romains les soins qu'ils prenaient pour avoir des boissons glacées, et Hippocrate parle de ses inconvénients ainsi que de ceux de la neige. Les habitants des pays chauds, du reste, ont de tous temps recherché les boissons fraîches et l'eau à la glace fait les délices des Orientaux, des Italiens et des Espagnols qui se servent de cruches en terre poreuse et non vernies qu'ils appellent *alcarazas* pour s'en procurer.

Au XVIe siècle, on ne connaissait pas encore en France l'usage de la glace, et lorsque François Ier eut à Nice des conférences avec le pape Paul III et l'empereur Charles-Quint, son médecin fut très-étonné de voir qu'on glaçait le vin avec de la glace tirée des montagnes qui avoisinent cette ville.

Mais les glaces proprement dites ne furent connues en

France que vers 1660 où un Florentin, nommé Procope fit goûter le premier aux sujets de Louis XIV les attrayantes douceurs de ces friandises. Le café qu'il fonda rue de l'Ancienne-Comédie, existe encore aujourd'hui.

Aujourd'hui les glaces sont très-répandues, et on en voit l'été sur toutes les bonnes tables.

On appelle aussi *glace* en terme de confiserie, le suc épaissi d'un fruit qu'on vient de confire et qu'on emploie comme gelée translucide pour glacer ce fruit. (V. CONSERVES.)

En terme d'office, la glace est la condensation d'un liquide sucré au moyen de la congélation.

Glace de veau. — Vous coupez un cuissot de veau en quatre parties, vous le mettez dans la casserole et vous y ajoutez trois poules, une bonne quantité de légumes entiers, écumez-le de temps en temps, ajoutez dans la cuisson quelques couennes de lard dessalées à l'avance : la gélatine du porc aide beaucoup à la clarification et à la consistance de la gelée, et remplissez la casserole de consommé ; vous faites mijoter trois ou quatre heures sur un feu doux et vous passez votre glace à travers une serviette afin de la rendre bien claire.

Glace de cuisson. — Tamisez le mouillement d'un ragoût faites-le réduire jusqu'à la glace et ajoutez au moment de servir un peu de beurre frais.

Les glaces de fruits ou glaces sucrées se font dans une sorbetière ou glacière ; c'est un cylindre d'environ huit à dix pouces de hauteur que l'on met dans un seau en bois, on garnit l'intervalle qui existe entre les parois du seau et le cylindre de glace pilée et de sel de salpêtrier plus pur et plus actif que celui dont on se sert pour assaisonner les aliments ; vous mettez dans la sorbetière, c'est-à-dire dans le cylindre, le liquide à glacer, vous le couvrez et vous le faites tourner tantôt dans un sens, tantôt dans un autre au moyen de la poignée qui doit se trouver sur le couvercle ; vous découvrez de temps en temps pour remuer le liquide glacé en partie et ramener au centre ce qui se trouve près des parois du cylindre, puis votre glace bien ferme, vous la servez.

Glace de cerises. — Vous mettez dans un poêlon, et après

les avoir dépouillées de leurs queues et de leurs noyaux, 1 kilogramme de cerises et 120 grammes de sucre, vous faites jeter un bouillon. Vous faites infuser une poignée de noyaux broyés avec du jus de citron et un peu d'eau, vous ajoutez cette infusion et 500 grammes de sirop clarifié à ce qui est passé des cerises, vous mêlez bien le tout et le versez dans la sorbetière où vous procédez comme il est dit ci-dessus.

Les glaces de fraises, de framboises, de groseilles se font de la même manière, en remplaçant les cerises par celui de ces fruits que l'on veut mêler à la glace.

Glace à l'abricot. — (Méthode de M. Cohier de Lompier, ancien chef d'office de la maison de *Mesdames de France.*) Prenez des abricots de plein vent bien mûrs, pulpez-les sur un tamis; ajoutez pour chaque livre de sucre une livre de sirop cuit au lissé. Pulvérisez une douzaine d'amandes des noyaux, mettez-les infuser avec un peu d'eau et le jus de deux citrons, passez cette infusion et ajoutez-la à la pulpe, et procédez pour le reste comme à l'ordinaire.

La glace aux pêches se fait de la même manière.

Glace à l'ananas. — Coupez un ananas par tranches, couvrez-les de sucre en poudre et laissez macérer pendant deux heures; versez alors sur le tout deux litres d'eau bouillante et le jus de deux citrons, laissez infuser pendant deux heures, passez au tamis et terminez comme ci-dessus.

Glace à la vanille. Vous faites bouillir un litre de crème et vous la versez toute bouillante sur la vanille; vous laissez infuser le tout pendant deux heures environ et vous tamisez,

Vous délayez huit jaunes d'œufs dans cette crème et vous mettez le tout sur le feu au bain-marie, en ayant soin de toujours remuer jusqu'à ce que la crème ait pris une bonne consistance: vous laissez refroidir et la terminez comme les autres glaces.

Glace à la fleur de cédrat. — (Formule du château de Bellevue.)

Prenez crème, 1 pinte; œufs, 8 jaunes; sucre, 3 quarterons; fleurs de cédrat mises en poudre, 2 onces.

Mêlez le tout ensemble et faites cuire au bain-marie. Passez et laissez refroidir.

On peut aussi employer toute autre fleur en procédant comme il est prescrit.

Glace de crème aux pistaches. — Vous pilez le plus fin possible 250 grammes de pistaches et vous mêlez avec un peu de crème et de zeste d'un citron.

Votre pâte étant bien faite, vous la mêlez dans un poêlon avec huit jaunes d'œufs et du sucre en poudre, vous y ajoutez petit à petit un litre de crème et vous faites cuire à l'étamine, puis vous passez, vous laissez refroidir, vous ajoutez trois cuillerées de suc d'épinards pour la colorer et vous versez dans la sorbetière.

Glace au chocolat à la crème. — Vous faites cuire au bain-marie une composition faite avec huit jaunes d'œufs, un litre de crème et 250 grammes de sucre en poudre que vous aurez délayés, puis, vous mêlez à cette crème 250 grammes de chocolat fondu, vous passez à l'étamine et glacez comme à l'ordinaire.

Glace au café. — Vous avez fait avec du café un peu brûlé une forte infusion de café, vous le mêlez avec huit jaunes d'œufs et un litre de crème, vous délayez le tout et vous faites cuire au bain-marie.

Fromage glacé. — Après avoir confectionné une quantité de glace quelconque, vous en remplissez un moule que vous plongez dans un mélange de glace et de sel.

Puis au moment de servir, vous plongez vivement le moule dans de l'eau chaude afin que la glace s'en détache facilement.

Vous pouvez former ce fromage de glaces de différentes natures distinguées par leurs couleurs.

Pour diversifier les glaces, on n'a qu'à changer la substance qu'on mêle à la crème. Voici les substances les plus avantageusement employées.

Glace à la crème à la fraise des bois.
Glace à la crème aux framboises blanches.
Glace à la crème à l'abricot et aux merises.
Glace à la crème aux pêches mignonnes.
Glace à la crème aux poires de rousselet.
Glace à la crème aux liqueurs des îles.
Glace à la crème à l'esprit d'angélique.
Glace à la crème à l'essence de menthe.

Glace à la crème au ratafia de noyaux.
Glace à la crème au vin de Chypre.
Glace à la crème à la malvoisie d'Alicante.
Glace à la crème au melon sucrin.
Glace à la crème aux jaunes d'œufs de pinson.
Glace à la crème cuite et au pain de seigle.
Glace à la crème crue et au beurre frais.

On peut panacher ces différentes crèmes en les disposant par couches alternées, soit en hauteur ou en largeur. Voici les meilleures combinaisons de panachure, telles que les donne le *Préceptoral des menus royaux* pour l'année 1822.

N° 716. — On pourra panacher à volonté les glaces de crème blanche avec toutes celles au suc des fruits, à la réserve de celles au citron, à la bigarrade et au verjus, non plus qu'avec les glaces à l'épine-vinette qu'on servira toujours sans mélange ou voisinage adhérents.

N° 717. — On devra, pour opérer les panachures, avoir égard, autant que possible, au formulaire inscrit sur le tableau suivant, et s'il arrivait par accident qu'on ne puisse pas s'y conformer, on servira pour ce jour-là, les fromages glacés en sorbetière et sans panachures. Cette règle est également pour les quatre premières tables et pour les trois secondes tables en cour de France.

N° 718. — Tableau des glaces à la crème avec leurs adjonctions ou panachures les plus satisfaisantes.

Crème blanche et abricot.
Crème blanche et orange.
Crème crue et fraises.
Lait d'amandes et verjus muscat.
Lait de chèvre et jus de mûres.
Crème pistache et suc de pêches.
Crème vanille et framboises.
Crème d'œufs et poires de rousselet.
Crème au thé vert et jus de cédrat.
Crème chocolat et ratafia de cassis.
Ananas et noix fraîches.
Crème à la cannelle et melon cantaloup.
Crème d'œufs et vin de Schiraz.
Crème mousseuse et vin de Sétubal.
Crème d'avelines et liqueur de menthe.
Crème de noisettes vertes et Rossolis.
Crème de viry et mirobolan.
Crème de Sotteville et eau de rhum.
Crème double et purée de merises.
Crème de pain bis et beurre frais.

Pour faire des biscuits glacés, vous leur faites absorber à chacun trois cuillerées de crème mêlées avec un peu de ratafia de noyaux; glacez-les légèrement afin de ne pas les déformer, mettez-les entre deux grands plats se joignant bien, et entourez ces plats de glace et de salpêtre, ainsi qu'il est indiqué pour la préparation des autres glaces. Dès que vous les trouverez assez bien glacés, couvrez-les d'une légère couche de gelée de framboises ou de glace aux fruits rouges.

Les tranches de melon et les pastèques se glacent de la même façon que les biscuits entre deux plats, on les fait seulement macérer dans le vin de Madère, on les sucre à blanc et on les fait congeler comme ci-dessus :

Sorbet au citron. — Vous préparez le suc du fruit comme il est indiqué plus haut, et vous le faites prendre dans une sorbetière sans attendre qu'il soit pris en masse ; vous détachez avec une houlette ce qui tient aux parois du cylindre et brouillez le tout jusqu'à ce que vous obteniez un mélange de glace solide qui doit être flottant dans un breuvage de glace fondue.

Les sorbets à la fraise, à la merise, à la pêche, à l'ananas, aux quatre fruits rouges, au melon verreux et à l'épine-vinette, sont généralement les plus estimés.

On peut également en faire avec des aromates exotiques et des fleurs indigènes dont on aura distillé les eaux ; les plus distingués sont ceux à l'eau d'héliotrope, à l'eau de violette et à l'eau de jasmin.

Sorbet au marasquin. — Faites une préparation de glace au jus de citron en en supprimant les zestes, glacez-la un peu plus ferme qu'à l'ordinaire et brouillez-la bien en y ajoutant un demi-verre de marasquin.

On peut employer à la confection de ce même sorbet, d'autres liqueurs étrangères ou françaises, ainsi que les vins sucrés et liquoreux de Frontignan, de Lunel et de Rivesaltes.

Sorbet au rhum. — Vous faites un sorbet au citron et vous y ajoutez un bon verre de sirop de rhum en le glaçant plus fortement qu'à l'ordinaire.

Boissons froides sans être glacées. — Préparez les divers sucs de fruits comme pour faire des glaces, passez-les à travers une étamine serrée, clarifiez-les au blanc d'œuf et mettez-les dans des carafes que vous ferez refroidir dans de l'eau de puits en les entourant de glace et sans leur laisser le temps de se trouver *frappées,* ce qui veut dire congelées aux parois, en terme d'office et de limonadier.

Emprunté à l'excellent livre de M. de Courchamps. (*Dictionnaire de la cuisine française.*)

GODIVEAU. — On donne ce nom à un hachis de viande dont on forme des espèces de boulettes avec lesquelles on garnit les tourtes et les vol-au-vent.

Godiveau à la bourgeoise. — Vous retranchez les tendons et les cartilages d'une noix de veau ou d'une rouelle et vous la hachez avec 500 grammes de graisse de bœuf, vous les mêlez ensemble en ajoutant du persil, ciboules hachées, sel et épices mêlés, et vous pilez le tout ensemble en y joignant successivement des œufs entiers jusqu'à ce que la pâte soit bien liée; vous mettez un peu d'eau pour l'amollir et vous formez avec cette composition des boulettes dont vous garnissez des pâtés chauds et autres plats d'entrée.

Godiveau à la Richelieu (venant du cuisinier de M. le maréchal de Richelieu). — Parez une livre de noix de veau et une livre huit onces de graisse de bœuf bien farineuse; le veau étant bien haché, vous y mêlez la graisse et après avoir tout haché bien fin vous y joignez une once de sel épicé, une pointe de muscade et quatre œufs; hachez encore pendant quelques minutes; ensuite pilez ce godiveau jusqu'à ce qu'aucun fragment de graisse ni de veau ne puisse être aperçu; alors vous le relevez du mortier pour le placer, une couple d'heures, à la glace ou dans un lieu frais, vous le pilez en deux parties, le mouillez peu à peu avec des morceaux de glace lavés et gros comme des œufs, ce qui rend le godiveau lisse et très-lié, mais vous devez faire attention de le mouiller très-convenablement afin qu'il soit de la consistance des farces à quenelles, ensuite vous le relevez dans une grande terrine, et pilez le reste de la même manière; vous mettez ensuite le tout dans la terrine avec deux cuillerées de velouté et une de ciboulette hachée très-fin, puis vous l'employez de même que la farce à quenelle.

« Quand je dis de piler de la glace avec la viande, observe le cuisinier du maréchal de Richelieu; c'est parce que la glace aide singulièrement à donner ce corps liant au godiveau qui lui donne ce moelleux parfait et si désirable ; car lorsqu'il est tourné, il perd en partie sa qualité, et cela arrive quelquefois en été, parce que les grandes chaleurs empêchent que la graisse de bœuf puisse se lier intimement avec le veau, attendu que celui-ci est un corps humide, et l'autre un corps gras. C'est par cette raison qu'il est de rigueur de le mouiller à la glace pendant les chaleurs de l'été, tandis que dans l'hiver c'est inutile. »

Godiveau de blanc de volaille aux truffes. — Vous procédez absolument de la même manière que pour le godiveau de veau, en employant seulement à sa place, une livre de filet de poulardes ou d'autres volailles et en y mêlant quatre cuillerées de truffes hachées très-fin à la place de ciboulette.

Godiveau de gibier aux champignons. — Vous procédez comme ci-dessus en faisant votre godiveau avec une livre de chair de perdreaux gris ou de lapereaux de garenne et quatre cuillerées de champignons bien blancs hachés et passés dans du beurre à l'ail.

Godiveau maigre. — Vous procédez de la manière accoutumée avec une livre de chair de carpe de Seine pilée et passée au tamis et quatre onces de panade, puis quatre cuillerées de fines herbes assaisonnées d'une pointe d'échalotes, persil, champignons et truffes.

On en fait aussi avec de la chair de brochet, de turbot et d'anguille, toujours en y incorporant de la panade.

GOGUETTE. — Ancien mets populaire, complétement perdu et ignoré de nos jours.

GOUJON. — Il y en a de deux espèces; le goujon de mer qui est blanc et vert et ressemble un peu au maquereau, et le goujon de Seine, beaucoup plus estimé que le précédent.

Goujons frits. — Vous écaillez, videz et essuyez des goujons sans les laver, les trempez dans du lait, les saupoudrez de farine, puis vous les embrochez dans des hâtelets d'argent et les mettez dans la friture bien chaude, retirez-les et servez-les avec du persil et un jus de citron.

Goujons à l'étuvée. — Vous préparez ces goujons comme les premiers, puis vous mettez au fond du plat dans lequel vous devez les servir, du beurre, du persil, ciboules, champignons, des échalotes, du thym, basilic, le tout haché très-fin, sel et poivre ; vous arrangez dessus les goujons et les assaisonnez dessus comme dessous, vous les mouillez d'un verre de vin blanc, vous couvrez le plat et faites bouillir jusqu'à réduction presque complète de la sauce.

GRAS-DOUBLE. — (V. Bœuf.)

GRENADE. — On appelle ainsi le fruit du grenadier, ce fruit est peu recherché hors du pays où on le recueille et ne sert qu'à garnir les corbeilles de dessert où il est d'un fort bel effet.

Voici ce qu'en dit M. Cohier de Lompier :

« Il n'y a point de belles corbeilles de dessert sans grenades, non plus que sans oranges, la grenade ouverte, ainsi qu'un riche trésor de rubis ou de grenats brillants, est un des plus beaux joyaux de nos grandes corbeilles. Quand on n'aperçoit pas quelques-unes de ces grenades entr'ouvertes aux flancs d'une pyramide de fruits, elles n'y sauraient être remplacées par aucun autre, et bien qu'on y voie éclater le vermillon des plus belles pommes et l'émail varié de nos grosses poires, avec l'or de l'orange et la suprême beauté de l'ananas, on dirait qu'il manque quelque chose dans cette corbeille offerte par le dieu Vertumne à la cour de Pomone. Mais aussi bien nous faut-il avouer qu'à l'exception de ce beau rôle pour la décoration des tables ou buffets, la grenade est un fruit qui n'équivaut seulement pas à la groseille, elle ne vaut pas mieux que l'épine-vinette, et c'est convenir qu'elle n'est presque bonne à rien dans les pays tempérés où les quatre fruits rouges sont abondants et par *excellence*.

On fait avec la grenade un sirop appelé *grenadine*, qui est très-bon pour la toux sèche ou l'irritation, il se fait avec les grenades dites d'*épine vineuse*.

Une des plus belles villes, sinon la plus belle ville de l'Andalousie, a tiré son nom de sa ressemblance avec une grenade entr'ouverte. Châteaubriand a mis cette comparaison dans la bouche de son dernier Abencérage.

GRENOUILLE. — Il y a beaucoup d'espèces de grenouilles qui diffèrent par leur grandeur, leur couleur et le lieu qu'elles habitent.

Les grenouilles de mer sont monstrueuses et on ne s'en sert

pas comme aliment, non plus que des grenouilles de terre ; les grenouilles aquatiques seules sont bonnes à manger, elles doivent avoir été prises dans une eau bien claire, et choisies bien nourries, grasses, charnues, vertes et ayant le corps marqué de petites taches noires.

Bien des médecins du moyen âge se sont opposés à ce qu'on mangeât cette viande qui cependant est blanche et délicate et contient un principe gélatineux plus fluide et moins nourrissant que celui des autres viandes. Bernard Palissy, dans son *Traité des pierres* de 1580, s'exprime ainsi : « Et de mon temps, j'ai veu qu'il se fust trousvé bien peu d'hommes qui eussent voulu manger ni tortues ni grenouilles. »

Au seizième siècle pourtant, les grenouilles étaient servies sur les meilleures tables, et Champier se plaignit de ce goût qu'il regarda comme bizarre, et il y a un siècle à peu près qu'un Auvergnat, nommé Simon, fit une fortune considérable avec les grenouilles qu'on lui envoyait de son pays, qu'il engraissait et qu'il vendait ensuite aux premières maisons de Paris où cet aliment était fort à la mode.

En Italie et en Allemagne on fait une grande consommation de ces batraciens et les marchés en sont couverts, et les Anglais qui en ont horreur et qui, pour cela sans doute, faisaient il y a environ soixante ans des caricatures représentant des Français mangeant des grenouilles, n'ont qu'à lire ce passage de l'histoire de l'île de Saint-Domingue par un Anglais nommé Atwood : « Il y a, dit-il, à la Martinique beaucoup de crapauds que l'on mange, les Anglais et les Français les préfèrent aux poules. On les fricasse et on en fait des soupes. »

Les grenouilles se mangent apprêtées de plusieurs façons différentes, on en fait surtout des potages qui sont fort sains et dont même quelques dames usent pour entretenir la fraîcheur de leur teint.

Potage de grenouilles. — Prenez la quantité de grenouilles qu'il vous faut, lavez-les bien, ôtez les os des cuisses et réservez les plus grosses pour frire en les faisant mariner avec verjus, sel, poivre et fines herbes ; passez-les ensuite dans une pâte à friture et faites-les frire de belle couleur dans du beurre fondu bien chaud, elles vous serviront pour faire un cordon autour de votre potage.

Avec les autres vous faites un ragoût avec laitances, champignons et autres garnitures, le tout au blanc pour masquer votre potage ; vous le mouillez de bon bouillon et en couvrez votre potage que vous servez garni des grenouilles frites.

Grenouilles en fricassée de poulet. — Ecorchez vos grenouilles, ne leur laissez que les deux cuisses et l'arête du dos, et apprêtez-les ensuite en fricassée de poulet. (V. Fricassée de poulet.)

GRIBLETTE. — En terme de cuisine, c'est une tranche de porc frais ou de mouton rôtie sur le gril ; on les sert comme les côtelettes, avec ou sans accompagnement.

GRILLADE. — On appelle grillades des tranches de viande bien minces que l'on fait rôtir sur le gril. Quand on a quelque dindon ou autre pièce pour en faire une entrée on peut prendre les ailes, les cuisses et le croupion, les griller avec du sel et du poivre, passer de la farine à la poêle avec du lard fondu, y mettre des anchois, un filet de vinaigre, un peu de bouillon, sel, poivre, faire mitonner le tout et servir chaudement.

On peut aussi les servir grillées avec une essence de jambon, ou un coulis clair par-dessus, ou encore avec une sauce Robert.

GRIOTTES. — Espèce de cerise à courte queue, grosse, noirâtre et plus acide que les autres. On prépare avec ce fruit de très-bon ratafia, on en faisait aussi autrefois du vin en Hollande, mais ce vin étant trop fort et trop chargé, on préféra avec raison par la suite les raisins étrangers.

GRIVES ET MERLES. — Les grives, les merles et beaucoup d'autres oiseaux ne doivent être mangés qu'à la fin de novembre ; engraissés d'abord dans les champs et dans les vignes, ils vont ensuite parfumer leur chair au bord des bois avec des graines de genièvre. Si vous êtes trop pressé de jouir, si vous les tuez avant le temps, vous ne leur trouverez pas ce fumet, cet arome incisif qui est tant recherché des vrais friands.

Horace, Martial et même Gallien connaissaient toute la valeur des grives.

« *Nil melius turdo,* » dit Horace.

Le favori d'Auguste et de Mécène en mangeait tant qu'il voulait, non pas qu'il fût assez riche pour en acheter tous les jours, sa médiocrité dorée n'allait pas jusque-là, mais il était fêté partout.

Le pauvre Martial au contraire faisait souvent maigre chère et lorsqu'une invitation à dîner venait le surprendre, la joie éclatait en ses yeux et il se disait :

« — Il y aura probablement des grives. »

Lucius Apicius et tous les grands gourmands de Rome en faisaient le plus grand cas. Ils les engraissaient dans d'immenses volières de compte à demi avec les merles. Chacune de ces volières en contenaient trois ou quatre mille ; dans ces volières, les grives étaient privées de la vue des bois et des champs afin que rien ne pût les distraire de l'envie d'engraisser.

Varron cite une maison de campagne où l'on avait engraissé cinq mille grives dans une année. On les servait sur les tables les plus somptueuses et on les donnait aux convalescents pour réparer leurs forces.

Pompée tomba malade et, étant entré en convalescence, son médecin lui ordonna de manger des grives, mais Pompée n'avait pas de volière.

« Allez en demander à Lucullus, il ne vous en refusera pas, lui dit son médecin.

— Eh quoi ! s'écria-t-il, c'est donc à dire que Pompée ne pourrait pas vivre, si Lucullus n'était pas un gourmand ! »

En France, il y a un proverbe qui dit :

« Quand il n'y a pas de grives on mange des merles. »

Les Corses ont retourné ce proverbe et disent :

« Quand il n'y a pas de merles, on mange des grives. »

C'est que les merles de Corse et de Provence sont très-renommés parce qu'ils se nourrissent de graines de myrtes et de genièvre.

L'oncle de Napoléon, le cardinal Fesch, archevêque de Lyon en faisait venir tout l'hiver de la Corse. On allait dîner chez Son Eminence, pour ses nobles manières, pour son gracieux accueil et surtout pour ses merles.

La saison des vendanges est la meilleure époque pour prendre et manger des grives, car elles se sont nourries de raisin et leur chair en est plus tendre et plus savoureuse.

Grives rôties. — Vous plumez vos grives et les faites refaire sans les vider, puis vous les faites cuire à la broche et les servez comme les mauviettes avec des rôties dessous.

Grives en ragoût. — Accommodez proprement les grives, passez-les à la casserole avec lard fondu, un peu de farine pour bien lier la sauce, un verre de vin blanc, sel, poivre, bouquet garni, laissez mitonner un peu le tout et servez avec un peu de citron.

Grives à l'eau-de-vie. — Epluchez bien vos grives, écrasez-les un peu sur l'estomac, mettez-les dans une casserole avec du lard fondu, deux petits oignons, champignons, truffes, quelques morceaux de ris de veau, faites-leur faire quelques tours, mouillez-les de deux verres d'eau-de-vie, faites-les cuire à grand feu, allumez l'eau-de-vie que vous avez versé sur vos grives, quand il est éteint, ajoutez-y un peu de réduction et de coulis, achevez de les faire cuire doucement, dégraissez-les et servez.

Entrée de grives au genièvre. — Vos grives étant plumées, épluchées et retroussées, vous les couvrez de bardes de lard et de papier beurré, puis vous les attachez sur une broche et les faites cuire.

Mettez dans une casserole un peu de jus et de coulis, un verre de vin blanc, faites bouillir, ajoutez un jus de citron et une douzaine de grains de genièvre que vous aurez fait blanchir.

Vos grives étant cuites, vous ôtez les bardes de lard et le papier et les mettez mitonner dans le coulis, puis vous les dressez sur un plat, les dégraissez et servez chaudement pour entrée.

Grives à la polonaise. — Epluchez vos grives, aplatissez-les sur l'estomac, passez-les quelques tours dans une casserole avec lard fondu, truffes, champignons, cinq ou six petits oignons, bouquet garni, un ris de veau blanchi, une tranche de jambon, puis vous les mouillez d'un verre de vin de Champagne et d'un peu de réduction et de coulis, ajoutez sel et poivre, faites cuire à petit feu, dégraissez le ragoût. Quand elles sont cuites, mettez-y un jus de citron, ôtez le bouquet et la tranche de jambon, et servez à courte sauce.

Pâté chaud de grives. — Videz vos grives, gardez-en le foie, retroussez-les et battez-les sur l'estomac avec un rouleau, piquez-les ensuite de gros lard et de jambon, assaisonnez de sel, poivre, fines herbes et fines épices, et fendez-les par le dos. Pilez ensuite les foies avec du lard râpé, champignons, truffes, ciboules, persil, sel et poivre, fines herbes et fines épices le tout bien pilé, et farcissez-en le corps de vos grives.

Hachez encore et pilez du lard, faites une pâte composée d'un œuf, de bon beurre, de farine avec un peu de sel ; formez deux abaisses, jetez-en une sur du papier beurré, prenez du lard pilé dans le mortier, étendez-le sur l'abaisse et rangez les grives dessus, ajoutez quelques truffes, des champignons, une feuille de laurier, le tout couvert de bardes de lard, couvrez avec votre seconde abaisse, formez-en les bords, dorez votre pâté et mettez-le au four.

Quand il est cuit, retirez-le, ôtez le papier, ayez un bon coulis, quelques ris de veau, champignons et truffes, levez le couvercle du pâté, ôtez les bardes de lard qui sont dessus, et avant de servir mettez-y votre ragoût en y pressant un jus de citron, et servez chaudement pour entrée.

Grives à l'anglaise. — Épluchez et retournez vos grives sans les vider, embrochez-les avec un hâtelet, posez cet hâtelet sur une broche et fixez-la des deux bouts, enveloppez vos grives de papier, faites-les cuire à moitié, ôtez le papier, mettez un morceau de lard au bout d'un hâtelet, faites prendre le feu à votre lard et durant qu'il brûle, faites-le dégoutter sur vos grives, saupoudrez-les d'un peu de sel fin et de mie de pain, donnez-leur une belle couleur, dressez-les et servez à côté une sauce au pauvre homme liée avec un morceau de beurre.

GROSEILLE. — Il y a deux espèces de groseille, la groseille verte, vulgairement appelée groseille à maquereau parce qu'on l'emploie comme verjus dans le temps des maquereaux frais, et la groseille rouge qui sert plus particulièrement à faire les confitures, les gelées, les compotes, etc.

Le sel acide dont les groseilles abondent est la cause des

principaux effets qu'elle produisent, elles excitent l'appétit parce que ce sel picote légèrement les petites fibres de l'estomac, elles rafraîchissent et conviennent à ceux qui ont la fièvre parce que ce sel donne plus de consistance aux humeurs et en arrête le mouvement trop violent et trop impétueux.

Tout le monde connaît l'usage et les diverses préparations de la groseille, le suc en est rafraîchissant et mêlé à l'eau avec du sucre ou du miel, il forme une boisson acidulée qui convient à tout le monde et qui, dans le Nord, remplace la limonade, on pourrait aussi en retirer de l'eau-de-vie par la distillation.

Les roses ou blanches sont moins acides et plus agréables que les rouges.

Nous avons indiqué à l'article *Confitures* les différentes manières d'employer la groseille, en conserves, en gelée, en compote, en sirop, nous y renvoyons le lecteur. (V. *Confitures*.)

GRUE. — Appelé *oiseau de Palamède* par les poëtes qui ont prétendu que, pendant la guerre de Troie, Palamède avait appris des grues les quatre lettres grecques ψ. ξ. χ. ω., l'ordre de bataille et le mot du guet.

La grue est de la famille des échassiers, elle est de la grosseur du dindon, son cou et ses jambes sont très-longs; comme la cigogne, elle est très-grand destructeur des reptiles, des vers, des insectes, dont elle se nourrit, ainsi que de grenouilles et de petits poissons. Cet oiseau est regardé par les Kalmoucks de Koulaguena comme un des plus purs qui existent, et ils n'en tuent jamais.

Les grues se trouvent principalement dans les climats tempérés; de là leurs migrations régulières dès que le froid ou la chaleur commence à se faire sentir d'une manière excessive dans les régions du Nord ou de l'Orient qu'elles fréquentent; elles se réunissent alors par troupes pour entreprendre les courses les plus lointaines et les plus hardies et choisissent un chef pour les conduire dont le cri les avertit de la route qu'elles doivent suivre; pour fendre l'air plus aisément, elles se forment en triangle, et même en rond si le vent est trop violent. A terre, elles ont des sentinelles qui veillent à la sûreté de la troupe pendant son sommeil, et qui, pour éviter d'y succomber elles-mêmes, tiennent en l'air une patte dans laquelle est une pierre dont le choc les réveillerait si la fatigue venait à les endormir et à la leur faire lâcher. C'est ce que nous appelons *faire le pied de grue* pour indiquer une longue attente sur les jambes.

Varron rapporte que les Romains élevaient et nourrissaient avec soin des grues dans des volières, pour les manger ensuite à cause de la délicatesse de leur chair; aujourd'hui encore, dans certaines parties orientales de l'Europe où ces oiseaux sont communs, leur chair est servie sur les tables. Arnaud de Villeneuve trouvait un grand plaisir à la manger, et les Indiens s'en nourrissent, mais je crois qu'il ne peut être question ici que des jeunes grues ou gruaux, car la chair des vieilles est dure, coriace, insipide et de difficile digestion.

GUIGNE. — Espèce de cerise noire et très-sucrée.

GUIGNARD. — Espèce de pluvier que l'on trouve surtout dans le Loiret et dans la Beauce. Il est de la grosseur du merle, le sommet de sa tête est cendré noirâtre, le dessus de son corps teint de vert avec des cercles rougeâtres, sa chair est très-estimée et préférable à celle du pluvier; on en fait des pâtés très-recherchés. Ceux qu'on préparait pour le célèbre Philippe de Chartres étaient faits avec des guignards, que Collin d'Harleville immortalisa dans une charmante épître, son premier ouvrage, lequel engagea l'auteur à suivre la carrière des lettres; d'où il résulte que c'est aux guignards que l'on doit l'*Inconstant* et les *Châteaux en Espagne*.

H

HACHIS. — Lorsqu'il vous reste, du dîner de la veille, du veau, du bœuf, du poulet, du gibier, des débris de viande enfin, vous n'avez qu'à hacher proprement ces restes, et il existe des instruments pour cela, jusqu'à ce que le tout opère un mélange complet; vous achetez alors de la chair à saucisses, un cinquième par exemple relativement à ce que vous avez d'autre viande, et vous la poussez à part jusqu'à une demi-cuisson; puis, dans la même casserole, vous versez le reste de votre hachis, vous mettez un morceau de beurre frais, vous tournez le tout sur le feu, non-seulement jusqu'à ce qu'il y ait mélange, mais assimilation des viandes; salez et poivrez; au fur et à mesure que le hachis épaissira par trop, ajoutez une cuillerée ou deux de consommé, joignez-y une pincée de poivre de Cayenne, goûtez-y et jugez le degré de saveur auquel vous devez cesser de tremper votre mélange de bouillon.

HARENG. — Tout le monde connaît le hareng; je dirai même qu'il y a peu de personnes qui ne l'aiment pas; vivant, il est vert sur le dos, blanc sur les côtés et le ventre; mort, le vert du dos se change en bleu; c'est le fils du pôle; depuis le lieu de sa naissance jusqu'au quarante-cinquième degré de latitude, on le trouve dans toutes les mers, formant, à partir du vingt-cinq juin où l'on commence à apercevoir en Hollande ce qu'on appelle *l'éclair du hareng*, des bancs longs et larges de plusieurs lieues, si épais que les poissons qui les forment s'étouffent les uns les autres par milliers sur les bas-fonds, parfois les filets qu'ils remplissent, trop faibles pour soulever un tel poids, se déchirent et laissent retomber la proie déjà moitié prise; comme la colonne de feu et de fumée des Hébreux, on peut suivre le jour et la nuit leur émigration : la nuit par l'éclat phosphorescent qu'ils répandent, le jour par les bandes d'oiseaux ichthyophages qui les suivent, plongeant de temps en temps et remontant avec un éclair d'argent au bec; des baleines, des requins, des marsouins, des bonites, des dorades les suivent, mordent à même du banc, et en font une immense consommation.

Bloch a assuré, dit Victor Meunier, que dans une seule localité de la Suède on en pêche annuellement plus de sept millions; mais la fécondité de ce poisson compense toutes les causes de destruction qui s'attachent à lui; on a compté dans une seule femelle soixante-six mille six cent six œufs. Ajoutons que l'on l'on compte sept femelles pour deux mâles.

La pêche du hareng est la plus importante de toutes, tandis que la pêche de la morue baisse; et que le Havre, qui a envoyé jusqu'à quarante bateaux à la pêche de la morue, n'en avait envoyé cette année qu'un seul; on compte huit cent mille personnes que cette branche d'industrie fait vivre; elle rapporte à l'Europe près de quatre millions de francs.

C'est un nommé Bruckalz qui a inventé l'art de fumer les harengs.

La plus belle et la meilleure espèce de harengs frais qu'on mange à Paris est celle qui nous arrive des côtes de Normandie, nous dirons plus loin de quelle manière on peut les apprêter.

Le hareng pec et nouvellement salé doit toujours venir de Rotterdam, de Leawarde ou d'Enkhuisen, en Hollande; on le coupe par rouelles et on le mange tout cru, sans lui faire subir aucun autre apprêt que celui d'une salade.

Les plus beaux harengs *saurs*, les plus grands, les plus charnus, les plus dorés, les mieux fumés au genièvre sont les saurets de Germuth, en Irlande.

Presque jamais les harengs salés ne paraissent sur la table des maîtres; mais ils sont, dans les pays où ils abondent, d'une grande utilité pour les ouvriers et les pauvres.

On en fait alors dans certaines provinces une fricassée très-appétissante et confortable, en les faisant frire en petits morceaux, sans être dessalés, dans du saindoux avec un amas de poireaux crus et hachés, que l'on mélange avec des pommes de terre de la grosse espèce farineuse que l'on a fait cuire à l'eau bien salée, avec quelques tiges de romarin.

Le hareng frais est un excellent poisson dont on ferait le plus grand cas, s'il était cher et s'il était rare; il faut le choisir avec des ouies rouges, des écailles brillantes, rebondi du côté du ventre, car alors il est plein, mais ce n'est guère qu'à la fin d'août ou à la mi-septembre qu'on le mange dans toute sa saveur.

Il subsistait encore au XVIe siècle un usage assez bizarre parmi les chanoines de la cathédrale de Reims. Le mercredi saint, après les ténèbres, ils allaient processionnellement à l'église de Saint-Remi, rangés sur deux files, chacun d'eux traînant derrière soi un hareng attaché à une corde. Chaque chanoine était occupé à marcher sur le hareng de celui qui le précédait et à sauver le sien des surprises du suivant. Cet usage extravagant ne put être supprimé qu'avec la procession.

La pêche du hareng est, comme on le sait, une des branches de commerce les plus productives pour l'Angleterre qui en exporte surtout beaucoup en Italie pour la semaine sainte. Dans le temps que le pape Pie VII fut obligé de quitter Rome conquise par les Français en révolution, le comité de la chambre des communes, à Londres, s'occupant de la pêche des harengs, un membre fit observer que le pape étant chassé de Rome, l'Italie allait vraisemblablement se faire protestante : — « Dieu nous en préserve ! s'écria un autre membre. — Comment, reprit le premier, seriez-vous fâché de voir s'accroître le nombre des bons protestants ? — Non, répondit l'autre, ce n'est pas cela, mais s'il n'y a plus de catholiques, que ferons-nous de nos harengs ?... »

Un gascon disait que, s'il était gouverneur d'une ville ou d'une place assiégée, il tiendrait bon malgré la plus cruelle famine. — « Je ne suis plus surpris, monsieur, lui dit son valet, si vous tenez si longtemps table quand vous n'avez à manger qu'un hareng saur. »

Harengs frais (sauce à la moutarde). — Prenez douze harengs, videz-les par les ouies, écaillez-les, essuyez-les, mettez-les sur un plat de faïence ou de terre, versez un peu d'huile dessus, saupoudrez-les de sel fin, ajoutez quelques branches de persil, et retournez-les dans cet assaisonnement; un quart d'heure avant de servir, mettez-les griller, retournez-les; leur cuisson faite, dressez-les sur votre plat, et saucez-les d'une sauce blanche au beurre, sauce dans laquelle vous aurez mis et délayé une grande cuillerée à bouche de moutarde non bouillie; vous pouvez servir vos harengs avec une sauce grasse, et si vous les servez froids, saucez-les avec une sauce à l'huile de telle nature que vous jugerez convenable.

Harengs frais au fenouil. — Fendez vos harengs par le dos, frottez-les de beurre tiède et de sel, avec une plume ou un pinceau; enveloppez-les de fenouil, faites-les griller, puis servez-les avec une sauce rousse où vous ajouterez une poignée de fines tiges, et de feuilles de fenouil que vous aurez fait blanchir au vin blanc, et hachées fin.

Caisse de laitances de harengs. — Prenez les laitances d'une trentaine de harengs, faites-les blanchir, et égouttez-les; mettez un morceau de beurre dans une casserole, avec champignons, persil, échalotes et ciboules hachés très-fin; sel, poivre et fines épices; passez ces fines herbes légèrement sur le feu, ajoutez-y vos laitances; faites-les mijoter un instant dans cet assaisonnement; vous aurez fait une caisse ronde ou carrée, dans laquelle vous aurez étendu au fond un gratin, soit gras, soit maigre, de l'épaisseur d'un demi-travers de doigt; huilez le dessus de votre caisse et le dehors, mettez-la sur le gril, posez ce gril sur une cendre chaude; faites cuire ainsi ce gratin; un instant avant de servir mettez vos laitances dans cette caisse, dégraissez-la, dressez-la, saucez-la d'une espagnole réduite, dans laquelle vous aurez exprimé le jus d'un citron et servez.

Harengs frais en matelote. — Mettez vos harengs dans une casserole avec un morceau de beurre, persil, champignons, ciboules, une pointe d'ail avec deux bons verres de vin de Bourgogne ou de Bordeaux, sel, poivre, poussez-les à grand feu, servez-les à courte sauce, et garnissez de croûtons frits.

Harengs pecs pour hors-d'œuvre. — Lavez une douzaine de harengs, coupez-leur la tête, la queue et les nageoires, dépouillez-les, mettez-les dessaler dans mi-lait et mi-eau ; lorsqu'ils seront à leur point, égouttez-les, mettez-les sur une assiette avec des tranches d'oignons et de pommes de reinette crues ; servez-les enfin avec une marinade ou une vinaigrette bien battue. et mêlez de cresson alénois.

Harengs saurs. — Prenez cinq ou six de ces harengs, essuyez-les ; coupez-leur la tête et le bout de la queue, fendez-leur les vertèbres de la tête à la queue, ouvrez-leur le dos ; mettez-les sur un plat de faïence, arrosez-les d'huile, laissez-les y mariner un instant ; mettez-les sur le gril, retournez-les, laissez-les cinq minutes à peine sur le feu, dressez-les sur une assiette et servez-les.

Harengs saurs à la Sainte-Ménehould. — Dessalez-les dans la crème, faites-les cuire vingt minutes dans une sainte-ménehould que vous aurez composée ainsi : mettez dans une casserole 30 grammes de beurre manié de farine et de lait, du persil, de la ciboule, de l'ail, du thym, du laurier, du basilic, un peu de poivre ; faites bouillir et tournez toujours ; mettez-y les harengs, faites-les cuire, trempez-les dans du beurre fondu, passez-les et faites-leur prendre couleur sous un four de campagne, dressez-les sur une rémoulade à l'huile verte.

Préparation du hareng saur, pour en faire plus tard bon emploi. — Faites dessaler dans du lait, et faites ensuite griller de beaux harengs saurs d'Irlande ; laissez-les refroidir, et levez-en les filets dont vous vous servirez plus tard pour en faire des sandwichs ou tartines au beurre frais. pour en garnir des bateaux de hors-d'œuvre en les assaisonnant avec de l'huile fine et du jus de bigarade, pour en couvrir des litières de nouilles ou de lazagne au beurre ainsi que des purées de pommes de terre, de marrons, de patates d'Espagne, de haricots blancs à la crème ; pour en faire un gros hachis dont vous assaisonnerez des omelettes à l'huile ou des œufs brouillés en y mêlant des olives picholines tournées, de la crème de Sotteville à demi-sel, et un peu de brou de noix ; il en résulte un plat d'entrée qui n'est dépourvu ni de sapidité ni de distinction.

Recette de l'auteur des *Mémoires de la marquise de Créquy*.

HARICOT DE MOUTON. — On ignore le temps auquel remonte ce ragoût plébéien dont les deux éléments doivent être des morceaux de poitrine de mouton et des haricots rouges, ce qui nous est prouvé par une comédie de Jodelle et par un passage de Cyrano de Bergerac; depuis, l'un des deux ingrédients a été détrôné par les navets.

Les navets ont fait leur quatre-vingt-treize et les haricots rouges ont eu leur vingt et un janvier. Quoi qu'il en soit, voici comment se confectionne aujourd'hui ce plat révolutionnaire :

Coupez le mouton par morceaux, faites-le roussir avec très-peu de farine, faites revenir dans une autre casserole navets, pommes de terre, oignons ; versez du bouillon de manière que le tout baigne ; faites cuire à très-petit feu ; et mettez-y de l'ail plus ou moins, selon votre goût.

(Recette de Madame la comtesse Dash.)

Haricot de mouton Vuillemot. — Il se fait à l'eau ; laissez suer le mouton avec deux verres d'eau ; laissez réduire ; singez avec de la farine et assaisonnez : sel, poivre, un bouquet de persil, deux pointes d'ail, thym, laurier; mouillez à l'eau ; laissez cuire ; passez à la poêle, navets, oignons; faites blondiner le tout avec un peu de sucre et sel fin dans de la bonne graisse ; ajoutez ces légumes à ce ragoût ; joignez-y vos pommes de terre; tournez aussitôt la cuisson faite ; dégraissez et servez bien chaud.

HARICOTS. — On mange les haricots de trois manières, et à trois époques de leur développement. Avant leur maturité, on les mange avec la gousse, on les appelle alors haricots verts ; un peu avant la maturité on en mange les graines encore tendres, on les nomme alors flageolets ; enfin on fait une grande consommation de leurs graines desséchées, et qui, de quelque part qu'elles viennent, prennent impudemment le nom de haricots de Soissons. Comme je suis du département de l'Aisne, c'est à moi de faire valoir mes compatriotes ; et en effet, jusqu'à mon dernier voyage en Asie, j'avais déclaré que les haricots de Soissons étaient les premiers haricots du monde; mais j'ai été forcé de reconnaître que les haricots de Trébizonde leur étaient supérieurs.

Mais de Trébizonde ou de Soissons, les haricots ont un grave inconvénient; il y a des eaux dans lesquelles ils s'obstinent à ne pas cuire; il faut alors que la science lutte avec la nature; faites en ce cas un petit nouet de cendre de bois neuf dans l'eau de leur cuisson, ou, mieux, un peu de carbonate de soude; le haricot le plus réfractaire se reconnaîtra vaincu.

Haricots verts à la crème. — Passez vos haricots au beurre dans la casserole ou avec du lard; quand ils ont un peu bouilli, assaisonnez-les de sel, mettez un paquet de ciboules et de persil; étant presque cuits, mettez-y de la crème fraîche, ou du lait délayé avec des jaunes d'œufs, servez-les ensuite pour hors-d'œuvre d'entremets; on peut y ajouter du sucre.

Haricots à la bonne fermière. — Prenez des haricots fort tendres, rompez-en les petits bouts et jetez-les, lavez les cosses, et faites-les cuire dans de l'eau; quand ils sont cuits, mettez dans la casserole un morceau de beurre, de persil et de ciboule hachés; quand le beurre est fondu, mettez-y les haricots après leur avoir fait faire deux ou trois tours sur le feu; ajoutez-y une pincée de farine, de bon bouillon et du sel; faites-les bouillir jusqu'à ce qu'ils aient absorbé presque toute leur sauce; quand on est prêt à les servir, mettez-y une liaison de trois jaunes d'œufs délayés avec du lait, et ensuite un filet de verjus ou de vinaigre; quand la liaison est prise, servez-les comme entremets.

Haricots verts au blanc. — Otez-en les filets; s'ils sont trop gros, coupez-les en deux, dans leur longueur, faites-les cuire avec de l'eau, du sel, du beurre; quand ils sont cuits, égouttez-les; les passez avec du beurre, persil, ciboules hachées; saupoudrez-les, et les mouillez de mitonnage, quand ils sont cuits, liez-les avec de la crème et des jaunes d'œufs, un jus de citron et servez.

Haricots verts au roux. — Après les avoir fait cuire dans l'eau, mettez suer une tranche de jambon; quand elle a sué, mettez dans la même casserole un morceau de beurre, persil, ciboules hachées et les haricots; passez le tout ensemble, mouillez de bouillon et de coulis, assaisonnez de sel et poivre; faites cuire le tout une bonne heure; il faut que la sauce ne soit pas trop claire, servez-les comme entremets ou pour garnir quelques entrées.

Haricots tout à fait à l'anglaise. — Blanchissez, faites cuire vos haricots qui devront conserver un ton vert clair, passez-les, dressez vos haricots dans le plat sur du beurre, garnissez de persil et servez le plat chaud.

Haricots verts à la bretonne. — Mettez vos haricots à la casserole avec des oignons coupés en petits carrés et un morceau de beurre. Faites roussir vos oignons au fourneau, mouillez-les avec du consommé, puis avec du bouillon quand ils seront roux. Salez, poivrez, faites cuire et réduire; mettez-y vos haricots et laissez mijoter un peu moins d'une demi-heure.

Haricots verts à la lyonnaise. — Coupez des oignons en croissant, mettez-les dans une poêle avec de l'huile; joignez vos haricots à votre oignon roussi. Faites frire avec, saupoudrez de persil et de ciboule; salez, poivrez, et après deux tours de poêle, dressez avec un filet de vinaigre.

Haricots verts en salade. — Faites blanchir, cuire, et égoutter vos haricots; mettez-les dans un saladier; garnissez-les de quelques filets d'anchois, de quelques oignons cuits dans la cendre, des betteraves, des fournitures hachées; en outre, assaisonnez-les de sel, gros poivre, huile et vinaigre, et servez-les.

Haricots verts et blancs à la maître d'hôtel. — Faites-les cuire à l'eau de sel, égouttez-les; et arrosez d'un morceau de beurre manié de fines herbes, salez, poivrez, etc., et servez.

Haricots verts et blancs à la provençale. — Faites d'abord, dans une casserole, une préparation se composant de quelques cuillerées d'huile avec des câpres, des filets d'anchois, une pointe d'ail et des rocamboles pilés; versez-y des haricots cuits à l'eau de sel, assaisonnez avec persil et ciboules, sel et gros poivre, sautez-les pendant quelques instants, versez-les dans leur plat, et arrosez d'un filet de vinaigre qui aura bouilli dans la casserole des haricots.

Haricots blancs nouveaux. — Lavez et mettez dans une marmite avec de l'eau et du beurre vos haricots fraîchement écossés; écumez, laissez mijoter et, à moitié de leur cuisson, versez un verre d'eau fraîche; laissez achever de cuire et, leur cuisson terminée, mettez dans une casserole 400 grammes de beurre avec persil et ciboules, sel et poivre; faites égoutter vos haricots et jetez-les dans leur assaisonnement; sautez-les, faites qu'ils se lient, et finissez-les avec un filet de verjus, ou le jus d'un citron.

Haricots au lard à la villageoise. — Il est à savoir que MM. Descars de Livry, de Cussy, d'Aigrefeuille, de la Reynière et autres hommes d'expérience ont toujours dit à l'unisson que c'était la meilleure manière de manger les haricots.

Commencez par avoir un bon estomac, et munissez-vous d'un bon appétit. Quand on n'est pas malade, on n'en manque jamais que par le défaut de continence alimentaire, ou le défaut d'exercice. Levez-vous de bonne heure et sortez à jeun par un beau temps : promenez-vous à cheval ou trottez à pied; mais on doit penser que vous vous portez assez bien, puisque vous lisez des livres de cuisine; ainsi donc faites cuire environ deux litrons de gros haricots blancs avec un kilo de bon petit lard; coupez ce lard en tranches, et que tous les morceaux en soient également entrelardés; n'y mettez que la quantité d'eau nécessaire, afin de ne rien devoir ajouter ni retrancher pendant leur cuisson. Tout l'aqueux et tout l'onctueux de ce mouillement doivent se trouver absorbés par ces farineux, de manière à ce qu'ils soient infiniment cuits et parfaitement bien liés sans être en bouillie; c'est là toute l'affaire. *A buon corriere forte minestra*, dit Jean de Milan. (*Dictionnaire général de la cuisine française.*)

Haricots de Soissons à la moelle. — Faites cuire vos haricots à l'eau de pluie filtrée, sautez-les avant de les laisser refroidir avec cinq ou six onces de moelle fraîche et nouvellement fondue; poivrez d'une forte pincée de mignonnette; et mêlez-y, quelques moments avant de servir, des grains de verjus épépinés et blanchis à l'eau salée.

Haricots rouges à la bourguignonne. — Prenez des haricots rouges de l'espèce cardinale, faites-les cuire dans un bouillon de racines avec un morceau de beurre frais, un bouquet aromatique, oignons et girofle, qu'on retirera après vingt minutes d'ébullition. Ajoutez un quart de litre de vin rouge avec une pincée de poivre; garnissez de petits oignons glacés et servez. Ou bien encore garnissez votre plat avec des queues d'écrevisses ou des rissolles de poissons, des laitances de carpes ou de harengs, des huîtres marinées, ou des moules frites.

Haricots grains de riz à la crème. — Faites cuire vos haricots à l'eau de sel, avec un peu de beurre, et assaisonnez-les de muscade; lorsqu'ils seront à peu près cuits, ajoutez-y de la crème double pour les étancher; saupoudrez de croquants, de céleri frits et égouttés et servez.

Haricots de Soissons au beurre de piment. — Cuits, et s'il est possible avec de l'eau de pluie filtrée, vous les faites sauter avec un morceau du meilleur beurre que vous pouvez vous procurer; du moment où ils sont sautés, ils ne doivent plus bouillir, attendu qu'en bouillant le beurre perdrait les trois quarts de son bon goût de crème fraîche; vous y joindrez quelques grains de poivre de Cayenne en poudre.

Haricots grains de riz à l'intendance. — Faites-les crever à l'eau de sel, mettez-y de la moelle, avec un peu de sel et de muscade; au lieu de crème versez-y un verre de vin de Madère, garnissez avec des croûtons grillés qu'on a trempés dans le même vin légèrement salé et épicez de muscade râpée.

Purée de haricots blancs. — Foncez et garnissez avec cette purée, assaisonnée au fumet, les entrées ou les hors-d'œuvre chauds.

La purée de haricots blancs pour entremets se prépare à la crème; on l'assaisonne de muscade, on y mêle, à l'instant de servir, de petits filets de persil bien frits et bien croustillants.

Purée de haricots rouges. — Mêlée aux bisques et au coulis d'écrevisses et garnissant des potages, on la prépare au bouillon gras.

HERBES. — Les vingt-huit herbes qui servent pour la cuisine sont divisées en herbes potagères, en herbes d'assaisonnements et en herbes de fourniture à salade.

Les herbes potagères sont au nombre de six.

C'est à savoir: l'oseille, la laitue, la poirée, l'arroche, l'épinard et le pourpier vert.

Les herbes d'assaisonnement sont au nombre de dix: le persil, l'estragon, la cive, la ciboule, la sarriette, le fenouil, le thym, le basilic, et la tanaisie.

Les herbes de fournitures à salade ou fines herbes sont au nombre de douze : le cresson alénois, celui de fontaine, le cerfeuil, l'estragon, la pimprenelle, la perce-pierre, la corne de cerf, le petit basilic, le pourpier, les cordioles de fenouil, le thym, le jeune baume et la ciboulette.

HOCCO. — Oiseau de la grosseur d'un petit dindon et qui vit à l'état sauvage dans les bois de l'Amérique du Sud. Les hoccos sont d'une nature très-douce ; ils se réunissent en troupes nombreuses dans de vastes forêts, où ils se nourrissent de fruits et de jeunes bourgeons ; cet oiseau est monogame ; quand les femelles ne sont pas appariées, elles recherchent les caresses du premier mâle qu'elles rencontrent, et elles pondent leurs œufs au premier endroit venu et sans avoir même préparé un nid ; le plus souvent le soir, quand elles sont perchées. Celles au contraire qui sont en puissance d'un mâle pondent toujours dans un nid, qu'en galant époux et en père prévoyant, ce dernier a préparé à l'avance.

Je dois ajouter, dit M. Pomme, dans une lettre adressée à M. Geoffroy Saint-Hilaire, qu'il est rare, en France du moins, que les femelles se livrent à l'incubation ; sur toutes celles que j'ai pu obtenir, une seule à voulu couver. Cinq seulement ont donné des œufs. La sixième s'est accouplée pendant plusieurs années ; elle recherchait le mâle, mais jamais elle n'a donné d'œufs. Les femelles qui arrivent restent froides et insensibles pendant la première année de leur importation. A la seconde année, elles s'accouplent, mais pondent rarement, ou bien elles donnent des œufs sans coquilles. A la troisième, la coquille existe, mais fragile et imparfaite. Ce n'est guère qu'à la quatrième que cette imperfection disparaît complétement. Chaque femelle fait trois pontes par an lorsqu'elle ne couve pas ; si elle couve, elle n'en fait qu'une vers la fin du mois d'avril ou au commencement de mai. L'incubation dure de trente et un à trente-deux jours ; les pontes ont été chez moi de deux œufs quelquefois, mais rarement de trois.

Le hocco s'apprivoise facilement ; on en trouve dans les rues de Cayenne qui, avec leur bec, heurtent aux portes pour entrer ; ils tirent par l'habit, suivent leur maître, et si on les empêche, ils l'attendent et lui expriment de la joie en le revoyant ; leur démarche est fière et grave, leur vol bruyant et lourd ; ils font entendre un cri aigu et produisent aussi quand ils marchent sans inquiétude une espèce de bourdonnement sourd et concentré, une sorte de ventriloquie qui consiste sans doute dans la solidité des anneaux de la trachée artère et dans le repli qu'elle fait sur elle-même avant d'entrer dans la poitrine.

Le général Lafayette fit venir deux de ces gallinacés, qui s'acclimatèrent parfaitement aux environs de Paris. On les déposa dans un grand poulailler fermé, en compagnie de poules nombreuses, et ils prirent en peu de temps les habitudes de la localité. On les voyait accourir aux heures où le repas était offert aux canards, aux dindes, aux poules et aux pintades ; ils se mêlaient à ces nombreux commensaux, prenaient leur part de la pâture, distribuaient des coups de bec aux plus proches voisins, ou étaient bourrés eux-mêmes par quelque coq jaloux de maintenir les priviléges anciens de ses odalisques et furieux de voir ces intrus non-seulement pénétrer dans son sérail, mais encore venir partager sa nourriture. Ce qui n'empêcha pas les jeunes hoccos de grandir et de se développer à merveille sous l'influence des beaux jours de la saison d'été.

La chair des hoccos est blanche, tendre et savoureuse. Quand le sujet est jeune et s'il a été bien nourri, s'il est bien apprêté, nos fins gourmets le préfèrent au dindonneau, au jeune paon, à la pintade ; on le fait rôtir comme cette dernière, après l'avoir vidé et bridé ; on le pique avec du lard et on le fait cuire à la broche pendant une heure environ, en l'arrosant de temps en temps avec du beurre ou du saindoux, puis on le sert avec le fond de la lèchefrite, mêlé avec un peu de glace fondue et passée au tamis.

HOCHEPOT. — Prenez une queue de bœuf, coupez-la en morceaux de deux pouces de long sur autant de large ; faites-les dégorger et blanchir ; garnissez une braisière, avec des tranches de bœuf ; mettez-y ensuite les morceaux de queue que vous venez de couper avec des carottes, des panais, des salsifis, quelques navets, des scorsonères, des topinambours, trois pieds de céleri, et douze pommes de terre violettes ; ajoutez un morceau de jambon, un cervelas et enfin une douzaine d'oignons ; mouillez le tout avec du bouillon, après l'avoir couvert avec des tranches de bœuf ; faites feu dessus, feu dessous ; votre appareil étant cuit, levez la viande et les légumes, passez le bouillon, et s'il est trop long, faites-le réduire ; faites dans une autre casserole un roux peu chargé de farine, ne le laissez pas brunir, mouillez-le, avec votre fond de cuisson dégraissé et bien assaisonné ; ajoutez-y des quatre épices avec une bonne pincée de persil haché ; versez-le sur le hochepot ; tenez le tout chaudement, au moment de servir, dressez les morceaux de viande avec tous ces légumes dans un grand plat creux et s'il peut se faire dans un vieux vase d'ancienne faïence ou de porcelaine orientale.

HOMARD. — (Article où l'on traite en outre du carrelet sauce normande, du poulet à la ficelle, etc., etc.).

O mer, le seul amour auquel je fus fidèle.

Ce vers de Byron peut devenir ma devise, et j'aime la mer comme une chose nécessaire au plaisir et même au bonheur de notre existence ; quand il y a quelque temps que je n'ai vu la mer, je suis tourmenté d'un désir irrésistible, et, sous un prétexte quelconque, je prends le chemin de fer et j'arrive soit à Trouville, soit à Dieppe, soit au Havre. Ce jour-là, je m'étais dirigé vers Fécamp.

A peine y fus-je arrivé que l'on vint me proposer une partie de pêche pour le lendemain.

Je connais ces parties de pêche, où on ne pêche rien, mais où on achète le poisson qui fait le fond du dîner qui succède à la pêche.

Cette fois, cependant, contre toutes les habitudes, nous prîmes deux maquereaux et une pieuvre, mais nous achetâmes un homard, un carrelet et une centaine de crevettes.

Une marchande de moules que nous rencontrâmes sur notre chemin y joignit une centaine de ces bivalves.

On avait longtemps discuté pour savoir chez qui l'on rentrerait et chez qui par conséquent se ferait le dîner.

Enfin le choix s'était fixé sur un grand marchand de vins de Fécamp qui avait mis sa cave tout entière à notre disposition.

Il nous assurait en route que sa cuisinière avait mis le pot-au-feu et que nous trouverions chez lui matière à deux ou trois plats dont sa cuisinière avait dû réunir les éléments pour son dîner.

Mais sa cuisinière, tout cordon bleu qu'il la prétendît, avait été destituée à l'unanimité et j'avais été élu à sa place. Libre à elle de conserver le titre de vice-cuisinière, mais à la condition qu'elle ne se permettrait aucune opposition contre le cuisinier en chef.

Maintenant, que les maîtresses de maison veuillent bien entrer avec moi dans la cuisine admirablement montée comme batterie et ne plus perdre aucun détail de ce qui va se passer, si elles veulent ajouter deux ou trois plats inconnus à leur liste culinaire.

Comme on nous l'avait promis, nous trouvâmes un pot-au-feu mijotant depuis dix heures du matin, ce qui lui faisait près de huit heures de cuisson.

Avec huit heures de cuisson, un pot-au-feu atteint à sa majorité.

La France, je l'ai déjà dit, est le seul pays qui sache faire un pot-au-feu, et encore est-il probable que ma portière, qui n'a rien à faire qu'à soigner le sien et à tirer le cordon, mange de meilleure soupe que M. de Rothschild.

Pour en revenir à notre cuisinière, elle avait donc son pot-au-feu qui mijotait, deux poulets tout plumés qui attendaient la broche, un rognon de bœuf ignorant encore à quelle sauce il serait mis, une botte d'asperges commençant à monter en graines, puis au fond d'un panier, des tomates et des oignons blancs.

Je me fis étaler le tout sur la table de cuisine, je demandai une plume et de l'encre, et je présentai à l'approbation de mes convives la carte suivante :

Potage aux tomates et aux queues de crevettes.

Entrées.
Homard à l'américaine.
Carrelet sauce normande.
Maquereaux à la maître d'hôtel.
Rognons sautés au vin de Champagne.

Rôts.
Deux poulets à la ficelle.
Poulpe frit.

Entremets.
Tomates à la provençale.

Œufs brouillés au jus de rognon.
Pointes d'asperges.
Cœurs de laitue à l'espagnole, sans huile ni vinaigre.

Dessert de fruits.

Vins.
Château-d'Iquem, Corton, Pomard, Château-Latour.

Café.
Bénédictine. Fine champagne.

Je présentai, comme je l'ai dit, ce menu qui fut accueilli avec un hurrah d'enthousiasme; seulement on me demanda combien il faudrait de temps pour un pareil dîner.

Je demandai une heure et demie qui me fut accordée avec étonnement. On avait cru qu'il me faudrait trois heures.

Le grand talent du cuisinier qui veut arriver à l'heure, est de faire préparer d'avance et d'avoir sous la main tous les accessoires de ses plats.

Ceci, c'est l'affaire d'un quart d'heure.

Maintenant, comme il est impossible de faire marcher avec la plume un potage, quatre entrées, deux rôtis, deux entremets et une salade, on me permettra de prendre et d'expliquer mon service plat à plat.

Potage aux tomates et aux queues de crevettes. — Allumez en même temps deux fourneaux, mettez sur le premier : eau salée pour vos crevettes, bouquet assorti, deux tranches de citron; faites bouillir et jetez vos crevettes dans l'eau bouillante.

Mettez sur le second douze tomates dont vous avez exprimé l'eau, quatre gros oignons blancs coupés en rouelles, un morceau de beurre, une gousse d'ail, un bouquet assorti.

Vos crevettes cuites, retirez-les, passez-les dans un tamis, gardez leur eau, faites éplucher vos crevettes et mettez les queues à part.

Vos tomates et vos oignons cuits, passez-les à une fine passoire, remettez-les sur le feu avec un morceau de glace de viande, une pincée de poivre rouge et laissez épaissir en purée.

Puis adjoignez le bouillon en portion égale, un demi-verre

de l'eau dans laquelle vous avez fait cuire les crevettes ; laissez le tout se mélanger en bouillant ; au troisième ou quatrième bouillon, jetez-y vos queues de crevettes et votre potage est fait.

Inutile de dire que, quoique je donne la recette de chaque chose à part, il faut que le tout marche en même temps.

Homard à l'américaine. — Parmi les différentes méthodes de préparer le homard à l'américaine, nous choisissons la méthode Vuillemot.

Nous réclamons toute l'attention de nos lecteurs et surtout de nos lectrices, le plat étant très-compliqué.

1° Préparez dans une casserole deux gros oignons coupés en quatre, un bouquet assorti, deux pointes d'ail, mouillez le tout avec une bouteille de bon vin blanc, un demi-verre de cognac ordinaire, une cuillerée à pot de bon consommé, sel, mignonnette et quelques grains de bon piment d'Espagne. Jetez votre homard dedans, une demi-heure de cuisson suffit.

Attendez ! le plus difficile reste à faire.

2° Laissez refroidir votre crustacé dans sa cuisson, si l'on n'est pas pressé ; moins on se pressera, mieux ça vaudra. Enlevez la chair de votre homard et coupez-la en filets avec le charnu des pattes ; mettez le tout dans un plat à sauce, mouillez avec un peu de bouillon dans lequel a cuit votre homard, couvrez-le d'une feuille de papier beurré dessus, et placez au chaud à l'étuve. Attendez pour servir.

3° Prenez huit belles tomates, coupez-les en deux, exprimez-en la partie aqueuse, que vous jetez ; beurrez une casserole et couchez vos tomates dessus, assaisonnez avec sel, mignonnette, un peu de piment et beurre frais ; mettez au four ; après cuisson, laissez le tout au chaud.

4° Prenez deux gros oignons, coupez-les en dés, pressez-les dans un torchon afin d'en extraire le gluten ; faites sauter dans une casserole avec un peu de beurre, laissez-les *blondiner*, ajoutez une cuillerée à bouche de farine ; mouillez avec la moitié de votre cuisson de homard, laissez épurer votre sauce sur l'angle de votre fourneau, réduisez cette sauce de moitié en y ajoutant deux fortes cuillerées de tomates en purée ; réduisez encore d'un tiers avec de la glace de viande, ensuite passez votre sauce, ajoutez un peu de jus de citron, une noix de beurre frais et attendez.

5° Prenez enfin le corail du homard, les œufs s'il en a ; pilez le tout avec un peu de beurre, passez au tamis, ajoutez un grain de piment, prenez un plat à légumes ; dressez en couronne vos filets de homard, vos tomates par-dessus, versez dans le puits, formé par vos filets, votre beurre de homard, glacez avec du jus de viande et servez.

Ce mets étant un peu compliqué ne peut être essayé par des praticiens novices ; il faut des cuisiniers et des cuisinières d'une certaine force pour l'attaquer.

Le tour du carrelet est arrivé.

Le carrelet est un poisson à chair très-blanche, très-courte, qui tient un milieu estimable entre la sole et la limande ; mais qui s'efforce vainement d'atteindre la saveur de la première et la réputation de la seconde,

Carrelet à la sauce normande. — Mettez votre carrelet sur un plat d'argent, beurrez le plat, assaisonnez le poisson avec sel, poivre, un verre de vin blanc et mettez au four.

Mettez un morceau de beurre dans une casserole, tournez-le jusqu'à ce qu'il blondine ; un peu de farine. Mouillez-le avec le beurre et le vin blanc de votre carrelet à qui vous n'en laissez que juste ce qu'il faut pour qu'il ne dessèche pas ; réduisez de moitié.

Faites cuire une trentaine de moules, dix ou douze champignons. Jetez le jus des moules dans votre sauce ; réduisez le tout de moitié, liez avec quatre jaunes d'œufs et un demi-verre de crème fraîche, rangez autour de votre carrelet les moules et les champignons ; versez votre sauce dessus.

Quelques petits morceaux de beurre très-frais çà et là, reposez le poisson deux minutes au four et servez.

Quant aux maquereaux à la maître d'hôtel et aux rognons sautés au vin de Bourgogne, je n'ai rien à apprendre à personne sur l'exécution de ces deux plats.

C'est l'A B C de la cuisine.

Seulement faites la sauce de vos rognons un peu longue et mettez-en un demi-verre à part, au moment de servir, afin que la sauce soit aussi complète que possible.

Vous allez voir pourquoi tout à l'heure.

Poulets à la Ficelle. — Jusqu'à l'exécution de mes poulets à la ficelle, j'avais subi les observations de ma vice-cuisinière ; mais arrivé à ce moment décisif, l'observation se tourna en opposition.

Comme je n'avais pas de temps à perdre, je menaçai ma vice-cuisinière d'un coup d'État qui tendrait à lui faire payer ses gages et à la faire mettre immédiatement à la porte.

Cette menace eut son effet, elle obéit passivement et cinq minutes après, mes deux poulets tournaient côte à côte, comme deux fuseaux.

Mais comme j'ai du temps aujourd'hui pour vous dire mes raisons et pour vous expliquer la supériorité du poulet à la ficelle sur le poulet à la broche, écoutez-moi.

Tout animal a deux orifices : l'orifice supérieur et l'orifice inférieur ; et le poulet, sous ce rapport, est l'égal de l'homme.

Diogène l'a dit deux mille quatre cents ans avant moi, le jour où il jeta un coq plumé sur l'Agora d'Athènes en criant :

— Voilà l'homme de Platon !

Eh bien, il faut d'abord boucher un de ces orifices, le supérieur.

Cet orifice se bouche à la manière belge, en fourrant la tête de la volaille dans son estomac et en cousant la peau par-dessus.

Passons au second orifice, bien plus important que le premier, à l'orifice inférieur.

Vous en avez tiré, quand je dis vous en avez tiré, je veux dire votre cuisinière en a tiré les intestins et le foie, elle a jeté les intestins, haché le foie avec des fines herbes, ciboules et persil, elle a manié le tout avec un morceau de beurre et à la place d'intestins, désormais non-seulement inutiles, mais nuisibles, elle lui a restitué ce hachis destiné à le parfumer.

Maintenant quel doit être le but du cuisinier ? de conserver à l'animal qu'il fait cuire la plus grande quantité de jus possible. Or si vous lui passez une broche en long et pour le maintenir une brochette en large, au lieu de boucher un des deux trous que la nature lui a faits, vous lui en imposez deux autres par lesquels tout son jus va s'échapper.

Mais si au contraire vous lui liez les pattes avec une ficelle, que vous le suspendiez verticalement avec cette ficelle, l'orifice inférieur en l'air et l'orifice supérieur bouché; si avec d'excellent beurre frais, manié de sel et de poivre, vous arrosez votre poulet, en ayant soin de verser à l'orifice inférieur avec la cuiller à arroser, alors vous avez rempli toutes les conditions logiques pour avoir un poulet excellent; il ne vous reste plus qu'à surveiller sa cuisson et à couper la ficelle qui le soutient quand il se fait dans la peau de petites ouvertures, d'où se dégage un jet de fumée.

Déposez-le alors dans son plat et versez sur lui le jus de la lèchefrite.

Que jamais surtout une goutte de bouillon ne se mêle au beurre qui doit arroser votre poulet; toute cuisinière, je crois déjà l'avoir dit quelque part, toute cuisinière, dis-je, qui met du bouillon dans sa lèchefrite, mérite d'être mise à la porte ignominieusement et sans miséricorde.

Quant à la pieuvre frite, c'est simple comme le premier poisson venu, merlan ou sole.

Pieuvre frite.—Coupez par morceaux, roulez dans la farine; glissez dans la friture bouillante, tirez à point, et vous aurez quelque chose de pareil à de l'oreille de veau frite, avec un léger goût de musc.

Quant aux œufs brouillés, au jus de rognons et aux pointes d'asperges et aux tomates farcies à la provençale, c'est l'enfance de l'art.

Vous cassez douze œufs dans une soupière en laissant six blancs seulement pour les douze œufs.

Vous y mettez, après les avoir battus, un morceau de beurre, des fines herbes, un demi-verre de bouillon (de poulet si vous en avez) consommé, votre demi-verre de jus de rognons que vous avez conservé et vous abandonnerez le tout aux soins de la cuisinière qui n'a plus qu'à verser dans une casserole, mettre la casserole sur le feu et tourner.

Recommandation essentielle : servir mollets, les œufs brouillés continuant de cuire dans le plat. Quant aux tomates, vous les coupez en deux, vous en faites couler l'eau et tomber les graines, vous les posez côte à côte dans un four de campagne, vous placez au centre de chacune une pyramide se composant d'un hachis de poulet, de veau, de gibier de la veille si vous en avez, et de champignons.

Vous versez sur le tout un verre d'huile d'olive, la meilleure que vous pourrez trouver; puis vous parsemez le tout de sel, de poivre, de persil et d'ail hachés ensemble; vous ajoutez une pointe de piment; vous faites cuire entre deux feux, en arrosant trois ou quatre fois vos pyramides de viande avec l'huile dans laquelle cuisent vos tomates.

Quant à notre salade de cœurs de laitues, sans huile ni vinaigre, c'est un souvenir de notre voyage en Espagne.

En Espagne, le vinaigre ne sent rien, mais en échange l'huile infecte.

Impossible, par conséquent, de manger de la salade quand la chaleur du ciel et la sécheresse de l'air vous donnent les appétences les plus violentes vers l'herbe fraîche.

Eh bien, nous avions remédié à cela en remplaçant l'huile par des jaunes d'œufs et le vinaigre par du citron.

Ce mélange, suffisamment soutenu de sel et de poivre, nous donnait une salade exquise dont nous avions fini par préférer la saveur à nos salades de France.

Au bout d'une heure et demie, le dîner était sur la nappe; seulement, quatre heures après nous étions encore à table!

Aussi quelle réputation ai-je laissée à Fécamp, et comme j'y fus reçu lorsque j'y arrivai la dernière fois que j'y allai.

Permettez-moi d'ajouter encore une recette qui pourrait parfaitement venir après celles ci-dessus sans y être déplacée : celle des œufs brouillés aux queues de crevettes.

Prenez douze œufs que vous cassez et dont vous mettez dans un saladier tous les jaunes et huit blancs seulement, les blancs trop nombreux ôtant de la délicatesse au plat.

Faites bouillir dans une casserole à part, les corps de vos crevettes en y versant un verre de vin de Chablis.

Faites prendre deux ou trois bouillons et versez ensuite le tout dans un mortier pour en faire une purée que vous passez à travers un tamis fin pour en enlever le moindre morceau de carapace.

Délayez cette espèce de bouillie dans vos œufs salés et poivrés d'avance et légèrement guillochés de ciboules et de persil hachés très-fin.

Joignez-y ensuite les queues de vos crevettes que vous battez avec les œufs et versez le tout dans une poêle beurrée de bon beurre frais, faites cuire et versez ensuite sur un plat bien adroitement.

Voici un article qui, je crois, contient beaucoup de cuisine, mais ne parle pas beaucoup du homard; revenons donc à cet intéressant animal.

Homard. — Le homard est un crustacé fort employé dans la cuisine. La langouste, moins savoureuse que le homard, est moins prisée que lui. On en fait des mayonnaises dans lesquelles on hache sa chair, et qui font d'excellentes sauces blanches pour manger avec le bar et le turbot.

Il faut autant que possible, à Paris, n'acheter que des homards vivants; choisissez d'ailleurs le plus lourd que vous pourrez trouver, et mettez-le cuire dans une chaudière ou casserole avec de l'eau salée, un gros morceau de beurre frais, une botte de persil en branches, un piment rouge et deux ou trois tiges de poireau blanc; au bout d'un quart d'heure de cuisson, vous ajouterez un gobelet de vin de Madère ou de Marsala, et laissez refroidir votre poisson dans son court bouillon; il faut alors dans toute sa longueur, trancher les écailles de sa queue, et par avance faire confectionner une sauce dont voici la meilleure formule.

Enlevez en un seul morceau tout l'intérieur du homard qu'on appelle touteau, détachez-en toutes les chairs blanches avec le bec d'une plume taillée, prenez-en la farce ou la crème de laitance, qui se trouve adhérente à la grande coquille, joignez-y les œufs du poisson s'il est femelle, et mêlez tout ce produit avec de l'huile verte, une pleine cuillerée de bonne moutarde, dix ou douze gouttes de soya de la Chine, plein le creux de la main de fines herbes hachées, deux échalotes écrasées, une assez bonne quantité de mignonnette; et finalement un verre de liqueur d'anisette de Bordeaux, ou simplement de ratafia d'anis ; vous battrez le tout avec une fourchette comme on bat une omelette, et, selon la grosseur de votre homard, vous mettrez dans cette sauce deux ou trois citrons.

Homard à la broche. — Prenez un gros homard, ou une langouste bien vivante, attachez-les sur un hâtelet solide que vous ficellerez lui-même sur une broche ; soumettez le tout d'abord à un feu vif, en commençant par l'arroser avec du vin de Champagne, du beurre fondu, du sel et du poivre ; la coquille du poisson deviendra très-vite friable, c'est-à-dire que pareille à de la chaux, elle s'écrasera entre les doigts ; quand elle se détachera du corps, c'est qu'il sera suffisamment cuit ; il faut l'arroser avec le jus de sa lèchefrite, que vous dégraisserez convenablement, et auquel vous ajouterez le jus d'une bigarade, et une pincée de quatre épices :

C'est un ragoût particulier en Normandie, qui ne manque jamais de faire son effet en paraissant sur la table.

HORS-D'ŒUVRE. — On appelle hors-d'œuvre, tous les plats qui, sans être suffisants pour constituer un repas substantiel, et qui cependant servis à part et dans des assiettes d'une forme particulière, complètent l'élégance d'un repas.

HOUBLON. — Plante grimpante à grandes feuilles dont les fleurs et les fruits concourent à la composition de la bière ; en Belgique, où le houblon est très-commun, où la boisson ordinaire est de la bière, on mange au printemps les jeunes pousses du houblon, dont la saveur se rapproche énormément de celle des asperges ; on les apprête de la même manière, et leur effet est le même.

HUILE. — On fait de l'huile principalement avec les olives, mais encore avec une foule de graines, comme le colza, comme les noix, comme la faîne, comme la navette.

La faîne, les noix, la navette donnent une huile très supportable dans sa fraîcheur, mais qui rancit en vieillissant.

La faîne, qui est le fruit du hêtre, donne la meilleure huile après l'olive.

Parmi les huiles d'olive, il y a un choix à faire ; à mon avis, la plus fraîche, la plus claire, celle qui se conserve le mieux, est l'huile de Lucques; puis vient l'huile vierge, l'huile verte et l'huile fine d'Aix, de Grasse et de Nice.

Quoique l'Italie et l'Espagne soient couvertes d'oliviers, c'est de ces deux pays que viennent les plus mauvaises huiles; les propriétaires, pour faire double récolte, laissent rancir leurs olives, et cet état avancé fait contracter à l'huile qu'on en retire une odeur de pourriture insupportable; il en est de même de l'huile que l'on récolte en Grèce, en Syrie et en Égypte.

HUITRES. — L'huître est un des mollusques les plus déshérités de la nature.

Étant acéphale, c'est-à-dire n'ayant pas de tête, elle n'a ni l'organe de la vue, ni l'organe de l'ouïe, ni l'organe de l'odorat; son sang est incolore; son corps adhère aux deux valves de sa coquille par un muscle puissant, à l'aide duquel elle l'ouvre et la ferme.

Elle n'a pas non plus d'organe de locomotion; son seul exercice est de dormir, et son seul plaisir est de manger; comme l'huître ne peut aller chercher sa nourriture, sa nourriture vient elle-même la trouver, ou lui est apportée par le mouvement des eaux; elle se compose de matières animales en suspension dans l'eau. En 1816, M. Bedan a prouvé qu'on pouvait amener graduellement les huîtres à vivre dans l'eau des fleuves.

Les Grecs recherchaient celles de Sestos; j'en ai mangé en traversant le Bosphore et ne leur ai rien trouvé de particulier.

On a dit : les dieux s'en vont, et l'on a admiré cette éloquente exclamation. Mais voilà que dernièrement un cri s'est fait entendre. Les huîtres s'en vont! Il n'y a certes aucun rapport entre le mollusque hermaphrodite qui vit au fond de la mer, dans son écaille, attaché pour l'éternité à son rocher, et les habitants de l'olympe vénérable. Eh bien, le fameux cri de Bossuet, ce fameux cri d'éloquence : Madame se meurt! Madame est morte! n'a pas produit une impression si terrible que cette voix gastronomique en détresse, qui s'est écriée : Les huîtres s'en vont! et de 60 centimes la douzaine, le premier effet de ce cri a été de les faire monter à 1 franc 30 centimes.

La sensation a été profonde; l'huître, ce trésor des gourmands, a été sur le point de leur échapper; l'huître qui, dit le docteur Reveillé-Paris, est la seule substance alimentaire qui ne donne pas d'indigestion.

Aussi l'huître est-elle un mets de tous les temps et cherche-t-on inutilement l'époque à laquelle il a été introduit sur la table des Indous, ces aïeux, et des Egyptiens, ces grands-pères de la civilisation. Nous n'en trouvons trace que chez les Grecs, et la première fois, je crois, à propos de la proscription d'Aristide.

« Je m'ennuie de l'entendre appeler le Juste, » disait un prud'homme athénien; et Aristide fut proscrit à la majorité des huîtres, chaque écaille portant une sentence et représentant un bulletin de vote.

Les Grecs les faisaient venir de l'Hellespont ; on les pêchait à la hauteur de Sestos, endroit où Léandre se jetait à la mer pour aller faire sa visite nocturne à Héro.

L'endroit s'appelle aujourd'hui *Boralli-Calessi*.

Les Romains, bien autrement gourmands que les Grecs, rendirent presque des honneurs divins à l'huître. Il n'y avait pas de bon dîner sans huîtres crues frappées de glace, ou sans huîtres cuites assaisonnées au *garum,* espèce de saumure dont Pline nous a conservé la recette.

Les huîtres avaient chez les Romains leurs numéros d'excellence. Les premières étaient celles du lac Lucrin, ensuite celles de Tarente, ensuite celles de Circeï.

Plus tard, ils préférèrent les huîtres des côtes de la Grande-Bretagne.

Apicius, ce gourmand célèbre, qui se coupa le cou parce qu'il ne lui restait plus que six à huit millions de sesterces, c'est-à-dire quinze cent mille francs ou deux millions de notre monnaie, avait trouvé un moyen de conserver les huîtres. De nos jours, il eût pris un brevet et eût vécu de son brevet.

L'huître se pêche chez nous à la drague, et les pêcheurs avaient l'habitude, afin de ne pas épuiser les bancs, de les diviser en plusieurs zones qui étaient livrées successivement à la pêche. Pendant que l'une de ces zones était en exploitation, l'autre, c'est-à-dire la partie réservée, se multipliait et atteignait la taille marchande.

Pendant les mois de mai, juin, juillet et août, la pêche était interdite; les gourmands disent qu'il ne faut pas manger d'huîtres dans les mois où il n'y a pas d'R.

Comme compensation, ce sont les mois où les moules sont parfaites.

Les huîtres ne se mangent point en sortant de la mer.

Du moins un disciple de Lucullus et un apôtre de Brillat-Savarin ne commettraient pas une pareille hérésie. Il faut d'abord qu'elles soient parquées à un mètre de profondeur sur du sable ou des galets.

Ce fut un Romain, nommé Sergius Orata, lequel vivait deux cent cinquante ans avant Jésus-Christ, qui eut le premier l'idée de mettre, pour les engraisser, les huîtres dans le lac Lucrin. Il fit un commerce de ce mollusque perfectionné par ses soins et s'enrichit.

Ce Sergius Orata était le grand-père de Sergius Catilina.

L'huître que nous mangeons est l'huître idule. L'huître d'Ostende, l'huître verte, l'huître de Marennes, ne sont que des variétés.

Nous avions des parcs aux huîtres à Marennes, à Tréport, à Étretat, à Fécamp, à Dunkerque, au Havre et à Dieppe.

Nous arriverons tout à l'heure à celui de Régneville.

L'oncle de Mirabeau a dit en parlant de la mer :

« Cette plaine qui se laboure toute seule. »

Mais il n'a pas dit :

« La mer, cette plaine qui s'ensemence toute seule. »

On a cru longtemps la mer inépuisable, mais à commencer par la baleine on s'aperçoit qu'elle se dépeuple. Voici les baleines qui disparaissent; voici les maquereaux qui faiblissent; voici les huîtres qui manquent.

Eugène Noël a dit :

« On peut faire de l'Océan une fabrique immense de vivres, un laboratoire de subsistances plus productif que la terre ; fertiliser tout, mers, fleuves, rivières, étangs ; on ne cultivait que la terre, voici l'art de cultiver les eaux ; entendez-vous, nations? »

Et en effet, le poisson, celui qu'on mange surtout, est entre tous les êtres, susceptible de prendre avec très-peu de nourriture le plus grand accroissement.

De temps immémorial, la pisciculture est pratiquée en Chine. Là, où il faut que vive une agglomération de quatre cents millions d'hommes, on ne pouvait pas se fier à la terre visitée par un hôte plein de caprices, le vent; par un hôte plein de colère, la tempête; la moisson de la mer, au contraire, grandit sous le vent, multiplie sous la tempête.

Aussi au mois de mai, se tient sur le grand fleuve le marché du frai. On vient, de tous les coins de la Chine, acheter du frai en gros pour le revendre en détail. Chacun a son poisson dans son vivier, on y jette les débris du ménage et tout ce peuple sous-marin vit et engraisse.

Les Romains étaient, sous ce rapport, les maîtres des Chinois eux-mêmes: ils faisaient éclore dans l'eau douce des poissons de mer.

C'est Jacobi, en Allemagne, qui a trouvé la fécondation artificielle pratiquée en Angleterre, puis en France, par un pêcheur de la Bresse, nommé Rémy.

Coste et Pouchet en ont fait une science.

Ce furent toutes ces expériences, ce fut cette première science mise à la portée de tout le monde, qui déterminèrent M. de Chaillé et Mme Sarah-Félix à faire leur établissement d'ostréiculture de Régneville.

Ils demandèrent et obtinrent dix hectares de côtes.

Dix hectares de côtes, c'est beaucoup à Paris sur la place de la Concorde ou dans la rue Richelieu; en face de l'Océan, c'est un point dans l'immensité.

Les deux concessionnaires commencèrent par fermer de trois côtés leur concession par une digue insubmersible. Le quatrième côté fut la plage; une grande vanne y introduisit l'eau de la mer, puis on y jeta des milliers d'huîtres, et on y déposa doucement des tuiles afin que les huîtres s'y attachassent.

Il s'agissait de soustraire le frai de l'huître aux divers accidents qui en pleine mer le détruisent.

Pour que l'on comprenne l'entreprise de M. Chaillé et de Mme Sarah-Félix, il est nécessaire de savoir comment l'huître se reproduit.

L'huître, nous l'avons dit, est hermaphrodite. Ses deux sexes s'épanouissent comme des fleurs au moment des amours. C'est alors qu'elle se remplit d'une eau blanche qui fait dire que les huîtres ne sont pas bonnes à manger parce qu'elles sont laiteuses.

Cette eau blanche est le frai.

M. Davaine a trouvé jusqu'à 1,200,000 œufs dans une huître pied de cheval; et, comme elles font deux et même trois pontes, on peut, en moyenne, évaluer à deux millions la quantité d'œufs que chaque huître livre aux caprices de la mer.

Ces œufs sont invisibles ou à peu près. Leuwenhoeck a calculé qu'il en faudrait environ un million pour former le volume d'une bille d'enfant. Les petites huîtres, lorsqu'elles sortent de la coquille de la mère, ont la faculté de se mouvoir. Cette faculté est donnée par la nature à toutes les larves d'animaux fixes et leur permet de se fixer où ils veulent; seulement, qu'ils choisissent bien leur gîte : une fois fixés, ils en ont pour toute la vie.

Dans le parc de Régneville, ils eurent d'abord des tuiles ordinaires et des fagots de bois ; le choix entre le fond de la mer et la suspension entre deux eaux.

Nos pisciculteurs s'aperçurent bien vite qu'ils avaient fait une double erreur; les branches du fagot s'enduisaient d un mucus qui ne permettait plus à la petite huître de se fixer.

Quant à la tuile, elle permettait au contraire à l'huître de s'y fixer trop solidement; l'huître trouvait commode de faire de la tuile une de ses coquilles, et quand on l'enlevait de sa tuile bien-aimée, ou sa coquille était trouée, ou elle restait sur sa tuile. Sa devise devenait celle du lierre : Je meurs où je m'attache.

Nos ostréiculteurs collèrent sur leurs tuiles de vieux journaux adhérents à la tuile par les seules extrémités ; l'huître est collée au papier, c'est vrai, mais le papier n'est collé à rien.

Maintenant, tous les journaux, à notre avis, ne sont pas bons à cet emploi, j'en connais qui pourraient donner à ces innocents mollusques les qualités toxicologiques que contractent les huîtres de Venise en s'attachant aux cuivres des vaisseaux.

Quelle est la durée de la vie des huîtres ?

C'est encore un mystère! D'abord peu d'huîtres meurent de vieillesse.

Et celles-là meurent inconnues.

Dans un excellent livre de M. Victor Meunier, intitulé : *les Grandes pêches*, je vois que les huîtres vivent une dizaine d'années. C'est bien assez pour un animal qui n'a ni yeux, ni nez, ni oreilles; quant à leur développement, les pêcheurs disent qu'elles ont au bout de trois jours trois lignes de diamètre, à trois mois la circonférence d'une pièce de trente sous, à six mois la dimension d'un écu de trois livres, à un an celle d'un écu de six.

L'huître se mange habituellement de la façon la plus simple du monde; elle s'ouvre, on la détache, on exprime sur elle quelques gouttes de citron et on la gobe.

Des gourmands les plus raffinés préparent une espèce de sauce avec du vinaigre, du poivre et de l'échalote; on les détache, on les trempe dans cette sauce et on les avale; d'autres, et ce sont les vrais amateurs, n'ajoutent rien à l'huître et la mangent crue sans vinaigre, sans citron, sans poivre.

Maintenant accordons la lyre d'un cuisinier-poëte, et chantons sur le mode ionien.

> Fêtons ces « truffes de la mer, »
> Qu'en son siècle exaltait Horace,
> Par d'immortels vers pleins de grâce. —
> L'huître, à Rome, est un mets si cher,
> Qu'au dire de Pline et Macrobe,
> Aux seuls pontifes on en sert...
> — (Notre bouche aussi bien les gobe,
> Ces huîtres qu'un moderne en *us*,
> Nommait « Oreilles de Vénus, »
> Pour leurs qualités excitantes...) —
> On sait qu'un des Apicius
> Eut, par ses notions savantes,
> L'art d'en envoyer de vivantes
> A Trajan, vainqueur belliqueux
> Des Parthes... — Aux huîtres, chef-queux,
> Me dit-on, offre-nous des fraîches.
> C'est là le secret de leurs pêches :
> L'huître est un hasard, un éclair
> Qui passe avec les mois en R.

Huîtres à la poulette. — Ouvrez des huîtres, faites-les blanchir dans leur eau sans les laisser bouillir, puis passez-les dans du beurre, avec du persil, des échalotes et des champignons hachés ; une cuillerée d'huile, poivre et muscade râpée ; panez-les de mie huilée, faites prendre couleur avec une pelle rouge ; au moment de servir exprimez dessus le jus d'un citron.

Huîtres en hachis. — Faites-les blanchir sans les laisser bouillir, mettez-les dans l'eau fraîche et égouttez-les, séparez le milieu des bords, hachez ceux-ci finement avec de la chair de carpe ou de tout autre poisson cuit à l'eau ou au court-bouillon ; mêlez le tout ensemble, assaisonnez de poivre et de muscade râpée.

Mettez dans une casserole un bon morceau de beurre avec persil, ciboules, champignons hachés ; passez sur le feu ; mouillez avec moitié vin blanc, moitié bouillon gras ou maigre, ajoutez le hachis, faites-le chauffer sans bouillir, quand le hachis a bu presque toute la sauce, et liez avec des œufs.

Huîtres frites pour hors-d'œuvre. — Ouvrez les huîtres, mettez-les égoutter sur un tamis ; mettez-les ensuite dans un plat, avec du vinaigre, persil, ciboules, deux feuilles de laurier, un peu de basilic, un oignon coupé par tranches, une demi-douzaine de clous de girofle, et le jus de deux citrons ; saucez-les de temps en temps dans cette marinade, faites une pâte à frire légère, essuyez et trempez-y les huîtres ; faites-les frire, et servez-les avec du persil frit.

Potage d'huîtres. — Passez vos huîtres à la casserole avec du bon beurre, mettez en même temps des champignons coupés par morceaux et un peu de farine, faites cuire le tout avec purée claire, sel et poivre ; faites mitonner le pain avec du bon bouillon de poisson, versez dessus vos huîtres et vos champignons avec un jus de champignons.

Huîtres farcies. — Vous faites une farce avec un morceau d'anguille et une douzaine d'huîtres blanchies, un peu de persil, ciboules, quelques champignons ; assaisonnez de sel, poivre, fines herbes, fines épices et bon beurre frais avec un peu de mie de pain trempée dans la crème et deux jaunes d'œuf crus, le tout haché et pilé ensemble dans un mortier. Vous garnissez le fond de vos coquilles avec cette farce et y mettez une huître en ragoût; couvrez votre coquille de la même farce, frottez-la d'un œuf battu, jetez dessus un peu de beurre fondu, panez de mie de pain bien fine et mettez-les cuire au four jusqu'à belle couleur blonde et servez chaudement pour entremets ou garniture d'entrée.

Huîtres au parmesan. — Mettez égoutter vos huîtres sur un tamis, frottez le fond d'un plat avec du beurre frais, arrangez les huîtres dessus, poudrez-les de gros poivre et de persil haché, arrosez-les d'un demi-verre de vin de Champagne, couvrez-les avec du parmesan râpé, mettez le plat dans le four ou sous un couvercle de tourtière; quand elles sont de belle couleur et bien glacées, retirez-les, dégraissez-les, nettoyez le bord du plat, et servez chaudement.

Huîtres à la daube. — Ouvrez des huîtres, assaisonnez-les de fines herbes hachées fort menu avec persil, ciboules, basilic, sel et poivre; mettez-en très-peu dans chaque huître, arrosez de vin blanc, recouvrez-les de leur couvercle et mettez-les cuire sur le gril, passez de temps en temps la pelle rouge dessus, dressez-les quand elles sont cuites, et servez-les découvertes.

Huîtres en hâtelets. — Blanchissez les huîtres dans deux eaux sans les faire bouillir, lavez-les bien et faites égoutter; mettez dans une casserole, persil, ciboules, champignons hachés, une pointe d'ail avec un quarteron de beurre, ajoutez-y vos huîtres et faites-leur prendre deux ou trois tours sans bouillir, liez avec des jaunes d'œufs, enfilez-les dans des hâtelets, panez-les, faites-les griller, et servez à sec.

Huîtres à la minute. — Mettez dans une casserole une cuillerée de coulis, un verre de vin de Champagne, un bouquet garni et faites bouillir; faites ouvrir en même temps des huîtres que vous faites égoutter sur un tamis et dont vous ajoutez l'eau à votre sauce, faites-la réduire, mettez-y vos huîtres pour leur faire prendre quelques tours, et servez avec des croûtons frits pour garniture.

HYDROMEL. — Pline dit qu'on attribue son invention à Aristée, de Cyrène, fils du Soleil. L'hydromel simple est le mélange d'une petite partie de miel avec beaucoup d'eau, il est bon contre la toux et lorsque les crachats sont difficiles à expulser, mais il n'est pas du goût de tout le monde.

L'hydromel vineux est composé d'une partie de miel et de trois parties d'eau, il ne faut que très-peu de chaleur pour que la fermentation s'établisse, il devient aussi fort que le vin d'Espagne et peut se conserver longtemps. Les anciens Égyptiens l'estimaient beaucoup.

Il est, du reste, d'un goût fort agréable et fortifie l'estomac à la dose d'un petit verre.

Cette liqueur paraît avoir été généralement répandue chez les peuples anciens, les Celtibères, les Taulentiens, peuples de l'Illyrie ; la Grèce, l'antique Egypte buvaient largement le divin breuvage, et le douzième livre de Columelle, l'agronome, est en grande partie consacré à l'exposition des procédés dont les Romains faisaient usage dans la préparation de cette boisson favorite ; aujourd'hui encore l'usage de l'hydromel est généralement répandu en Russie et en Pologne, et les Abyssiniens en font une très-grande consommation.

HYPOCRAS. — Breuvage célèbre au moyen âge ; c'était un mélange de vin et d'ingrédients doux et recherchés, et voici une recette que Taillefent, le maître queux de Charles VII, nous en a laissée.

« Pour une pinte, dit-il, prenez trois tréseaux (trois gros) de Cinnamome fine et pure, un tréseau de mesche ou deux qui veult, demi tréseau de girofle et de sucre fin six onces, et mettez en pouldre, et la fault tout mettre en ung coulouoir avec le vin et le pot, dessoulez et le passez tant qu'il soit coulé et tant plus est passé et tant mieux vault, mais qu'il ne soit esventé. » On se servait pour le clarifier d'un filtre qu'on appelait *chausse d'hypocras*.

Du temps de Louis XIV, ce breuvage était encore en faveur, on le servait sur la table des grands, et la ville de Paris devait en fournir chaque année un certain nombre pour la table royale. Aujourd'hui ce breuvage est tout à fait perdu et ignoré.

I

IMPÉRIALE. — Prune qui ne mûrit qu'au mois d'août, elle est longue et violette ; il y en a trois autres variétés, qui sont : l'impériale blanche, la verte hâtive et la jaune tardive.

IRIS. — Sa racine est employée dans la pâtisserie de petits-fours, ainsi que dans plusieurs autres compositions d'office. Réduit à l'état de fleur de farine on en fait des biscuits très-délicats, ainsi que d'excellentes frangipanes aux essences de fleurs ; la meilleure espèce d'iris est incomparablement celle de la *santissima trinita* de Florence. On la distingue aisément à la grosseur et à la blancheur de ses racines, qui émanent une excellente odeur de violette.

ISSUE. — Abatis d'agneau et volailles.

ITALIENNE SAUCE HACHÉE. — Vous mettez dans une casserole une cuillerée de persil, la moitié d'une cuillerée d'échalotes, la moitié de champignons bien fins, une demi-bouteille de vin blanc, 30 grammes de beurre ; vous faites bouillir le tout jusqu'à parfaite réduction, puis vous versez dans la casserole deux cuillerées de blond de veau, une pincée d'épices, vous faites bouillir sur un feu doux, vous écumez et dégraissez, vous retirez du feu et vous tenez chaud au bain-marie.

J

JAMBON. — Cuisse ou épaule de porc ou de sanglier. (V. Cochon.)

JARRET DE VEAU. — Cette partie abonde en ligaments, tendons et membranes qui, par une ébullition prolongée, se résolvent en gélatine; c'est cette propriété qui fait qu'on l'ajoute souvent aux braises pour y faire de la gelée, et c'est, du reste, à peu près son seul usage.

JASMIN. — Le jasmin n'est guère employé dans la cuisine que pour la fabrication des sorbets et dragées. (V. ces deux articles.)

JULIENNE. — On donne ce nom à un potage fait avec plusieurs sortes d'herbes et de légumes, notamment de carottes coupées menues. On est parvenu à conserver ces légumes hachés au moyen de la dessiccation, ce qui permet de faire de la julienne en tout temps.

On voit dans les recettes de Marc Heliot, que la julienne d'autrefois ne se composait pas exclusivement de légumes; en effet, elle avait pour éléments une éclanche de mouton qu'on faisait à moitié rôtir et qu'on empotait dans une marmite avec une tranche de bœuf, une rouelle de veau, un chapon et quatre pigeons fuyards; on faisait cuire le tout cinq ou six heures afin que le bouillon fût bien nourri; on y voit aussi qu'on coupait en morceaux, trois carottes, six navets, deux panais, trois oignons, deux racines de persil, deux pieds de céleri, trois bottes d'asperges

www.ingramcontent.com/pod-product-compliance
Lightning Source LLC
Chambersburg PA
CBHW050323240426
43673CB00042B/1507